Ziele und Mittel europäischer Integration

Europäische Hochschulschriften

Publications Universitaires Européennes

European University Studies

Reihe II

Rechtswissenschaft

Série II Series II

Droit

Law

Bd./Vol. 3500

PETER LANG

Frankfurt am Main · Berlin · Bern · Bruxelles · New York · Oxford · Wien

Ulrich Böttger

Ziele und Mittel europäischer Integration

Systematisierungsversuch aus Sicht juristischer Zeitgeschichte

PETER LANG
Europäischer Verlag der Wissenschaften

Die Deutsche Bibliothek - CIP-Einheitsaufnahme

Böttger, Ulrich:

Ziele und Mittel europäischer Integration : Systematisierungsversuch aus Sicht juristischer Zeitgeschichte / Ulrich Böttger. - Frankfurt am Main ; Berlin ; Bern ; Bruxelles ; New York ; Oxford ; Wien : Lang, 2002
(Europäische Hochschulschriften : Reihe 2, Rechtswissenschaft ; Bd. 3500)
Zugl.: Jena, Univ., Diss., 2002
ISBN 3-631-50132-3

27
ISSN 0531-7312
ISBN 3-631-50132-3

www.peterlang.de

Vorwort

Die vorliegende Arbeit wurde von der Rechtswissenschaftlichen Fakultät der Friedrich-Schiller-Universität zu Jena im Sommersemester 2002 als Dissertation angenommen. Sie ist in den Jahren 2000 und 2001 entstanden. Die Hinweise auf Schrifttum und Rechtsprechung befinden sich auf dem Stand vom 1. April 2002.

Meinem Doktorvater, Herrn Professor Dr. Walter Pauly, danke ich für die Anregungen hinsichtlich der Themenwahl und seine umsichtige Betreuung während der Erstellung der Arbeit. Herr Professor Dr. Pauly stand jederzeit für Gespräche zur Verfügung, ließ mir aber auch den erforderlichen Freiraum zur Entwicklung meiner eigenen Ansätze. Besonders hervorzuheben ist die rasche Erstellung des Erstgutachtens durch ihn. Verbunden fühle ich mich ebenfalls Herrn Professor Dr. Michael Brenner, der die Anfertigung des Zweitgutachtens übernahm.

Es ist mir ein wichtiges Anliegen, einige Personen hervorzuheben, ohne deren Hilfe die Arbeit so nicht entstanden wäre. Genannt seien meine Assistentenkollegen Stefan Danz und Olaf Hünemörder, die als Gesprächspartner wichtige Anregungen, Bestärkung, aber auch Kritik zu meinem Vorhaben beitrugen. Die vielen fleißigen Korrekturleser - genannt seien hier stellvertretend nur Annegret Weidauer und Steffi Heine - bewundere ich um ihre Geduld mit meiner Arbeit und ihre Gründlichkeit. Mein Dank gilt weiterhin all denjenigen, ohne deren aufmunternde Unterstützung mir die Erstellung dieser Dissertation wesentlich schwerer gefallen wäre. Der liebevolle Zuspruch meiner Freundin Sylva Gäbler, aber auch ihr großzügiges Verständnis für von ihren eigenen juristischen Interessengebieten weit entfernte Gesprächsthemen sei besonders hervorgehoben.

Herzlich danke ich schließlich meinen Eltern, Renate und Wolfgang Böttger. Sie haben mir in Studium und Promotion beigestanden und ermöglichten es mir, daß ich meine Ziele verwirklichen konnte. Ich freue mich deshalb ganz besonders, ihnen diese Arbeit widmen zu können.

Jena, im Sommer 2002 *Ulrich Böttger*

Inhaltsverzeichnis

Abkürzungsverzeichnis

a. a. O.	am angegebenen Ort
ABl. EG	Amtsblatt der Europäischen Gemeinschaften
AöR	Archiv des öffentlichen Rechts
ArbRdG	Das Arbeitsrecht der Gegenwart
Art.	Artikel
Aufl.	Auflage
AVR	Archiv des Völkerrechts
BayVBl	Bayerische Verwaltungsblätter
Bd., Bde.	Band, Bände
Bearb.	Bearbeiter
BGBl.	Bundesgesetzblatt
Bull. EG	Bulletin der Europäischen Gemeinschaften
Bull. EWG	Bulletin der Europäischen Wirtschaftsgemeinschaft
BVerfGE	Entscheidungen des Bundesverfassungsgerichts
bzw.	beziehungsweise
CMLR	Common Market Law Review
ders., dies.	derselbe, dieselben
DÖV	Die Öffentliche Verwaltung
DVBl	Deutsches Verwaltungsblatt
EAG	Europäische Atomgemeinschaft
EAGV	Vertrag zur Gründung einer Europäischen Atomgemeinschaft
ebd.	ebenda
EEA	Einheitliche Europäische Akte
EG	Europäische Gemeinschaft
EGV	Vertrag über die Europäische Gemeinschaft
EGKS	Europäische Gemeinschaft für Kohle und Stahl
EGKSV	Vertrag über die Gründung der Europäischen Gemeinschaft für Kohle und Stahl
EPG	Europäische Politische Gemeinschaft
EPZ	Europäische Politische Zusammenarbeit
EuGH	Europäischer Gerichtshof
EuGHE	Gerichtshof der Europäischen Gemeinschaften, Sammlung der Rechtssprechung des Gerichtshofes
EuGRZ	Europäische Grundrechte-Zeitschrift
EU	Europäische Union
EuR	Europarecht
EUV	Vertrag über die Europäische Union
EuZW	Europäische Zeitschrift für Wirtschaftsrecht
EVG	Europäische Verteidigungsgemeinschaft

EVGV	Vertrag zur Gründung einer Europäischen Verteidigungsgemeinschaft
EWG	Europäische Wirtschaftsgemeinschaft
EWGV	Vertrag zur Gründung der Europäischen Wirtschaftsgemeinschaft
f., ff.	folgend, folgende
Fn.	Fußnote
FS	Festschrift
GG	Grundgesetz für die Bundesrepublik Deutschland
GS	Gedächtnisschrift
GASP	Gemeinsame Außen- und Sicherheitspolitik
Hrsg.	Herausgeber
JöR	Jahrbuch des öffentlichen Rechts der Gegenwart
JuS	Juristische Schulung
JZ	Juristenzeitung
KritV	Kritische Vierteljahresschrift für Gesetzgebung und Rechtswissenschaft
KSZE	Konferenz für Sicherheit und Zusammenarbeit in Europa
NATO	North Atlantic Treaty Organisation
NJ	Neue Justiz
NJW	Neue Juristische Wochenschrift
NVwZ	Neue Zeitschrift für Verwaltungsrecht
NZWehrr	Neue Zeitschrift für Wehrrecht
OEEC	Organisation for European Economic Co-operation
PVS	Politische Vierteljahresschrift
RabelsZ	Zeitschrift für ausländisches und internationales Privatrecht
RdJB	Recht der Jugend und des Bildungswesens
RMC	Revue de Marché Commun
Rn.	Randnummer
Rs.	Rechtssache
S.	Seite
u. a.	unter anderem
USA	United States of America
usw.	und so weiter
Verf.	Verfasser
VfZ	Vierteljahreshefte für Zeitgeschichte
vgl.	vergleiche
Vol.	Volume
Vorbem.	Vorbemerkung
VSSR	Vierteljahresschrift für Sozialrecht

VVDStRL	Veröffentlichungen der Vereinigung der Deutschen Staatsrechtslehrer
WEU	Westeuropäische Union
WRP	Wettbewerb in Recht und Praxis
ZEuS	Zeitschrift für Europarechtliche Studien
ZfA	Zeitschrift für Arbeitsrecht
ZfRV	Internationales Privatrecht und Europarecht
ZfSH/SGB	Zeitschrift für Sozialhilfe und Sozialgesetzbuch
ZHR	Zeitschrift für das gesamte Handels- und Wirtschaftsrecht
Ziff.	Ziffer
ZNR	Zeitschrift für Neuere Rechtsgeschichte
ZRG Germ. Abt.	Zeitschrift der Savigny-Stiftung für Rechtsgeschichte, Germanistische Abteilung
ZRP	Zeitschrift für Rechtspolitik

A. Einführung

Der 9. Mai eines jeden Jahres ist eng mit der Pariser Erklärung der französischen Regierung, besser bekannt unter dem Namen ihres Verkünders, dem französischen Außenminister Schuman, verbunden. Sie verlieh im Jahre 1950 der Idee einer dauerhaften, engen Zusammenarbeit der Staaten Westeuropas einen maßgeblichen Impuls. Seit dieser Zeit hat sich eine Entwicklung vollzogen, die heute Überlegungen über eine Verfassung für die Europäische Union möglich macht. Die in diesem Zusammenhang stehenden Vorgänge innerhalb der letzten fünfzig Jahren geschahen über weite Strecken unter dem Schlagwort der europäischen Integration, so daß der Begriff in seiner uferlosen Weite und Bedeutungsvielfalt kaum noch faßbar ist. Erschwerend kommt hinzu, daß ihn neben der Rechtswissenschaft auch die Politik- und Wirtschaftswissenschaft sowie die Soziologie - jeweils in spezifischer Bedeutung - verwenden.

Mit immer unschärfer werdendem Inhalt und breiterer Verwendung des Integrationsbegriffes scheint sowohl die Rechts- als auch die Politikwissenschaft aufgrund der Vielschichtigkeit der bisherigen Integrationsaktivitäten den Überblick über die Ziele europäischer Integration, über die dazu verfügbaren Mittel und den dazwischen bestehenden ideengeschichtlichen Kontext verloren zu haben.[1] Der vorhandene Kanon an Integrationsinstrumenten wird mittlerweile als selbstverständlich betrachtet und nur dann diskutiert, wenn Konflikte mit anderweitigen rechtlichen oder politischen Grundregeln der betroffenen Staaten auftreten. Kombiniert mit den nach wie vor vorhandenen Unsicherheiten über die mit der europäischen Einigung im weitesten Sinne verfolgten Zwecke stellen sich Integrationsmittel und -ziele heute selbst für die am Entwurf eines einheitlichen Europa beteiligten Juristen und Politikwissenschaftler als undurchdringlich dar, weil Verknüpfungen zwischen Zielen und Mitteln nur noch selten erkennbar sind. Dabei kommt es vor, daß Integrationsmittel - so zum Beispiel die gemeinsame Verfassung, die zur weiteren Strukturierung und Legitimierung der Integrationsbemühungen dienen soll - als selbständige Integrationsziele erscheinen, ohne daß der eigentliche Sinn des Instrumentariums in Ansehung der damit verfolgten Zielstellung auf den ersten oder auf den zweiten Blick erkennbar wird.

I. Angestrebter Ertrag

Es wird deshalb Aufgabe dieser Arbeit sein, nach Klärung des Integrationsbegriffes unter Einbeziehung politikwissenschaftlicher, wirtschaftlicher, rechtlicher und sozialer Überlegungen bisherige Integrationsziele und Instrumente zu

---

[1] Was Integrationskonzeptionen aus rechtswissenschaftlicher Sicht betrifft, so beklagt von Bogdandy in Loth/ Wessels, S. 107 f., daß wegen des starken Praxisbezugs juristischer Produktion theoretische Ansätze zum methodischen Herangehen eher die Ausnahme sind.

ihrer Erreichung herauszuarbeiten und zu systematisieren. Weiterhin soll die Unklarheit über das Bestehen und die Reichweite der einzelnen Integrationsziele sowie die Gründe für deren Verfolgen zumindest teilweise beseitigt und ein besseres Verständnis für die Zusammenhänge erreicht werden. Damit verbunden ist eine Untersuchung der Gründe der Vergemeinschaftung. Dies und die Darstellung der Integrationsziele und -instrumente ermöglicht es auch, vorsichtige Schlüsse über den weiteren Verlauf der Integrationsprozesse und die dazu nötigen Veränderungen an vorhandenen Mitteln ziehen zu können.

Die Arbeit soll aufzeigen, daß sich entgegen der vielfachen und oberflächlichen Feststellung, die europäische Einigung habe sich ohne klare Ziele entwikkelt, ein allgemein akzeptierter Kanon von anzustrebenden Endzuständen gebildet hat. Dazu gehören neben der Sicherheit und der Errichtung eines einheitlichen Wirtschaftsraumes weitere Zielstellungen auf anderen Betätigungsfeldern. Weiter ist zu belegen, daß ein Katalog von Integrationsmitteln entstanden ist. Dazu gehört die Vergemeinschaftung durch Institutionalisierung, Erlebbarkeit der Organtätigkeit und das Bemühen um eine gemeinsame Identität. Dieses Bestandes sollte man sich ebenfalls für die Zukunft bewußt sein. Insofern stellen die Rückbesinnung auf bisher angestrebte oder schon erreichte Integrationsziele und die im Laufe der Zeit entwickelten Mittel eine solide Basis dar, um bei einer Erweiterung des Zielekatalogs auf europäischer Ebene aus den bereits vorhanden Mitteln neue, wirkungsvollere Instrumente zum Erreichen der veränderten Ziele gewinnen zu können. Natürlich läßt sich kein Lineal an die tatsächliche, von vielen Faktoren geprägte Entwicklung anlegen, mit dem sich über den heutigen Integrationsstand hinaus die Aufnahme neuer Ziele oder die Verfeinerung bisheriger Integrationsmethoden ableiten ließe. Es werden sich jedoch in den Untersuchungen wiederkehrende Bedingungen politischer und wirtschaftlicher Art finden, bei deren Eintreten wesentliche Integrationsfortschritte erzielt wurden. Gleiches gilt für konzeptionelle Änderungen an Integrationsmitteln, die ebenfalls zur Wiederaufnahme oder Beschleunigung der Vergemeinschaftung führten. Unter Berücksichtigung dessen werden die zu erzielenden Ergebnisse als Ausgangspunkt für die aktuelle Diskussion um den Fortgang des Einigungsprozesses und der dafür einzusetzenden Mittel von erheblicher Bedeutung sein.

II. Fachlich-methodische Einordnung

Die gerade dargelegte Zielstellung könnte sich zunächst als Aufgabe der Geschichtswissenschaft darstellen. Tatsächlich existieren eine Vielzahl von Werken, die sich mit der Entwicklung der europäischen Integration seit dem Zweiten Weltkrieg beschäftigen. Auch die Lehrbücher[2] der Rechtswissenschaft beginnen

---

2 Arndt, Europarecht, S. 5 ff.; Emmert, Europarecht, S. 11 ff.; Herdegen, Europarecht, S. 30 ff.; Huber, Recht der Europäischen Integration, S. 13 ff., Streinz, Europarecht, S. 3 ff.

meist mit einem historischen Abriß der Entwicklungsgeschichte europäischer Vergemeinschaftung. Jedoch ist von der Geschichtswissenschaft selbst eine detaillierte Klärung von Begriff, Zielen und Mitteln der Integration nicht zu erwarten. Diese Aufgabe ist mit der in der Geschichtsschreibung verwendeten verlaufsorientierten und subjektivierenden Darstellung einer Entwicklung als solcher nicht zu erreichen, sondern fordert eine objektivierende Analyse von Entscheidungsprozessen und Einflüssen auf die Entscheidungsfindung. Die dazu nötige Abstraktion und Systembildung kann die Geschichtswissenschaft, die die dabei zu treffenden praktisch-politischen Werturteile als zeitabhängig und nicht objektiv einschätzt[3], nicht leisten. Aber auch der europarechtlich ausgerichtete Zweig der Rechtswissenschaft, der über die nötige methodische Fähigkeit verfügt, ist allein nicht zu einer rückblickenden Systembildung in der Lage. Zu seinen Aufgaben gehört es zwar, bestimmte Strukturen zu abstrahieren.[4] Die Beschränkung der Rechtswissenschaft bei der Herausarbeitung von Zielen und Mitteln besteht jedoch darin, auf der normativen Ebene zu verharren und politische oder soziale Einflüsse zu wenig zu berücksichtigen.[5]

Es bedarf also einer Wissenschaft, die beide Elemente - weitgehende Berücksichtigung historischer, politischer und sozialer Umstände sowie Objektivierung und Abstrahierung einzelner Merkmale unter Heranziehung entsprechender begrifflicher Systematik - in sich vereinigt. Hierzu bietet sich zunächst die Rechtsgeschichte als Bestandteil der Geschichts- und der Rechtswissenschaft an. Sie hat sich von der noch vor gar nicht langer Zeit bestehenden Fixierung auf die Dogmengeschichte gelöst und sich zur Ideengeschichte gewandelt. Sie ist heute in der Lage, auch außerhalb positiven Rechts befindliche Einflüsse auf Entwicklungen zu erfassen. Sie scheint im Gegensatz zur Geschichtswissenschaft gleichzeitig fähig, juristische Arbeitsmethoden auf historische Entwicklungen anzuwenden, um wiederkehrende Situationen zu erkennen und zu abstrahieren. Der Rechtshistoriker bleibt dabei Jurist, womit die Rechtsgeschichte über die bloße Verlaufsdarstellung hinausgehende Erträge erzielen kann. Allerdings scheut sie - und das allein macht sie für die europäische Integrationsentwicklung seit 1945 unbrauchbar - vor einer Beschäftigung mit den Gegenständen, die selbst noch Auswirkungen auf das heutige Geschehen besitzen können, zurück.

---

3 Zur Methodendiskussion und zu Einzelpositionen Junker/Reisinger in Schieder, S. 1, 2 ff.

4 Bei Ramm, JuS 1998, S. 587, 591, liest sich die Unterscheidung der Arbeitsweise dann so: „Im Gegensatz zu individualisierenden Feststellungen des Historikers neigt der Jurist zu typisierenden und verallgemeinernden. Er vermag bei der Darstellung des Rechts daher sehr viel unbefangener auf die objektiven Interessenlage zu verweisen und kann sich auch zwingender Schlüsse bedienen, da die subjektive Wertung des Geschehenen und die mit ihr häufig verbundene Schuldzuweisung für ihn nicht im Vordergrund stehen. ... “

5 So von Bogdandy, Der Staat 2001, S. 3, 6, der die diesbezügliche Selbstbeschränkung der Juristen auf Material des eigenen Fachgebiets beim Umgang mit der europäischen Integrationsentwicklung als Selektionsprozeß für die Bewältigung der Literaturfülle deutet.

Den geeigneten methodischen Rahmen zur Untersuchung von Integrationszielen und -mitteln kann daher nur die Juristische Zeitgeschichte[6] bieten. In der Geschichtswissenschaft hatte sich ab 1945[7] eine Sparte herausgebildet, die als Gegenstand der Untersuchung die Epoche der Mitlebenden und ihre wissenschaftliche Behandlung[8] gewählt hatte. Mit deren zunehmender Bedeutung begann man auch unter den Rechtshistorikern, sich mit vergangener, aber in ihren Auswirkungen bis in die Gegenwart reichender Materie zu befassen. Während der in der Geschichtswissenschaft entwickelte Begriff der Zeitgeschichte auch als auf rechtshistorische Untersuchungen anwendbar angesehen wurde,[9] sollte er doch einen leicht modifizierten Inhalt besitzen. Als Hauptgegenstand machte man zunächst die Entwicklung der Gesetzesmaterie selbst aus. Dabei ergab sich für Klippel in den achtziger Jahren das Erfordernis einer äußerst engen Bindung der Untersuchung von außerrechtlichen Umstände an Normen und deren Wissenschaft, so daß er wegen der besonderen Beziehung der Materie nicht nur zum Recht, sondern auch zur Methode der Rechtswissenschaft die Bezeichnung der „Juristischen Zeitgeschichte“ prägte.[10] In Abgrenzung zur allgemeinen Zeitgeschichte sollte die Einbeziehung außerrechtlicher Motive bei der Entstehungsgeschichte von Gesetzen nur zulässig sein, wenn das Erkenntnisinteresse auf das geltende Recht bezogen war.[11] Klippel erkannte zwar auch eine Juristische Zeit-

---

6 Rückert, ZRG Germ. Abt. 115 (1998), S. 1, 11 ff., nähert sich ihr anders, in dem er in seinem methodischen Ansatz die Juristische Zeitgeschichte als Mittelpunkt wählt und dann Zeitgeschichte, Geschichtswissenschaft, Rechtsgeschichte, Rechtswissenschaft, Rechtspraxis und Soziologie abgrenzt. Auf S. 12 ff. erörtert er bei der Frage, ob die Juristische Zeitgeschichte selbst Wissenschaft sei, auch die Entstehung dieses Fachgebietes.

7 Zur Entstehung der Zeitgeschichte in der Geschichtswissenschaft Thamer, S. 53, 55 ff.

8 Definition bei Rothfels, VfZ 1 (1953), S. 1, 2. Heute versteht sich Zeitgeschichte als Geschichte der jüngsten Vergangenheit, soweit sie unmittelbar die Geschicke der heute Lebenden bestimmt. So Bayer/Wende zum Begriff der Zeitgeschichte sowie auch Borowsky/Vogel/Wunder, Bd. I, S. 136 f. Diese und andere Definitionen wie zum Beispiel die bei Sandkühler in Cornelißen, S. 114, 115, betonen den stets nötigen Gegenwartsbezug.

9 So 1968 Thieme in Festgabe für Bonjour, Bd. I, S. 225 ff., wobei er die Wechselwirkungen zwischen Zeitgeschichte und allgemeiner Rechtsgeschichte darstellt und die Prinzipien ersterer für anwendbar auf die letztere erklärt. Dilcher nimmt den Begriff mit „Zeitgeschichte und Rechtspolitik“ in den Untertitel seiner Untersuchung des Deutschen Juristentages zwischen 1960 und 1980 auf. Dort finden sich ab S. 89 ff. systematische Überlegungen zur Wirkungsweise des Juristentages, die als objektivierte Erkenntnis dem geschichtswissenschaftlichen Ansatz nicht entsprachen. Hier zeigte sich die neue Verbindung zwischen dem zeitnahen, aber historischen Gegenstand sowie juristischer Methode.

10 Scheying, JZ 1978, S. 600, 601, hatte zwar schon vor Klippel mit der Forderung nach „Information in rechtlicher Zeitgeschichte“ für die Ausbildung einen Begriff gebildet, durchgesetzt hat sich Klippels Bezeichnung als Juristische Zeitgeschichte. Ramm, a. a. O. (Fn. 4), S. 587 ff., bleibt bei Rechtszeitgeschichte und verbindet damit veränderte Inhalte.

11 Klippel, S. 40. Zur Einbeziehung außernormativer Bereich vgl. ders., S. 44 ff. und S. 48.

geschichte „jenseits des Gesetzes" an, die im Herausarbeiten theoretischer, wirtschaftlicher, sozialer und politischer Legitimationsgrundlagen bestehen sollte, vorausgesetzt war aber dazu nach seiner Definition wieder das Leisten eines Beitrags zum Recht. Auch dies belegt die strenge Normorientiertheit innerhalb dieses Bereichs. Mißt man die nähere Betrachtung und Systematisierung von Zielen und Mitteln der europäischen Integration an diesen ursprünglichen Vorgaben, so ergeben sich im Vorgriff rechtliche Formen als wichtige Integrationsmittel. Die direkte Ausrichtung des Vorhabens an konkreten Normen begründet dies aber nicht. Damit scheint sich die Juristische Zeitgeschichte im historisch-rechtlichen Sinne nicht als methodischer Rahmen zu eignen.

Allerdings sprachen sich in den letzten Jahren entgegen der dargestellten Ansicht[12] gewichtige Stimmen für eine Veränderung der Ausrichtung der Juristischen Zeitgeschichte durch Anerkennung eines eigenständigen juristisch-historischen Bezugs im Gegensatz zur bisherigen juristisch-praktischen Einstellung aus.[13] Als Merkmale dessen ergeben sich die Lockerung der strengen Normorientiertheit und die Erweiterung des Gegenwartsbezuges. Die Systembildung soll nun zu den Aufgaben der Juristischen Zeitgeschichte gehören,[14] ohne dabei einem Zwang zur Ausrichtung auf die Rechtspraxis und damit letztendlich auch der Gefahr der Kollision mit dem geltenden Recht zu unterliegen. Damit bleibt jedoch die grundsätzliche Orientierung am Recht als Abgrenzungsmerkmal gegenüber der allgemeinen Zeitgeschichte und den übrigen, angrenzenden Disziplinen sowie die juristische Arbeitsmethode erhalten.[15] Obwohl die angeregte Ausweitung der Aufgaben Juristischer Zeitgeschichte nicht unbedingt neu ist,[16]

---

12 Zuletzt wieder Ramm, a. a. O. (Fn. 4), S. 587, 588, der - allerdings in einem Ansatz zu der von ihm so bezeichneten Rechtszeitgeschichte - zwar vom Detail absehen und Wertungen nach Wesentlichem sowie Wichtigem treffen will und damit dem Systematisierungsgedanken folgt, aber ein Ausgehen von der Rechtsanwendung fordert. Insofern stellt sich dieser Weg als Anknüpfen an die Vorstellungen Klippels mit Betonung des Bezuges zur Normgeschichte dar, bedeutet aber gleichzeitig die Anerkennung des nun Folgenden.

13 Vgl. zu dieser Entwicklung Rückert, KritV 1997, S. 327, 329 f. Die Unterscheidung zwischen Rechtspraxis und Juristischer Zeitgeschichte anhand juristischen Geltungsinteresses und allgemeinem Erkenntnisinteresse nimmt ders. dann a. a. O. (Fn. 6), S. 1, 28 f. vor.

14 So wohl die Essenz der Aufsätze zum Ziel des Forschungsgebietes. Schulze in Stolleis, S. 53, 58, 60, spricht im Hinblick auf das europäische Recht davon, gemeinsame Prinzipien und Institutionen „hinter" der Vielfalt von nationalen Variationen herauszuarbeiten. Nach Vormbaum in Stolleis, S. 69, 74 f., sollen genetische Strukturen des geltenden Rechts aufgezeigt und dieses in seiner historischen Bedingtheit dargestellt werden. Schröder in Stolleis, S. 35, 41, will ebenfalls Einsichten in derartige Entwicklungslinien gewinnen.

15 Wieder Ramm, a. a. O. (Fn. 4), S. 587, 591, der für die Rechtszeitgeschichte über die Nutzung rechtlicher Kriterien zur Unterteilung sowie Objektivierung der Materie spricht.

16 So äußert Thieme in Festgabe für Bonjour, Bd. I, S. 225, 231: „Kein Zweifel, daß unser Blick geschärft ist für die Beziehung zwischen Recht und Macht, Recht und Unrecht, Recht und Politik. Wir vermögen, so scheint es mir, deutlicher als frühere Forscher zu er-

hat die Forschungsrichtung damit in den letzten Jahren eine wesentliche Aufwertung, was mögliche Arbeitsgebiete und den daraus zu erwartenden Erkenntnisgewinn betrifft, erfahren. In diesem Zusammenhang verwundert es wegen der gewachsenen Bedeutung der europäischen Integration nicht, daß einige Vertreter der juristisch-historischen Strömung von ihrer Disziplin, die sich in den letzten Jahrzehnten mit der NS-Zeit, deren Auswirkungen und dem DDR-System beschäftigt hat, verlangen, nationale Grenzen zu überwinden und die europäische Integrationsentwicklung zum Forschungsgegenstand zu machen.[17] Nur die Juristische Zeitgeschichte als „gesteigerte Rechtsgeschichte“[18] in ihrer juristisch-historischen Ausrichtung ist in der Lage, neben der rechtlichen auch die sonstige Verwendung des Integrationsbegriffes sowie den politischen Rahmen zu berücksichtigen. Sie kann dabei auch wirtschaftliche und soziale Wirkungen einbeziehen. Wegen ihrer Rückbindung an Rechtsgeschichte sowie Rechtswissenschaft besitzt sie die Fähigkeit, zu objektivierten Ergebnissen zu gelangen. Jedoch bedeutet das nicht, daß die Juristische Zeitgeschichte als der allgemeinen Zeitgeschichte und der Rechtsgeschichte entstammenden Geisteswissenschaft fähig wäre, objektive Wahrheit im naturwissenschaftlichen Sinne zu ermitteln. Zumindest scheut sie aber im Gegensatz zur Geschichtswissenschaft nicht davor, überhaupt objektivierende Ansätze zu wählen. Die Juristische Zeitgeschichte ist sich des Unterschiedes zwischen objektivierenden Feststellungen und objektiver Wahrheit bewußt und kann daher erstere mit der nötigen Vorsicht handhaben, ohne sich dabei des Risikos des Abgleitens in den zweiten Bereich auszusetzen.

Während die allgemeine Zeitgeschichte hinsichtlich europäischer Integration auf Verlaufsdarstellungen unter Betonung einzelner Perspektiven der Betrachtung beschränkt bleiben wird,[19] ergibt sich die Bestimmung und Systematisierung von Zielen und Mitteln auf diesem Gebiet als fachübergreifende Aufgabe. Dieser kann die Juristische Zeitgeschichte aufgrund ihrer methodischen Wurzeln und in ihrer veränderten Ausrichtung weg von strenger Normbindung gerecht werden. Allerdings muß dazu der dargestellte rechtliche Bezug erhalten bleiben. Während sich dieser für die Betrachtung der Ziele nicht unmittelbar herstellen

---

kennen, wo sich die Gewalt des Rechts nur als einer Fassade bedient, um dahinter ihre eigenen Ziele zu verfolgen ... “ Thieme zog hier Verbindungen zum Recht als Untersuchungsgegenstand, aber auch zur Politik - dies geht über reine Normorientierung hinaus.

17 So Schulze in Stolleis, S. 53, 58. Zuleeg, ZNR 1997, S. 270, 271 f., betont die verfassungsgeschichtliche Bedeutung der Integrationsentwicklung und grenzt gegenüber bereits existierenden, hier so aber nicht einschlägigen verfassungsvergleichenden Ansätzen ab.

18 Im methodischen Kontext Rückert, a. a. O. (Fn. 6), S. 1, 21, ähnlich Thamer, S. 53, 63.

19 Zur europäischen Integration als Arbeitsgebiet allgemeiner Zeitgeschichte Schwarze, VfZ 31 (1983), S. 555 ff., wobei der Autor auf den damaligen Rückstand aufgrund fehlenden Zugangs zu den einschlägigen Archiven hinweist. Unter Vorstellung verschiedener Perspektiven zeigt der Autor Herangehensweisen an das Forschungsgebiet auf (S. 560 ff.).

läßt, müssen bei der Untersuchung der Integrationsmittel rechtliche Formen aufgrund ihrer Bedeutung für die Integration im Vordergrund stehen. Insofern gruppieren sich die Ziele und übrigen Mittel der Vergemeinschaftung um den rechtlichen Bezug herum. Die Beschäftigung mit den Zielen der Integration geht dabei auch auf die Frage nach dem „warum" des Einsatzes rechtlicher Mittel auf europäischer Ebene ein und trägt zur Klärung der geschichtlichen und politischen Bedingtheit des Rechts bei. Außerdem wird damit das Recht in Beziehung zu anderen Möglichkeiten für die Herbeiführung von Gemeinschaftlichkeit gesetzt, so daß darin ebenfalls ein Ansatz für die interdisziplinäre Diskussion liegt.

III. Forschungsstand

Was den Bearbeitungsstand des europäischen Integrationsprozesses in der Juristischen Zeitgeschichte angeht, so charakterisierte ihn Schulze im Jahre 1994 damit, daß es einen erheblichen Rückstand aufzuholen gelte.[20] Obwohl seitdem einige Zeit vergangen ist, hat sich daran wenig verändert. Es existiert auf juristisch-zeitgeschichtlichem Gebiet keine Arbeit, die sich umfassend und in der Form einer systematischen Analyse mit den bisherigen Integrationszielen und den entsprechenden Mitteln auseinandersetzt.[21] Zwar finden sich vereinzelt Überlegungen zur Herkunft von Integrationsmitteln, diese unterstützen aber meist nur die dann vertretenen Ideen zur Fortentwicklung der Vergemeinschaftung, ohne dabei ein besseres Verständnis des Integrationsvorganges insgesamt zu beabsichtigen.[22] Auch die Lehrbücher zum Europarecht kommen - wie dargestellt - nicht über aus systematischer Sicht unbrauchbare entwicklungsgeschichtliche Abrisse hinaus. Der Grund für diesen Zustand innerhalb der juristisch-zeitgeschichtlichen Literatur mag daran liegen, daß die Beschäftigung mit dem Europarecht selbst erst Anfang der neunziger Jahre in den Mittelpunkt des Interesses rückte. Wenn schon das materielle Recht erst seit so kurzer Zeit entsprechende Aufmerksamkeit genießt, so ist es verständlich, daß die Juristische Zeitgeschichte mit ihrer Rückbindung an die allgemeine Rechtswissenschaft diesem „Trend" bisher noch nicht gefolgt ist. Vielleicht bedarf es dazu aber auch erst einer Generation von geschichtsinteressierten Juristen, die mit dem Europarecht selbst aufgewachsen ist und aufgrund der eigenen Beschäftigung mit diesem Arbeitsbereich ein Interesse an dessen historischen Hintergrund entwickelt.

---

[20] Schulze, ZNR 1994, S. 297, 300. Dagegen berücksichtigt Rückert, a. a. O. (Fn. 6), S. 1, 54 ff., dieses Gebiet als Thema, mit denen sich die Juristische Zeitgeschichte zukünftig befassen sollte, im Gegensatz zum Nationalsozialismus oder der DDR-Geschichte nicht.

[21] Der durch von Bogdandy in Loth/Wessels, S. 107 f., festgestellte Befund fehlender theoretisch-methodischer Beschäftigung gilt gleichermaßen für die Juristische Zeitgeschichte.

[22] Für den Föderalismus Böhmer, S. 35 ff. und S. 55 ff.; Kuschnick, S. 67 ff. Zum Integrationsbegriff als Prämisse der Tätigkeit des EuGH Sander, S. 26 ff., zur Vorgeschichte der gemeinsamen Währung Tietmeyer, Währungspolitik und europäische Integration, S. 3 ff.

Eine andere Bewertung ergibt sich dagegen auf den ersten Blick für politikwissenschaftliche und geschichtliche Arbeiten. Dort finden sich mittlerweile eine Vielzahl von Monographien, die den Integrationsverlauf darstellen. Dabei sind drei große Gruppen von Werken zu unterscheiden. Zum einen existieren Monographien, die den europäischen Einigungsprozeß in seiner Gesamtentwicklung zum Gegenstand haben und dabei meist den Zeitraum von 1945 bis in die neunziger Jahre behandeln.[23] Ein weiterer Teil dieser Darstellungen beschränkt sich auf kürzere Zeitabschnitte oder einzelne Phasen der Integrationsbemühungen, wobei wesentlich detaillierter als in den eher der groben Übersicht dienenden Gesamtwerken vorgegangen wird.[24] Schließlich findet sich eine dritte Gruppe von Monographien, die sich Vorgänge um einzelne Integrationsziele oder Integrationsmittel zum Thema gewählt hat.[25] Dieser Typ gerät noch am ehesten in Berührung mit der hier zu bearbeitenden Aufgabenstellung, da sich dort zumindest streckenweise gewisse Systematisierungsansätze erkennen lassen. Die übrigen Arbeiten kommen dagegen nicht in Konflikt mit der Darstellung europäischer Integrationsziele und -mittel. Der Grund dafür besteht darin, daß sie sich zumeist im Rahmen der Arbeitsmethodik der Politik- und Geschichtswissenschaft auf die Wiedergabe der Abläufe und Entscheidungswege beschränken, die zum heutigen Integrationszustand geführt haben. Daraus aber Systeme zu bilden und Schlüsse in bezug auf aktuelle europäische Themen zu ziehen, geschieht nur selten.[26] Gleiches gilt auch für die Arbeiten zu konkreten Integrationsmitteln oder einzelnen Integrationszielen. Eine Annäherung an Ziele und Mittel der Integration im Sinne des hier verfolgten Ansatzes findet darin aber nicht statt. Die erwähnten Werke werden sich aber dennoch für diesen Ansatz als nützlich zum Nachvollziehen der tatsächlichen Ereignisse in Politik und Wirtschaft erweisen.

Damit ist festzustellen, daß in der juristisch-zeitgeschichtlichen, rechtswissenschaftlichen, politischen und historischen Fachliteratur bisher kaum eine Veröffentlichung existiert, die den aufgeworfenen Aufgabenkreis einer systematischen Darstellung der Integrationsbestrebungen anhand der Vergemeinschaftungsziele und -mittel der letzten fünfzig Jahre mehr als nur in ersten Ansätzen berührt. Dieses zu bedauernde Defizit ordnet sich nahtlos in den unbefriedigenden Bearbeitungszustand innerhalb der juristisch-zeitgeschichtlichen Forschung bezüglich der europäischen Integrationsentwicklung als neuer Aufgabenstellung ein.

---

23 Dazu gehören die Werke von Brandstetter, Dedman, Esterbauer und auch von Gasteyger.

24 Beispiele hierfür sind Loth, Weg nach Europa, Tecke und der Aufsatzband von Trausch.

25 Siehe Baer-Kaupert in Timmermann, S. 69 ff.; Gröne sowie Schneider in Hrbek, S. 37 ff.

26 Das Erkenntnisinteresse dieser Wissenschaftszweige ist ganz anders ausgerichtet. Eine Ausnahme davon bildet Hörnlein, S. 73 ff., der sich mit Leitbildern in Zielsystemen der europäischen Integration beschäftigt. Auch Magagnoli, S. 16 ff., untersucht Ziele und deren Einordnung in nationale und europäische Entwicklungen, jedoch am Beispiel Italiens.

IV. Rahmen der Untersuchung

Die Einordnung der Untersuchung von Zielen und Mitteln in den Bereich der Juristischen Zeitgeschichte erfordert, vorab Rahmenbedingungen zu klären. Dies ist bisher für das Gebiet der europäischen Integration nicht geschehen. Dabei muß vor allem die Frage nach dem Untersuchungszeitraum hinsichtlich des Gegenstandes der europäischen Integration aus juristisch-zeitgeschichtlicher Sicht allgemein beantwortet werden. Für das konkrete Vorhaben stellt sich dann das Problem, ob das dabei erzielte Ergebnis ohne weiteres anwendbar ist oder ob es hinsichtlich des Beginns und Endes des in Rede stehenden Zeitraumes bezüglich der Ziele und der Mittel der Integration einer nochmaligen Präzisierung bedarf.

1. Europäische Integration allgemein

Was den Untersuchungsrahmen europäischer Integration allgemein anbetrifft, so bietet sich dafür die Definition des Begriffs der Zeitgeschichte von Rothfels an, der von der Epoche der Mitlebenden sprach.[27] Er selbst ging Anfang der fünfziger Jahre von einer 1917 beginnenden Periode aus. Allerdings würde die Beurteilung des Vorhandenseins einer solchen Epoche wegen der Bindung an die Mitlebenden ein Problem dergestalt aufwerfen, daß wegen der begrenzten Lebensdauer der Zeitgenossen, auf die sich Rothfels bezog, eine Art fließende Zeitspanne als Arbeitsfeld der Zeitgeschichte eintreten würde.[28] Um dies zu vermeiden, spricht man heute nur noch von jüngster Vergangenheit. Zur Strukturierung dieser jüngste Vergangenheit ergeben sich in der Juristischen Zeitgeschichte mit dem Bezug zum Recht mehrere Möglichkeiten.

Zum einen ergibt die Betrachtung der beiden bisherigen Hauptgegenstände der Juristischen Zeitgeschichte, der NS-Zeit und der DDR, daß dort beiden Gebieten keine abstrakten zeitlichen Schranken im Sinne einer Datumsangabe gesetzt, sondern wichtige Ereignisse zur Abgrenzung verwendet werden. Dies bedeutet nicht zwangsläufig den Ausschluß der Angabe von Zeitrahmen, hält aber die gerade für die Juristischen Zeitgeschichte charakteristische Möglichkeit offen, Entwicklungen hin zu einem bestimmten Ereignis, das den Anfangspunkt des Arbeitsgebietes markiert, darstellen zu können, auch wenn sie außerhalb der Datumsgrenze eines historischen Zeitabschnitts liegen. Andererseits verhindert der Bezug der Darstellung von Ereignissen das Abgleiten in die bloße verlaufsorientierte Zeitgeschichte. Gleiches gilt für den Endpunkt, wobei auch hier wieder das Vorliegen eines Ereignisses der Beschäftigung mit seinen Auswirkungen über das eigentliche datumsmäßige Ende des zu untersuchenden Abschnittes nicht entgegensteht. Für den Nationalsozialismus äußert sich dies in der Heraus-

---

27 Dazu und zu aktuellen Definitionsmodellen vgl. oben unter A II, S. 4, besonders Fn. 7 f.

28 Thamer, S. 53, 56, erläutert dieses Argument im Kontext der allgemeinen Zeitgeschichte.

bildung eines Untersuchungsrahmens zwischen den Jahren 1933 und 1945, wobei als begrenzende Ereignisse die Machtübernahme im Januar 1933 und die Kapitulation im Mai 1945 angesehen werden. Gleiches läßt sich für die DDR mit ihrer Gründung im Januar 1949 und der Wiedervereinigung im Oktober 1990 feststellen. Insofern lassen sich Zeitrahmen in der allgemeinen wie in der Juristischen Zeitgeschichte zwar nicht anhand von Epochen, wohl aber mit dem Auffinden gewisser Zäsuren bilden. Beide beispielhaft angeführten Zeitrahmen, die auf solchen Zäsuren aufbauen, ermöglichen es eben auch, daß sich Autoren mit Vorgeschichte oder darüber hinausgehenden Wirkungen der Untersuchungsgegenstände, also dem Umfeld, befassen können.

Zum anderen fordert Ramm in seinen Überlegungen zur Rechtszeitgeschichte, an das die Zäsur bildende Ereignis weitere Bedingungen zu stellen und es als spezifisch rechtlich zu charakterisieren.[29] Man könnte dies als Bezug zur historisch-praktischen Ausrichtung der Juristischen Zeitgeschichte verstehen, wenn man „rechtlich" mit „normorientiert" gleichsetzen würde. Auf eine diesbezügliche Einordnung ergeben sich allerdings in Ramms Beitrag keine Hinweise. Vielmehr ist davon auszugehen, daß hier die bereits herausgearbeitete Rückbindung an das Recht selbst gemeint ist, so daß ein rechtlicher Bezug als solcher für das Ereignis zur Abgrenzung der Juristischen von der allgemeinen Zeitgeschichte als notwendig, jedoch auch gleichzeitig als ausreichend anzusehen ist.

Damit stellt sich die Frage, welche besonderen Ereignisse mit einerseits rechtlichem, andererseits spezifisch europäischem Bezug als Beginn des Rahmens im Integrationsbereich in Frage kommen könnten.[30] Dabei stellen sich die Rede Churchills in Zürich am 19. September 1946, die den Vorschlag der Einrichtung „Vereinigter Staaten von Europa" enthielt sowie die diesbezüglichen Aktivitäten regionaler nichtstaatlicher Verbände, die sich dafür einsetzten,[31] zwar als wichtige politische Ereignisse dar. Ihnen fehlen aber - gemessen an den aufgestellten Kriterien - Merkmale, die die nötige rechtliche Relevanz begründen könnten. Letztere kam zwar der Gründung der ständigen Organisation für Europäische Wirtschaftliche Zusammenarbeit im Jahr 1948 auf grundsätzlich zu. Hierbei mangelte es jedoch am spezifisch europäischen Antrieb, da die Gründung der OEEC - im Vorgriff - als bloße Reaktion auf die im Marshall-Plan der USA enthaltenen Anforderungen zur Gewährung von Wirtschaftshilfe zu bewerten ist.[32]

---

29 Ramm, a. a. O. (Fn. 4), S. 587, 590, am Beispiel der rechtszeitgeschichtlich „großen" Zäsur des deutschen Zusammenbruchs mit dem Ende des Zweiten Weltkriegs im Mai 1945.

30 Die Ausführungen zur Einordnung der Integrationsgeschichte an dieser Stelle bilden in ihrer Kürze einen Vorschlag, der sich selbstverständlich weiterer Diskussion stellen muß.

31 Zu den hier und folgend erwähnten Ereignissen Oppermann, Europarecht, § 1, Rn. 12 ff.

32 Anders jedoch die Bewertung von Loth in Hecker/Spieler, S. 85, 92, der auch schon für die OEEC vom Bestehen einer eigenständigen europäischen Bewegung ausgeht, die dann in den sechs Gründerstaaten der Montanunion auf besonderes öffentliches Interesse stieß.

Auch dieses Ereignis scheidet damit als Anfangspunkt des Arbeitsgebietes europäischer Integration aus. Als weitere Anknüpfung kommt die Gründung des Europarates, dessen Satzung vom 5. Mai 1949 datiert, in Frage. Neben der Herstellung politischer Beziehungen verband sich mit ihm für die beitretenden Staaten ein Bekenntnis zu Demokratie und Rechtsstaatlichkeit, das sich in der Europäischen Konvention zum Schutz der Menschenrechte vom 4. November 1950 äußerte. Da auch den Individuen ein gewisser Schutz gewährt und für dessen gerichtliche Durchsetzbarkeit gesorgt wurde, läßt sich dem ein überstaatliches, rechtliches Element auf der Grundlage des Völkerrechts nicht absprechen. Die Gründung des Europarates kann damit allgemein als Beginn des Gegenstandes europäischer Integration für die Juristische Zeitgeschichte genutzt werden.

Schwieriger gestaltet sich die Suche nach einem möglichen Ende des Untersuchungszeitraumes, wobei wiederum ein spezifisch europäisches, rechtlich relevantes Ereignis zu fordern ist. Zusätzlich stellt sich aufgrund der nicht beendeten Integrationsentwicklung die Frage, wie stark dabei die zulässigen Auswirkungen auf die Gegenwart noch sein dürfen, oder ob - anders formuliert - die Zäsur einer Art „Mindestabstand" zur Jetztzeit bedarf.[33] Eine Notwendigkeit dafür könnte sich aus Sicht der allgemeinen Zeitgeschichte zur Vermeidung eines Objektivitätsdefizits aufgrund fehlender zeitlicher Distanz und der Gefahr zu großer Nähe zur aktuellen Tagespolitik ergeben. Aus dem Blickwinkel der Juristischen Zeitgeschichte im bisherigen juristisch-praktischen Sinne kommt noch die Gefahr der Kollision mit dem geltenden Recht hinzu. Dagegen wird angeführt, daß nicht Nähe oder Ferne über die Qualität einer Untersuchung entscheide, sondern Produktivität der Fragestellung, Stringenz der Argumentation und quellenmäßige Kontrollierbarkeit. Dem Argument, daß langfristige Folgen einer unbeendeten Entwicklung nicht abzusehen seien, wird die bessere Quellenlage und die Chance, Zeitzeugen zu befragen, entgegengehalten.

Dieser der Geschichtswissenschaft entstammende Streit muß für die europäische Integration nicht entschieden werden, wenn man zweierlei berücksichtigt. Folgt man zum einen der historisch-juristischen Methode, dann scheidet eine Berührung mit dem materiellen Recht wegen des anders gelagerten Erkenntnisinteresses bei der Beschäftigung mit dem Europarecht als Integrationsmittel aus. Zum anderen bedarf es eines Ereignisses, das im Rahmen der Integrationsentwicklung eine Zäsur darstellt, also den Abschluß einer Etappe markiert. Den daran im Vergleich zum Epochenmerkmal von Rothfels zu stellenden hohen Anforderungen wird, bezogen auf die Integration allgemein, nur der Vertrag über die Europäische Union vom 7. Februar 1992 gerecht, der den Abschluß der Bemühungen um den Binnenmarkt darstellt, aber auch mit der Unionsgründung rechtliche Relevanz für die Institutionalisierung der Integration besitzt. Dieses

[33] Die Argumente dazu erörtert Thamer, S. 53, 57. Vgl. Rothfels, VfZ 1 (1953), S. 1, 4 ff.

als Zäsur zu bewertende Ereignis der europäischen Integrationsentwicklung wurde inhaltlich mittlerweile wieder verändert, so daß unabhängig von dem obigen Streit um die Notwendigkeit ein gewisser Mindestabstand erhalten bleibt.

2. Zeitraum für den konkreten Untersuchungsgegenstand

Während sich der Endpunkt allgemeiner juristisch-zeitgeschichtlicher Untersuchungen zur europäischen Integration auf die Darstellung und Systematisierung von Zielen und Mitteln übertragen läßt, fehlt der Gründung des Europarates als Anfangsereignis für den Integrationsprozeß die nötige Kontinuität. Zwischen Europarat und Europäischer Union läßt sich schon wegen ihrer Mitgliederstruktur keine Entwicklungslinie herstellen.[34] Auszuwählen ist stattdessen die Erklärung der französischen Regierung vom 9. Mai 1950[35] als Vorschlag der Bildung einer Montanunion zwischen Frankreich und Deutschland. Diese Idee wurde dann im Vertrag zur Gründung der Europäischen Gemeinschaft für Kohle und Stahl - heute innerhalb der „Ersten Säule" der Europäischen Union - umgesetzt. Der erforderliche rechtliche Bezug dabei ergibt sich aus dem im Rahmen der Mittel der Integration zu erörternden Gedanken einer supranationalen europäischen Einrichtung. Der Schuman-Plan eignet sich im konkreten Zusammenhang also besser als die Gründung des Europarates, um für Überlegungen zu Zielen und Mitteln europäischer Integration einen tauglichen Beginn zu markieren.[36]

3. Zusammenfassung

Der Rahmen der hier beabsichtigten Darstellung wird durch die Erklärung der französischen Regierung vom 9. Mai 1950 und den Unionsvertrag vom 7. Februar 1992 gebildet. Europäische Integration soll daher hier im Zeitraum zwischen der Vorbereitung der Gründung der Europäischen Gemeinschaft für Kohle und Stahl 1950 sowie dem Vertrag von Maastricht von 1992 untersucht werden.

---

[34] Ganz zu schweigen von der unterschiedlichen Zielstellung sowie der Herangehensweise.

[35] Erklärung der französischen Regierung über gemeinsame deutsch-französische Schwerindustrie vom 9. Mai 1950. Der Text ist abgedruckt in Europa-Archiv 13/1950 auf S. 3091.

[36] Esterbauer, S. 8, und Trausch in Hudemann u. a., S. 105. Letzterer bezeichnet a. a. O. den Schuman-Plan als „Gründungsakt der Europäischen Gemeinschaft schlechthin" und vermeidet damit das Entstehen des Eindrucks von Kontinuität im Verhältnis zum Europarat.

B. Integrationstheoretische Grundlagen

Die Beschäftigung mit Zielen und Mitteln europäischer Integration erfordert es nicht nur, Integration begrifflich zu definieren, sondern - als Voraussetzung einer Systembildung - auch Faktoren und Meßgrößen zu finden, die sich als Arbeitsinstrumente für die beabsichtigte Untersuchung sowie Bewertung eignen.

I. Integrationsbegriff

Eine vorgezogene Betrachtung des Integrationsbegriffes[37] ist nötig, da er mit seiner derzeitigen, vielfältigen Verwendung in Rechts- und Politikwissenschaft, Geschichte und Soziologie immer mehr an Kontur verliert.[38] Damit kann ein einheitliches Grundverständnis dieses *terminus* als nötiger Basis der weiteren Darstellung nicht vorausgesetzt werden. Daneben stellt sich aber auch die Frage, inwieweit sich bereits ein spezifischer Begriff der europäischen Integration herausgebildet hat und auf welche der Entwicklungen er konkret zu beziehen ist.

1. Begriffsverständnis in allgemeiner Hinsicht

Der ursprünglich im Bereich der Soziologie[39] entwickelte Integrationsbegriff wird allgemein als Verschmelzen einer Vielheit zu einer Einheit definiert.[40] Bezüglich politischer Gebilde als einem der Hauptanwendungsgebiete[41] gilt, daß Integration den Zusammenschluß von Systemen zu einem neuen Gesamtsystem meint, das mehr ist als die bloße Summe der Einzelsysteme.[42] Dabei müssen weiterhin zwei dynamische von einem statischen Modell unterschieden werden.[43] Bei der dynamischen Verwendung des Integrationsbegriffes kann es zum einen dazu kommen, daß ein neuer Ansatz zur Verschmelzung Verhandlungen von zwei oder mehreren Akteuren erfordert, wobei jede der Seiten Kompromisse eingehen muß. Andererseits ist die Situation denkbar, daß zu einer bereits im Stadium der Verschmelzung befindlichen Einheit weitere Beteiligte hinzukommen. Dies erfordert von den Hinzukommenden eine weitestgehende Anpassung ihrer Position an die der bereits im Verschmelzungsprozeß Befindlichen, so daß

---

37 Zur Herkunft des Wortes und der Bedeutung Frei in Weidenfeld, S. 113, mit Nachweisen.

38 Vgl. zur heutigen Uferlosigkeit des Integrationsbegriffes auch Teune in Sartori, S. 235 ff.

39 Sidjanski, Annuaire Européen X (1962), S. 69, mit weiterem Nachweis. Die Bedeutungsgeschichte des Begriffes vor seiner soziologischen Besetzung schildert Korioth, S. 127 ff.

40 Ebenso in der juristischen Literatur, so Bleckmann, Europarecht, Teil II, XIV 1, Rn. 803.

41 Ansonsten wird Integration vor allem im Kontext der Eingliederung von Individuen in eine Gemeinschaft, also auf soziologisch-sozialwissenschaftlichem Gebiet, verwendet.

42 Esterbauer, S. 7, innhalb seiner Darstellung derartiger Systemverschmelzung in Europa.

43 Hierzu und zur folgenden Unterscheidung der Schaffner, S. 11 ff., kurz bei Sander, 26 f.

gegenüber dem ersten Modell keine grundsätzliche Neuverhandlung stattfindet. Beide dynamischen Verständnisse von Integration können dazu eingesetzt werden, den Prozeß zu verfolgen und in seinem Verlauf zu beschreiben. Das dritte Modell, das den Zustand der Verschmelzung politischer Einheiten zu einem bestimmten Zeitpunkt meint, ermöglicht dagegen nach der Definition von geeigneten Kriterien die Bewertung der Integrationstiefe. Wendet man diese Überlegungen auf die Integration von Staaten im europäischen Rahmen an, dann lassen sich die dynamischen Modelle unschwer der Gründung der Gemeinschaften und gleichermaßen den Verhandlungen zum Beitritt neuer Mitglieder zuordnen.[44]

2. Begriff der europäischen Integration

Ausgangspunkt der Überlegungen zu einem besonderen europäischen Integrationsbegriff als Unterfall des politikwissenschaftlichen Integrationsverständnisses ist hier die Frage, ob sich der Begriff im europäischen Zusammenhang seiner tatsächlichen Verwendung nach nicht schon auf bestimmte Gestaltungsformen beschränkt, also ein gewisses Eigenverständnis entwickelt hat. Dies hätte zur Folge, daß der Integrationsbegriff nur für jene Formen verwendet werden dürfte.

Den Einstieg in die Beantwortung der Frage bildet der erstmalige Gebrauch des Integrationsbegriffes im Jahre 1954 im Schlußkommuniqué der Verhandlungen über die Westeuropäische Union.[45] Einen ersten Hinweis auf ein beschränktes Verständnis des Integrationsbegriffes im europäischen Kontext, wonach Integration „*la somme de tous les efforts visant à créer l'union européenne*“[46] sein soll, findet sich bereits Anfang der sechziger Jahre. In dieselbe Richtung gehen Ausführungen Oppermanns vom Ende der siebziger Jahre, wobei er zwischen einem eher zeitgeschichtlich-politischen Bezug europäischer Integration und einem engeren juristischen, realitätsbezogenen Aussagewert dieses speziellen Integrationsbegriffes unterschied.[47] Ersterer kennzeichnete das Bemühen der westeuropäischen Staaten um einen engeren organisatorischen Zusammenschluß und vertiefte Zusammenarbeit seit 1945. Dazu zählten also auch solche Einrichtungen wie die OEEC. Ende der siebziger Jahre setzte Oppermann das Schlagwort der europäischen Integration mit „Europäischer Gemeinschaft“ gleich - also der Form einer weitergehenden, definitiv gemeinten Übertragung staatlicher Funk-

---

44 Diese integrationstheoretische Erkenntnis ist nicht neu, läßt sie sich doch schon für den Anfang der sechziger Jahre nachweisen. So bei Sidjanski, a. a. O. (Fn. 39), S. 69, 70, der den Integrationsbegriff nach prozessualem sowie zustandsrelevantem Inhalt unterscheidet und damit bereits exakt heutigen soziologisch-politikwissenschaftlichen Modellen folgt.

45 Kommuniqué der Konferenz vom 21. Oktober 1954, Europa-Archiv 23/1954, S. 7138.

46 So Begriffsdefinition von Majolin, hier zitiert nach Sidjanski, a. a. O. (Fn. 39), S. 69, 70.

47 Oppermann in Berberich u. a., S. 85, jedoch ohne Untersuchung der Begriffsverwendung.

tionen und Befugnisse auf einen über die klassische internationale Organisation hinausgehenden Zusammenschluß. Damit eliminierte er die „nur“ internationalen Organisationen aus dem Verständnis des Begriffes europäischer Integration nach dem Zweiten Weltkrieg. Bei Fortsetzung dieser Überlegung wird man dazu kommen müssen, den Begriff der europäischen Integration aus Sicht Juristischer Zeitgeschichte mit denjenigen Einigungsbemühungen gleichzusetzen, die aus der heutigen Perspektive von der Dachkonstruktion der Europäischen Union umfaßt werden.[48] Obwohl empirische Untersuchungen zur Konkretisierung des Begriffes europäischer Integration fehlen, sollte zum Beleg die Prüfung des eigenen Begriffsverständnisses beim Leser genügen - wer denkt schon bei europäischer Integration zuerst an den Europarat, die Konferenz für Sicherheit und Zusammenarbeit in Europa aus den siebziger und achtziger Jahren oder die Westeuropäische Union? Deshalb soll als Prämisse für die weiteren Darstellungen davon ausgegangen werden, daß der Begriff der europäischen Integration aufgrund seiner konkrete Verwendung nicht alle Bemühungen der letzten fünfzig Jahre um europäische Zusammenarbeit im weitesten Sinne umfaßt, sondern nur die sich innerhalb der Kontinuität des Schuman-Plans befindlichen und in die Konstruktion der Europäische Union einmündenden Formen beinhalten soll.

Als etwas unproblematischer, aber ebenso erforderlich stellt sich die Abgrenzung europäischer Integration in räumlicher Hinsicht dar. Obwohl die Verwendung der Bezeichnung Europa geographisch das Gebiet zwischen Atlantik im Westen und dem Ural im Osten meint und daraus geschlossen werden könnte, europäische Integration umfasse sämtliche Verschmelzungsbemühungen in diesem Raum einschließlich der des Rates für gegenseitige Wirtschaftshilfe des ehemaligen Ostblocks, so ergibt sich zumindest für den hier festgelegten Untersuchungszeitraum im begrifflichen Verständnis europäischer Integration grundsätzlich eine Begrenzung auf die Staaten West-, Mittel- und Südeuropas, die den jeweiligen Mitgliederbestand der Gemeinschaften bzw. der Union ausmachten. Weitere Zusammenschlüsse, die daneben im politischen, militärischen und wirtschaftlichen Bereich existierten, sollen hier aus Gründen übersichtlicher und nachvollziehbarer Darstellung nur dort erörtert werden, wo sich ein unmittelbarer Bezug zur europäischen Integration nach obigem Begriffsverständnis ergibt.

3. Zusammenfassung

Wenn von europäischer Integration gesprochen wird, dann ist in begrifflicher Hinsicht, ausgehend vom allgemeinen politikwissenschaftlichen Verständnis, eine Verschmelzung staatlicher Einheiten im Bereich West-, Süd- und Mitteleu-

---

48 Wie hier Kuschnick, S. 70, der unter europäischer Integration im engeren Sinne alle Angleichungen und Harmonisierungen innerhalb der drei Gemeinschaften verstehen möchte.

ropas in kontinuierlicher Entwicklung von der Pariser Erklärung vom 9. Mai 1950 bis hin zum Unionsvertrag von Maastricht 1992 und innerhalb der dabei aufgetretenen Formen, auf die im weiteren näher einzugehen sein wird, gemeint.

II. Allgemeine Methoden zur Beschreibung von Integration

Die begriffliche Definition von Integration selbst sagt im allgemeinen und im spezifisch europäischen Verständnis noch nichts dazu aus, welche Größen auf Vergemeinschaftungsvorgänge[49] Einfluß haben können. Zur Bestimmung dessen existieren zwei Herangehensweisen, die zum einen der Politikwissenschaft und zum anderen eher dem juristischen Bereich entstammen. Neben der erforderlichen Darstellung beider Ansätze fragt sich im Hinblick auf die konkrete Aufgabenstellung dieser Arbeit, welchem der Modelle für die hier darzustellenden Ziele und Mittel europäischer Integration gefolgt werden soll, um dem am Anfang erhobenen, fachübergreifenden Anspruch auch gerecht werden zu können.

1. Dimensionenmodell

Die Politikwissenschaft hat allgemeine Kriterien zur Beschreibung der Beeinflussung von Integrationsvorgängen entwickelt, denen ein dimensionäres[50] Verständnis der Verschmelzung zugrunde liegt.[51] Eine Dimension umfaßt die Zusammenführung der politischen Entscheidungsfindung, die Einführung verbindlicher Entscheidungsverfahren sowie die rechtliche Durchsetzung der in diesen Verfahren getroffenen Entschlüsse, wobei die Legitimation der Entscheidungsträger ebenfalls mit einbezogen wird. Dieser Bereich setzt einen objektiven Rahmen für den Verschmelzungsprozeß. Als zweite Dimension wird ein sozialpsychologisches Verständnis angesehen, wobei es auf die Selbstwahrnehmung des Individuums im Verschmelzungsvorgang ankommt. Dabei handelt es um eine subjektive Komponente. Als dritte Dimension betrachtet man Integration hinsichtlich ihrer Verflechtungswirkung für die Gesellschaft, wobei es um die Bewertung des Vorhandenseins und der Intensität von wirtschaftlichen, kulturellen und sozialen Beziehungen zwischen den Beteiligten geht.

Dabei ist es durchaus denkbar, daß innerhalb der beiden dynamischen Modelle des Integrationsverständnisses aufgrund des prozeßhaften Charakters von Integration eine Dimension der anderen entwicklungsmäßig voraus ist. Daraus können Wirkungen entstehen, die den Verschmelzungsprozeß innerhalb der zurückliegenden Dimension entweder beschleunigen oder den in der führenden

---

49 Vergemeinschaftung ist hier nur ein anderer Begriff für die Integration, so Böhner, S. 26.

50 Zur Dimensionsbeschreibung von Integration in der Sozialwissenschaft Giering, S. 17 ff.

51 Frei in Weidenfeld, S. 113, 114, der das Dimensionenmodell in den achtziger Jahre des letzten Jahrhunderts neu aufgriff; speziell zur europäischen Integration Sander, S. 30 ff.

verlangsamen bzw. vollständig stoppen können. Daß daraus auch Auswirkungen über einzelne betroffene Dimensionen hinaus auf den Integrationsverlauf insgesamt erfolgen, wenn ein solcher Entwicklungsunterschied auftritt, ergibt sich von selbst. So bestehen die einzelnen Dimensionen nicht losgelöst von einander, sie können sich hinsichtlich des Integrationsverlaufs gegenseitig beeinflussen.

Die einzelnen Dimensionen der Integration finden auf der europäischen Ebene schon bei oberflächlicher ihre Entsprechung, wobei die Vereinheitlichung der Entscheidungsfindung und -durchsetzung mit Institutionalisierung und Verrechtlichung des Verhältnisses der Mitglieder zueinander gleichzusetzen ist. Was das subjektive Befinden der von der Integration betroffenen Individuen angeht, so fallen dazu Begriffe wie der der europäischen Identität.[52] Noch auf eingetretene Verflechtungseffekte in Europa einzugehen, hieße, Eulen nach Athen zu tragen. Diese Einzelausprägungen lassen sich über den engen Horizont der normorientierten Rechtswissenschaft hinaus unter Beachtung der von Smend genannten Einheit der Integrationstypen[53] mit diesen und ihrer Weiterentwicklung im politikwissenschaftlichen Dimensionenmodell umfassend beschreiben.

2. Sektorenmodell

Demgegenüber findet sich - speziell für den Verschmelzungsprozeß auf europäischer Ebene - ein weiterer Ansatz zur Ausdifferenzierung des allgemeinen dynamischen Integrationsmodells in seiner ersten, einer Neugründung entsprechenden Ausrichtung. Dabei wird vor allem aus Sicht der rechtswissenschaftlichen Literatur die als Prozeß verstandene europäische Integration in einen politischen, einen rechtlichen und einen wirtschaftlichen Sektor aufgeteilt.[54] Diese sektorale Überlegung erfaßt damit einzelne Sachbereiche, in denen Verschmelzung stattfindet. Sie berücksichtigt mit der Politik, dem Recht und der Wirtschaft aber nur solche Gebiete, die im Sinne der politikwissenschaftlichen Theorie der objektiven Seite der Integration angehören. Sie erfaßt dagegen nicht die sozialpsychologische Seite, die sich außerhalb von normativen Einflußmöglichkeiten zum Erreichen von Verschmelzung auf den genannten Gebieten befindet. Eine hinreichend differenzierte Beschreibung aller Ausprägungen im europäischen Integrationsprozeß ist jedoch allein durch diesen Ansatz nicht möglich.

---

[52] Landheer, Annuaire Européen III (1957), S. 53, 56, sprach bereits 1957 für die Verschmelzung europäischer Staaten von der Notwendigkeit einer „*common moral basis*".

[53] Das einheitliche Verständnis der Integrationstypen bei Smend betont Mols, Allgemeine Staatslehre, S. 139 f. Für ihn wird jede Einzelerkenntnis zu denIntegrationstypen auch zur Teileinsicht in ein Ganzes. Damit wird sich auch hier am Ende der Ausführungen trotz der Zerlegung der Integration in Einzeldimensionen eine Gesamtaussage treffen lassen.

[54] Vertreter dieser Unterscheidung in einzelne Sektoren sind heute noch Bleckmann, Europarecht, Teil II, XIV 1, Rn. 803; Constantinesco, Bd. I, S. 142 ff.; und Kuschnick, S. 69.

3. Verwendbarkeit für das Untersuchungsziel

Wenn man also nach Zielen der Integration fragt und damit Endzustände meint, die eine höhere Einheitlichkeit von Entscheidungen, deren Durchsetzung oder auch wirtschaftliche Rahmenbedingungen im Vergleich zur Ausgangslage beinhalten, dann sind sektorale Überlegungen durchaus verwendbar. Sollen aber Mittel der Integration beleuchtet werden, dann ist darauf einzugehen, ob und in welchem Umfang die Herausbildung der Selbstwahrnehmung des Individuums in einer mehr und mehr verschmelzenden Gemeinschaft stattfand bzw. in den letzten Jahrzehnten angeregt wurde. Diesem Anspruch kann der sektorale Ansatz zur Erklärung von Integration nicht genügen, womit er für die Bestimmung von Integrationszielen genutzt werden kann, aber für die Darstellung von Mitteln zur europäischen Vergemeinschaftung ausscheidet.

Die politikwissenschaftliche Unterscheidung erlaubt es aber, getrennt nach den Integrationsdimensionen die jeweiligen Entwicklungen auch unter Berücksichtigung der subjektiven Seite des Verschmelzungsprozesses nachzuvollziehen und so im Sinne beider vorgestellter Modelle zum Integrationsbegriff sowohl den Fortschritt als auch die erreichte Tiefe der Verschmelzung zu einem fixen Zeitpunkt zu bestimmen.[55] Damit wird die Erörterung der Integrationsmittel nach ihrer Ausrichtung auf den objektiven Rahmen der politischen und rechtlichen Steuerung oder das Selbstverständnis der vom Verschmelzungsprozeß Betroffenen ermöglicht. Auf die Bewertung allgemeiner Verflechtungsgrade in bestimmten Momenten kommt es hier aber nicht an. Die daher um die Verflechtungsdimension verminderte, politikwissenschaftlich-soziologische Differenzierung ergibt also einen Ansatz für eine Systematisierung der Integrationsmittel.

III. Funktion der Integrationstheorien

Beschäftigt man sich mit dem Integrationsbegriff in europäischem Zusammenhang, kommt man nicht um die Erörterung der meist im selben Atemzug genannten Integrationstheorien herum. Gerade im juristischen Bereich gehören diese Theorien mittlerweile zum guten Ton, ohne daß auf deren Erforderlichkeit für den Integrationsbegriff eingegangen wird.[56] Damit wird der Eindruck erweckt, daß die Lehren zur Begriffsdefinition selbst nötig seien. Dies ist für Integration allgemein sowie für ihre europäischen Ausprägung aber nicht der Fall.

---

[55] Diese Möglichkeit erläutert Frei in Weidenfeld, S. 113, 114 ff., indem er die vorhandenen Dimensionen weiter ausdifferenziert. Die Bildung eines einheitlichen Index durch einfache Addition der drei Dimensionen nicht jedich möglich, so zutreffend Schaffner, S. 14.

[56] So bei Sander, S. 26 ff., der unter der Überschrift „Integration als Prozeß“ die Theorien im Abschnitt über den „Begriff der Integration“ behandelt und damit darstellerisch einen Konnex von Begriff und Theorien behauptet, ohne deren Verhältnis zueinander zu klären.

Der *terminus* der Integration ist von seiner Entwicklungsgeschichte her soziologisch und politikwissenschaftlich geprägt. Insofern muß der dazugehörige Theoriebegriff ebenfalls aus Sicht der Sozialwissenschaften und nicht etwa aus juristischer oder zeitgeschichtlicher Perspektive bestimmt werden. Theorie bedeutet nach der sozialwissenschaftlichen Definition eine Menge miteinander verbundener Hypothesen, wobei diese wiederum Aussagen darstellen, die eine Ursache mit einer Wirkung verknüpfen.[57] Solche Sätze in „Wenn-dann"-Form bzw. „Je mehr, desto"-Struktur sollen ihrem Sinn nach dabei helfen, Verständnis für vielschichtige Vorgänge zu entwickeln, was ein reines Beschreiben in dieser Art nicht leisten kann. Bezogen auf Integration in Form der oben dargestellten drei Modelle und der Untergliederung in Dimensionen finden solche theoretischen Überlegungen zur Ermittlung von Einflußgrößen zur Bestimmung von Fortschritt, Stagnation oder Rückschritt der Verschmelzung sowie der Geschwindigkeit der Entwicklung statt. Die Ergebnisse dessen bezeichnet man als Integrationstheorien. Schon daraus ergibt sich für das Verhältnis der Theorien zum Integrationsbegriff als solchem, daß die Theorien den Begriff nicht erklären, sondern es sich dabei um die Ermittlung von Faktoren handelt, die Integration als Prozeß in ihrem Verlauf beeinflussen können. Ein zusätzlicher Verständnis- oder Bedeutungsgewinn für den Begriff selbst ist damit nicht verbunden. Insofern läßt sich zwischen dem Integrationsbegriff und den -theorien kein Zusammenhang erkennen, der es nötig machen würde, bei Erörterungen über den Integrationsbegriff im europäischen Kontext immer auf die Theorien einzugehen.

Im Hinblick auf die hier beabsichtigte Darstellung und Systematisierung von Zielen und Mitteln europäischer Vergemeinschaftung bedeutet dies die Entbehrlichkeit der genannten Theorien für die Bestimmung des Integrationsbegriffes selbst. Eine Verbindung zu Zielen der Integration besitzen diese Theorien jedoch dergestalt, daß sie zumindest teilweise Aussagen zu Gründen des Verschmelzungsprozesses erkennen lassen und somit als Prüfungsmaßstab zu Gründen der Zielgestaltung eingesetzt werden können.[58] Die Integrationslehren gehören hier jedoch mit derselben Funktion auch in den Bereich der Mittel, zu denen sie wiederum nachstehend in Beziehung gesetzt und auf praktisches Zutreffen hin überprüft werden können. Damit müssen die einzelnen Theorien sowohl hinsichtlich der Ziele wie auch der Instrumente der Integration einbezogen werden.

---

[57] Frei in Weidenfeld, S. 113, 120. Anders, für den Kausalitätszusammenhang aber ähnlich, Giering, S. 12, der Theorie als System von Begriffen, Definitionen und Aussagen definiert, das dazu dient, Erkenntnisse über einen Bereich von Sachverhalten zu ordnen, Tatbestände zu erklären und die weitere Entwicklung vorauszusagen. Die juristische Methodenlehre beschreibt Theorie als Trias aus einer oder mehrerer Regeln in Form von Aussagen über geltendes Recht, Grundwertungen, allgemeine Rechtsprinzipien und paradigmatische Problemlösung, Larenz/Canaris, S. 279. Hinzutreten muß noch die Prüfbarkeit.

[58] Dies wird eingehender Beschäftigung mit Integrationszielen und deren Gründen erfolgen.

IV. Zusammenfassung

Integration bedeutet allmähliche Verschmelzung einer Vielheit zu einer Einheit. Neben dieses dynamische Verständnis tritt Integration als Zustandsbeschreibung. Beide Modelle erfordern aus soziologisch-politikwissenschaftlicher Sicht die Aufteilung in mehrere Unterdimensionen, um Integration in der ganzen inhaltlichen Reichweite erfassen zu können. Der sektorale Ansatz läßt sich nur zur Bestimmung von Integrationszielen verwenden. Die Integrationstheorien tragen nichts zur Klärung des Integrationsbegriffes bei, sondern bemühen sich um Beschreibung der Gründe und auch der Einflüsse auf den Verschmelzungsprozeß.

C. Ziele und Gründe europäischer Integration

Versteht man, wie gerade dargestellt, Integration auf europäischer Ebene als Prozeß, der darauf abzielt, Staaten zu einer gemeinsamen Organisationsform für politische Entscheidungen, deren rechtlicher Durchsetzung sowie vertiefter wirtschaftlicher, kultureller und sozialer Verknüpfung zusammenzuführen, so stellt sich zwangsläufig die Frage nach Zielen, Gründen sowie angestrebtem Nutzen.

I. Zielbegriff

Der Zielbegriff ist philosophisch geprägt. Zu verstehen ist darunter ein gedanklich vorweggenommener zukünftigen Zustand bzw. relativer Endpunkt einer Entwicklung, der aus einem Feld objektiver Möglichkeiten vom Menschen aufgrund einer Entscheidung bewußt ausgewählt und festgelegt wird und nur durch aktives Handeln des Menschen verwirklicht werden kann.[59] Im politischen Bereich bedeutet der Begriff einen für die Zukunft angestrebten Zustand, der mit dem vergleichbaren Abschnitt der Ausgangssituation kontrastiert und sich nicht automatisch im Zeitverlauf oder der gewünschten Frist einstellt. Es kann auch ein gegebener Zustand umfaßt sein, der aufrechterhalten wird.[60] Maßgeblich sind also zumindest relative Endzustände, die angestrebt[61] oder erhalten werden sollen, wobei der Zielbegriff als solcher auf Zustände als statischen Größen abzielt. Einem Prozeß selbst kann damit begrifflich nie Zielcharakter zukommen.

Selbst mit dieser Einschränkung läßt sich allgemein und im Zusammenhang mit europäischer Integration ziemlich alles zum Ziel erklären, was sich in irgendeiner Form als Zustand wahrnehmen läßt. Dies kann natürlich nicht Ausgangspunkt einer Darstellung und Systematisierung sein. Insofern ist es erforderlich, den Zielbegriff in einen engeren Zusammenhang mit dem europäischen Verschmelzungsprozeß zu bringen und daraus gewisse Prämissen abzuleiten, denen der *terminus* in seiner Bedeutung zu unterwerfen ist. Wenn man von Integrationszielen spricht, so impliziert dies zuerst, daß diese innerhalb eines gewissen zeitlichen Ablaufs durch Einflußnahme erreichbar sind. Als Ziel dieses Prozesses kommt hauptsächlich Integration in ihrem statischen Verständnis als Zustand völliger Verschmelzung aller Lebensbereiche kleinerer Einheiten innerhalb einer neuen, größeren Einheit in Betracht. Daß ein solches Ziel im Untersuchungszeitraum zu keiner Zeit angestrebt wurde, läßt sich auch ohne große entwicklungsgeschichtliche Betrachtungen konstatieren. Die Frage nach Zielen europäischer Integration ist von Beginn an auf einzelne Sachgebieten beschränkt. Dazu waren

---

59 Klaus/Buhr, Bd. 2, S. 1327, ähnlich Brugger, S. 397 f., in einer Abgrenzung zum Zweck.

60 Zu Leitbildern europäischer Integration bei Hörnlein, S. 28 f.; ebenso bei Molitor, S. 29.

61 So Belzer in ders., S. 13, 20, Fn. 3, der Ziele mit zu erreichenden Zuständen umschreibt.

bereits die Bereiche Politik, Recht und Wirtschaft beispielhaft angesprochen worden. Allerdings ergeben sich für die diesbezügliche Klassifizierung der ersten beiden Gebiete als Integrationsziele Bedenken, die sich aus dem Umstand der Beeinflußbarkeit des Integrationsprozesses und damit der Unterscheidung von Zielen und Mitteln der Vergemeinschaftung ergeben. Würde man die Errichtung von Institutionen, die Ausgestaltung von Verfahren und Wege der Einwirkung auf die kleineren Einheiten im Bereich des Rechts als Ziele verstehen, hätte dies zur Folge, daß etwas, was im Sinne der Politik- und Sozialwissenschaften als Einflußgröße für Integrationsprozesse zu bewerten ist, aus dem sektoralen Ansatz des Integrationsverständnisses heraus gleichzeitig zum anzustrebenden Endzustand erklärt würde.[62] Die Folge dessen bestünde in einem Zirkelschluß. Die Trennung von Weg und Ziel - auch hinsichtlich des sektoralen Integrationsverständnisses - wäre damit für die rückblickende Betrachtung des europäischen Verschmelzungsprozesses nicht mehr möglich. Um dies zu verhindern, scheiden für den Zielbegriff solche anzustrebenden Endzustände aus, die ihrerseits Elemente von Institutionen oder Verfahren innerhalb der europäischen Integration zur Beeinflussung des Fortgangs derselben sein können.[63]

Dies bedeutet aber andererseits auch wiederum nicht, daß Endzustände, die dem politischen Bereich als solchem zuzuordnen sind, generell aus dem Verständnis von Zielen im Rahmen europäischer Integration ausscheiden. Als solche angestrebte Zustände mit europäischem Bezug im Sinne des Begriffes mit teilweise oder völlig politischem Charakter kommen unter anderem äußere Sicherheit, wirtschaftliche Stabilität oder soziale Sicherheit in Betracht. Es geht lediglich darum, solche Erscheinungen zu eliminieren, die bei strikter Einhaltung der aufgestellten begrifflichen Vorgaben der Mittelkategorie angehören, auf die später einzugehen sein wird. Überlegungen zur Einrichtung bestimmter Entscheidungsträger, neuer Entscheidungsformen und ähnliches gehören nicht in den hier zu diskutierenden Zusammenhang europäischer Integrationsziele. Damit scheiden schon hier die anhaltende politische und juristische Debatte um politische Formen, in die europäische Integration gefaßt werden soll, als Untersuchungsgegenstand aus. Die Frage, ob eine neue, europäische Einheit als Staat, Bundesstaat oder Staatenverbund verfaßt sein und die Rahmenkonstruktion für die verschiedenen existenten Institutionen und Verfahren bilden soll, interessiert in der folgenden Darstellung weder in ihrer historischen Dimension noch im aktuellen Zusammenhang. Nicht zu Zielen europäischer Vergemeinschaftungs-

---

62 Klar wird die Verwendung des Rechts als Ziel und Mittel von Vergemeinschaftung bei Everling in Weidenfeld, S. 152 ff., der das Recht als Motiv, Gegenstand und auch als Rahmen von Integration betrachtet. In systematischer Hinsicht führt dies zu Problemen.

63 Dies bedeutet also, daß die in Politik und Wissenschaft geführte Diskussion, in welcher organisatorischen Form sich der europäische Integrationsverband am Ende seiner Entwicklung darstellen soll, in ihrer historischen Dimension unberücksichtigt bleiben wird.

bemühungen gehören darüber hinaus Entwicklungen, deren angestrebte Endzustände noch nicht feststehen. Ein Ziel in seiner terminologischen Verwendung als Endzustand beinhaltet keine Ansätze oder Zwischenstufen, die zu seiner eigentlichen Erreichung erforderlich sind und deren Weiterentwicklung nicht abgesehen werden kann. Nötig ist weiter zwar keine Ewigkeitsgarantie, wohl aber die Existenz einer gewissen Dauerhaftigkeit und auch erschwerter Änderbarkeit.

Die gerade genannten Einschränkungen beim Umgang mit dem Zielbegriff im Zusammenhang mit der europäischen Integration - Beschränkung auf Teilgebiete, Abgrenzung von vergemeinschaftungsbeeinflussenden Mitteln, dort besonders der Diskussion um die politische Ordnungsform als Endzustand, und das Erfordernis einer gewissen Dauerhaftigkeit - werden von der rechtswissenschaftlichen Literatur kaum berücksichtigt. Wie kompliziert und verwirrend sich der Umgang mit dem Zielbegriff im Zusammenhang mit der europäischen Integration dadurch gestaltet, zeigt sich an der durchaus üblichen Einstufung der gerade genannten Organisationsformen als Ziele. Hierbei ergibt sich bezüglich der Begriffsverwendung ein uneinheitliches, ja verwirrendes Bild.[64] So wurde die Europäische Union, die die Durchsetzung anzustrebenden Endzustände durch Institutionen und Verfahren absichert und nach ihrem Vertragstext[65] ausdrücklich kein Endzustand sein soll, einschließlich der unter ihrem Dach befindlichen Gemeinschaften und der Gemeinsamen Außen- und Sicherheitspolitik als Ziel der Integration klassifiziert.[66] Gleiches gilt für die Errichtung eines europäischen Staates oder Staatenverbunds.[67] Nur Isensee,[68] der bezüglich solcher Organisationsformen den Begriff des Ziels vermeidet und statt dessen den des Zwischenziels verwendet, scheint die Problematik der Verbindung des Zielbegriffs mit europäischen Organisationsformen deutlich geworden zu sein. Ist einem noch bewußt, daß es sich bei solchen „Zwischenendzuständen" nicht um Endzustände

---

64 So bei Chiti in Nettesheim, S. 177, wo schon die Überschrift des Beitrags die gängigen Organisationsformen als Integrationsziele angibt. Gleiches findet sich bei bei Brünneck, S. 143, 144, der sich mit dem Verhältnis von Integration und Konsensdemokratie befaßt und letztere als Ziel annimmt. Auch Pauly stellt in seiner Einleitung zu Jellinek, Staatenverbindungen, S. VII, „Zielvorgabe" und „europäischen Bundesstaat" in einen Kontext.

65 Artikel A des Vertrages über die Europäische Union vom 7. Februar 1997, wonach es sich bei ihm um eine neue Stufe bei der immer engeren Union der Völker Europas handelt. Für den fehlenden Zielcharakter der Union als Organisationsform spricht weiterhin, daß Artikel N Abs. 2 eine Revision des Vertrages zu einem festgelegten Termin vorsah. Von einem längerfristig andauernden Endzustand kann schon daher keinerlei Rede sein.

66 Rupp in Huber, S. 49. Die Integration sei nach Maastricht zum Selbstzweck geworden.

67 Tomuschat in Nettesheim, S. 155, 158 ff. Er spricht schon in den Überschriften von Staat und Staatenverbund als Integrationszielen, ohne sich mit dem Zielbegriff zu beschäftigen. Danach geht er dann auf Frieden, Wohlstand sowie die Sicherheit als Ziele ein (S. 162).

68 Isensee in ders., S. 103, 127, betrachtet diese vertraglichen Vorgaben als Zwischenziele.

handeln kann, dann steht der sauberen Trennung zwischen Zielen und Zuständen, die eine Momentaufnahme von Handlungs- und Einflußmöglichkeiten struktureller Art sowie deren institutioneller Absicherung nichts mehr im Weg.[69]

Faßt man all dies zusammen, dann ist der Begriff des Ziels hier im konkreten europäischen Kontext als anzustrebender Endzustand zu definieren, zu dem nicht politische Organisationsformen zur Zielfindung und -durchsetzung, Entwicklungen ohne fixierte Endzustände, vorübergehende Zwischenziele und weitere Einflußmöglichkeiten auf den Integrationsvorgang als solchen gehören.[70]

II. Problematik europäischer Integrationsziele und -gründe

Die an der Einleitung des europäischen Integrationsprozesses Beteiligten haben - so die wohl allgemeine, aber meist ohne Begründung vorgetragene Ansicht[71] - ihrem Werk keine festen Ziele vorgegeben, sondern nur bestimmte Methoden zugrunde gelegt. Sucht man nach Anhaltspunkten für allgemeine Ziele der Integrationsbemühungen, so eröffnen sich zwei große Quellenbereiche. Zum einen gehören dazu im weitesten Sinne Äußerungen der am Integrationsprozeß Beteiligten, ob nun die Staaten, Regierungen und einzelne Politiker, oder die wissenschaftliche Diskussion im weitesten Sinne. Zum anderen enthalten aber auch die Vertragswerke - meist in den Präambeln, allerdings nicht nur - derartige Zielvorgaben. Mit beidem[72] lassen sich für die jeweilige Zeit Überlegungen zu den Zielen der Integration nachweisen und deren konkreten Inhalt aus Sicht der damals Beteiligten nachvollziehen. Gleichzeitig ergibt sich damit auch ein Anknüpfungspunkt für die Juristische Zeitgeschichte, da Zieldefinitionen eben auch in rechtlicher - hier vertraglicher - Form vorkommen und entsprechend interpretiert werden müssen.[73] Dabei lassen sich mehrere Gruppen von Zielen im Sinne langfristig angestrebter Endzustände, die auf den Abschluß von Integrationsprozessen abzielen, unterscheiden. Diese sollen unter Zuhilfenahme der bereits genannten Quellen nun im weiteren inhaltlich dargestellt sowie analysiert werden.

---

69 Ebenso ist wohl Heumann, S. 14, zu verstehen, der aus der Sicht von 1980 von den mangelnden Möglichkeiten spricht, konkrete Inhalte eines Integrationsziels zu formulieren.

70 Anders Hörnlein, S. 70 ff. Er verwendet den Begriff des Zielsystems zur Darstellung von Leitbildern, faß aber ebenso Prozeßgrößen wie die Gemeinschaftspolitiken als Ziele auf.

71 So Kohlhase, S. 17 f. Lecheler in Nettesheim/Schiera, S. 95, 96, spricht nebulös von „offenen Zielen", ohne den begriffsbezogenen Widerspruch der Formulierung zu erkennen.

72 Vertiefend dazu Hörnlein, S. 29, der neben der Befragung der Bevölkerung, die zur Bestimmung von europäischen Integrationszielen allerdings ausscheidet, weitere Quellen als Möglichkeit benennt, in Zielsystemen besondere Handlungsanleitungen nachzuweisen.

73 Als Prämisse gilt dabei, daß das Völkerrecht trotz strittigen Verbindlichkeitsanspruchs selbst Rechtskategorie und nicht nur „Pseudorecht" ist. Zum Geltungsgrund als Rechtskategorie vgl. Ipsen, Völkerrecht, § 1, Rn. 19 ff.; Seid-Hohenveldern/Stein, § 3, Rn. 11 ff.

Unabhängig von der fehlenden Vorgabe möglicher Endzustände war es damals und ist es auch heute bei der Frage nach den Gründen für die europäische Integration[74] denkbar, das engere Zusammenrücken der Staaten *per se* als sinnvoll anzusehen. Dies würde bedeuten, jede Form von Verschmelzung beinhalte für die beteiligten Länder Vorteile, Integration wäre als solche nützlich und daher erstrebenswert. Damit bedürften die bisherigen Integrationsbemühungen keiner über sich selbst hinausgehenden Rechtfertigung. Grund der Integration wäre nur die Integration selbst. Betrachtet man die seit Anfang der neunziger Jahre herrschende Euphorie in bezug auf die intensivierten Integrationsbestrebungen und die dabei eher seltene Einordnung in größere Zusammenhänge, so kann man sich des Eindrucks kaum erwehren, als ob dies der Wahrheit entspräche und Integration sich selbst Grund genug wäre. Eine weitere Möglichkeit, Gründe für die Integrationsbemühungen der letzten Jahrzehnte zu finden, besteht in der Berufung auf die Umsetzung einer - vielleicht schon seit Jahrhunderten vorhandenen - Europaidee.[75] Unabhängig davon, ob und in welchem Umfang sich ein solcher dauerhafter Europagedanke belegen läßt und welche Elemente er beinhaltet, würde man damit europäische Integration nur aus ideellen Motiven zur Erfüllung eines historischen Erbes betreiben. Ein zwingender sachlicher Grund kann das Berufen auf eine solche Idee auch nicht sein. Letztlich bliebe Integration auf dieser Basis wieder Vergemeinschaftung um ihrer selbst Willen, diesmal aufgrund der Überzeugung geschichtlicher Erforderlichkeit.

Aus diesen Erkenntnissen ergibt sich als Hauptthese für die Gründe europäischer Integration, daß sie weder zum Selbstzweck erfolgte noch in ihrer konkreten Ausgestaltung auf der Umsetzung des Europagedankens beruht. Der europäische Integrationsprozeß war und ist seiner Ausrichtung nach weder das zwingende Ergebnis sozialer, ökonomischer und politischer Entwicklungen noch das Produkt eines politischen Idealismus der Nachkriegszeit.[76] Vielmehr ergeben sich die Gründe europäischer Integration aus einer vielschichtigen Verknüpfung verschiedener, häufig wechselnder Interessenlagen, denen es nachzugehen lohnt. Dabei stellt sich neben der Suche nach konkreten Zielen und der Darstellung der

---

[74] Auch diese Frage wird schon seit Ende der fünfziger Jahre gestellt, wobei schon damals die wünschenwerten klare Anworten fehlten: „Daß ein europäischer Zusammenschluß notwendig und nützlich und daher erstrebenswert sei, wird im allgemeinen als selbstverständlich angesehen und deshalb kaum mehr in Frage gestellt. ... Die Begründungen für die Notwendigkeit und den Nutzen der Integration zeigen, bei genauerer Betrachtung, ein keineswegs geschlossenes Bild, das den politischen und geistigen Standort derjenigen, die die Begründung vortragen, ebenso widerspiegelt wie die jeweilige weltpolitische Lage. Man behauptet nicht zuviel, wenn man von einer gewissen Verwirrung auf diesem Gebiete spricht, die nur zu oft ein Verkennen der tatsächlichen Situation und der geschichtlichen Zusammenhänge offenbart." So Böttcher in Europa-Archiv 6/1959, S. 199.

[75] Zur Geschichte der Idee vgl. Oppermann, Europarecht, § 1, Rn. 1 ff., und Tecke, S. 13 ff.

[76] Entschieden gegen die bisherigen Erklärungsversuche auch Milward in Hrbek, S. 255.

Gründe auch die Frage, wer Ziele vorgeben und deren Ausgestaltung beeinflussen konnte.[77] Dabei geht es nicht nur um die an der Verschmelzung beteiligten Staaten, sondern auch um den Einfluß der europäischen Organe selbst. Außerdem müssen außereuropäische Faktoren, die auf die Zielstellung der Integration einwirken konnten und können, berücksichtigt werden. Dies ermöglicht es, neben der Darstellung von Konstanten und Variationen innerhalb der einzelnen Ziele europäischer Integration auch Aussagen zur Reaktionsfähigkeit der Beteiligten auf relevante Veränderungen im Umfeld der Verschmelzung treffen, die in den bisherigen Darstellungen der Entwicklungsgeschichte der Integration weitestgehend fehlen. Damit wird sich ein im Laufe der Zeit herausgebildetes, inhaltlich flexibles Zielsystem für die Integration Europas nachweisen lassen.

III. Sicherheit

Sicherheit ist als Zustand des Unbedrohtseins, der sich objektiv im Vorhandensein von Schutz bzw. im Fehlen von Gefahren darstellt und subjektiv als Gewißheit von Individuen oder sozialen Gebilden über die Zuverlässigkeit von Sicherungs- und Schutzeinrichtungen empfunden wird,[78] zu definieren. Sicherheit war in der europäischen Einigungsbewegung, so die wohl einheitliche Meinung in der Literatur, das Urziel der Bemühungen, wobei eine Friedensordnung geschaffen werden sollte, die Krieg als Mittel zur Konfliktlösung in Europa ausschloß.[79] Die Sicherheitsinteressen der an der Integration beteiligten Staaten haben sich jedoch immer wieder verändert, so daß auch der Inhalt des Ziels nicht konstant blieb. Die Beschäftigung mit Sicherheit als Integrationsziel erfordert daher, den Begriff in Zusammenhang mit seiner konkreten Verwendung zu bringen. Hinzu kommt, daß sich nicht nur die an der europäischen Integration beteiligten Staaten um Sicherheit bemühten, sondern daß es daneben weitere Anstrengungen desselben Ziels gab. Es kam zu Überschneidungen, die sich hier kaum nachvollziehen lassen und die Gefahr des Abschweifens vom Integrationsziel der Sicherheit bergen. Auf sie kann nur am Rande eingegangen werden.

Für die folgende Untersuchung bietet sich eine Zweiteilung der Materie an, die sich an der sicherheitspolitischen Lage orientiert. Ein erster Abschnitt zum Integrationsziel der Sicherheit soll sich auf die Zeit der Intensivierung des „Kalten Krieges“ zwischen Ost und West sowie die darauffolgende Entspannungsphase, also im wesentlichen auf die fünfziger Jahre, beschränken. In diese Zeit fallen

---

[77] Ähnliche Ansätze mit selber Frage verfolgt Magagnoli, S. 16 ff., aber speziell für Italien.

[78] Definition des Sicherheitsbegriffes aus Meyers Großes Universallexikon, Bd. 13, S. 23.

[79] Statt aller Bleckmann, Europarecht, Teil I, III 1, Rn. 26; Kaiser in Weidenfeld, S. 173 f.; Varwick, S. 22. Frieden meint dabei im Unterschied zur Sicherheit den Zustand der Gewaltlosigkeit zwischen Staaten. Vgl. Meyers Großes Universallexikon, Bd. 5, auf S. 298.

neben der Pariser Erklärung von 1950 die Verträge über die Gründung der Europäischen Gemeinschaft für Kohle und Stahl von 1951 und über die Europäische Verteidigungsgemeinschaft von 1952 sowie die Bemühungen um die Europäische Politische Gemeinschaft. Nach dem Scheitern der beiden letzten Vorhaben im Jahr 1954 ebbte das Verfolgen von Sicherheitszielen ab. Seit Anfang der sechziger Jahre kam es erneut zu sicherheitspolitischen Überlegungen, die über die Einheitliche Europäische Akte von 1986 bis zum Unionsvertrag 1992 als Gemeinsame Außen- und Sicherheitspolitik der Mitgliedsstaaten Gestalt annahmen. Diese Entwicklung bildet aufgrund der Veränderungen gegenüber den fünfziger Jahren einen zweiten Untersuchungsabschnitt für das Sicherheitsziel.

1. Sicherheitsziel in den Gründungsverträgen

Als These für das Vorhandensein und den Umfangs des Sicherheitsziels bei der Gründung der Europäischen Gemeinschaften soll gelten, daß nicht die Lösung der Probleme zwischen Deutschland und Frankreich den Ausschlag gab. Vielmehr bedingte der nach 1945 deutlich zutage getretene Ost-West-Konflikt und dessen erhebliche Zuspitzung in den fünfziger Jahren die Beschäftigung mit europäischer Sicherheit und fungierte gemeinsam mit dem davon ausgehenden Integrationsdruck als besonderer Katalysator für den Vergemeinschaftungsprozeß.

a) Pariser Erklärung

Betrachtet man die Pariser Erklärung vom 9. Mai 1950 als den Anfang der Entwicklung, die heute unter europäischer Integration zu verstehen ist, so belegen bereits die ersten Sätze dieses auch als Schuman-Plan[80] bezeichneten Dokumentes das Ziel, Sicherheit als Endzustand für den Westen Europas anzustreben:

> „Der Friede der Welt kann nicht gewahrt werden ohne schöpferische Anstrengungen, die der Größe der Bedrohung entsprechen. Der Beitrag, den ein organisiertes und lebendiges Europa für die Zivilisation leisten kann, ist unerläßlich für die Aufrechterhaltung friedlicher Beziehungen. Frankreich, das sich seit mehr als 20 Jahren zum Vorkämpfer eines vereinten Europa macht, hat immer als wesentliches Ziel gehabt, dem Frieden zu dienen. Europa ist nicht zustandegekommen, wir haben den Krieg gehabt.“[81]

Darüber, von wem aus Sicht der französischen Regierung 1950 eine Bedrohung für den Frieden ausging, scheint die Erklärung selbst Auskunft zu geben. Sie nennt als Ausgangspunkt für eine europäische Einigung der Gegensatz zwischen

---

[80] Fontaine, S. 11 ff., beschreibt die Entstehung dieser Erklärung sowie den Anteil Monnets.

[81] Wortlaut der Erklärung der französischen Regierung über eine gemeinsame deutsch-französische Schwerindustrie, datiert vom 9. Mai 1950, in Europa-Archiv 13/1950, S. 3091.

Frankreich und Deutschland. Dieser sollte durch die Unterordnung der für beide Seiten kriegswichtigen Kohle- und Stahlproduktion unter eine gemeinsame Oberste Aufsichtsbehörde aufgehoben werden.[82] Das Ziel der Sicherheit in der Pariser Erklärung vom 9. Mai 1950 wäre damit nur in der dauerhaften Verbesserung des deutsch-französischen Verhältnisses zur Vermeidung von kriegsauslösenden Konflikten zu erkennen. Problematisch an dieser Interpretation ist aber, daß zu diesem Zeitpunkt vom demilitarisierten Westdeutschland keine derartige Gefahr ausging. Weiterhin sollte eben auch anderen Staaten der Beitritt zur Hohen Behörde als Basis einer späteren europäischen Föderation offenstehen. Aufgrund dieser Widersprüche zwischen Schuman-Plan und eigentlicher Sachlage ergeben sich Zweifel daran, daß das Sicherheitsziel der Erklärung nach ausschließlich oder wenigstens hauptsächlich das Verhältnis von Frankreich zu Deutschland betraf. Sicherheit als Integrationsziel muß daher in weitaus größeren, über Westeuropa hinausgehenden Zusammenhängen interpretiert werden.[83] Ein solcher Kontext bestand mit dem damals globale Züge annehmenden Konflikt zwischen den USA und der Sowjetunion.[84] Am 4. April 1949 war zwischen den Vereinigten Staaten von Amerika und den westeuropäischen Ländern der Atlantikpakt unterzeichnet worden.[85] Dazu hatte die in der vorangegangenen Zeit gewonnene Erkenntnis der westeuropäischen Staaten geführt, sich im Kriegsfall ohne amerikanische Hilfe nicht selbst verteidigen zu können, während die USA ihrerseits nicht bereit waren, das wertvolle europäische Industriepotential widerstandslos in die ausgedehnte Einflußsphäre der Sowjetunion geraten zu lassen.[86] Die USA unterstützten Westeuropa daher schon Ende der vierziger Jahre mit Rüstungsgütern, weil die dortigen Volkswirtschaften kaum in der Lage waren, die nötigen Mittel zur Verteidigung ohne Einbuße bezüglich der Beseitigung der Schäden des Zweiten Weltkriegs aufzubringen. Bis Ende April 1950 wurden in diesem Zusammenhang mehrere Vorschläge unterbreitet, wie man durch Kooperation und Aufgabenteilung zwischen den beteiligten Staaten des Atlantikpaktes die Sicherungsmaßnahmen gegen die Sowjetunion gewährleisten könne, ohne sich dabei wirtschaftlich und finanziell vollständig zu ruinieren.[87]

---

[82] Pariser Erklärung der französischen Regierung vom 9. Mai 1950, a. a. O. (Fn. 35), S. 3091. Daraus ergibt sich die Bezugnahme auf den Frieden für die gesamte Menschheit, aber eben auch für Europa selbst. Für das Zielverständnis bleibt die Erklärung indifferent.

[83] So Aimaq, S. 17, die die Betonung der Anbindung Westdeutschlands als rein formal bezeichnet und dafür auf den Ost-West-Konflikt als den eigentlichen Grund dafür verweist.

[84] Lipgens in Löwenthal/Schwarz, S. 519, 522 ff. erörtert die „Hebammen-Funktion" des Ost-West-Konfliktes als dem Impulsgeber für die zumindest westeuropäischen Einigung.

[85] Zur sogenannten „atlantischen Alternative" der amerikanischen Europapolitik der Nachkriegszeit und des beginnenden „Kalten Krieges" vgl. Schwabe in Trausch, auf S. 41, 47.

[86] Zu Entstehung und Zweck des Atlantikpakt Volle, Europa-Archiv 13/1950, S. 3147 ff.

[87] Dazu zählen der am 14. April 1950 unterbreitete Vorschlag des Chefs des Vereinigten Generalstabs der USA, General Bradley, eine Spezialisierung der Einzelstaaten auf mili-

Zu dieser Zeit drängte sich die Frage, ob und wie Westdeutschland an der Verteidigung Westeuropas beteiligt werden könne, geradezu auf.[88] Dazu war es erforderlich, das in seiner Haltung zur Einbeziehung Westdeutschlands schwankende[89] Frankreich vor militärischer Bedrohung, aber auch vor neuer wirtschaftlicher Dominanz der Deutschen,[90] die sich teilweise trotz bestehender besatzungsrechtlicher Beschränkungen abzuzeichnen begann, zu schützen. Die USA glaubten jedoch, daß von einem an die atlantische Sicherheitsgemeinschaft gebundenen Deutschland keine Gefahr ausginge. Sogar die Presse Frankreichs war nach einem Vorschlag des französischen Außenministers Schuman[91] vom 26. April 1950 der Aufnahme Westdeutschland in einen - organisatorisch zu verändernden - Atlantikpakt nicht abgeneigt.[92] Nur so schien es möglich, Westdeutschlands Hinüberdriften in den Einflußbereich der Sowjetunion zu verhindern. Aber auch für Westdeutschland brachte dies Vorteile.[93] Es konnte durch Annäherung an die alten westeuropäischen Demokratien seine Stabilität erhöhen und mehr äußere Sicherheit gegenüber dem Ostblock gewinnen. Hauptsächlich ergab sich für Westdeutschland aber die Hoffnung auf Lockerung der besatzungsrechtlichen Einschränkungen und Rückkehr in den Kreis gleichberechtigter europäischer Staaten.[94] Betrachtet man also die sicherheitspolitische Lage, wie sie sich Ende April 1950 und damit kurz vor Schumans Erklärung darbot, so fühlte sich Westeuropa von der Sowjetunion in seiner Sicherheit gefährdet. Eine Stärkung des Bündnisses zwischen den USA und Westeuropa ließ sich durch Einbeziehung Westdeutschlands und dessen Wiederbewaffnung erreichen. Dafür mußten Regelungen getroffen werden, eine, gerade von Frankreich als

---

tärischem Gebiet herbeizuführen, um ausgewogene Verteidigung des Atlantikpaktes zu gewährleisten. Der französische Ministerpräsident Bidault plädierte am 16. April 1950 dafür, dazu einzurichten, der Wirtschaft und Verteidigung seiner Mitglieder ordnen und neu ausrichten sollte. Diese und weitere Initiativen, die bis Ende April 1950 ergriffen wurden, sind in Auszügen bei Volle, a. a. O. (Fn. 86), S. 3147, 3148 ff., veröffentlicht.

88 Inmsbesondere die USA betrieben seit 1947 eine „prodeutsche“ Politik, Esterbauer, S. 8

89 Fontaine, S. 10, spricht von einem imperativen Mandat der amerikanischen und britischen Regierungen an die französische Seite im Frühjahr 1950, Vorschläge zur Einbeziehung Deutschlands zu unterbreiten und damit entsprechende Widerstände aufzugeben.

90 Dazu Reston in New York Times, 26. April 1950. Die Befürchtungen waren nicht ganz unbegründet. Westdeutschland erreichte - so Sutcliffe in Adcroft/Sutcliffe, S. 177, 180 - 1949 bereits 75 Prozent seiner Produktion von 1938, 1950 waren es schon 95 Prozent.

91 Es ging um die Institutionalisierung engerer Zusammenarbeit zwischen den USA und Westeuropa. Schuman hielt es für unmöglich, die zu dieser Zeit bereits vorhandenen vorhandenen europäischen Strukturen zu einer einheitlichen Organisation zusammenzufügen und forderte ein neues eigenes Exekutivorgan. So Volle, a. a. O. (Fn. 86), S. 3147, 3151.

92 Ein Beispiel für die Bewertung ist der Bericht Ferros in *Le Monde* vom 27. April 1950.

93 Knappe Darlegungen bei Everling, DVBl 1993, S. 936, 937, unter weiteren Nachweisen.

94 Es ging Deutschland um völlige politische Gleichstellung. Dedman, S. 63; Woyke, S. 19.

schwächstem der drei führenden Mächte des Atlantikpaktes befürchtete Gefährdung seines Gebietes durch Deutschland kaum fünf Jahre nach Ende des Zweiten Weltkriegs auf eine für alle annehmbare Weise verhindert werden konnte.[95]

Unter Berücksichtigung dieses über das Verhältnis von Frankreich und Deutschland hinausgehende Verständnis von Sicherheit in dieser Zeit ergibt sich für die Pariser Erklärung, ein erweiterter Ansatz. Mit der Zuordnung der deutschen und der französischen Kohle- und Stahlproduktion zu einer Behörde sollten demnach also nicht nur die Animositäten beider Staaten untereinander beendet werden, sondern es ging vor allem darum, die Voraussetzungen für die Einbeziehung Westdeutschlands in das nordamerikanisch-westeuropäische Verteidigungssystem zu schaffen.[96] Insofern meinte das Ziel der Friedenserhaltung im Schuman-Plan eben nicht bloß Sicherheit im Verhältnis zwischen Frankreich und Deutschland, sondern eine Stärkung der Position der USA und Westeuropas im „Kalten Krieg" mit der Sowjetunion.[97] Das Ziel der Sicherheit ist also schon in der Pariser Erklärung vom 9. Mai 1950 in Übereinstimmung mit den einleitenden Sätzen und dem übrigen Inhalt dieses Dokuments als zumindest auf das gesamte Westeuropa gerichtete Vorgabe zu verstehen. Eine Reduktion des Aussagewertes auf die Beilegung des Konfliktes zwischen Deutschland und Frankreich trifft den Kern der Erklärung Schumans nicht.[98] Als Beleg für das schon damals so verstandene europäische Sicherheitsziel in der Pariser Erklärung sei

---

95 Diesen Kontext stellen einige Autoren nicht korrekt dar. So wird bei Bleckmann, Europarecht, Teil I, IV 1, Rn. 35, zwischen Churchills Vorschlägen von 19. September 1946 und dem Schuman-Plan eine Linie gezogen und nur auf den Konflikt zwischen Deutschland und Frankreich abgestellt. Koenig/Haratsch, Europarecht, Rn. 31, reduzieren die Sicherheitsziele in der Pariser Erklärung ebenso auf die beiden Nachbarstaaten. Dabei sah Frankreich Deutschland seit 1947/48 nicht mehr als akute Bedrohung, sondern fühlte sich in seinen Sicherheitsinteressen vor allem von der Sowjetunion beeinträchtigt. Mai, S. 63.

96 Streinz, Europarecht § 2, Rn. 15, spricht bei der Einbindung Deutschlands von Einbeziehung und Kontrolle. Den Amerikanern kam es dabei wegen der genannten Gründe jedoch vor allem auf den Aspekt der Einbeziehung an, wie auch Schwabe, S. 41, 49 f., ausführt.

97 Böttcher, Europa-Archiv 6/1959, S. 199 f., legt dar, daß das Ziel des europäischen Zusammenschlusses nach dem Zweiten Weltkrieg zunächst in der Verhütung neuer Kriege bestand, nach dem Ende der alliierten Kriegskoalition aber in eine Abwehrfront gegen den Expansionsdrang des „Weltkommunismus", wie Böttcher ihn nennt, umschwenkte.

98 So aber Schambeck, S. 12, 20, und Woyke, S. 18 f. Mißverständlich erscheint die Ansicht Oppermanns, Europarecht, § 1, Rn. 19, die Pariser Erklärung habe nur indirekt sicherheitspolitische Interessen verfolgt. Er übersieht dabei die im „Monnet-Memorandum" vom 3. Mai 1950, abgedruckt bei Ziebura, S. 498, 499, problematisierte Lage im gespaltenen Deutschland, die Absichten der Amerikaner und die überaus kritische Haltung Monnets dazu. All dies betraf direkt und unmittelbar die Sicherheitslage. Mai, S. 68, sieht das vereinte Europa und damit den Schuman-Plan als die Antwort Frankreichs auf die sowjetische Bedrohung an, wobei er wiederum die Absichten Frankreichs zur Profilierung gegenüber den USA bezüglich des Einflusses in Mitteleuropa nicht berücksichtigt.

die am 10. Mai 1950 gehaltene Rede des amerikanischen Außenministers Acheson angeführt, in der er die Notwendigkeit betonte, Deutschland nicht nur mit Frankreich, sondern mit all seinen westeuropäischen Nachbarn enger zusammenzuschließen.[99] Dies sei eine große Aufgabe der westeuropäischen Staaten, also eben gerade nicht nur eine der einzelnen Länder. Aufgrund dieser Aussage läßt sich der Schuman-Plan also nicht nur als ein bilaterales Vorhaben bewerten.

Mißt man diese Erkenntnisse an den obigen Kriterien zur Frage europäischer Integrationsziele, dann ergibt sich neben dem Vorhandensein des Sicherheitsziels dessen Verfolgung aus dem hauptsächlichen Interesse der Gewinnung eines weiteren Verbündeten im „Kalten Krieg". Dieses Interesse beruhte auf einem globalen Konflikt, der sich als Folge des Zweiten Weltkrieges herausgebildet hatte. Zur Stärkung der westeuropäischen Position gegenüber dem Ostblock war der Schutz Frankreichs vor einem wiederbewaffneten Westdeutschland nötig, womit sich als untergeordnetes Interesse der Beteiligten gerade auch die Verhinderung neuer Konflikte zwischen Frankreich und Westdeutschland ergab.

b) Vertrag zur Gründung der Europäischen Gemeinschaft für Kohle und Stahl

Die Umsetzung der Ideen der Pariser Erklärung vom 9. Mai 1950 geschah ein knappes Jahr später im Vertrag über die Gründung der Europäischen Gemeinschaft für Kohle und Stahl vom 18. April 1951. Dazu hieß es in der Sechs-Mächte-Erklärung vom 3. Juni 1950 unter Berufung auf den Frieden als Motiv:

> „Die französische, deutsche, belgische, italienische, luxemburgische und holländische Regierung haben sich in ihrem Entschluß, eine gemeinsame Aktion für Frieden und europäische Solidarität sowie für den wirtschaftlichen und sozialen Fortschritt durchzuführen, als unmittelbares Ziel gesetzt, die Kohle- und Stahlproduktion zusammenzulegen und eine hohe Behörde zu errichten, deren Entscheidungen für Frankreich, Deutschland, Belgien, Italien, Luxemburg, die Niederlande und andere Länder, die sich in Zukunft anschließen mögen, bindend sein werden."[100]

Berücksichtigt man die kurze Zeitspanne, die seit dem Schuman-Plan vergangen war, so muß das Sicherheitsziel genauso interpretiert werden wie in der Pariser Erklärung. Es ging also darum, die atlantisch-westeuropäische Verteidigung um ein Mitglied zu bereichern. Allerdings fehlte auf der Liste der beteiligten Staaten Großbritannien, das gemeinsam mit den USA bis Mai 1950 gegen die Position Frankreichs die Einbeziehung Westdeutschlands in die nordatlantisch-euro-

99 Rede vor der britischen Society of Pilgrims, bei Volle, a. a. O. (Fn. 86), S. 3147, 3154 f.

100 Politisches Archiv des Auswärtigen Amts, Berlin, Sekretariat für Fragen des Schuman-Plans, Bd. 56. Abgedruckt bei Schulze/Hoeren, Bd. 1, S. 19. Die hier gebrauchte Bezeichnung als Sechs-Mächte-Erklärung ist zwar inoffiziell, wird aber häufiger verwendet.

päische Verteidigung forciert hatte.[101] Großbritannien schätzte die eigene Bedrohung durch die Sowjetunion also nicht besonders hoch ein und verließ sich auf die USA. Es fühlte sich durch die Montanunion in seinen außereuropäischen Verpflichtungen beeinträchtigt,[102] da es bemüht war, seinen Einfluß als Weltmacht, aufrechtzuerhalten. Nach langem Notenwechsel mit Frankreich[103] war der Inselstaat zudem nicht bereit, das von Frankreich initiierte Herangehen an die konkrete Erstellung des Vertragstextes mitzutragen.[104]

Von Beginn der Arbeiten am Vertrag an[105] zeigten vor allem die Präambeln der französischen Entwürfe, daß - obwohl sich das Hauptaugenmerk in den Verhandlungen auf die Gestaltung der Hohen Behörde und der wirtschaftlichen Regeln richtete[106] - das Ziel der westeuropäischen Sicherheit keineswegs aus den Augen verloren wurde. Dies belegt so ein von der französischen Seite vorbereiteter Entwurf, datiert vom 21. Juni 1950, der auf Überlegungen Monnets basierte und dann in die am 20. Juni 1950 begonnene Verhandlung eingebracht wurde:

> „Considérant que la sauvegarde de la paix ne peut être assurée qu'en une communauté européenne authentique, que celle-ci exige non seulement l'abolition de rivalités traditionnelles, mais une fusion d'intérêts essentiels;
>
> ...
>
> Les Hautes Parties contractantes ont décidé d'instituer, pour le service de la communauté, une Haute Autorité et de lui confier la mise en commun de leurs productions de charbon et d'acier.“[107]

In dieser Formulierung zeigt sich wieder, daß sich der Sinn der angestrebten Gemeinschaft im Bereich der Sicherheit eben nicht nur in der Beseitigung der traditionellen Feindschaften wie der zwischen Deutschland und Frankreich erschöpfte, sondern das Verfolgen gemeinsamer Interessen - auch unter und zwischen den anderen vertragsschließenden Staaten - ermöglichen sollte. Diese ge-

---

[101] Zu den Hintergründen amerikanischer Bemühungen vor 1950 vertiefend Neuss, S. 84 ff.

[102] Oppermann, Europarecht, § 1, Rn. 20. Die Schwierigkeiten ergaben sich daraus, daß Großbritannien versuchte, seine Weltmachtstellung und den Einfluß auf den Commenwealth und Europa gleichzeitig zu wahren. Vgl. dazu Bullen in Schwabe, S. 199, 200 ff.

[103] Dokumentiert in Europa-Archiv 13/1950, S. 3167 ff. Das Kommuniqué vom 3. Juni 1950, mit dem Großbritannien seine Mitarbeit dann ablehnte, befindet sich auf S. 3173 f.

[104] Die britische Regierung wollte zunächst über die Grundlagen verhandeln. Frankreich beharrte auf seiner Haltung, um nicht mit den anderen Partnern ebenfalls diskutieren zu müssen, da es den Verlust seiner Vorteile gegenüber Westdeutschland fürchtete. Vgl. Dedman, S. 64 f., Janz in Weidenfeld, S. 80, 87; Sahm in FS für Ophüls, S. 153, 157 ff.

[105] Zum Ablauf der Vorarbeiten und Vertragsverhandlungen Spierenburg/Poidevin, S. 9 ff.

[106] Dies mag zum teilweisen Verkennen des Sicherheitsziels im Rahmen der Europäischen Gemeinschaft für Kohle und Stahl und als Inhalt der Pariser Erklärung beigetragen haben.

[107] Der Vorentwurf findet sich wie viele weitere Dokumente im Bestand der Fondation Jean Monnet pour L' Europe, Lausanne, AMG 3/2/2. Hier nach Schulze/Hoeren, Bd. 1, S. 41.

meinsamen Interessen mußten aber von Frankreich und Deutschland sowie den übrigen potentiellen Mitgliedsländern erst einmal als solche erkannt und verstanden werden. Für den Bereich der Sicherheit gestaltete sich dies wegen der allseits realisierten Bedrohung durch die Länder des Ostblocks und der daraus abgeleiteten Erforderlichkeit gemeinsamen Handelns wenig schwierig. Nur kurze Zeit später, am 24. Juni 1950, beinhaltete ein neuerliches französisches Arbeitsdokument eine veränderte Präambel, die sich in ihrem Wortlaut im wesentlichen an Inhalt und Formulierung des akzeptierten Schuman-Plans orientierte, also nahtlos an die Sicherheitsvorstellungen in der Pariser Erklärung anknüpfte:

> „In der Erwägung, daß der Weltfrieden nur durch schöpferische Bemühungen gewahrt werden kann, die den Gefahren angemessen sind,
> in der Überzeugung, daß der Beitrag, den ein organisiertes und lebensfähiges Europa für die Zivilisation leisten kann, zur Aufrechterhaltung friedlicher Beziehungen unerläßlich ist,
> in dem Bewußtsein, daß Europa nur durch konkrete Leistungen, die zunächst eine tatsächliche Solidarität herstellen, und durch die Schaffung von gemeinsamen Grundlagen wirtschaftlicher Entwicklung aufgebaut werden kann,
> in dem Bestreben, durch die Ausdehnung ihrer Grundproduktionen gemeinsam zur Hebung des Lebensniveaus und zum Fortschritt der Werke des Friedens beizutragen,
> entschlossen, an die Stelle jahrhundertealter Rivalitäten eine Verschmelzung ihrer wesentlichen Interessen zu setzen, durch die Errichtung einer wirtschaftlichen Gemeinschaft die ersten Ansätze für eine umfassendere und tiefere Gemeinschaft zwischen den Völkern zu schaffen, die sich lange in blutiger Zwietracht als Gegner gegenüber gestanden haben und den Grundstein zu legen für eine Errichtung, die geeignet ist, von nun an ein gemeinsames Schicksal, an dem alle teilhaben, zu gestalten,
> haben die hohen vertragschließenden Teile beschlossen, eine Hohe Behörde im Dienste der europäischen Gemeinschaft zu schaffen und ihr den Zusammenschluß ihrer Kohle- und Stahlerzeugung anzuvertrauen."[108]

Diese Fassung der Präambel verwendete man im endgültigen Vertrag zur Gründung der Europäischen Gemeinschaft für Kohle und Stahl, der am 18. April 1951 unterzeichnet wurde. Die an der Ausarbeitung beteiligten Staaten stellten damit für das Ziel der Sicherheit klare Verbindungen zur Pariser Erklärung her.

Worin aber die gemeinsamen Interessen im Bereich der Friedenserhaltung lagen, wurde weder in den beiden Entwürfen noch in der Endfassung definiert. Dabei kann aufgrund der im Grundsatz unveränderten politischen Lage davon ausgegangen werden, daß dieselben Überlegungen wie 1950 ausschlaggebend waren. Letztendlich bündelte Westeuropa, das sich durch Vergemeinschaftung kriegs-

---

[108] Französisches Arbeitsdokument, Politisches Archiv des Auswärtigen Amts, Berlin, Sekretariat für Fragen des Schuman-Plans, Bd. 93. Wieder in Schulze/Hoeren, Bd. 1, S. 50.

wichtiger Industrien seiner internen Konflikte entledigt hatte, seine Kapazitäten für den „Kalten Krieg“ gegen die Sowjetunion. Treibende Kraft dieser Entwicklung waren die USA, die bis dahin die militärische und wirtschaftliche Hauptlast der europäischen Verteidigung getragen hatte, sich aber zunehmend nicht mehr in der Lage dazu sahen. Bei der Erarbeitung des Vertrages über die Montanunion verfolgte besonders Frankreich den Sicherheitsaspekt in seiner globalen, aber auch auf Deutschland gerichteten Zielstellung. Nachweisen läßt sich dies mit einem Umkehrschluß zum Inhalt der Präambel eines deutschen Entwurfs für den Wortlaut des Gründungsvertrages vom 17. November 1950:

> „Durch diesen Vertrag schaffen die Hohen Vertragsschließenden Parteien unter sich eine Europäische Gemeinschaft für Kohle und Stahl (C.E.), der sie folgende Verfassung geben.“[109]

Daraus lassen sich überhaupt keine Ziele entnehmen. Der gesamte Entwurf, der auf diese Präambel folgt, beschäftigt sich ausschließlich mit der Organisation und der wirtschaftlichen Ausrichtung der neuen Gemeinschaft. Wegen der fehlenden Erwähnung des Friedensziels kann man schlußfolgern, daß die deutschen Entwurfsverfasser sicher nicht die treibende Kraft für das Sicherheitsziel waren.

Daß weitgehende Interessenübereinstimmung für die Eingliederung Westdeutschlands in das westeuropäische Sicherheitsgefüge und damit auch für das auf Erhaltung des Friedens gerichteten Ziel der Montanunion bestand, zeigte sich auch an der Geschwindigkeit, in der man sich auf den Gründungsvertrag einigte. Zwischen der Pariser Erklärung vom 9. Mai 1950 und der Unterzeichnung am 18. April 1951 verging nicht einmal ein Jahr. Grund für diese bei völkerrechtlichen Verträgen seltene Eile war die militärische Auseinandersetzung zwischen Nord- und Südkorea. Obwohl nicht genau geklärt ist, welcher Staat den bewaffneten Konflikt begonnen hat,[110] sahen sich die von diesem konkreten Ereignis überraschten Staaten des Atlantikpaktes in ihrer Einschätzung bestätigt, daß die Sowjetunion gemeinsam mit den Ländern ihres Einflußbereichs eine offensive Expansionspolitik betrieb und auch vor Krieg nicht zurückschreckte. Da das als Folge des Zweiten Weltkrieges geteilte Korea ebenso eine Frontlinie des „Kalten Krieges“ bildete wie Deutschland, befürchtete man auch in Europa in absehbarer Zeit einen „heißen“ Konflikt mit der Sowjetunion, wobei der Krieg in Korea nur von deren wahren europäischen Zielen ablenken sollte.[111] Insofern

---

109 Politisches Archiv des Auswärtigen Amts, Berlin, Sekretariat für Fragen des Schuman-Plans, Bd. 161. Schulze/Hoeren, Bd. 1, S. 330. Die Präambel entstammt einem der ersten größeren Redaktionsvorschläge, wurde aber, wie angesprochen, nicht weiter verwendet

110 Zu allgemeinen politischen Hintergründen des Korea-Kriegs vertiefend Stueck, S. 10 ff.

111 So die Einschätzung inerhalb des Atlantikpakts, Mai, S. 67 f.; Kapteyn/van Themaat, S. 9 f. Zur Bewertung aus Sicht Italiens als verhandlungsbeteiligtem Staat Magagnoli, S. 41.

schien es um so nötiger, Westdeutschland endlich auf die eigene Seite zu ziehen und wieder zu bewaffnen. Zu diesem Zweck hatten vor allem die USA und Großbritannien ab dem Spätsommer 1950 Ideen publik gemacht, Deutschland im Angesicht der im Korea-Krieg manifestierten Bedrohung durch die Sowjetunion auf nationaler Basis und im Rahmen des Atlantikpaktes die Aufstellung eigener regulärer Streitkräfte zu gestatten.[112] Dadurch sah wiederum Frankreich seine Sicherheitsinteressen gegenüber Westdeutschland und die Verhandlungen über die Montanunion gefährdet. Die Umsetzung des amerikanisch-britischen Planes zur Wiederbewaffnung auf nationaler Basis und die damit zwangsläufig verbundene Aufhebung besatzungsrechtlicher Restriktionen für Westdeutschland hätte dessen Ziele bei den Verhandlungen mit Frankreich auf anderem Wege erreicht und den amerikanischen Einfluß auf die Bundesrepublik Deutschland weiter erhöht.[113] Ein Interesse Westdeutschlands an der Montangemeinschaft, die ebenso mit der Aufhebung der Beschränkungen verbunden gewesen wäre,[114] hätte sich dann nicht mehr begründen lassen.[115] Insofern mußte Frankreich darauf achten, mittels eines schnellen Vertragsschlusses Westdeutschland enger an sich zu binden, ehe es sich zu den USA und Großbritannien hinwenden konnte. Obwohl man sich nach Protesten Schumans vom 16. September 1950 gegen eine westdeutsche Armee unter den ehemaligen Westalliierten auf einen deutschen Beitrag zu europäischen Streitkräften einigte, besaß das Ziel der Sicherheit für Frankreich im Herbst 1950 weiter Priorität. Dem wurde in der Folge mit beschleunigter Verhandlung über den Gründungsvertrag der EGKS entsprochen.

Als Ergebnis ist festzuhalten, daß sich das im Gründungsvertrag der Montanunion vom 18. April 1951 enthaltene Ziel der Sicherheit primär auf die Einbeziehung Deutschlands in die westeuropäische Staatengruppe zielte, um eine Stärkung Westeuropas im „Kalten Krieg" mit der Sowjetunion zu erreichen. Insofern ist das Ziel der Sicherheit in diesem Gründungsvertrag mit der bereits erörterten Interessenlage der Pariser Erklärung identisch, erlangte aber durch den

[112] Unter anderem - ohne Vorabinformation Frankreichs - während der New Yorker Außenministerkonferenz vom 12. bis 14. September 1950. Dieses führte zu deren Aussetzung .

[113] Dedman, S. 70, 73. Er betont weiter die damals zu jenem Zeitpunkt im Vergleich zu den USA sehr schwache Position Frankreichs beim Wettlauf um die Gunst Westdeutschlands.

[114] Groeben, Legitimationsprobleme, S. 70, spricht vom Interesse Adenauers, Souveränität für die Bundesrepublik Deutschlands zu erreichen und die reparationsbedingten Demontagen der Industrieanlagen sowie die Überwachung durch die Ruhrbehörde zu beenden.

[115] Daß der Korea-Krieg die Beseitigung die Einschränkungen Westdeutschlands aus dem Besatzungsstatus beschleunigte, zeigt das Kommuniqué über Deutschland vom 19. September 1950, Europa-Archiv 19/1950, S. 3604 f., in dem sich die Ergebnisse der New Yorker Außenministerkonferenz befinden. Westdeutschland wurde eine zentral einsetzbare, bewaffnete und mobile Polizei auf Länderbasis gestattet, es durfte ein eigenes Außenministerium errichten. Beschränkungen bei der Industriefertigung hob man auch auf.

Beginn der Korea-Krieges einen wesentlich höheren Stellenwert und größere Dringlichkeit. Erst an zweiter Stelle bedeutete Sicherheit - besonders für Frankreich - das Ausschalten Westdeutschlands als Ausgangspunkt einer potentieller Kriegsgefahr. Man benötigte es zur Durchsetzung über Europa hinausgehender globaler Sicherheitsinteressen in wirtschaftlich starkem und bewaffneten Zustand, wobei für Frankreich die entscheidende Frage darin bestand, wer Westdeutschland am schnellsten an sich binden würde - es selbst oder die USA. Mit Vertragsschluß zur Montanunion hatte Frankreich diesen Wettstreit gewonnen.

c) Vertrag über die Gründung einer Europäischen Verteidigungsgemeinschaft

Die Außenminister der ehemaligen Westalliierten und der Atlantikrat hatten auf ihren New Yorker Tagungen im September 1950 bereits positiv über das „ob" der Einbeziehung Westdeutschlands in eine europäische Armee und die damit verbundene Wiederbewaffnung des ehemaligen Kriegsgegners entschieden:[116]

> „Die Minister stimmen vollkommen darüber überein, daß die Wiederaufstellung einer deutschen nationalen Armee den Interessen Deutschlands und Europas nicht zum besten dienen würde. Sie glauben auch, daß dies die Ansicht der großen Mehrheit des deutschen Volkes ist. Die Minister haben jedoch in letzter Zeit die in Deutschland und außerhalb geäußerten Ansichten zur Kenntnis genommen, die für eine deutsche Beteiligung an einer gemeinsamen (integrated) Streitmacht zur Verteidigung der Freiheit Europas plädieren. Die Frage, die durch das Problem der Teilnahme der Deutschen Bundesrepublik an der gemeinsamen Verteidigung Europas aufgeworfen wird, ist zur Zeit Gegenstand von Untersuchungen und Gedankenaustausch."[117]

Zum einen verfolgte man jetzt im Hinblick auf das Ziel der Sicherheit auch offiziell nicht mehr nur die Einbindung Westdeutschlands im Bereich militärisch wichtiger Schlüsselindustrie, sondern trug auch der Erkenntnis Rechnung, daß Westdeutschland ohne die Deutschen einfach nicht zu verteidigen war. Zum anderen hatte Schuman die übrigen Verbündeten von seinen Bedenken gegen eine nationale westdeutsche Armee überzeugt.[118] Parallel zu den Verhandlungen über die Montanunion diskutierte man nun zwischen amerikanisch-britischer und französischer Seite[119] über die Ausgestaltung deutscher Beteiligung an europäi-

---

[116] Das dafür ausschlaggebende Argument war damals zumindest nach Dedman, S. 71, der Ausbruch des Korea-Krieges. Dieser ließ zumindest aus der Perspektive der USA und Großbritanniens vergleichbar negative Entwicklungen auch für Mitteleuropa befürchten.

[117] Kommuniqué über Deutschland vom 19. September 1950, a. a. O. (Fn. 115), auf S. 3406.

[118] Ansprache des amerikanischen Hochkommissars McCloy vom 8. Oktober 1950, Europa-Archiv 21/1950, S. 3476 ff., die - S. 3477 - eine deutliche Absage an die schnelle Wiedererrichtung der westdeutschen Armee außerhalb europäischer Verteidigung beinhaltete.

[119] Zur - auch innenpolitischen - Vorgeschichte der französischen Vorschläge Kim, S. 37 f.

schen Streitkräften.[120] Die USA beabsichtigten in diesem Zusammenhang, deutsche Truppen, gegliedert in Divisionen, als normale Bestandteile einer einheitlichen Armee zur Verteidigung Westeuropas zu verwenden.

Frankreich, das aufgrund des Zweiten Weltkriegs Bedenken gegen nationale westdeutsche Streitkräfte mit Großverbänden hegte, schlug dagegen am 24. Oktober 1950 vor, zwar deutsche Truppen einzubeziehen, die Einheiten des Nachbarn aber wesentlich kleiner zu gestalten. Man griff dabei auf einen Beschluß des Europarates vom August 1950[121] zurück, der die Bildung einer solchen Armee unter Zuziehung Westdeutschlands anregte. Aus dem darauf basierenden, nach dem französischen Ministerpräsidenten Pleven benannten Plan[122] ging außerdem hervor, daß es allen anderen Staaten außer Westdeutschland zusätzlich erlaubt sein sollte, eigene nationale Einheiten zu unterhalten, die nicht der europäischen Kommandostruktur unterstehen würden.[123] Insofern zeigten sich in diesem Vorschlag die Bemühungen Frankreichs, den Forderungen der großen Bündnispartner des Atlantikpaktes nachzukommen, aber gleichzeitig die Bedingungen so zu gestalten, daß seine eigene Sicherheit gegenüber Westdeutschland nicht beeinträchtigt wurde. Anders formuliert, wollte Frankreich zwar das deutsche Menschenpotential zur Abwehr der Bedrohung aus dem Osten nutzen, aber auch verhindern, daß es sich gegen die westeuropäischen Nachbarn richtete.[124] Zudem benötigte Frankreich eigener Gewalt unterstehende und nicht an Europa gebundene Truppen, um koloniale Interessen in Asien durchzusetzen, und wollte dafür den Erhalt eigener nationaler Streitkräfte sichern.[125] Diese Einschränkungen berührten die Interessen Westdeutschlands, das sich mit diesem Status minderen Rechts innerhalb der zukünftigen Gemeinschaft nicht abfinden wollte. Im Laufe der Verhandlungen[126] - besonders während der Konferenz über die Europäische Armee von Februar bis Juni 1951 in Paris - er-

---

120 Die Entstehung des Vertrages zur Verteidigungsgemeinschaft erläutert Aimaq, S. 182 ff.

121 Europa-Archiv 22/1950, S. 3513 ff. Vorausgegangen war dem Beschluß eine Rede Churchills zur Frage der Schaffung einer europäischen Armee vor dem Europarat in Strasbourg am 11. August 1950, Europa-Archiv 18/1950, S. 3374 ff. Er referierte über die Unterstützung der Verteidigung Europas auch durch nicht im Atlantikpakt organisierte Staaten, vergaß aber, Deutschland zu benennen. Später versicherte er, es habe sich um ein Versehen gehandelt, er habe damit auch Deutschland gemeint (vgl. Fußnote auf S. 3376).

122 Europa-Archiv 22/1950, S. 3518 f. Die von Pleven unterbreiteten Vorschläge zur Verteidigungsgemeinschaft gingen aber von Monnet aus, erklärt Janz in Weidenfeld, S. 80, 89.

123 Loth in Hecker/Spieler, S. 85, 94, wobei Westdeutschland zusätzlich auf einen eigenen Generalstab, eine eigene Luftwaffe sowie auf militärische Infrastruktur verzichten sollte.

124 Nach Mai, S. 71, 77, wollte Frankreich vorrangig eine nationale westdeutsche Armee verhindern. Der Grund bestand für Poidevin in Volkmann/Schwengler, S. 101, 124 einfach darin, daß Frankreich solche Truppen aufgrund des Zweiten Weltkrieges fürchtete.

125 Mai, S. 79 f.; Varwick, S. 128. Beiden arbeiten die Interessenlagen Frankreichs heraus.

126 Zum Ablauf und Schwierigkeiten Cornides/Volle, Europa-Archiv 13-14/1952, S. 5020 ff.

reichte man eine die Truppenstärke betreffende Regelung, die die Gleichberechtigung Westdeutschlands kaum beeinträchtigte, dafür aber Frankreichs Interessen fast völlig außer acht ließ.[127] Lediglich Streitkräfte in Übersee unter nationaler Kontrolle gestand man den Franzosen zu.[128] Daß die französische Seite derart den Vorstellung der Deutschen nachgab, lag an deren günstiger Verhandlungsposition. Hätte Frankreich zu dieser Zeit nicht eingelenkt, wäre Westdeutschland mit der Konsequenz der NATO-Lösung der Wiederbewaffnung aus den Gesprächen ausgeschieden.[129] Damit wäre der Zustand eingetreten, den Frankreich zur Wahrung seiner Interessen verhindern wollte.

Weiter fand man für die zu geplante Europäische Verteidigungsgemeinschaft eine geeignete Struktur, die unter Wahrung der Gleichheit von Rechten und Pflichten der Mitglieder[130] eine enge organisatorische Verbindung mit dem Atlantikpakt und dessen Aufsicht über die Europaarmee ermöglichte. Die drei ehemaligen Westalliierten erklärten sich gegenüber Westdeutschland bereit, Regelungen des Besatzungsstatuts aufzuheben und Westdeutschland industriell in die Lage zu versetzen, Beiträge für die europäischen Streitmacht leisten zu können. Am 27. Mai 1952 unterzeichneten diejenigen Staaten, die auch an den Verhandlungen zur Vergemeinschaftung von Kohle und Stahl teilgenommen hatten, den Vertrag über die Gründung einer Europäischen Verteidigungsgemeinschaft.

Die Präambel des Vertrages betonte die Ausrichtung der Gemeinschaft auf die Erhaltung des Friedens in Europa und damit das Ziel der Sicherheit innerhalb dieses sehr weitgehenden Integrationsansatz. Die Staaten hatten sich also damit:

> „... entschlossen, zusammen mit den übrigen freien Völkern im Geist der Satzung der Vereinten Nationen zur Erhaltung des Friedens beizutragen, und insbesondere in enger Verbindung mit den Organisationen gleichen Zieles die Verteidigung Westeuropas gegen jeden Angriff zu sichern."

Dieser Auszug aus der Präambel der Vereinbarung enthielt das Ziel Friedenserhaltung und der Sicherheit, das aus damaliger Sicht in zwei Richtungen verstanden wurde.[131] Zum einen bedeutete die vorgesehene Verschmelzung der bisherigen nationalen Armeen der beteiligten Staaten zu einheitlichen europäischen Streitkräften eine in ihren Auswirkungen gar nicht hoch genug einzuschätzende weitere Vergemeinschaftung und den dauerhaften Ausschluß von Krieg unter

---

127 Westdeutschland durfte Divisonen aufstellen, und es waren letztendlich doch nur europäische Truppen vorgesehen. Kielmannsegg, Europa-Archiv 13-14/1952, S. 5009, 5014.

128 Janz in Weidenfeld, S. 90. Frankreich besaß Truppen in Vietnam und auch in Nordafrika.

129 Auf diesen Zusammenhang weist zu recht Dedman, S. 75, aus heutiger Perspektive hin.

130 Unter Betonung dieses Erfolges für Deutschland Kielmannsegg, a. a. O. (Fn. 127), S. 5009, 5010. Gerade für Deutschland war jedwede Gleichberechtigung ein erklärtes Ziel.

131 Kielmannsegg, ebd. Heute dazu auch Kaiser in Weidenfeld, S. 173, 175; Varwick, S. 22.

den Mitgliedern. Dies bezog sich nicht nur auf das Verhältnis zwischen Frankreich und Deutschland, sondern allgemein auf den westeuropäischen Raum. Der äußere Aspekt der Sicherheit als Ziel des Vertrages bezog sich auf die gemeinsame Verteidigung des Vertragsgebietes zusammen mit den Staaten des Atlantikpaktes gegenüber der sich im Korea-Krieg manifestierenden Bedrohung durch die Sowjetunion. Dieser Krieg dauerte bei Unterzeichnung des Gründungsvertrages am 27. Mai 1952 noch an und führte den Beteiligten die Möglichkeit ähnlicher Angriffe auf die Mitgliedsstaaten vor Augen. Insofern hatte sich die Bedrohungslage, der Westeuropa ausgesetzt war, seit 1950 nicht verändert. Das Ziel der Sicherheit im Moment des Abschlusses des Vertrages über die Gründung der Europäischen Verteidigungsgemeinschaft unterschied sich also nicht vom jeweiligen Inhalt der Pariser Erklärung und dem Vertrag zur Montanunion.

Dennoch kam die Europäische Verteidigungsgemeinschaft durch den die Ratifizierung ablehnenden Beschluß der französischen Nationalversammlung vom 30. August 1954 nicht zustande. Die Gründe, die eine Verfolgung des Ziels der Sicherheit durch gemeinsame supranationale Verteidigungsanstrengungen für lange Zeit unmöglich machten, sind vielschichtiger Natur und hängen vor allem mit der nach der Unterzeichnung der Vereinbarung veränderten weltpolitischen Lage sowie den besonderen Interessen Frankreichs zusammen.[132] Schon kurz nach Fertigstellung des Gründungsvertrages für die EVG deutete sich an, daß Frankreich zur Weiterführung des Indochinakrieges Truppen, die an sich für die Verteidigungsgemeinschaft bestimmt waren, weiter unter eigenem nationalen Befehl halten mußte. Diese Verringerung des Kontingentes hätte zum Zeitpunkt der Aufstellung europäischer Streitkräfte unmittelbare Auswirkung auf die in Art. 43, 43 a des Vertrages enthaltene Stimmverteilung nach sich gezogen. Frankreichs Stimmzahl wäre rapide gesunken, während sich der Einfluß Westdeutschlands gleichzeitig erhöht hätte. Dies war für Frankreich untragbar: Statt der im Pleven-Plan angestrebten Kontrolle westdeutscher Truppen durch Frankreich sah man sich der Gefahr ausgesetzt, die Führung der europäischen Streitkräfte Westdeutschland zu überlassen.[133] Hätte aber die französische Regierung in dieser Situation den Vertrag der Nationalversammlung zur Ratifikation vorgelegt, wäre bei der als sicher zu unterstellenden Ablehnung der Vereinbarung wiederum die NATO-Variante der Wiederbewaffnung Westdeutschlands erfolgt. Also verzögerte die Regierung die Ratifikation und wurde damit französischen Interessen am besten gerecht. Die mittlerweile eingetretenen globalen sicherheitspolitischen Veränderungen ließen das Interesse Frankreichs an der Verteidigungsgemeinschaft weiter schwinden. Am 5. März 1953 war Stalin als

---

132 Zu den Interessen vgl. Forschungsamt, Bd. 2, S. 125 ff. (Maier), sowie Noack, S. 16 ff.

133 Dedman, S. 81 f., der die Bedeutung des Vietnam-Krieges für Frankreichs Truppenstärke in Europa und damit für die Verteilung der Führungsrolle in der Europa-Armee schildert.

treibende Kraft sowjetischer Expanisonsbestrebungen gestorben. Am 17. Juli 1953 schlossen Unterhändler einen Waffenstillstand, der den Korea-Krieg beendete, den *status quo* auf der koreanischen Halbinsel wiederherstellte und den Auslöser für die Befürchtungen der westlichen Welt in bezug auf die Sowjetunion beseitigte. Auch durch die Nichteinmischung der westeuropäischen Staaten und der USA beim Aufstand vom 17. Juni 1953 in der DDR verstärkte sich der Eindruck des gegenseitigen Respektierens der Machtbereiche.[134] Damit wandte sich Frankreichs Augenmerk von der sowjetischen Gefahr ab und konzentrierte sich neben dem andauernden Konflikt in Vietnam vor allem auf Westdeutschland. Dieser, der sich die Grenze mit der DDR und letztlich mit dem Ostblock teilte, fühlte sich selbst aber nach wie vor von der Sowjetunion bedroht. Damit hatte sich zwar die französische Sicherheitsperspektive, nicht aber ihr westdeutsches Pendant verändert. Die Interessenlagen begannen auseinanderzudriften.

Auch die Vereinigten Staaten von Amerika hielten entgegen der Ansicht Frankreichs eingedenk ihrer eigenen Fehler bei der Abrüstung nach dem Zweiten Weltkrieg trotz der veränderten Sicherheitslage 1953 eine europäische Armee weiterhin für nötig. Sie begannen deshalb im Herbst 1953, Frankreich unter politischen Druck zu setzen, endlich den Vertrag zur Gründung der Verteidigungsgemeinschaft dem Parlament vorzulegen. Frankreich kam dem nicht nach und verlangte nach einem Wechsel der Regierung am 19. Juni 1954 ohne Rücksicht auf die anderen Teilnehmerstaaten, die den Vertrag bereits ratifiziert hatten, Nachverhandlungen über die Vereinbarung.[135] Da diese auf der Brüsseler Konferenz vom 19. bis zum 22. August 1954[136] zu keinem Ergebnis führten, legte der neue radikalsozialistische Premierminister Mendès-France[137] den EVG-Vertrag endlich der Nationalversammlung vor, die ihn mit den Stimmen der Kommunisten und Gaullisten - wie bereits erwähnt - auf ewig vertagten, während sich die Regierungspartei ihrer Stimme enthielt. Mit dieser teils außen- und teils

---

134 Seeler, S. 28., erklärt die französische Haltung mit der 1953 veränderte Sicherheitslage.

135 Seit 1953 arbeitete aufgrund des Vverhaltens Frankreich an entsprechenden Protokollen zur Ergänzung des Vertrages. Vgl. dazu Heiser, Europa-Archiv 12/1953, S. 5761, 5763 f.

136 Frankreich legte den Entwurf eines Protokolls zur Anwendung des Vertrages über die Gründung der Europäischen Verteidigungsgemeinschaft, Europa-Archiv 17/1954, S. 6869 ff., vor. Darin ging es um Veränderungen an der Organisationsstruktur der Gemeinschaft, den grundsätzlichen Erhalt der nationalen Armeen sowie um die Einführung von Austrittsrechten. Dies hätte jedoch endgültig zum Verlust des supranationalen Charakters geführt. Obwohl die übrigen Staaten nach ihrer Erklärung, Europa-Archiv 17/1954, S. 6873 ff., bereit waren, Frankreich entgegenzukommen, war dieses so nicht akzeptabel.

137 Zur persönlichen Rolle und Grundlagen seiner Politik Forschungsamt, Bd. 2, S. 194 ff. (Maier); Noack, S. 49 ff.; kritisch Küsters, S. 33 f. Mendès-France empfand die EVG als unbequemes und unnötiges Erbe der vorangegangenen Regierungen und lehnte sie seinerseits ab. Dazu aus der Perspektive von 1954 Volle, Europa-Archiv 23/1954, S. 7115.

innenpolitisch motivieren Ablehnung der EVG bewahrheitete sich die Einschätzung Kielmannseggs, die dieser nach Unterzeichnung des Vertrages zur Gründung der Europäischen Verteidigungsgemeinschaft im Mai 1952 getroffen hatte:

> „Die EVG ist ein Politikum an sich. Sie entsteht aus dem freiwilligen Verzicht auf den stets von allen Völkern am eifersüchtigsten gehüteten Teil ihrer Souveränität, der Wehrhoheit."[138]

Frankreich hatte damit befunden, einen zu hohen Preis, gemessen an der eigenen Souveränität, für eine gemeinsame europäische Verteidigung bezahlen zu müssen. Dies bedeutete das endgültige Scheitern der Verteidigungsgemeinschaft. Unmittelbare Folge der Ablehnung der Ratifikation durch Frankreich war die Einbeziehung Westdeutschlands in die NATO, einem klassischen Militärbündnis ohne einheitlichem Oberkommando und integrierten Streitkräften, wofür man mit der Umstrukturierung des seit 1947 bestehenden Brüsseler Paktes zur Westeuropäischen Union noch einen notdürftigen europäischen Rahmen fand.[139]

Die Ablehnung der Ratifikation durch Frankreich weist nach, daß es den Beteiligten im Bereich der Sicherheit als Integrationsziel eben nicht um die Beseitigung des Konfliktes zwischen Frankreich und Deutschland auf der Basis einer historischen Europa-Idee ging. Es kam lediglich darauf an, die eigene Machtposition im „Kalten Krieg" zu stärken und eine bewaffnete Auseinandersetzung in Europa zu verhindern. Solange sich die westeuropäischen Staaten auf gleiche Weise dieser Bedrohung ausgesetzt sahen, waren sie in diesem gemeinschaftsfreundlichen Klima bereit, das Ziel der Sicherheit in Form europäischer Streitkräfte unter Zurückstellung nationaler Interessen zu verfolgen. Sobald sich aber diese Gefährdung verringert zu haben schien, überwogen - in Frankreich - wieder nationale Interessen, womit die Einigkeit über die konkrete Ausgestaltung des Sicherheitsziels verlorenging. Wäre es den Franzosen, die bis dahin als treibende Kraft besonders bei der Europäischen Gemeinschaft für Kohle und Stahl hervorgetreten waren, um die Überwindung des Sicherheitsproblems gegenüber Deutschland gegangen, hätte die Verteidigungsgemeinschaft trotz des weggefallenen globalen Anlasses in Vollzug gesetzt werden müssen. Frankreichs Parlamentarier waren sich nach einem Bericht des Premierministers Mendès-France vor dem Beschluß über die Ratifikation des Vertrages über die Gründung der EVG im klaren darüber, daß Westdeutschland auf anderem Wege Souveränität und Waffen zurückerhalten würde.[140] Selbst das nahm man in Kauf, um die

---

138 Kielmannsegg, a. a. O. (Fn. 127), S. 5009. Der Autor hatte als deutscher Vertreter an den Verhandlungen über die Verteidigungsgemeinschaft von 1951 bis 1953 teilgenommen.

139 Janz in Weidenfeld, S. 80, 91. Zur Einbeziehung Westdeutschlands in NATO und WEU, die hier nicht Gegnstand ist, Bleckmann, Europarecht, Teil I, II 1 b, Rn. 18; Tecke, S. 38.

140 Vgl. dazu die Auszüge aus der besagten Rede bei Volle, a. a. O. (Fn. 137), S. 7115, 7121.

Wehrhoheit als Kern eigener Nationalstaatlichkeit behalten zu können. Insgesamt bedeutet dies, daß die Verfolgung des Sicherheitsziels bis Mitte 1954 und die Bemühungen um die Verteidigungsgemeinschaft vor allem durch den Ost-West-Konflikt bedingt waren.[141] Das gemeinsame Interesse an der Konfliktverhinderung zwischen den westeuropäischen Staaten hatte sich hier als nicht ausreichend erwiesen, um nationale Interessen im Sicherheitsbereich zu verdrängen.

d) Europäische Politische Gemeinschaft

Bereits während der Erarbeitung des Vertrages zur Gründung der Europäischen Verteidigungsgemeinschaft zeigte sich, daß es aber an einer zur Steuerung der Streitkräfte erforderlichen politischen Parallele fehlte. Die militärische Vergemeinschaftung weckte geradezu das Bedürfnis nach einer politischen Union.[142] Artikel 38 EVGV übertrug daher die Planung eines Zusammenschlusses, der die politische Verantwortung für die im Entstehen befindliche Verteidigungsgemeinschaft und die Montanunion übernehmen, auf die Versammlung der Unterzeichnerländer des EVG-Vertrages.[143] Diese Staaten waren mit denen der Montanunion identisch, so daß über beide Gemeinschaften beraten werden konnte. Im Herbst 1952 beschlossen die Außenminister Frankreichs, Deutschlands, Belgiens, der Niederlande, Luxemburgs und Italiens, basierend auf Art. 38 EVGV und in der Hoffnung auf schnelle Ratifizierung des Abkommens vom 27. Mai 1952 einen Vertragsentwurf für eine Europäische Politische Gemeinschaft zu erarbeiten, die die bis dato vereinbarten Befugnisse gebündelt ausüben sollte.[144]

Während Artikel 2 des Vorentwurfs eines Paktes für die Union der Europäischen Staaten vom 4. November 1952 - erstellt vom französischen Abgeordneten Debré - im Hinblick auf das Ziel der Sicherheit dieser neuen Gemeinschaft die Verteidigung ihrer Mitglieder auf die Union übertrug und damit nicht über das schon im EVG-Vertrag Erreichte hinausging,[145] zeichnete sich zunächst in

---

[141] Böttcher, Europa-Archiv 6/1959, S. 199, 200, formulierte es zeitnah, bildhaft und drastisch: „Die EVG war eine ebenso unglückliche wie erfolglose Mischung von Mißtrauen gegen Deutschland und gemeinsamer Furcht vor der Drohung aus dem Osten.“ Zur heutigen Bewertung des Scheiterns der EVG vgl. Varwick, S. 23 f., mit weiterem Nachweis.

[142] Gröne, S. 6. Loth in Hudemann u. a., S. 191, 192, bezeichnet dieses als Binsenweisheit.

[143] Zur Motivlage beim Beginn der Arbeiten an der Politischen Gemeinschaft Kim, S. 45 ff.

[144] Tecke, S. 36. Die Erklärung, die am Ende der Luxemburger Tagung vom 10. September 1952 stand, geben Schulze/Hoeren, S. 432 ff., wieder, wo als Quelle der abgedruckten Textpassage Conseil des Communautés européennes, Brüssel, Archives Historiques, Négociations du statut de la Communauté politique européenne, CM 4, No. 22, genannt ist.

[145] Conseil des Communautés européennes, Brüssel, Archives Historiques, Négociations du statut de la Communauté politique européenne, CM 4, No. 32. Schulze/Hoeren, Bd. 1, S. 439, 440. Hier wird die Zurückhaltung von Debré bei supranationalen Ansätzen deutlich.

den Ausschüssen die Tendenz ab, neue Kompetenzen einzubeziehen. Der Zwischenbericht über die Zuständigkeitsgebiete einer Europäischen Politischen Gemeinschaft vom 30. November 1952 beinhaltete erstmalig Überlegungen zur Ausdehnung der supranationalen Bereiche, deren Wahrnehmung sich die Gemeinschaft neben der Montanindustrie und der Verteidigung widmen wollte:

> „Die Meinung des größten Teils des Untersuchungsausschusses kann man anscheinend wie folgt zusammenfassen:
>
> - In allen die Zuständigkeit der Gemeinschaft betreffenden Fragen muß man im Rahmen der Luxemburger Entscheidung bleiben.
> - Die Luxemburger Entscheidung scheint keine beträchtlichen Souveränitätsverzichte auf neuen Gebieten unmittelbar notwendig zu machen, mit der Ausnahme der Gebiete Verteidigung und Kohle-Stahl und der damit zusammenhängenden Gebiete.
> - Die Errichtung einer echten politischen Gemeinschaft macht es erforderlich, in den Bereichen Kohle-Stahl und Verteidigung und den damit zusammenhängenden Gebieten eine Erweiterung der supranationalen Befugnisse, die der E.V.G und der Montanunion bereits erteilt sind, insbesondere auf den Gebieten der auswärtigen Angelegenheiten, der Finanzen und der gesetzgebenden Gewalt der Gemeinschaft vorzunehmen."[146]

Besondere Bedeutung für das Ziel der Sicherheit kam innerhalb dieser Kompetenzerweiterung dem Aufgreifen der Idee einer gemeinsamen Außenpolitik zu.[147] Bereits im Dezember 1951 hatte die Versammlung des Europarates festgestellt, daß die Bildung europäischer Verteidigungsstreitkräfte die Bestimmung einer gemeinsamen Verteidigungspolitik notwendig mache. Auch den an der Erschaffung der Europäischen Verteidigungsgemeinschaft Beteiligten war spätestens dann klar, daß die Bildung einer europäischen Armee Auswirkungen auf andere Gebiete und hier besonders auf die Außenpolitik haben würde. Für das Integrationsziel der Sicherheit bedeutete dies, daß man sich bewußt war, daß nur eine integrierte Außenpolitik mit den dazugehörigen supranationalen Streitkräften im Rücken der Gegenseite im „Kalten Krieg" den zur Abschreckung nötigen Eindruck von der Geschlossenheit und Stärke Westeuropas vermitteln konnte.

Die Dokumente bezüglich der Europäischen Politischen Gemeinschaft ergeben einen guten Eindruck von den mit der integrierten Außenpolitik verbundenen Schwierigkeiten. In einer Entschließung des Verfassungsausschusses der Ad-

---

[146] Conseil des Communautés européennes, Brüssel, Archives Historiques, Négociations du statut de la Communauté politique européenne, CM 4, No. 38, Schulze/Hoeren, S. 482, 490. Zur Außenpolitik vgl. S. 494 f. Auffällig ist der enge Konnex der neuen Aufgabenfelder zur Sicherheits- und Marktthemen generell, während die Gesetzgebungsgewalt eher einen formalen Aspekte innerhalb der Instrumente europäischer Intergation berührt.

[147] Zu deren Verankerung sowie Durchsetzungsfähigkeit im Vertragsentwurf Kim, S. 147 ff.

hoc-Versammlung vom 21. Dezember 1952 zur Außenpolitik findet sich die Aussage, das Verhalten der Mitgliedsstaaten zum Schutz vor Aggressionen koordinieren zu wollen. Im Bereich der Montanunion und der Verteidigungsgemeinschaft war dies ausweislich desselben Dokuments als selbständige Festlegung außenpolitischer Ziele durch eine überstaatliche Einrichtung gedacht.[148] Die Durchsetzung sollte dann wiederum der Gemeinschaft und den Einzelstaaten gemeinsam obliegen. Insgesamt wollte man in dem durch die Luxemburger Erklärung vorgegebenen Bereich der Sicherheitspolitik ebenfalls einen weitgehend integrierten Zustand erreichen. Dieser Ansatz fehlt jedoch schon wieder im endgültigen Entwurf der Kommission vom 10. März 1953,[149] der statt dessen in den Artikeln 2, 70 sowie 71 nur noch Koordinierungs- und Vorschlagsmöglichkeiten als Instrumente gemeinschaftlicher Politik im Außenbereich enthielt.[150] Dadurch hatte sich die integrierte Außen- und Sicherheitspolitik so schnell wieder verabschiedet, wie sie aufgenommen worden war.[151] Selbst der entschärfte Entwurf stieß nach seiner Übergabe an die Außenminister der beteiligten sechs Staaten im März 1953 sofort auf Widerspruch Frankreichs, aber auch der Benelux-Länder. Verhandlungen über den Vorschlag auf Regierungsebene blieben auf lange Zeit ergebnislos.[152] Da der politische Integrationsansatz und daher die Verhandlungen auf Artikel 38 EVGV basierte, bedeutete spätestens[153] das Scheitern des Verteidigungsbündnisses an der Haltung Frankreichs im Jahr 1954 auch das Ende der Arbeiten an der Europäischen Politischen Gemeinschaft.[154]

e) Zusammenfassung

Das Ziel der Sicherheit ist seit der Pariser Erklärung vom 9. Mai 1950 vorhanden und für europäische Integration in den fünfziger Jahren nachweisbar. Der Ost-West-Konflikt und dadurch nötige Zusammenarbeit zur Erhöhung der Ver-

---

148 Europa-Archiv 4/1953, S. 5503 f. In allen anderen Gebieten der Außenpolitik sollte es nach den Vorstellungen des Entwurfs jedoch bei der Zuständigkeit der Staaten bleiben.

149 Conseil des Communautés européennes, Brüssel, Archives Historiques, Négociations du statut de la Communauté politique européenne, Ad-hoc-Versammlung für die Gründung einer Europäischen Politischen Gemeinschaft, Amtliche Dokumente des Verfassungsausschusses März/April 1953. Schulze/Hoeren, S. 609 ff. Dieser Entwurf zur Satzung stellt gleichzeitig den quellenmäßigen Endzustand bezüglich der Politischen Gemeinschaft dar.

150 Gröne, S. 6.

151 Streinz, Europarecht, § 2, Rn. 17, bemerkt, daß die EPG die gemeinsame Außenpolitik ausgeklammert habe. Zumindest ab dem endgültigen Entwurf trifft diese Bewertung zu.

152 Zum Verlauf der Verhandlungen über die EPG vgl. auch Schulze/Hoeren, Bd. 1, S. 643.

153 Einige Autoren sehen die EPG bereits früher als gescheitert an, so bei Magagnoli, S. 13.

154 Zu weiteren Ursachen Loth in Hudemann u. a., S. 191, 197 ff., der die Motivlagen Frankreichs weitaus tiefgründiger analysiert, als dies hier im begrenzten Umfang geschehen ist.

teidigungsbereitschaft[155] führte auf Betreiben der USA und Großbritanniens zum schnellen Zusammenschluß der westeuropäischen Staaten und zur Einbeziehung Westdeutschlands in die Montanunion. Deren Pendant im Verteidigungsbereich wies dem Ziel der Sicherheit den Inhalt einer europäischen Armee zu, die nach den weitreichendsten Vorstellungen auf der Basis einer Europäischen Politischen Gemeinschaft mit supranationaler Außenpolitik errichtet werden sollte. Diese beiden Vorhaben scheiterten am nachlassenden äußeren Integrationsdruck durch leichte Verbesserung der sicherheitspolitischen Lage im Verhältnis zur Sowjetunion, wobei die Interessen Frankreichs wieder stärker zum Tragen kamen. Dem Verhältnis zwischen Frankreich und Deutschland kam nicht die Hauptbedeutung im Bereich des Sicherheitsziels zu. Integration zum bloßen Selbstzweck oder die ausdrückliche Verfolgung des Europa-Gedankens lassen sich als Vergemeinschaftungsgründe ebenso nicht ausmachen.

Das Scheitern von EVG und EPG belegt, daß ohne äußeren Druck eine integrierte Außen- und Sicherheitspolitik einschließlich einer europäischen Streitmacht nicht mit den Interessen der beteiligten Staaten zu vereinbaren war. Als Folge dessen spielte das Ziel der Sicherheit auf europäischer Ebene bei der Gründung der Europäischen Wirtschaftsgemeinschaft[156] und der Atomgemeinschaft[157] keine Rolle mehr. Integration konzentrierten sich nun auf andere Gebiete, wo eine bessere Chance auf übereinstimmende Interessenlagen bestand.

2. Sicherheitsziel in der weiteren Integrationsentwicklung

Trotz des Rückschlags, den das Ziel der Sicherheit in den Bemühungen um europäische Integration durch das Scheitern der Politischen und der Verteidigungsgemeinschaft erlitten hatte, wurde es nicht aufgegeben. Es spielte auch in den sechziger Jahren eine - wenn auch untergeordnete - Rolle, um mit der Europäischen Politischen Zusammenarbeit ab 1970 über die Europäische Akte von 1987 und letztendlich mit dem Unionsvertrag 1992 an Bedeutung zu gewinnen.

---

155 Oppermann in Berberich u. a., S. 85, 86, faßt die Absichten der USA und Großbritanniens unter dem Oberbegriff der Sorge vor einer weiterer Expansion des Machtbereichs der Sowjetunion zusammen, während er die spezifische Interessenlage Westdeutschlands und Italiens auf die anhaltende Verliererlage dieser Länder aus dem Zweiten Weltkrieg stützt.

156 In der Präambel des Vertrages über die Europäische Wirtschaftsgemeinschaft vom 25. März hieß es zwar, die Unterzeichnerländer seien: „ ... entschlossen, durch diesen Zusammenschluß ihrer Wirtschaftskräfte Frieden und Freiheit zu wahren und zu festigen ...“. Art. 2 EWGV sagte aber nichts zu Sicherheitsaufgaben der Gemeinschaft aus. Auch heute wird im Kontext des Vertrages der ökonomischen Integrationsansatz betont. Siehe dazu Kapteyn/van Themaat, S. 14 ff., Streinz, Europarecht, § 2, Rn. 18 und Tecke, S. 38.

157 Die Atomgemeinschaft sollte ihrer Präambel nach dazu dienen, Gefahren für Leben und Gesundheit der Bevölkerung auszuschließen. Gemeint war hier in Art. 2 lit. b) die technische Sicherheit von Atomanlagen.

a) Europäische Politische Union

Nach den bisherigen Ausführungen dürfte es überraschen, daß gerade Frankreichs Staatspräsident de Gaulle in einer Presseerklärung vom 5. September 1960 den Gedanken der politischen Union und gemeinsamer Verteidigung für Europa wieder aufbrachte und über Verhandlungen mit den übrigen, in den bisherigen Gemeinschaften zusammengeschlossenen Staaten seit 1959 berichtete.[158] Frankreich hatte etwas vorgeschlagen, was dem Inhalt nach der mit der EVG abgelehnten Europäischen Politischen Gemeinschaft gleichkam, aber anders und eben nicht auf der supranationalen Grundlage organisiert werden sollte:

> „Die Schaffung Europas, das heißt seine Einigung, ist sicher eine wichtige Sache. ... Warum sollte dieser große Herd der Zivilisation, der Stärke, der Vernunft und des Fortschrittes unter seiner eigenen Asche erlöschen? Allerdings darf man auf einem solchen Gebiet nicht Träumen nachhängen, sondern muß die Dinge so sehen, wie sie sind. Welches sind die Realitäten Europas und die Eckpfeiler, auf denen man weiterbauen könnte? In Wirklichkeit sind es die Staaten ... Es ist eine Schimäre, zu glauben, man könne etwas Wirksames schaffen und daß die Völker etwas billigen, was außerhalb oder über dem Staat stehen würde ... Gewiß trifft es zu, daß, bevor man das Europa-Problem in seiner Gesamtheit behandelt hat, gewisse mehr oder weniger supranationale Einrichtungen geschaffen werden konnten. Diese Einrichtungen haben ihren technischen Wert, aber sie haben und können keine Autorität und politische Wirksamkeit besitzen. ... Frankreich hält die Gewährleistung der regelmäßigen Zusammenarbeit der europäischen Staaten für wünschenswert, möglich und praktisch auf dem Gebiet der Politik, der Wirtschaft, der Kultur und der Verteidigung. ... Das erfordert ein organisiertes, regelmäßiges Einvernehmen der verantwortlichen Regierungen und die Tätigkeit von den Regierungen unterstellten Spezialorganisationen auf jedem der gemeinsamen Gebiete."[159]

Damit schien Frankreich von seiner 1954 erkennbar gewordenen Ablehnung europäischer Verteidigungspolitik abzurücken. Die Gründe dafür waren auf den ersten Blick eher wirtschaftlicher Natur. Seit etwa 1958 war klar, daß die französischen Wirtschaft, die den Verlust von Rohstoffquellen und Absatzmärkten in den Kolonien[160] verkraften mußte, vom Ausbau der europäischen Anbindung Frankreichs auf wirtschaftlichem Gebiet abhing. Dies konnte nur durch die Fortentwicklung der EWG geschehen, deren Einfluß auf Frankreich damit aber auch verstärkt worden wäre. Dies widersprach de Gaulles Interessen, die auf ein föderales „Europa der Vaterländer" bei Erhalt der Souveränität der Mitgliedssaaten orientiert waren. Deshalb war beabsichtigt, die Wirkung der EWG durch Schaf-

---

158 Zur Vorgeschichte der Fouchet-Pläne und den Verhandlungen siehe de Araujo, S. 6 ff.

159 Die zitierte Auswahl findet sich bei Oppermann, Europarecht, § 1, Rn. 26. Der vollständige Text des Vorschlags ist in Europa-Archiv 21/1960, S. D 297, D 304, dokumentiert.

160 Aimaq, S. 77, weist darauf hin, daß Frankreich selbst lange Kolonialkriege geführt hatte.

fung eines konföderalen, politischen Überbaus zu neutralisieren. Die Union sollte es Frankreich ermöglichen, wirtschaftliche Fortschritte zu erreichen, ohne sich dem stärkeren Einfluß supranationaler Organe aussetzen zu müssen. Daher beteiligte sich Frankreich seit dem 23. November 1959 an regelmäßigen politischen Konsultationen der sechs westeuropäischen Außenminister, die auf der Basis einer deutschen Initiative zustande gekommen waren.

Neben dem wirtschaftlichen Motiv standen Überlegungen politisch-militärischer Art hinter de Gaulles Äußerung.[161] Seit der leichten Entspannung Mitte der fünfziger Jahre hatte sich das sicherheitspolitische Verhältnis zwischen den USA und dem Ostblock zu Lasten ersterer verschoben. Die USA sah sich mittlerweile auch auf ihrem eigenen Territorium von sowjetischen Atomwaffen bedroht. Gleichzeitig beabsichtigte Amerika, aus finanziellen Gründen Truppen aus Europa abzuziehen. Um die dadurch befürchtete Schwächung des amerikanischen Schutzes für Westeuropa auszugleichen, war von de Gaulle nach dessen Wahl die Initiative für eine „strategische Einheit" Europas ausgegangen. Diese sollte die militärische Kooperation Frankreichs mit Deutschland als den stärksten Ländern Westeuropas verbessern[162] und - das war auch in Westdeutschland diskutiert worden[163] - den Besitz von Kernwaffen einschließen. Der Unterschied zur EVG bestand darin, daß keine Integration auf supranationaler Basis stattfinden sollte, sondern nur ein klassisches Militärbündnis beabsichtigt war. Verbindet man den Hinweis de Gaulles auf Verteidigung als Unionsziel mit den zwischen Deutschland und Frankreich laufenden Beratungen über die „strategische Einheit", dann wird deutlich, daß zwar Verteidigung gegen Gefahren aus dem Osten, aber mit erheblicher Stärkung der Stellung Frankreichs gemeint war.[164]

Am 18. Juli 1961 beschlossen die sechs Regierungschefs der bisherigen Gemeinschaftsmitglieder, die politische Integration nach den Vorschlägen de Gaulles fortzuführen und dazu eine Kommission einzusetzen, die dafür geeignete Mittel und Wege vorschlagen sollte.[165] Die besondere Bedeutung dieses Beschlusses für das Ziel der Sicherheit bestand aus zeitgenössischer Sicht darin, daß nach dem Scheitern der EVG nun erstmals wieder die Frage der Verteidigungspolitik unter den Mitgliedern der Montanunion besprochen werden konn-

---

161 Zu diesem kaum untersuchten sicherheitspolitischen Motiv für die Europäische Politischen Union und zum folgenden vgl. vertiefend Loth in Deighton/Milward, S. 41, 43 ff.

162 Bereits seit 1956 existierte eine Vereinbarung zur Rüstungskooperation zwischen Frankreich und Deutschland außerhalb des Rahmens der WEU. Siehe dazu Cabalo, S. 101 ff.

163 Vgl. Cioc in Herbst, S. 501, 505 ff., der die damals vorgebrachten Vorschläge zur atomaren Bewaffnung Westdeutschlands zwecks Abwehr der Gefahr aus dem Osten schildert.

164 Zu Leitbildern des Europa-Konzepts de Gaulles zu jeder Zeit sowie seinem Verständnis des Nationenbegriffes und Bedeutung Frankreichs für Projekte der europäischen Integration aus einer zeitnahen Sicht vgl. Schomerus, Europa-Archiv 9/1963, dort S. 323, 324 ff.

165 Erklärung der Regierungschefs vom 18. Juli 1961, in Europa-Archiv 16/1961, S. D 469 f.

te.[166] Vor allem der Bundesrepublik Deutschland war darüber hinaus klar, daß die Fortschrittsbereitschaft Frankreichs im Bereich von Politik und Verteidigung genutzt werden mußte, auch wenn dies bei einer Umsetzung der französischen Vorstellungen ein Abweichen von Schumans Idee der überstaatlichen Gemeinschaft bedeutete.[167] Man befürchtete aber anderseits, daß Frankreich durch den Abschluß zwischenstaatlicher Regelungen die Europäischen Gemeinschaften ebenfalls auf die Stufe der Kooperation zurückführen wolle und damit für zukünftige supranationale Zusammenschlüsse eine Blockade entstünde.[168] Um dies und die Verschiebung der Einflußlage in Westeuropa zulasten der USA[169] zu vermeiden, lehnte Westdeutschland Änderungen der bisherigen Gemeinschaften und der Regelungen zur NATO[170] ab. Nach zähen Verhandlungen fanden Frankreich und Deutschland Kompromisse, mit denen beide ihre Interessen gewahrt sahen. Die diesbezüglichen, nach dem französischen Verhandlungsführer Fouchet benannten Pläne[171] blieben dennoch umstritten. Belgien und die Niederlande verweigerten sich nun, da sie ohne Teilnahme Großbritanniens fürchteten, eigene Vorstellungen nicht mehr durchsetzen zu können.[172] Obwohl auch hierzu eine dem entgegenkommende Textfassung mit der Formulierung der Anbindung an die NATO und Erhalt der Strukturen der Gemeinschaften vorgeschlagen war, fehlte de Gaulle mangels Wahrung französischer Interessen die Bereitschaft, diesem neuen Kompromiß zu folgen.[173] Daran scheiterte dann die Europäische Politische Union auf der Außenministerkonferenz am 17. April 1962 in Paris.

Für das Ziel der Sicherheit und entsprechender gemeinsamer Politik kommt den Fouchet-Plänen trotz ihres Fehlschlagens auf westeuropäischer Ebene[174] den-

166 Von Brentano, Europa-Archiv 17/1961, S. 463, 464, der Begrenzungen für nötig erachtet. Durch die neue Debatte sollte die NATO gestärkt und gleichzeitig gesichert werden, daß nur ihr strategische Entscheidungen zur europäischen Verteidigung zu überlassen seien.

167 Weinstock, S. 206. Westdeutschland sah darin die einzige Chance, etwas zu bewegen.

168 So bei Koppe, Europa-Archiv 8/1962, S. 263, 264 f., der in dem Ansatz gleichzeitig die Ergebnisse der Jahrzehnte davor in der Ausgestaltung der Gemeinschaften gefährdet sah.

169 Zum Streben Frankreichs nach Einfluß auf Europa Kaiser in Weidenfeld, S. 173, 176 f.

170 De Gaulle hatte am 5. September 1960 auch vorgeschlagen, die enge Bindung der westeuropäischen Staaten an die NATO zu überdenken und zu verändern. Vgl. die Äußerungen des französischen Staatspräsidenten in Europa-Archiv 21/1960, S. D 297, D 305 f.

171 Der den Außenministern vorgelegte Entwurf des Fouchet-Ausschusses vom 15. März 1962 befindet sich samt Gegenentwurf als Synopse in Europa-Archiv 19/1964, S. 466 ff.

172 Zu den Gründen der ablehnenden Haltung Zeller, Europa-Archiv 6/1965, S. 212, 213 f.

173 Vertiefend Cabalo, S. 404 ff., der auch die sinnlose Bemühung um die Einigung schildert.

174 Am 22. Januar 1963 wurde der Vertrag zwischen der Bundesrepublik Deutschland und der Französischen Republik über deutsch-französische Zusammenarbeit, BGBl. 1963 II, S. 707 ff., unterzeichnet. Zu seiner Entstehung als Reaktion auf das Scheitern der Bemühungen um die Europäische Politische Union vertiefend Lang in FS für Ophüls, S. 125,

noch erheblicher Aussagewert zu. Einmal setzten sie das Thema einer Gemeinschaft, die sicherheitspolitische Inhalte verfolgen sollte, nach dem Scheitern von EVG und EVP wieder auf die Tagesordnung. Der Anstoß dazu ergab sich unter Berücksichtigung der Interessenlagen im Vergleich zu den fünfziger Jahren zunächst nicht aus einer konkreten Bedrohungslage als integrationstechnischem Zwangsmittel heraus, sondern war durch die Verfolgung nationaler Interessen eines Mitgliedsstaates - hier Frankreichs - bedingt. Dennoch richtete sich die von Frankreich vorgeschlagene Verteidigungspolitik wegen einer vermeintlichen Schwäche der USA wieder auf den Ostblock, was gleichzeitig einer Stärkung des französischen Einflusses auf Westeuropa gleichkam. Zum zweiten verdeutlichte die Haltung Westdeutschlands, daß auch sie auf diesem Gebiet nicht um jeden Preis an einer vorgegebenen Ausgestaltung eines Bündnisses festhalten, sondern zunächst das aus ihrer Sicht Mögliche in Angriff nehmen wollte. Sie hielt gleichzeitig an der engen Anbindung an die USA fest und setzte den Interessen Frankreichs Grenzen. Drittens erforderte eine föderal organisierte Politische Union aus der Sicht der kleineren Staaten der bisherigen Gemeinschaft eine Beteiligung Großbritanniens, um abzusichern, daß die Interessen der größeren Länder gegenüber denen kleinerer Staaten nicht übermächtig wurden.

b) Europäische Politische Zusammenarbeit und Einheitliche Europäische Akte

Sucht man die ausdrückliche Formulierung des Ziels der Sicherheit in der Einheitlichen Europäischen Akte vom 17./27. Februar 1986[175], so enthielt Artikel 30 Nr. 6 lit. a) EEA mit Bestimmungen über die europäische Zusammenarbeit in der Außenpolitik erstmalig vertragliche Aussagen zum engeren Zusammengehen in Fragen der Sicherheit samt stärkerer Koordinierung der Vertragsparteien.[176] Unter dem Begriff der Sicherheit sollte - entsprechend der allgemeinen Definition - auch hier ein Zustand der europäischen Staaten zu verstehen sein, in dem keinerlei Gefahr für deren Werte besteht, weil eine solche nicht drohte oder ein zuverlässiger Schutz vorhanden war.[177] Obwohl sich dies auf den ersten Blick nur auf die Sicherheit der Mitgliedsstaaten bezog, ergibt sich aus deren Abhängigkeit von anderen europäischen und außereuropäischen Ländern, daß die isolierte Betrachtung des Begriffs nicht beabsichtigt sein konnte.[178] Mittelbar

---

137 ff. Der deutsch-französische Vertrag stellte einen Torso der Endfassung des Fouchet-Planes dar und setzte dessen Ideen auf der bilateralen Ebene um. Ihm kam aber keine Wirkung auf die Integrationsentwicklung zu, so Oppermann, Europarecht, § 1, in Rn. 27.

175 Hrbek/Läufer, Europa-Archiv 6/1986, S. 173 ff.; Oppermann, Europarecht, § 1, Rn. 41.

176 Die Gesprächsmöglichkeiten über Sicherheitsfragen aufgrund der EEA wird von Glöckler-Fuchs, S. 17, als Signal für eine umfassendere europäische Außenpolitik verstanden.

177 So Jürgens, S. 222. Ukrow, S. 53, untersucht den Begriff aus Sicht der neutralen Staaten.

178 Vgl. dazu die Ausführung bei Schöllhorn, S. 20 f., der den Sicherheitsbegriff erläutert.

erfaßte der *terminus* der Sicherheit damit auch Staaten außerhalb des Vertragsgebietes. Gleichzeitig sollten die zur Erhaltung der Sicherheit nötigen technologischen Voraussetzungen geschaffen werden, ohne die Verbindungen zu NATO und WEU zu gefährden. Darin zeigt sich, daß das Sicherheitsziel der Gemeinschaften seit der Stagnation Mitte der sechziger Jahre nicht vergessen worden war.[179] Was an konkretem Sicherheitsgewinn erreicht werden sollte, sagte die Einheitliche Europäische Akte nicht, aber sie fixierte das, was sich in knapp zwei Jahrzehnten politischer Koordinierung und Beratung an Verfahrensformen entwickelt hatte. Daher wird schon der Europäischen Politischen Zusammenarbeit ein eigenständiger Sicherheitsaspekt abgesprochen. Ihr Ziel sei nur in den gemeinsamen Maßnahmen selbst zu erblicken.[180] Dies darf bezweifelt werden.

Nach dem Scheitern der Europäischen Politischen Union hatte sich seit 1970 eine Zusammenarbeit der Außenminister im Bereich der Außen- und Sicherheitspolitik ergeben.[181] Sie beruhte auf Überlegungen während des Gipfeltreffens der Staats- und Regierungschefs der Gemeinschaften vom 1. bis zum 2. Dezember 1969 in Den Haag, das mit einem Auftrag an die Außenminister zur Erarbeitung entsprechender Vorschläge endete.[182] Die Gemeinschaften sahen sich damals Problemen im Bereich der Währungspolitik und bei Verhandlungen zur Neuaufnahme von Staaten ausgesetzt, die bremsend auf die weitere Entwicklung wirkten. Um dies auszugleichen, bemühte man sich um neue Integrationsimpulse auf anderen Gebieten, wobei die Haager Konferenz auf den Außen- und Sicherheitsbereich abzielte.[183] Die beauftragten Außenminister legten am 30. Oktober 1970 den Regierungschefs den als Luxemburger oder Davignon-Bericht[184] bekanntgewordenen Vorschlag vor, die Zusammenarbeit in der Außen- und Sicherheitspolitik durch regelmäßige, aber unverbindliche Konsultationen auf Regierungsebene und Unterrichtung der anderen Länder zu erreichen. Diese Konsultationen klammerten aber mit der Verteidigung das aus, was im August 1954

179 Das Scheitern der EPG beendete die Diskussion darüber nicht. So wies Bauer, Europa-Archiv 19/1963, S. 713 f., 715 ff., auf die Fehleinschätzung der Sicherheitslage im Verhältnis zur Sowjetunion hin. Er forderte weitere Beschäftigung mit der Verteidigungsgemeinschaft. Auch bei Zeller, Europa-Archiv 12/1968, S. 415, 422, und Camps, Europa-Archiv 14/1968, S. 495, 498 - im Rahmen konzeptioneller Gedanken für die siebziger Jahre -, finden sich Überlegungen für abgestimmte Außen- und Verteidigungspolitik. Camps begründete deren Notwendigkeit mit der Anerkennung der Gemeinschaften durch die Sowjetunion und mit der Anziehungskraft der Integration für osteuropäische Staaten.

180 Pechstein/Koenig, 2. Aufl., Rn. 263, 267, die sich auf den Luxemburger Bericht berufen.

181 Ein Überblick zu Entwicklungsstufen der EPZ befindet sich bei Kramer/Rummel, S. 8 ff.

182 Kommuniqué sowie Auftrag an die Außenminister, in Europa-Archiv 2/1970, S. D 27 ff.

183 Vgl. Gröne, S. 12. So auch die Einführung zur Sammlung der Dokumente der Den Haager Konferenz, Europa-Archiv 2/1970, S. D 27 ff., und Ausführung bei Ifestos, S. 148 ff.

184 Benannt nach dem Kommissionsvorsitzenden. Europa-Archiv 22/1970, auf S. D 520 ff.

zum Scheitern von EVG und EPG geführt hatte.[185] Die Gelegenheit zur Anwendung interner Abstimmung der Außenpolitik bot sich bei den Verhandlungen zum multilateralen Abkommen über Sicherheit und Zusammenarbeit in Europa,[186] bei denen die Mitglieder der Gemeinschaften entsprechend auftraten. Da die USA an diesem Abkommen wenig interessiert waren,[187] konnten die Staaten Westeuropas dies zur eigenen und zur Profilierung der EPZ nutzen. Insofern betrieb man also nicht nur das Verfahren gegenseitiger Konsultationen um seiner selbst willen, sondern verfolgte in der außenpolitischen Zusammenarbeit das Sicherheitsziel durch eine eigene Friedensordnung für Europa.

Der Erfolg dieses Vorgehens[188] zur Verfolgung europäischer Sicherheitsinteressen stärkte die Europäische Politische Zusammenarbeit so, daß sie außerhalb Europas als Vermittlerin auftreten konnte und internationales Ansehen in der Sicherheitspolitik erwarb. Im Laufe der siebziger und Anfang der achtziger Jahre[189] bildete sich - nachgewiesen durch Tätigkeitsberichte und bewertet durch die Konferenzen der Staats- und Regierungschefs - bei ständiger Verfeinerung des Verfahrens eine anerkannte politische Einheit mit Eigengewicht heraus.[190] Befördert wurde diese Entwicklung noch dadurch, daß der Zweite Bericht der Außenminister der Mitgliedsstaaten der Europäischen Gemeinschaft an die Staats- und Regierungschefs über die Europäische Politische Zusammenarbeit vom 23. Juli 1973 vorschlug, neben die interne Abstimmung auch ein nach außen erkennbares gemeinsames Auftreten sicherzustellen.[191] Dies geschah erstmalig in Erklärungen der Außenminister zu Problemen im Nahen Osten und auf Zypern.[192] Insgesamt entfaltete der eingeschlagene Weg eine derartige Eigendynamik, daß er spätestens ab Mitte der siebziger Jahre als Triebfeder für die Weiterentwicklung der Integration als solcher angesehen wurde.[193] Damit verbunden war die zunehmende Gleichrichtung bei der Beurteilung von europäischen und globalen Sicherheitsfragen. Die sich damit insgesamt geradezu aufdrängende Bewertung als außen- und sicherheitspolitische „Dritte Kraft“ zwi-

---

185 Nuttall in Regelsberger, S. 19, 22, 38, der darin das größte Defizit für die EPZ erblickte.

186 Beginnend mit dem als historisch zu bezeichnenden Treffen der europäischen Außenminister in Helsinki vom 3. bis 7. Juli 1973. Die konkreten Verhandlung dauerten bis 1975.

187 Nuttall in Regelsberger, S. 19, 23, führt dieses Desinteresse auf die gleichzeitig stattfindenden Bestrebungen der USA hinsichtlich der Beendigung des Vietnam-Krieges zurück.

188 Brückner, RMC 1982, S. 59, 62, bezeichnet die KSZE als das „Flaggschiff“ in der Europäischen Politischen Zusammenarbeit - und das bereits so kurz nach deren Instituierung.

189 Zur Entwicklungsgeschichte der EPZ, die nicht weiter interessiert, vgl. Gröne, S. 12 ff.

190 So beispielsweise die Bewertung von Everling, Europa-Archiv 23/1972, auf S. 791, 792.

191 Europa-Archiv 18/1973, S. D 515 ff. Dazu näher Nuttall in Regelsberger, S. 19, 23 ff.

192 In Europa-Archiv 2/1974, S. D 29 f., zum israelisch-ägyptischen Krieg und 19/1974, S. D 444 f., zu Zypern. Ifestos, S. 371 ff., analysiert dazu die gesamte Nahostpolitik der EPZ.

193 Scheuner, EuR 1976, S. 193, 196 f., betont diesen Effekt des Zusammenhalts nach außen.

schen den USA und der Sowjetunion lehnten die Mitglieder aber wegen der bündnisbedingten Nähe zu ersterer ab. Der Beginn der achtziger Jahre brachte der EPZ im Hinblick auf das Sicherheitsziel ein weiteres Zusammenrücken der beteiligten Länder. Ausgelöst durch die nach der Entspannungsphase in den siebziger Jahren eingetretene Verschlechterung des Verhältnisses zur Sowjetunion wegen des Krieges in Afghanistan sowie anderer Krisenherde[194] hielten die Außenminister der Gemeinschaftsmitglieder bei weitgehend gleichen Sicherheitsinteressen eine noch engere Zusammenarbeit in Außen- und Sicherheitspolitik für nötig.[195] Es sollte von der bloßen Reaktion zur Gestaltung der Ereignisse auf außen- und sicherheitspolitischer Ebene übergegangen werden.

Dies muß natürlich bei der Einschätzung, ob der EEA nicht auch Ziele sicherheitspolitischer Natur zu entnehmen sind, berücksichtigt werden. Die Staaten der Gemeinschaften hatten sich nicht mit einem sicherheitspolitischen Ziel, sondern aus der Absicht heraus, Integration überhaupt zu fördern, auf begrenzte politische Zusammenarbeit eingelassen. Aus dem verfahrenstechnischen Ansatz Anfang der siebziger Jahre[196] - dieser sei der Gegenansicht zugegeben - entwickelten sich eine inhaltliche Übereinstimmung der Interessenlage der Staaten. Dazu gehörte die Ausrichtung der europäischen Sicherheitspolitik innerhalb der Konferenz für Sicherheit und Zusammenarbeit sowie die Beurteilung der sowjetischen Bedrohungslage nach Afghanistan. Wenn also mit Artikel 30 Nr. 6 lit. a) EEA die bewährte Zusammenarbeit auf eine normative Grundlage gestellt und vertieft werden sollte, dann müssen auch die bis dahin gemeinsam verfolgte Ziele als vertragliche Bestandteile angesehen werden. Damit kamen der Politischen Zusammenarbeit in der Europäischen Akte sehr wohl Sicherheitsziele über Verfahrensregelungen hinaus zu. Nicht beabsichtigt war aber die Erweiterung der Aufgaben der EPZ auf verteidigungspolitische Zielstellungen.[197] Insofern folgt die Einheitliche Europäische Akte ihrem Ziel nach der Linie, die das

---

194 Dazu zählten allein im zweiten Halbjahr 1980 der Krieg zwischen Iran und Irak sowie weitere Konfliktherde in Südafrika, im Libanon und in Zypern. Vgl. dazu die gemeinsamen Erklärungen der Außenminister, abgedruckt in Europa-Archiv 1/1981, auf S. D 2 ff.

195 Dritter Bericht der Außenminister der Mitgliedsstaaten der Europäischen Gemeinschaft an die Staats- und Regierungschefs über die Europäische Politische Zusammenarbeit vom 13. Oktober 1981 (Londoner Bericht), Europa-Archiv 2/1982, S. D 45 ff., genau S. D 46.

196 Groeben/Thiesing/Ehlermann, 5. Aufl., Bd. 5, Artikel J.1, Rn. 9 (Burghardt/Tebbe) verstehen die Europäische Politische Zusammenarbeit hier als einen bloßen „Mechanismus".

197 Der Ausdruck Verteidigungspolitik fehlt in Art. 30 Nr. 6 lit. a) und in der gesamten Akte völlig. Auch das Nebeneinander von „Fragen der europäischen Sicherheit" und „Entwicklung einer außenpolitischen Identität Europas" in diesem Artikel zeigt, daß hier nicht militärische, sondern außenpolitische Absichten gemeint waren. Hrbek/Läufer, a. a. O. (Fn. 175), S. 173, 179, betonen, daß für die Verteidigungspolitik sowie die Verbindungen zur NATO die auf sieben Mitglieder angewachsene WEU verantwortlich bleiben sollte.

gesamte Werden der Europäischen Politischen Zusammenarbeit wie ein roter Faden durchzieht. Sie betrieb zwar Sicherheitspolitik auch für den Bereich des Ost-West-Konfliktes, überließ aber die Verteidigung der Europäischen Union weiterhin anderen Bündnissen wie der NATO. Statt dessen erweiterte man die Sicherheitspolitik auch auf außereuropäische Angelegenheiten und beschäftigte sich mit Problemen im Nahen Osten, im Mittelmeerraum und in Afrika. Dies bedeutete zeitweilig sogar eine gewisse Unabhängigkeit von außen- und sicherheitspolitischen Interessen der USA, die sich erst nach Ende des Vietnam-Krieges und der Verschärfung der Ost-West-Probleme wieder europäischen Konflikten zuwandte. Allerdings zeigte gerade die Afghanistan-Krise, daß nach wie vor Bedarf an europäischer Verteidigung bestand. Selbst dies änderte aber auch nichts an der strikten Vermeidung verteidigungspolitischer Inhalte. Der Londoner Bericht belegt aber seinerseits, daß man im begrenzten Bereich der Sicherheitspolitik in der EPZ auf die als gestiegen bewertete Bedrohung aus dem Osten zu reagieren und dafür zumindest intensiver zu kooperieren wußte.

Zum Zeitpunkt der Beschlüsse über die EEA beinhaltete das Ziel der Sicherheit aus Sicht der Gemeinschaftsmitglieder damit ein weltweites politisches, aber nicht auf die Verteidigung des Gemeinschaftsgebietes gerichtetes aktives Bemühen um die Friedenserhaltung. Vergleicht man diesen Inhalt des Sicherheitsziels mit dem von EVG und EPG, das sich weitgehend auf den „Kalten Krieg" um Mitteleuropa und die daher für nötig erachtete europäische Armee richtete, so ergibt sich ein veränderter und wesentlich zurückgenommener Inhalt des Sicherheitsziels in einer Europäischen Politischen Zusammenarbeit.[198] Diesbezüglich lag zumindest weitgehende Interessengleichheit der beteiligten Staaten vor.

c) Vertrag über die Europäische Union

Mit dem Schritt hin zu einer Europäischen Union nicht nur dem Namen, sondern auch den Zielen und der Struktur nach fragt sich wieder, ob und in welchem Umfang das Integrationsziel der Sicherheit Eingang in den Vertrag über die Europäische Union vom 7. Februar 1992 gefunden hat. Hierin hatten sich alle vertragsschließenden Staaten ausweislich der Präambel entschlossen, eine Gemeinsame Außen- und Sicherheitspolitik zu verfolgen, wozu auch die schrittweise Festlegung einer gemeinsamen Verteidigungspolitik gehört, die zu einer ge-

---

198 Dies wurde auch schon vor Entstehung der Akte so bewertet. Haagerup, Europa-Archiv 9/1983, S. 273 ff., untersuchte die Notwendigkeit gesonderter europäischer Verteidigung. Vorteile sah er dabei in der Unabhängigkeit von den USA (S. 274 f.), befürchtete aber bei Überlegungen zu einer Armee analog der EVG eine tiefe Spaltung der europäischen Öffentlichkeit (S. 275 f.). Da diese Gefahr den Nutzen überwogen hätte, schloß er, daß ein solches Bestreben für die nahe Zukunft eher unwahrscheinlich sei. Er betonte positive Entwicklungen bei der nichtmilitärischen Sicherheitsdimension, also der EPZ (S. 277).

meinsamen Verteidigung führen könnte, und so die Identität und Unabhängigkeit Europas zu stärken, um Frieden, Sicherheit und Fortschritt in Europa und in der Welt zu fördern. Schon damit fallen im Vergleich zur bisherigen Europäischen Politischen Zusammenarbeit zwei wesentliche Neuerungen auf. Einerseits erhielt das bisher als Europäische Politische Zusammenarbeit bezeichnete Vorgehen im Außen- und Sicherheitsbereich als zweite Säule der Union einen neuen Namen, der eine äußerlich erkennbare Adäquanz zwischen diesen beiden Feldern der Politik herstellen sollte.[199] Zum anderen wurde zum ersten Mal nach Scheitern der EVG am 30. August 1954 die Verteidigungspolitik in einem Vertrag angesprochen. Schon dies und die in Artikel 17 EUV präzisierte Ankündigung gemeinsamer Verteidigungsanstrengungen ist als Fortschritt für das Integrationsziel der Sicherheit im Unionsvertrag zu bewerten.
Wo verstärkt Sicherheitspolitik betrieben werden sollte, ergibt sich teilweise aus der Präambel. Die an der Union beteiligten Staaten waren sich bewußt, daß die Überwindung der Teilung Europas verstärkte Anstrengungen zur Vermeidung neuerlicher Konflikte bedurfte. Da sich durch die politischen Veränderungen Ende der achtziger und Anfang der neunziger Jahre nichts am Bestand der westeuropäischen Staaten und Bündnisse geändert hatte, ist diese Aussage der Präambel des Maastricht-Vertrages nur als Ausrichtung des Ziels der Sicherheit auf die Staaten Mittel- und Osteuropas zu verstehen. Ansonsten blieben die weiteren, im Vergleich zur Europäischen Politischen Zusammenarbeit ausdrücklich in Artikel J.1 Absatz. 2 genannten Ziele der Außen- und Sicherheitspolitik schwammig.[200] Es wurden die Wahrung gemeinsamer Werte, der grundlegenden Interessen und Unabhängigkeit der Union genannt, weiter die Stärkung und Sicherheit ihrer Mitglieder sowie die Wahrung des Friedens und der internationalen Sicherheit. Insofern nimmt die Gemeinsame Außen- und Sicherheitspolitik von ihrer vertraglichen Gestaltung her die bereits erörterten Felder der EPZ ein.

Ein wesentlicher Unterschied zur Europäischen Politischen Zusammenarbeit war, daß grundsätzlich Ziele der Verteidigungspolitik verfolgt werden können. Gerade dies, geregelt in Artikel J.4 des Maastricht-Vertrages, bietet sich für einen Vergleich mit den gescheiterten Plänen zur Gründung der EVG aus den fünfziger Jahren an. In den Beratungen zum Unionsvertrag waren von der italienischen Ratspräsidentschaft im September 1990 Vorschläge für die Außen- und Sicherheitspolitik unterbreitet worden, die eine Übertragung der Zuständigkeiten der WEU auf die Union und die Einbeziehung der Verteidigungsminister in die

199 Glöckler-Fuchs, S. 18, die mit dieser Gleichstellung den eingetretenen praktischen Bedeutungszuwachs der Sicherheitspolitik auch auf der vertraglichen Ebene anerkannt sieht.

200 So auch Semrau, S. 94, der gleichzeitig auf die Auslegung der Ziele durch die Kommission hinweist. Diese liegt aber außerhalb des Untersuchungsgegenstandes, da es hier nur um Integrationsziele, jedoch nicht um deren Umsetzung durch Institutionen gehen soll.

Unionsarbeit bedeutet hätte.[201] Bereits hier brachen Konflikte um die organisatorische Ausgestaltung auf, da unklar war, ob die Zuordnung der GASP zur Union selbst oder zu den Gemeinschaftsverträgen erfolgen sollte. Obwohl diese gelöst werden konnten, standen die Verhandlungspartner dem Verteidigungsbereich weiter zurückhaltend bis ablehnend gegenüber, so daß eine klare Definition der Verteidigungspolitik und die Eingliederung in die Union unterblieben. Artikel J.4 Abs. 1 und 2 EUV beinhalteten schließlich nur das Vorhaben der Festlegung einer solchen Politik im Rahmen der bereits bestehenden WEU[202] und nicht in der Union selbst. Darin zeigten sich erneut die Schwierigkeiten der Staaten, die Festlegung von Verteidigungspolitik durch die Gemeinschaft zu akzeptieren. Hinzu trat die Neutralität solcher Staaten wie Irland. Insofern glich die um Erhaltung der eigenen Einflußmöglichkeiten besorgte Vorgehensweise der Mitglieder der Union deutlich der Interessenlage der fünfziger Jahre. Wenn also in Artikel J.1 EUV ausdrücklich von allen Bereichen der Außen- und Sicherheitspolitik die Rede war, so entsprach Artikel J.4 EUV als Umsetzung dessen keinesfalls den dadurch erzeugten Erwartungen.[203] Der Bereich der Verteidigung blieb im Vertrag trotz oder gerade wegen der Existenz des Artikels J.4 EUV aus der Politik der Europäischen Union vollständig ausgeschlossen.[204] Allerdings fragt sich in diesem Zusammenhang, wie der hier im Vertrag verwendete Verteidigungsbegriff überhaupt zu verstehen war. Verteidigung meint militärische Vorkehrungen zur Verhinderung von Angriffen auf die Unionsstaaten, womit bewaffnete Aktionen im Bereich der Sicherheitspolitik schon durch deren Aufnahme als Gegenstand der gemeinsamen Politik vom Unionsvertrag umfaßt werden.[205] Diese Regelung erwies sich als günstig für das Betreiben von Sicherheitspolitik außerhalb der eigenen Mitgliedsstaaten, da dabei die Interessen ähnlich gelagert waren und kein Verlust von Rechten innerhalb der eigenen Wehrhoheit zu befürchten war. Gleichzeitig ergab die Einbeziehung bewaffneter Konfliktlösung in die gemeinsame Sicherheitspolitik ihr eine erhöhte Glaubwürdigkeit, da mögliche Drohungen gegen störende Staaten umgesetzt werden konnten.

---

201 In Groeben/Thiesing/Ehlermann, 5. Aufl., Bd. 5, Vorbem. zu den Artikeln J bis J.11, Rn. 13 ff. (Burghardt/ Tebbe), werden einzelne Initiativen zu Artikel J im Detail dargestellt.

202 Zur Stagnation der WEU und deren Wiederbelebung vgl. auch Jopp in Regelsberger u. a., S. 153, 154 ff. Schöllhorn, S. 39 ff., erläutert das Verhältnis zwischen Union und WEU.

203 Zu den Ansichten im einzelnen vertiefend Semrau, S. 98 ff. Artikel J.4 ist ein Kompromiß zwischen den deutsch-französischen Vorstellungen, die WEU als Instrument zur Schaffung eigenständiger Verteidigungspolitik und Verteidigung in der EU sahen, sowie der italienisch-britischen Position, die nicht der EU selbst, sondern der WEU eine solche Rolle an der Schnittstelle zwischen EU und NATO zuweisen wollte. Zum den Konzepten siehe Groeben/Thiesing/Ehlermann, 5. Aufl., Bd. 5, Art. J.4, Rn. 8 (Burkhardt/Tebbe).

204 Lange, JZ 1996, S. 442, 448. Gemeinsame Politik sei im genannten Bereich unzulässig.

205 Frowein in Festschrift für Everling, Bd. I, S. 315, 317. Ausführlicher bei Semrau, S. 92.

Im Ergebnis stimmte das Ziel der Sicherheit im Maastricht-Vertrag mit dem in der EPZ überein. Auch der Europäischen Union in der Gestalt von 1993 ging es letztlich um die Beteiligung an der weltweiten Sicherheitspolitik mit einem besonderen Augenmerk auf Mittel- und Osteuropa. Die Diskrepanz zwischen übereinstimmender Interessenlage bei der Sicherheitspolitik und der fehlenden Bereitschaft, die Verteidigung der Gemeinschaft zu unterstellen, macht die Unausgewogenheit des Sicherheitsziels auch im Unionsvertrag aus. Insofern lassen sich - außer bei modifizierten institutionellen Regelungen sowie im vorsichtigen Nachdenken über gemeinsame Verteidigungsinteressen - keine Veränderungen des Ziels der Sicherheit im Rahmen des Unionsvertrages von 1992 feststellen.[206]

d) Zusammenfassung

Das Sicherheitsziel läßt sich auch in der weiteren Entwicklung der europäischen Integration bis hin zum Unionsvertrag nachweisen. Es wurde sowohl während der Bemühungen um die Europäische Politische Union als auch innerhalb der EPZ nicht aufgrund konkreter Bedrohung verfolgt, sondern diente im Ansatz entweder nationalen Interessen (Frankreich 1960) oder als Impuls für allgemeine Einigungsbestrebungen (Den Haag 1969). Während der Ansatz einer Politischen Union fehlschlug, gewann das Ziel der Sicherheit in der EPZ gegenüber dem ursprünglich verfahrenstechnischen Ansatz schnell an Bedeutung, was sich in vielfältiger Artikulation gemeinsamer Sicherheitsinteressen in europäischen und globalen Angelegenheiten ausdrückte. Die damit verfolgten Ziele wurden, wenn nicht schon in der Einheitlichen Europäischen Akte von 1986, dann zumindest im Unionsvertrag von 1992 festgeschrieben, wobei auch hier Differenzen der Beteiligten im Bereich der Verteidigungspolitik bestanden. Betrachtet man die Entwicklung seit Anfang der sechziger Jahre unter dem Aspekt der globalen Lage als integrationsbeschleunigendem Faktor, so könnte lediglich der Umbruch in Osteuropa als ein Anlaß für Überlegungen zur Sicherheit Westeuropas bei den Verhandlungen über die Gründung der Europäischen Union zu bewerten sein.

3. Erkenntnisse für das Ziel der Sicherheit

Das Ziel der Sicherheit war mit einem internen, unter den Mitgliedsstaaten wirkenden und einem äußeren Bezug trotz einiger Rückschläge bei seiner Verfolgung in den letzten fünfzig Jahren der europäischen Integrationsentwicklung konstant vorhanden. Sein Inhalt hat sich dabei generell als abhängig von der Bewertung der globalen Sicherheitslage anhand der nationalen Interessen und dem daraus resultierenden Integrationsdruck erwiesen. Anhaltspunkte, die auf

---

[206] Lange, a. a. O. (Fn. 204), S. 442, 445, sieht Gemeinsame Außen- und Sicherheitspolitik nur als Fortsetzung der Europäischen Politischen Zusammenarbeit mit anderen Mitteln.

ein Verfolgen von Integration im Verteidigungs- und Sicherheitsbereich zum bloßen Selbstzweck in Anerkennung allgemeiner Nützlichkeit bzw. unter Berufung auf eine besondere Europa-Idee hindeuten könnten, sind trotz der Vielfalt des verwendeten Materials nicht erkennbar geworden. Andererseits wird deutlich, daß die Integrationsentwicklung im Hinblick auf das Sicherheitsziel und dessen jeweiligem Inhalt durch Interessenlagen globaler, aber auch spezifisch europäischer Art nicht nur beeinflußt, sondern von Beginn an geprägt wurde.

a) Europäische und globale Einflüsse

Was die Einflüsse auf den Inhalt des Sicherheitsziels in Ansehung allgemeiner politischer Umstände betrifft, so lassen sich zwei Phasen dieser Komponente unterscheiden, und zwar eine der Gründungsverträge der fünfziger Jahren und eine weitere, die sich durch Entwicklung gemeiner Interessen im außen- und sicherheitspolitischen Bereich auszeichnete. Die erste Phase zeigt sich für das Ziel der Sicherheit als am „Kalten Krieg" orientiert, wobei sich der sehr weitgehende Ansatz der Europäischen Verteidigungsgemeinschaft samt europäischer Armee nur mit der als existentiell empfundenen Bedrohung aus dem Osten erklären läßt. Ein Ansatz, der das Ziel der Sicherheit nur auf das Verhältnis zwischen Frankreich und Deutschland bzw. die Bewahrung einer spezifisch europäischen Friedensordnung reduziert, ist als unzutreffend zurückzuweisen.[207] Sogar die innere Befriedung der Gemeinschaftsteilnehmer so kurz nach dem Zweiten Weltkrieg muß im Gegensatz zu einer weit verbreiteten Meinung überwiegend auf den großen äußeren Konflikt der westlichen Welt mit dem Ostblock zurückgeführt werden. Den Beleg für diese Einschätzung liefert der Umstand, daß dem Nachlassen der Spannungen mit der Sowjetunion ein Absinken der Integrationsbereitschaft auf dem Gebiet der Sicherheit folgte. Wäre es nur oder vorwiegend um die Ordnung der innereuropäischen Verhältnisse gegangen, dann hätte das Sicherheitsziel mit entsprechendem Inhalt weitergeführt werden müssen, was nicht geschehen ist. Insofern überwog in der ersten Phase der Vergemeinschaftung der Einfluß globaler Umstände auf die inhaltliche Ausgestaltung des gemeinsamen Ziels der Sicherheit unter den Staaten Westeuropas.

Der zweite Abschnitt, den die Betrachtung des Sicherheitsziels offenbarte, erhält seine Bedeutung durch die Herausbildung gemeinsamer Interessen über den „Kalten Krieg" hinaus. Aufbauend auf einem eher institutionellen Ansatz, der die Integrationsentwicklung in Gang halten sollte, konnten sich die Staaten Westeuropas in abgestimmter Art und Weise an der Konzeption einer beide Seiten des „Eisernen Vorhangs" einbeziehenden Friedensordnung beteiligen. Insofern ist die Konferenz für Sicherheit und Zusammenarbeit in Europa Anlaß

---

[207] Ausdrücklich gegen Kaiser in Weidenfeld, S. 173, 174, der die in diesem Zusammenhang festgestellte, über Europa hinausgehende Relevanz des Sicherheitsziels völlig übergeht.

und Katalysator für die Herausbildung eines neuen, nicht mehr auf den Ost-West-Konflikt abzielenden Inhalts des Sicherheitsziels der Mitglieder der europäischen Gemeinschaften geworden. Vergemeinschaftungsdruck von außen war mit dem Gegensatz zwischen westlicher und östlicher Hemisphäre zwar immer noch vorhanden, spielte aber zu dieser Zeit nicht mehr die Hauptrolle. Insofern konnten die westeuropäischen Staaten aus eigenem Antrieb heraus das Ziel der Sicherheit auch auf außereuropäische Konflikte ausdehnen und so globale Anerkennung gewinnen. Weiter bleibt festzustellen, daß das Sicherheitsziel jederzeit von den Mitgliedsstaaten selbst definiert und ausgestaltet wurde. Mit eigenen Kompetenzen ausgerüstete europäische Institutionen spielten dabei keine Rolle.

b) Interessenwiderstreit und -übereinstimmung

Wie festgestellt wurde, folgte das Sicherheitsziel nicht einem generellen und von politischen Realitäten unabhängigen Integrationsgedanken, sondern hing in Inhalt und in Reichweite vom Vorhandensein und vom Umfang übereinstimmender Interessen der westeuropäischen Staaten ab. Dies soll hier exemplarisch an zwei Beispielen nachvollzogen werden - am Verhalten Frankreichs und der Vervollständigung des Sicherheitsziels mit einer gemeinsamen Verteidigungspolitik einschließlich der eigenen europäischen Streitkräfte.

Frankreich war in Anbetracht der von der Sowjetunion ausgehenden Gefahr in den Jahren 1950 und 1951 zunächst bereit, bei Wahrung von Schutzmaßnahmen nationale Sicherheitsinteressen zurückzustellen und Westdeutschlands Aufnahme in die westeuropäische Staatengemeinschaft nicht zu behindern. Insofern stimmten amerikanische, britische und französische Interessen gegenüber dem Ostblock überein. Gleichzeitig versuchte Frankreich, sich durch den schnellen Abschluß des EGKS-Vertrages möglichst viel Einfluß auf Westdeutschland zu sichern, da bei der Einschätzung der zukünftigen Gefährlichkeit dieses potentiellen Bündnispartners keine Einigkeit herrschte. Während der Verhandlungen zur Europäischen Verteidigungsgemeinschaft und der Verzögerung der Ratifikation durch Frankreich hatte sich dessen Einschätzung der Bedrohungslage zum positiven hin verändert, während es gleichzeitig in seinem Inneren zu einer Bevorzugung nationaler Interessen tendierte. Letztlich überstieg dies den durch die Gefahr von außen erzielten „*common sense*“ der Erforderlichkeit gemeinsamer Verteidigung mit den übrigen westeuropäischen Staaten, so daß die Motivlage innerhalb Frankreichs im Jahr 1954 vollends zugunsten eigener Vorstellungen umschlug.[208] Sechs Jahre darauf bot Frankreich seinem Nachbarn West-

[208] Grosser in Weidenfeld, S. 132, 134: „Ebenso hatte die Europäische Verteidigungsgemeinschaft nur Chancen, als Frankreich hoffte, durch die Integration der Streitkräfte die Deutschen in Schranken halten zu können, ohne seine eigene Handlungsfreiheit aufzugeben. Diese hatte Frankreich im August 1954 nicht mehr.“ Ein Bedürfnis nach Bindung schien also durch den veränderten Bedrohungsstand nicht mehr akut erforderlich zu sein.

deutschland, für dessen strikte Kontrolle es zehn Jahre vorher eingetreten war, sogar den Besitz gemeinsamer europäischer Atomwaffen an, um den amerikanischen Einfluß auf Europa zu reduzieren und um sich selbst mehr Geltung zu verschaffen. Es kam zur Verbindung französischer und europäischer Interessenlagen zwecks stärkerer Abgrenzung gegenüber den USA.

Als problematischstes Element bei der Ausgestaltung dieses Integrationsziels hat sich während beider Phasen die gemeinsame Verteidigungspolitik bzw. die Verteidigung durch eine europäische Armee herausgestellt. Die an der Integration beteiligten Staaten konnten sich teils aus nationalen Motiven, teils aufgrund ihres besonderen Status oder anderweitiger Bündnisverpflichtungen zu keiner Zeit dazu durchringen, Verteidigungspolitik zur Durchsetzung des Sicherheitsziels mit Waffen auf die supranationalen Gemeinschaften oder die zwischenstaatliche Ebene zu übertragen. Sogar jahrzehntelange positive Erfahrungen in der Europäischen Politischen Zusammenarbeit konnte eine auf institutionellem Niveau geführte Diskussion dieses Inhalts während der Gründung der Union und damit eine weitere Verzögerung der Erweiterung des Sicherheitsziels um die Verteidigungspolitik nicht verhindern. Insofern stand auch hier die uneinheitliche Interessenlage und Integrationsbereitschaft in den einzelnen Mitgliedsstaaten weiterer Vergemeinschaftung zur Verfolgung des Sicherheitsziels in Europa entgegen. Die Aufnahme neuer Mitglieder wie Irland, das sich in seiner Interessenlage - hier insbesondere der Neutralität - von allen übrigen Staaten unterschied, verschärften diese Problemlage noch zusätzlich.

Daraus und aus der Darstellung zum Inhalt des Sicherheitsziels in den einzelnen Stufen der Integrationsentwicklung ergibt sich, daß die Interessen der Mitgliedsstaaten unmittelbar und direkt über die inhaltliche Seite des Integrationsziels der Sicherheit entschieden. Besonders der Bereich der Verteidigung als eifersüchtig gehütetes Kernelement nationaler Staatlichkeit erfordert zu seiner Vergemeinschaftung - äußere, Integrationsdruck erzeugende Umstände sollen hier zunächst unberücksichtigt bleiben - ein außerordentlich hohes Maß an Übereinstimmung der Interessenlage der Länder, die daran partizipieren sollten.

c) Schlußfolgerungen für weitere Integrationsentwicklung

Die Beschäftigung mit dem Ziel der Sicherheit verlangt trotz aller gebotenen Vorsicht nach einer Aussage, die die weitere Integrationsentwicklung in einen Zusammenhang mit den bisherigen Überlegungen zum Sicherheitsziel stellt. Dabei fragt sich natürlich besonders, ob sich etwas hiervon für die Frage nach der europäischen Verteidigungspolitik nutzbar machen läßt. Die bisherigen Überlegungen haben ergeben, daß äußere Umstände und innere Interessenlagen Einfluß auf den Inhalt des Ziels der Sicherheit innerhalb der europäischen Integration besitzen. Beide Faktoren stehen derart miteinander in Wechselwirkung, daß einerseits ein hoher Integrationsdruck aufgrund einer Bedrohungslage von außen zur Angleichung von Interessenlagen und damit zur stärkeren Gewichtung von Sicherheitsaspekten führen kann. Andererseits ermöglicht es aber auch eine weitestgehende Übereinstimmung von Interessen ohne konkrete Bedrohung, das Ziel seinem Inhalt nach zu erweitern. Da eine hochgradige Bedrohung Europas, der nur gemeinsam begegnet werden kann, zumindest zum Zeitpunkt der Entstehung dieser Arbeit nicht abzusehen ist, wird nur das Ablegen der noch vorhandenen Interessendivergenzen in bezug auf die Vergemeinschaftung der bisher in Eigenverantwortung betriebenen Außen- und Verteidigungspolitik zur Ausdehnung des Sicherheitsziels auf die beiden Gebiete führen können. Erst, wenn dies geschehen ist, wird es einheitliche Verteidigung für Europa geben.

IV. Gemeinsamer Markt

Das zweite Ziel europäischer Integration besteht seit Anfang der fünfziger Jahren in der Herstellung eines gemeinsamen Wirtschaftsraumes. Auch dabei spielten die Interessenlagen der Beteiligten, die sich in einem abweichenden Wirtschaftsverständnis besonders zwischen Frankreich und Deutschland äußerten, die Hauptrolle. Als Endzustand und eben nicht nur als bloßes Mittel der Integration wurde diesbezüglich ein gemeinsamer Markt angestrebt. Für beides soll anhand der einzelnen Verträge, beginnend mit der Pariser Erklärung vom 9. Mai 1950, das Ziel der Bildung eines gemeinsamen Wirtschaftsraumes als Endzustand zur Verbesserung der ökonomischen Verhältnisse untersucht werden.

1. Pariser Erklärung

Der Schuman-Plan enthielt neben der Idee, die Montanindustrie Frankreichs und Deutschlands als Grundlage militärischer Interessenkonflikte zu neutralisieren, bereits detaillierte Vorstellungen über die wirtschaftliche Seite dieser neuen Form der Vergemeinschaftung.[209] Eine besondere Behörde sollte die Modernisierung der Produktion, die Qualitätsverbesserung, die Absicherung der Belieferung des französischen und des deutschen Marktes sowie die gemeinsame Ausfuhr in andere Staaten fördern.[210] Die diesbezügliche Erwähnung des französischen und des deutschen Marktes scheint aber anzudeuten, daß die Herstellung eines gemeinsamen Wirtschaftsraumes nicht beabsichtigt war. Liest man allerdings weiter, so zeigt sich, daß die Förderung durch Maßnahmen wie gemeinsame Investitionspläne, Preisausgleichsmechanismen und Konvertierbarkeitsfonds sowie Zollbefreiungen und Angleichung der Frachttarife unterstützt werden sollte. Obwohl die Pariser Erklärung den Begriff eines gemeinsamen Mark-

[209] Das Doppelziel untersuchen Goschler/Buchheim/Bührer, VfZ 37 (1989), S. 171 ff., anhand von aus der Entstehungszeit stammenden Äußerungen Schumans sowie Monnets.

[210] Vgl. Erklärung der französischen Regierung vom 9. Mai 1950, a. a. O. (Fn. 35), S. 3091.

tes nicht enthält, zeigt dies, daß mit Angleichung der Wirtschaftsbedingungen der Montanindustrie ein Umfeld geschaffen werden sollte, in dem sich ein solcher Markt bilden konnte. Bereits im Schuman-Plan ist dadurch das Ziel der Herausbildung eines gemeinsamen Wirtschaftsraumes als enthalten anzusehen.

Mit der Einsetzung einer weitreichend befugten Aufsichtsbehörde und der gleichzeitigen Abschaffung von Handelshemmnissen zur Entwicklung eines zumindest Deutschland und Frankreich einschließenden Marktes für Kohle und Stahl standen sich allerdings zwei völlig widersprüchliche Ansätze - Dirigismus und Marktliberalisierung - gegenüber. Zur Herstellung des beabsichtigten Raumes hätte es nur letzterer bedurft. Der Grund dafür ist in der Interessenlage Frankreichs zu suchen. Zur Wiederbelebung seiner nach dem Zweiten Weltkrieg geschwächten Wirtschaft konzentrierte sich Frankreich zum einen auf die Intensivierung des Handels, zum anderen auf wirtschaftliche Reformen besonders im Bereich der Grundlagenindustrien. Dazu nahm es an der seitens der USA betriebenen Veränderung der Welthandels weg von der Kontingentierung mittels zweiseitiger Abkommen hin zu einer liberalen Politik im Rahmen multilateraler Abkommen[211] teil. Dies äußerte sich für Frankreich unter anderem im Beitritt zum Internationalen Währungsfonds, zur Weltbank und in der Teilnahme an den Verhandlungen über ein General Agreement on Tariffs and Trade. All dies bewirkte die Öffnung der westeuropäischen Volkswirtschaften einschließlich Frankreichs zum Dollarraum.[212] Mit dieser Ende 1947 abgeschlossenen Entwicklung stellte sich aber aufgrund der einseitigen Handelsbilanzlage Dollarknappheit in Europa ein.[213] Die USA zeigten sich Anfang 1948 bereit, im Rahmen des späteren Marshall-Planes[214] Unterstützung zur Beseitigung dieser Währungsschwierigkeiten zu gewähren, knüpfte diese aber an wirtschafts- und sicherheitspolitische Bedingungen. Da die USA durch die Hilfen die Herausbildung größerer Märkte, Steigerung der Produktivität und letztendlich auch die Stabilisierung der politischen und der Sicherheitslage in Europa beabsichtig-

---

211 Buchheim in Schremmer, S. 345 ff., bezeichnet das Vorgehen der USA als Weltmarktintegration. Diese Bestrebung bildete den Gegensatz zu der im 20. Jahrhundert bis dahin vorherrschenden Vielzahl bilateraler Handelsabkommen zwischen den einzelnen Staaten.

212 Sutcliffe in Adcroft/Sutcliffe, S. 177, 179. Zu einzelnen Entwicklungsschritten der Handelspolitik hin zum Weltmarkt vgl. die Ausführungen bei Buchheim auf S. 345, 346 ff.

213 Die USA waren damals für Westeuropa faktisch einziger verfügbarer Lieferant wichtiger Insvestitions- und Verbrauchsgüter, die jedoch in US-Dollar bezahlt werden mußten. Dieser Umstand führte, verbunden mit der Einführung der freien Konvertierbarkeit der eigenen Währung gegenüber dem Dollar, beispielsweise 1947 in England zu einer umfassenden Finanzkrise, so Neuss, S. 35. Sutcliffe in Adcroft/Sutcliffe, S. 177, 179, 186, weist auf die wirtschaftliche Umstellung in der Nachkriegszeit als Ursache dessen hin.

214 Zur Vorgeschichte Hogan, S. 26 ff, der, beginnend mit dem Zweiten Weltkrieg, die Plangenese sowie politischen und wirtschaftliche Hintergründe aus Sicht der USA beleuchtet.

ten,[215] machten sie die Kooperation der Empfängerländer in einem gemeinsamen Wiederaufbauprogramm für Europa zur *conditio sine qua non* der weiteren Wirtschaftshilfe.[216] Die Existenz dieser Bedingung belegt dabei der Foreign Assistance Act aus dem Jahr 1948, auf dem der Marshall-Plan selbst intern basiert:

> „Die Voraussetzung für die Hilfe gemäß diesem Gesetz ergibt sich aus den multilateralen Verpflichtungen der Teilnehmerländer, alle Anstrengungen zu unternehmen, um ein gemeinsames Wiederaufbauprogramm zu erfüllen, das sich auf Selbsthilfe und gemeinsame Zusammenarbeit gründet, ... und hängt von dauernden Bemühungen der Teilnehmerländer ab, ein gemeinsames Wiederaufbauprogramm durch multilaterale Verpflichtungen und durch die Einrichtung einer ständigen Organisation für diese Zwecke zu erfüllen."[217]

Als weitere Bedingung zur Gewährung von Wirtschaftshilfe behielt sich die USA eine weitgehende Kontrolle über den konkreten Einsatz der von ihnen zur Verfügung gestellten Mittel vor.[218] Dies bedeutete einen teilweisen Souveränitätsverlust der Empfängerländer im Bereich der Wirtschaft und sicherte dem Geber die Möglichkeit des Einfrierens und Sperrens von Mitteln für den Fall wirtschaftspolitischen Fehlverhaltens. In den Marshall-Plan sollte, so die maßgebliche amerikanische Vorstellung, von Anfang an auch Westdeutschland vollumfänglich einbezogen werden.[219] Die Wirtschaftshilfe seitens der USA für Westeuropa hing damit auch und gerade im Hinblick auf Frankreich von der Einrichtung einer Organisation für Zusammenarbeit im Wiederaufbau unter Teilnahme Westdeutschlands ab. Dies stellte Frankreich vor Probleme im Zusammenhang mit der Verfolgung eigener, auf Restitution der Volkswirtschaft gerichteter Interessen, die seit 1945 innerhalb verschiedener Konzepte definiert worden waren.[220] Schon innerhalb von Reformüberlegungen zur Erreichung bestimmter, als erforderlich angesehener Produktionsstände und internationaler

---

215 Über Gründe aus amerikanischer Sicht Gillingham, S. 115 ff.; Hardach, S. 41 ff., 57 ff.

216 Buchheim, S. 345, 348. Die Aufnahme dieser Vorgaben durch die europäischen Staaten, denen die Finanzhilfe angeboten worden war, schildert Loth, Weg nach Europa, S. 60 f.

217 Foreign Assistance Act, vollständig abgedruckt in Europa-Archiv 3/1948, S. 1385, 1391.

218 Nach Art. 118 Satz 2 des Act, ebd., S. 1385, 1393, konnte die Unterstützung auch ganz eingestellt werden, wenn die entsprechenden Verpflichtungen nicht erfüllt wurden oder sich ein Staat von den wirtschaftspolitischen Zielen des Marshall-Planes entfernt hatte.

219 Zu vorbereitenden Schritten gemeinsam mit Großbritannien vgl. Bührer, S. 69 f. Schwabe in Hudemann u. a., S. 167, 175, verwendet hier die amerikanische Formel „je mehr, desto besser" und weist darauf hin, daß die Ablehnung des Plans seitens der Sowjetunion durch Molotow mit der geplanten Einbeziehung Deutschlands ohne Beachtung der Interessen der weiteren Besatzungsmächte, also der Sowjetunion, begründet wurde (S. 172 f.).

220 Eine gründliche historische Darstellung der Entwicklung dieser Interessen im Bezug auf die Kohle- und Stahlindustrie würde den hier zur Verfügung stehenden Rahmen sprengen. Stattdessen sei auf Kipping, S. 36 ff., verwiesen, die dies in vollem Umfang leistet.

Wettbewerbsfähigkeit der französischen Stahlindustrie kurz nach dem Zweiten Weltkrieg war die grundlegende Abhängigkeit von deutscher Steinkohle erkannt worden, da sich französische Kohle nur zum Teil für eine Verhüttung eignete:

> „ Es ist unumgänglich, daß der Staat auf internationaler Ebene die Verteidigung der französischen Stahlindustrie sowie ihrer Beteiligungen an ausländischen Bergwerken übernimmt. Im allgemeinen ist es notwendig, daß Frankreich formale und gültige Zusicherungen über Kohlelieferungen erhält. Es ist klar, daß ohne diese Zusicherungen, vor allem im Hinblick auf die Kohle aus dem rheinländisch-westfälischen Raum, jegliche Rückkehr zum Vorkriegsniveau und mehr noch jegliche Ausdehnung der Produktionskapazität der Stahlindustrie reine Utopie ist und bleiben wird.“[221]

Bereits hierin zeigte sich die Einheit von Industrie- und Außenpolitik im Hinblick auf die Kohle als wichtigem Rohstoff. Ob Frankreich über die Verbesserung seiner Wirtschaftslage hinaus die Ablösung Westdeutschlands als führendem Stahlproduzenten beabsichtigte, ist umstritten.[222] Auch Monnet hatte als Chef der französischen Planungskommission zur Bewältigung der wirtschaftlichen Schwierigkeiten Frankreichs in einem von ihm aufgestellten Vierjahresplan eine erhebliche Erhöhung der Stahlproduktion vorgesehen.[223] An der Abhängigkeit dieser Vorstellung von deutscher Steinkohle hatte sich aber nichts geändert:

> „While ... the Monnet Plan envisages a substantial increase in domestic coal production to achieve the industrial output goals, coal shipment estimated at 22 million tons in 1947, somewhat more in 1948 and 1949, and 27 million tons in 1950 will have to be obtained from abroad ... Wether they will be available depends in large parts on the policies adopted for the export of German coal. ... If, however, the import goals are not met, as the target of 18 to 15 million tons was not met in 1946, there will be delay in meeting the Plan's general industrial output goals.“[224]

Zur Sicherung des Zugriffes auf deutsche Kohle hatte sich Frankreich seit dem Ende des Zweiten Weltkrieges bemüht, bei den Alliierten eine weitreichende Kontrolle des Ruhrgebietes durchzusetzen.[225] Dazu gehörte auch 1947 die - erfolglose- Forderung nach Internationalisierung des Ruhrgebietes.[226] Im Kontext

---

221 Premier rapport der Modernisierungskommission der Stahlindustrie, bei Kipping, S. 48 f.

222 Vgl. zum Streitstand in der Geschichtswissenschaft Verweise bei Kipping, S. 47, Fn. 38.

223 Buchheim, S. 345, 352. Zu den Produktionsvorgaben bezüglich Stahl, wie sie sich perspektivisch im Jahr 1947 stellten, vgl. OIR-Report N° 4287 vom 28. Februar 1947, S. 7.

224 OIR-Report N° 4287, 28. Februar 1947, S. 9. Zu den wirtschaftlichen Motiven Frankreichs zu dieser Zeit vgl. Goschler/Buchheim/ Bührer, a. a. O. (Fn. 209), S. 171, 174 ff.; zum Zusammenhang des Monnet-Plans mit dem Schuman-Plan Haussmann, auf S. 11 ff.

225 Zu den einzelnen Initiativen schon vor 1947 bezieht Kipping, S. 54, ausführlich Stellung.

226 Howard, S. 50, Milward, S. 71, und Sutcliffe in Adcroft/Sutcliffe, S. 177, 181, beschreiben die Bemühung Frankreichs, sich das Saarland einzuverleiben, um die dortigen Stein-

des Marshall-Plans machte Frankreich dann seine Mitarbeit in der ständigen Organisation[227] von der Wahrung seiner Interessen an deutscher Steinkohle abhängig. Daraufhin sagten die USA am 14. August 1947 zumindest eine internationale Kontrolle der Verteilung des Rohstoffs zu, die mit den Sechs-Mächte-Besprechungen über Deutschland Ende Juni 1948 als Internationale Ruhrbehörde eingerichtet wurde.[228] Mit dem Scheitern der Absicht, sich über die Entscheidungsbefugnisse der Alliierten den alleinigen Zugriff auf die deutschen Steinkohlevorkommen zu erhalten, realisierte Frankreich im Dezember 1948, daß:

> „... die Garantien, die es [Frankreich, d. Verf.] sucht, auf Dauer nur gesichert werden können in einer Art Assoziation Deutschlands in einem größeren Rahmen, nämlich dem europäischen. ... Dann wäre Stahl, der an der Ruhr produziert wird, nicht länger deutscher Stahl, sondern ein Teil des europäischen Stahls, Frankreich wäre mit gleichen Rechten wie Deutschland an der Kontrolle dieses Stahlkartells beteiligt. Auf diese Weise hätte es, besser als durch internationale Kontrollen, ein Wort mitzureden in der Frage der deutschen Stahlwerke.“[229]

Es fällt nicht schwer, in dieser Formulierung von 1948 Ansätze des Inhalts der Pariser Erklärung vom 9. Mai 1950 wiederzuerkennen.[230] Für 1950 drohte die weitere Aufhebung von besatzungsrechtlichen Schranken für Westdeutschland, um es in die Verteidigung gegen den Ostblock einzubeziehen. Insofern mußte Frankreich seinen Zugriff auf die Steinkohle auf eine andere Weise absichern. Letztlich konnte Monnet Außenminister Schuman davon überzeugen, Kohle und Stahl aus der nationalen Verantwortung herauszulösen und die Unterstellung unter eine besondere europäische Behörde vorzuschlagen.

Hinter dieser Ende April 1950 durch Monnet wieder aufgebrachten Idee standen aber auch noch andere wirtschaftliche Absichten Frankreichs.[231] Dabei

---

kohlevorkommen nutzen zu können. Dies stieß jedoch auf die Ablehnung vor allem der USA, die Westdeutschland samt seiner wirtschaftlichen Ressourcen einbeziehen wollten.

227 Es handelte sich um die mit Konvention vom 16. April 1948 gegründete Organisation für europäische wirtschaftliche Zusammenarbeit (OEEC). Zu Entstehen und Ausrichtung - auch zur zu erörternden Montanunion - Schilling, Europa-Archiv 1/1953, S. 5407, 5408 f.

228 Zu den Ergebnissen der Londoner Tagung vgl. Anhang zum Kommuniqué, Europa-Archiv 6-7/1948, S. 1437, 1438 f. Die mit dem Entwurf vom 28. Dezember 1948 (samt Kommuniqué in Europa-Archiv 11/1949, S. 2197 ff.) identische Endfassung der Abkommens über die Errichtung einer Internationalen Ruhrbehörde vom 28. April 1949 sah in Art. 14 (S. 2200) ein Verteilungsverfahren für Kohle unter Berücksichtigung Frankreichs vor. Dazu und auch zur Ruhrbehörde vgl. Sahm, Europa-Archiv 7/1950, S. 2957 f.

229 Einschätzung der Regierung Frankreichs vom 4. Januar 1949, hier nach Milward, S. 163.

230 Zur gegenläufigen amerikanischen und französischen Politik hinsichtlich des Zugriffs auf die Steinkohle und der Überwachung des Ruhrgebiets siehe auch Gillingham, S. 162 ff.

231 Vgl. Wortlaut des „Monnet-Memorandums“ vom 3. Mai 1950, das im französischen Original in der Zeitung „Le Monde“ vom 9. Mai 1970 veröffentlicht. Man beachte das Veröffentlichungsdatum. Eine deutsche Fassung davon findet sich nun bei Ziebura, S. 498 ff.

ging es um die Produktionsquote für in Westdeutschland erzeugten Stahl, die aufgrund der Kooperationsbereitschaft der USA im Frühjahr 1950 erneut erhöht werden sollte.[232] Nach dem allgemeinen Krisenjahr, das 1949 über die französische Stahlindustrie im Hinblick auf den Verfall der Exportpreise hereinbrach,[233] gefährdete die Möglichkeit, daß Deutschland in größerem Umfang als vorher Stahl an das Ausland zu verkaufen berechtigt war, den Export französischen Stahls als Bestandteil der Finanzierung des Wiederaufbauprogramms in Frankreich noch mehr. Der Grund dafür lag in der fehlenden preislichen Konkurrenzfähigkeit der französischen gegenüber den westdeutschen Erzeugnissen im Bereich der Stahlerzeugung. Zur Lösung dieses für Frankreich überaus wichtigen Problems wurden seit Mitte 1949 eine Vielzahl von wirtschaftlichen Lösungsansätzen erarbeitet, die von der Koordinierung von Investitionsmaßnahmen durch die OEEC über die Bildung einer regionalen Wirtschaftsgemeinschaft, dem Bemühen um Abschaffung der bis dahin unverändert bestehenden deutschen Doppelpreispolitik für Koks[234] bis zur Wiederbelebung des vor dem Zweiten Weltkrieg entstandenen Internationalen Stahlkartells reichten.[235] Bereits seit März 1949 wollte Philip die Probleme der französischen Stahlindustrie durch europäische Kartellgesetzgebung und die Errichtung einer Körperschaft zu deren Einhaltung lösen.[236] Auch Monnet sah die wirtschaftliche Rekonstruktion Frankreichs deshalb als stark gefährdet an, solange die Frage der Konkurrenzkapazität Deutschlands im Stahlbereich nicht geregelt war.[237] Er befürchtete darüber hinaus ausweislich seines Memorandums vom 3. Mai 1950 ein Überangebot an Stahl durch deutsche Dumpingangebote, die daraus resultierende Abschottung des französischen Stahlmarktes zur Verhinderung eines Preisverfalls, nachfolgend die Bildung neuer Kartelle und damit letztendlich eine Verlangsamung oder ein völliges Aufhören des mit dem Vierjahresplan forcierten wirtschaftlichen Liberalisierungsprozesses in Frankreich. Mit der Einrichtung einer besonderen Behörde, der die französische und die deutsche Montanindustrie unterstellt sein würde, ließ sich nach Monnets Überzeugung die deutsche Stahlerzeu-

232 Die USA erstellten dabei selbst keine Vorgaben, sondern setzten Deutschlands Nachbarn Frankreich unter Druck, Vorschläge zur Erzeugungsquote einzubringen, so Stirk, S. 121.

233 Gründe für die besagte Krise der französischen Stahlindustrie benennt Kipping, S. 86 ff.

234 Deutsche Erzeuger gaben Koks an inländische Kunden zu einem geringeren Preis ab als an Ausländer. Verständlich wird diese Politik, wenn man den außerordentlich hohen Konzentrationsgrad und die enge kartellmäßige Verflechtung der Kohle- und Stahlerzeuger berücksichtigt, die auch nach 1945 in weitgehend unveränderter Form Bestand hatte.

235 Zu den Einzelkonzepten im Zeitraum zwischen Mitte 1949 und Mitte 1950 wieder Kipping, S. 118 ff. Auf S. 156 ff. stellt er auch die Überlegungen Monnets bis Mai 1950 dar.

236 Ebd., S. 151 f. Was im Vergleich zu Monnets späteren Überlegungen aber noch fehlte, war die Unabhängigkeit der geplanten Körperschaft von den kohleerzeugenden Staaten .

237 Zu diesen Einschätzungen Monnets vergleiche auch die Darstellung bei Bührer, S. 166 f.

gung kontrollieren[238] und ein die wirtschaftliche Entwicklung Frankreichs hin zu einer liberaleren Marktgestaltung gefährdendes Produktions- und Preisverhalten verhindern, ohne daß Frankreich in die Fehler des Protektionismus und der weitgehenden Abschottung vom Weltmarkt verfallen brauchte.

Faßt man die hinter dem Schuman-Plan stehenden wirtschaftlichen Interessen Frankreichs zusammen, dann diente die Pariser Erklärung vom 9. Mai 1950 zum einen der Sicherung des durch die globalen Notwendigkeiten im „Kalten Krieg" durch das Verhalten der USA gegenüber Westdeutschland bedrohten Zugriffes Frankreichs auf deutsche Kohle. Zum anderen mußte zur Funktionsfähigkeit des französischen Wiederaufbauprogrammes verhindert werden, daß Westdeutschland durch eine erhöhte Stahlerzeugungsquote den geplanten Erlös französischer Exporte beeinflussen konnte. Bettet man diese wirtschaftlichen Motive, deren Erreichung in einer wie auch immer gearteten Organisation unter Teilnahme Westdeutschlands unbedingt nötig war, in die allgemeine Entwicklung hin zur Liberalisierung des Welthandels ein, dann läßt sich der Schuman-Plan mit seinem auf den ersten Blick merkwürdigen, zwischen Kontrolle und Liberalisierung gespaltenen Inhalt verstehen. Gleichzeitig blieben die Vorstellungen Schumans über diese Vorgaben hinaus aber so unkonkret, daß sich genügend Spielraum für Verhandlungen mit den übrigen potentiellen Teilnehmerländern zur Ausgestaltung des Zusammenschlusses der Montanindustrien ergaben.

Hätte man sich allerdings ganz an die Einsicht von 1948 gehalten und zur Sicherung der französischen Interessen ein französisch-deutsches Kohle- und Stahlkartell mit hohen Einfuhrzöllen für Wettbewerber aus Drittstaaten und dadurch bedingter Ausschaltung ausländischer Konkurrenz errichtet, so wären 1950 ernsthafte Konsequenzen seitens der USA und der übrigen, am liberalen Welthandel beteiligten Staaten die Folge gewesen. Während das Interesse der Franzosen an der Steinkohle seit 1948 unverändert war, drohte dem Stahlmarkt Anfang der fünfziger Jahre eine Überproduktion,[239] was zu Angst vor fallenden Preisen führte. Aufgrund dessen wurde für Europa die Bildung von Kartellen befürchtet, die durch Gebiets- und Preisabsprachen sowie damit möglichen höheren Preisen den Handel gefährdet hätten. Frankreich konnte es sich wegen der Abhängigkeit von den Wirtschaftshilfen des Marshall-Planes nicht leisten, diese aufgrund kartellbezogenen Fehlverhaltens gekürzt zu bekommen. Damit mußten Versuche Frankreichs, sich den Einfluß auf die deutsche Steinkohle zu sichern, um jeden Preis den Eindruck einer Kartellbildung vermeiden.[240] Acheson, dem

---

238 So Gasteyger, S. 67, der den Sinn der Pariser Erklärung in der Weiterführung der Kontrolle über die westdeutsche Stahlindustrie über das Ende der Ruhrbehörde hinaus sieht.

239 Die wirtschaftlichen Situation der Stahlindustrie im Jahr 1950 erörtert Bührer, S. 166 ff.

240 Kipping, S. 175 f., weist darauf hin, daß die ablehnende Haltung Monnets und Uris gegenüber der ebenfalls vorgeschlagenen Einführung eines Kartells hauptsächlich zur Zerstreuung der Bedenken der USA, die ein solches Kartell gerade vermuteten, führen sollte.

als amerikanischem Außenminister das Vorhaben der Montanunion am 7. Mai 1950 mitgeteilt worden war, hatte bezüglich des Inhalts gegenüber Schuman jedenfalls entsetzt reagiert.[241] Die Pariser Erklärung selbst wies - abweichend von ihren Entwürfen[242] - auf den besonderen Charakter der neuen Gemeinschaft hin:

> „Im Gegensatz zu einem internationalen Kartell, das nach einer Aufteilung und Ausbeutung der nationalen Märkte durch einschränkende Praktiken und die Aufrechterhaltung hoher Profite strebt, wird die geplante Organisation die Verschmelzung der Märkte und die Ausdehnung der Produktion gewährleisten."[243]

Das geplante Vorgehen versprach dennoch nach Ansicht der Schöpfer der Pariser Erklärung bei Schaffung der Rahmenbedingungen im Gegensatz zu einem auf Begrenzung der Produktion gerichteten Kartell den positiven Nebeneffekt steigender Produktionszahlen und wachsender internationaler Wettbewerbsfähigkeit der deutsch-französischen Stahlindustrie.[244] Insofern beabsichtigte der Schuman-Plan vom 9. Mai 1950 neben der aus dem Interesse Frankreichs an der deutschen Steinkohle und der Begrenzung deutscher Stahlerzeugung resultierenden Errichtung der Obersten Behörde auch einen weitgehend liberalen Markt samt Rahmenbedingungen.[245] Im selben Maße zeichnete sich dabei bereits die Gefährdung der Marktüberlegungen durch die aus Sicht der französischen Regierung ebenfalls nötige Regulierungsfunktion der Institution sehr deutlich ab.

Im Ergebnis beinhaltete der Schuman-Plan die Bildung eines in seinen Grundzügen liberalen gemeinsamen Marktes für Kohle und Stahl, ohne diesen Begriff ausdrücklich zu verwenden. Als zweites Motiv lag es im Interesse Frankreichs, nicht von deutschen Steinkohlevorkommen ausgeschlossen zu werden.[246] Inso-

---

241 Monnet, Erinnerungen, S. 384: „Er [Acheson, d. Verf.] sah darin etwas wie ein großes Kohle- und Stahlkartell, einen nostalgischen Wunsch der europäischen Industriellen und eine unverzeihliche Sünde für Amerikaner, die das Recht auf Konkurrenz und die Freiheit des Handels respektierten." Vgl. auch Bührer auf S. 168. Danach und insbesondere während der Verhandlungen zur Montanunion relativierten sich die Befürchtungen, da es sich abzeichnete, daß die beteiligten Staaten tatsächlich einen Wettbewerb zulassen wollten.

242 Vgl. dazu den in Vorentwurf zur Pariser Erklärung von Mitte April 1950, Fondation Jean Monnet pour L'Europe, Lausanne, AMG 1/2/1. Wieder in Schulze/Hoeren, Bd. 1, S. 3 ff.

243 Erklärung der französischen Regierung vom 9. Mai 1950, a. a. O. (Fn. 35), auf S. 3091 f.

244 Die genannten Wirkung der neuen Vereinigung erörterte Hallstein, Schuman-Plan, S. 10.

245 Der Vorentwurf von Mitte April 1950 sah einheitliche Preise und damit ein dirigistisches Marktkonzept vor. Eine handschriftliche Korrektur veränderte diese Vorgabe und machte daraus dann gleiche Bedingungen. Vgl. dazu Schulze/Hoeren, Bd. 1, S. 3, 5, darin Fn. 16.

246 Anstelle vieler, die euphorisch die Pariser Erklärung als Beginn der Integration der westeuropäischen Wirtschaft rühmen und dabei die nationale Interessenlage Frankreich völlig außer acht lassen, sei hier nur die Wirtschaftsgeschichte von Ambrosius/Hubbard erwähnt, die auf S. 271 die Montanunion im Schuman-Plan nur als ersten Schritt zur europäischen Wirtschaftsgemeinschaft wertet. Dieses reduziert die Motive fälschlicherweise.

fern verfolgte die Pariser Erklärung strategische Ziele für die Versorgung der französischen Wirtschaft mit Grundstoffen. Diese eigene Absicht spiegelte sich in der mit weitreichenden Befugnissen ausgestatteten Obersten Behörde wider.

2. Vertrag zur Gründung der Europäischen Gemeinschaft für Kohle und Stahl

Nach der Erklärung der französischen Regierung vom 9. Mai 1950 galt es, die darin enthaltenen Ideen in Vertragsform zu überführen. Beschränkt man sich dabei auf die hier zu untersuchenden wirtschaftlich relevanten Ziele, so enthielt Artikel 2 Absatz 1 EGKSV deren generelle Definition, die den Begriff des gemeinsamen Marktes, der im Schuman-Plan noch nicht vorkam, unter Rücksichtnahme auf die Volkswirtschaften der Mitgliedsstaaten auch offiziell aufnahm:

> „Die Europäische Gemeinschaft für Kohle und Stahl ist dazu berufen, im Einklang mit der Gesamtwirtschaft der Mitgliedsstaaten und auf der Grundlage eines gemeinsamen Marktes, wie er in Artikel 4 näher bestimmt ist, zur Ausweitung der Wirtschaft, zur Steigerung der Beschäftigung und zur Hebung der Lebenserhaltung in den Mitgliedsstaaten beizutragen. ... "

Die den Markt für ausgewählte Güter charakterisierenden Eigenschaften wurden in besagtem Artikel 4 des Vertrages genauer definiert. Mit der Abschaffung von Ein- und Ausfuhrzöllen sowie anderen Mengenbeschränkungen, einem sehr weit gefaßten Diskriminierungsverbot und der Verhinderung staatlicher Subventionen oder Sonderlasten entsprach dies der in der Pariser Erklärung enthaltenen Grundidee.[247] Verboten war weiterhin auch alles, was im Inneren auch nur im entferntesten an die Marktaufteilung in der Form eines Kartells erinnern konnte.

Allerdings wurden diese Parameter für einen gemeinsamen Markt in ihrer Wirksamkeit durch das andere Ziel dieses Vertrages, nämlich der Rücksicht auf nationale Interessenlagen und die Wahrung ebensolcher Einflüsse, im Lichte des Ziels der Herstellung eines gemeinsamen Wirtschaftsraumes zu gleichen Bedingungen deutlich relativiert. Betrachtet man die konkrete Ausgestaltung der Hohen Behörde als Steuerungsintrument für den Markt im EGKS-Vertrag, dann ist dort von der Herstellung gleicher Bedingungen nicht mehr die Rede. In den Verhandlungen hatte Frankreich diese Formulierung durch die der gleichen Preise ersetzen lassen.[248] Auch fallen Eingriffsmöglichkeiten bezüglich der

---

[247] Ambrosius/Hubbard, S. 271, geben einen kurzen Überblick über diese Parameter, während Barzel, Europa-Archiv 7/1953, S. 5639, 5642 f., die im einzelnen einzuhaltenden Vorgaben des Vertrages näher erläutert. Vgl. zu den sich daraus ergebenden Vorzügen der geplanten Montanunion sowie zum Kartellverbot auch Hallstein, Schuman-Plan, S. 9.

[248] Den diesbezüglichen konzeptionelle Wandel und seine Gründe aus der Perspektive Frankreichs erörtern Goschler/Buchheim/Bührer, VfZ 37 (1989), S. 171, 198 f. Die darauf folgende Umsetzung im Vertragswerk selbst erklärt Loth, Weg nach Europa, S. 86.

Mengen und ähnlicher Faktoren auf, die eher auf Regulierung als auf einen liberalen Markt hindeuten.[249] Während damit im Kern die französische und deutsche Stahlerzeugung reglementiert und auch der befürchteten Überproduktion Rechnung getragen wurde, sah man gleichzeitig Ausnahmen für Italien und Belgien vor.[250] Dazu kam das Aufschieben der Vergleichbarkeit der Transportpreise im Markt. Letztlich ergibt sich - verglichen mit der Pariser Erklärung - in der praktischen Umsetzung der von Schuman vorgeschlagenen Wirtschaftsgemeinschaft ein sich in detaillierten Regulierungsvorschriften widerspiegelndes Netzwerk nationaler Sonderinteressen. Dies läßt nur den Schluß zu, daß es sich im Vergleich zum Weltmarkt bei der Montanunion um eine unvollständige, sektorale und sorgfältig regulierte Integration handelte.[251] Daß bei allem gerade aus Sicht Frankreich die Sicherstellung der Versorgung mit Steinkohle zu niedrigen Preisen Priorität besaß, läßt sich daraus ableiten, wie die Regierung Frankreichs dem Parlament bei der Ratifikation die Notwendigkeit der Montanunion begründete:

> „Jedes Land bemüht sich gegenwärtig, sich von der Abhängigkeit von Einfuhren freizumachen und die ganze Spanne von Erzeugnissen selbst herzustellen. Um nicht von der Gnade der Ausfuhrländer abhängig zu sein, halten Kohle-Einfuhrländer wenig ertragreiche und ungewöhnlich kostspielige Bergwerke in Betrieb; aus dem gleichen Grund ... sind die Ausfuhrländer an der Vollausnutzung der ihnen zur Verfügung stehenden Produktionskapazitäten gehemmt. Soweit es sich um Stahl handelt, zieht die Praxis der Doppelpreise für Koks, Eisenerz und Schrott zwischen Ländern, die sich von Natur aus ergänzen, eine künstliche Preiserhöhung für Rohstoffe zur Herstellung von Stahl nach sich ..."[252]

Daß die französische Regierung mit der internen Betonung der wirtschaftlichen Schädlichkeit der Doppelpreispolitik für Kohle auf die deutsche Exportpraxis zielte, ist offensichtlich. Auch die natürliche Ergänzung zwischen rohstofferzeugenden Staaten macht nur Sinn, wenn man das Vorhandensein von Eisenerzvorkommen im französischen Lothringen und der Steinkohleförderung im west-

---

249 Vgl. zu den Produktionsmengen Art. 58 f., zu den Preisen Art. 60 ff. des Vertrages über die Montanunion. Solche regulativen Elemente finden sich von Anfang der Beratungen an meistens in den französischen Entwürfen. Vgl. dazu den von französischer Seite für den 21. Juni 1950 vorbereiteten Textvorschlag, Fondation Jean Monnet pour L' Europe, Lausanne, AMG 3/2/2, Schulze/Hoeren, Bd. 1, S. 41 ff., dort dann besonders auf S. 47.

250 Diese und weitere regulative Ansätze, die den Markt beeinträchtigten, finden sich bei Milward, S. 408. Ders. stellt in Hrbek, S. 255, 256 f., die Interessenlage Belgiens und Italiens gegenüber der Montanunion und den Institutionen dar und kommt dabei zum Ergebnis, daß es auch diesen kleineren Ländern nur um Verfolgung eigener Vorteile ging.

251 Milward, S. 407, der konsequent den gemeinsamen Markt der EGKS als Lösungsansatz für die Probleme aus der Vergangenheit, aber ohne zukünftige Bedeutung charakterisiert.

252 Wortlaut der für den Parlamentsbeschluß vorgelegten (vorläufigen) Französischen Begründung für den Schuman-Plan, datiert vom 17. Juni 1951. Politischen Archiv des Auswärtigen Amts, Berlin, Abteilung 2, Referat 213, Aktenzeichen 83.01, dort dann Bd. 21.

deutschen Ruhrgebiet berücksichtigt. Die nach außen betonte friedenssichernde Funktion trat dagegen im Vergleich zur Pariser Erklärung vom 9. Mai 1950 zurück, überwog jedoch in den Begründungsansätzen derjenigen Staaten, die aus der Europäischen Gemeinschaft für Kohle und Stahl unmittelbar keinen wirtschaftlichen Vorteil ziehen konnten oder wie Deutschland sogar eine Verschlechterung der Exportsituation bei den Preisen befürchten mußten.[253] Nur die Niederlande zeigten in ihrer Begründung mit der Dollarknappheit und des mit der Montanunion begonnen Veränderung des Systems von Mengenbeschränkungen im europäischen Handel wirtschaftspolitische Zusammenhänge auf.[254]

Wie sehr die übermäßige Regulierung dem Ziel, niedrige Preise zu sichern, widersprach, zeigte sich schnell. Anlaß war der zwischen Deutschland und der Hohen Behörde, letztlich aber zwischen Deutschland und Frankreich geführte Streit um die Berücksichtigung rückerstattungsfähiger Steuern bei der Preisbildung. Diese waren zunächst zu entrichten und damit Bestandteil des Preises, konnten aber bei Export des Kaufgegenstandes zurückgefordert werden. Anknüpfungspunkt war bei der deutschen Steuer der Export. Frankreich besaß mit der Produktionssteuer ein ähnliches Instrument, das aber an den Import gebunden war. Während sich die französische Produktionssteuer aus Sicht des Artikel 60 EGKSV für die Hohe Behörde in ihrer Entscheidung vom 10. Februar 1953 als unbedenklich darstellte, wurde die deutsche Umsatzsteuer als diskriminierend betrachtet.[255] Unabhängig davon, ob ein gemeinsamer Markt ohne einheitliches Steuersystem funktionieren konnte, bedeutete dies eine Verteuerung der deutschen Kohle- und Stahlexporte nach Frankreich um die Höhe der Umsatzsteuer, während sich der französische Stahl im Export nach Deutschland im gleichen Maße verbilligte. Damit war der Preisvorteil der deutschen Stahlindustrie gegenstandslos. Dies verdeutlicht die negative Wirkung weitreichender Eingriffsbefugnisse der Behörde auf die Preise am Markt. So traten neben die von Frankreich für sich selbst in Anspruch genommenen natürlichen Vorteile, die in den Augen Monnets im Vorhandensein der lothringischen Eisenerzbergwerke lag,[256] zumindest in dieser Entscheidung eine gewisse Bevorzugung durch die Hohe Behörde. Insofern scheint Frankreich auch praktisch in dem von Mon-

---

253 Als Beispiele dafür können die deutschen und belgischen Begründungen zur Vorlage gegenüber den nationalen Parlamenten in der Durchführung der Ratifikationsverfahren herangezogen werden. Die genannten Begründungen befinden sich im Politischen Archiv des Auswärtigen Amts, Berlin, Abteilung 2, Referat 213, Aktenzeichen 83.01, in Bd. 21

254 Vgl. ebd., S. 9. An der Kohleförderung hatten die Niederlande kaum eigene Interessen.

255 Barzel, Europa-Archiv 7/1953, S. 5639, 5645; Europa-Archiv 10-11/1953, S. 5779, 5780.

256 Buchheim, S. 345, 354, verweisend auf Goschler/Buchheim/Bührer, a. a. O. (Fn. 209), S. 171, 180 ff., die die von Monnet stammende Konzeption zur Verkopplung der Erzvorkommen Lothringens mit den Kohlegruben des Ruhrgebietes auf die Vorstellung einer diesbezüglichen Überlegenheit von Frankreich gegenüber Westdeutschland zurückführen.

net bei der Planung der Montangemeinschaft beabsichtigten Maße von der weitgehenden Regulierung dieses neuen gemeinsamen Marktes profitiert zu haben.

Besonderer Aussagewert für die Ausrichtung des gemeinsamen Marktes als Ziel wirtschaftlicher Integration kommt weiterhin den Kartellregeln im Vertrag über die Gründung der Europäischen Gemeinschaft für Kohle und Stahl zu.[257] Ausgangspunkt der Überlegungen waren Bestrebungen der Montanindustrie vor allem an der Ruhr, eigene regionale Vereine[258] als Gegenpol zur Machtfülle der Hohen Behörde zu erhalten. Die französische Seite vermutete dahinter - nicht ganz zu Unrecht - ein Weiterbestehen der traditionell engen Verbindungen innerhalb der deutschen Schwerindustrie und schlug zur Ausschaltung dieser Regionalverbände den direkten Verkehr zwischen Behörde und Unternehmen vor. Sie erreichte dabei eine beträchtliche Ausweitung der Rechte der Hohen Behörde, vor allem die Befugnis zur Verhinderung von Kartellen und Fusionen. Dabei ging es einerseits um vertikale Kartelle, aber andererseits auch um Wettbewerbsverzerrung dergestalt, daß ein Unternehmen zugleich sein eigener und Lieferant für die Konkurrenz war. Dies traf wieder die deutsche Montanbranche, die auf diese Art die Kohle-, Koks- und Stahlerzeugung unter einem Dach betrieb. Obwohl auch Frankreich dieses System in der Erzförderung und Stahlerzeugung nutzte, mußte die deutsche Seite der Begrenzung der Nutzung von im eigenen Unternehmen erzeugter Kohle zustimmen. Mit beiden kartellrelevanten Regelungen - Ausschaltung regionaler Interessenvereinigungen und Beschränkung der Position als Lieferant für den eigenen und fremden Bedarf zugleich - sicherte die französische Seite nicht nur die Interessen der eigenen Stahlindustrie an deutscher Kohle. Sie schickte sich ebenfalls an, die seit dem Dritten Reich bestehende kartellartige Struktur in der deutschen Montanindustrie zu zerstören.

Betrachtet man nun die neue Gemeinschaft, im Lichte des Weltmarktes, so besaß die „kleineuropäische Integration" wie jedes sich abschottende Wirtschaftsgebiet ausgrenzende Wirkung für den Handel mit Grundstoffen gegenüber Drittstaaten. Der gemeinsame Markt war als Vereinheitlichung nach innen gemeint. Dem stand jedoch die Diskriminierung Dritter, die sich dem Bündnis nicht angeschlossen hatten, entgegen. Es trat diesbezüglich eine Umlenkung des Geschäfts mit Dritten auf das Gebiet der eigenen Zollunion ein. Dem entgegenzuwirken, hätte es neben innerer Anpassung auch einer drastische Herabsetzung der Außenzölle gegenüber nichtangehörigen Staaten bedurft. Dies geschah trotz

---

[257] Zur schwankenden Position der Verhandelnden hinsichtlich der Frage der Kartellbildung in den Beratungen zur Ausgestaltung des Gründungsvertrages der Montanunion vgl. die Darstellung bei Kipping, S. 207 ff. Dabei wird erneut der Bezug des Kartellproblems zur amerikanischen Wirtschaftsstrategie und damit auch deren Bedeutung in Europa deutlich.

[258] Gillingham, S. 181, nennt einige der aus der Zeit vor dem Zweiten Weltkrieg stammenden Verbände, die wegen der Vorkommen insbesondere im Ruhrgebit beheimatet waren.

der diesbezüglichen Forderung führender Nationalökonomen aber nicht. Insofern findet sich mit den Zollvereinbarungen im Vertrag zur Gründung der EGKS ein nur nach innen geöffneter Markt. Daß es bei diesem Modell trotz der Fortschritte in der internen Zollunion über kurz oder lang zu einer spürbaren Abschottung gegenüber dem Weltmarkt kommen würde, war leicht vorherzusehen.

Zusammengefaßt läßt sich das Ziel der Europäischen Gemeinschaft für Kohle und Stahl im wirtschaftlichen Bereich entsprechend der Aussage in Artikel 2 Absatz 1 dieser Vereinbarung durchaus als Herstellung eines gemeinsamen Marktes feststellen. Dieser Markt folgte aber entgegen der sich aus dem Schuman-Plan ergebenden Schlußfolgerungen nicht liberalen Grundsätzen unter überwiegender Ausschaltung der Einwirkungsmöglichkeiten der beteiligten Staaten und Stärkung der Kräfte des Marktes selbst, sondern wurde durch die Hohe Behörde mit ihren Befugnissen weitestgehend reguliert. Die Gründe für diese Regulation lagen hauptsächlich in den wirtschaftlichen und wirtschaftspolitischen, aber auch in den damit untrennbar verbundenen sicherheitspolitischen Interessen Frankreichs. Deutschlands Bereitschaft, trotz Schwächung der Position der nationalen Industrien dennoch an der Gemeinschaft teilzunehmen, war dagegen vollständig politisch motiviert.[259] Eigene tragende wirtschaftliche Ziele Westdeutschlands, dessen Position sich im Bereich der Montanindustrien und bezüglich des Abbaus der vorhandenen kartellartigen Strukturen durch den Vertrag deutlich verschlechterte, und der anderen Mitgliedsstaaten der Europäischen Gemeinschaft für Kohle und Stahl, sind nicht zu erkennen. Die Montanunion bewegte sich, so der Schluß, zumindest mit dem von ihr eingeschlagenen Dirigismus im Bereich der Preispolitik für Kohle und Stahl gleichzeitig gegen die allgemeine Entwicklungstendenz des Weltmarktes, für den die Zeichen der Zeit auf umfassende Liberalisierung standen und staatlicher Einfluß reduziert wurde.

3. Europäische Wirtschaftsgemeinschaft und Europäische Atomgemeinschaft

Nach dem Scheitern von EVG und EPG im Spätsommer 1954 konzentrierten sich die bis dahin an der Integration beteiligten Staaten bei der Weiterentwicklung auf andere Gebiete - und dabei, den Erfordernissen der Zeit und den politischen Realitäten entsprechend, neben energiepolitischen Überlegungen zur Erweiterung der Montanunion und dem Verkehr auf wirtschaftliche Ziele.[260] Inso-

---

[259] Es kam lediglich auf positive Veränderungen für den politischen Status Westdeutschlands und nicht auf wirtschaftliche Motive an. Zu den einzelnen Motiven und der aus deutscher Sicht bestehenden Notwendigkeit der Vereinbarung vgl. Adenauer, Erinnerungen, S. 331.

[260] Zur Verbindung zwischen dem Scheitern der Bemühungen im Bereich der Sicherheit im Jahr 1954 und dem Ausweichen auf andere Ziele zur Entwicklung der Integration vgl. Loth, Weg nach Europa, S. 113 ff. Zur Vorgeschichte der Planungen zur Bildung der Wirtschaftsgemeinschaft, auf die nicht näher eingegangen werden kann, Küsters, S. 64 ff.

fern bieten sich, ausgehend von der Außenministerkonferenz von Messina im Juni 1955, die beiden 1957 gegründeten Gemeinschaften gerade wegen ihrer Bedeutung für das Fortschreiten der Integration als Untersuchungsgegenstände für weitere Ziele in der wirtschaftlichen Integration und deren Hintergründe an.

a) Konferenz von Messina

Verfolgt man das genannte Ziel weiter, so stößt man nach dem gemeinsamen Markt der Europäischen Gemeinschaft für Kohle und Stahl auf den in der Außenministerkonferenz von Messina vom 1. bis 3. Juni 1955 festgelegten Untersuchung des Ausbau westeuropäischer Strukturen auf wirtschaftlichem Gebiet. Die Überlegungen dazu waren gekennzeichnet durch die Weiterentwicklung gemeinsamer Institutionen, die schrittweise Fusion der nationalen Wirtschaften und die Idee der Schaffung eines gemeinsamen Marktes.[261] Gerade die Erfordernisse der wirtschaftlichen Lage der Zeit, in der sich gleichgerichtete Interessen der Mitglieder der Montanunion abzeichneten, trugen die Vorstellungen eines weiten, umfassenden gemeinsamen Wirtschaftsraumes.

An erste Stelle stand dabei Mitte der fünfziger Jahre der durch den raschen Aufschwung der einzelnen Volkswirtschaften deutlich gestiegene Energiebedarf der westeuropäischen Staaten. Zu dessen Deckung wurden erhebliche Mengen an Öl aus dem Nahen und Mittleren Osten benötigt, wobei eine kontinuierliche Versorgung damit aufgrund der dortigen - auch damals schon politisch und militärisch instabilen - Verhältnisse als äußerst problematisch erschien.[262] Zudem verstärkte dieser Rohstoffimport, da die Kosten dafür in Dollarwährung anfielen, die europäische Devisenknappheit, die auch nach 1950 noch in erheblichem Umfang vorhanden war. Insofern bot sich die im Entstehen befindliche zivile Nukleartechnologie als Ausweg an, um eine unabhängige Energieversorgung zu errichten. Die Kosten für Forschung und Entwicklung der dazu erforderlichen Technologie trugen sich bei einer Aufteilung unter den westeuropäischen Staaten als möglichen späteren Nutzern ebenfalls leichter.[263]

Der Anreiz zur Ausdehnung des gemeinsamen Marktes über die Montanunion hinaus gründete nicht auf globale wirtschaftliche Überlegungen, sondern auf die Ausrichtung der Güterproduktion der sechs Staaten. Dabei existierte eine

261 Schlußkommuniqué vom 3. Juni 1955, Europa-Archiv 13/1955, S. 7974; Küsters, S. 122.

262 So zur dann aber schon vollendeten Europäischen Atomgemeinschaft auch Tecke, S. 42.

263 Loth, Weg nach Europa, S. 114, nennt neben der Devisenproblematik und den Entwicklungskosten noch weitere, sicherheitspolitische Interessen Frankreichs an der Nukleartechnik. Zum einen wäre mit einem entsprechenden Abkommen auch technologisch der angestrebte Weg zu von den USA unabhängigen Atomwaffen Frankreichs frei gewesen. Zum anderen ließen sich mit Vergemeinschaftung des Energiesektors gegebenenfalls eigene Absichten Westdeutschlands auf atomarem Gebiet von Frankreich frühzeitig erkennen, über längere Zeiträume überwachen und, falls erforderlich, dann auch verhindern.

deutliche Nord-Süd-Trennung. Während sich zwischen Westdeutschland und Nordostfrankreich ein ausgeprägter Industriegürtel erstreckte, besaßen Südostdeutschland, Südfrankreich und Italien eher agrarischen Charakter.[264] Das hohe Wirtschaftswachstum in Westeuropa seit 1950 hatte in den Industriestaaten und dort insbesondere in Westdeutschland schon zu ersten Anzeichen einer Marktsättigung geführt, womit ein gemeinsamer Wirtschaftsraum die Möglichkeit bot, ein weiteres ungestörtes Wachstum zu sichern.[265] Insofern war das Interesse der Länder Westeuropas Mitte der fünfziger Jahre groß, die anderen Staaten als Märkte für die eigenen Produkte erschließen zu können.[266] Die Ausdehnung des gemeinsamen Marktes als Zollunion über die Kohle- und Stahlindustrie hinaus einschließlich der Schaffung der nötigen Rahmenbedingungen hätte diesmal im gleichen wirtschaftlichen Interesse aller potentiellen Beteiligten liegen müssen.

Die drei aufgezeigten wirtschaftlichen Hauptinteressengebiete jener Zeit - Energieversorgung, Markt, Transport - wurden auf der Konferenz von Messina behandelt. Den Ausgangspunkt dafür bildete ein Memorandum der Benelux-Staaten an die sechs Länder der Montan-Gemeinschaft.[267] Die Energieprobleme sollten durch friedliche Nutzung der Atomenergie in Westeuropa gelöst werden. Dabei stand die Gründung einer eigenen Organisation, die sich um die finanzielle und die technische Seite des Atomstroms sowie die Sicherung der diskriminierungsfreien Beteiligung aller sechs Staaten kümmern sollte, im Vordergrund. Gleichzeitig war der Strom- und Gasaustausch zwischen den Mitgliedsstaaten zur Senkung der Preise vorgesehen. Es ging um einen partiellen Markt für Energie, womit man wieder dem Modell der sektoralen Integration eines Wirtschaftsbereichs folgte. Die Benelux-Länder sprachen sich schließlich für allgemeine wirtschaftliche Integration über Einzelsektoren hinaus aus. Besonders dieser allumfassende gemeinsame Markt stieß auf französischen Widerstand, wobei Frankreich auf dem partiellen Grundansatz beharrte.[268] Dieser war

---

264 Ähnlich Mandel, S. 14, Fn. 1, der jedoch die industrialisierten Regionen in zwei Dreiecke mit den Eckpunkten Paris-Amsterdam-München und Paris-München-Genua aufgliedert.

265 Mandel, S. 41, bezeichnet dies als friedlich-kommerzielle Expansion, die vor allem im Interesse der Deutschen an einer Ausweitung nach Westen gelegen hätte, da für sie ein Krieg als in der Wirtschaftsgeschichte häufig gebrauchtes Expansionsmittel ja ausschied.

266 Dies galt zum Beispiel zwischen der deutschen Industrie und dem französischen Erzeugern im Agrarbereich, da in Westdeutschland ab Mitte der fünfziger Jahre erheblicher Importbedarf an Lebensmitteln bestand. Vertiefend Grosser in Weidenfeld, S. 132, 133.

267 Bundesarchiv, Koblenz, Bestand 102, Signatur 22137, Schulze/Hoeren, Bd. 1, S. 679 ff.

268 Note. Perspectives sur l'extension de la politique européene vom 2. Mai 1955, Archives du ministère des Affaires étrangères, Paris, Série DE-CE 45-60, CEE, Vol. 611 sowie Note du Ministère des Affaires Étrangères Français concernant le Memorandum des pays Benelux vom 21. Mai 1955, Institut Universitaire europèen, Florenz, Archives Historiques des Communautés européenes, Provenance: Ministère des Affaires étrangères, MAEF Cem. 5, 49; Vol. 611. Beides ist abgedruckt in Schulze/Hoeren, Bd. 1, S. 683 ff.

von Frankreich in einem Vorschlag vom 4. April 1955 vorgetragen worden, in dem es die Ausweitung der partiellen Integration durch Ausdehnung der Montanunion auf den gesamten Energiesektor sowie die Gründung einer isolierten Atomgemeinschaft gefordert hatte.[269] Man befürchtete bei einer vollständigen wirtschaftlichen Integration den Ausverkauf nicht konkurrenzfähiger französischer Betriebe.[270] Aber auch Deutschland sah die Zollunion als dirigistisches Hindernis auf dem Weg zum weltweiten Freihandelssystem an, das den eigenen Exportinteressen weitaus mehr als der westeuropäische gemeinsame Markt gedient hätte.[271] Es lehnte auch die Frankreich stärkende Atomgemeinschaft als Projekt sektoraler Integration ab. Um nicht völlig zu scheitern, schlug Monnet einen Kompromiß vor. Frankreich sollte die Akzeptanz des einheitlichen gemeinsamen Marktes erleichtert werden, indem die Atomgemeinschaft als sektorale Gemeinschaft errichtet und Übergangsregeln für seine Wirtschaft vorgesehen wurde. Deutschland sollte die Aussicht auf das schnelle Erreichen eines gemeinsamen Marktes motivieren. Es war tatsächlich in Messina bereit, eine Wirtschaftsunion zu unterstützen, betonte aber deren Anbindung an den Weltmarkt:

> „Die Bundesregierung ist - in Übereinstimmung mit anderen Partnerländern der Montangemeinschaft - der Überzeugung, daß der Zeitpunkt gekommen ist, eine weitere Etappe auf dem Weg zur Errichtung eines politisch und wirtschaftlich geeinten Europas in Angriff zu nehmen. ... Diese Entwicklung müßte in allmählichem, jedoch gesichertem Fortschreiten erfolgen, um die gebotenen Maßnahmen und Organisationsformen zu verwirklichen. Die Bundesregierung ist insbesondere der Ansicht, daß eine engere wirtschaftliche Zusammenarbeit der Gemeinschaftsstaaten untereinander darauf gerichtet, die Errichtung eines freien gemeinsamen Marktes zu verwirklichen, im Rahmen einer durch OEEC und GATT gesicherten freiheitlichen Wirtschaftsordnung und unter voller Anerkennung dieser Zielsetzung sinnvoll und notwendig ist."[272]

Damit und unter Berücksichtigung der Forderung nach einer an liberalen Grundsätzen ausgerichteten Wirtschaftsgemeinschaft ist deutlich zu erkennen, daß Deutschlands Vorbehalte insbesondere gegenüber dirigistischen Positionen ungebrochen blieben. Frankreich selbst bezog bis zu diesem Zeitpunkt überhaupt keine Stellung, aus der sich seine Position bezüglich eines gemeinsamen Mark-

---

269 Zu Vorgeschichte und zum Inhalt dieser Initiative vgl. Loth, Weg nach Europa, S. 114 ff.

270 Küsters, S. 49 stellt die Lage der französischen Wirtschaft Mitte der fünfziger Jahre dar, die Strukturreformen benötigte und insbesondere mit hohen Sozialausgaben belastet war.

271 Zur deutschen Marktphilosophie unter Erhard bis Ende der fünfziger Jahre Buchheim, S. 345, 355 f. Die entsprechende Favorisierung der OEEC erörtert dann Rhenisch, S. 86 ff.

272 Erst kurz vor Beginn der Verhandlungen im Konferenzort Messina vorgelegtes Memorandum der Bundesregierung über die Fortführung der Integration vom 1. Juni 1955, Bundesarchiv, Koblenz, Bestand 102, Signatur: 22094. Hier nach Schulze/Hoeren, Bd. 1, S. 692. Entstehungsgeschichte und Bewertung des Memorandums bei Küsters, S. 112 ff.

tes hätte ergeben können.[273] Es lehnte getreu seiner Politik gegenüber dem Vorschlag der Benelux-Staaten eine für alle verbindliche Festlegung auf die allgemeine Wirtschaftsintegration ab, während die deutschen Vertreter strikt gegen die geplante Aufnahme neuer Institutionen eingestellt blieben.

Da Frankreich auch nach Monnets Kompromißvorschlag an sektoraler Integration der Atomwirtschaft und des Transportwesens festhielt, schien am Ende der Konferenz die Idee, einen von allen Zollschranken und mengenmäßigen Beschränkungen befreiten, umfassenden gemeinsamen europäischen Markt zu schaffen, ein bloßes Studienobjekt zu sein.[274] Eine Kommission sollte die strittigen Punkte näher untersuchen und Lösungsvorschläge unterbreiten. Trotz aller Schwierigkeiten stellte der gemeinsame Markt selbst auf dieser Stufe einen signifikanten Fortschritt zu den bis dahin vollzogenen Überlegungen zu sektoraler Integration einzelner wirtschaftlicher Bereiche dar. Wie weit die Idee trotz ablehnender Haltung Frankreichs diskutiert worden war, zeigt, daß zum zukünftigen gemeinsamen Markt für die anderen westeuropäischen Außenminister auch die Anpassung der Wirtschafts- und Finanzpolitik ihrer Staaten gehörte. Gleichzeitig formulierte man einen Katalog von Rahmenbedingungen, die als wesentlich zur Herbeiführung dieses Marktes angesehen wurden. Dabei sollte auch über die institutionelle Absicherung des Marktes nachgedacht werden, was belegt, daß man im Sinne Deutschlands nicht gewillt war, das Modell der Hohen Behörde der Montanunion und deren Regelungsbefugnisse für den europäischen Markt zu übernehmen. Was die Schaffung der für einen solchen Wirtschaftsraum nötigen Verkehrsinfrastruktur in einer eigenen Gemeinschaft betraf, so strebte man den gemeinsamen Ausbau der Verkehrswege, die Standardisierung der technischen Ausrüstung sowie eine bessere Koordination im Luftverkehr an.

Zusammengefaßt stellt sich die Entscheidung der Konferenz von Messina, gemeinsame Anstrengungen zur Lösung von Energieproblemen zu unternehmen sowie die Schaffung eines gemeinsamen und umfassenden Marktes zu untersuchen, als Reaktion auf die wirtschaftlichen Erfordernisse der Zeit dar. Die gleichgerichteten Interessen der beteiligten Staaten und dabei vor allem Deutschlands, ihr Absatzgebiet zu erweitern und damit wirtschaftliches Wachstum zu erhalten, ermöglichten die Diskussion über einen umfassenden gemeinsamen Markt im Bereich des allgemeinen Handels sowie der Dienstleistungen. Politische Motive, wie sie noch bei der EGKS eine Rolle spielten, blieben dabei aber weitestgehend ohne Bedeutung. Dennoch reichten die Übereinstimmungen nicht aus, um bereits auf der Konferenz von Messina die Arbeiten an der vertraglichen Grundlage für einen umfassenden gemeinsamen Markt einzuleiten.

---

273 Loth, Weg nach Europa, S. 118 f., zur französischen und deutschen Position in Messina.

274 Vgl. dazu auch das Schlußkommuniqué vom 3. Juni 1955, a. a. O. (Fn. 261), auf S. 7974.

b) Spaak-Bericht[275]

Der Untersuchungsauftrag des in Messina eingesetzten Regierungsausschusses umfaßte neben dem gemeinsamen Markt auch die Energieerzeugung und das Transportwesen. Die Verhandlungspositionen waren durch die gegensätzliche Haltung Frankreichs und Deutschlands zum gemeinsamen Markt bzw. zur Atomgemeinschaft geprägt.[276] Dennoch legte der Ausschuß am 21. April 1956 seinen Bericht vor, worin neben Vorschlägen zu einzelnen Rahmenbedingungen des Marktes auch Ausführungen über seinen Sinn im Lichte wirtschaftspolitischer Zielstellungen enthalten waren.[277] Dabei spielte nicht die drohende Erschöpfung der inneren wirtschaftlichen Entfaltungsmöglichkeiten der beteiligten Staaten, sondern die geschwächte Position des gespaltenen Europa gegenüber der Wirtschaftskraft der USA die Hauptrolle. Zwar ging der Bericht auf die erzielten Produktivitätsfortschritte in Westeuropa ein, bezweifelte aber das Anhalten dieser Entwicklung, da die europäischen Staaten mangels der nötigen Größe ihrer nationalen Märkte als nicht in der Lage angesehen wurden, neue technische Möglichkeiten im Automobil- und Flugzeugbau sowie bei der Atomenergie zu nutzen. Als Ziel der Vergemeinschaftung stellte sich ein großer Wirtschaftsraum dar, der die Beschleunigung bei der Durchsetzung der rationellsten Produktionsweise, aber auch ein großes Absatzgebiet zur Anwendung modernster, kostenintensiver Verfahren mit sich bringen sollte. Vor den Augen der Berichterstatter stand das Bild einer durch wirtschaftliche Kooperation bedingten Zusammenarbeit im Bereich der Währung und weitere Expansion.[278] Der Bericht beinhaltete aber auch die schon bei der Montanunion erläuterte Abgrenzung des Marktes nach außen - er sollte trotz erwünschter Liberalisierung des Welthandels nur einer begrenzten Anzahl von Staaten offenstehen, da die schon im Falle Frankreichs schwierige wirtschaftspolitische Anpassung der generellen Öffnung für interessierte Länder entgegenstehen würde.

Dem folgten Überlegungen zur Umsetzung der Vorstellungen, wobei es um die Zurückdrängung von Handelshemmnissen ging. Dabei stellte sich auch die Frage nach Regulationsmöglichkeiten der Gemeinschaft für den Markt über-

---

275 „Bericht der Delegationsleiter des von der Konferenz von Messina eingesetzten Regierungsausschusses an die Außenminister" vom 21. April 1956. Der viel gebräuchlichere Name leitete sich vom Ausschußvorsitzenden, dem belgischen Außenminister Spaak, ab.

276 Zur divergierenden Interessenlage Frankreichs und Deutschlands und darauf ausgerichteten Einigungsbemühungen vgl. Loth, Weg nach Europa, S. 119 ff. Letztendlich wurde durch die Gespräche im Januar 1956 erreicht, daß die Staaten eine einheitliche Konzeption für die Wirtschaft und für den Energiesektor mittragen konnten. Dabei blieb es dann.

277 Vgl. zu den jeweiligen Einzelheiten den Wortlaut des Spaak-Berichts, Politisches Archiv des Auswärtigen Amts, Berlin, Abteilung 2, Aktenzeichen 225-20-015, Paket 53, Sonderband „Dokumente", Bd. 3. Abgedruckt wiederum in Schulze/Hoeren, Bd. 1, S. 752 ff.

278 Zu den Zielstellungen - durchaus kritisch - Böttcher, Europa-Archiv 6/1959, S. 199, 201.

haupt - nach Ansicht des Ausschusses sollte es trotz der Bemühungen um liberale Gestaltung nicht ganz an Ordnung fehlen.[279] Als Kriterien für das Eingreifen dieser Ordnung wurden öffentliche Interessen oder die spezielle Art der Produktion und des Marktes - hier ging es um den Agrarmarkt - genannt. Verglichen mit der Montanunion zeigte sich ein wesentlich vorsichtigerer Umgang mit gemeinschaftlichen Möglichkeiten der Einwirkung auf den Markt, so daß nach dem Spaak-Bericht nicht mit einem ähnlich stark regulierten Wirtschaftsraum wie dem für Kohle und Stahl gerechnet wurde. Der Grund für das Nachlassen dirigistischer Züge bestand einerseits im fehlenden politischen Motiv, das einer Seite über wirtschaftliche Notwendigkeiten hinausgehende Einflußmöglichkeit sichern sollte, und zum anderen in der Erwartung liberaler Ausrichtung durch die Bundesrepublik als Zustimmungsvoraussetzung zum gemeinsamen Markt.

Faßt man also die Ergebnisse des Regierungsausschusses für die angestrebte Integration des Energiebereichs, des Verkehrs und des Austauschs von Produkten und Dienstleistungen zusammen, so ergibt sich für ersteres ein Festhalten an sektoraler Integration mit dirigistischen Einwirkungsmöglichkeiten einer Hohen Behörde in Anlehnung an die Montanunion. Dagegen sollte der gemeinsame Markt für die übrigen Gebiete, nun unter Einschluß des Transportwesens, der liberaleren Konzeption unter weitgehender Annäherung der Rahmenbedingungen in den Mitgliedsstaaten folgen. Diese Spaltung war Konsequenz des von den Beteiligten eingegangenen Kompromisses, um auf den Gebieten Energie, Verkehr und der Wirtschaft überhaupt noch zu Integrationsfortschritten zu gelangen.

c) Vertragsverhandlungen zur Wirtschaftsgemeinschaft

Wie sich schon bei der Entstehung der EGKS gezeigt hat, konnten sich vorgefaßte Konzeptionen im wirtschaftlichen Bereich in den Verhandlungen um die konkrete Ausgestaltung oder die Handhabung seitens der Institutionen in der Praxis leicht in ihr Gegenteil verkehren. Insofern fragt sich, wie der Charakter des gemeinsamen Marktes als Integrationsziel dann im eigentlichen Gründungsvertrag und der Entwicklung der Wirtschaftsgemeinschaft im Bereich dieses gemeinsamen Marktes in den ersten Jahren des Bestehens bewertet worden ist.

Dazu läßt sich einschätzen, daß nach der Überwindung von einer Reihe weiterer Schwierigkeiten, die sich vor allem aus der Position der französischen Seite ergaben,[280] schließlich Übereinstimmung zwischen den Verhandelnden über eine

---

[279] Zu dem sich dahinter verbergenden konzeptionellen Problemen im Spannungsfeld zwischen gemeinsamem Markt, Zollunion oder Freihandelszone vgl. auch Küsters, S. 161 ff.

[280] Trotz des erhöhten Drucks auf die französische Regierung durch den Spaak-Bericht mußte diese im Frühjahr/Sommer 1956 Rücksicht auf innenpolitische Probleme nehmen, weshalb Frankreich auf Abschluß des Vertrages zur Gründung der Atomgemeinschaft

Zollunion mit gemeinsamen Tarifen nach außen sowie die Aufnahme der weiteren, bereits im Spaak-Plan aufgeführten essentiellen inneren Rahmenbedingungen für die Herstellung eines gemeinsamen Marktes hergestellt werden konnte.[281] Letztere sollten allerdings mit langem Übergangszeitraum eingeführt werden, um Frankreichs Wirtschaft nicht zu gefährden. Von besonderer Bedeutung für den Inhalt dieses Marktes war auch die Entscheidung, den Agrarbereich , der sich aufgrund erheblich divergierender nationaler Regelungen als problematisch darstellte, überhaupt mit einzubeziehen. Hinzu kamen Überlegungen, Währungsfragen als Rahmen funktionierender Märkte zu regeln.

Vielfältige Versuche, die Bindungswirkung dieser weitgehend liberal orientierten Planung für den gemeinsamen Markt zu vermindern und damit den Charakter sowie die Wirksamkeit des gemeinsamen Marktes zu verändern, gingen dabei wiederum von Frankreich aus. Dessen Regierungsvertreter befürchteten innenpolitisch nicht mehr zu vertretende Nachteile für die eigene Wirtschaft, die sie, gemessen am zukünftigen europäischen und dem bestehenden globalen Markt, berechtigterweise als nicht wettbewerbsfähig ansahen. Frankreich bestand vor diesem Hintergrund auf der Abschwächung liberaler Marktgrundsätze.[282] Es forderten die Aufnahme von Schutzklauseln[283] und zusätzlichen Entscheidungsspielräumen[284] für die nationalen Regierungen, um sich zumindest einen Rest protektionistischer Einflußmöglichkeiten zumindest gegenüber der

---

zeitlich noch vor dem Marktprojekt drängte. Deutschland setzte dem ein starres Festhalten an der Verknüpfung der Verträge entgegen. Siehe Loth, Weg nach Europa, S. 122 ff.

281 Vgl. dazu die unzähligen Dokumente der Arbeitsgruppe Gemeinsamer Markt in Schulze/Hoeren, Bd. 1, S. 823 ff., in denen es im wesentlichen nur noch um Ausgestaltung diesbezüglicher Regelungen *en détail* geht. Besonders kurz und prägnant werden die Zielrichtungen in Arbeitsunterlagen für den Entwurf von Thesen zu den Brüsseler Integrationsverhandlungen vom 13. August 1956, ebd., dort auf S. 915 ff., zusammengefaßt.

282 Dazu sowie zu Formen abgeschwächter Liberalität Grosser in Weidenfeld, S. 132, 133.

283 Als Beispiel für das Problem der Schutzklauseln mag der Ausschluß der Kontingentierung von Ein- und Ausfuhren auch nach Ende der Übergangsperiode gelten. Dazu forderte Frankreich fast ultimativ Korrekturmöglichkeiten für Handelsbilanzdefizite. Dies war nicht verwunderlich, da sich gerade Frankreich wegen seines Bedarfs an Industriegütern regelmäßig ein solches Defizit „importierte“. Vgl. dazu die Wochenübersicht über die Sitzungen des Ausschusses Gemeinsamer Markt vom 8. bis 10. Oktober 1956, Bundesarchiv, Koblenz, Bestand 141, Signatur: 11047. Schulze/Hoeren, Bd. 1, S. 939, 942.

284 So schlug Frankreich vor, die für die Übergangszeit vorgesehenen regelmäßigen pauschalen Senkungen der Ein- und Ausfuhrzölle für alle Güter zu flexibilisieren und den Staaten die Möglichkeit einzuräumen, für die Hälfte des Reduzierungssatzes selbst Erzeugnisgruppen auswählen zu können. Verbunden war dies wieder mit dem Verlangen nach Schutzklauseln für den Fall schwerer wirtschaftlicher Störungen in bestimmten Industriezweigen Vgl. Entwurf eines Protokolls über die Sitzungen der Arbeitsgruppe für den Gemeinsamen Markt am 15. und 16. Oktober 1956 in Brüssel, Bundesarchiv, Koblenz, Bestand 102, Signatur: 22105. Wieder bei Schulze/Hoeren, Bd. 1, S. 948, 953 f.

eigenen Volkswirtschaft zu erhalten. Daß dies nicht nur aus der heutigen Beurteilung eines mittlerweile im wesentlichen umgesetzten Binnenmarktes so erscheint, sondern auch den damals Beteiligten und hier insbesondere den Deutschen erhebliche Bedenken bereitete, läßt sich anhand der Bewertungen in einer im Bundeswirtschaftsministerium vorbereiteten Kabinettsvorlage zur Regierungskonferenz für den gemeinsamen Markt vom 14. Januar 1957 nachweisen:

> „Die Verhandlungen über den Gemeinsamen Markt werden entscheidend von der Tatsache beeinflußt, daß die französische Regierung zwar offensichtlich von dem Willen geleitet wird, die künftige Gemeinschaft durch den Beitritt Frankreichs zustande zu bringen, daß sie aber andererseits dokumentiert, wie wenig die französische Wirtschaft unter den derzeitigen Bedingungen bereit oder in der Lage ist, sich dem mit dem Gemeinsamen Markt verbundenen Wettbewerbszwang zu stellen. Dieses Mißverhältnis zwischen dem politischen Willen und der Fähigkeit, ihn in adäquate ökonomische Kategorien umzusetzen, beruht sehr stark auf dem langjährigen inflationären Trend in Frankreich und dem falschen Umrechnungskurs des Franc. ...
> Bei dieser Sachlage ist es zwar verständlich, aber für die Konstruktion des Vertrages und das künftige Schicksal des Gemeinsamen Marktes und der sechs Mitgliedsländer von nicht geringer Bedeutung, daß die französische Delegation sich in ihrer gesamten Verhandlungsweise mehr von dem Gedanken leiten läßt, wie sich die französische Wirtschaft vor befürchteten Auswirkungen des Gemeinsamen Marktes schützen läßt, und viel weniger von dem Gedanken, welchen positiven Beitrag sie zum Gemeinsamen Markt leisten könne. Die französischen Forderungen sind in ihrer Mehrzahl solche nach Sicherheiten, Garantien und Schutzbestimmungen.
> Den französischen Wünschen hätte sehr leicht Rechnung getragen werden können, wenn ihre Erfüllung nicht gleichzeitig die Gefahr einer Beschränkung der wirtschaftlichen Entwicklungskraft der übrigen Mitgliedsländer des Gemeinsamen Marktes beinhalten würde. In einigen Fällen hat die deutsche Delegation diese Gefahr bereits abzuwenden gewußt. Es sind aber noch wesentliche Punkte in diesem Zusammenhang offen; sie in der Eile der letzten Verhandlungstage in der falschen Weise zu lösen, könnte für die europäische Entwicklung verhängnisvoll werden.“[285]

Das den Markt in seinem gerade von der Bundesrepublik Deutschland erwünschten liberalen Charakter am meisten gefährdende Element französischer Verhandlungspolitik bestand darin, die Schwäche der eigenen Industrie als Argument für die Abfederung der Probleme im wirtschaftlichen und sozialen Bereich aus den Mitteln des für die Gemeinschaft vorgesehenen Investitions- und Ausgleichsfonds einzusetzen. Dies hätte wiederum zu einer weitgehenden Subventionierung - diesmal auf europäischer Ebene - und damit zur Verfälschung des Marktgeschehens geführt. Gerade der französischen Begehrlichkeit gegenüber dem Ausgleichsfonds standen deutliche Bedenken entgegen, wobei ein

---

[285] Bundesarchiv, Koblenz, Bestand 102, Signatur: 22100. Schulze/Hoeren, Bd. 1, S. 1002 f.

völliger Wechsel des Charakters des neu zu erschaffende, gemeinsamen Marktes bei einem Befolgen der weitgehenden Wünsche Frankreichs befürchtet wurde:

> „... Diese Gefahr, daß die Berücksichtigung der unter den derzeitigen Bedingungen in der Tat schwierigen Situation Frankreichs zu einer Hemmung der wirtschaftlichen Entwicklungskraft der übrigen Mitgliedsländer führt, kam insbesondere in dem französischen Verlangen nach „sozialer Harmonisierung" zum Ausdruck. Die klare ablehnende Haltung des Herrn Bundesaußenministers auf der Pariser Konferenz vom 20./21. Oktober 1956 hat im späteren Verlauf zwar nicht zu einem völligen Verzicht der französischen Regierung auf die Einfügung entsprechender Bestimmungen in den Vertragsentwurf geführt, wohl aber zu einem Kompromiß, der aus dem ursprünglich wirtschaftspolitischen ein sozialpolitisches Anliegen gemacht hat. Die schweren Bedenken gegen diese Konstruktion sind damit nicht ausgeräumt."[286]

Letztendlich gelang es aber doch, besonders im Hinblick auf die Notwendigkeit der wirtschaftlichen Integration für die übrigen Staaten eine zwar nicht völlig liberale, zumindest aber eine für alle Seiten annehmbare Gestaltung des Vertrages über die Gründung der Europäischen Wirtschaftsgemeinschaft, unterzeichnet am 25. März 1957, zu erreichen. Staatliche und auch gemeinschaftliche Eingriffe in den Markt sollten nach der Gesamtaussage des Vertrages so weit wie möglich, aber nicht völlig aufgegeben werden. Beinhaltet war neben der Zollunion für den Warenhandel mit nach und nach sinkendem Innenzoll auch die Absicht zur Festlegung eines einheitlichen Zolltarifs nach außen sowie mit Artikel 111 EWGV perspektivisch eine gemeinsame Außenhandelspolitik. Mit Ausnahme des besonderen Vorschriften unterworfenen Agrarbereichs existierten weder Produktionsquoten noch Möglichkeiten der Preisbeeinflussung oder -festlegung. Auch die einheitliche Verkehrspolitik war Vertragsgegenstand. Besondere Bedeutung kam der Aufnahme von Dienstleistungen in den gemeinsamen Markt zu. Artikel 95 des Vertrages hatte auch das schwierige Gebiet der Steuern als Faktor bei der Marktpreisbildung behandelt, Artikel 97 EWGV enthielt eine Einigung bei der Behandlung von Umsatz- bzw. Produktionssteuern. Insofern wurde der Vertrag mit Schaffung und weitgehend liberaler Ausgestaltung eines gemeinsamen westeuropäischen Marktes der Vorgabe seiner Präambel, durch Beseitigung der Handelshemmnisse und einer gemeinsamen Handelspolitik Wirtschaftsausweitung und einen redlichen Wettbewerb zu gewährleisten, gerecht. Eine Ausnahme davon bildete der Agrarmarkt, für den zur Erhaltung des

[286] Ebd. Gefolgt wird der Passus auf S. 1004 f. von der Anregung eines Kabinettsbeschlusses, wonach Deutschland Tendenzen zur Benachteiligung von Drittstaaten, also der Abschottung der Gemeinschaft gegen äußere Konkurrenz, massiv entgegentreten solle. Gleichzeitig wird gefordert, die wirtschaftlich fortgeschrittenen Staaten nicht aus Rücksicht auf schwächere Gemeinschaftsmitglieder zur Wiedereinführung von Restriktionen zu zwingen. Dabei sollte es nach deutscher Sicht einen „Durchbruch nach vorn" geben.

hohen Preisniveaus Regulierungsmöglichkeiten bestanden.[287] Insgesamt ist aber festzustellen, daß die Konzeption einer im wesentlichen liberalen Wirtschaftsgemeinschaft für Westeuropa - trotz des Widerstandes Frankreichs - in den Beratungen über den Gründungsvertrag umgesetzt worden war. Ziel der wirtschaftlichen Integration sollte aber nicht nur der gemeinsame Markt, sondern auch eine entsprechende wirtschaftliche und politische Einheit der beteiligten Staaten in der besonderen Struktur dieser europäischen Gemeinschaft sein.[288]

Allerdings sah sich der mit dem Vertrag eingeschlagene Weg einer auf Westeuropa beschränkten Marktvereinheitlichung unter Leitung supranationaler Institutionen heftiger Kritik eines Teils der Nationalökonomie ausgesetzt. Bereits seit Mitte der fünfziger Jahre, besonders aber nach 1958 - also dem Zeitpunkt des Inkrafttretens der Vereinbarung und den ersten Schritten zur Bildung des gemeinsamen Marktes - wurde seitens der Vertreter des Neoliberalismus unter Führung des Schweizers Röpke behauptet, daß die Wirtschaftsgemeinschaft den Anforderungen an einen liberalen Markt nicht entspräche. Da sich der gemeinsame Markt auf Westeuropa beschränke, kapsele er sich ab, was - global betrachtet - zu weltwirtschaftlicher Desintegration führe.[289] Dies schloß zumindest implizit auch den Vorwurf des Protektionismus ein.[290] Institutionelle Integration zur Durchführung gemeinsamer Wirtschaftspolitik wurde ebenfalls abgelehnt[291] und sollte nach Ansicht Röpkes einer funktionellen Liberalisierung mittels bloßer Abschaffung der bisherigen Hindernisse in Form einer Markt-, Preis- und Zahlungsgemeinschaft weichen.[292] Jegliche Befugnis supranationaler Behörden zur Einwirkung auf den Markt brandmarkte er als dirigistisch.[293] Aus der Per-

---

287 Loth, Weg nach Europa, 128 f., stellt die Interessen dar und spricht bezüglich der Verhandlungen von sich abzeichnendem europäischen Agrarprotektionismus, jedoch verbunden mit Modernisierungsförderung. Auf die interventionistische Ausrichtung in diesem Bereich weist auch Buchheim, S. 345, 353 f. hin, während Sutcliffe in Adcroft/Sutcliffe, S. 177, 205, auf die Gründe für die Erforderlichkeit solcher Agrarschutzsysteme eingeht.

288 So die Forderung eines Teils der Volkswirtschaftslehre der sechziger Jahre. Vgl. zu den einzelnen Positionen in der Wissenschaft Strohler in Europa-Archiv 4/1962, S. 99, 105 f.

289 Röpke, Internationale Ordnung, S. 150 f.; ders. in ORDO, Bd. X (1958), S. 31 ff., zur weltwirtschaftlichen Perspektive bezüglich regionaler Intergation vor allem S. 35, 42, 57.

290 Der Außenwirkung des Gemeinsamen Marktes scheint die meiste Aufmerksamkeit der Neoliberalisten geschenkt worden zu sein, meint Strohler, a. a. O. (Fn. 288), S. 99, 100.

291 Röpke, Internationale Ordnung, S. 309, wobei er sich auf die internationale Wirtschaftsordnung in ihrem Zustand vor 1914 bezieht. Ebenso ORDO, Bd. XI (1959), S. 69, 86 f.

292 Fast wörtlich Röpke in FS für Erhard, S. 493, 494 f., wobei Röpke den Schwerpunkt dieses Modells auf die Problematik der monetären Umstände als Rahmenbedingungen legte.

293 Röpke in ORDO, Bd. X (1958), S. 31, 40. Supranationale Wirtschaftspolitik und Dirigismus verwendete er dabei im unmittelbaren Zusammenhang, ohne beide Begriffe jedoch genauer zu definieren. Deshalb entsprachen sich wohl deren Inhalte für den Autor.

spektive der Vertreter seiner Meinung drohte dadurch den Ländern mit einem gesunden Markt die Ansteckung mit schädlichen „dirigistisch-wohlfahrtsstaatlich-inflationistischen“ Verfahrensweisen. Es überrascht dabei nicht, daß der Neoliberalismus gerade die Bundesrepublik Deutschland - im Gegensatz zum dirigistischen Frankreich - als Musterbeispiel eines von staatlicher Einwirkung weitestgehend freigehaltenen nationalen Absatzraumes und Vorbild für die EWG ansah.[294] Die Gegner dieser Ansicht und Befürworter des mit der Europäischen Wirtschaftsgemeinschaft eingeschlagenen Weges sahen den gemeinsamen Markt schon durch die dazu erforderliche politische Grundeinstellung beschränkt, so daß sie auf die Unmöglichkeit eines völlig liberalen Welthandels oder eines übergreifenden freien Waren- und Dienstleistungsaustauschs innerhalb Europas verwiesen.[295] Hierbei zeigte sich wieder die besondere Verbindung von Wirtschaft und Politik in den fünfziger und sechziger Jahren. Außerdem widersprach man unter Verweis auf die Außenhandelsergebnisse der Existenz des von Röpke behaupteten Abkopplungseffektes und führte für dessen Nichtbestehen die Senkung der Außenzölle um bis zu 20 Prozent sowie die Bereitschaft an, mit interessierten Staaten Assoziationsabkommen abzuschließen. Weiter wiesen die Vertreter des gemäßigten, der Ausformung des Gründungsvertrages entsprechenden Ansatzes die Notwendigkeit anfänglicher dirigistischer Einflußmöglichkeiten der Gemeinschaftsorgane damit nach, daß ein gemeinsamer Markt einheitliche Startbedingungen für die Teilnehmer voraussetze, um nicht die Deindustrialisierung ganzer Landstriche und die Abwanderung großer Bevölkerungsteile zu bewirken. Außerdem tauge selbst das häufig gebrauchte Beispiel Deutschlands nicht, da auch dort seitens des Steuerrechts Investitionsanreize gesetzt und damit auch aktive Wirtschaftspolitik betrieben werde.

Über diese eher akademische Diskussion hinaus besaß die der neuen Gemeinschaft vorgeworfene Abkapselung gegenüber Nichtmitgliedern Bedeutung für das Verhältnis der EWG zum GATT.[296] Dessen übrige Unterzeichner standen den Plänen eines gemeinsamen, nach innen gerichteten Marktes vor dem Hintergrund des Nichtdiskriminierungsgrundsatzes überwiegend skeptisch gegenüber. Dies bedeutete aber nicht, daß die im EWG-Vertrag vorgesehenen gemeinsamen Außenzölle gegen dieses Handelsabkommen verstoßen hätten. Sogar der GATT als Musterbeispiel der Neoliberalisten für eine liberale Marktgestaltung billigte die Bildung von Zollunionen und Freihandelszonen unter den Mitgliedern.[297] Allerdings durften bestimmte definierte Vergleichswerte, betreffend die Höhe der Außenzölle, zum vorherigen Zustand nicht überschritten werden.

---

[294] Dabei entsprach die anfängliche Haltung der Bundesrepublik zum gemeinsamen Markt, jedoch im umgekehrten Verhältnis, weitestgehend den Positionen des Neoliberalismus.

[295] Dazu und auch zum folgenden Strohler, a. a. O. (Fn. 288), S. 99, 103 ff., mit Nachweisen.

[296] Näheres - mit Statistiken - findet sich bei Kahmann, Europa-Archiv 5-6/1958, S. 583 ff.

[297] In Art. XXIV Abs. 4 und 5 GATT, Wortlaut von 1952. Kommentar bei Imhoff, S. 188 ff.

Wie problematisch die Ausrichtung des gemeinsamen Marktes als Ziel der Integration im wirtschaftlichen Bereich auch nach Abschluß des Gründungsvertrages in Praxis und Wissenschaft blieb, zeigt weiterhin die Diskussion um die Ausgestaltung der zweiten Stufe der Vereinheitlichung. Am 24. Oktober 1962 hatte die Kommission in einem Memorandum geäußert, die Zollunion schreite zwar - dokumentiert durch das Ende der ersten Etappe der Zollsenkungen - auf zufriedenstellende Art und Weise voran, daneben müsse aber, wie Querelen um den Agrarmarkt[298] bewiesen, eine Wirtschaftsunion treten.[299] Diese habe die Aufgabe, die Entwicklung der Wirtschaft durch geeignete Politiken zu unterstützen. Für die diesbezüglichen Planungen sollte ein Ausschuß für Wirtschaftspolitik eingerichtet werden.[300] Hier waren es wieder die Vertreter Frankreichs, die die Ausweitung der planenden Seite der Wirtschaftspolitik anregten. Aufgrund des Widerspruchs Deutschlands blieb eine Richtungsänderung zum dirigistischen Konzept zwecks Planung zwar aus, aber sogar die Deutschen betonten nun die Notwendigkeit wirtschaftlicher Steuerung durch die Gemeinschaft, um über den reinen Markt hinausgehende konjunkturelle,[301] aber auch soziale[302] Ziele zu erreichen. Insgesamt dauerte der Richtungskampf zwischen den beiden Marktkonzepten also an, wobei die Vertreter der neoliberalen Variante allein beim Wort Planung jede freiheitliche Ausrichtung verschwinden sahen.[303] Weiteren Diskussionsstoff bot die in der zweiten Phase der Marktbildung angegan-

[298] Die Probleme mit dem Agrarmarkt lagen darin, daß die Betriebe klein, in der Ausstattung unterschiedlich und meist in Familienhand waren. Der Konzeption, Wirtschaftseinheiten auf einem europäischen Markt gegeneinander antreten zu lassen, standen hier die fehlenden, aber nötigen strukturellen Voraussetzungen entgegen. Mansholt, RMC 1959, S. 203, schildert die differierenden Bedingungen innerhalb der Staaten, während Breart, RMC 1959, S. 386, 387, die Schwierigkeiten der Kommission zeigt, dann darauf zu reagieren.

[299] Zur Gesamtkonzeption trifft das Memorandum der EWG-Kommission vom 24. Oktober 1962 über das Aktionsprogramm der Gemeinschaft für die zweite Stufe (Auszüge), Europa-Archiv 3/1963, S. D 63 ff., einige Aussagen. Darauf gerichtete Forderungen gab es schon von Beginn der Marktdiskussion an, vgl. hierzu Marjolin in RMC 1959, S. 393 ff.

[300] Die Positionen der einzelnen Staaten und die Gründe der Ablehnung aus der Sicht der neoliberaler Wirtschaftstheorie stellt Albrecht in Europa-Archiv 17/1965, S. 663 ff., dar.

[301] Darauf lag der Schwerpunkt eines von Hallstein auf der Tagung der List-Gesellschaft vom 7. bis 9. Juni 1963 gehaltenen und bei Plitzko, S. 11 - 17 und S. 271 - 273, abgedruckten Vortrages, in dem sich Hallstein grundlegend zu vorausschauender Wirtschaftspolitik und zur geplanten Konjunktursicherung, also zu Eingriffen in den Markt, äußerte.

[302] So brachte zur Überraschung vieler - Deutschland hatte sich bisher grundsätzlich gegen die Sozialpolitik als Ziel des gemeinsamen Marktes ausgesprochen - Groeben den Inhalt einer vorausschauenden, planenden Wirtschaftspolitik aus deutscher Sicht auf derselben Tagung auf. Groebens Vortrag ist ebenfalls bei Plitzko, dort auf S. 191 ff., veröffentlicht.

[303] Dabei gehörten die französische Spielart der *planification* und deutsche Soziale Marktwirtschaft durchaus derselben Kategorie einer durch staatliche Interventionen in gemäßigter Weise geregelten Marktwirtschaft an, so Brünneck in Nettesheim auf S. 143, 147.

gene Regelung des Agrarbereichs, bei der aufgrund der bereits angesprochenen besonderen Situation gerade auch dirigistische Züge im Vordergrund standen.[304]

Die Phase der Vertragsgestaltung und auch die unmittelbare Zeit nach Inkrafttreten der Vereinbarung über die Schaffung eines gemeinsamen westeuropäischen Marktes war also durch Versuche gekennzeichnet, die im Spaak-Bericht erarbeitete Grundausrichtung auf ein liberales Wirtschaftsmodell mit mäßigen Planungs- und Einwirkungsmöglichkeiten der supranationalen Gemeinschaftsorgane hin zu eher dirigistischen Modellen oder aber in Richtung eines völlig liberalisierten Wirtschaftsraumes zu verändern. Das Ziel gemeinsamer Wirtschaft in Form des gemäßigten Ansatzes mußte aufgrund der Einflußmöglichkeiten Frankreichs vor allem gegen dessen Veränderungsabsichten verteidigt werden. Im Vergleich zu den innerhalb der Verhandlungen zur Montanunion vorgenommenen Änderungen von Schumans auch eher liberal ausgerichtetem Konzept ergibt sich mit Deutschlands weitgehendem Erfolg die Einschätzung, daß dessen Verhandlungsposition durch Stärkung seiner Wirtschaftskraft und Einbindung in die westeuropäische Staatengruppe wesentlich größeres Gewicht besaß. Insgesamt kam es trotz der nationalen Interessen geschuldeten oder wirtschaftstheoretisch bedingten Veränderungsbestrebungen, verglichen mit dem Spaak-Bericht, zu keinen Abweichungen des Ziels eines gemeinsamen Marktes im Vertrag zur Gründung der Wirtschaftsgemeinschaft von der Richtschnur einer gemäßigten Liberalität und der beschränkten Regulierungsmöglichkeiten.

Faßt man die Umsetzung der Ideen von Messina und aus dem Spaak-Bericht im Vertrag zur Gründung der Europäischen Wirtschaftsgemeinschaft und dessen Anwendung in den ersten Jahren zusammen, so läßt sich feststellen, daß trotz verschiedenster Veränderungsversuche und nötiger Kompromisse an der vorgegebenen, gemäßigt liberalen Ausrichtung festgehalten wurde. Neben die angestrebte Angleichung der wirtschaftlichen Rahmenbedingungen in den einzelnen Ländern trat relativ schnell das Bedürfnis nach einer in die Zukunft orientierten, die Konjunktur aufrechterhaltende Wirtschaftspolitik der Gemeinschaft, ohne daß dies zu einer nennenswerten Änderung des Charakters des gemeinsamen Marktes geführt hätte. Lediglich im Agrarbereich überwogen aufgrund der Besonderheiten dieses Wirtschaftszweigs dirigistische Züge innerhalb der allgemeinen Konzeption. Nicht durchsetzen konnten sich auch die Vertreter des Neoliberalismus, denen die Reduktion der Gemeinschaft auf eine Markt-, Preis- und Zahlungsunion ohne gouvernementale Eingriffsmöglichkeiten vorschwebte.

---

304 Zwar sollte auch hier die Beseitigung bestehender Hindernisse betrieben werden, allerdings wurde dazu ein vorübergehender Schutz nach außen errichtet und die finanzielle Verantwortlichkeit der Gemeinschaft für diesen Sektor durch Bildung eines Fonds herbeigeführt. Hierzu aus damaliger Sicht auch Kohlhase, Europa-Archiv 4/1962, S. 95, 96.

d) Vertrag zur Gründung der Europäischen Atomgemeinschaft

Auch die Europäische Atomgemeinschaft,[305] die - wie dargestellt - auf Betreiben Frankreichs zur Wahrung seiner über ökonomische Gründe hinausgehenden politischen Interessen wieder dem Ansatz sektoraler Integration[306] folgte, diente ausweislich der Präambel ihres Gründungsvertrages vom 25. März 1957 ebenfalls wirtschaftlichen Zwecken. Die beteiligten Staaten, die mit den Ländern von Montanunion und EWG identisch waren, hatten sich nach der Präambel in dem Bewußtsein, daß die Kernenergie eine unentbehrliche Hilfsquelle für die Entwicklung und Belebung der Wirtschaft und für den friedlichen Fortschritt darstellte, unter anderem entschlossen, die neue Gemeinschaft gemäß Artikel 2 der Vereinbarung mit der Forschung und Entwicklung im Nuklearbereich, diesbezüglicher Investitionserleichterung und Förderung sowie der Sicherstellung der Versorgung mit Kernbrennstoffen über einen zu schaffenden gemeinsamen Markt zu betrauen. Insofern findet sich hierbei ebenfalls wieder der Marktgedanke, allerdings unter ganz anderen Vorzeichen als zeitgleich innerhalb der allgemeinen Wirtschaftsgemeinschaft. Wie schon dargestellt, hatte vor allem die französische Seite Interesse am Einsatz der Kernenergie, scheute aber vor den hohen Kosten der wissenschaftlichen Entwicklung zurück. Insofern sollte die Atomgemeinschaft zunächst den Charakter einer Forschungsgemeinschaft besitzen, für die abzusichern galt, daß jeder der Staaten von den Ergebnissen profitierte. Von besonderer Wichtigkeit war die Gewährleistung einer von den Mitgliedsstaaten unbeeinflußbaren Versorgung mit Kernbrennstoffen zu sein, um die Gefahr des Abschneidens von elektrischer Energie zu verhindern.[307] Insofern ist der Begriff des gemeinsamen Marktes nicht als liberaler Wirtschaftsraum, sondern als Verteilungsgebiet für ein volkswirtschaftlich und politisch besonders wichtiges Gut zu verstehen. Damit erklärt sich auch die für einen normalem Markt völlig undenkbare Position der Behörden der Gemeinschaft, wobei der Kommission ein ausschließliches Ankaufsrecht für bestimmte Grundstoffe und Endprodukte zukam, sowie das Gemeinschaftseigentum an Kernbrennstoffen.[308] Diese Sonderform, die auf Betreiben Frankreichs aufgenommen wurde, stellt nur ein Rudiment weiterer, von französischer Seite beabsichtigter gemeinschaftlicher Betätigung dar, die aber bei den übrigen fünf Staaten nicht auf Zustimmung stieß.[309] Damit konnte sich Frankreich auch hier nicht völlig durchsetzen.

---

305 Zur diesbezüglichen Vorarbeit und den Aussagen im Bericht vgl. Weilemann, S. 81 ff.

306 Hierin stand die Atomgemeinschaft in der Tradition zur Montanunion, so Tecke, S. 42 f.

307 Tecke, S. 44. Weilemann, S. 171 ff., stellt die Interessenlagen beim Versorgungsmonopol der Gemeinschaft hinsichtlich Knappheit oder fehlender Nachfrage als Extremlagen dar.

308 Das Gemeinschaftseigentum ergab sich aus Art. 86 ff. des Gründungsvertrages der Atomgemeinschaft. Dafür gibt Weilemann, S. 139 f., starke amerikanische Einflüsse an.

309 Es ging u. a. um den Bau einer Isotopentrennanlage. Loth, Weg nach Europa, S. 129 f.

e) Zusammenfassung

Die Integrationsbemühungen auf wirtschaftlichem Gebiet Mitte und Ende der fünfziger Jahre haben konzeptionell zwei verschiedene Ansätze ökonomischer Zusammenarbeit ergeben. Zum einen entstand mit der Europäischen Wirtschaftsgemeinschaft ein Gebilde, daß gemäßigt liberalen Grundsätzen in einem allumfassenden Ansatz folgte. Das Ziel der Wirtschaft war letztendlich der gemeinsame Markt, mit dessen Existenz alle weiteren prognostizierten positiven Auswirkungen auf die Mitgliedsländer folgen sollten. Daneben stand - einem politischen Kompromiß geschuldet - gleichsam außerhalb der Evolution zum gemeinsamen Markt mit der Europäischen Atomgemeinschaft ein sektoraler Zusammenschluß, der zwar auch den Marktbegriff für sich in Anspruch nahm, aber eher eine Erzeuger- und Verteilungsvereinigung darstellte. Insofern folgte man damit den dargestellten wirtschaftlichen Zielstellungen auf dirigistische Art, die diejenige in der Montanunion aufgrund der tatsächlichen oder vermeintlichen Wichtigkeit des nuklearen Marktgegenstandes weit übertraf. Mißt man beides an der obigen Fragestellung, dann ist auch hier wirtschaftliche Integration nicht zum Selbstzweck oder in der Verfolgung eines bestimmten Europagedankens geschehen. Es ging letztendlich um bis zu einem bestimmten Punkt gleichlaufende wirtschaftliche Interessen der westeuropäischen Staaten, denen aber zum Teil sowohl konzeptionell als auch vom national erreichten Entwicklungsstand her die erforderliche gemeinsame Basis fehlte. Insofern ist der sowohl theoretisch als auch praktisch-politisch ausgetragene Konflikt um ein liberales oder dirigistisches Marktkonzept Ausdruck der Verfolgung nationaler Interessenlagen und wirtschaftlicher Entwicklungsstände. Hier lassen sich wieder die Abhängigkeiten der Zielbestimmung von den Interessen der Mitgliedsstaaten feststellen.

4. Einheitliche Europäische Akte

Die nächste Stufe europäischer Integration, bei der das Ziel eines einheitlichen Wirtschaftsraumes wieder in vertraglicher Form zu Tage trat, war die Einheitliche Europäische Akte vom 17./27. Februar 1986. Sie enthielt in den Vorschriften zur Änderung des EWG-Vertrages in Artikel 13 ff. Regeln zur Verwirklichung des Binnenmarktes bis zum 31. Dezember 1992. Darunter war ein Raum ohne Binnengrenzen, in dem der freie Verkehr von Waren, Personen, Dienstleitungen und Kapital gewährleistet sein sollte, zu verstehen. Dies bedeutete die Beseitigung aller Schranken tatsächlicher und rechtlicher Art.[310]
Der Grund für die Einführung dieses Ziels lag in der wirtschaftlichen Lage Mitte der achtziger Jahre. Während sich die Jahre zwischen 1960 bis 1973 als eine lange Phase stetigen Aufschwungs darstellten, führten die Ölkrisen von 1973/74

---

[310] Hrbek/Läufer, a. a. O. (Fn. 175), S. 173, 176.

und vom Ende der siebziger Jahre zu einer erheblichen Verteuerung dieses Rohstoffes und damit zum spürbaren Nachlassen des Wirtschaftswachstums.[311] Dazu kam eine aus Sicht der wirtschaftlichen Erfolge der sechziger Jahre verkraftbare Erhöhung der Arbeitskosten durch steigende Löhne und eine Vielzahl von Sozialleistungen, die sich allerdings im Zeichen nachlassender Prosperität als Wettbewerbshemmnis herausstellten. Gerade die Erwartung der Bevölkerung an den „Wohlfahrtsstaat" führte zum Verlust der Konkurrenzfähigkeit gegenüber den Vereinigten Staaten von Amerika und Japan, aber auch den übrigen aufstrebenden Staaten Südostasiens. Deshalb entschied die Europäische Gemeinschaft, nicht zuletzt auf Druck der Wirtschaft, daß die Rückkehr zu einem Zustand des Wachstums und der Konkurrenzfähigkeit gegenüber den anderen wirtschaftlichen Großräumen[312] den wahrhaft gemeinsamen Markt zwischen den Mitgliedern erfordere. Die durch die Abschaffung der noch bestehenden Markthindernisse erwarteten Effekte auf Unternehmenszweige, aber auch die gesamte Wirtschaft stellte der von der Kommission in Auftrag gegebene Cecchini-Bericht dar, der zunächst auf die positiven Auswirkungen des Abbaus der Grenzformalitäten, der Liberalisierung des öffentlichen Beschaffungswesens und der Finanzdienstleistungen hinwies.[313] Die eigentliche Bedeutung des Binnenmarktes in Hinblick auf die Konkurrenzfähigkeit der Wirtschaft sollte aber darin bestehen, daß sich die Unternehmen gegenüber einer größeren Zahl von Konkurrenten durchsetzen und ihre Preise durch Rationalisierung und Ausnutzung von Größenvorteilen senken mußten. Besonders hinter letzterem stand wieder die Vorstellung, ein volumenmäßig größerer Markt könne durch höhere Stückzahlen und kostengünstigere Herstellung zu einer Wettbewerbsfähigkeit der EG-Unternehmen auf dem Weltmarkt beitragen.[314] Es fällt nicht schwer, darin denselben Gedanken wie bei Gründung der EWG 1957 zu erkennen, nur daß nicht nur gemeinschaftsinterne, sondern auch Auswirkungen auf die globale Marktposition europäischer Unternehmen beabsichtigt waren.

Ein solcher schrankenloser gemeinsamer Markt hätte aber nach Artikel 8 EWGV bereits bis 1970 verwirklicht sein sollen.[315] Zwar war man sich auf der Haager Konferenz der Regierungschefs von 1969 über die Schaffung einer Wirtschafts- und Währungsunion einig geworden, wesentliche Schritte zur Umsetzung blieben allerdings aus. In dieser Situation nahm als erste die Rechtsprechung den Marktgedanken wieder auf und erschuf Anfang der achtziger Jahre

---

[311] Dazu Morewood in Adcroft/Sutcliffe, S. 221, 223 ff., auch mit statistischen Materialien.

[312] Ebenso bei Groeben/Thiesing/Ehlermann, 4. Aufl., Bd. 3, Art. 130 f, Rn. 5 (Grundwald).

[313] Hierzu Cecchini, S. 125 ff., zum Preis- und Rationalisierungsdruck insbesondere S. 130.

[314] Kritisch unter Darstellung ökonomischer Zusammenhänge Däubler in ders., S. 35, 60 ff.

[315] Das war aber nicht geschehen, da sich Frankreich weigerte, das bereits vereinbarte Mehrheitsprinzip in der Praxis zu akzeptieren, vgl. Oppermann, Europarecht, § 1, in Rn. 29 f.

den Begriff des Binnenmarktes.[316] Nach dem Beschluß des Europäischen Rates von Juni 1983, der Gemeinschaft in umfassender Aktion neue Impulse zu geben, nahm die Kommission die Schaffung des Binnenmarkts als eine zentrale Forderung in ihr Weißbuch[317] vom 14. Juni 1985, das daneben eine Vielzahl von Einzelerfordernissen zur Herstellung des Wirtschaftsraumes enthielt, auf.[318] Insofern erwies sich hier die Kommission als treibende Kraft bezüglich des Marktes.[319] Auch auf mitgliedsstaatlicher Ebene herrschte - bedingt durch übereinstimmende Interessen bezüglich der globalen Konkurrenzlage - seit Sommer 1985 Einigkeit über die Vollendung des Binnenmarktes. Daneben traten dann in der Einheitlichen Europäischen Akte Änderungen des Beschlußverfahrens hin zum Mehrheitssystem zur leichten Herbeiführung von Änderungen und zur noch engeren Zusammenarbeit bei Wirtschaft und Währung.

Diese durchaus fortschrittlichen Überlegungen zum Binnenmarkt stellten sich aber für einige als Rückschritt dar. Der neue Artikel 8c des EWG-Vertrages wurde als nur bruchstückhafte Umsetzung der bisherigen Vorgaben zum Markt eingeschätzt, wobei die möglichen Übergangsregeln und vertraglichen Bestätigungen nationaler Schutzmechanismen der Mitgliedsstaaten nur eine Verfestigung bisheriger Marktschranken bedeutet hätten.[320] Andere setzten den Binnenmarkt mit dem Gemeinsamen Markt gleich und sahen zwischen beiden - abgesehen von der zeitlichen Verzögerung - keine Unterschiede.[321] Allerdings ließ schon die Definition des Binnenmarktes durch die Rechtsprechung erkennen, daß sich der Binnenmarkt über den als Vorstufe zu qualifizierenden gemeinsamen Markt mit gesteigerter Integrationsintensität erheben sollte. Es mußte ein inhaltliches „mehr" neben der Einführung weiterer Übergangsvorschriften geben. Dieser qualitative Unterschied ergab sich für andere Autoren mit dem von

---

316 Während in Rs. 78/70 - Deutsche Grammophon Gesellschaft mbH - vom 8. Juni 1971, EuGHE 1971, S. 487 ff., in Leitsatz 6 (S. 488) und Rn. 12 (S. 500) der Gründe vom Zusammenschluß zum einheitlichen Markt die Rede war, ging der EuGH in der Sache 270/80 - Polydor Limited und RSO Records Inc. - vom 9. Februar 1982, EuGHE 1982, S. 329 ff., Leitsatz 1 (S. 329 f.) und Rn. 18 (S. 349) davon aus, daß der EWG-Vertrag auf einen Zusammenschluß abziele, dessen Bedingungen einem Binnenmarkt nahekommen sollten. Zur Herkunft des Binnenmarktbegriffes siehe auch Reich, EuZW 1991, S. 203.

317 Weißbuch der Europäischen Kommission, KOM (85), 310. Zum Binnenmarkt vgl. S. 4.

318 Zur Entwicklung der Reformansätze siehe auch Hrbek/Läufer, a. a. O. (Fn. 175), S. 173.

319 So Fielder, S. 103 f., die dem Rat aufgrund der Vorschläge der Kommission und durch die Interessenlage der Wirtschaft Ebene nicht viel an Entscheidungsspielraum zugesteht.

320 Pescatore sah zusätzlich den Übergang zum Binnenmarkt wegen der Unverbindlichkeit des Termins, im Zusatzprotokoll festgehalten, als zeitlich offen an. Vgl. EuR 1986, S. 153, 157 ff., und CMLR 1987, S. 9, 11 f., Die Vorstellung einer nur teilweisen Rezeption des existierenden gemeinsamen Marktes im Binnenmarkt erörtert Müller-Graff, S. 9 ff.

321 So beispielsweise Ernsthaler in ders., S. 9, 10, der feststellt: „Der gemeinsame Markt, das ist nichts anderes als der Binnenmarkt ...". Dagegen, auch gegen die angesprochene Position von Pescatore (vgl. Fn. 320), Hayder in RabelsZ 53 (1989), S. 622, 635 ff., S. 650.

der Rechtsprechung[322] eingeführten Herkunftsstaatsprinzip, so daß Waren, Dienstleistungen, Berufsabschlüsse und anderes nur noch den Anforderungen des Herkunftslandes entsprechen mußten.[323] Schon damit erreichte man einen Liberalisierungsfortschritt. Insofern läßt sich der Binnenmarktbegriff der Einheitlichen Europäischen Akte wieder als Kompromiß zwischen freier Wirtschaft und Festhalten an den Einwirkungsmöglichkeiten der Mitgliedsstaaten charakterisieren - allerdings mit Schwerpunkt auf Liberalisierung und Deregulierung.[324] Eine tiefgreifende Veränderung des Integrationsziel der Marktbildung auf westeuropäischer Ebene läßt sich mit dem Binnenmarktbegriff nicht ausmachen.[325]

Die Bedeutung der Einheitlichen Europäischen Akte für das Ziel der Verbesserung der Wirtschaftslage der an den Gemeinschaften beteiligten Staaten ist im Hinblick auf ihre nationalen Interessen vielmehr darin zu sehen, dem äußeren Konkurrenzdruck vor allem seitens der USA und Südostasiens durch die innere Liberalisierung des gemeinsamen Marktes zu begegnen und so Anreize für neues wirtschaftliches Wachstum zu schaffen.[326] Dabei zeigt sich im Vergleich zu den fünfziger Jahren und dem dortigen Hintergrund für die Bildung des gemeinsames Marktes der erhöhte Zwang zur Reaktion auf globale wirtschaftliche Entwicklungen. Für die Herausbildung von wirtschaftlichen Zielen innerhalb der Integrationsentwicklung gilt, daß hier zum ersten Mal nicht die Mitgliedsstaaten selbst, sondern ein Gemeinschaftsorgan - hier die Kommission mit ihrem Weißbuch - den Anstoß für die inhaltliche Ausgestaltung des Integrationsziels gegeben haben. Insofern wurde trotz des nach wie vor bestehenden unterschiedlichen wirtschaftlichen Niveaus - auch durch neu hinzugekommene Mitglieder - eine deutliche Objektivierung der Zielfindung erreicht. Damit gemeint ist ein erheblicher Einflußverlust der Staaten und deren Möglichkeit, mit Festhalten an nationalen Interessen die Rücksichtnahme auf solche Besonderheiten von Anfang an zur Bedingung von Integration zu machen. Verbunden mit den Bemühungen um die Umsetzung des Mehrheitsprinzips stellt sich das Binnenmarktziel der Ein-

---

[322] Beginnend mit der Entscheidung des Europäischen Gerichtshofs in Rs. 120/78 - Rewe-Zentral-AG, wohl besser bekannt unter Cassis de Dijon - vom 20. Februar 1979, EuGHE 1979, S. 649 ff., Leitsatz 3 (S. 650) sowie auch Rn. 15 der Entscheidungsgründe (S. 664).

[323] Dazu und zur Rechtsprechung Dauses, EuZW 1990, S. 8, 10. Steindorff, ZHR 150 (1986), S. 687, 689 f., setzte auch den Binnenmarkt und das Herkunftslandprinzip gleich.

[324] So auch die Bewertung bei Ohr in Ernsthaler, S. 49, 50 f. Müller-Graff, S. 13, spricht dann für den Binnenmarkt von der Anreicherung der Elemente des gemeinsamen Marktes

[325] Reich, a. a. O. (Fn. 316), S. 203, lehnte 1991 eine formal-abstrakte Diskussion um beide Marktbegriffe ab und charakterisierte den Binnenmarkt als vertragsbezogenes, juristisch komplexes Rechtsanwendungsproblem, indem er ihn als Auslegungs-, Vorrangs- und Kompetenzregel sowie im Kontext des Effizienzgebots untersuchte (vgl. dazu S. 204 ff.).

[326] Vgl. Cloß in Timmermann, S. 77, 78, zum Cecchini-Bericht über Kosten der Nichtverwirklichung. Hier hatte der Autor des Berichts volkswirtschaftliche Schäden aufgeführt.

heitlichen Europäische Akte mit der Positionierung im globalen Wettbewerb als deutlicher Einschnitt in der Verfolgung nationaler Wirtschaftsinteressen dar.

5. Vertrag über die Europäische Union

Untersucht man den Vertrag zur Gründung der Europäischen Union auf seinen für das Ziel der Wirtschaft bzw. für den Binnenmarkt relevanten Inhalt, so muß das Hauptaugenmerk auf der in Artikel 8 der Vereinbarung vorgesehenen Einführung der Wirtschafts- und Währungsunion und ihren Auswirkungen auf das Konzept des gemeinsamen Wirtschaftsraumes in seiner bisherigen Form liegen.

Der erste Schritt zur Wiederaufnahme der Unionsidee, der die Mitgliedsstaaten bei Annahme der Einheitlichen Europäischen Akte zugestimmt hatten, führte zum Beschluß der Staats- und Regierungschefs im Juni 1989 in Madrid, einen Ausschuß unter dem Kommissionspräsidenten Delors einzusetzen, der die konkrete Ausgestaltung der Union prüfen und vorschlagen sollte. Von den Mitgliedern des Ausschusses wurde zunächst klargestellt, daß die Strukturveränderungen durch den Binnenmarkt zwar Vorteile für die Wirtschaftsentwicklung der Mitgliedsstaaten mit sich brächten, gleichzeitig aber ein erhöhter Bedarf an politischer Reaktion auf diese Strukturveränderungen bestünde. Da der Spielraum für nationale Wirtschaftspolitik aufgrund der immer mehr zunehmenden Abhängigkeiten und Wechselwirkungen zwischen den Ländern der Gemeinschaft schwand, erkannte man den Bedarf nach intensiverer und wirkungsvollerer Koordinierung im monetären und nichtmonetären Bereich auf europäischer Ebene.[327] Würde man diesem Umstand nicht Rechnung tragen, befürchtete der Ausschuß nachteilige Wirkungen für die weitere Entwicklung des Binnenmarktes, die sich schon zum Beurteilungszeitpunkt durch außenwirtschaftliche Ungleichgewichte ausdrückten.[328] Zur Lösung des Problems wurde die Einführung eines fixen Wechselkurses zwischen den Währungen der Mitgliedstaaten - abzielend auf eine gemeinsame Währung - und der dazu nötigen abgestimmten Wirtschafts- und Finanzpolitik vorgeschlagen. Das Ziel dieser Überlegungen bestand in Preisstabilität, Sicherung eines ausgewogenen Wachstums, konvergierendem Lebensstandard in der Union, hohem Beschäftigungsgrad und außenwirtschaftlichem Gleichgewicht. Dazu sollten nicht alle Kompetenzen in der Wirtschaftspolitik auf die Union übergehen, sondern ein ausgewogenes Verhältnis zwischen nationaler Wirtschaftspolitik der Länder und der auf europäischer Ebene gefunden werden. Daraus ergibt sich deutlich der dem zugrunde liegende Zusammenhang zwischen der Entwicklung des Binnenmarktes im Bereich der Wirtschafts-

---

327 Eine Zusammenfassung von Bedenken dagegen liefert dann Boyd in Bofinger, S. 9, 10 f.

328 Vgl. Bericht zur Wirtschafts- und Währungsunion in der Europäischen Gemeinschaft des Ausschusses zur Prüfung der Wirtschafts- und Währungsunion, Bofinger, S. 109, 115 ff.

politik und dem europäischen Steuerungsinstrument einer einheitlichen Geldpolitik. Neben dieser bedeutsamen indirekten Einflußnahme sollten - vergleichsweise unerhebliche - unmittelbare Vorteile wie Senkung von Transaktions- und Informationskosten durch bessere Vergleichbarkeit finanzieller Daten treten, während selbst die Befürworter potentielle Auswirkungen schwankender Wechselkurse auf den Handel so nicht ausmachen konnten.[329]

All dies findet sich in der Präambel des Unionsvertrages, in Artikel B und in der Stufenplanung zur Herbeiführung der Wirtschafts- und Währungsunion. Diesmal erhob sich gegen die Einführung gemeinsamer Wirtschaftspolitik, die grundsätzlich auf Koordination der Mitgliedsstaaten und nicht auf Kompetenzen der Union beruhte, nicht viel Widerspruch. Gerade der befürchtete Rückfall in den Dirigismus aufgrund Berücksichtigung von Sonderinteressen einzelner Mitglieder schien diesmal nicht zu drohen. Diskutiert wurde vielmehr die Erforderlichkeit der Währungsunion überhaupt und die Wahl des richtigen Zeitpunktes für den Beginn gemeinsamer Währungspolitik. Die vorgebrachte Kritik[330] richtete sich vor allem darauf, daß nicht die fehlende gemeinsame Währung oder die Geldpolitik den Binnenmarkt in seiner Entwicklung behindern würde, sondern der unvollständige Abbau der durch die Kommission in ihrem Weißbuch gerügten Markthindernisse vor allem im Bereich der Besteuerung.[331] Insofern fehle es von Anfang an an der für die Einführung einer gemeinsamen Währung nötigen, vergleichbaren Wirtschaftslage. Auch reiche die Geldpolitik allein nicht zur angestrebten Sicherung der Stabilität aus, da weitere geldmarktrelevante Bereich wie Tarifwesen, Soziales, Nationalhaushalt und Steuerhoheit bei den Mitgliedsstaaten verblieben. Mit der Festschreibung der Wechselkurse würden zwar tatsächlich weniger Reibungsverluste auf dem Binnenmarkt entstehen, mit dem flexiblen Wechselkurs entfalle aber auch gleichzeitig eine Reaktionsmöglichkeit auf die nicht ausgeschlossene unterschiedliche Entwicklung der Wirtschaft in einzelnen Gebieten der Union. Dies könne unter Umständen zur Schwächung der Währung gegenüber Drittländern führen. Letztendlich bedürfe es der gemeinsamen Währung gar nicht, da das Entwicklungshemmnis für den Markt nicht in der fehlenden zentralen Steuerbarkeit, sondern im nach wie vor nicht vollständig umgesetzen Abbau anderweitiger Schranken innerhalb des Binnenmarktes und dabei besonders in national unterschiedlicher Besteuerung liege.

329 Boyd, S. 9, 13 f., der neben den Vorteilen auch die Nachteile für die Länder schildert, die bis zu dahin keine streng antiinflationistische Geldpolitik betrieben hatten und nun nichts mehr als eine unabhängige Europäischen Zentralbank nach deutschem Modell fürchteten.

330 Hier nach Ohr in Ernsthaler, S. 49, 52 ff., die die Hauptkritikpunkte an der Währungsunion aus volkswirtschaftlicher Perspektive ohne politische Hintergründe zusammenfaßt.

331 Das Weißbuch, a. a. O. (Fn. 317), hatte, beginnend auf S. 39, der Beseitigung der Steuerschranken, und dabei besonders der Mehrwertsteuer, einen eigenen Abschnitt gewidmet.

Betrachtet man diese Diskussion aus konzeptioneller Sicht, dann läßt sich die Währungsunion einmal als Beseitigung eines Hemmnisses des Binnenmarktes verstehen. Der erwartete Ertrag durch Abbau von Transferkosten war als eher gering einzustufen. Stellt man sie aber in den Zusammenhang mit den bis dahin herausgebildeten oder im Unionsvertrag vereinbarten Maßnahmen zur Koordinierung der Wirtschaftspolitik im allgemeinen, so zeigt sich, daß hiermit die schon Anfang der sechziger Jahre begonnene Entwicklung, den europäischen Markt nicht nur als Zollunion, sondern als Objekt gemeinsamer Wirtschaftspolitik zu verstehen, eine neue Ebene erreichte. Während Wirtschaftspolitik bis dahin immer Abstimmung unter den Mitgliedstaaten darstellte, erweist sich die Währungsunion mitsamt der vorgesehenen Zentralbank als erste Möglichkeit, tatsächlich gemeinschaftliche - sinngemäß „durch die Gemeinschaft selbst vorgegebene" - Politik wahrzunehmen.[332] Sie bedeutet neben der Konstituierung eines einheitlichen Währungsraumes auch die Zentralisierung der geldpolitischen Entscheidungen.[333] Insofern ist die Übertragung der Geldmarktpolitik auf die Unionsebene mit dem Verlust von nationalstaatlichen Möglichkeiten verbunden, auf einem eminent wichtigen Gebiet der Wirtschaftspolitik sowie hinsichtlich der Finanzierung des Haushalts den eigenen Interessen Vorrang einzuräumen.

Damit ergibt sich für das Ziel wirtschaftlicher Integration, daß der Vertrag von Maastricht mit der darin enthaltenen Wirtschafts- und Währungsunion den seit 1987 weitgehend verwirklichten Binnenmarkt um wirtschaftspolitische Möglichkeiten erweiterte. Dabei bestand die Besonderheit im Bereich der Währung darin, hier erstmals eine eigenständige Politik der Gemeinschaft für den gemeinsamen Markt, für die sich nur noch wenige Möglichkeiten der Beeinflussung durch die Mitgliedsstaaten selbst ergaben, eingeführt zu haben. Damit setzt sich schon die bei der Einheitlichen Europäischen Akte erkennbare Entwicklung, das wirtschaftliche Ziel dem Einfluß der Interessen der Mitgliedsstaaten zu entziehen und durch eine zentrale Vorgabe seitens eines dem Gemeinschaftsinteresse verpflichteten, originär europäischen Organs zu ersetzen, fort. Die Währungsunion des Maastricht-Vertrages stellt dabei mit den nach wie vor gegebenen Einflußmöglichkeiten der Mitglieder auf die Geldmarktpolitik außerhalb der Zentralbank zwar nur einen ersten Ansatz dar, verdeutlicht aber die Tendenz. Insofern stellt sich die - hier im Rahmen der Untersuchung nicht zu beantwortende - Frage, welchen Interessen eine solche zentral bestimmte Zieldefinition auf europäischer Ebene folgen soll. Die Zielbestimmung im Bereich der Wirtschaft

---

[332] So Ernsthaler, S. 9, 14. Er stellt dann auf S. 18 der Vergemeinschaftung des Geldmarktes die auch weiterhin „nur" koordinierte Wirtschaftspolitik in der Gemeinschaft gegenüber.

[333] Kritisch zu den Vorstellungen im Delors-Bericht äußert sich Baer, S. 31, 38 ff. Er rügt hauptsächlich die fehlende wirtschaftliche Verträglichkeit der Übergangsvorschriften innerhalb des Stufenplanes zur Übertragung der Kompetenz auf eine Europäische Zentralbank und fordert eine deutliche Verteilung der geldpolitischen Entscheidungsbefugnisse.

bleibt also interessenabhängig, wobei allerdings unklar ist, wie dieses Interesse innerhalb der Union definiert werden soll. Neben der Interessenabhängigkeit läßt sich auch hier wieder keine Integration um ihrer selbst willen erkennen, die europäische Idee als solche taucht in keinem der verwendeten Dokumente auf.

6. Erkenntnisse für die wirtschaftliche Zielstellung

Zum Integrationsziel im Bereich der Wirtschaft ergibt sich ebenso wie bei der Untersuchung des Sicherheitsziels, daß nicht Integration zum Selbstzweck oder aufgrund des Europagedankens betrieben wurde. Das Integrationsziel stellt sich auch auf diesem Gebiet von Anfang an als abhängig von nationalen Interessenlagen dar. Die wirtschaftlich orientierten Gemeinschaften entstanden aus der Verfolgung nationaler Interessen heraus. Nur für den Fall der Befriedigung dieser Interessen und Erreichung wirtschaftlicher Vorteile für alle Beteiligten waren integrationistische Lösungen realisierbar.[334] Besonders zur Gründung der Europäischen Wirtschaftsgemeinschaft mußten dabei erhebliche Gegensätze, die sich aus den damals stark unterschiedlichen wirtschaftlichen Ausgangspositionen ergaben und daneben aus der Angst vor wirtschaftlicher Vereinnahmung resultierten, beseitigt werden. Eine besondere Rolle kam dabei der Ausgestaltung der Wirtschaftspolitik zu, die sich zum Scheidepunkt nationaler Vorstellungen entwickelte hat. Im Gegensatz zum Sicherheitsziel läßt sich hier seit Mitte der achtziger Jahre eine deutliche Tendenz dahingehend erkennen, die Verantwortung für die Wirtschaftspolitik auf die Gemeinschaftsebene zu übertragen und so den hinderlichen Sonderinteressen der Mitglieder weitestgehend zu entziehen.

Zu Beginn der Beschäftigung mit dem Integrationsziel gemeinsamer Wirtschaft wurde die These aufgestellt, daß sich der Marktgedanke über sein bloßes Dasein als Mittel zur Integration selbst zu einem eigenständigen Ziel entwickelt habe. Die seit der Pariser Erklärung vom 9. Mai 1950 in der Integrationsentwicklung vorhandene Marktidee ist auf allen vertraglichen Ebenen verfolgt worden. Spätestens seit der Einheitlichen Europäischen Akte, die ihn nicht nur als Form, sondern als Ziel der Bemühungen in der Gemeinschaft aufführt, ist deshalb eine Bewertung als eigenständiges Integrationsziel vertretbar. Andere Formen, die zur Verbesserung der wirtschaftlichen Leistungsfähigkeit innerhalb der Mitgliedsstaaten hätten geeignet sein können, sind seit den fünfziger Jahren nicht ersichtlich. Der Markt ist über diese Einzigartigkeit vom bloßen Mittel zum Ziel der Integration geworden. Die Erreichung dieses Ziels ist aber aufgrund der vor allem im steuerlichen Bereich nach wie vor bestehenden unterschiedlichen Bedingungen längst noch nicht eingetreten, womit das Ziel der Herstellung eines einheitlichen europäischen Wirtschaftsraumes weiter von großer Bedeutung ist.

---

[334] Milward in Hrbek, S. 255, 261, der dazu an historische Forschungsergebnisse anknüpft.

V. Ziele auf sozialem Gebiet

Der Nachweis sozialer Zielstellung und deren Inhalt im europäischen Integrationsprozeß erfordert wieder die Beschäftigung mit den einzelnen Vertragswerken. Dabei bieten sich wieder diejenigen, durch die entsprechenden Vereinbarungen markierten Stufen in der europäischen Integrationsentwicklung an, die auch bisher für den Nachvollzug von Zielen wie Sicherheit und Markt dienten.

1. Pariser Erklärung, Gründungsverträge

Das Vorhandensein sozialer Ziele als anzustrebende Endzustände ließe sich unter Umständen schon mit der Pariser Erklärung vom 9. Mai 1950 begründen. Dort hieß es zu den Aufgaben der von Frankreich initiierten Obersten Behörde für die Kohle- und Stahlbranche, sie habe unter anderem den Ausgleich im Fortschritt der Lebensbedingungen der Arbeiterschaft dieser Industrien zu gewährleisten.[335] Gegen eine Klassifikation dieser Aussage als Ziel spricht jedoch, daß ein „Ausgleich im Fortschritt" keinen Endzustand definiert. Auch sollte sich der erhoffte Ausgleich der Lebensbedingungen der Arbeiter in den Ländern aus positiven wirtschaftlichen Effekten der Marktbildung selbst ergeben. Aus der Präambel des Gründungsvertrages der Montanunion läßt sich eine originär soziale Zielstellung nicht ableiten. Zwar sollte die Ausweitung der Grundproduktion zur Hebung des Lebensstandards beitragen, womit ein sozialer Inhalt angesprochen wurde.[336] Die Verknüpfung mit der Hebung der Grundproduktion aber zeigt, daß die Wirtschaft selbst den Effekt tragen sollte. Soziale Ziele im begrifflichen Sinne sind nicht zu erkennen. Artikel 68 hielt sogar fest, daß Löhne und Sozialleistungen in den Mitgliedsstaaten unangetastet bleiben sollten. Dadurch kann, da sich auch in den übrigen Integrationsprojekten der beginnenden fünfziger Jahre wie denen der Europäischen Verteidigungsgemeinschaft und der Europäischen Politischen Gemeinschaft keine Anhaltspunkte für die Verfolgung spezifisch sozialer Ziele finden lassen, zusammengefaßt werden, daß diese in den auf sektorale Integration hinauslaufenden Formen der ersten Hälfte der fünfziger Jahre nicht vorhanden waren.[337] Deren Ziele lagen, wie erörtert, auf anderen Gebieten.

---

335 Erklärung der französischen Regierung vom 9. Mai 1950, a. a. O. (Fn. 35), dort S. 3091.

336 Vgl. dazu Hallstein, Schuman-Plan, S. 17 f., der zwar anerkannte, daß soziale Fragen weiter den Mitgliedsstaaten überlassen blieben, jedoch auch auf Bestimmungen verwies, die die Tätigkeit der Hohen Behörde bezüglich sozialer Folgen mitbestimmten und begrenzten. Hallstein betonte im weiteren auch bestimmte Funktionen für den Arbeitsmarkt.

337 Die Bewertung des Bestehens sozialer Motive differiert. Zuleeg, EuGRZ 1992, S. 329, will am Beispiel von Art. 2 Abs. 1 EGKSV bereits in der Montanunion - Zitat - „soziale Angelegenheiten nicht völlig ausgespart" wissen. Buzelay in ders., S. 19, 22, bestreitet soziale Elemente. Er weist jedoch auf einen 1951 angeregten, aber nie vollendeten *„pool de santé"* als einer eigenen Gemeinschaft hin, die der Gesundheitsfürsorge dienen sollte.

Etwas anderes könnte sich dagegen für den Vertrag zur Gründung der Europäischen Wirtschaftsgemeinschaft vom 25. März 1957 ergeben, in dessen Präambel die Entschlossenheit ausgedrückt wurde, den sozialen Fortschritt zu sichern und die stetige Verbesserung der Lebens- und Beschäftigungsbedingungen anzustreben. Damit war der Begriff des Sozialen in die Wirtschaftsgemeinschaft aufgenommen.[338] Eine Konkretisierung erfuhr die Aussage der Präambel zum einen in Art. 3 lit. i) EWGV, der die Einrichtung eines Sozialfonds vorsah. Dieser sollte Beschäftigungsmöglichkeiten der Arbeitnehmer verbessern und zur Hebung von deren Lebenshaltung beitragen. Hauptsächlich aber waren soziale Elemente in Artikel 117 ff. EWGV enthalten. Gegen die Klassifizierung dieser als Ziele im begrifflichen Sinne spricht wieder, daß es sich um Prozesse handelte, deren angestrebte Effekte nicht anhand von Zahlen wie dem Durchschnittseinkommen, der Beschäftigungsrate oder der Anzahl der zu Wohnzwecken genutzten Fläche pro Person definiert wurden. Insofern war man sich zwar einig, auf dem Gebiet der Sozialpolitik Einfluß zu nehmen. Zustände, auf die sich die Bemühungen final ausrichten sollten, lagen dem aber nicht zugrunde.

Das Fehlen konkreter Sozialziele ist ebenso wie die dürftigen Aussagen zur Sozialpolitik im Vertrag überhaupt das Ergebnis eines Streits zwischen Frankreich und Deutschland über die Berücksichtigung sozialer Elemente innerhalb dieser Vereinbarung. Der Spaak-Bericht war zu dem Schluß gekommen, daß ein Vertrag über eine Wirtschaftsgemeinschaft, die intern durch ein unabhängiges Organ gesteuert werden sollte, überhaupt nichts zu sozialen Zielen aussagen sollte.[339] Frankreich forderte aber zusätzlich zur Herstellung des gemeinsamen Marktes die Angleichung sozialer Bedingungen, da seiner Ansicht nach Sozialkosten „künstliche" Kosten waren, die zu Wettbewerbsnachteilen innerhalb eines einheitlichen Wirtschaftsgebietes ohne Zollschranken führen konnten. Verständlich wird dies vor dem Hintergrund, daß Frankreich damals mit hohen Kosten im Sozialbereich belastet war. Die Bundesrepublik Deutschland dagegen meinte, daß solche Kosten „natürlichen" Charakters seien und durch andere Standortfaktoren wieder auszugleichen wären.[340] Innerhalb der Vertragsverhandlungen selbst stritt man weiter darüber, ob zur Angleichung sozialer Bedin-

---

338 Buzelay, S. 19, 23, leitet dies ebenfalls aus der Präambel dieses Gründungsvertrages her.

339 Ableiten läßt sich dies hieraus: „Als erster leitender Grundsatz sollte dabei gelten, daß bis zur Erreichung einer weitergehenden Vereinheitlichung in der Währungs-, Budget- und Sozialpolitik zwischen den allgemein-wirtschaftspolitischen Fragen, die der Zuständigkeit der Regierungen vorbehalten bleiben, einerseits und den Problemen in Verbindung mit dem Funktionieren des gemeinsamen Marktes andererseits unterschieden werden muß." Bericht der Delegationsleiter des von der Konferenz von Messina eingesetzten Regierungsausschusses an die Außenminister vom 21. April 1956, a. a. O. (Fn. 277), nach Schulze/Hoeren, Bd. 1, S. 752, 763. Soziale Ziele waren auf andere Weise zu verfolgen.

340 Junker, JZ 1994, S. 277, 278; Schweitzer/Hummer, § 14, Rn. 1510; Streinz, Europarecht, § 16, in Rn. 903. Man stritt sich also um die volkswirtschaftlichen Rahmenbedingungen.

gungen Instrumente der Gemeinschaft geschaffen werden sollten oder ob das Vertrauen auf eine von selbst stattfindende Harmonisierung innerhalb des Marktes genüge. Letztlich einigte man sich auf einen Kompromiß[341] zwischen beidem, der mit den Artikeln 117 bis 128 den erwähnten Abschnitt über die Sozialpolitik in den Vertrag brachte, aber sonst eher marktseitig ausfiel, indem er die Zuständigkeit bei den Mitgliedsstaaten beließ. Damit sollte der Markt selbst für die Durchsetzung in ihrem qualitativen Anspruch gesteigerter, harmonischer Sozialbedingungen in den Mitgliedsstaaten sorgen.[342] Nur der Europäische Sozialfonds, geregelt in Artikel 128 EWGV, bildete eine originär gemeinschaftliche, soziale Einwirkungsmöglichkeit. Gerade aufgrund der fehlenden Berücksichtigung von sozialen Zielen wird in diesem Zusammenhang von der EWG nur von einer Wirtschaftsgemeinschaft mit „sozialen Nebenwirkungen“[343] gesprochen.

Obwohl mittlerweile selbst die europäische Rechtsprechung die Gemeinschaft als Sozialgemeinschaft bezeichnete,[344] brachten die sechziger und siebziger Jahre unter der Geltung des EWG-Vertrages, was soziale Zielstellungen innerhalb der Integrationsentwicklung betrifft, keine Veränderungen. Zwar wurden auf Basis der Artikel 49 und 51 EWGV im Rahmen der Vorschriften über den gemeinsamen Markt die Freizügigkeit und die soziale Sicherheit der Arbeitnehmer als Endzustände sekundärrechtlich umgesetzt, konkrete und neue Ziele im Sozialbereich ergaben sich damit aber nicht. Gleiches gilt für eine Erklärung der Staats- und Regierungschefs zum Pariser Gipfeltreffen im Oktober 1972.[345] Darin wurde zwar einem „energischen Vorgehen im sozialpolitischen Bereich“ die gleiche Bedeutung wie der Wirtschafts- und Währungsunion zugemessen, aber auch die Konkretisierung dessen in einem sozialpolitischen Aktionsprogramm des Rates vom 24. Januar 1974[346] änderte nichts am Fehlen konkret anzustrebender Endzustände. Die wenige Beachtung, die der Zielstellung sozialer Art auf europäischer Ebene geschenkt wurde, läßt sich mit dem fehlenden Interesse innerhalb der Mitgliedsstaaten begründen. Die seit Anfang der sechziger Jahre anhaltende positive wirtschaftliche Entwicklung hatte dazu geführt, daß sich - wie beabsichtigt - das Einkommen und der Lebensstandard in Westeuropa

---

341 Vgl. dazu vertiefend unter anderem die Ausführungen bei Groeben/Thiesing/Ehlermann, 5. Aufl., Bd. 3, Vorbemerkung zu den Artikeln 117 - 127 und 129, Rn. 23 ff. (Schulte), Oppermann, Europarecht, § 25, Rn. 1631, sowie Schweitzer/Hummer, § 14, Rn. 1511 ff.

342 Für Pechstein/Koenig, 1. Aufl., Kap. 8, Rn. 2, basierte dieses auf „neoliberaler“ Haltung.

343 So Fröhling, S. 30.

344 Zuerst in einer Entscheidung zum Verbot der Diskriminierung aus Gründen des Geschlechts. Darin wurde die Wirtschaftsgemeinschaft von 1976, an der sich im Hinblick auf Art. 117 ff. EWGV im Vergleich zu 1957 nichts geändert hatte, ausdrücklich als Sozialgemeinschaft benannt. EuGH in EuGRZ 1976, S. 162, 163, dort dann unter Rn. 10.

345 Auf den Inhalt und den Hintergrund dieser Erklärung geht Fröhling, S. 35, vertiefend ein.

346 ABl. EG, Nr. C 13/1974 vom 12. Februar 1974, dort S. 1; Heinze, ZfA 1992, S. 331, 336.

erhöht hatten. Diese Entwicklung setze sich bis zum Anfang der achtziger Jahre fort, obwohl die Ausweitung sozialer Leistungen auf nationaler Ebene im Sinne von „Wohlfahrtsstaatlichkeit" längst nicht mehr im Verhältnis zur sich verschlechternden wirtschaftlichen Lage stand. Dies wirkte sich schließlich in Form von erhöhter Inflation und gestiegenen Arbeitslosenzahlen aus. Solange aber die Mitgliedsstaaten bereit waren, die Erhöhung des Lebensstandards im vertraglich vorgesehenen Sinne von sich aus und damit weiterhin auf Kosten wirtschaftlicher Konkurrenzfähigkeit zu betreiben, waren gemeinsame soziale Zielstellungen weder aus europäischer noch aus nationaler Sicht auf die Sachlage nötig.

2. Einheitliche Europäische Akte

Die Einführung konkreter sozialer Zielstellungen brachte erst die Einheitliche Europäische Akte. Schon in der Präambel wird deutlich, daß die Gemeinschaftsmitglieder entschlossen waren, neben der Standardfloskel der Verbesserung der wirtschaftlichen und sozialen Lage konkrete Endzustände einzuführen:

> „ ... in dem festen Willen, durch die Vertiefung der gemeinsamen Politiken und die Verfolgung neuer Ziele die wirtschaftliche und soziale Lage zu verbessern ...",

hatte man sich geeinigt, den Abschnitt der Sozialpolitik im EG-Vertrag um zwei Vorschriften zu erweitern, die zum einen eine Verpflichtung der Mitgliedstaaten zu Bemühungen um eine Verbesserung der Arbeitsumwelt zur Sicherheit und zum Schutz der Gesundheit der Arbeitnehmer, zum anderen die Aufnahme von Bemühungen der Kommission zur Entwicklung eines Dialogs zwischen den Sozialpartnern zum Gegenstand hatten.[347] Die Aufnahme der ersteren Vorschrift bedeutete die Anerkennung der Herstellung einheitlicher Standards beim Arbeitsschutz als europäische Zielstellung, während sich der Dialog zwischen den Sozialpartnern aufgrund der sehr vorsichtigen Formulierung des neuen Artikels 118b EWGV wohl kaum als Ziel eines Tarifvertragssystems, aber immerhin als Endzustand bewerten läßt. Als drittes Ziel wurde mit Artikel 23 EEA[348] der wirtschaftliche und soziale Zusammenhalt zwischen den Mitgliedstaaten eingeführt.[349] Er beinhaltete die Verringerung des wirtschaftlichen und sozialen Abstandes zwischen den Regionen und den am stärksten benachteiligten Gebieten durch Einführung gegenseitiger Verantwortlichkeit, die sich dann in der Verteilung der Geldmittel aus den Sozialfonds widerspiegelte.

Neben diesen ausdrücklichen Zielen kommt einer weiteren, sich aus der Präambel und aus dem neuen Artikel 130a EGWV ergebenden Veränderung für

---

[347] Konkret in Art. 21 EEA für Art. 118a EGV sowie mit Art. 22 EEA für Art. 118b EGV.

[348] Artikel 23 EEA fügte in den EWG-Vertrag den Titel V mit den Art. 130a bis 130e ein, die Aufgabe sowie Verfahren zum wirtschaftlichen und sozialen Zusammenhalt regelten.

[349] Als Ziel so bei Schulz, S. 47, auch zum wirtschaftlichen sowie sozialen Zusammenhalt.

die Ausrichtung des Integrationsprozesses große Bedeutung zu. Mit der Aussage, die Gemeinschaft solle nun auch Politiken zur Stärkung des sozialen Zusammenhalts entwickeln und verfolgen, ergab sich die Gleichstellung von wirtschaftlicher und sozialer Lage.[350] Während für den EWG-Vertrag vor der Einheitlichen Europäischen Akte - wie dargestellt - der soziale Bereich nur eine untergeordnete Rolle im Kontext des Binnenmarktes spielte, wurde aus der neuen Formulierung ein Kohäsionsverhältnis zwischen Wirtschaft und Sozialem abgeleitet,[351] wobei soziale Inhalte in Verbindung mit bereits existenten Vorgaben die Möglichkeit bekamen, bezüglich des Zielcharakters in Zukunft deutlich aufgewertet zu werden. Ermittelt man spezifisch soziale Integrationsziele unter Berücksichtigung der Erweiterungen, die sich aufgrund der Einheitlichen Europäischen Akte ergeben haben, dann sind solche ausdrücklichen Ziele nur der Arbeitsschutz und der Dialog zwischen den Sozialpartnern. Freizügigkeit und Angleichung von Faktoren sozialer Sicherheit müssen dagegen wegen ihrer Einführung über die Artikel 49 und 51 des Vertrages als Definitionen von Marktbedingungen, nicht aber als ursprünglich soziale Ziele begriffen werden, während der Verbesserung der Arbeits- und Lebensbedingungen die Konkretisierung hin auf einen bestimmten Endzustand fehlte. Daran änderte auch das Kohäsionsprinzip zwischen der wirtschaftlichen und der sozialen Zielstellung nichts.

3. Gemeinschaftscharta der sozialen Grundrechte

Als weitere Quelle für soziale Integrationsziele bietet sich die Gemeinschaftscharta der sozialen Grundrechte der Arbeitnehmer vom 9. Dezember 1989 an,[352] die den Risiken bei der Einführung des Binnenmarktes begegnen sollte. Bereits im Juni 1988 waren sich die Staats- und Regierungschefs im Europäischen Rat über die soziale Flankierung des Binnenmarktes einig, während später sogar von der Schaffung eines einheitlichen Sozialraumes in Europa die Rede war.[353] Aus der daraus hervorgegangenen Gemeinschaftscharta von 1989 lassen sich trotz der fehlenden Begründung klagbarer Rechtspositionen für Arbeitnehmer bzw. neuer sozialer Kompetenzen für die Gemeinschaft[354] aus den dort formulierten Mindeststandards in Form von Grund„rechten“[355] neue allgemeine Ziele[356] im

---

[350] Fröhling, S. 41. Hier nahm die Gemeinschaft die Diskussion der fünfziger Jahren auf.

[351] Buzelay, S. 19, 25, der die Vorzüge der Kohäsion an neuen sozialen Größen verdeutlicht.

[352] Beschlossen vom Europäischen Rat. Text bei Hailbronner im Anhang zu Art. 117 EGV.

[353] Dazu allgemein Adamy/Bobke, ArbRdG 1990, S. 21, 22, sowie auch Schulz auf S. 54 f.

[354] Statt aller Hanau, ArbRdG 1991, S. 89, 99; Heinze, a. a. O. (Fn. 346), S. 331, 336; Simitis in FS für Kissel, S. 1097, 1104. Diese Werke enthalten vertiefende Nachweise dazu.

[355] Vgl. hierzu Buchner, VSSR 1992, S. 1, 20 ff., und Hanau, a. a. O. (Fn. 354), S. 89, 99 ff.

[356] Das deutet sich bei Heinze, a. a. O. (Fn. 346), S. 331, 336,4 an, der trotz aller rechtlichen Unverbindlichkeit mehr als „feierliche Erklärung allgemeiner Zielvorgaben“ erblickte.

sozialen Bereich abstrahieren. Der Binnenmarkt sollte, so die Vorstellung der elf Unterzeichnerstaaten - Großbritannien hatte die Charta abgelehnt - zur Verbesserung der Lebens- und Arbeitsbedingungen führen. Dazu gehörten ein gerechtes Entgelt, wöchentliche Ruhezeiten und geregelter Urlaub. Weiterhin war ein angemessener sozialer Schutz einschließlich Alterssicherung, Gesundheitsschutz und Sicherheit am Arbeitsplatz, berufliche Ausbildung und Gleichbehandlung der Geschlechter vorgesehen. Für Kinder und Jugendliche dachte man besondere Regelungen bei beruflicher Tätigkeit an, um sie in ihrer Entwicklungsperspektive nicht zu beeinträchtigen. Behinderte sollten gefördert werden. Daher erfolgte in der Charta sozialer Grundrechte eine erhebliche Erweiterung sozialer Ziele und eine Abgrenzung gegen den Binnenmarkt als wirtschaftlichem Konzept. Versteht man letzteres als Modell zur Wiedergewinnung von Wettbewerbsfähigkeit, dann zeigt sich hier die Eigenständigkeit sozialer Ziele gegenüber dem Ansatz automatischer Mitverfolgung im Rahmen wirtschaftlicher Entwicklung.

Diese Erweiterung sozialer Ziele ergab aber zunächst einen Widerspruch zu den wirtschaftlichen Zielen des Binnenmarktes: Die Verteuerung der Arbeit durch Erhöhung der Einkommen und Verbesserung der Sozialleistungen bis Anfang der achtziger Jahre hatte den Verlust der westeuropäischen Wettbewerbsfähigkeit im vorhergehenden Zeitraum zumindest mitverursacht. Gerade der wirtschaftlichen Fehlentwicklung sollte der Binnenmarkt abhelfen, womit sich auf den ersten Blick die Frage stellt, ob dies mit der Grundrechtecharta durch erhöhte Sozialkosten geschehen sollte. Das eigentliche Motiv für die Einführung dieser neuen Zielstellungen und der Verleihung stärkerer Eigenständigkeit an die Sozialpolitik auf europäischer Ebene lag eben nicht in der Ausdehnung des „europäischen Sozialstaats", sondern in der sozialen Abfederung der zu erwartenden erheblichen Veränderungen der Struktur europäischer Wirtschaft im Zuge des Binnenmarktes und der damit einhergehenden Effektivierung aufgrund verschärften Wettbewerbs.[357] Aber auch innerhalb der öffentlichen Hand waren Anpassungsmaßnahmen aufgrund Aufgaben- und Strukturwandels erforderlich. Beides, so die Vorhersage, würde direkte Auswirkungen auf den Arbeitsmarkt besitzen, wobei sich allerdings Zweifel an den Wachstumsprognosen des Cecchini-Berichts und dem dort prophezeiten Rückgang der Arbeitslosigkeit ergaben. Da der Binnenmarkt ein höheres Innovationstempo in den Unternehmen mit sich bringen sollte, stellte sich weiter die Frage nach der Absicherung von Aus- und Weiterbildung der Arbeitnehmer. Die Aufhebung produktions- und handelsbezogener Schranken ließ andere Kostenfaktoren in den Vordergrund treten, wobei Unterschiede zwischen den Sozialkosten in den Mitgliedsstaaten

[357] Schulz, S. 53 f., der zusätzlich zu den hier bereits aufgeführten Argumenten das verschärfte soziale Nord-Süd-Gefälle durch den Beitritt von Portugal und Spanien sowie die neue Angst vor sozialem Dumping im Binnenmarkt als Gründe der Sozialcharta anführt.

aufgrund der unterschiedlichen sozialen Sicherungssysteme zu Tage traten. Dies ließ Standortwettbewerbe unbekannten Ausmaßes zwischen den einzelnen Staaten befürchten.[358] Schließlich sahen die Mitglieder die Gefahr einer Verschärfung des bestehenden Entwicklungsgefälles zwischen peripheren und zentralen Regionen durch die Strukturveränderungen voraus.

Diese Auswirkungen[359] des Binnenmarktkonzepts auf die soziale Lage initiierten die stärkere Beschäftigung mit sozialer Begleitung des Übergangs zum grenzenlosen Wirtschaftsraum. Trotz fehlender Rechtsverbindlichkeit der Sozialcharta ergibt ein Vergleich der verfolgten Ziele zur Wahrung sozialer Mindeststandards[360] mit den Gebieten innerhalb des Binnenmarktes, die als besonders anpassungs- und rationalisierungsanfällig galten, daß die neuen Zielstellungen eine übermäßige Benachteiligung der Arbeitnehmer im Zuge der Strukturveränderung verhindern sollten. Verbunden war dies neben der Erweiterung sozialer Ziele mit einer gewissen Gegenbewegung europäischer Sozialpolitik gegenüber der Wirtschaftspolitik sowie deutlich gewachsenen Eigenständigkeit.

4. Vertrag über die Europäische Union, Abkommen der Elf

Die eben beschriebene Entwicklung hin zu Erweiterung und Konkretisierung sozialer Zielstellungen äußerte sich auch bei der Diskussion um den Vertrag über die Europäische Union. In dessen Vorfeld hatte sich, gestützt auf die Einheitliche Europäische Akte und die schleppend verlaufenden Bemühungen um die Umsetzung der Gemeinschaftscharta der sozialen Grundrechte, ein Bedürfnis nach Neuregelung im EWG-Vertrag ergeben. Dabei zeigt der Entwurf der Kommission zur Änderung der Sozialvorschriften vom 10. April 1991,[361] daß mit Erweiterung der Ziele über Lebens- und Arbeitsbedingungen sowie die Arbeitsumwelt hinaus auf sozialen Schutz, berufliche Aus- und Weiterbildung, Unterrichtung der Arbeitnehmer und Unternehmensmitbestimmung bis hin zur Verbesserung der Arbeitsmarktbedingungen und anderem vieles von dem, was sich in der Gemeinschaftscharta angedeutet hatte, nun für alle Mitgliedsstaaten verbindlich in den EG-Vertrag aufgenommen werden sollte.

Im Rahmen dieser Revisionstendenzen waren neben der Kommission wiederum die Mitgliedsstaaten am Zuge, entsprechende Veränderungsvorschläge zur stärkeren Verankerung von sozialen Zielen zu unterbreiten. So wollten luxemburgische und niederländische Entwürfe, die in ihren Formulierungen hin-

---

358 Däubler, S. 35, 62 ff., zur Einschätzung von Standortvor- und -nachteilen. Dazu zählten für ihn insbesondere auch die Arbeitskosten, die aufgrund ihrer Ambivalenz im wirtschaftlichen und auch im sozialen Bereich von besonderer Bedeutung für den Markt sind.

359 Zu den aufgezählten Bereichen vgl. Aufstellung bei Weidenfeld in Däubler, S. 7, 11 ff.

360 Schauer, S. 45 f., spricht in diesem Zusammenhang von Sicherung sozialer Besitzstände.

361 Vorschläge zu Art. 117 ff. EWGV finden sich bei Mäder, ZfSH/SGB 1992, S. 68, 78 ff.

sichtlich der Zielstellungen der Gemeinschaft auf dem sozialem Gebiet weitgehend übereinstimmten, einen veränderten Artikel 117in den Vertrag einbinden:

> „The Community and its Member States shall have as their objectives the promotion of improved living and working conditions, proper social protection, the promotion of dialogue between management and labour, the development of human resources with a view to lasting high employment and the combatting of exclusion. To this end the Community and its Member States shall implement measures which take account of the diverse forms of national practices, in particular in the field of relations based on agreement, and the need to maintain the competitiveness of the EC economy."[362]

Der letzte Satz des Artikels zeigt aber auch, daß dabei die Wettbewerbsfähigkeit berücksichtigt werden sollte. Änderungsvorschläge gab es auch seitens europäischer Arbeitnehmer- und Arbeitgeberverbände, die sich auf die Regelungen zur Sozialpartnerschaft in den Artikeln 118a und 118b des EWG-Vertrages bezogen.[363] Der letztendlich auf der Maastrichter Konferenz heftig diskutierte zweite niederländische Entwurf eines Unionsvertrages vom 8. November 1991[364] enthielt in Artikel 117 bezüglich der Zielvorgaben keine Veränderungen gegenüber den vorhergehenden Vorschlägen mehr, beabsichtigte aber eine nochmalige umfangreiche Aufwertung der europäischen Sozialpartner.

Zu Veränderungen des Abschnittes über die europäische Sozialpolitik kam es aber mit dem Vertrag über die Europäische Union vom 7. Februar 1992 dennoch nicht. Dies lag an der britischen Verhandlungsposition, die weniger der Aufnahme neuer Ziele, aber dafür um so mehr der ebenfalls beabsichtigten Erweiterung der Kompetenzen der europäischen Ebene im Bereich der Sozialpolitik ablehnend gegenüberstand. Großbritannien verfolgte eine Verhandlungspolitik, die die Kontrolle der Arbeitsbedingungen durch den Markt selbst geregelt sehen wollte.[365] Dies entsprach dem, was bei der Gründung der EWG Vertragskonzept geworden war. Großbritannien hatte sich in den achtziger Jahren durch einen Wandlung seiner wirtschaftlichen Struktur unterzogen, durch den Abbau von Sozialausgaben internationale Wettbewerbsfähigkeit wiedererlangt und den Einfluß der Gewerkschaften zurückgedrängt. Insofern waren seine Befürchtungen, durch europäische Sozialziele und Gemeinschaftskompetenzen dazu in diesem Erfolg gefährdet zu werden, durchaus begründet. Da Großbritannien nicht

---

[362] So der luxemburgische Entwurf zum Unionsvertrag vom 18. Juni 1991, Europe Documents Nr. 1722/1723 vom 5. Juli 1991. Dieser und der angesprochene niederländische Entwurf zum Unionsvertrag, Europe Documents, No. 1733/1734 vom 3. Oktober 1991, S. 1, 4 f., finden sich unter anderem bei Bödding, Anhang II, S. 160, Anhang III, S. 161.

[363] Dazu Fröhling, S. 44 f., mit Nachweisen zu einzelnen Vorschlägen und Inhaltsanalysen.

[364] Ursprünglich abgedruckt in Europe Documents No. 1746/1747 vom 20. November 1991, S. 6 f., heute für den schnellen Zugriff wiederum bei Bödding, dort Anhang V, S. 164 f.

[365] Zur britischen Sicht, Gewerkschaftseinflüsse betreffend, Fröhling, S. 46, mit Nachweis.

von dieser Haltung abzubringen war, blieben die Artikel 117 ff. des nun so zu bezeichnenden EG-Vertrages in ihrer ursprünglichen, sozialpolitischen Ausrichtung vom Zielgehalt her weitgehend unangetastet. Artikel 2 des Vertrages, der die Aufgaben der Gemeinschaft umschrieb, wurde um die Zielstellung eines hohen Beschäftigungsniveaus, eines hohen Maßes an sozialem Schutz, der Hebung der Lebensqualität und der Förderung des sozialen Zusammenhalts zwischen den Mitgliedsstaaten erweitert. Man konkretisierte den bisherigen Artikel 130a EWGV seiner Zielstellung nach und ergänzte das bisherige Gebiet der Berufsbildung durch allgemeine bildungspolitische Aufgaben.[366]

Zusätzlich einigten sich die damals elf Mitgliedsstaaten unter Abwesenheit von Großbritannien in einem zusätzlichen, neben dem Unionsvertrag stehenden Abkommen über die Sozialpolitik auf weitere Ziele, die, ausgehend von der Sozialrechtecharta fast wörtlich denen im Luxemburger und in den beiden niederländischen Entwürfen entsprachen.[367] Als „mehr" im Vergleich zum Unionsvertrag ergaben sich vor allem die Förderung der Beschäftigung, Entwicklung des Arbeitskräftepotentials für ein dauerhaft hohes Beschäftigungsniveau sowie die Bekämpfung der Ausgrenzung. Ein weiterer wesentlicher Unterschied zum Unionsvertrag bestand in der Anerkennung von Sozialpolitik als Gemeinschaftsziel und nicht mehr nur Vorgabe für die einzelnen Mitgliedsstaaten. Ein gleichzeitig dem Unionsvertrag hinzugefügtes Protokoll über Sozialpolitik[368] auf der Ebene aller zwölf Mitgliedsstaaten stellte sicher, daß sich diese neue, auf soziale Ziele orientierte Gemeinschaft der Elf bei der Umsetzung ihrer eigenen Vorgaben im Sozialbereich nunmehr gemeinsamer Organe und Verfahren bedienen konnte.

Mit dem Unionsvertrag stellt sich der Bestand sozialer Ziele im Rahmen der europäischen Integration als gespalten dar. Der EG-Vertrag in der Fassung des Unionsvertrages fiel dabei aufgrund der Ablehnung Großbritanniens in Ansehung sozialer Ziele hinter der Vereinbarung der Elf zurück. Der Grund dieser Aufspaltung lag darin, daß bei der Zielfestsetzung durch die Mitgliedsstaaten der bisherigen Gemeinschaft keine Einigkeit bezüglich des Verhältnisses von Wirtschaft und Sozialpolitik erreicht werden konnte. Während Großbritannien weiterhin in einem liberalen Wirtschaftsverständnis auf die regulierende Kraft des Marktes auch für die sozialen Bedingungen vertraute und damit Wirtschaft und Soziales als Einheit betrachtete, hatten sich die übrigen Mitgliedsstaaten dazu entschlossen, neben der Wirtschafts- eine selbständige europäische Sozialpo-

[366] Analyse des Zielgehaltes im allgemeinen Bildungsbereich sogleich unter C VII 2, S. 96 f.

[367] Vgl. den im Vergleich zu den genannten Entwürfen fast wortidentischen, die sozialen Zielstellungen enthaltenden Artikel 1 des Abkommens zwischen den Mitgliedsstaaten der Europäischen Gemeinschaft mit Ausnahme des Vereinigten Königreichs Großbritannien und Nordirland über die Sozialpolitik vom 7. Februar 1992, BGBl 1992 II, auf S. 1314 f.

[368] BGBl. 1992 II, S. 1313 f. Da dies die bereits existierenden Gemeinschaftsorgane betraf, mußte dem hier - trotz fehlender Beteiligung - nunmehr auch Großbritannien zustimmen.

litik mit verbindlichen Zielstellungen zu betreiben. Insofern läßt sich über das Vorhandensein sozialer Ziele hinaus deren Abhängigkeit von nationaler Bewertung - hier den Ansichten über Wirtschafts- und Sozialkonzepte - nachweisen.

5. Schlußfolgerungen für soziale Ziele

Betrachtet man soziale Zielstellungen in der Integrationsentwicklung, so sind sie begrifflich erst seit der Einheitlichen Europäischen Akte von 1986 nachweisbar, die aufgrund des dort enthaltenen Kohäsionsprinzips gleichzeitig für eine gewisse Selbständigkeit der Ziele gegenüber dem Binnenmarkt sorgte. Dennoch blieb, und dies weist die Begründung der Sozialcharta zur Absicherung des Binnenmarktes nach, eine enge Verbindung zur wirtschaftlichen Integration bestehen. Die Aufstellung sozialer Ziele war bis zum Unionsvertrag und dem Abkommen der Elf über Sozialpolitik Sache der Mitgliedsstaaten, wobei die Position Großbritanniens die Bedeutung nationaler Vorstellungen zeigt. Eine Berufung auf die Vorteilhaftigkeit von Integration selbst oder auf die Verfolgung des Europagedankens findet sich auch bei den sozialen Zielen nicht.

Weiter ist festzustellen, daß es sich bei sozialen Zielen um Vorgaben handelt, die im Gegensatz zu Sicherheit und Markt erst in der Integrationsentwicklung herausgebildet wurden. Der Grund dafür lag in der anfänglich ökonomischen Ausrichtung der Gemeinschaften, später ergab sich mit ständigem Wirtschaftswachstum kein Bedarf auf Gemeinschaftsebene mehr. Mit der aus der Stagnation resultierenden Einheitlichen Europäischen Akte und dem dortigen Binnenmarktkonzept änderte sich dies. In Kenntnis der Hintergründe der Sozialrechtecharta läßt sich ableiten, daß es in Zeiten befürchteten Sozialabbaus zur Wiedergewinnung von Wettbewerbsfähigkeit um Wahrung gewisser Mindeststandards, im Bereich der Berufsbildung um Anpassung an die strukturell veränderten wirtschaftlichen Verhältnisse und die Verhinderung von Ausgrenzung von für den neuen Markt nicht tauglichen Arbeitskräften ging. Trotz der seit Ende der achtziger Jahre eingetretenen weitgehenden Eigenständigkeit der Sozialpolitik standen soziale Ziele immer im engen Wechselverhältnis zur Ökonomie.

VI. Ziele in Forschung und Technologie

Bereits die Gründungsverträge treffen Aussagen zu Aufgaben der Gemeinschaft im Bereich von Forschung und Technologie, genauer deren finanzielle Förderung innerhalb der Mitgliedsstaaten. Für den Vertrag über die Montanunion vom 18. April 1951 begründete Artikel 55 Absatz 1 eine Verpflichtung der Kommission, Förderung der Forschung zur Erzeugung und Verbrauchssteigerung von Kohle und Stahl sowie zur Betriebssicherheit der Industrien in den Mitgliedsstaaten zu betreiben. Konkrete Ziele im Sinne von Endzuständen wurden dabei aber im Vertrag nicht benannt. Mit Artikel 55 Absatz 2 EGKSV konnte die

Kommission nach Anhörung des Beratenden Ausschusses selbst Forschungen anregen und damit Ziele festlegen. Daraus läßt sich ableiten, daß mit dem ständigen Erfordernis, aktuelle Forschungsziele auszuwählen und zu verfolgen, von Fixierung anzustrebender Endzustände auf Vertragsebene abgesehen worden war. Gleiches ergibt sich auch für den Gründungsvertrag zur Europäischen Atomgemeinschaft, obwohl sich gerade für ihn entsprechend seines politischen Hintergrundes eine Zielfestlegung auf den Bau und Betrieb von Kernkraftwerken im Vertrag selbst angeboten hätte. Statt dessen findet sich in den Artikeln 4 bis 11 des Vertrages wiederum nur die Grundaussage, daß die Kommission die Forschung in den Mitgliedsstaaten fördern solle. Artikel 7 enthält die Möglichkeit des Rates, Forschungsprogramme festzulegen und damit konkrete Ziele zu definieren.[369] Damit läßt sich erkennen, daß beide Gemeinschaften in ihren Gründungsverträgen keine Zielstellungen enthielten. Forschung als Prozeßgröße kann selbst keinen hinreichenden Endzustand darstellen, um als Ziel im begrifflichen Sinne angesehen zu werden. Allerdings wurde vorgesehen, daß die Gemeinschaftsorgane solche anzustrebenden Endzustände im Bereich von Programmen und Einzelvorhaben festlegen konnten. Die Gründe dafür liegen auf der Hand: Nur so ließ sich eine schnelle Anpassung von Zielen an die tatsächlichen Verhältnisse der fortschreitenden wissenschaftlichen Entwicklung sichern. Hätte es einer Vertragsänderung bedurft, wäre Förderung zu unflexibel geraten.

Ein anderes Bild ergibt sich für den Integrationsansatz in der EWG. Auch in ihrem Gründungsvertrag in der Fassung vom 25. März 1957 findet sich mit Artikel 39 Absatz 1 lit. a) eine Aussage zur Forschung. Die Steigerung der Produktivität in der Landwirtschaft sollte durch technischen Fortschritt erreicht werden.[370] Dabei kam der Gemeinschaft nach Artikel 41 nur die Koordination der Bestrebungen auf dem Gebiet der Forschung zu. Die eigentlichen Impulse für konkrete Forschungsziele überließ dieser Vertrag mit Artikel 85 Absatz 1 lit. b) und Absatz 3 den Unternehmen, während solche Vorhaben dann nach Artikel 41 Absatz 1 lit. a) gemeinsam finanziert werden konnten. Gemeinschaftliche Zielsetzung in konkreter Form waren also auch im Vertrag zur Europäischen Wirtschaftsgemeinschaft weder enthalten noch beabsichtigt. Zusätzlich fehlte den Gemeinschaftsorganen hier die Berechtigung, ihrerseits mittelfristige Ziele vorzugeben. Allerdings entwickelte sich nach der Inkraftsetzung des Vertrages vor allem für die Landwirtschaft eine rege Zusammenarbeit der Gemeinschaftsmitglieder zur Ausgestaltung besonderer Förderprogramme sowie deren Anpassung an die wissenschaftlichen Bedürfnisse und Interessen der jeweiligen Zeitperiode.

---

[369] Art. 215 EAGV sah bereits selbst das erste Forschungsprogramm vor, das dem Vertrag als Anhang V beigefügt war. Darin findet sich in I Nr. 3 mit der Entwicklung von Prototypen für Kernreaktoren auch ein anzustrebender Endzustand im Sinne des Zielbegriffs.

[370] Groeben/Thiesing/Ehlermann, 4. Aufl., Bd. 3, Vorbem. zu den Artikeln 130 f - 130 q, Rn. 67 (Grundwald), bezeichnet dies - wiederum im untechnischen Sinne - als eines der Ziele.

In Artikel 24 der Einheitlichen Europäischen Akte findet sich ein in den EWG-Vertrag einzuführender Titel VI, der die Überschrift Forschung und technologische Entwicklung trug. Im dort enthaltenen Artikel 130f Absatz 1 EWGV heißt es, daß sich die Gemeinschaft zum Ziel setzt, die wissenschaftlichen und technischen Grundlagen der europäischen Industrie zu stärken und die Entwicklung ihrer internationalen Wettbewerbsfähigkeit zu fördern. Diese Vorgabe bündelte die bis dahin auf die drei Gründungsgemeinschaften verteilten Aussagen zu Forschung und Entwicklung, die naturgemäß innerhalb der Atomgemeinschaft am stärksten ausgeprägt waren. Läßt man die Bezeichnung dieser Absichten als „Ziel" innerhalb des Textes des EWG-Vertrages zunächst außer acht und wendet wiederum die oben erarbeitete Zieldefinition an, so ergibt sich, daß Artikel 130f EWGV keinen anzustrebenden Zustand, sondern lediglich das Bemühen um die Verbesserung einer vorhandenen Lage auf einem bestimmten Sachgebiet ohne Definition eines bestimmten Endpunktes enthält. Es ging lediglich darum, auf einen vorhandenen Zustand zwecks dessen Veränderung einzuwirken. Dies genügt allerdings noch nicht, um die oben aufgestellten begrifflichen Kriterien für das Vorhandensein eines konkreten Ziels zu erfüllen.

Zu einem anderen Ergebnis könnte man nur kommen, wenn man unterstellt, daß hier ein bereits gegebener Zustand aufrechterhalten werden sollte, man also den in Artikel 130f Absatz 1 enthaltenen Entwicklungsansatz unberücksichtigt lassen würde. Dem steht entgegen, daß dieses „Ziel" im Zusammenhang mit der durch den Binnenmarkt angestrebten Wiedergewinnung von Wettbewerbsfähigkeit durch gesteigerte Innovation innerhalb der europäischen Unternehmen steht.[371] Von Wahrung eines Zustandes kann damit nicht ausgegangen werden. Gleichzeitig würde die Herstellung von Wettbewerbsfähigkeit im Bereich der Innovation, betrachtet als Ziel im begrifflichen Sinne, als Übertragung unternehmerischer Verantwortung auf die Gemeinschaft verstanden werden müssen, was dem Binnenmarktgedanken, auf den sich Artikel 130f Absatz 2 EWGV in der Fassung der Einheitlichen Europäischen Akte ausdrücklich bezieht, zuwiderlaufen würde. Insofern ist die Verwendung des Wortes Ziel in Artikel 130f Absatz 1 EWGV wie schon in den Gründungsverträgen als Absichtserklärung zur Leistung eines Beitrags zur Forschungs- und Technologieförderung zu verstehen, ohne daß damit ein angestrebter Endzustand fixiert worden wäre. Was nun konkrete Ziele unterhalb der Vertragsebene betrifft, so regelten die Artikel 130i und 130q Absatz 1 EWGV in der Fassung der Einheitlichen Europäischen Akte die Aufstellung mehrjähriger Rahmenprogramme durch den Rat. Diese Programme sollten die zu fördernden wissenschaftlichen und technischen Ziele sowie ihre Priorität enthalten. Es fällt nicht schwer, hierin die bisher in den Gründungsverträgen vereinzelten Möglichkeiten zur Setzung

[371] So Oppermann, Europarecht, § 29, Rn. 1941, zu den Gründen der Einführung auch gerade im Wettstreit mit den USA und Japan, die auch Forschung und Entwicklung fördern.

konkreter Ziele durch Gemeinschaftsorgane wiederzuerkennen. Insofern blieb auch die Einheitliche Europäische Akte der Flexibilität wissenschaftlicher Zielsetzungen verpflichtet, indem sie solche nicht in den Vertrag aufnahm, sondern den Gemeinschaftsorganen zur Entscheidung überließ. Der Gehalt der durch die Einheitliche Europäische Akte bewirkten Veränderungen am EWG-Vertrag im Hinblick auf die Ziele der Forschung stimmte insgesamt mit dem der Gründungsverträge zur Montan- und Atomgemeinschaft überein. Auf vertraglicher Ebene fehlten Aussagen zu Zielen, deren Festlegung den Organen in eigenen Programmen je nach Erfordernissen überlassen wurden. Diese Ausgestaltung wurde mit der Vereinheitlichung der Forschungs- und Technologieförderung nun in den Vertrag über die Europäische Wirtschaftsgemeinschaft übernommen.

An dieser Konzeption zur Definition von Zielen im Bereich von Forschung und Technologie hat sich auch durch den Unionsvertrag nichts verändert. Das prozessuale Verständnis von Artikel 130f Absatz 1 EGV blieb unangetastet, während in Artikel 130i bezüglich des Verfahrens auf eine andere Norm verwiesen wurde. Die fehlende Zieldefinition auf vertraglicher Ebene, verbunden mit der Möglichkeit des Rates, im Rahmen mehrjähriger Programme solche Ziele aufzustellen, blieb bestehen. Faßt man die Ausführungen zum Ziel zusammen, dann ergibt sich mit der Forschungs- und Technologieförderung ein Sachgebiet, das seit Beginn der Integrationsbemühungen am Anfang der fünfziger Jahre zu den gemeinschaftlichen Aufgaben gehört. Es zeichnet sich dadurch aus, daß es aufgrund immer wieder neuer Erkenntnisse einer langfristigen Zielstellung nicht zugänglich ist. Daher wurden bis zum Unionsvertrag 1992 auf primärrechtlicher Ebene keine Definitionen von Endzuständen aufgenommen. Stattdessen ermächtigten die Gemeinschaftsmitglieder die europäischen Organe - bei der Montanunion noch die Kommission, später den Rat - zur Festlegung solcher Ziele im Rahmen mittelfristiger Programme. Damit ergibt sich auch für diesen Bereich - wenn schon nicht auf vertraglicher Ebene, wohl aber darunter - das Vorhandensein von Zielen. Aufgrund ihrer Veränderlichkeit legten - mit Ausnahme der EWG vor der Einheitlichen Europäischen Akte - von Beginn an die Gemeinschaftsorgane solche konkreten Ziele fest. Insofern zeigte sich ein den besonderen Erfordernissen von Forschung und Technologie angepaßtes Zielverständnis, das sich von den vorher untersuchten langfristigen Festlegungen für die Sicherheit, Marktentwicklung und sozialen Standards erheblich unterschied.

VII. Weitere Ziele

Neben den bisher untersuchten Zielen der Sicherheit, des einheitlichen Wirtschaftsraumes und der sozialen Mindeststandards hat die seit Mitte der achtziger Jahre erfolgte Anreicherung der Gründungsverträge mit Gemeinschaftszuständigkeiten zu neuen Regelungen geführt, die in den Vereinbarungen entweder als

Ziele benannt sind oder als solche charakterisiert werden könnten. Diese sollen nunmehr unter dem Oberbegriff weiterer Ziele im einzelnen untersucht werden.

1. Einheitliche Europäische Akte

Schaut man sich die diversen Änderungen an den Gründungsverträgen innerhalb der Einheitlichen Europäischen Akte an, dann wird der Begriff des Ziels über das bisher Dargestellte hinaus auch in Artikel 25 EEA verwandt. Dieser fügte einen Titel VII mit der Bezeichnung Umwelt in den EWG-Vertrag ein. Artikel 130r Absatz 1 EWGV zählte in seiner damaligen Fassung, also vor den durch die Einheitliche Europäische Akte bewirkten Änderungen, als konkrete Ziele einer Umweltpolitik der Gemeinschaft die Erhaltung und den Schutz der Umwelt, einen Beitrag zur menschlichen Gesundheit sowie die Gewährleistung der umsichtigen und rationellen Verwendung natürlicher Ressourcen auf. Gerade ersteres läßt sich im Sinne der Definition des Zielbegriffs als Bewahrung eines Zustandes, der im Moment des Vertragsschlusses vorgelegen hat, verstehen. Gleiches ergibt sich für die Gesunderhaltung der Bevölkerung. Für die Ressourcenschonung als Ziel ergeben sich allerdings wieder Bedenken, da Wasser, Bodenschätze und ähnliches für eine funktionsfähige Gesellschaft und Wirtschaft erforderlich sind, sich also ihre Verwendung im Sinne der völligen Zustandserhaltung nicht ausschließen lassen wird. Ein letztendlich zu wahrender Mindestbestand ergibt sich aus dem Vertrag aber auch nicht. Insofern weist die Absicht der Ressourcenschonung für einen Endzustand keinen ausreichend konkreten Inhalt auf und scheidet als Ziel europäischer Integration im begrifflichen Sinne aus. Auf vertraglicher Ebene ergeben sich also nur zwei konkrete Zustände, die auf im Bereich der Umwelt als Ziele zu kennzeichnen sind.

Weitere neu definierte Endzustände sind innerhalb dieses Vertrages nicht zu erkennen. Zusätzlich zu den bereits ausführlich erörterten Zielen im Sicherheits-, Wirtschafts- und Sozialbereich kamen also mit der Einheitlichen Europäischen Akte nur anzustrebende Endzustände für die Erhaltung sowie die Bewahrung der Umwelt und dadurch gleichzeitig der Gesundheit des Menschen hinzu.

2. Vertrag über die Europäische Union

Während die Zielstellung im Umweltbereich im Maastrichter Vertrag ebenso zu bewerten ist wie innerhalb des durch die Einheitliche Europäische Akte geänderten EWG-Vertrages, ist der Begriff des Ziels in neuen Aufgabenbereichen, die durch den Unionsvertrag für die Europäische Gemeinschaft eröffnet wurden, in inflationärer Weise verwendet worden. Dabei ergeben sich insgesamt erheblich Zweifel daran, ob die dort als Ziele benannten Aufgaben der Gemeinschaft tatsächlich den begrifflichen Charakter von anzustrebenden Endzustände haben.

Als erstes Beispiel für die Verwendung des Zielbegriffes im Unionsvertrag vom 7. Februar 1992 soll der um Aussagen zur allgemeinen Bildung erweiterte Titel VIII des EG-Vertrages dienen.[372] Neben der beruflichen Bildung in Artikel 127 EGV legte Artikel 123 Absatz 1 EGV fest, daß die Gemeinschaft durch Förderung der Zusammenarbeit zwischen den Staaten die Entwicklung einer qualitativ hochstehenden Bildung unterstützt und ergänzt. In Absatz 2 desselben Artikels folgt eine Aufschlüsselung dessen, was der Vertrag unter Zielen im Bildungsbereich verstand: Die Elemente beginnen mit „Entwicklung", „Förderung" oder „Ausbau", so des Erlernens von Sprachen, der Mobilität von Lernenden und Lehrenden, des Austauschs zwischen den Staaten und mehr. Sie geben keine Endzustände wie ein einheitliches Bildungsniveau oder abgestimmte Ausbildungsabschlüsse an. Trotz der Bezeichnung dieser dynamischen Ansätze als Ziele in Artikel 126 Absatz 4 EGV beinhalten diese Vorgaben am Maßstab der allgemeinen Definition des Begriffes Ziel keine Endzustände.

Ähnliches ergibt sich für den durch den Unionsvertrag neu eingefügten Titel IX des EG-Vertrages zur Kultur. Einzig die Erhaltung und der Schutz des gemeinsamen kulturellen Erbes in Artikel 128 Absatz 2 EGV könnte als Wahrung eines bereits bestehenden Zustandes als Ziel im begrifflichen Sinne bewertet werden. Allem anderen fehlte die Festlegung eines eindeutigen, konkreten Endzustandes.[373] Dies trifft auch für das in Titel X enthaltene Gesundheitswesen zu. Die Verhütung schwerwiegender Krankheiten und die Förderung der Forschung in Artikel 129 Absatz 1 EGV, die nach Absatz 4 Zielcharakter haben sollen, lassen wiederum die Definition von Endzuständen in der erforderlichen Form vermissen. Diese Erkenntnis läßt sich auf Artikel 129a bis 129c EGV zum Verbraucherschutz und transeuropäischen Netzen ausdehnen, wobei Prozesse wie die Leistung eines Beitrags zu hohem Verbraucherschutzniveau oder der Förderung des Verbundes und der Interoperabilität von Netzen als Ziele benannt werden, ohne daß es sich hier um anzustrebende Endzustände gehandelt hätte.

Insgesamt läßt sich zu weiteren Integrationszielen im Unionsvertrag festhalten, daß dieser zwar Raum für neue Politiken der Gemeinschaft eröffnet und dafür neue Aufgaben definiert wurden, aber die dabei als Ziele bezeichneten Vorgaben in begrifflicher Hinsicht nicht die für den Zielbegriff nötige Festlegung an-

---

372 Zu bildungsrelevanten Regelungen bis hin zur EEA vgl. Freund, S. 34 ff., wobei sich aus den einzelnen Verträgen jedoch noch keine allgemeinen Bildungsziele herleiten lassen.

373 So Bohr/Albert, ZRP 1993, S. 61 ff., die Art. 128 EGV als Zuweisung einer Aufgabe (S. 61) bzw. Setzung eines Handlungsrahmens (S. 64) für die Gemeinschaft einstufen. Auch hier ist nicht von Zielstellungen die Rede. Interessant ist auch die Darstellung bei Piepenschneider/Steppacher, S. 44 ff. Während die Autoren innerhalb der Darstellungen zu Art. 128 EGV von der Umsetzung von „Aufgaben" sprechen (S. 45) und damit das im Vertrag verwendete Wort Ziel vermeiden, benutzen sie es bei Art. 126 Abs. 2 EGV und im Bereich des Gesundheitswesens (S. 46 f.), ohne auf begriffliche Brauchbarkeit einzugehen.

zustrebender Endzustände enthielt. Daraus ergibt sich, daß die Abschnitte, in denen neue Politiken der Gemeinschaft niedergelegt wurden, zwar das Wort Ziel häufig verwendeten, es jedoch selten der obigen begrifflichen Definition des *terminus* entsprach. Dies ist im Vergleich zur in der Geschichte der Verträge vorangegangenen, sparsamen Verwendung des Zielbegriffs in den Verträgen als wesentlicher Unterschied in der Wortwahl dieser Vereinbarungen festzuhalten.

3. Zusammenfassung

Betrachtet man die Herausbildung von Zielen innerhalb der Einheitlichen Europäischen Akte und dem Vertrag über die Europäische Union neben den Gebieten der Sicherheit, der Wirtschaft, dem Sozialbereich sowie des wissenschaftlichen Fortschritts, so ergibt sich der Umweltschutz als einziger Bereich, in dem tatsächlich Ziele zweifelsfrei feststellbar sind. In den Abschnitten des EG-Vertrages, die Aussagen über neue Betätigungsfelder der Gemeinschaft entsprechend des Maastricht-Vertrages enthalten, wird das Wort Ziel zwar verwendet, läßt sich aber unter einzelnen Ausnahmen beim Schutz und der Erhaltung des kulturellen Erbes aufgrund der fehlenden Definition anzustrebender Endzustände jedoch nicht unter den Zielbegriff als solchen fassen. Konkrete Verwendung und begriffliches Verständnis des Zielbegriffs im Unionsvertrag fallen auseinander.

VIII. Erkenntnisse für die Zielgerichtetheit europäischer Integration

Ruft man sich die eingangs gestellte Frage nach dem Vorhandensein von Integrationszielen überhaupt, ihrer möglichen Abhängigkeit von den Interessen der am europäischen Verschmelzungsprozeß teilnehmenden Staaten, nach weiteren internen und externen Faktoren mit Einfluß auf die anzustrebenden Endzustände, nach den Trägern der Entscheidungen im Bereich europäischer Zielstellungen sowie nach der Verfolgung von Vergemeinschaftung um ihrer selbst willen oder aus idealistisch-historischen Motiven heraus in Erinnerung, so lassen sich anhand der bisherigen Ausführungen folgende Erkenntnisse für ein System der europäischen Integrationsziele im eigentlichen begrifflichen Sinne formulieren.

1. Vorhandensein und Verortung von Zielen überhaupt

Im Gegensatz zur am Anfang der Betrachtungen zu Integrationszielen wiedergegebenen Ansicht, daß es zu Beginn der europäischen Integrationsbemühungen an Zielen fehlte, hat sich herausgestellt, daß Sicherheit und ein gemeinsamer Markt der beteiligten Staaten von Anfang an klar definierte Endzustände im Sinne des Zielbegriffes waren. Zumindest in diesen beiden Bereichen stellt sich europäische Integration als zielgerichtet dar. Neben diesen von Beginn an bestehenden Zielen haben sich im Laufe der Zeit weitere anzustrebende Endzustände herausgebildet. Die ursprünglichen Ziele haben sich damit als nicht abschließend herausgestellt. Die mit der Integration anzustrebenden Endzustände sind als im Verlauf der Vergemeinschaftung offen für Erweiterung, aber auch Reduktion in Zahl und Qualität zu betrachten, was es ermöglicht, einzelne Ziele den durch die Gemeinschaftsmitglieder oder die Gemeinschaft erkannten Notwendigkeiten politischer, wirtschaftlicher sowie auch sozialer Natur anzupassen.

Bei der Verortung zielrelevanter Aussagen innerhalb des europäischen Primärrechts läßt sich vor allem für die Gründungszeit, aber auch bis Ende der achtziger Jahre feststellen, daß Ziele innerhalb der Präambeln und daneben vereinzelt in den konkreten Vorschriften der jeweiligen Abkommen enthalten waren. Dabei wurde das Wort Ziel in ausdrücklicher Form eher selten benutzt, dafür aber wurden anzustrebende Zustände in erheblichem Umfang anhand der für sie zu schaffenden Rahmenbedingungen beschrieben. Für den Vertrag über die Europäische Union von 1992 zeigt sich im Bereich der neu aufgenommenen Politiken ein ganz anderes Bild: Hier nahm man den Begriff des Ziels in erheblichem Umfang in Anspruch, ohne konkret zu erreichende Endzustände zu beschreiben. Ziel stand hier entgegen seiner Begriffsdefinition für dynamische Größen wie Förderung oder Bemühen, war dabei im Sinne einer Aufgabeneröffnung gemeint. Dennoch finden sich auch im EG-Vertrag nach Maastricht einzelne neue oder veränderte Zielstellungen im wahrhaft begrifflichen Sinne, die in Kombination mit der Eröffnung neuer Aufgabenbereich den Zielbegriff innerhalb der Integration noch schwerer verständlich machen, als es bisher schon der Fall gewesen ist. Es muß daher für die Integrationsentwicklung genau unterschieden werden, wann Endzustände oder wann neue Aufgabenstellungen gemeint waren.

2. Systematisierungsansätze für Integrationsziele

Die Politikwissenschaft versteht unter einem Zielsystem im Grundsatz einen Dreischritt aus Zielinterpretation, Lageanalyse und Maßnahmeprogrammierung.[374] Sie will damit nach der Herausarbeitung von anzustrebenden Endzuständen zunächst ermitteln, wie sich die tatsächliche Lage im Vergleich zum Ziel darbietet, um dann geeignete Maßnahmen zur Erreichung des Endzustandes ausfindig machen und anwenden zu können. Beschäftigt man sich aber rückblickend nur mit dem Vorhandensein von Zielen, deren Inhalten sowie Einflüssen auf Zielgestaltung, dann ist dieser Systematisierungsansatz nicht brauchbar. Er stellt die Lageanalyse hinter die eigentlichen Ziele und bezieht darüber hinaus Mittel zur Zielerreichung ein, die bei der ausschließlichen Betrachtung von Zielen keine Rolle spielen. Für eine Systematisierung aus der Sicht Juristischer Zeitgeschichte, die sich allein auf die Zielstellungen als solche beschränkt, bietet

---

[374] Hörnlein, S. 29, mit Verweis auf Molitor, S. 29, der dies bei der Wirtschaftspolitik nutzt.

sich dagegen eine Einteilung nach der Art der Ziele, ihrer Entstehungszeit bzw. den Trägern der Zielentscheidung an. Während eine grobe Unterscheidung der Art der anzustrebenden Endzustände zunächst Unterschiede zu vorangegangenen internationalen Verträgen und deren Durchführung aufzeigen kann, hilft die Gruppierung nach dem Zeitpunkt der Zielsetzung, die Frage nach der Reaktionsfähigkeit europäischer Integration auf veränderte Umstände zu beantworten. Wer Träger der Zielentscheidung war, zeigt nicht nur auf, wer in den letzten Jahrzehnten anzustrebende Endzustände festgelegt hat, sondern eröffnet auch Anknüpfungsmöglichkeiten zu den diesen Zielen zugrunde liegenden Interessen und weitere Einflußgrößen, die sich im Laufe der Jahrzehnte ausgewirkt haben.

Hinsichtlich verschiedener Arten von Integrationszielen schlägt Trausch für den Schuman-Plans eine Unterscheidung zwischen allgemeinen und spezifischen sowie zwischen offenen und verdeckten Ausprägungen vor.[375] Zu Zielen allgemeiner Art gehören für ihn die Erhaltung des Friedens in Europa, das europäische Einigungswerk selbst und die deutsch-französische Annäherung. Neben fehlender Trennung zwischen Integrationszielen und -mitteln, die sich hier mit der Bezeichnung des Einigungswerks als anzustrebender Endzustand offenbart, lassen sich die Vorstellungen von Sicherheit über die übrigen Vertragswerke hinweg - unter Ausnahme der Verträge über die Wirtschafts- und die Atomgemeinschaft - zumindest im Bereich der Präambeln weiterverfolgen. Auch die deutsch-französische Annäherung als Teil des Sicherheitsziels blieb zumindest bis zum Scheitern der Europäischen Politische Union und dem deutsch-französischen Vertrag bestehen. Insofern läßt sich das von Trausch als allgemein beschriebene Sicherheitsziel für die gesamte Integrationsentwicklung im Untersuchungszeitraum nachweisen. Seinen allgemeinen Charakter gewinnt es dadurch, daß es von jedem der beteiligten Staaten aufgrund des gleichgerichteten politischen Interesses an einer ungefährdeten, eigenen Existenz geteilt wurde. Gleiches gilt für das besondere, aber, wie sich aus den Darstellungen besonders zur Montanunion ergeben hat, nicht als vorrangig zu bewertende Verhältnis zwischen Deutschland und Frankreich als Teilmenge dessen.

Ein wesentlich differenzierteres Bild ergibt dagegen das Ziel des gemeinsamen Marktes. Dabei war vor allem Frankreich, ausgehend von den Schwierigkeiten der eigenen Versorgung mit Steinkohle, stark an der Schaffung gleicher Produktionsbedingungen zunächst innerhalb der Montanunion interessiert. Dieser Gedanke, der sich im Vergleich zum allseits akzeptierten Sicherheitsziel allerdings als wesentlich umstrittener aufgrund der inhomogenen Wirtschaftslage in den jeweiligen Mitgliedsstaaten darstellt, weitete sich in der Europäischen Wirtschaftsgemeinschaft besonders zum deutschen Nutzen auf andere Bereiche aus, um schließlich mit der Einheitlichen Europäischen Akte den Binnenmarkt

---

[375] Zu dieser Einteilung und zum folgenden vgl. Trausch in Hudemann u. a., S. 105, 109 ff.

anzustreben und diesen 1992 zu erreichen. Es handelte sich dabei um ein im Vergleich zu den Sicherheitsüberlegungen, die auch schon vor dem Zweiten Weltkrieg vorhanden gewesen waren, um ein neues, ein spezifisches Ziel in der europäischen Zusammenarbeit im weitesten Sinne. Ähnlich muß die langsame Herausbildung der übrigen Ziele im europäischen Kontext, so dasjenige der sozialen Mindeststandards oder auch der Erhaltung der Umwelt, bewertet werden. Bei all diesen Endzuständen handelt es sich um Ziele, die offen in den entsprechenden Erklärungen und Vertragsverhandlungen angesprochen wurden und Bestandteil der Vereinbarungen wurden. Als Gegensatz dazu versteht Trausch verdeckte oder Hintergrundziele, die sich aus bestimmten nationalen Interessenlagen ergeben, wofür er als Beispiel den durch die Haltung Großbritanniens bedingten völligen Ausschluß vom Vorhaben des Schuman-Plans und die entsprechende Vormachtstellung Frankreichs auch und gerade gegenüber dem wirtschaftlich wiedererstarkenden Deutschland anführt.[376] Letztlich handelt es sich bei diesen verdeckten Integrationszielen, wie Trausch sie nennt, um diejenigen Motive, derentwegen die Staaten über weite Strecken für sie entstehende Nachteile im und durch den Verschmelzungsprozeß in Kauf genommen haben. Auf die bereits Die Abhängigkeit der Integrationszielbildung von den Interessenlagen als verdeckten Motiven der Mitgliedsländer soll später noch erörtert werden.

Als nächstes Merkmal zur Systematisierung von Integrationszielen wurde eingangs die Zeit ihrer Entstehung charakterisiert. Dabei sind die Ziele der Sicherheit und der Herstellung eines gemeinsamen Marktes vom Beginn der Integrationsbemühungen an nachweisbar. Sie waren mit wechselndem Inhalt von Anfang an vorhanden. Gleiches gilt für Ziele bei Forschung und Technologie, jedoch mit der Einschränkung ihrer fehlenden vertraglichen Definition und der Ausgestaltungsbedürftigkeit durch die Gemeinschaftsorgane. Erst in der Entwicklung zur Erreichung dieser von Beginn an vorgesehenen Endzustände kamen mit dem Binnenmarktkonzept soziale Ziele hinzu. Ebenfalls nicht von Anfang an bestanden umweltpolitische Ziele. Im Unionsvertrag haben sich unter Beibehaltung der bestehenden kaum neue Ziele ergeben. Charakteristisch für diesen Vertrag war die Bezeichnung von Aufgaben als Ziele, ohne daß dies dem Begriff entsprechen würde. Grundsätzlich läßt sich das Vorhandensein anfänglicher und erst später entwickelter Ziele festhalten. Die Gemeinschaften haben sich als fähig erwiesen, die sich aus sicherheitspolitischen Spannungslagen zu Anfang der fünfziger Jahre ergebende Überlegung der Vergemeinschaftung zur Erreichung von Sicherheits- und Wirtschaftszielen auf andere, der gemeinschaftlichen Bemühungen bedürftiger Sachgebiete unter Definition konkret anzustrebender Endzustände zumindest bis zum Anfang der neunziger Jahre hin zu erweitern.

---

376 Trausch in Hudemann u. a., S. 105, 111 ff., wobei er auf die Notizen Schumans eingeht.

Als weiteres systematisierungstaugliches Merkmal steht die Entscheidung über die Festlegung solcher Integrationsziele zur Verfügung. Dabei stehen zwei Modelle zur Auswahl: Entweder die Mitgliedsstaaten selbst legten auf vertraglicher Ebene Ziele fest, oder sie überließen dies den Organen der Gemeinschaften. Beide Herangehensweisen finden sich seit Beginn der Integrationsentwicklung. Zum einen wurden die Ziele der Sicherheit und der Marktbildung, aber auch der im Sozialbereich durch die Vertragsparteien selbst festgelegt. Zwar stieß die EG-Kommission im Vorfeld der Einheitlichen Europäischen Akte mit ihrem Weißbuch die Umsetzung der Binnenmarktkonzeption an, konnte aber dabei selbst keine Ziele in diesem Bereich festlegen - dazu bedurfte es eines erneuten völkerrechtlichen Vertrages. Dagegen findet sich schon in der Vereinbarung über die Gründung der Montanunion im Bereich von Forschung und Technologie die Möglichkeit der Kommission, darüber zu entscheiden, welche Vorhaben gefördert und welche Ziele angestrebt werden sollten. Daraus läßt sich ableiten, daß langfristige, strategische Zielstellungen auf europäischer Ebene den Mitgliedsstaaten selbst vorbehalten waren, während kurzfristige, sich häufig verändernde und dem Bedarf nach Erweiterung unterliegende Ziele wie denen im Wissenschaftsbereich bei erzielter Einigkeit über deren Verfolgung als Gemeinschaftsaufgaben den europäischen Organen überlassen werden konnten, ohne daß sich dabei die Staaten in eigenen Interessen beeinträchtigt sahen. Hier wird eine Abhängigkeit der Integrationsziele von nationalen Interessenlagen deutlich.

3. Einflüsse auf Zielbestimmung, Gründe der Integration

Ziele sind innerhalb der Integrationsentwicklung von 1950 bis 1992 vor allem in den Bereichen Sicherheit und Wirtschaft, ab Mitte der achtziger Jahre aber auch auf sozialem Gebiet abhängig von den Interessenlagen der beteiligten Staaten gewesen.[377] Dies hat sich anhand der Ausgestaltung des Sicherheitsziels durch die EVG und deren Scheitern, aber auch bei der Gestaltung des gemeinsamen Marktes in der EWG zwischen Deutschland und Frankreich gezeigt. Gemeinsame Ziele wurden nur und soweit aufgestellt, als Interessenübereinstimmung bestand. Verfolgte ein Mitglied abweichende Vorstellungen oder entwickelten sich solche Abweichungen, nachdem zunächst Konsens bestanden hatte, kamen keine gemeinsame Ziele des Verschmelzungsprozesses zustande oder bereits vorhandene Zielstellungen wurden nicht so ausgestaltet, wie es im Interesse der anderen Gemeinschaftsmitglieder möglich gewesen wäre.
Integrationsziele sind weiterhin nicht frei von globalen Einflüssen. Dies ergab sich wieder an der Notwendigkeit der Einbeziehung Westdeutschlands in die Verteidigung gegen die Sowjetunion in einer weltweiten sicherheitspolitischen Krise. Als ausschlaggebend für die Offenheit für Einflüsse weltweiter Wirt-

---

377 So Schneider in Kreile, S. 3, 4 f., der die Ziele nicht als „selbstmächtige Ideen“ ansieht.

schaftsentwicklung läßt sich jedoch ebenso - nachgewiesen anhand der Binnenmarktkonzeption in der Einheitlichen Europäischen Akte - das Bestreben der Gemeinschaft, ihre Wirtschaft gegenüber anderen Märkten wie dem amerikanischen oder dem asiatischen konkurrenzfähig zu halten, einordnen. Insofern beschleunigten globale Entwicklungen die Übereinstimmung der Interessenlagen der Teilnehmer an der westeuropäischen Integration. Die Herstellung von Interessenübereinstimmung in Westeuropa wurde noch dadurch erleichtert, daß Frankreich und Großbritannien nach dem Zweiten Weltkrieg ihre Position als Weltmächte allmählich einbüßten und diesbezügliche Sonderinteressen der Interessenkonvergenz mit den anderen Ländern nicht mehr im Weg standen. Damit wird eine Grundvoraussetzung jeglichen Integrationsprozesses deutlich: eine gleichartige politische, wirtschaftliche und soziale Interessenlage der Beteiligten. Nur dann können die bis dahin bestehenden Einzelinteressen aufgrund Dekkungsgleichheit zum Gemeinschaftsinteresse werden, ohne daß es einer Interessendefinition durch eine zentrales Organ bedürfte. Gerade am Beispiel des Absinkens von Frankreich und Großbritannien von ihrer bis zum Zweiten Weltkrieg vorhandenen Großmachtposition auf das Niveau der übrigen westeuropäischen Staaten, verbunden mit gleichzeitig steigender Interessenübereinstimmung unter den übrigen Mitgliedsländern läßt sich dieses Erfordernis für Integration nachvollziehen und seine positive Auswirkung auf diese verstehen. Umgekehrt bedeutet aber auch das Hinzukommen neuer Teilnehmer mit abweichenden, nicht verhandelbaren Positionen eine Erschwerung des Integrationsverlaufs, wie sich am Beispiel der neutralen Staaten im Hinblick auf die Verteidigungspolitik seitens der Europäischen Union und in der WEU belegen läßt.

Ein anderer Weg zur zukünftigen Zielstellung im Integrationsprozeß wäre die Korrektur der Abhängigkeit von nationalen Interessen durch die Herausbildung eines Gemeinschaftsinteresses durch geeignete Institutionen quasi von innen heraus. Damit würde sich der Maßstab, an dem Integrationsziele bisher gemessen wurden, von Grund auf ändern und sich dem Integrationsprozeß anpassen. Dies hieße aber auch, mit der Aufgabe der Maßgeblichkeit nationaler Interessen die diese tragenden Institutionen, also die Mitgliedsstaaten, zu beseitigen. Dies war und ist von eben jenen nicht beabsichtigt. Insofern bleiben Integrationsziele rückwärtsgerichteten Maßstäben verhaftet, die, wie das Beispiel des Unionsvertrages zeigt, Zukunftsentscheidungen im Sinne anzustrebender Endzustände verhindern und stattdessen leere Begriffe verwenden.[378]

Wenn also Zieldefinitionen für den Integrationsprozeß als Ergebnis gleicher Interessenlagen zwischen den beteiligten Staaten anzusehen sind, dann muß die Verwendung des Zielbegriffs im Rahmen der neuen Politiken des Maastricht-Vertrages als bedenklich eingeschätzt werden. Mit der Bezeichnung von

---

378 Zum nationalstaatlichen Wertemodell als Grundlage von Macht, Recht und Ordnung jetzt Schmitz, S. 31 ff., auf S. 34 ff. Darstellungen zum nationalstaatlich orientieren Denken.

Aufgaben als Zielen wird der Eindruck erweckt, innerhalb der jeweiligen Bereiche herrsche Einigkeit und Interessengleichheit bezüglich anzustrebender Endzustände. Dies ist aber - hier sei nur der Bildungs- und der Gesundheitsbereich erwähnt - bei Abschluß des Vertrages über die Europäische Union nicht der Fall gewesen. Insofern birgt die unkorrekte Verwendung des Zielbegriffs auf vertraglicher Ebene die Gefahr, den Integrationsprozeß bei seiner Einschätzung als fortgeschrittener zu bewerten, als es tatsächlich hinsichtlich der Interessenübereinstimmung sowie der Setzung von Zielen im begrifflichen Sinne der Fall ist.

Von der Feststellung der Interessenabhängigkeit der Zielbestimmung ist es zu den Gründen der Integration nicht mehr weit. Nach allem ergibt sich als Basis der Integration das Streben nach Vorteilen seitens der Mitgliedsstaaten. Im Vordergrund standen dabei die Sicherung des Friedens und wirtschaftliche Vorteile.[379] Für fast jedes Integrationsziel, das in vertraglicher Form zustande gekommen ist, läßt sich nachweisen, welche Vorteile die einzelnen Mitgliedsstaaten der Gemeinschaften damit erreichen wollten. Keiner der beteiligten Staaten hat Integration jemals um ihrer selbst willen betrieben. Ob nun Westdeutschlands Wiedergewinnung innerer und äußerer Handlungsfähigkeit durch die Montanunion oder Frankreichs Zugriff auf deutsche Kohle, die Ausschaltung der vom Ostblock ausgehenden Bedrohung durch Zusammenschlüsse, die Öffnung von Märkten in den übrigen Ländern für nationale Produkte und damit die Förderung der eigenen Wirtschaft, die Verbesserung der sozialen Lage und später die Wahrung dieser sozialen Besitzstände - ohne die Erkenntnis der Vorteilhaftigkeit gemeinsamer Zielstellungen für den einzelnen Mitgliedsstaat war Integration innerhalb der letzten mehr als fünfzig Jahre auf europäischer Ebene nicht durchzuführen. Fehlte die Einschätzung dieser Vorteilhaftigkeit für eines der beteiligten, meist größeren Länder - hier seien nochmals die Beispiele des Verhaltens Frankreichs gegenüber der EVG 1954 sowie Großbritanniens Position im Hinblick auf die Charta sozialer Grundrechte 1989 und die Veränderung sozialer Zielstellungen im Unionsvertrag 1992 genannt - kam die Einigung auf gemeinsame Ziele bzw. deren Inhalt nicht zustande. Betrachtet man die Gründe für Integration seit Anfang der fünfziger Jahre, so läßt sich feststellen, daß die daran beteiligten Staaten in vollem Umfang nüchtern und sachlich die Erlangung eigener Vorteile durch Vergemeinschaftung erstrebten. Dabei schlossen sich positive Effekte auf staatlicher Ebene und Integration auf europäischer Basis - wie im einzelnen erörtert - nicht aus. Insofern kommt der Interessenabhängigkeit bei der Festlegung von Integrationszielen integrationsbeschränkende Wirkung zu, solange keine Interessenübereinstimmung besteht. Nationale Interessen sollten darüber hinaus jedoch nicht nur als Störfaktor der Integration, sondern in gleichem Maße als

---

[379] Esterbauer, S. 8 und 10, der diese beiden Zielstellungen aufgrund ihrer anfänglichen Existenz in den Verträgen gegenüber denen im sozialen Bereich in den Vordergrund rückt.

Impulsgeber bewertet werden.[380] Als Beispiel dafür mag nur die Frage dienen, wie sich der Stand europäischer Integration heute darstellen würde, wenn Frankreich nicht 1950 mit der Pariser Erklärung Integrationsimpulse abgegeben hätte.

4. Vergleich der Ergebnisse mit Integrationstheorien

Die Ergebnisse der vorangegangenen Beschäftigung mit Integrationszielen lassen sich zumindest hinsichtlich der Gründe der Vergemeinschaftungsbemühungen an den eingangs kurz in ihrer Funktion gekennzeichneten Integrationstheorien überprüfen. Dabei hat jedoch nur die Politikwissenschaft in den letzten Jahrzehnten anhand der tatsächlichen Entwicklung neben einer Vielzahl von Erklärungsversuchen für das Funktionieren von Integration auch Aussagen zu deren Motiven getroffen.[381] Dabei sind ursprüngliche Ansätze, die bereits aus den fünfziger Jahren stammen, von späteren Weiterentwicklungen zu unterscheiden.

Zwischen Mitte der vierziger und Ende der sechziger Jahre des zwanzigsten Jahrhunderts entstanden verschiedene Integrationstheorien, auf die trotz ihrer mittlerweile verlorengegangenen zeitlichen Aktualität nach wie vor aufgrund ihrer Funktion als Grundlage der konzeptionellen Beschreibung von Integrationsvorgängen zwischen den Staaten eingegangen werden muß.

Als deren zeitlich erster Ansatz gilt die funktionalistische Lehre von Mitrany von 1943, wobei es sich nicht um eine Beschreibung von Integrationsvorgängen *ex post*, sondern tatsächlich um ein zukunftsgerichtetes Konzept handelte.[382] Mitrany ging aufgrund der Erfahrung des Versagens staatlicher Zusammenarbeitsformen und föderaler Ideen vor dem Zweiten Weltkrieg davon aus, daß sich internationale Organisationen darum bemühen sollen, durch kooperatives Zusammenwirken in einzelnen Bereichen bestimmte wirtschaftliche und soziale Probleme zu lösen[383] und so für eine dauerhafte Erhaltung des Friedens zu sorgen.[384] Ausgangspunkt dessen seien die Sachzwänge des technischen Fortschrittes, die zunächst aufgrund partiell gleicher Interessenlage zur Bildung

---

380 Die Janusköpfigkeit der Interessenabhängigkeit in der Integration stellen Hrbek/Wessels in dies., S. 29, 36, den Überlegungen zu deutschen Motiven der EG-Mitgliedschaft voran.

381 Vgl. dazu Boje, S. 4 ff. Ein aktueller Überblick zu Integrationstheorien findet sich bei Sin, S. 16 ff., der nicht nur auf die klassischen, sondern auch auf weitere Lehren eingeht.

382 Grundlegend Mitrany, Working Peace System, S. 19 ff., später ders., Functional Theory of Politics, S. 254 ff. Eine kurze Entstehungsgeschichte zu Mitranys Ideen findet sich bei O'Neill auf S. 31 ff., während Esterbauer, S. 18 f., Mitranys Überlegung zur schrittweisen Funktionsverflechtung hinsichtlich europäischer Integration überblicksartig darstellt.

383 Es geht, wie Woyke, S. 3, anmerkt, auch um Aufgabenwahrnehmung. Es wird hier im Unterschied zur föderalen Lehre nicht vom Raum, wo sie zu erfüllen sind, ausgegangen.

384 Behrens, RabelsZ 45 (1981), S. 8, 21; Sander, S. 28. Dabei wird auch nochmals das Friedens- und Sicherheitsziel der Integration zwischen den europäischen Staaten verdeutlicht.

von aufgabenspezifischen funktionalen Einheiten auf internationaler Ebene führten.[385] Der Erfolg einer solchen internationalen Organisation würde bei Erhaltung der Souveränität und Eigenständigkeit der Mitgliedsstaaten[386] die Ausformung weiterer solcher Strukturen anregen. Vergleicht man den von Mitrany angegebenen Grund tatsächlicher Sachzwänge zur Herbeiführung von Verschmelzungsprozessen mit den herausgearbeiteten Gründen für Integration, so läßt sich ein solcher Sachzwang sowohl im Hinblick auf das Sicherheitsziel als auch auf wirtschaftliche Notwendigkeiten am ehesten bezüglich der EGKS nachweisen. Dort führte die als unumgänglich betrachtete Einbeziehung Westdeutschlands in die Verteidigungsbemühungen und die wirtschaftliche Zwangslage Frankreichs zur Idee der Bildung einer neuen Einheit. Etwas ähnliches gilt eventuell noch für die EVG, während alle späteren Integrationsansätze dieses Zwangselement vermissen ließen. Die Quellen zu den Verhandlungspositionen beispielsweise Frankreichs haben gezeigt, daß die eigene Einschätzung der Wirtschaftslage nicht unbedingt die Bildung einer Funktionsgemeinschaft mit den übrigen fünf späteren Mitgliedern erforderte. Auch wenn die kritische wirtschaftliche Lage gerade in der zweiten Hälfte der siebziger Jahre durchaus Einfluß auf die Einführung des Binnenmarktziels besaß, hafteten den sicherheitspolitischen Entwicklungen in den Gemeinschaften keine Merkmale unbedingter Dringlichkeit nach Mitranys Theorie an. Sie erweist sich für eine umfassende Erklärung der Gründe von Integration also als ungeeignet. Ein ähnliches Fazit läßt sich auch für die neofunktionalistische Theorie von Haas[387] von Mitte der fünfziger Jahre ziehen, die nur hinsichtlich der möglichen Einflüsse zur Beschleunigung der Integration eine andere Position einnahm.[388]

Auch die föderalistische Lehre traf Aussagen zum Grund europäischer Integration.[389] Als einziges bestimmendes Merkmal für Integrationsprozesse sah diese den Umstand an, daß sich die beteiligten Staaten nicht mehr in der Lage sahen, Aufgaben allein zu bewältigen.[390] Dies sollte dazu führen, daß die Staaten in einem bewußten politischen Vorgang ihre Aufgaben auf eine neue, rechtlich

---

385 Vgl. Hrbek in GS für Sasse, Bd. 1, S. 87, 91 f., in Abgrenzung zu den weiteren Theorien.

386 So Behrens, a. a. O. (Fn. 384), S. 8, 21, der von einer Vergemeinschaftung technischer Funktionsbereiche gegen die Nationalstaaten, nicht aber von Zusammenfassung politischer Funktionsbereiche spricht. Sander, S. 29, geht dann von Erhaltung der Staaten aus.

387 Haas, S. 283 ff., dazu kommt, von einem Sektor zum anderen und dann auf Politik übergreifende Verschmelzung mit politischen, gesellschaftlichen und wirtschaftlichen Eliten als den Haupttriebkräften als Integrationsprozeß zu definieren. Vgl. hier O'Neill, S. 37 ff.

388 Zum Neofunktionalismus und Unterschieden zum Funktionalismus vgl. Giering, S. 58 ff.

389 Als Vertreter werden Friedrich, Trends of Federalism, S. 11 ff. - zum Föderalismus -, und S. 156 ff. - in der Anwendung auf Europa -, sowie Etzioni, S. 14 ff., angesehen. Die Entwicklung der föderalen Integrationsideen vor 1950 stellt O'Neill, S. 23 ff., vertiefend dar.

390 Sander, S. 28. Woyke, S. 3, betont die damit angestrebte Lösung ökonomischer und sozialer Probleme, bezogen auf einen Raum und nicht auf bestimmte einzelne Funktionen.

verfaßbare,[391] supranationalen Einheit auf europäischer Ebene übertrugen. Das Hauptmerkmal dieser Lehre lag im Vollzug dieser grundlegenden politischen Entscheidung unabhängig von Sachzwängen, also quasi um ihrer selbst willen.[392] Unabhängig davon, daß sich ähnlich wie bei der funktionalistischen Theorie bei diesem raumbezogenen Ansatz schon Zweifel an der fehlenden Fähigkeit, Aufgaben allein zu bewältigen, ergeben, geht diese Lehre mit keinem Wort auf die Interessenlage der Staaten ein, die selbst nach einer politischen Entscheidung wie dem Abschluß eines Vertrages ausweislich der Verteidigungsgemeinschaft und deren Sicherheitsziel noch zum Abbruch der Verwirklichung führen konnte. Mit dem Festhalten an Entscheidung kann die föderalistische Lehre ebenfalls keine Übereinstimmung mit den hier erzielten Ergebnissen bezüglich der Gründe der europäischen Integration erreichen.

Für die in den sechziger Jahren entstandene soziokausale Theorie liegen die Gründe des Verschmelzungsprozesses in der wachsenden Verflechtung von Transaktionsströmen auf verschiedenen Sektoren, was bei den Bürgern der beteiligten Staaten zu einem Gemeinschaftsgefühl führen sollte.[393] Erst anhand der daraus entstehenden Bindung und der Verschmelzung der Völker ergab sich für Deutsch als Begründer dieser Lehre[394] das Bedürfnis nach Organisationen und Institutionen.[395] Diese Lehre ließ damit wegen ihrer völlig anderen Herangehensweise die Gründe der politischen Entscheidung der teilnehmenden Staaten, Integration zu betreiben, weitestgehend unberücksichtigt.

Insgesamt ergibt sich, daß die Interessenverfolgung durch die Mitgliedsstaaten als tragendem Grund europäischer Integration von keiner der genannten Lehren in allen Erscheinungsformen. Dies liegt daran, daß die politikwissenschaftlichen Integrationstheorien, die zumindest bei Haas und Deutsch auf der Grundlage des tatsächlichen Integrationsverlaufes bis Ende der fünfziger bzw. Anfang der sechziger Jahre entstanden, nicht in der Lage sind, die Entwicklungen danach zu erfassen und die in den siebziger und achtziger Jahren deutlicher zu Tage tretende Interessenabhängigkeit als eine Motivation zu berücksichtigen.

---

391 Kaufmann, Der Staat 1997, S. 521, 527 ff., legt dabei insbesondere auf jenen Punkt Wert.

392 Behrens, a. a. O. (Fn. 384), S. 8, 23. Aus der Betrachtung von Integration als Folge einer politischen Entscheidung und damit als politischem Phänomen ergab sich, daß sich Integration nicht gegen die Staaten durchsetzen kann. Integration mußte zwangsläufig durch die Übertragung von nationalen Regelungsbefugnis auf supranationale Instanz erfolgen.

393 Als Zwischenstufe zur Verschmelzung der Völker setzt die soziokausale Lehre die Bildung eines „*sense of community*“ vor, vgl. dazu auch Behrens, a. a. O. (Fn. 384) S. 8, 20.

394 So Deutsch, S. 272 ff., im Kapitel über die „Erreichung und Erhaltung von Integration“.

395 Hrbek in GS für Sasse, Bd. 1, S. 87, 91, beschreibt diesen Vorgang als Lernprozeß, der dann in die Erkenntnis der Wichtigkeit von Integration für jeden Einzelnen einmündet. Dies verdeutlicht noch einmal die Rolle von Institutionen als aus der Grunderkenntnis geborener Konsequenz für die Herbeiführung von Fortschritt für den Integrationsprozeß.

Seit Ende der sechziger Jahre zeichnete sich, zurückgehend auf die Krise der Integration 1965 und 1966, eine Veränderung der integrationstheoretischen Landschaft in Form einer Polarisierung ab. Nunmehr standen sich der Neofunktionalismus und ein intergouvernementaler Ansatz gegenüber, wobei letzterer die europäische Einigung hauptsächlich auf konvergierende Interessen und Präferenzen der wichtigsten Mitgliedsstaaten zurückführte.[396] Nach einem deutlichen Abflauen des Theorienstreits während der siebziger Jahre aufgrund der stockenden Integrationsbemühungen kam mit der Neubelebung des Verschmelzungsprozesses Mitte der achtziger Jahre auch diese Diskussion wieder in Fahrt. Dabei wurde der Funktionalismusansatz wieder aufgegriffen, es kam aber auch besonders in den neunziger Jahren aufgrund des EU-Vertrages zu weiterer Ausdifferenzierung.[397] Während die funktionalen Ansätze in Erklärungsschwierigkeiten im Hinblick auf den Maastricht-Vertrag gerieten, der sich nicht als Ergebnis eines zwangsläufigen „*spill-over*"-Effekts, sondern als Resultat der Interessengleichheit der Mitgliedsländer darstellte, konnte die intergouvernementale Lehre auch dies anhand der Präferenzen der Staaten erklären. Insofern stimmen die hierbei erzielten Ergebnisse zu den Gründen der Integration mit den Aussagen des aktuellen intergouvernementalistischen Erklärungsansatzes überein.[398]

5. Leitbilder und Erklärungsmythen

Als weiterer möglicher Grund war am Anfang der Ausführungen der Gedanke eines einheitlichen Europas genannt worden. Einige Autoren der europarechtlichen Ausbildungsliteratur erwecken durch die Darstellung von vor 1945 entstandenen Ideen und Ansätzen engerer Zusammenarbeit in Europa den Eindruck, es lasse sich ein Begründungszusammenhang zwischen europäischer Integration im begrifflichen Sinne und den im Zeitraum davor verfolgten Ideen gesamteuropäischer Art herstellen.[399] Die Beschäftigung mit den Zielen und Gründen europäischer Integration hat jedoch ergeben, daß die Europa-Idee in den diesbezüglichen Verhandlungen zu keinem Zeitpunkt als Begründungsansatz in den Entwicklungsprozeß eingeführt wurde. Trotz dieses Umstandes spielt

---

[396] Die Lehre stellen Giering, S. 69 ff., und ebenso Wolf, Integrationstheorien, S. 60 ff., dar.

[397] Wieder angesprochen bei Wolf, S. 16 ff. Eine detailliertere Erörterung ist hier unmöglich.

[398] Andere moderne Integrationstheorien wie die Fusionsthese von Wessels in Kreile, S. 36, 40 ff., lassen mögliche Integrationsziele im oben definierten Sinne völlig außen vor. Wessels gibt als Grund der europäischen Integration in seiner „progressiven" Theorie die mittlerer Reichweite die Bewältigung eines zunehmenden Ebenen- und Entscheidungsdilemmas an, womit er sich begrifflich allerdings bereits auf die Ebene der Mittel begibt.

[399] Dazu gehören besispielsweisde die Lehrbücher von Arndt, Europarecht, S. 5 ff.; Bleckmann, Europarecht, Einleitung, Rn. 1 und 2; Koenig/Haratsch, Europarecht, Rn. 26 ff.; Oppermann, Europarecht, § 1, S. 1 ff.; und auch Streinz, Europarecht, S. 3 ff. Anders jedoch bei Huber, Recht der Europäischen Integration, S. 1 ff., Herdegen in Europarecht.

der Europa-Gedanke für die Ziele der Integration auf einer völlig anderen Ebene in zweierlei Hinsicht eine wichtige Rolle. Die politik- und sozialwissenschaftliche Theorie zur Integration erklärt zum einen, daß bei der Zielbildung in der Integration neben sachlich-pragmatische auch ideelle Motive treten können. Ziele sollen, auch aus den von unbegründbaren Werten abgeleiteten Anteilen von Leitbildern entstehen. Leitbilder werden dabei als Dialektik von Idee und Interessen verstanden[400] und erfüllen eine Stellvertreter und Vermittlerfunktion,[401] hier zur Verdeutlichung von Integrationszielen. Als solches ideelles Element käme die Europa-Idee als durch die daran Beteiligten eingebrachtes, unterbewußtes, nicht rational erklärbares Element in der konkreten Arbeiten an den Integrationszielen und den Institutionen in Betracht. Dies wäre eine nähere Untersuchung in einer Darstellung zu Leitbildern wert. Obwohl dies nicht Aufgabe dieser Arbeit sein kann, muß die Europa-Idee als an der Beförderung der Integration durch Verträge mittelbar wirkendes, aber nicht durch das Studium von Dokumenten nachweisbares Leitbild bei der Beurteilung von Zielhaftigkeit berücksichtigt werden. Die Dualität von Interessenverfolgung und Motivation durch Leitbilder läßt sich am Beginn des Prozesses der europäischen Integration besonders gut an einer öffentlichen Äußerung Hallsteins nachvollziehen. Er hatte im Jahr 1951 nach den Verhandlungen über den Gründungsvertrag zur Montanunion in einer Rede über die friedensschaffende Wirkung der Montanunion zwischen Frankreich und Deutschland zum einen das folgende anmerkt:

> „... Wir sind keine Träumer. Noch einmal: Natürlich bleiben die Völker als historische Realitäten bestehen. Und natürlich behalten sie auch ihre eigenen Interessen. Wir bringen beides durch unseren Vertrag nicht zum Verschwinden. Aber wir können die Gemeinsamkeit der Interessen organisieren, wir können die Gegensätze der Interessen vermindern, und wir können für die Gegensätze, die nicht beseitigbar sind, einen anständigen, zivilisierten friedlichen Weg der Austragung schaffen und damit das Zusammenleben beider Völker von Risiken befreien, die für ihr Schicksal so unheilvoll gewesen sind.“[402]

An dieser Stelle seiner Ausführungen kam, ganz im Sinne einer rationalen Zielhaftigkeit des europäischen Integrationsprozesses, besonders die Interessenabhängigkeit des Vertrages über die Gründung der Europäischen Gemeinschaft für Kohle und Stahl und die Bemühung um die Herstellung einer gemeinsamen Motivlage zum Ausdruck. Deutlich wird auch die erhoffte konfliktbeseitigende Wirkung der damals gerade fertiggestellten Vereinbarung. Am Ende seiner Rede

---

400 So im Kontext europäischer Integration unter anderem bei Heumann, S. 8, unter Berufung auf Schneider, Leitbilder, S. 38. Zum Begriff des Leitbildes selbst vgl. Schneider in Kreile, S. 3, 4. Belzer, S. 13, 18 ff., erläutert die Funktionen von Leitbildern in Organisationen. Schneider, Rückblick, S. 21 ff., erörtert dann Leitbilder europäischer Integration.

401 Zur europäischen Integration Giering, S. 15, der dort Zielaussagen als Leitbilder versteht.

402 Hallstein, Schuman-Plan, S. 26 f. Der Abschnitt ist dabei auch Beleg des Sicherheitsziels.

formulierte er zum anderen in Anspielung auf einen Ausspruch von Zwingli in bezug auf die Gründung der Europäischen Gemeinschaft für Kohle und Stahl:

> „Tu es, nicht weil es ein taktisches Mittel wäre, durch das Deutschland sich freikämpft von den Fesselungen, unter denen wir noch leiden, oder deshalb, weil es vielleicht in Dividenden rentabel ist, sondern deshalb, weil es eins von den Werken ist, durch die die Menschheit sich aufwärts entwickelt."[403]

Nach Anführung zweier weiterer rationaler Gründe - Gewinn von Unabhängigkeit seitens Deutschland und wirtschaftlicher Nutzen, die sich auch in den Vertragsverhandlungen nachvollziehen lassen - berief sich auch Hallstein auf ein irrationales, sachlich nicht begründbares Argument. Mit seiner Einschätzung, die Menschheit werde sich mit dem Vertrag aufwärts entwickeln, folgt Hallstein einem Leitbild. Beide Elemente, also sowohl rationale als auch irrationale Motive zur Beförderung des Integrationsprozesses, waren vorhanden.

Der zweite Zusammenhang, in den die Europa-Idee zu stellen ist, betrifft die Bildung von Mythen als Argumente bei der Darstellung und Bewertung des Integrationsprozesses. Unter Mythen sind bestimmte, nicht notwendigerweise auf die tatsächliche Sachlage zutreffende Bewußtseinszustände zu verstehen, die das Sein prägen und zu geschichtstreibenden Kräften werden können.[404] Es handelt sich auch hierbei um eine individuelle Einschätzung, die jedoch nicht auf den Integrationsvorgang selbst, sondern nur auf seine rückblickende Betrachtung einwirkt. Ein solcher Mythos scheint sich in der Ausbildungsliteratur, aber eben auch in den europäischen Verträgen[405] im Hinblick auf die ausschlaggebenden Kräfte für die europäische Integration zu entwickeln, indem die Interessenlagen, die zur Herausbildung der Ziele geführt haben, zugunsten der Europa-Idee verdrängt werden. Die Geschichtswissenschaft und auch diese Arbeit können dies durch Darlegung der tatsächlichen Abläufe korrigieren. Man sollte aber, wie Schmale zu bedenken gibt, sich vorurteilsfrei mit derartigen Mythen in ihrer Existenz befassen, da sie zum einen den „Absolutismus der Wirklichkeit" und ein Utopiendefizit im Hinblick auf das weitere Fortschreiten von Integrationsprozessen verhindern,[406] zum anderen aber auch wertvolle Meß- und Analyseinstrumente für die Bewertung des bereits zurückgelegten Weges darstellen.[407]

---

403 Ebd., S. 29. Das Dividenden-Argument erwies sich für Westdeutschland als unzutreffend.

404 Schmale in Rasor/Schmale, S. 133, 134. Der Unterschied zum Leitbild besteht darin, daß es sich bei letzteren um Anteile unbegründbarer innerer Werten handelt, Mythen aber im gegensatz dazu durch äußere Information beeinflußbar und damit auch veränderlich sind.

405 So in der Präambel der EEA, die neben der Aufzählung der genannten sachlichen Gründe anführt, der „Europagedanke" entspreche „dem Wunsch der demokratischen Völker".

406 Zu Mythisierung als auf den Einzelnen wirkendem Mittel siehe Walkenhorst, S. 193 ff.

407 Ebd., S. 133, 155 f. Er plädiert damit für die begrenzte Nutzbarmachung von Mythen zur Fortentwicklung des Integrationsprozesses, jedoch nicht für die Ablehnung von Mythen.

6. Fazit

Europäische Integration war von Beginn an mit Zielen. Die vielfach anzutreffende Bezugnahme oder Beschränkung auf Vorgaben, die nur das Verfahren der Integration betrafen, stimmt mit den Aussagen in den Verträgen und denen der Beteiligten nicht überein. Integrationsziele erweisen sich in der Retrospektive in Existenz und Inhalt als flexibel und änderbar. Sie beruhen ausschließlich auf übereinstimmenden Interessen der am Integrationsprozeß beteiligten Staaten. Hauptgrund der Integration in den letzten fünfzig Jahren war das Streben der beteiligten Staaten nach eigenen Vorteilen im weitesten Sinne. Integration wurde dabei nicht als *per se* vorteilhaft angesehen, sondern jeder der Einzelschritte mußte sich in der Bewertung als vorteilbringend darstellen.

Die Europa-Idee hat sich nicht als Grund europäischer Integration erwiesen, sie könnte jedoch als unterschwelliges Leitbild gedient haben. Gerade für den Beginn der Integrationsbemühungen auf europäischer Ebene zu Anfang der fünfziger Jahre, aber auch danach und bis hin zum EU-Vertrag von 1992 läßt sich in Erweiterung einer Bewertung von Bührer[408] zur Pariser Erklärung einschätzen, daß der Umstand, daß es den beteiligten Staaten gelang, den nüchtern kalkulierten, im Ausgang meist ungewissen Integrationsprojekten die Aura einer friedens- und europapolitischen Vision in der Tradition der Europa-Idee zu verleihen, die günstige Aufnahme der Vergemeinschaftungsbemühungen in der Öffentlichkeit beförderte. Der Erfolg der europäischen Integration im Untersuchungszeitraum resultierte nicht aus ihrem visionären Charakter, sondern aus fallweiser Übereinstimmung der Interessen der Beteiligten. Dort, wo tatsächlich Interessenübereinstimmung herrschte, lassen sich die aufgezeigten Ziele in Form von anzustrebenden Endzuständen als einem Ausdruck von Akzeptanz finden.

Diese Erkenntnisse stimmen aber mit der tatsächlichen Verwendung des Zielbegriffs in Politik und Wissenschaft kaum überein. Während sich bis zum Maastricht-Vertrag zusammenfassen läßt, daß zwar anzustrebende Endzustände in erheblichem Ausmaß in die Vereinbarungen aufgenommen wurden, diese aber kaum oder gar nicht explizit als Ziele bezeichnet wurden, läßt sich im Vertrag über die Europäische Union eine gegenläufige Entwicklung beobachten. Nun wurde zwar der Zielbegriff verwendet, ohne daß dabei jedoch in weit überwiegender Zahl der Fälle konkrete Endzustände gemeint waren. Mit dem Zielbegriff waren hier Aufgaben gemeint, die innerhalb der Union angegangen werden sollten. Aus der Verbindung zwischen Interessenübereinstimmung und Definition von Zielen ergibt sich, daß der Maastricht-Vertrag vorgibt, deutlich mehr von Interessenübereinstimmung, manifestiert durch den Zielbegriff, getragen zu sein,

---

[408] S. 167 zum Schuman-Plan. Bührer will mit seiner Einschätzung in Fn. 11 auf derselben Seite einer Legendenbildung um die Gründungsjahre der Gemeinschaften entgegentreten.

als dies tatsächlich der Fall war. Hier besteht - auch für die weitere Integrationsentwicklung - das Problem mißbräuchlicher, ja irreführender Begriffsverwendung. Insofern muß die Ausgestaltung von Zielen europäischer Integration in ihrer begrifflichen, vertraglichen sowie tatsächlichen Dimension bei neuen Vereinbarungen auch zukünftig ein Gegenstand des Forschungsinteresses bleiben.

D. Mittel europäischer Integration

Die Verschmelzung sozialer, politischer oder wirtschaftlicher Einheiten zu einem neuen Gebilde kann sich innerhalb längerer Zeiträume von selbst vollziehen. Wird aber Integration zwischen Staaten wie im Falle Westeuropas zielgerichtet und als politische Reaktion auf Erfordernisse der Zeit betrieben, so bedarf dieser Prozeß zu seiner Beschleunigung der Einflußnahme von außen. Betrachtet man die Bemühungen der letzten Jahrzehnte um europäische Integration, dann wurde auf verschiedenste Art versucht, durch aktive Gestaltung innerhalb kurzer Zeit einen im Vergleich zum Ausgangszustand erhöhten Verschmelzungsgrad zwischen den Staaten zu erreichen. Dabei ist der Überblick über die inneren Zusammenhänge dieser Bemühungen lange verlorengegangen. Obwohl meist im Mittelpunkt des Interesses, ist das Recht dabei nur eine der maßgeblichen Größen. Darüber hinaus stellt sich für ein ganzheitliches Verständnis der Einflußnahme auf Integrationsvorgänge die Frage, welche Mittel[409] zur Vergemeinschaftung im Untersuchungszeitraum zur Anwendung gekommen sind und welcher Zusammenhang zwischen ihnen besteht. Während es bisher um das „wozu" und das „warum" der europäischen Integration ging, soll nun das „wie" der Verschmelzung untersucht werden. Wie schon dargestellt, bietet die Politikwissenschaft eine Differenzierung nach Dimensionen von Integration zwischen Staaten an. Die Grundunterscheidung besteht dabei in derjenigen zwischen der objektiven Seite der Verschmelzung, die einheitliche politische Entscheidungen und deren Durchsetzung umfaßt, sowie dem subjektiven Element, das das Zugehörigkeitsgefühl der an der Vergemeinschaftung beteiligten Individuen betrifft.[410]

I. Systematisierungsansatz zur Erfassung von Integrationsmitteln

Das der Politikwissenschaft entstammende Dimensionenmodell[411] zur Integration mit seiner Grunddifferenzierung zwischen objektiven und subjektiven Faktoren erweist sich jedoch im Angesicht der Vielzahl unterschiedlich gelagerter Einzelbemühungen um die Verschmelzung zu einer neuen, europäischen Einheit im Untersuchungszeitraum als zu grob, um allein daran ein System zur Erfas-

---

409 Die Benennung ist uneinheitlich. Lecheler in Nettesheim/Schiera, S. 95, 96, verwendet den Begriff *vehiculum*. Möglich ist aber auch, von Integrationsinstrumenten zu sprechen.

410 Für Plasa in Mainzer FS für Armbruster, S. 13, 15, besteht zur Beeinflussung von Integration eine Vierteilung der einwirkenden Faktoren, wobei er Institutionen, soziale Umgebung, politischen Willen der Beteiligten und Zielvorstellungen gleichordnet. Damit unterstellt er, daß alle diese Faktoren einer identischen Fähigkeit zur Einflußnahme unterliegen, was zumindest im Hinblick auf das soziale Umfeld nur sehr begrenzt. Auch den Zusammenhang zwischen politischem Willen und Zielbildung, die nebeneinander angeordnet werden sollen, läßt diese Untergliederung unbeachtet. Ihr ist also nicht zu folgen.

411 Vgl. dazu B II 1, S. 15 f., in Abgrenzung zum dargestellten juristischen Sektorenmodell.

sung integrationsbeeinflussender *vehicula* zu entwickeln. Es bedarf einer weiteren Ausdifferenzierung vor allem hinsichtlich der Entscheidungsträger, ihrer Entscheidungen und deren Durchsetzung, aber auch bezüglich der subjektiven Seite von Integration. Es existieren jedoch bisher kaum Überlegungen, die unter Berücksichtigung der in einem solchen Ansatz zusammenfließenden politischen, juristischen und soziologischen Erscheinungsformen Vorschläge zur Bildung eines neuen Systems unterbreiten. Dabei zeigt jedoch ein Blick in die deutsche Verfassungsgeschichte, daß das Dimensionenmodell als Ausgangspunkt einer Beschreibung integrationswirksamer Faktoren auf europäischer Ebene durchaus Vorgänger hatte, die sich im nationalen Bereich in weitaus differenzierterem Maße mit Verschmelzungsvorgängen zu einer neuen Gemeinschaft befaßt haben. Die Rede ist hier von der Verfassungslehre Smends vom Ende der zwanziger Jahre des letzten Jahrhunderts,[412] in der ihr geistiger Vater seinerseits Kriterien zur Beschreibung von Integrationsvorgängen entwickelt hatte. Smends staatsbezogene Integrationstypen könnten aufgrund ihres höheren Differenzierungsgrades gegenüber dem politikwissenschaftlichen Integrationsmodell, aber auch aufgrund ihrer Ähnlichkeit zu diesem bei einer entsprechenden Übertragung auf den europäischen Gemeinschaftsbildungsprozeß als System verstanden werden, unter dem sich die tatsächlichen Erscheinungsformen der Institutionen und Entscheidungsformen, aber auch die Identifikation des Einzelnen mit der neuen Einheit fassen und umfassend beschreiben lassen können. Um die Integrationstypen als ideengeschichtliche Basis dieses Systementwurfs vollständig verstehen zu können, ist jedoch zunächst die Beschäftigung mit dem auf die nationale Staatlichkeit ausgerichteten Integrationsmodell von Smend notwendig.

1. Integrationslehre und Integrationstypen Smends

Die Smend'sche Integrationslehre stellt sich, gleichsam als Reaktion gegenüber dem seit dem Ende des 19. Jahrhunderts in der Diskussion zu Begriffs- und Funktionsverständnis von Staat und Verfassung vorherrschenden staatsrechtlichen Positivismus,[413] als Beschreibungsversuch von Staatlichkeit[414] auf der Basis der Lebens- und Kulturphilosophie Litts[415] dar. Smend definierte den Staat

---

[412] Mols, AöR 94 (1969), S. 513 ff.; Pernice, AöR 120 (1995), S. 110, 118; Peters, S. 86 ff.

[413] Dieser Ansatz sah in der Verfassung eine technische Ordnung des staatlichen Betriebes zur Erzielung bestimmter Leistungen für bestimmte Zwecke, Campenhausen, JZ 1975, S. 621, 622. Als Auslöser der Entstehung von Smends Integrationslehre gilt Kelsens „Allgemeine Staatslehre" von 1925, der den Staat streng normlogisch mit dem jeweils geltenden Rechtssystem identifizierte und die soziologische Staatswirklichkeit unberücksichtigt ließ. Dazu Bartlsperger, S. 3; Friedrich in AöR 112 (1987) S. 1, 11; auch Korioth, S. 99 f.

[414] Zum Verfassungsbegriff Smends, der hier nicht weiter interessiert, Brinkmann, S. 101 ff.

[415] Smend begründete Teile seiner Lehre nicht selbst, sondern verwies dazu uf Litt, so Bartlsperger, S. 4 ff.; Korioth, S. 113 ff. Zu Litt vgl. Mols, Allgemeine Staatslehre, S. 145 ff.

nicht wie die Gegenauffassung als ein durch Normen herstellbares, ruhendes Ganzes, das sich in Form von Legislativakten und Verwaltungs- bzw. Gerichtsentscheidungen äußere, sondern sah in ihm ein Gebiet geistiger Wirklichkeit[416] mit Prozeßcharakter.[417] Nicht außerhalb des Staates stehende, positive Rechtsnormen sollten ihn ausmachen, sondern sein Spezifikum bestehe in „funktionalen Aktualisierungen“, also einer ständigen Erneuerung, die den Staat erst existent machten.[418] Smend forderte die Rückbesinnung auf die Einheit zwischen Rechts- und Sozialwissenschaften innerhalb der Verfassungslehre, die mit dem das Recht und damit formale Gesichtspunkte in den Mittelpunkt rückenden Erklärungsansätzen verloren gegangen war.[419] Seine Lehre bezweckte ein Verständnis für die gesamte Lebenswirklichkeit des Staates[420] und stellte damit den von Litt verwendeten Begriff des Lebens in den Mittelpunkt.

Zur Bestimmung von Staatlichkeit und damit von Integration auf der nationalen Ebene führte Smend empirisch[421] - und eben im Gegensatz zur positivistischen Lehre Kelsens nicht bloß rechtlich - bestimmbare Faktoren ein, die er in drei große Typen unterteilte.[422] Dabei umfaßte die persönliche Integration die Existenz besonders herausgehobener Persönlichkeiten, die der Führung und Repräsentation in einer Gemeinschaft dienten.[423] Unter funktioneller Integration verstand Smend Vorgänge, die zur „sozialen Synthese“ durch Erleben führten.[424] Dazu gehörte unter anderem die permanente Aktualisierung der staatlichen Willensgemeinschaft in Wahlen und Abstimmungen, aber auch in der umgekehrten Richtung durch Gesetzgebung, Justiz und Verwaltung.[425] Als sachliche

---

416 Korioth, S. 111 ff., spricht, bezugnehmend auf Smend, S. 125 ff., von geisteswissenschaftlichen Staatsbegriff und diesen unterscheidet damit vom juristischen Staatsbegriff.

417 Bei Pernice, a. a. O. (Fn. 412), S. 100, 116, ist von einem „Stück dynamischer Lebenswirklichkeit“ die Rede. Auch hier kommt der Prozeßcharakter deutlich zum Aussdruck.

418 Badura, Methoden, S. 185 f., unter Hinweis auf Smend, S. 136. Der von Smend verwendete Integrationsbegriff war vorher durch Spencer bereits soziologisch definiert worden.

419 Der Streit um die fachliche Einordnung scheint überwunden. Die jetzige Meinung sieht in ihr eine juristische Staats- bzw. Verfassungstheorie. So unter Berufung auf Smend, S. 120, auch Friedrich, a. a. O. (Fn. 413), S. 1, 10; Korioth, S. 105 f. Der von Badura, Methoden, S. 184, vertretene Ansatz, es würde sich um soziologische Staatslehre handeln, scheint aufgegeben, da ders., Der Staat 1977, S. 305, 310, von einer vom juristischen Standpunkt ausgehenden staatstheoretischen Grundlegung der Verfassungslehre spricht.

420 Smend, Integration, S. 482, 483, wodurch bereits die Kritik am unklaren und schwer zu fassenden Lebensbegriff gelegt wurde. Vgl. Camphausen, a. a. O. (Fn. 413), S. 621, 623.

421 Integration war dabei als Beschreibung gemeint. Smend, Integrationslehre, S. 475, 476.

422 Smend, S. 142 ff.; dazu Bartlsperger, S. 10 ff.; Brinkmann, S. 103; Korioth, S. 129 ff.; Mols, a. a. O. (Fn. 412), S. 513, 519 f. Badura, Methoden, S. 186 f. arbeitet nochmals die Trennung zwischen dem Staat als Integration und einzelnen Integrationsfaktoren heraus.

423 Smend bezog sich auf Personen, vgl. Korioth, S. 134. Heute sind Staatsorgane gemeint.

424 Bezüglich der von Smend angeführten Effekte auch Mols, a. a. O. (Fn. 412), S. 513, 519.

Integration bezeichnete Smend schließlich die mit der Realisierung von ideellen Sinngehalten begründete und vertiefte Wertegemeinschaft, die einen andauernden Erlebniszusammenhang für die ihm angehörigen Individuen ermöglichte.[426]

Die Kritik an diesem Ansatz ist bis heute vielfältiger Natur. Sie bezieht sich aber im wesentlichen auf die Begrifflichkeit und das im besonderen Staatsverständnis der Integrationslehre zum Ausdruck kommende Verhältnis von Staat und Recht.[427] Im Vordergrund stand dabei, daß Smend das Recht entgegen der herrschenden positivistischen Ansicht als Hauptmerkmal zur Beschreibung von Staatlichkeit verdrängt hatte.[428] Staat und Recht blieben zwar auch bei Smend verbunden, der Staat wurde aber nicht mehr als letzte Quelle des Rechts angesehen, womit das Rechtsleben mit dem eigentlichen Staatsleben nicht mehr konzentrisch verlief.[429] Kritisiert wurde auch die Unschärfe des von Smend verwendeten Lebensbegriffes. Was die Typen von Integration betraf, erschien die Aufteilung zwischen personellem und funktionalem Bereich aus kritischer Sicht als inkonsequent, da die von den Organen durchgeführten Verfahren, so die der Gesetzgebung und der Verwaltung, ohne ersichtlichen Grund dem funktionellen Bereich zugeordnet wurden.[430] Der Staat trat damit als „Integration" selbst und als Gesetzgeber zu deren Herstellung gleich in einer zweifachen Funktion auf.[431]

2. Verhältnis des Dimensionenmodells zur Integrationstypenlehre

Die von Smend angegebenen Integrationstypen machen - ausgehend von ihrem dargestellten staatlichen Bezug - politische Integrationsvorgänge jedoch nicht nur im Verhältnis zwischen Individuum und Staat, wie zu vermuten wäre, sondern auch zwischen zwei oder mehreren Staaten im Hinblick auf eine neue, größere, verschmolzene Einheit allgemein besser durchschaubar.[432] Vergleicht man

---

425 Für letzteres Pernice, a. a. O. (Fn. 412), S. 100, 118; Smend, S. 148 ff., 154 und 205 ff.

426 Smend, S. 160 ff., unter Berufung auf soziologische Ausführungen bei Litt, auf S. 320 ff.

427 Beides findet sich bei Kelsen, Staat als Integration; zur Begrifflichkeit auf S. 45 ff., zum Verhältnis zwischen Staat und Recht auf S. 60 ff. Vgl. auch die Ausführungen Bartlspergers, S. 33 ff. Badura, Methoden, S. 189, kritisiert ebenfalls die Gleichordnung der rechtlichen Seite in der Definition des Staatsbegriffes nach Smend mit den sozialwissenschaftlichen Elementen des Merkmals des Lebens, da der Lebensbegriff selbst unklar sei.

428 Friedrich, a. a. O. (Fn. 413), S. 1, 16 ff., gibt einen Überblick über dieses hier genannten und weitere Argumente, die gegenüber Integrationslehre von Smend vertreten wurden.

429 So Badura, a. a. O. (Fn. 419), S. 305, 316, unter Verweisung auf Smend, S. 207 und 253.

430 Für Kelsen, Staat als Integration, S. 54 ff., bestanden diese und andere Unklarheiten beim sachlichen Integrationstypus, auf die er seine generelle Ablehnung der Lehre gründete.

431 Kelsen, Staat als Integration, S. 69 ff., griff dies als ein Beispiel der Fehlerhaftigkeit auf.

432 Dem Argument, daß sich Smends verfassungstheoretischer Ansatz nicht auf Staatengemeinschaften übertragen lasse, steht entgegen, daß die Philosophie Litts als Grundlage

die Integrationstypen Smends als einem für die Systembildung verwendbar erscheinendem Extrakt mit der politikwissenschaftlichen Dimensionenlehre,[433] so ergibt sich Übereinstimmung in der grundsätzlichen Unterteilung zwischen objektiven und subjektiven Bereichen. Während die politikwissenschaftliche Lehre die Verschmelzung der politischen Entscheidungsfindung, die Einführung verbindlicher Entscheidungsverfahren sowie die rechtliche Durchsetzung der getroffenen Entschlüsse einschließlich der die Legitimation der Entscheidungsträger relativ undifferenziert als objektive Dimension betrachtet, ordnete Smend, übersetzt in eine moderne Begrifflichkeit, seinem persönlichen Integrationstypus zunächst die Errichtung von Entscheidungsträgern, also Institutionen, zu.[434] Deren Besetzung und eigentliche Tätigkeit in Form von Dezisionen gehörte nach Smend in den ebenfalls objektiven, funktionellen Integrationstypus. Die von der Politikwissenschaft eingeführte zweite Dimension, also die der Selbstwahrnehmung des Individuums im Kontext des Verschmelzungsvorganges als solchem, läßt sich in einen engen Zusammenhang mit Smends sachlichem Integrationstypus der Herausbildung einer Wertegemeinschaft bringen, da es sich bei beiden um eine subjektive Komponente handelt. Die dritte politikwissenschaftliche Dimension der Verflechtungswirkung für die Gesellschaft als solcher, worin es um eine Bewertung des Vorhandenseins und der Intensität von wirtschaftlichen, kulturellen und sozialen Beziehungen zwischen den Beteiligten geht und der eine Entsprechung bei Smend fehlt, wie dargelegt, kann wegen ihres statischen Charakters zur Beschreibung dynamischer Integrationsvorgänge nicht verwendet werden. Es besteht also im Hinblick auf die konkrete Aufgabenstellung kein Hindernis, beide Lehren zu einem System der Integrationsfaktoren zu verbinden.

3. Struktur und Anknüpfungspunkte des Systems

Fügt man beide Ansätze unter Aufrechterhaltung der weitergehenden Differenzierung bei Smend und unter Wegfall der Verflechtungsdimension der politikwissenschaftlichen Lehre zusammen, so ergibt sich für die Untersuchung und Beschreibung von Mitteln europäischer Integration ein System, das zunächst in einem objektiven Bereich die Entstehung und Ausgestaltung von Institutionen als den Entscheidungsträgern der neuen Einheit betrachten muß. Ebenfalls noch

---

der Lehre Smends eine „Wesensschau des Phänomens Gemeinschaft ist, und ihre Ergebnisse für jede Gemeinschaft, gleich welcher Art, Geltung beanspruchen.", so Bartlsperger, S. 8. Der durch Kelsen kritisierte Staatsbegriff spielt dagegen bei den empirischen Betrachtungen der Einwirkungsmöglichkeiten auf Vergemeinschaftungsprozesse zwischen Staaten keine Rolle, so daß sich die Übertragung deswegen ebenso nicht verbietet.

433 Stellenweise ergibt sich der Eindruck, als habe die Politikwissenschaft in den sechziger Jahren unter Vornahme von Veränderungen an der von Smend ausgehenden Typologie, ohne sich ausdrücklich auf diese zu berufen, diese in das Dimensionenmodell überführt.

434 Diesen Schluß für die heutige Begrifflichkeit zieht Mols, Allgemeine Staatslehre, S. 134.

innerhalb objektiver Integration sind die personelle Besetzung der einzelnen Organe sowie die Entscheidungsformen der Institutionen unter dem Aspekt der Erlebbarkeit für die von der Integration Betroffenen zu beleuchten. Bei letzterem muß noch besonders die Frage nach dem Rechtscharakter der Dezisionen beantwortet werden. Probleme konzeptioneller Art ergeben sich jedoch bei der Bestimmung der Verhältnisses der beiden dem objektiven Gebiet zuzuordnenden Integrationstypen. Es fragt sich dabei, auch hinsichtlich des Umfangs der nachfolgenden Darstellungen, ob die bloße Errichtung eines Organs im Sinne des persönlichen Faktors genügt oder ob ein Junktim zwischen diesem und dem funktionellen Integrationstyp dergestalt herzustellen ist, daß die Existenz einer Institution zur Vergemeinschaftungsförderung nicht genügt, sondern deren Erlebbarkeit für die am Verschmelzungsprozeß teilnehmenden Staaten, die Individuen oder beide Zielgruppen hinzutreten muß.[435] Beizukommen ist dieser Fragestellung zunächst über die von Smend selbst postulierte Erforderlichkeit aller drei Typen für eine vollständige Beschreibung der Wirklichkeit von Integration in ihrem Erfordernis ständiger Erneuerung.[436] Berücksichtigt man, daß ein einmaliger Akt zur Errichtung einer Institutionen diesen ständigen Erneuerungseffekt nicht bereitstellen kann, kann das bloße Vorhandensein eines Organs nicht genügen, um es als Mittel von Integration zu betrachten. Hinzutreten muß mindestens ein Element seiner Erlebbarkeit gegenüber einer der genannten Zielgruppen. Bestärkt wird diese Prämisse durch die Ausführungen Smends selbst, der zwar das Verhältnis zwischen den beiden Faktoren nicht ausdrücklich erörterte, aber innerhalb der weiteren Beschäftigung mit den Typen nur noch von einer Polarisierung zwischen funktioneller und sachlicher Integration ausging, während die persönliche Erscheinungsform unberücksichtigt blieb.[437] Für die Beschäftigung mit den einzelnen Erscheinungsformen von Institutionen bedeutet dies, daß zur Aufrechterhaltung von Übersichtlichkeit und Nachvollziehbarkeit deren Entstehung im Rahmen des persönlichen Integrationstyps zu untersuchen ist. Allerdings bedeutet das Vorhandensein eines Organs noch nicht dessen Integrationswirksamkeit und Funktion als Mittel im Verschmelzungsprozeß, hinzutreten muß Erlebbarkeit für mindestens eine der Zielgruppen im oben angespro-

---

[435] Letztlich stellt sich das Problem als Fortsetzung der von bereits Kelsen, a. a. O. (Fn. 430), kritisierten Trennung zwischen dem persönlichen und dem funktionellen Integrationstyp.

[436] Bei Smend liest sich das dann so: „Und diese, d. h. die staatliche Wirklichkeit überhaupt, ist nur dann richtig verstanden, wenn es gefaßt wird als die Einheitswirkung aller, der Wertgesetzlichkeit des Geistes entsprechend sich immer von neuem automatisch zu einheitlicher Gesamtwirkung zusammenschließender Integrationsfaktoren." Smend, S. 171.

[437] Ebd., S. 171, wobei er sich konsequent zu seinen bis dahin erfolgten Ausführungen wieder gegen eine zu starke, völlige Trennung zwischen funktioneller und sachlicher Integration, die zu seiner Zeit auch schon vertreten wurde, aussprach. Daraus lassen sich auch wieder Bezüge zur objektiven und zur subjektiven politikwissenschaftlichen Integrationsdimension als dem im folgenden zu verwendendem Überbau des Systems herstellen.

chenen Ausmaß. Auf dieser Ebene müssen dann also solche Institutionen ausscheiden, die durch andere Organe besetzt werden und deren Tätigkeit nur auf andere Institutionen ausgerichtet ist. Ein solches Problem in der Herangehensweise an die Beurteilung des Mittelcharakters stellt sich für die subjektive Integrationsdimension nicht. Hierbei sind bei der auf den Einzelnen wirkenden Integration diejenigen Instrumente zur Herbeiführung oder Beschleunigung des Prozesses zu untersuchen, die die Identifikation der betroffenen Individuen mit der im Entstehen befindlichen Gemeinschaft als größerer Einheit beabsichtigen. Mit der Konkretisierung des politikwissenschaftlichen Dimensionenmodells durch die Integrationstypenlehre Smends werden sowohl die institutionellen und entscheidungsbezogenen Elemente der Gemeinschaftsorganisation, also des objektiven Rahmens, als auch diejenigen hinsichtlich des Einzelnen umfaßt, was dem zu Beginn aufgestellten, fachübergreifenden, über das Juristische hinausgehenden Anspruch, der an ein System der Integrationsmittel zu richten ist, entspricht.

Dieses Herangehen leistet aber auch einen Beitrag zu zwei von drei Teilbereichen, die eine nur juristische Systematisierung abdecken sollen. Mit der Zuordnung institutioneller und verfahrenstechnischer Mittel einschließlich der näher zu bestimmenden Entscheidungsformen zu den erörterten Zielen wird dem von Bülck bereits 1959 aufgestellten Anspruch, eine rechtliche Systematik müsse zu jeder Gemeinschaft den sachlogischen Zusammenhang zwischen sozial-ökonomischen Aufgaben und ihren rechtlichen Normen und Institutionen darlegen,[438] gerecht. Auch die stufenweise Entwicklung einer Gemeinschaft aus der anderen heraus läßt sich im Hinblick auf Kontinuitäten der Organe, der Verfahren und Dezisionen nachvollziehen, womit die zweite von Bülcks Anforderungen verwirklicht werden kann. Allerdings kann sich - und das ist sein drittes Kriterium - ein juristisch-zeitgeschichtlicher Ansatz beim Erkenntnisinteresse nicht auf die Entfaltung materieller Rechtswerte und damit die Bewertung der europäischen Wirtschaftsverfassung als raum- und zeitgebundener Rechtsordnung beschränken.[439] Es soll vielmehr darum gehen, aufgrund der gefundenen Ergebnisse Zusammenhänge aufzuzeigen und vorsichtige Prognosen und Vorschläge im Hinblick zur weiteren Effektivierung von Integrationsmitteln erstellen zu können.

Auch hier gilt jedoch ähnlich wie bei der Darstellung der Integrationsziele wieder, daß die Absicht der Systematisierung und der verfügbare Raum einer detaillierten Darstellung aller Elemente zur Beeinflussung des Verschmelzungsprozesses samt der Vielzahl der Verbindungen untereinander, die sich bereits

---

438 Vgl. zum Kriterium einer tauglichen, jedoch bis heute noch nicht umgesetzten juristischen Systematik zur Beschreibung der einzelnen Elemente des Integrationsprozesses die Darstellung zu den Vorstellungen Bülcks bei Behrens, a. a. O. (Fn. 384), dort S. 8, 37 f.

439 Solche Werte stellt in einer auf wirtschaftliche Ansätze zu Beginn der achtziger Jahre beschränken juristischen Theorie beispielsweise Behrens, a. a. O. (Fn. 384), S. 8, 44 ff., dar.

anhand der Ausführungen Smends vermuten lassen, im Wege stehen. Eine detaillierte Untersuchung der Rückbezüge und Auswirkungen der Existenz gemeinschaftlicher Institutionen, Mitbestimmungs- und Entscheidungsformen im Hinblick auf die nationale Politik innerhalb der Mitgliedsstaaten und der diesbezüglichen Organstruktur, also des Verhältnisses der bestehenbleibenden kleineren Strukturen zur neuen größeren Einheit im Integrationsprozeß, ist ebenfalls nicht beabsichtigt. Hierzu sei auf die eingangs erwähnte Vielzahl entsprechender politikwissenschaftlicher und historischer Werke verwiesen, die in den letzten Jahren entstanden sind und die sich auch mit diesem Bereich auseinandersetzen.

4. Strukturelle Schwächen dieses Ansatzes

Der hier beabsichtigten Übertragung von Smends Integrationsfaktoren auf die europäische Integration[440] im Zeitraum zwischen 1950 und 1992 stehen jedoch von Beginn an einige Gegenargumente gegenüber, die ebenso in den folgenden Darstellungen berücksichtigt werden müssen, um sie am Ende dann gegebenenfalls selbst als zutreffend oder falsch bewerten zu können.

Eine Schwäche dieses Ansatzes besteht darin, daß die drei von Smend genannten Typen auf der Basis der Philosophie Litts als integrationswirksam vorausgesetzt werden müssen, ohne daß die hier angestrebte Systematik Aussagen über den konkreten Einfluß der einzelnen Elemente auf die Integrationsbetroffenen erkennen läßt. Dies liegt daran, daß die hier zu verfolgende strukturbildende Aufgabe zwangsläufig auf Abstraktion bestimmter Ausprägungen orientiert ist und somit keine detaillierten, auf empirischer Basis begründeten Forschungen über die Wirkungen einzelner Entscheidungen auf den Verschmelzungsprozeß im zeitlichen Kontext ihrer Entstehung anstellen kann. Erweist sich also die Prämisse, daß Institutionalisierung, Erlebbarkeit und Entwicklung gemeinsamer Werte zur Herausbildung einer neuen Einheit beiträgt, aus soziologischer Sicht als falsch, so verliert das ganze System seinen Wert. Jedoch läßt sich dieses Argument auch gegen den Smend'schen Ansatz selbst formulieren, was die Autoren des zwanzigsten Jahrhunderts nicht davon abgehalten hat, sich mit dieser Lehre auseinanderzusetzen. Die erwähnte staatsrechtliche Kritik, die sich an Einzelheiten der Aufteilung der Integrationstypen Smends ergibt, steht einer Übertragung aufgrund der erforderlichen Anpassungen an moderne Institutionstypen und deren Tätigkeit ihrerseits ebenfalls nicht im Weg.

Ein zweiter Kritikpunkt scheint zu sein, daß sich auf die dargestellte Art innerhalb der objektiven Integrationsdimension nur solche Organe als integrationswirksam erfassen lassen, die in ihrer Tätigkeit den Integrationsbetroffenen

440 Smend hielt nach dem 2. Weltkrieg seine verfassungsbezogene Lehre insgesamt für auf die europäische Integration anwendbar, ohne dies jedoch näher zu begründen. Vgl. Peters, S. 87, mit Nachweis in Fn. 234.

selbst gegenübertreten. Institutionen, deren Angehörige durch andere Einrichtungen besonders der Mitgliedsstaaten ausgewählt werden und die nur der internen Kontrolle oder Beratung anderer Organe der neuen Einheit dienen, lassen sich aufgrund der fehlenden Erlebbarkeit nicht einbeziehen. Allerdings müssen sie von dem zu verfolgenden System der *vehicula* des Verschmelzungsprozesses auch gar nicht erfaßt werden, wenn sie - hier ist das Verständnis Smends heranzuziehen - ohne Erlebbarkeit nichts zur Beförderung der Integration beisteuern.

II. Objektive Dimension des Einflusses auf europäische Integration

Unter der objektiven Dimension der Beeinflussung von Integration zwischen Staaten lassen sich zwei der Smend'schen Integrationstypen zusammenfassen. Dazu gehört die Schaffung von Institutionen, die als Entscheidungsträger für die neue Einheit in ganzheitlicher oder sektoraler Zuständigkeit fungieren. Dazu tritt, ebenfalls nach Smend, die Erlebbarkeit dieser Organe im weitesten Sinne. Für die beiden genannten Elemente deutet sich schon damit an, daß, da es sich um Integration souveräner Staaten handelt, die Gründungsverträge, die Verhandlungen dazu sowie das im Verschmelzungsprozeß entstandene, originär europäische Recht zur Betrachtung der verschiedenen Entscheidungsformen die wichtigsten Quellen zur Untersuchung einzelner der Ausprägungen sein werden.

Die objektive Dimension bietet, da sie durch die Elemente der Institutionalisierung und der rechtlichen Verbindlichkeit von Entscheidungen zur Berührung von politik- und rechtswissenschaftlichen Arbeitsgebieten unter den Begriff der Supranationalität führt, auf den ersten Blick einige begriffliche Unklarheiten. Eine für beide Arbeitsgebiete einheitliche Definition von Überstaatlichkeit als Merkmal objektiver Integration existiert bislang nicht.[441] In der heutigen Terminologie wird - zumindest aus Sicht der Politikwissenschaft - die objektive Dimension von Integration auf europäischer Ebene mit dem Begriff der Supranationalität in Abgrenzung zu anderen, lediglich kooperativen internationalen Organisationen verwendet. Im weitesten Sinne soll es sich dabei um eine Eigenschaft handeln, die dann vorhanden ist, wenn internationale Organisationen oder Gerichte - also besonders herausgehobene Institutionen - gegenüber ihren Mitgliedsstaaten unmittelbar wirksame Entscheidungen treffen können.[442] Dabei wird ausweislich dieser Definition das Vorhandensein der dazu nötigen Institutionen innerhalb der Zusammenschlüsse von Staaten bereits vorausgesetzt. Dies entspricht den Anforderungen, die die politikwissenschaftliche Theorie an Integration zwischen Staaten stellt. Die Rechtswissenschaft scheint bei oberflächlicher Betrachtung entsprechend der Grenzen ihres Arbeitsgebietes diesen größe-

---

[441] Streinz, Europarecht, § 3, Rn. 115. Auf Gründe dafür geht der Autor dabei aber nicht ein

[442] Dazu die Unterscheidung der Bedeutungen bei Koenig/Haratsch in Europarecht, Rn. 13.

ren Zusammenhang außer acht zu lassen. Sie stellt auf die Übertragung von Hoheitsrechten durch die Mitglieder,[443] einen hohen Grad verselbständigter Entscheidungsfindung auf europäischer Ebene[444] sowie die Durchsetzung entsprechender Beschlüsse mit Hilfe einer autonomen Rechtsordnung[445] ab. Es verwundert nicht sonderlich, daß für die Juristen eher die Frage des Vorhandenseins bzw. der Ausgestaltung dieser eigenständigen Rechtsordnung auch und gerade in Abgrenzung zum allgemeinen Völkerrecht im Vordergrund steht.[446] Bisher fand in der wissenschaftlichen Bearbeitung kaum Berücksichtigung, daß auch die Institutionalisierung, und das Verhältnis zwischen den einzelnen Organen der Gemeinschaften einen lohnenswerten Untersuchungsgegenstand darstellen.

Vergleicht man die politik- und die rechtswissenschaftliche Definition von Supranationalität, dann fällt auf, daß letztere die politische Integrationstheorie anhand der juristischen Möglichkeiten der Errichtung von Institutionen, der Ausgestaltung von Verfahren und schließlich der Absicherung der Durchsetzbarkeit der Entscheidungen lediglich konkretisiert. Ein sonstiger Unterschied ist - abgesehen von der abweichenden Bestimmung der Funktion des Rechts im Zusammenhang - nicht erkennbar. Beide Ansätze stehen deshalb, was die Merkmale der Bewertung als solche betrifft, nicht im zwingenden Widerspruch zueinander. Gerade die rechtliche Fassung der Begriffsdefinition schließt aus heutiger Sicht das nicht aus, was sich in den letzten Jahrzehnten im europäischen Integrationsprozeß an Institutionen, Entscheidungsverfahren und der unmittelbaren Wirksamkeit dieser - gegebenenfalls in einer näher zu untersuchenden eigenständigen Rechtsordnung - gegenüber den Mitgliedern herausgebildet hat. Damit ist aber die Frage, welcher der beiden Definitionen im Rahmen einer juristisch-zeitgeschichtlichen Untersuchung gefolgt werden soll, nicht beantwortet. Weiter ist zu berücksichtigen, daß das heutige Verständnis von Supranationalität unabhängig von der konkreten Definition eine Zusammenfassung der Ergebnisse der Entwicklung der letzten Jahrzehnte ist. Würde man den heutigen juristischen Standpunkt zur Beurteilung von Supranationalität im Laufe ihrer begrifflichen Entwicklung heranziehen, so führte dies zu einem Zirkelschluß, der die Ergebnisse

---

443 Herdegen, Europarecht, S. 52 f. Ebenso wohl Oppermann, Europarecht, § 11, Rn. 892 ff.

444 Dabei trennen Koenig/Haratsch, Europarecht, Rn. 13, und Streinz, Europarecht, § 3, Rn. 116, zwischen Beschlußorganen, in denen die Mitgliedsstaaten nicht vertreten sind, und solchen Institutionen, die unter Mitwirkung der Staaten durch die Mehrheit entscheiden.

445 Einheitliche Meinung, vgl. Herdegen, Europarecht, S. 52 f.; Koenig/Haratsch, Europarecht, Rn. 13; Oppermann, Europarecht, § 11, Rn. 896; Streinz, Europarecht, § 3, Rn. 120. Als Merkmale dieser Rechtsordnung werden übereinstimmend die Befugnis zur eigenen verbindlichen Rechtssetzung, der Vorrang des Gemeinschaftsrechts sowie dessen unmittelbare Wirksamkeit ohne die Erforderlichkeit nationaler Umsetzungsakte genannt.

446 Vgl. dazu Lecheler, JuS 1974, S. 7, 8 f., der den damaligen Streitstand hinsichtlich des Problems eines spezifisch juristischen Gehalts für den Supranationalitätsbegriff erörtert.

der zu untersuchenden Schritte für die begriffliche Definition voraussetzen würde. Das gleiche Problem ergibt sich selbst unter Wahrung der nötigen methodischen Vorsicht für die weiter gefaßte, politikwissenschaftliche Definition von Supranationalität, die für nichts anderes als die objektive Dimension von Mitteln der europäischen Integration steht. Die Unbrauchbarkeit beider Ansätze zu juristisch-zeitgeschichtlichen Zwecken führt dazu, daß zunächst die ursprüngliche, erstmalige Verwendung des Supranationalitätsbegriffes gefunden und nachvollzogen werden muß, um diesbezügliche Ergebnisse als Ausgangspunkt für weitere Betrachtungen im Rahmen der fortschreitenden Integrationsentwicklung zu verwenden. So kann ohne methodenwidrigen Rückgriff auf ein heute existierendes Vorverständnis des Supranationalitätsbegriffes untersucht werden, welche Vorstellungen die Handelnden bei der Gestaltung der Institutionen, des Verfahrens und der rechtlichen Verbindlichkeit von Maßnahmen der Entscheidungsträger der Integrationsgemeinschaften leiteten und welche Einflüsse die vorgefaßten Begriffe und Lehren dann auf den europäischen Integrationsprozeß besaßen.

1. Persönliche Integration in Form von Institutionalisierung

Politische Integration zwischen Staaten erfordert bei Übertragung der Typenlehre Smends die Schaffung von der neuen, größeren Einheit zugeordneten Institutionen.[447] Diese sollen nicht nur durch ihre gegenüber den an der Integration beteiligten Ländern herausgehobene Position durch ihre bloße Existenz integrationsfördernd wirken, sondern ihnen müssen zur Herausbildung eines größeren Gebildes eigenständige Entscheidungskompetenzen mit verbindlicher Wirkung gegenüber den partizipierenden Staaten zukommen. Dabei ist mit Plasa zwischen formellen Zuständigkeiten und materiellen Befugnissen zu unterscheiden sowie die Verschiedenartigkeit von Funktionen zu berücksichtigen.[448] So ergibt sich im materiellen Bereich eine Abstufung zwischen bloßer Konsultation als niedrigster Ebene bis hin zur absoluten Entscheidungskompetenz als am höchsten entwickelter Form, während funktionell eine Differenzierung zwischen konstituierendem, legislativem, exekutivem, administrativem oder judikativem Charakter möglich ist. Ob und inwieweit durch derartige Institutionen Integration gefördert werden kann, hängt daneben von weiteren Faktoren ab. Dazu gehört einmal die Ausgestaltung der Institutionen im Hinblick auf die Herausbildung und Wahrnehmung von Gemeinschaftsinteressen entweder innerhalb sektoraler Integrationsansätze oder aber für Einheiten, die sich als offen für Erweiterung auch auf andere Gebiete verstehen. Für die letztere Form kommt die Fra-

---

[447] Für die staatliche Verfassung: „Das erste Stück der Verfassung und ihres Lebens als geistiger Wirklichkeit sind die Staatsorgane.", Smend, S. 198. Kritisch Brinkmann, S. 103.

[448] Hierzu und zum folgenden Plasa in Mainzer FS für Armbruster, S. 13, 18., der die Institutionalisierung im Hinblick auf den damit erzielbaren Integrationsfortschritt untersucht.

ge der Zuständigkeit für den Umfang und den Zeitpunkt solcher Ausdehnungen hinzu, die wiederum durch Organe der größeren Integrationseinheit oder durch die Mitgliedsstaaten selbst wahrgenommen werden können. Dagegen rückt das Interesse daran, auf welchen Gebieten, gemessen an der staatlichen Gesamtzuständigkeit, und in welchem Umfang die zu beteiligten Länder Steuerungsbefugnisse an Institutionen übertragen haben, in den Hintergrund. Art und Umfang solcher übertragenen Befugnisse können zwar Aussagen über den Stand der Integration auch im Hinblick auf die Institutionen geben, lassen aber kooperative und ohne Befugnisübertragung stattfindende Integrationsansätze samt dazugehöriger Institutionen unberücksichtigt. Um ein solches Defizit zu vermeiden, soll der Schwerpunkt der Untersuchung auf der Ausgestaltung der Institutionen in ihrer funktionalen Unterteilung, dem Verhältnis untereinander und - soweit dies hier möglich ist - der Frage von Kompetenzen der Organe für die Entscheidung über das weitere Vorantreiben von Integration durch die Eröffnung neuer gemeinschaftlicher Aufgabenfelder, damit des Integrationsfortschrittes, liegen.[449]

Umgesetzt auf die europäische Integration bedeutet dies, daß die Institutionalisierung, beginnend mit dem Schuman-Plan, hinsichtlich der vorgesehenen und dann in der Montanunion und den übrigen Gemeinschaften realisierten Struktur zu untersuchen ist.[450] Dabei stellt sich die Frage nach dem Zusammenhang zwischen Institutionalisierung und Interessenverfolgung seitens der Staaten und diesbezüglicher Auswirkungen auf die Effizienz von Institutionen als Integrationsmittel. Dabei kann der Einfluß von Staaten auf das Entscheidungsverfahren europäischer Organe oder die Einrichtung solcher Institutionen zur Interessenvertretung der Länder objektiv betrachtet der Integration zwischen Staaten zur Herstellung einer neuen, eigenen Interessen folgenden Einheit entgegenstehen. Es muß also zumindest in geschlossenen, sektoralen Integrationsansätzen um die Unabhängigkeit der europäischen Institutionen gegenüber Einflußmöglichkeiten der Staaten, die, wie festgestellt wurde, Integration unter Verfolgung nationaler Interessen betrieben haben, gehen. Ebenso interessant ist die Frage, inwieweit für die Erweiterung von offenen Integrationsgemeinschaften gemeinschaftliche und nationale Interessen, sich widerspiegelnd in den Organen, ausschlaggebend waren bzw. berücksichtigt worden sind. Zumindest für sektorale Integration fällt es nicht schwer, die beschriebene Unabhängigkeit von Institutionen und ihre Ausrichtung am Gemeinschaftsinteresse am Begriff der Supranationalität fest-

---

449 Ähnlich Schuppert, Staatswissenschaft und Staatspraxis 1994, S. 35, 38, zur Bewertung von Entwicklungsstufen innerhalb des europäischen Integrationsprozesses. Er unterscheidet dabei die Rollenverteilung und das Rollenverständnis der europäischen Institutionen.

450 Damit wird einem Ansatz gefolgt, der reale Erscheinungsformen beschreibt und sie dann typisiert. Dies hat den Vorteil, daß politische Umstände berücksichtigt werden. Das Ausgehen von Rechtsbegriffen und folgende Subsumption der Erscheinungsformen könnte dies nicht leisten. Zu der Methode Winter, DÖV 1993, S. 173, der sich näher beschäftigt.

zumachen. Im engen Zusammenhang dazu steht ebenfalls die Befugnis zur Entscheidung über die Öffnung weiterer Sachgebiete für den Verschmelzungsprozeß und damit über den weiteren Verlauf von Integration allgemein - gelegen entweder bei den gemeinschaftlichen Institutionen im eigentlichen Sinne oder bei den Mitgliedsstaaten. Weiter stellt sich im Hinblick auf Smends Überlegungen der ständigen Erlebbarkeit der Bestätigung der herausgehobenen Entscheidungsträger die Frage nach dem Verfahren für die Besetzung von Institutionen im Hinblick auf die Mitgliedsstaaten und deren Bevölkerung.

Als Bewertungsmaßstab für die dabei erzielten Ergebnisse für Institutionalisierung im europäischen Integrationsprozeß müssen die bisher unberücksichtigten Integrationstheorien dienen, wobei sich in einem umgekehrten Bezug auch die Frage stellt, ob und inwieweit die Lehren als Versuch der über Einzelereignisse hinausgehenden Beschreibung in der Lage sind, die Institutionalisierungsvorgänge zwischen 1950 sowie 1992 umfassend beschreiben zu können.

Neben dem Aussagewert der hier vorzunehmenden Untersuchungen im Hinblick auf Integration als Verschmelzungsprozeß zwischen Staaten im gerade aufgezeigten Zusammenhang läßt sich, und hier schließt sich auch der Kreis bezüglich der Nutzbarmachung von Smends verfassungstheoretischer Überlegung für die europäische Integration, die Institutionalisierung aber auch aus dem spezifisch juristisch-zeitgeschichtlichen, genauer verfassungsgeschichtlichen Blickwinkel verstehen. Mit der Ausgestaltung der Organe der verschiedenen Gemeinschaften sowie deren laufender Veränderung wurde innerhalb juristisch-vertraglicher Formen eine Vielzahl an politischer Vorgaben umgesetzt, die ansonsten nur bei der Verfassungsgebung innerhalb von Nationalstaaten und dort auch nur in wesentlich geringerem Ausmaß auftreten. Die Betrachtung der Entstehungsgeschichte europäischer Institutionen unter Berücksichtigung der politischen und sonstigen gesellschaftlichen Umstände auf europäischer Ebene ist damit ein Teil europäischer Verfassungsgeschichte, wenn man diesen Begriff weiter faßt und darunter nicht nur nationale Verfassungen, sondern auch institutionelle Rahmenbedingungen eines Gemeinwesens in Vertragsform versteht.[451] Damit ergibt sich auch für die Institutionalisierung die Berechtigung, ihn als Forschungsgegenstand juristischer Zeitgeschichte mit ausgeprägten Bezügen zum Recht, präziser zum nach wie vor vorwiegend im nationalstaatlichen Rahmen betriebenen

[451] Zur Mehrdeutigkeit im europäischen Kontext Kaufmann, a. a. O. (Fn. 391), S. 521 f. Hingewiesen sei hier auf die Erforderlichkeit eines vorsichtigen Umgangs mit Begriffen des nationalen Verfassungsrechts im Zusammenhang mit europäischen Institutionen. Die mit einer unkritischen Anwendung von Bezeichnungen der staatlichen Ebene verbundene Nivellierung eigenständiger europäischer Entwicklungen kann gerade innerhalb einer Darstellung, die zur Beleuchtung integrationsspezifischer Entwicklungslinien dient, nicht erfolgen. Dies haben viele Autoren erkannt, vgl. dazu wieder Winter, a. a. O. (Fn. 450), S. 173, 174 ff., der dann zutreffendere Ordnungsmerkmale europäischer Organe entwirft.

Verfassungsrecht, zu verstehen. Auch hier können die Ergebnisse eines Rückblicks darauf, was zwischen 1950 und 1992 diskutiert und umgesetzt wurde, als geschichtlicher Fundus für die weiteren institutionellen Entwicklungen im Integrationsprozeß und diesbezüglicher politischer Hemmnisse verwendet werden.

Als grobe Gliederung bei der Beschäftigung mit der Institutionalisierung im Prozeß europäischer Integration bietet sich zum Erhalt der Übersichtlichkeit und zur richtigen schwerpunktmäßigen Erfassung eine Zweiteilung der Materie an. Dabei soll der erste Abschnitt die Phase intensiver konzeptioneller Arbeit an den Organen der verschiedenen Gründungsgemeinschaften. Dieser Abschnitt ist quellenmäßig gut erschlossen. Danach ist es, ausgehend von den Institutionen in den zustande gekommenen Gemeinschaften, nötig, deren weitere Entwicklung bezüglich Kompetenzen, Unabhängigkeit und Einflußmöglichkeiten, aber auch die Entstehung neuer Organe bis zum Unionsvertrag von 1992 zu untersuchen.

a) Gründungsphase

Eine in kurzer Zeit stattfindende, intensive Beschäftigung mit Institutionalisierung als Mittel europäischer Integration unter den Staaten ergab sich zwischen 1950 und 1957 innerhalb der Vorarbeiten und der Verhandlungen zu den Gründungsverträgen der einzelnen Gemeinschaften. Ausgehend von der Pariser Erklärung vom 9. Mai 1950 bietet sich für fünf verschiedene Integrationsansätze, die von der sektoralen Gemeinschaft der Montanunion über die EPG bis hin zur Wirtschaftsgemeinschaft unterschiedlicher nicht hätten sein können, die Möglichkeit, sie im Hinblick auf die dort vorgesehene Institutionen zu untersuchen.

aa) Pariser Erklärung

Für die von Monnet ohne Abstimmung mit den späteren Mitgliedsstaaten der EGKS erarbeitete Grundkonzeption europäischer Institutionalisierung im Schuman-Plan ist zunächst das Vorhandensein einzelner Institutionen sowie deren vorgesehene Stellung und besonderer Charakter zu untersuchen. Danach sind die dabei zu Tage getretenen Erkenntnisse im Hinblick auf die Problematik einer Interessenabhängigkeit europäischer Integration zu bewerten, die damit das Bindeglied zwischen den Zielen und den Mitteln europäischer Integration darstellt.

(1) Stellung und Charakter der Institutionen

Die Erklärung der französischen Regierung vom 9. Mai 1950 enthielt als Verhandlungsgrundlage für die Interessenten an der Zusammenlegung der jeweiligen staatlichen Kohle- und Stahlindustrie bereits detaillierte Vorstellungen über die Art und Eigenschaften von Institutionen für den geplanten Zusammenschluß. Im Mittelpunkt dessen stand von Anfang an die sogenannte Oberste Behörde:

> „ ...Die französische Regierung schlägt vor, die Gesamtheit der französisch-deutschen Kohle- und Stahlproduktion unter eine gemeinsame Oberste Aufsichtsbehörde (Haute Autorité) zu stellen, in einer Organisation, die den anderen europäischen Ländern zum Beitritt offensteht. ... Durch die Zusammenlegung der Grundindustrien und die Errichtung einer neuen Obersten Behörde, deren Entscheidungen für Frankreich, Deutschland und die anderen teilnehmenden Länder bindend sein werden, wird dieser Vorschlag den ersten Grundstein einer europäischen Föderation bilden, die zur Bewahrung des Friedens unerläßlich ist. ... "[452]

Monnet betonte schon durch die textliche Anordnung die Stellung der Behörde als zentralem Entscheidungsträger. Eine Befugnis zur Festlegung weiterer zu verschmelzender Sektoren, also die Einflußnahme auf die allgemeine Integration in Westeuropa, war nicht vorgesehen. Deutlich wird dies an der Formulierung, daß die Oberste Behörde die Schaffung der Grundlagen der wirtschaftlichen Entwicklung als erster Etappe zu einer europäischen Föderation sichern sollte.[453] Daß für sie auch die Entscheidungsträgerschaft in dieser Föderation vorgesehen waren, läßt sich aus der Erklärung nicht ableiten. Für diese Institution läßt sich damit schon hier eine Zweiteilung ausmachen: Für den abgegrenzten Sektor, auf dem im Interesse der potentiellen Beteiligten Integration stattfinden sollte, stand die Oberste Behörde als Konzept eines starken, gemeinschaftlichen Entscheidungsträgers zur Verfügung. Für das Betreiben weiterer Integration über Kohle- und Stahlerzeugung hinaus sollte ihr diese Funktion jedoch nicht zukommen.

Diese Einschränkung der Position der Obersten Behörde schon innerhalb der Pariser Erklärung setzt sich bei der Verbindlichkeit ihrer Entscheidungen fort. Hier stellte der Schuman-Plan klar, daß sich die beteiligten Länder - aber eben nur auf dem zu integrierenden Sektor - der Institution unterordnen sollten. Der Grund für die grundsätzlich zwar starke, letztlich aber hinsichtlich der Entscheidungen nicht mit Zwangsmitteln durchsetzbare Position der Obersten Behörde lag in den vergeblichen Bemühungen der Jahre 1946 bis 1950, eine effektive Organisationsform für die Zusammenarbeit in Europa zu finden. Monnet schätzte in seinem Memorandum zur Notwendigkeit sofortiger Maßnahmen in Hinblick auf europäische Organisation die zwischenstaatliche Zusammenarbeit im Rahmen der OEEC, des Brüsseler Paktes und des Europarates als ohne Aus-

---

452 Erklärung der französischen Regierung über gemeinsame deutsch-französische Schwerindustrie, a. a. O. (Fn. 35), S. 3091. Die Behörde wird noch in Verfahrensregeln erwähnt.

453 Ebd. Die Einordnung der Bedeutung der Fusion der nationalen Verantwortlichkeiten für die Montanindustrie im Hinblick auf eine Föderation erfolgte in der Pariser Erklärung in einem Nebensatz, der das Anstreben letzterer als Form politischer Vollintegration zur eher fernliegenden Aufgabe machte und sektorale Integration in den Mittelpunkt rückte.

wirkungen auf Europas ökonomische Entwicklung und seine kollektive Sicherheit ein.[454] Gleichzeitig befürchtete er, daß die innereuropäische Zusammenarbeit als Idealvorstellung vieler Regierungen wegen Erfolglosigkeit bei der Erreichung der genannten Ziele an Glaubwürdigkeit verlieren würde. Monnet schloß:

> „... Es ist also notwendig, die Formen der Vergangenheit aufzugeben und sich auf den Weg der Umgestaltung zu begeben ... durch die Installierung neuer Autoritäten, die von den nationalen Souveränitäten anerkannt werden. ...“[455]

Er hatte damit auf der Basis eines Anerkennungsmodells das vorgegeben, was anhand des angepaßten Smend'schen Modells mit der Errichtung einer von den bestehenden Strukturen unabhängigen, entscheidungstragenden Institution gemeint ist.[456] Als Muster fungierte die französische Planungsbehörde, der Monnet vorstand.[457] Sie führte den ebenfalls von Monnet geschaffenen Vierjahresplan zur Stärkung der französischen Wirtschaft aus und konnte dabei im wirtschaftspolitischen Bereich eigenständige Entscheidungen treffen. Der Bezug zur Gestaltung der Obersten Behörde wird in der Einschätzung des aus dem Amt ausgeschiedenen französischen Ministerpräsidenten Flandin von 1951 deutlich:

> „Das Planungskommissariat, gegründet nach der Befreiung, ist wahrhaft eine außergewöhnliche Einrichtung. Da es weder Befugnisse noch einen vom Gesetz definierten Status besitzt, unterliegt es nicht der parlamentarischen Kontrolle, und sein Chef [Monnet, d. Verf.], unabsetzbar de facto, übt die Funktion eines tatsächlichen Super-Wirtschaftsministers aus, jedoch völlig ohne der traditionellen ministeriellen Verantwortung zu unterliegen. ... Nachdem die Vorteile dieses Systems auf nationalem Feld erschöpft sind, war es zu natürlich, daß man sich bemüht, sie auf das internationale Feld zu übertragen.“[458]

Vor diesem persönlichen Erfahrungshintergrund Monnets und im Angesicht der Unfähigkeit der westeuropäischen Staaten, bis zum Jahr 1950 auf effiziente Art die grundsätzlich vorhandenen gemeinsamen Interessen zu bündeln, dazu Kompromisse einzugehen und so letztlich eine intensivere Zusammenarbeit zu ge-

---

454 So im „Monnet-Memorandum“ vom 3. Mai 1950, abgedruckt bei Ziebura, S. 498, 502.

455 Ebd., S. 503. Als weiteres Mittel zur Veränderung dieses unbefriedigenden Zustandes hatte Monnet die Erschaffung gemeinsamer ökonomischer Grundbedingungen gefordert.

456 Nach Oppermann in FS für die Tübinger Juristenfakultät, S. 415, 418, fand eine umfassende juristisch-methodische Vorarbeit in dieser Hinsicht durch die Autoren vor der Verkündung der Erklärung nicht statt. Monnet hatte die darin enthaltenen Ideen, basierend auf Überlegungen von 1943, zwischen Januar und Mai 1950 mit den Mitarbeitern Reuter, Hirsch und Uri ohne den Kontakt zum zuständigen Außenministerium entwickelt. Vgl. zu der Entstehung der Entwürfe die eigene Darstellung in Monnet, Erinnerungen, S. 373 ff.

457 Esterbauer, S. 27. Zur Geschichte als nationalem Entscheidungsträger Mioche, S. 87 ff.

458 Nach Haussmann, S. 13, der sich aber auf Kritik an dem Wirtschaftsmodell beschränkt.

stalten,[459] hatte Monnet selbst zwischen dem 16. April und dem 5. Mai 1950 zusammen mit Mitarbeitern seines Planungsamtes und des Außenministeriums neun Entwürfe erstellt, die die Grundlage für die spätere Pariser Erklärung bildeten. Anfangs war von einer internationalen Behörde[460] die Rede, die mit Vertretern Frankreichs und Deutschlands bzw. der anderen potentiellen Teilnehmer besetzt werden sollte.[461] Eine Befugnis zu verbindlichen Entscheidungen gegenüber den Mitgliedsstaaten wurde zunächst nicht betont. Dann trat jedoch eine Veränderung der Vorstellungen hin zu einer Institution ein, die einen gesteigerten Grad von Unabhängigkeit von den Mitgliedsstaaten aufweisen und diesen gegenüber zu verbindlichen Dezisionen berechtigt sein sollte.[462] Mit dieser Entwicklung hatte die Oberste Behörde ihrem Charakter und der zu erwartenden Effizienz nach schon deutlich an Gewicht gewonnen, als Monnet am 28. April 1950 Ministerpräsident Bidault seinen Vorschlag zur Errichtung unterbreitete.

Weitere institutionelle Ansätze über die Oberste Behörde hinaus sind der Pariser Erklärung nicht zu entnehmen. Zwar läßt sich hinter der Formulierung, daß geeignete Vorkehrungen für Widerspruchsmöglichkeiten gegen Entscheidungen des zentralen Organs gewährleistet würden, die Bildung einer Kontrollinstitution für Behördenentscheidungen vermuten, ob diese Funktion aber nicht doch im Rahmen der Hohen Behörde selbst wahrgenommen werden sollte, bleibt vom Wortlaut der Pariser Erklärung her weitestgehend unklar.[463] Damit läßt sich zu-

---

459 Monnet zeigte sich für verschiedene konkrete Organisationsformen offen, lehnte aber Systeme, deren Unwirksamkeit erwiesen war, ab. Dabei führte er wörtlich die „entscheidungsunfähigen internationalen Kooperationsorgane" an. Monnet, Erinnerungen, S. 375.

460 Dies ergibt sich beispielsweise aus dem Vorentwurf von Mitte April 1950: „ ... Le Gouvernement français pense qu'il convient de placer l'ensemble de la production francoallmande d'acier et de charbon sous une Autorité internationale.", Fondation Jean Monnet pour l'Europe, Lausanne, AMG 1/2/1. Abgedruckt wieder in Schulze/Hoeren, Bd. 1, S. 4.

461 Hier böte sich ein Vergleich der Idee mit der Internationalen Behörde zur Kontrolle der Verteilung der Rohstoffe des Ruhrgebietes innerhalb einer eigenen Arbeit an. Einen Einblick der Einschätzung von Vor- und Nachteilen der Ruhrbehörde gegenüber der Montanunion im ersten Entwurf zur Pariser Erklärung findet sich in einem Gegenvorschlag zur Vorgehensweise bezüglich sektoraler Integration von Kohle und Stahl vom 6. Mai 1950, Archives Nationales, Paris, AJ 81/152, abgedruckt in Schulze/Hoeren, Bd. 1, S. 6 f.

462 Bei Schulze/Hoeren, Bd. 1, S. 3, wird zur Charakterisierung der Obersten Behörde in der Pariser Erklärung der Supranationalitätsbegriff verwandt, ohne auf den Inhalt einzugehen.

463 Ein Vorentwurf zum Schuman-Plan vom 28. April 1950, Archives Nationales, Paris, AJ/81/152, Schulze/ Hoeren, Bd. 2, S. 5, hatte als einzige Möglichkeit zur Revision von Entscheidungen den Internationalen Gerichtshof angegeben. Diese Formulierung war jedoch in der Pariser Erklärung entfallen. Der Grund dafür, so läßt sich aus einer Rede Monnets vom 23. Mai 1950 vor der Hohen Kommission der Alliierten, Archives Nationales, Paris, AJ 81/154 entnehmen, lag darin, daß die Beratungen zum Schuman-Plan nicht durch zu weite Vorgaben belastet werden sollten. Vgl. Schulze/Hoeren, Bd. 2, S. 6.

sammenfassen, daß der von Monnet erarbeitete und von Schuman vorgetragene Plan im Hinblick auf die Ausstattung mit einer entscheidungstragenden Obersten Behörde als Reaktion auf die Ineffizienz der nach dem Zweiten Weltkrieg entstandenen europäischen Organisationen zu verstehen ist. Als Vorbild diente die französische Behörde zur Durchführung des Vierjahresplanes. Der Einfluß der Obersten Behörde sollte sich aber auf die Kohle- und Stahlindustrie beschränken. Die Institution war nicht dazu vorgesehen, über das weitere Vorantreiben von Integration zu entscheiden. Die Oberste Behörde als Entscheidungsträger war ein Mittel sektoraler Integration zur Erreichung sicherheits- und wirtschaftspolitischer Zielstellung, nicht aber zur Förderung politischer Integration.

(2) Besetzung der Obersten Behörde und Interessenverfolgung

Gerade das Streben nach Institutionen, die - einmal vertraglich errichtet - innerhalb ihres Aufgabenbereichs mit verbindlicher Wirkung für die Mitgliedsstaaten tätig werden sollten, läßt vermuten, daß damit gleichzeitig ein Zurückdrängen der nationalen Interessenverfolgung und die Entwicklung hin zu einer kollektiven europäischen Perspektive als Grundlage der Entscheidungen der Obersten Behörde im Rahmen des angestrebten Vertrages beabsichtigt war. Aus Sicht Monnets stellte sich dies aber ganz anders dar. In seinem internen Memorandum vom 3. Mai 1950 erklärt er, daß Europa nur aus Frankreich geboren werden könne, ja Frankreich Europa befreien werde.[464] Daran zeigt sich, daß Frankreich als Schöpfer des auf verbindliche Entscheidungen einer Behörde gegenüber den Staaten gerichteten Institutionalisierungsmodells einen Anspruch auf politische Führerschaft verfolgte.[465] Dem steht zwar die schon in den Vorentwürfen und auch im endgültigen Wortlaut der Erklärung enthaltene Vorgabe entgegen, die Behörde paritätisch unter Berücksichtigung aller Mitgliedsstaaten - sogar Westdeutschlands - zu besetzen.[466] Allerdings deutete die ebenfalls angesprochene Einführung eines Präsidentenamtes, für dessen Inhaber allein bindende Entscheidungen nach außen vorgesehen waren, Spielräume für solche politischen Vormachtgedanken seitens Frankreichs an. Damit ließ sich aus der geplanten Einführung der Obersten Behörde nicht zwangsläufig schließen, daß die Institutionalisierung auf europäischer Ebene, wie sie von der Seite Frankreichs vorgeschlagen worden war, konzeptionell die Verfolgung nationaler Interessen, die eine effektive Kooperation in Westeuropa hatten scheitern lassen, verhinderte.

---

464 Memorandum vom 3. Mai 1950 als Grund für Frankreichs Aktivitäten. Ziebura, S. 503 f.

465 So für das „Monnet-Memorandum" auch Bührer, S. 167. Monnet schätzte rückblickend seine Äußerung, Frankreich müsse bei der Europäisierung führend sein, nicht als eine besondere Privilegierung seines Landes ein. Vgl. hierzu Monnet, Erinnerungen, S. 374 f.

466 Belegen läßt sich diese Aussage mit einem - bereits angesprochenen - Vorentwurf zum Schuman-Plan von Mitte April 1950, a. a. O. (Fn. 242), in Schulze/Hoeren, Bd. 1, S. 3, 5.

(3) Zusammenfassung

Die Oberste Behörde stellt sich ihrer Konzeption in der Pariser Erklärung als lediglich auf einen bestimmten Sektor bezogene, aber entscheidungsbefugte westeuropäische Lenkungsinstitution dar, der ein gewisser französischer Vormachtgedanke innewohnte. Indem die Oberste Behörde wegen der Verbindlichkeit ihrer Entscheidungen aus der Struktur der Mitgliedsstaaten herausgehoben war, sollte sie dem nahekommen, was von ihr im Hinblick auf ein effizientes Entscheidungsverfahren als Mittel von Integration erwartet wurde. Dieser positiven Beurteilung steht im Hinblick auf Monnets Idee einer begrenzten Sektorintegration auch nicht die Kompetenzbeschränkung auf einen isolierten Bereich europäischer Zusammenarbeit oder die beabsichtigte Verfolgung französischer und anderer Länderinteressen trotz paritätischer Besetzung der Behörde entgegen.

bb) Vertrag zur Gründung der Europäischen Gemeinschaft für Kohle und Stahl

Monnet folgte in den sich anschließenden Verhandlungen über die Montanunion einem konkretisierten Modell, in dem die Behörde eine kraftvolle Einrichtung auf der Basis kollektiver Mehrheitsentscheidungen und mit einer Exekutive in Form eines Präsidenten als *primus inter pares* sein sollte.[467] Zur rechtlichen Kontrolle sah er einen Gerichtshof vor. Die Kompetenz des nicht ständig tagenden Parlaments - der Versammlung - war auf wenige Interpellationsrechte beschränkt. In den Beratungen setzte eine auf Vorbehalten der Staaten beruhende Gegenbewegung zur Veränderung dieser Vorstellungen ein, die zu Kompromissen bei der institutionellen Ausgestaltung der Gemeinschaft nötigte. Der Schwerpunkt lag auf dem Grad der eigenständigen Verantwortlichkeit der Behörde und den Möglichkeiten der Mitgliedsstaaten, zur Wahrung ihrer eigenen Interessen Einfluß auf sie zu nehmen. Weiter kamen zum ursprünglichen Konzept einige Organe hinzu, deren Zweck im Hinblick auf die Rolle dieser Institutionen als Mittel von Integration zwischen Staaten ebenfalls zu untersuchen ist.

(1) Hohe Behörde als zentraler Entscheidungsträger

Als tragendes Element des Zusammenschlusses der französisch-deutschen Montanindustrie hatte der Schuman-Plan eine Oberste Behörde grob umrissen und die Akzeptanz von deren wesentlichen Merkmalen zur Grundbedingung in den anstehenden Verhandlungen mit den an diesem Zusammenschluß interessierten Staaten gemacht. Nach der Bekanntgabe der Pariser Erklärung begaben

[467] Gillingham in Brinkley/Hackett, S. 129, 140. Er zieht für diese Bewertung, die hier sogleich im einzelnen nachzuvollziehen ist, das *document de travail* als Arbeitsentwurf Monnets heran, das später zur Untersuchung der Organe in der Montanunion dienen soll.

sich Monnet und seine Mitarbeiter an erste Entwürfe eines entsprechenden Vertrages, dessen Erarbeitung nach der Sechs-Mächte-Erklärung vom 3. Juni 1950 dann ab dem 20. Juni 1950 auf der zwischenstaatlichen Ebene fortgesetzt wurde. Ausgehend von einer sich aus dem Schuman-Plan ergebenden Zweiteilung zwischen Kohle und Stahl wollte Monnets Mitarbeiter Reuter in einem kurzfristig[468] erstellten Vertragsvorentwurf vom 16. Mai 1950[469] zwei Organisationen auf europäischer Ebene schaffen, die nach Artikel 9 dieses Dokumentes aus einem *Conseil Superiéur* unter Vorsitz eines Direktors, Studien- und Verwaltungsausschüssen sowie einem Direktionssekretariat samt dazugehörigem Personal bestehen sollte. Dem Obersten Rat war dabei in Artikel 10 die Leitung der Organisation zugedacht. Der Rat sollte mit unabhängigen Persönlichkeiten aus Frankreich und Deutschland zu gleichen Teilen besetzt werden, während zur Benennung des Direktors das Einvernehmen beider Staaten als erforderlich angesehen wurde. Genaue Vorschlags- und Wahlmodi enthielt dieser Vorentwurf noch nicht. Im Hinblick auf die Pariser Erklärung wurde damit die Unabhängigkeit der Institution von den zukünftig beteiligten Staaten, gewährleistet durch Stellung und Auswahl der beteiligten Personen, betont. Adenauer stimmte am 23. Mai 1950 der Verbindlichkeit der Entscheidungen dieser Behörde zu, während Belgien und die Niederlande das Entstehen einer politisch niemandem verantwortlichen Expertendiktatur befürchteten. Die Benelux-Staaten verständigten sich jedoch Anfang Juni, die Existenz der Behörde als solcher zu akzeptieren, jedoch gemeinsam ihren Einfluß zugunsten von einer verstärkten Steuerungsmöglichkeit seitens der Mitgliedsstaaten auszuüben.[470]

Nachdem am 3. Juni 1950 neben Frankreich und Deutschland auch Italien und die Benelux-Länder ihre Beteiligung am Projekt einer Vergemeinschaftung der Verantwortlichkeit für die Kohle- und Stahlerzeugung erklärt hatten, zeigen die nächsten Entwürfe für ein entsprechendes Abkommen fortschreitende Überlegungen zur Positionierung der nun wieder *als Haute Autorité* bezeichneten Behörde - bei Reuter war nur von *organisation* die Rede gewesen - innerhalb einer einheitlichen Europäischen Gemeinschaft für Kohle und Stahl. Im Zweiten Teil eines nach der Sechs-Mächte-Erklärung entstandenen Vorentwurfs von Uri, datiert vom 7. Juni 1950,[471] findet sich in den Artikeln 2 und 3 die Festlegung

[468] Reuter scheint - so sein Begleitschreiben, Archives Nationales, Paris, AJ 81/152, Schulze/Hoeren, Bd. 1, S. 18 - 48 Stunden ununterbrochen an diesem Vertragsvorentwurf gearbeitet zu haben. Er beklagt sich auch darüber, daß seine Kapazitäten fast am Ende seien. Dies mag als Beispiel für den Druck gelten, dem die Schöpfer dabei ausgesetzt waren.

[469] Projet d'un schéma du traité par P. Reuter vom 16. Mai 1950, Fondation Jean Monnet pour l'Europe, Lausanne, AMG 2/4/3. Schulze/Hoeren, Bd. 1, S. 11 ff., besonders S. 12 f.

[470] Zur deutschen sowie zur Haltung der Benelux-Länder Küsters in Schwabe, S. 73, 78 f.

[471] Schéma du traité de Pierre Uri vom 7. Juni 1950, Fondation Jean Monnet pour l'Europe, Lausanne, AMG 2/4/7, Schulze/Hoeren, Bd. 1, S. 21 ff.. Von besonderer Aussagekraft imhier interesieren Zusammenhang ist dabei IIéme Partie: La Haute Autorité, Art. 1 ff.

auf fünf bis zehn Mitglieder der Hohen Behörde einschließlich des Präsidenten. Die Mandatsdauer der Mitglieder sollte bei sechs Jahren liegen, während aller zwei Jahre eine Erneuerung vorgesehen war. Der Unterschied dieses Vorentwurfs zu seinem Vorgänger bestand jedoch in der erstmalig konkreten Festlegung des Vorgehens der potentiellen Mitgliedsstaaten zur Bestimmung der Mitglieder für die Hohe Behörde und in Teilen von deren Entscheidungsverfahren:

> *Article 4* - La procédure initiale de désignation est assurée de la façon suivante: chaque pays membre propose deux candidats. La liste définitive des membres de l'Autorité est fixée; à défaut d'accord entre les pays participants, par un vote ans lequel France et Allemagne ont chacune une voix, les pays du Bénélux et l'Italie, chacun 1/5 de voix.
>
> *Article 5* - Lors des renouvellement, les candidats seront désignés à la majorité des membres non renouvelables de la Haute Autorité, en nombre double de celui des sièges à pourvoir. La désignation est faite, à défaut d'accord entre les pays participants, suivant une procédure des votes identiques à celle qui a été définie cidessous.
> Le Président est élu à une majorité des 2/3 des membres de l'Autorité, et choisi au sein de celle-ci. Si les membres de l'Autorité ne parviennent pas à désigner de cette façon le Président, il est choisi à l'extérieur soit par accord unanime entre les gouvernements, soit par vote des gouvernements selon la procédure présente.
> Lors des débats de la Haute Autorité, la voix du Président est prépondérante en cas de partage égal des voix.[472]

Diese beiden hier wiedergegebenen Artikel beschreiben ein kompliziertes Verfahren zur erstmaligen Wahl der Mitglieder sowie für die zweijährlich vorgeschriebene Erneuerung ihrer Mandate. Dabei war beabsichtigt, daß jedes Land zunächst zwei Kandidaten vorschlagen sollte. Wenn dabei keine Einigkeit über die Besetzung erzielt werden konnte, sah dieser Vorentwurf eine Abstimmung über die Mitgliederliste vor, bei der Frankreich und Deutschland je eine Stimme, Italien und den Benelux-Staaten aber jeweils ein Fünftel einer Stimme zukam. Für die „Erneuerung" von Sitzen in der Behörde erhielten die nicht zur Disposition stehenden Mitglieder das Vorschlagsrecht, während die Mitgliedsstaaten dann im Einverständnis oder im oben beschriebenen Verfahren entscheiden sollten. Für den Präsidenten der Hohen Behörde, dessen Stimme bei Gleichheit im Gremium den Ausschlag gab, war die Auswahl und die Bestimmung unter den Mitgliedern vorgesehen, wobei letztere eine Mehrheit von zwei Dritteln der Stimmen erforderte. Nur für den Fall fehlender Einigung auf eine Person innerhalb der Hohen Behörde konnten die Mitgliedsstaaten einverständlich oder per Abstimmung den Präsidenten aussuchen und ernennen. Die Beschlüsse der Ho-

---

[472] Ebd., S. 22. Das Bemühen um nichtdiskriminierende Lösungen führte häufig, und die zitierte Quelle ist ein gutes Beispiel dafür, zu komplizierten Formulierungen von Regelungen in den Gründungsverträgen, die ohne historisches Wissen wenig verständlich sind.

hen Behörde waren mit Artikel 8 im Grundsatz als Mehrheitsentscheidungen mit den Stimmen der Anwesenden konzipiert, wobei für Beschlußfähigkeit die Anwesenheit von zwei Dritteln der Mitglieder erforderlich war.

Vergleicht man die vorgesehenen Regelungen im Vorentwurf von Uri mit denen in den Vorschlägen von Reuter, so fällt bereits ein mit dieser Konkretisierung eingetretener Rückgang der Unabhängigkeit der neuen Behörde hinsichtlich des Verfahrens ihrer personellen Besetzung auf, ohne daß dies auf den Einfluß von zwischenstaatlichen Verhandlungen unter Ablehnung der weitreichenden Unabhängigkeit zurückzuführen wäre. Gerade die Möglichkeit der Mitgliedsländer, für die Erstbesetzung der Behörde ihrerseits Mitgliederlisten unabhängig von der fachlichen und persönlichen Eignung potentieller Kandidaten im Vergleich zum Projekt der Gemeinschaft selbst erstellen und auch später in bestimmten Situationen den Präsidenten selbst auswählen zu können, verwässerte die Autonomie der Hohen Behörde als Entscheidungsträger. Von unabhängigen Persönlichkeiten, mit denen die Institution ursprünglich besetzt werden konnte, war keine Rede mehr. Es lag nach Uri allein bei den Mitgliedsstaaten, wie die Hohe Behörde erstmalig personell besetzt und welchen Kurs sie einschlagen würde. Auch zeigte der in der Pariser Erklärung enthaltene Grundgedanke paritätischer Beteiligung der Staaten in der Festlegung unterschiedlicher Stimmenverhältnisse für den Fall der Uneinigkeit in der Hohen Behörde bzw. unter den Staaten selbst erste Erosionserscheinungen. Darin läßt sich mit dem hier sehr deutlich hervortretenden Erfordernis der engen Rückbindung an die Staaten bereits die Grundrichtung für die später stattfindenden Verhandlungen erkennen.

Während die Konstruktion der Hohen Behörde nach einem internen Dokument zur Koordinierung der französischen Verhandlungsführung vom 12. Juni 1950 lediglich im Hinblick auf ihre demokratische Legitimation gegenüber den Mitgliedsländern ein Problem der anstehenden Beratungen zwischen den Staaten darstellte,[473] brachte ein weiterer Vorentwurf von Reuter vom 14. Juni 1950 geringfügige Veränderungen im Verfahren zu Benennung und Festlegung der Mitglieder der Behörde sowie zu deren Anzahl mit sich. Wie die Stellung der Hohen Behörde, die Position ihrer Mitglieder und deren Wahl aus der Sicht der damaligen Beteiligten kurz vor dem Beginn der zwischenstaatlichen Verhandlungen über das Vertragswerk zur Gründung der Montanunion bewertet wurde, zeigt ein Kurzprotokoll der Auftaktsitzung im französischen Außenministerium vom 21. Juni 1950. Dabei hatte Monnet vor den späteren Verhandlungsbeteiligten der Staaten seine Konzeption für diese Institution vorgestellt und - entspre-

[473] Note pour le Comité Interministériel vom 12. Juni 1950, Fondation Jean Monnet pour l'Europe, Lausanne, AMG 2/4/9, Schulze/Hoeren, Bd. 1, S. 25 ff., zur Hohen Behörde S. 26 f. Die dort im Mittelpunkt stehenden Fragen der Möglichkeit etwaiger Beschwerde gegen Entscheidungen der Behörde und der Legitimation werden dann sogleich erörtert.

chend der Vorgabe der Pariser Erklärung vom 9. Mai 1950 - die vorgesehene Stellung des zentralen Entscheidungsträgers nochmals genauer herausgearbeitet:

> „Die Hohe Behörde ist ein Symbol der zu gründenden Gemeinschaft. Ihre Mitglieder sind nicht Vertreter ihrer Regierungen, sondern tragen eine eigene unabhängige Verantwortung. Die Hohe Behörde ist Trägerin einer responsabilité commune, nicht aber Trägerin einzelner nationaler Verantwortlichkeiten. Sie darf nicht mehr als 6 oder 9 Mitglieder umfassen. Ihr Präsident wird gewählt; seine Stimme gibt im Falle von Stimmengleichheit den Ausschlag. Alle Entscheidungen der Hohen Behörde werden mit Mehrheit getroffen. Die Mitglieder werden in folgender Weise gewählt: Die Mitgliedsstaaten stellen eine Liste auf, in der alle Kandidaten zusammengefaßt sind, die von den einzelnen Regierungen benannt werden. Aus dieser werden die Mitglieder der Hohen Behörde gewählt. Sie werden von den Staaten für etwa 6 Jahre gewählt. In wichtigen Fragen trifft die Hohe Behörde mit qualifizierter Mehrheit die Entscheidung. ... "[474]

Ausgehend von diesen Vorstellungen, ergab sich damit ein im wesentlichen den Vorgaben der Pariser Erklärung entsprechendes, aber dennoch im Detail stärker an die zukünftigen Mitgliedsstaaten gebundenes Konzept für die Hohe Behörde.

In den Gesprächen am 21. Juni 1950 beginnenden Gesprächen zwischen den Staaten über die Ausgestaltung der Hohen Behörde als Bestandteil der Verhandlungen über die Montanunion überhaupt änderte sich an ihrer vorgegebenen Struktur und ihrer Befugnis nicht mehr viel. Dies lag daran, daß die beteiligten Staaten sich dieser französischen Grundbedingung bereits unterworfen hatten. Die Diskussion entzündete sich an anderen Themen, die trotz des fixierten besonderen Charakters der Behörde zur Wahrung nationaler Einflüsse beitragen konnten. Zum einen ging es weiterhin um das Verfahren der personellen Besetzung der Behörde als Einflußgröße bei der Auswahl der Entscheider innerhalb der Institution. Weiter gab es verschiedene Überlegungen vor allem der Benelux-Länder, die Struktur der Hohen Behörde zwar unangetastet zu lassen, sie aber durch Einbettung in weitere Institutionen enger an die Interessenlage der Mitgliedsstaaten zu binden. Letzteres, sich widerspiegelnd in der Herausbildung der Organe Versammlung, Ministerrat und Gerichtshof, soll bei deren Entstehung untersucht werden. Hier interessieren zunächst nur die Veränderungen, die in den Verhandlungen für die personelle Ausstattung der Behörde vorgeschlagen wurden und denen Auswirkung auf die Unabhängigkeit dieses Organs zukam.

In einem Vertragstext, der Monnet vom 21. bis zum 24. Juni 1950 als Grundlage seiner erläuternden und konkretisierenden Ausführungen über die französischen

---

474 Auszug aus dem entsprechenden Kurzprotokoll der Sitzung im französischen Außenministerium, 21. Juni 1950, Politisches Archiv des Auswärtigen Amts, Berlin, Sekretariat für Fragen des Schuman-Plans, Bd. 56. Veröffentlicht bei Schulze/Hoeren, Bd. 1, S. 37 f.

Vorstellungen der Ausgestaltung der Europäischen Gemeinschaft für Kohle und Stahl gedient hatte,[475] ergaben sich für die Besetzung der Hohen Behörde gegenüber dem letzten Vorentwurf neben marginalen Veränderungen[476] in den Artikeln 4 und 5[477] zwei wesentliche Unterschiede. Die Mitglieder sollten durch die Staaten einverständlich vorgeschlagen werden, bei fehlendem Einverständnis war die schrittweise Abstimmung über die Vergabe jedes Sitzes erforderlich. Im ersten Wahlgang benötigte man zur Besetzung eine Zwei-Drittel-Mehrheit. Fand sie sich nicht, genügte im zweiten Anlauf die einfache Mehrheit. Die Frage, welches Land mit welcher Stimmzahl entscheiden dürfe, wurde vorübergehend so geregelt, daß die Zahl der Abgeordneten, die jeder Staat in die Versammlung als weiterer Institution der Gemeinschaft entsenden konnte, gleichzeitig das Verhältnis der Stimmen der Länder bei der Festlegung der Mitglieder der Hohen Behörde ausmachen sollte. Damit verschob sich das Problem des Stimmenverhältnisses nur. Auch das Verfahren zur Bestimmung des Präsidenten der Behörde hatte sich verändert. Nun sollte er, erst in zwei Versuchen mit qualifizierter, dann mit einfacher Mehrheit durch die Regierungen der Mitgliedsländer aus den Angehörigen der Hohen Behörde gewählt werden. Von der Wahl des Präsidenten durch die Behördenmitglieder war keine Rede mehr.

Schon die ersten Beratungstage[478] zeigten, daß sich die Delegationen der Bedeutung des Verfahrens der Ernennung der Mitglieder der Hohen Behörde einschließlich des Präsidenten im Hinblick auf die eigene Interessenlage bereits in dieser frühen Verhandlungsphase voll bewußt waren. In einem Arbeitsdokument vom 24. Juni 1950, das nach einem ersten Meinungsaustausch der Delegationen von der französischen Seite erarbeitet worden war, findet sich dazu in Artikel 3, der das Besetzungsverfahren enthielt, die Bemerkung, daß die Zahl der Stimmen der Staaten Gegenstand späterer Prüfung sei.[479] Insofern hatte sich die anfängliche französische Position eines von der Pariser Erklärung abweichenden, in der Stimmzahl abgestuften Einflusses der zukünftigen Mitgliedsstaaten auf die personelle Ausstattung der Hohen Behörde und damit mittelbar auf deren Entscheidungen nicht durchsetzen können. Im inzwischen gebildeten juristischen Ausschuß wurde, wiederum entgegen der französischen Vorschläge,

---

475 Die Verhandlungen begannen mit der Vorstellung der Ideen zur institutionellen und kompetenzmäßigen Ausgestaltung der Gemeinschaft. Vgl. Küsters in Schwabe, S. 73, 80.

476 Dazu gehörte in Artikel 2 die ganz konkrete Aussage, daß die jeweiligen Mitglieder der Hohen Behörde nach ihrer persönlichen Kompetenz ausgewählt würden. Vgl. dazu Texte du projet préparé par les Français vom 21. Juni 1950, Fondation Jean Monnet pour l'Europe, Lausanne, AMG 3/2/2. In Schulze/Hoeren, Bd. 1, S. 41 ff., Artikel 2 auf S. 42.

477 Ebd., S. 42.

478 Ein Überblick zum Verhandlungsverlauf findet sich bei Küsters in Schwabe, S. 73, 80 ff.

479 Französisches Arbeitsdokument vom 24. Juni 1950, bezeichnet als *document de travail.* Politisches Archiv des Auswärtigen Amts, Berlin, Sekretariat für Fragen des Schuman-Plans, Bd. 93. Abgedruckt bei Schulze/Hoeren, Bd. 1, S. 50 ff.; Art. 3 Abs. 3 dort S. 51.

weiter über die Frage diskutiert, ob der Präsident durch die Mitgliedsstaaten oder die Angehörigen der Hohen Behörde gewählt werden sollte und welche Mehrheitserfordernisse dafür aufzustellen waren.[480] Am Ende des ersten Verhandlungsabschnittes am 10. August 1950 standen sich damit zwei Verfahren der Ernennung von Mitgliedern und des Präsidenten der Hohen Behörde gegenüber, wobei die Festlegung der Stimmenzahlen der Staaten weiter ungelöst blieb.[481] Allerdings zeigte man nun drei Möglichkeiten der Stimmverteilung auf, wobei diese nach der Wirtschaftskraft, nach einem festen Schlüssel wie bei der Internationalen Ruhrbehörde oder - hier ergeben sich Verbindungen zur Egalität der Staaten nach der Pariser Erklärung - nach gleicher Stimmzahl für jedes Land erfolgen sollte. Ein Dokument vom 18. August 1950 belegt hinsichtlich der Besetzung der Hohen Behörde bei fortbestehender Uneinigkeit über die Stimmgewichtung nur die vorhandene Einigkeit Deutschlands und Frankreichs dahingehend, daß die Zahl der Mitglieder unabhängig von der Zahl der Staaten gestaltet werden könne, was Belgien vehement zu verhindern suchte.[482]

Diese Unentschiedenheit für das Verfahren blieb sogar über die Paraphierung des Vertrages zur Gründung der Montanunion am 19. März 1951 in Paris bestehen.[483] Erst auf der abschließenden Außenministerkonferenz vom 12. bis 18. April 1951 wurde mit dem endgültigen Wortlaut von Artikel 10 EGKSV ein Kompromiß gefunden, der die Einflüsse der Mitglieder auf die Besetzung der Behörde und die Gleichrangigkeit der Staaten untereinander bei der Wahl wahrte, ohne es dabei immer des Einvernehmens bedurfte. Faßt man den Inhalt dieser Regelung zusammen, so lag die Kompetenz zur Ernennung der Mitglieder der Hohen Behörde grundsätzlich bei den Mitgliedsstaaten. Lediglich der neunte Angehörige wurde durch die anderen Mitglieder der Institution bestimmt. Für die Wahl seitens der Mitgliedsstaaten ging man für den ersten Turnus von sechs Jahren verpflichtend von Ernennung im Einvernehmen aus. Dies dokumentiert die Unfähigkeit der Verhandlungspartner, für das wichtige Problem des Ernennungsverfahrens zu einer einverständlichen Lösung zu kommen. Nach Ablauf von sechs Jahren war wiederum eine einvernehmliche Ernennung vorgesehen,

---

480 Die Beatungen lassen sich anhand des Protokolls der Sitzung des juristischen Ausschusses vom 27. Juni 1950, Politisches Archiv des Auswärtigen Amts, Berlin, Sekretariat für Fragen des Schuman-Plans, Bd. 4, nachvollziehen. Schulze/Hoeren, Bd. 1, dort S. 61, 63.

481 Institutionen des Schuman-Plans, Stand vom 10. August 1950, Politisches Archiv des Auswärtigen Amts, Berlin, Sekretariat für Fragen des Schuman-Plans, Bd. 102. Wieder bei Schulze/Hoeren, Bd. 1, S. 135, 138 f. An diesem Beispiel wird deutlich, wie ein Kompromiß zu einer schweren sprachlichen Verständlichkeit des Vertragstextes führt.

482 Übersicht über den Stand der Verhandlungen am 18. August 1950, Politisches Archiv des Auswärtigen Amts, Berlin, Sekretariat für Fragen des Schuman-Plans, Bd. 53, unveröffentlicht. Der Text hielt den Stand der Lage vor dem zweiten Verhandlungsabschnitt fest.

483 Küsters in Schwabe, S. 73, 81; Schulze/Hoeren, Bd. 1, S. 359 als Vorbemerkung zur Dokumentation der Ministerkonferenz vom April 1951, die dann selbst eine Festlegung traf.

sollte diese scheitern, dann ergab sich die Möglichkeit der Wahl der Behördenmitglieder. Durch die dazu nötige Mehrheit von fünf Sechsteln stellte man eine hohe Hürde für den Konsens der beteiligten Staaten auf. Von unterschiedlich gewichteten Stimmen der Staaten im Sinne der ursprünglichen Vorschläge Frankreichs war keine Rede mehr, dafür standen den einzelnen Ländern Vetorechte gegen eine bestimmte Anzahl von durch die anderen Teilnehmerstaaten gewählten Mitgliedern zu. Insofern hatte man zumindest für den zweiten Ernennungsturnus ein Verfahren gefunden, das trotz der unterschiedlichen Größe der Staaten und der Leistungsfähigkeit ihrer Montanindustrien deren Gleichberechtigung bei der Besetzung der Hohen Behörde aufrechterhielt. Mit dem Vetorecht war aber auch dafür gesorgt, daß die einzelnen Staaten ihnen unannehmbar erscheinende Personen ausschließen konnten. Mit der erstmaligen Besetzung der Hohen Behörde durch die Regierungen der Mitgliedsstaaten sicherten sich diese den Einfluß auf die neue Behörde, während bei der späteren, zweijährig vorgesehen Erneuerung abwechselnd Hohe Behörde und Mitgliedstaaten zum Zuge kommen sollten. Damit war auch die Hohe Behörde als von den Staaten losgelöste Institution einer neuen Gemeinschaft nicht gänzlich von der Bestimmung der Mitgliedsstaaten ausgeschlossen. Dasselbe Verfahren galt nach Artikel 11 EGKSV grundsätzlich auch für die Ernennung des Präsidenten der Hohen Behörde, wobei sich hier die Mitgliedsstaaten das Recht zur Ernennung dieser Person vorbehielten. Betrachtet man die Bemühungen um die Wahrung des Einflusses auf die Plazierung der Mitglieder und den Ausschluß unerwünschter Kandidaten, so mutet Artikel 9 EGKSV, der auf plakative Weise die Unabhängigkeit der Behördenmitglieder von den Staaten festschrieb, geradezu unrealistisch an.

Aus alledem ergibt sich, daß die Hohe Behörde im Vertrag zur Gründung der Europäischen Gemeinschaft für Kohle und Stahl von ihrer unabhängigen Ausgestaltung her auf den ersten Blick den Vorgaben der Pariser Erklärung folgte. Gerade die Diskussion um die Besetzung der Hohen Behörde zeigt aber, daß trotz der unverhandelbaren Prämisse der Unabhängigkeit von den Mitgliedsstaaten aus dem Schuman-Plan durch die Mitgliedsländer versucht wurde, im Detail der Ausgestaltung dieser Institution eigene Einflußmöglichkeiten zu wahren. Macht man sich im Hinblick auf die Funktion dieser Institution auf Integrationsprozesse bewußt, daß derartig von ihren Herkunftsstaaten plazierte Mitglieder Entscheidungen für den zu verschmelzenden Sektor der Kohle- und Stahlerzeugung am Maßstab des Gesamtgebietes treffen sollten, so zeigt sich hier von Anfang an eine konzeptionelle Ineffizienz als Integrationsmittel, der aus der starken Stellung der Staaten vor allem bei der erstmaligen Benennung der Behördenmitglieder resultierte. Die Wahrscheinlichkeit, daß sich die Entscheidungsträger weniger an spezifischen, von der Behörde im Idealfall zu verfolgenden Interessen der Gesamtgemeinschaft, sondern eher an denen der Herkunftsländer der Mitglieder orientieren würden, war mit dieser Ausgestaltung des Verfahrens der Ernennung der Mitglieder deutlich gestiegen. Abgesehen davon stand der Gemeinschaft ein recht schlagkräftiges Integrationsinstrument mit der Befugnis zu verbindlichen Entscheidungen gegenüber den Mitgliedsstaaten im Sinne der heutigen politischen Integrationslehre zur Verfügung. Dieses Instrument bezog sich allerdings nur auf den eng begrenzten Sektor der Montanindustrie der zukünftigen Mitgliedsstaaten, darüber hinausgehende Funktionen als Mittel der Beförderung von Integration im allgemeinen, politisch umfassenden Sinne war nicht vorgesehen.

(2) Funktionsverlust durch institutionelle Ummantelung

Neben der Hohen Behörde enthielt der Vertrag zur Gründung der EGKS mit der Versammlung, dem Ministerrat und dem Gerichtshof noch weitere Institutionen, die die Pariser Erklärung nicht vorgesehen hatte.[484] Im Hinblick auf die Funktion der Behörde als Instrument europäischer Integration und zur Beantwortung der Frage nach ihrer Unabhängigkeit von Einflüssen der Einzelstaaten muß daher weiter untersucht werden, aus welchen Gründen die übrigen Institutionen eingerichtet wurden, wie sie aufgebaut waren, welchen nationalen Einflüssen sie unterlagen und welche Wirkungen sie auf die Arbeit der Hohen Behörde entfalteten. Auszugehen ist dabei von der schon aufgezeigten Entschlossenheit vor allem der Benelux-Staaten, die selbst weitgehend indiskutable Stellung der Hohen Behörde als Entscheidungsträger durch die Positionierung weiterer Institutionen der Gemeinschaft, die unmittelbar nationaler Steuerung unterlagen, zu schwächen und damit die Funktion als unabhängiger Entscheidungsträger zum Erhalt der nationalen Entscheidungs- und Einflußspielräume wenigstens mittelbar zu untergraben. Die Ausgestaltung der Befugnisse der weiteren Organe in bezug auf die Hohe Behörde und das Verhältnis der Institutionen zueinander waren hier die Hauptprobleme der Verhandlungen im institutionellen Bereich.[485]

α) Gemeinsame Versammlung

Bereits im Vertragsvorentwurf von Uri, datiert vom 7. Juni 1950,[486] findet sich mit Artikel 6 eine Vorschrift, die einen jährlichen Bericht der Hohen Behörde über ihre Tätigkeit vorsah. Dieser Bericht sollte dann zum Beispiel vor einer *As-*

---

[484] Nach der These dieses Abschnittes sollen hier nur Institutionen untersucht werden, deren Gestaltung auch Auswirkungen auf die Hohe Behörde in ihrer Funktion als Entscheidungsträger vermuten lassen. Von Anfang an scheiden der Beratende Ausschuß zur Unterstützung der Hohen Behörde und die im Laufe der Verhandlungen diskutierten, aber letztendlich nicht in den Vertrag übernommenen regionalen Gruppen aus. Diese Einrichtungen sollen erst später und in einem anderen Zusammenhang näher beleuchtet werden.

[485] So Küsters in Schwabe, S. 73, 89 ff., der sich mit der Auswertung der Dokumente befaßt.

[486] A. a. O. (Fn. 471). Schulze/Hoeren, Bd. 1, S. 21 ff. Von besonderer Aussagekraft ist wieder IIème Partie: La Haute Autorité, Art. 6, S. 22, auf die schon früher verwiesen wurde.

semblée de l'Union européenne diskutiert werden. Mit dem anschließend entworfenen Verfahren der Demission aller Mitglieder der Behörde bei Nichtannahme des Tätigkeitsberichte durch die Versammlung wird die angestrebte Kontrollfunktion dieser Institution, die sich hier noch als vage Vorstellung einer Institution zeigt, deutlich. Jedoch sollte es sich ihrer Bezeichnung nach um einen Bestandteil einer zu schaffenden Europäischen Union handeln, so daß von relativer Ferne und damit von Unabhängigkeit von den Staaten auszugehen ist. Es sollte sich um ein spezifisch europäisches Organ handeln.

Aber schon das bereits erwähnte französische interministerielle Komitee, das die Verhandlungsführung der französischen Delegation in der Folgezeit koordinieren sollte, konkretisierte den Charakter der noch im Planungsstadium befindlichen Versammlung hin zu einer Rückbindung an die Mitgliedsstaaten. Dies sollte im Rahmen der in der Pariser Erklärung vom 9. Mai 1950 vorgesehenen europäischen Föderation geschehen, zu der die Montanunion einschließlich der Hoher Behörde und ausweislich des folgenden Dokuments auch die Versammlung ein erster konkreter Schritt sein sollte. Das genannte französische Komitee schlug unter der Überschrift „*Responsabilité*" dementsprechend vor:

> „Ainsi que le marquait la proposition française, la Haute Autorité dans son ensemble doit être instituée suivant une procédure démocratique. On pourrait prévoir la présentation publique d'un rapport annuel qui serait discuté par un comité d'une cinquantaine de membres élus annuellement à cet effet par les Parlements de chaque pays et choisis dans leur sein. Au cas où une motion de censure serait votée par ce comité à la majorité des deux tiers, la Haute Autorité devrait être renouvelée suivant la procédure fixée par le traité. Ainsi serait réalisée la première assise concrète d'une Fédération européenne, comme le prévoit la proposition du 9 mai."[487]

Neben der Kontrolle selbst, die sich in der Möglichkeit der Entlassung der Mitglieder der Hohen Behörde bei einer mit Zwei-Drittel-Mehrheit erfolgten Ablehnung des Berichts dieser Institution seitens eines besonderen Komitees widerspiegelt, ergab sich nun bei der vorgesehenen Besetzung dieses Komitees mit Mitgliedern der nationalen Parlamente etwas wie eine demokratische Überwachung. Zwar sollten die Mitglieder der Hohen Behörde primär durch die Regierungen der Mitgliedsstaaten bestimmt werden, ihre vorzeitige Entlassung aus dem Amt ließ sich den französischen Vorstellungen aber auch durch das Zusammenwirken ausgewählter nationaler Parlamentarier in einer hier nur mit Komitee benannten Organisationsform erreichen. In Reuters Anmerkungen vom 14. Juni 1950[488] finden sich innerhalb der Artikel 7 ff. Konkretisierungen, die

---

487 Entnommen des vollständigen Textes der Note pour le Comité Interministériel, 12. Juni 1950, a. a. O. (Fn. 473), die wieder bei Schulze/Hoeren, Bd. 1, S. 25, 27, abgedruckt ist.

488 Observations sur le schéma de traité fates par P. Reuter, datiert vom 14. Juni 1950, Fondation Jean Monnet pour l'Europe, Lausanne, AMG 2/4/16. Schulze/Hoeren, Bd. 1, S.

das Zusammentreffen der parlamentarischen Delegationen - der Begriff der Versammlung fehlt noch -, deren Zusammensetzung sowie das Verfahren der Entscheidung über den Jahresbericht der Behörde enthielten.

Eine Zusammenfassung der Vorstellungen Reuters ergibt sich wieder aus dem Kurzprotokoll vom 21. Juni 1950.[489] Danach sollten als Eckdaten jährlich etwa vierzig bis fünfzig von ihren Parlamenten ausgewählte Abgeordnete zu einer Versammlung zusammentreten und dort den Rechenschaftsbericht der Hohen Behörde diskutieren, wobei den Parlamentariern ein Fragerecht bezüglich der Mitglieder der Behörde zukam. Mit Zwei-Drittel-Mehrheit konnte die Versammlung feststellen, daß die Hohe Behörde ihre Pflichten nicht erfüllt hatte, was zum Rücktritt ihrer Mitglieder führen sollte. Insofern stellt sich die Versammlung als mitgliedsstaaliches Instrument zur Kontrolle der Hohen Behörde *ex post* dar. Allein ihre Existenz bedeutete, daß eine Politik gegen die Interessen aller Teilnehmerstaaten durch die Behörde nicht zu erwarten war. Da jedoch konkrete Stimmenverhältnisse für diese Versammlung noch nicht verbindlich festgelegt waren, läßt sich eine darüber hinausgehende, konzeptionelle Abhängigkeit der Behörde von den Interessen größerer Mitgliedsstaaten innerhalb eines „vorauseilenden Gehorsams“ gegenüber der Versammlung nicht begründen.

Die weitere Diskussion um die Ausgestaltung der Versammlung entwickelte sich nun in zwei Richtungen. Zum einen ging es - ähnlich wie bei der Hohen Behörde - um die Frage, wie die Stimmen auf die einzelnen Länder verteilt werden sollten. Entweder hieß es, ausgehend von der Gleichwertigkeit der Mitglieder, jedem Land dieselbe Stimmzahl zuzubilligen oder aber die Größe des Mitgliedsstaates zu berücksichtigen. Im Gegensatz zu den Diskussionen um die Hohe Behörde ging man hier von Anfang an von zweiterer Möglichkeit aus. Forderungen nach gleichwertiger Besetzung finden sich nicht. Dafür hatte bereits Reuter hier Kriterien zur Stimmverteilung in seine Anmerkungen aufgenommen:

> „Chaque délégation se composera par Etat de deux délégués, plus un nombre de délégués qui vaieront en tenant compte de la population, de la praduction de houille, de minerai de fer et de produits sidérurgiques.“[490]

Die konkrete Verteilung zwischen den potentiellen Mitgliedsländern blieb als zutiefst politische Entscheidung lange offen. Im Gründungsvertrag selbst erhielten dann mit Artikel 21 Frankreich, Deutschland und Italien jeweils achtzehn, Belgien und die Niederlande jeweils zehn und Luxemburg lediglich vier

28, 29. Darin wird deutlich, daß die Regeln zur Versammlung formal nicht als eigener Abschnitt verstanden wurden, sondern nur als der Behörde anhängend ausgestaltet waren.

489 A. a. O. (Fn. 474), Schulze/Hoeren, Bd. 1, S. 37, 38.

490 Art. 7 Abs. 2 der Observations sur le schéma de traité faites par P. Reuter, datiert vom 14. Juni 1950, a. a. O. (Fn. 488). Reuters Aussage in Schulze/Hoeren, Bd. 1, dort S. 28, 29.

Stimmen. Obwohl der letzte Satz dieses Artikels mit Nennung der Saarbevölkerung nur einen Hinweis auf die Population als Kriterium für die Festlegung des Stimmenverhältnisses gibt, ist davon auszugehen, daß die Reuters Kriterien auch maßgeblich für die endgültige Festlegung gewesen sind.

Als zweiter Schwerpunkt der Verhandlungen im Bereich der Versammlung ergab sich das vor allem von deutscher Seite ausgehende Bestreben, sie mehr im Lichte einer Vorbereitung auf ein europäisches Parlament zu betrachten,[491] was sich besonders in Überlegungen zur Ausweitung ihrer Befugnisse auf das Budgetrecht und die Mitwirkung im Gesetzgebungsverfahren sowie bei generellen Anordnungen der Hohen Behörde äußerte.[492] Parallel dazu verfolgte man die Einführung eines Ministerkommitees aus Vertretern der nationalen Regierungen zur politischen Steuerung der Hohen Behörde, so daß sich bezüglich der Befugnisse auf europäischer Ebene im Montanbereich ein Dreieck Behörde - Versammlung - Ministerkomitee als Diskussionsgrundlage ergab. In diesem Zusammenhang beabsichtigte besonders die deutsche Seite eine enge Verknüpfung der Zuständigkeit der Versammlung mit dem angedachten Ministerrat, um auch dessen Entscheidungen einer demokratischen Mitwirkung zu unterwerfen.[493] Allerdings konnte sich Westdeutschland mit seiner Konzeption, die Versammlung als wahrhaftes Parlament auf europäischer Ebene auszugestalten, nicht durchsetzen. Die gegensätzlichen Positionen lassen sich dabei anhand eines Kurzprotokolls über die Sitzung des Institutionellen Ausschusses vom 4. und 5. August 1950 nachvollziehen.[494] Vor allem Monnet als französischer Vertreter

---

491 So Hallstein über die Kontrolle der Behörde im Ausschuß für die institutionellen Fragen vom 12. Juli 1950, Kurzprotokoll, Politisches Archiv des Auswärtigen Amts, Berlin, Sekretariat für Fragen des Schuman-Plans, Bd. 102. In Schulze/Hoeren, Bd. 1, S. 77, 78.

492 Fragen für den unter Vorsitz Reuters gebildeten Juristischen Unterausschuß vom 20. Juli 1950, dort unter 2. Stellung der assemblée commune, Politisches Archiv des Auswärtigen Amts, Berlin, Sekretariat für Fragen des Schuman-Plans, Bd. 103. Schulze/Hoeren, Bd. 1, S. 80, 81. Hier wurden die Einzelkompetenzen genannt. Das Memorandum über die Institutionen des Vorschlages vom 9. Mai 1950, vom 28. Juli bzw. 4. August 1950 - Politisches Archiv des Auswärtigen Amts, Berlin, Sekretariat für Fragen des Schuman-Plans, Bd. 102, Schulze/Hoeren, Bd. 1, S. 94, 98 - hielt fest, daß einige Länder die Erweiterung der Zuständigkeit der Versammlung forderten, während andere auf Präzisierung drängten.

493 So sollte die Versammlung zusammen mit dem Ministerrat über die Vergrößerung der Mitgliederzahl der Hohen Behörde, die Ernennung der Richter am Gerichtshof und die Erweiterung des Aufgabenbereichs der Behörde entscheiden, an Empfehlungen des Ministerrates an die Hohe Behörde mitwirken und die Zuständigkeit für die Ausführungsgesetzgebung haben. Vgl. Bemerkungen der Deutschen Delegation zu Französischen Berichten über die Verhandlungen vom 20. Juni bis 10. August 1950, Politisches Archiv des Auswärtigen Amts, Berlin, Sekretariat für Fragen des Schuman-Plans, Bd. 342 (Betr.: Nachlaß Prof. Dr. Schlochauer). Abgedruckt in Schulze/Hoeren, Bd. 1, dort S. 130, 132.

494 Im folgenden die Positionen. Politisches Archiv des Auswärtigen Amts, Berlin, Sekretariat für Fragen des Schuman-Plans, Bd. 102. In Schulze/Hoeren, Bd. 1, auf S. 102, 103 ff.

argumentierte, daß die Versammlung zwar auf Dauer zu einem europäischen Parlament werden müsse, man sie aber zunächst als nationales Organ konstituieren solle, um damit den Widerspruch und den Wusch nach einer überstaatlichen Ausgestaltung zu wecken. Daran entzündete sich weiterer Streit um die Rolle dieser Institution im allgemeinen, wobei Hallstein auf die von ihm gewünschte zentrale Stellung der *Assemblée* als Vertretung der vereinigten Völker Europas hinwies. Dem trat wiederum Monnet mit dem Einwand entgegen, die Zusammensetzung dieser Institution aus Parlamentariern der Mitgliedsstaaten mache eine derartige Funktion auf europäischer Ebene sowieso unmöglich. Belgien und Holland schlossen sich dem an und erklärten ebenfalls ihre Bedenken gegen eine zu starke Ausgestaltung der *Assemblée*. Hallsteins Argument, die Herkunft der Mitglieder würde eine der Beurteilung der Hohen Behörde und auch beim Gerichtshof ebenso keine Rolle spielen, blieben unberücksichtigt.[495]

In der die erste Verhandlungsphase abschließenden Stellungnahme zu den Institutionen des Schuman-Plans, den Stand vom 10. August 1950 wiedergebend,[496] bekräftigte Westdeutschland nochmals seine Absicht, die Befugnisse der Versammlung zu erweitern. Neben der wiederholten Forderung nach einem eigenen Budgetrecht für die Versammlung schlug man nun sogar vor, der Versammlung für den Fall des Mißtrauensvotums gegen die Mitglieder der Hohen Behörde die Ernennung der neuen Besetzung zu übertragen. Zusätzlich sollte der Versammlung, die damit in der Konzeption der Deutschen mehr und mehr Züge eines richtigen Parlaments annahm, auch die Genehmigung völkerrechtlicher Verträge, die die Hohe Behörde abgeschlossen hatte, obliegen. Vergleicht man diese Überlegungen in der ersten Verhandlungsphase mit der obigen These, so wird deutlich, daß hier über die nachlaufende Kontrolle der Entscheidungen der Behörde hinaus die Kompetenzen im Bereich der Finanzierung der Hohen Behörde und bei deren personeller Erweiterung zwar eine deutliche Aufwertung der Versammlung mit sich gebracht hätten, dies aber nicht zu Lasten der Befugnisse der Hohen Behörde gegangen wäre. Lediglich die Regierungen der Mitgliedsstaaten, denen unter anderem die Entscheidung über das Budget und Besetzung der Hohen Behörde nach Demission ihrer Mitglieder zugekommen wäre, hätten nicht mehr frei, sondern nur noch durch ihre Vertreter im Ministerrat entscheiden können. Beeinträchtigt wären dadurch die einzelnen Rechte der nationalen Regierungen, aber eben nicht diejenigen der Hohen Behörde, gewesen.

---

495 Dennoch hielt die deutsche Seite nach dieser Debatte an der Unabhängigkeit der Abgeordneten und damit der Versammlung als supranationalem Organ fest. Eine andere Ausgestaltung, die sich aus Kompromißgründen abzeichnete, sollte nur als Übergangslösung akzeptiert werden. Beide Positionen lassen sich an den „Notizen für Herrn von Brentano" vom 8. August 1950, erarbeitet von Hallstein, Politisches Archiv des Auswärtigen Amts, Sekretariat für Fragen des Schuman-Plans, Bd. 53, nicht veröffentlicht, nachvollziehen.

496 Vgl. dazu die Übersicht über den Sachstand im Dokument über Institutionen des Schuman-Plans vom 10. August 1950, a. a. O. (Fn. 481). Schulze/Hoeren, Bd. 1, S. 135, 143 f.

In der zweiten Verhandlungsphase, die bis Ende September 1950 andauerte, konnten die Vorstellungen über die Reichweite der Befugnisse der Versammlung nicht angenähert werden. Im Memorandum über die Einrichtungen und die Wirtschaftlichen und Sozialen Dauerbestimmungen des Schuman-Plans vom 28. September 1950 wurde immer noch zwischen einer grundlegenden Befugnis - der nachlaufenden Kontrolle der Tätigkeit der Hohen Behörde anhand ihres Rechenschaftsberichts - und nachgeordneten Befugnissen unterschieden.[497] Für letztere sagt dieses Dokument aus, daß teilweise eine Ausweitung dieser Kompetenzen, teilweise aber auch eine engere Begrenzung unter den Delegationen erwünscht waren. Den nicht zutreffenden Grund für das Zögern nannten die Verfasser des Memorandums gleich mit: Bedenken bezüglich negativer Auswirkungen auf die Funktion der Hohen Behörde, die eine Ausweitung der Befugnisse der Versammlung mit sich bringen würde. In Reuters Vertragsentwurf vom 6. Oktober 1950 waren in den Artikel 11 ff. keine der sogenannten nachgeordneten Befugnisse mehr enthalten.[498] Die Tätigkeit der Versammlung wurde hier letztlich auf die Kontrolle der Rechenschaftsberichte der Hohen Behörde begrenzt.

Die Bundesrepublik Deutschland hielt, aufgrund des anhaltenden Widerstands jedoch in abgeschwächter Form, in der redaktionellen Arbeit am Vertragswerk an der Vorstellung einer stärker mit Befugnissen ausgestatteten Gemeinsamen Versammlung für die Montanunion fest. So versuchte sie in zwei undatierten Gegenvorschlägen zum französischen Entwurf vom 9. November 1950,[499] zumindest das diskutierte Budgetrecht der Versammlung zu retten.[500] Aber auch

---

[497] § II - Gemeinsame Versammlung, S. 14 ff. Politisches Archiv des Auswärtigen Amts, Berlin, Sekretariat für Fragen des Schuman-Plans, Bd. 343 (Betr.: Nachlaß Prof. Dr. Schlochauer), Schulze/Hoeren, Bd. 1, S. 173, 180 ff. Als denkbare Befugnisse wurden die Mitwirkung bei Erweiterung der Behörde und bei Ernennung der Richter des Gerichtshofs sowie die Prüfung von dessen Urteilen, wenn diese „überhart" seien, genannt.

[498] So der Vertragsentwurf Reuters (Projet du M. Reuter), 6. Oktober 1950, Fondation Jean Monnet pour l'Europe, Lausanne, AMG 8/3/3. In Schulze/Hoeren, Bd. 1, S. 244, 249 f.

[499] Erste Redaktion des Vertragsentwurfes (französischer Vorschlag), datiert vom 9. November 1950, Politisches Archiv des Auswärtigen Amts, Berlin, Sekretariat für Fragen des Schuman-Plans, Bd. 160. Schulze/ Hoeren, Bd. 1, S. 267 ff., zur Versammlung besonders Art. 19 - 21, S. 269 und 300. Befugnisse über die Kontrolle der Hohen Behörde hinaus waren nach dem vorgehenden Entwurf Reuters an dieser Stelle nicht mehr vorgesehenen.

[500] In Art. 24 Abs. 1 des Deutschen Vorentwurfs I - Traité portant Constitution de la Communauté Européenne, Politisches Archiv des Auswärtigen Amts, Berlin, Sekretariat für Fragen des Schuman-Plans, Bd. 344, unveröffentlicht, war für die Haushaltsaufstellung folgendes vorgesehen: „L'Assemblée (avec l'assentiment du Conseil?) ètablit le budget de la Communauté.". Neben der Unsicherheit über die Ratsbeteiligung wird das Bemühen um die Haushaltskompetenz für die Versammlung deutlich. Der Deutsche Vorentwurf II - Traité portant Constitution de la Communauté, undatiert, Chapitre II - De l'Assemblée, Politisches Archiv des Auswärtigen Amts, Berlin, Sekretariat für Fragen des Schuman-Plans, Bd. 344 (Betr.: Nachlaß Prof. Dr. Schlochauer), Schulze/Hoeren, Bd. 1, S. 308,

damit konnte man sich nicht durchsetzen, so daß bis hin zur endgültigen Fassung des Vertrages über die Gründung der Montanunion die Befugnis der Versammlung nach Artikel 20 ff. EGKSV auf eine ausschließlich nachlaufende Kontrolle der Tätigkeit der Hohen Behörde beschränkt blieb. Auch und gerade unter Berücksichtigung der durch die Mitgliedsstaaten festgelegten Stimmverteilung innerhalb der Versammlung und die Art der Bestimmung der Mitglieder blieb die *Assemblée* ohne Einfluß auf die Entscheidungen der Hohen Behörde.

Versucht man, die Rolle der Gemeinsamen Versammlung in einen Bezug zur Stellung und zur Funktion der Hohen Behörde als zentralem Integrationsmittel zu bringen, dann läßt sich feststellen, daß weder durch die verschiedenen Vorschläge zur Kompetenzerweiterung der Versammlung - soweit sie inhaltlich konkret benannt worden waren - noch durch die endgültige Fassung des einschlägigen Abschnitts im EGKS-Vertrag die Position der Hohen Behörde in einem Ausmaß berührt worden ist, daß von einem Funktionsverlust als Entscheidungsträger im Hinblick auf den politischen Integrationsprozeß in Form der Verlagerung von Verantwortlichkeiten von nationaler auf Gemeinschaftsebene gesprochen werden könnte. Diesbezügliche zeitgenössische Befürchtungen haben sich als vorgeschoben erwiesen, um nicht die nationalen Einflußmöglichkeiten wie die der Benennung der Mitglieder der Hohen Behörde oder die jährlich zu treffende Entscheidung über deren Haushalt auf eine kollektive Ebene transferiert zu wissen. Im Ergebnis trifft die These einer Ummantelung der Hohen Behörde durch andere, einflußreiche Institutionen zur Schwächung der ersteren zumindest für die Gemeinsame Versammlung der Montanunion nicht zu.

β) Ministerrat

Der Besondere Ministerrat war als Institution der Montanunion in den Vorentwürfen im Zeitraum vor der ersten Verhandlungsphase, also vor dem 21. Juni 1950, und im französischen Arbeitsdokument, das von Monnet erstellt worden war, nicht enthalten.[501] Erste Ideen zu einem Organ der Vertreter der Regierungen der beteiligten Staaten lassen sich erst innerhalb der Verhandlungen im Zusammenhang mit der Frage der Kontrolle der Hohen Behörde nachweisen. Während die französische Seite von einer Aufsicht durch eine Versammlung von auf nationaler Ebene bestimmten Parlamentariern ausging, regte sich bei einigen

314 f., nahm die deutschen Vorstellungen noch mehr zurück und enthielt folgende Formulierung: „L'Assemblée établit le budget ce qui est établi un ... par un accord commun entre les présidents de la Haute Autorité, de l'Assemblée, du Conseil et de la Cour.“ Für die Versammlung war nur der förmliche Aufstellungsakt vorgesehen, während die inhaltliche Seite schon vorher durch die Präsidenten der Organe im Einvernehmen geregelt werden sollte. Vom parlamentarischen Haushaltsrecht konnte hier keine Rede mehr sein.

501 Das Resultat des Quellenstudiums teilt Bebr, Annuaire Européen, Vol. V (1958), S. 53.

Staaten wie Belgien Widerspruch.[502] Belgiens Regierung konnte sich mit Abgeordneten als Kontrollorgan nicht abfinden, da es die Parlamente in ihrer Gesamtheit als verantwortlich ansah. Außerdem hielt man eine ministerielle Aufsicht für effektiver. Die Niederlande schlossen sich dem für die Verantwortlichkeit der Regierungen an.[503] Damit standen sich mit Versammlung und Rat zwei Ansätze zur Kontrolle der Behörde gegenüber. Auch im weiteren hielten die Benelux-Staaten an ihrer Position fest, wobei deutlich wurde, daß es nicht nur um nachlaufende Kontrolle, sondern um Einflußnahme zumindest auf die Durchführung von politischen Entscheidungen der Behörde schon im Vorfeld ging. Spierenburg als Abgesandter für die Niederlande erläuterte schon am 12. Juli 1950:

> „... seinen Standpunkt dahin, daß er an den Ministerrat als ein Organ der Kontrolle der Hohen Behörde gedacht habe. Auch wenn man davon ausgehe, daß das Mandat der Hohen Behörde aus dem Vertrag abzuleiten sei, so handele es sich doch um ein Mandat von einem mehr technischen Charakter. Demgegenüber habe die Versammlung der Minister einen politischen Charakter. Sie solle intervenieren, wo die Dinge einen mehr politischen Charakter annehmen. Deshalb sollten die Minister in bezug auf die Durchführung von Entscheidungen der Hohen Behörde gewisse Instruktionen geben können. Eine Verbindung mit der Straßburger Organisation sei erwünscht."[504]

Diese Vorstellungen wurden durch den am 14. Juli 1950 gebildeten Juristischen Unterausschuß als Versuch der niederländischen Seite verstanden, dem Ministerrat einschränkende Befugnisse gegenüber der Hohen Behörde zuzugestehen, was unbedingt verhindert werden mußte.[505] Dagegen hatte man keine Bedenken, dem Ministerrat gemeinsam mit der Versammlung die sonst auf völkerrechtlicher Basis erforderliche Einigung über Ausführungsrichtlinien für den Grundvertrag in Form eines Gesetzgebungsverfahrens zu überlassen. Gleiches galt für mögliche Erweiterungen des Vertrages über den Montansektor hinaus. Insge-

---

502 Zum folgenden vgl. die Stellungnahme des belgischen Abgesandten Suetens, Conversations sur le Plan Schuman, 3. Juli 1950, Archives du ministère des Affaires étrangères, Paris, Serié DE-CE 45-60, CECA, Vol. 500. Erneut Schulze/Hoeren, Bd. 1, S. 66, 68 f.

503 Spierenburg für die Niederlande, ebd. Er sah besondere Gefahren für den Fall, daß die Regierungen von der Kontrolle der beratenden Ausschüsse der Hohen Behörde ausgeschlossen würden. Die niederländische Position und die Suche nach entsprechenden Kompromissen findet sich bei Spierenburg/Poidevin, S. 19 ff. Auch Küsters in Schwabe, S. 73, 83 gibt die Ansichten von Spierenburg bezüglich der Behördenkontrolle wieder.

504 Kurzprotokoll über die Sitzung des Ausschusses für die institutionellen Fragen vom 12. Juli 1950, a. a. O. (Fn. 491), Schulze/Hoeren, Bd. 1, S. 77, 78. Auf S. 79 findet sich auch eine entsprechende Stellungnahme Schumans über die Frage der Kontrolle der Behörde.

505 Deutlich wird dies in den Fragen für den Juristischen Unterausschuß vom 20. Juli 1950, wo die Mehrzahl der Staaten dem gegenübertrag: „Einschränkende Befugnisse des Ministerrats gegenüber der Hohen Behörde: In diese Richtung gehen die holländischen Vorschläge. Sie sind abzulehnen." A. a. O. (Fn. 492), Schulze/Hoeren, Bd. 1, dort S. 80, 81.

samt lehnte man also unmittelbare Einwirkungsmöglichkeiten des Ministerrates auf die Behörde in Form von Weisungsrechten ab, glaubte aber im gleichen Maße, den Rat aus bestimmten Zweckmäßigkeitserwägungen heraus an der Ausführung der Behördenentscheidungen beteiligen zu können.[506]

Auch über den Juristischen Unterausschuß hinaus blieb die Weisungsbefugnis des Ministerrates aufgrund der niederländischen Position, die eine solche für europäische Verteidigung, Handels- und Vollbeschäftigungspolitik vorsah, umstritten,[507] während man gleichzeitig über das Verfahren für Beschlüsse dieses Rates diskutierte. Hallstein forderte für solche Weisungen Einstimmigkeit, während für die übrigen potentiellen Befugnisse das Mehrheitsprinzip gelten sollte. Im weiteren blieb die Frage des Verhältnisses zwischen Hoher Behörde und Ministerrat offen. Es zeichnete sich aber ab, daß die Vorstellungen der Regierung der Niederlande nicht konsensfähig waren. Das Memorandum über die Institutionen vom 28. Juli 1950 sah neben der allgemeinen Aufgabe der Angleichung der Politiken von Mitgliedsstaaten und Hoher Behörde auch schon Empfehlungen des Rates an die Behörde als Ersatz für die nicht tragbaren Weisungskompetenzen vor.[508] Das Ende der ersten Verhandlungsphase fand den Ministerrat als Institution vor, deren Einflußmöglichkeiten gegenüber der Hohe Behörde auf Empfehlungen beschränkt blieben und selbst diese nur zusammen mit der Gemeinsamen Versammlung abgegeben werden konnten.[509] Weisungsrechte wurden aufgrund der niederländischen Position weiter heftig diskutiert und trafen auf deutschen[510] und französischen Widerstand, wobei Deutschland in dem

---

506 Die Protokolle der Diskussion über die Ausgestaltung der Institutionen und besonders des Rates in den juristischen, institutionellen und organisatorischen Unterausschüssen füllen einen Dokumentenband, dessen Auswertung nicht zu leisten ist. Zur geschichtlichen Beschäftigung mit den Organen sei hier auf das Material im Politischen Archiv des Auswärtigen Amts, Berlin, Sekretariat für Fragen des Schuman-Plans, in Bd. 103, verwiesen.

507 Kurzprotokoll über eine Besprechung im Landhaus Monnets vom 23. Juli 1950, Politisches Archiv des Auswärtigen Amts, Berlin, Sekretariat für Fragen des Schuman-Plans, Bd. 103. Schulze/Hoeren, Bd. 1, S. 83 f. Kohnstamm als Vertreter der Niederlande hatte erläutert, daß seiner Regierung eine Dreiteilung zwischen Aufgabenbereichen vorschwebe. Die Hohe Behörde sollte einmal unbeschränkt, dann unter Wahrung der mitgliedsstaatlichen Interessen und letztlich unter Weisungsbefugnis des Ministerrates zuständig sein. Während für das dritte Gebiet die genannten Zuständigkeiten durch Kohnstamm vorgetragen worden waren, blieb dieses für den zweiten Bereich noch vollständig offen.

508 A. a. O. (Fn. 492), Schulze/Hoeren, Bd. 1, S. 94, 99. Abgesehen vom strittigen Weisungsproblem bestand Einigkeit darüber, dem Ministerrat die Verantwortung zur Erweiterung der Behörde und für die Ernennung der Richter des Gerichtshofs zu übertragen.

509 Zur Verknüpfung von Entscheidungen der Versammlung mit dem Rat die Bemerkungen der Deutschen Delegation zu den Französischen Berichten über die Verhandlungen vom 20. Juni bis 10. August 1950, a. a. O. (Fn. 493), Schulze/Hoeren, Bd. 1, dort S. 130, 132.

510 Deren Position lassen sich aus den „Notizen für Herrn von Brentano“ vom 8. August 1950, erarbeitet von Hallstein, a. a. O. (Fn. 495) entnehmen. Hallstein betonte das Fest-

im Ministerrat nun eher ein bundesstaatliches Element nach amerikanischem Vorbild sehen wollte.[511] Frankreich verstand das deutsche Modell nicht und stand ihm skeptisch gegenüber. Insofern existierten nun diesbezüglich drei Positionen. Eine Einigung auf eine einheitliche Linie schien so unerreichbar zu sein.

Die zweite Verhandlungsphase begann, was die Befugnisse des Ministerrates betraf, mit einer Konkretisierung der niederländischen, von Belgien unterstützten Position der Eröffnung von Weisungsmöglichkeiten dieses Rates gegenüber der Hohen Behörde.[512] Unter Betonung des Ausnahmecharakters einer solchen Kompetenz beschränkten beide Staaten ihre Vorstellungen auf Mangellagen in der Versorgung mit Kohle und Stahl, die eine politische Entscheidung des Ministerrates gegenüber der Hohen Behörde zur Außerkraftsetzung der letzterer obliegenden Marktregeln und ein Verfahren zur Zuteilung der Rohstoffe in Form eines Produktionsprogramms zur Folge haben sollte. In den weiteren Verhandlungen blieben Beratung und Informationserteilung als Hauptaufgabengebiete des zwischenzeitlich als Sonderausschuß der Minister bezeichneten Gremiums erhalten, während weiter Uneinigkeit über die Befugnisse, insbesondere das Weisungsrecht bei Rohstoffverknappung, bestand.[513] Die einzelnen Entwürfe des Vertragstextes lassen die Frage im wesentlichen aus. Im Entwurf der französischen Delegation vom 9. November 1950 wurde das Ministergremium - nun wieder als Rat benannt - im Abschnitt der Vorschläge zu noch nicht gelösten

---

halten der deutschen Seite an der Weisungsfreiheit der Hohen Behörde von nicht supranationalen Organen. Hallstein schätze aber gerade den in der Diskussion befindlichen Ministerrat als solchen ein, so daß daraus ein entsprechendes Konfliktpotential entsprang.

511 Dies ergibt sich aus einer Stellungnahme der deutschen Seite zur Bildung eines Ministerrats vom 8. August 1950, Politisches Archiv des Auswärtigen Amts, Berlin, Sekretariat für Fragen des Schuman-Plans, Bd. 1, unveröffentlicht, aus den „Notizen für Herrn von Brentano" vom 8. August 1950, a. a. O. (Fn. 495) sowie aus den Institutionen des Schuman-Plans, Stand vom 10. August 1950, a. a. O. (Fn. 481), Schulze/Hoeren, Bd. 1, S. 135, 140 ff. In letzteren kommt zum Ausdruck, daß die Befugnisse des Rates die Hohe Behörde grundsätzlich nicht einschränken durften, aber für Verbindungen zwischen Behörde und Mitgliedsstaaten gesorgt werden mußte. Dieser Position stimmte auch die deutsche Seite zu, wobei besonders eine Verzahnung der Hohen Behörde mit den Wettbewerbspolitiken der Mitglieder durch den Ministerrat selbst abgesichert werden sollte.

512 Vorschlag der niederländischen Delegation zu Direktiven des Ministerrates an die Hohe Behörde vom 11. September 1950, Politisches Archiv des Auswärtigen Amts, Berlin, Sekretariat für Fragen des Schuman-Plans, Bd. 103. Schulze/Hoeren, Bd. 1, dort S. 153 ff.

513 Im Memorandum über die Einrichtungen und Wirtschaftlichen und Sozialen Dauerbestimmungen des Schuman-Plans, a. a. O. (Fn. 497), S. 18, Schulze/Hoeren, Bd. 1, S. 173, 184, heißt es dazu: „Bei einer Verknappung der greifbaren Vorräte an Kohle und Stahl sind ferner die erforderlichen Maßnahmen in Betracht gezogen worden, die Gegenstand einstimmig gefaßter Entschlüsse des Sonderausschusses der Minister wären." Im Klartext bedeutete dies schlicht die fortdauernde Uneinigkeit über die Kompetenz des Gremiums.

Fragen behandelt und dort in Artikel 21 nur mit Informations- und Beratungsaufgaben betraut.[514] Dies entsprach den weiteren Entwürfen, vor allem denen von deutscher Seite. Zusätzlich sahen eine Reihe von Bestimmungen in der endgültigen Fassung des Vertrages die Beteiligung des Rates an Entscheidungen der Hohen Behörde bei der Aufstellung von Investitionsprogrammen oder der Festlegung von Produktionsquoten bei einer sich abzeichnenden Überproduktion vor. Den niederländisch-belgischen Vorstellungen wurde in Artikel 59 EGKSV letztlich nicht mit einem unmittelbaren Weisungsrecht des Ministerrates an die Hohe Behörde, sondern nur mit einem besonderen Verfahren Rechnung getragen.[515] Daneben kamen dem Rat noch weitere Entscheidungsbefugnisse zu.[516]

Dem Streit um die Ausgestaltung des Verhältnisses zwischen Hoher Behörde und dem Rat der Minister bezüglich der Weisungskompetenz kommt großer Aussagewert für die Frage zu, ob und inwieweit die Stellung der Hohen Behörde als politischem Entscheidungsträger durch weitere Institutionen und deren Kompetenzen beeinträchtigt wurde. Die ablehnende Haltung Deutschlands und Frankreichs hinsichtlich Weisungsbefugnissen des Ministerrates gegenüber der Hohen Behörde, die zu einer Unterordnung der Behörde unter den Rat geführt hätte, unterstrich die zu Recht angenommene vernichtende Wirkung einer solchen Kompetenz für das Modell des übernationalen Entscheidungsträgers. Zwar waren die Niederlande und Belgien bereits Mitte Juli grundsätzlich damit einverstanden, den Ministerrat nur neben der Hohen Behörde anzuordnen.[517] Sie versuchten aber weiter, unter Hinweis auf die Auswirkungen von an die Hohe Behörde abgetretenen Entscheidungen über den Bereich von Kohle und Stahl hinaus eine Art faktischer politischer Letztverantwortung des Ministerrates zu begründen. Dies stand - selbst im Einzelfall - dem beabsichtigten Charakter der Hohen Behörde entgegen. Sogar der getroffene Kompromiß bedeutete eine Rückgabe der Entscheidungsbefugnis an den Ministerrat und damit eine Durchbrechung der umfassenden politischen Entscheidungskompetenz der Hohen Behörde auf dem Montansektor. Insofern war es an dieser Stelle trotz der Haltung

---

514 Erste Redaktion des Vertragsentwurfes (französischer Vorschlag) vom 9. November 1950, a. a. O (Fn. 499), Schulze/Hoeren, Bd. 1, S. 267, 300, entsprechend dem Konsens.

515 Man gestand dem Rat zu, mit einem auch gegenüber der Hohen Behörde verbindlichen Beschluß das Bestehen einer Mangellage festzustellen, wenn letztere nicht von selbst tätig wurde. Der Rat sollte dann einstimmig über die Verteilung der Ressourcen entscheiden. Erst mit dem - wohl zu erwartenden - Scheitern des Ratsbeschlusses am Einstimmigkeitserfordernis konnte die Hohe Behörde dann ihrerseits auch Maßnahmen ergreifen.

516 Es handelte sich dabei um die Veränderung der Anzahl der Mitglieder der Hohen Behörde und des Gerichtshofs, die Gehaltshöhe der Behördenmitglieder, die Zolltarife der Gemeinschaft, Zusätze zur Liste der Kohle- und Stahlprodukte sowie die möglicherweise notwendige Erweiterung der Kompetenzen der Hohen Behörde. Siehe dazu Archer, S. 77.

517 So in seinen Ausführungen zum Verhandlungsverlauf bei Küsters in Schwabe, S. 73, 86.

Frankreichs, das die Hohe Behörde zum indiskutablen Bestandteil der Montangemeinschaft erklärt hatte, zur Abschwächung der Position des Entscheidungsträgers gekommen. Gemessen an den anfänglich aufgestellten Kriterien für Institutionalisierung als Integrationsmittel bedeutete dies die Übertragung von Entscheidungskompetenz auf eine Versammlung der einzelnen, zu verschmelzenden Einheiten. Die kompromißbedingte Inkonsequenz bei der Übertragung von Entscheidungsbefugnissen auf die neue Einheit zeigt die fehlende Bereitschaft einiger Staaten, dem Integrationsmodell in aller Konsequenz zu folgen.

γ) Gerichtshof

Die Kontrolle der Entscheidungen der Hohen Behörde solle schon nach der Pariser Erklärung durch Einspruchsmöglichkeiten gewährleistet werden. Der Vertragsvorentwurf Reuters vom 16. Mai 1950 sah dazu den Internationalen Gerichtshof vor.[518] Dagegen eröffnete Uris Vorentwurf vom 7. Juni 1950[519] den Mitgliedsstaaten und von den Entscheidungen der Hohen Behörde sonst Betroffenen die Möglichkeit, von letzterer eine zweite Lesung der konkreten Sachfrage sowie einen erneuten Beschluß zu verlangen. Die Behörde sollte also ihre Entscheidungen selbst prüfen, wobei diese nur dann als aufrechterhalten galten, wenn in einer zweiten Abstimmung der Beschluß mit einer Zwei-Drittel-Mehrheit der Mitglieder der Behörde gefaßt wurde. Uri sah desweiteren ein Berufungsverfahren vor, das die Mitgliedsländer dann in Anspruch nehmen konnten, wenn sie eine Überschreitung der Befugnisse der Hohen Behörde oder negative Auswirkungen im Hinblick auf die Politik der Vollbeschäftigung bzw. auf das außenwirtschaftliche Gleichgewicht der beteiligten Staaten als gegeben sahen. Vor welchem Organ diese Berufung verhandelt werden sollte, läßt sich aus diesem Vorentwurf nicht entnehmen. Ähnliche, aber weit schwächere Möglichkeiten für Einsprüche waren für die Interessengruppen bestimmt, die gegebenenfalls selbst Behördenentscheidungen ausgesetzt sein konnten. Fast zeitgleich mit dem Vorentwurf von Uri entstand in Beratungen Belgiens und der Niederlande die Idee, einen *„organisme de conciliation et d'arbitrage"* bzw. einen *„Cour de conciliation et de contentiuex"* als mit ständigen Delegierten der Mitglieder besetzte Berufungsinstanzen gegen die Entscheidungen der Hohen Behörde einzurichten.[520] Auf die französischen Vorüberlegungen hatten diese erheblich abweichenden Vorstellungen zunächst jedoch keinen direkten Einfluß.

---

518 Art. 38 des Vorentwurfs von Reuter, a. a. O. (Fn. 469), Schulze/Hoeren, Bd. 1, S. 11, 18.

519 Schéma de traité de Pierre Uri vom 7. Juni 1950, IIIeme Partie: Modes d'action, a. a. O. (Fn. 471), Schulze/Hoeren, Bd. 1, S. 21, 23. Dort sich auch Vorschläge zur Regelung der Exporte, die aber mit den Entscheidungen der Hohen Behörde selbst nichts zu tun haben.

520 Vgl. dazu den in der Besprechung von Brüssel am 7. Juni 1950 zustandegekommen Vorschlag in Sachen Schuman-Plan sowie einen Bericht eines Vertreters der niederländischen Botschaft vom 8. Juni 1950 über diese Zusammenkunft. Archiviert in Ministerie

In Frankreich wurde das Modell Uris bis zum Beginn der ersten Verhandlungsphase am 21. Juni 1950 mehrfach diskutiert und verändert, ohne jedoch die vorgezeichnete Grundlinie völlig zu verlassen. So sah ein Dokument vom 12. Juni 1950 die Trennung von rechtlichen und politischen Fragen vor, wobei erstere vor einem Gerichtshof, letztere einmal jährlich vor der Delegation der nationalen Parlamente stattfinden sollte. Zusätzlich enthielt dieses Dokument die Idee der Einrichtung eines mit drei Mitgliedern besetzten Schiedsgerichts.[521] In der schon mehrfach zitierten Anweisung an das interministerielle Komitee zur Verhandlungsführung stellt sich das System zur Prüfung von Entscheidungen der Hohen Behörde ähnlich dar, wobei nun der ständige Internationale Gerichtshof als Instanz für rechtliche Fragen erwogen wurde.[522] Auch das Schiedsgericht sollte international besetzt werden. Die Anmerkungen zum Vertragsvorentwurf von Reuter[523] definierten in Artikel 6 die Kompetenz dieses Schiedsgerichts als generelle Prüfungsmöglichkeit der Entscheidungen der Hohen Behörde bei Auswirkungen auf die Vollbeschäftigungspolitik oder das außenwirtschaftliches Gleichgewicht der Mitgliedsländer, stand den Entscheidungen aber generell nur empfehlenden Charakter zu und beließ die Kompetenz zur endgültigen Festlegung auch nach dem Schiedsverfahren bei der Hohen Behörde. Daneben wurde die Besetzung des Schiedsgerichts mit dem Präsidenten des Internationalen Gerichtshof, dem Generalsekretär der Vereinten Nationen und dem Präsidenten der Internationalen Organisation für Arbeit in personeller Hinsicht konkretisiert, was gleichzeitig eine Anbindung an die anderen großen internationalen Organisationen bedeutete. Ein eigener Gerichtshof für Rechtsfragen der Montanunion war zumindest nach den Vorstellungen Reuters in den Anmerkungen nicht vorgesehen. Selbst kurz vor dem Beginn der zwischenstaatlichen Verhandlungen bestand auf der federführenden, französischen Seite nachweislich noch Unklarheit über ein Konzept für die Ausgestaltung von Einspruchsmöglichkeiten.[524]

---

van Buitenlandse Zaken, Den Haag, EGKS 1945 - 1954, Plan Schuman, dort Inventarisnummer 38. Abgedruckt in Schulze/Hoeren, Bd. 2, Dokumente 5 und 6, S. 9 sowie 10 ff.

[521] Schéma du traité. Recours contre les décisions de la Haute Autorité, 12. Juni 1950, Fondation Jean Monnet pour l'Europe, Lausanne, AMG 2/4/8. Schulze/Hoeren, Bd. 1, S. 24.

[522] Datier vom 12. Juni 1950, a. a. O. (Fn. 473). Wieder in Schulze/Hoeren, Bd. 1, S. 25, 27.

[523] Oberservations sur le schéma de traité faites von Reuter, a. a. O. (Fn. 488), Schulze/Hoeren, Bd. 1, S. 28 f. Hier zeigt sich die Zurückhaltung Reuters in diesem Bereich.

[524] Deutlich wird dies dadurch, daß noch am 19. Juni 1950 zwei Varianten möglichen Einspruchs - entweder vor dem Internationalen Gerichtshof oder vor einem mit vier Mitgliedern besetzen Schiedsgericht der Gemeinschaft selbst - zur Auswahl standen. Art. 7 bis, Avant-projet de traité vom 19. Juni 1950, Stand 13 Uhr, Fondation Jean Monnet pour l'Europe, Lausanne, AMG 2/4/20. Die Endfassung desselben Dokuments vom selben Tag, Fondation Jean Monnet pour l'Europe, Lausanne, AMG 2/4/21, sah dann die Einberufung eines „*Cour d'arbitrage ad hoc*" auf Antrag eines Landes vor, vor dem es dann seine Beschwerde vortragen sollte. Als Aufgaben waren konventionelle Vertragsverletzungen, die Gefährdung der Vollbeschäftigungspolitik im Wirtschaftswachstum sowie

Der französische Entwurf, der die Grundlage für die Beratungen über Kontrollmöglichkeiten bezüglich der Entscheidungen der Behörde in der ersten Verhandlungsphase bildete, nahm das Modell eines anfänglichen Einspruchs beim Entscheidungsträger, gefolgt von der Einschaltung eines besonderen Schiedsgerichts und der dort vorzunehmenden Durchführung eines weiteren Verfahrens, auf.[525] Jedoch sollte diese Institution nicht ständig besetzt sein, sondern nur *ad hoc* eingerichtet werden. Die entsprechenden Regeln plazierte man in den Vorschriften zur Hohen Behörde, was deren starke Position gegenüber dem Schiedsgericht betonte. Dem unveröffentlichten Kurzprotokoll einer Aussprache zwischen Monnet und Mitgliedern der deutschen Delegation am 22. Juni 1950[526] lassen sich weitere Details über den vorgesehenen Rechtsmittelzug entnehmen. Auf eine diesbezügliche Frage der bundesdeutschen Seite antwortete Monnet:

> „... dass folgende Möglichkeiten von Rechtsmitteln gegeben seien:
> a) Überschreitet die Behörde ihre aus dem Vertrag ihr zustehenden Befugnisse, so seien die Staaten berechtigt, ein Gericht anzurufen.
> b) Entscheidet die Hohe Behörde in einer Weise, die nach Auffassung einer Industrie berechtigte Interessen verletzt, so besteht für die Staaten zunächst die Möglichkeit, Einspruch gegen die Entscheidung zu erheben, worauf die Hohe Behörde die Sachlage erneut überprüft und nur mit qualifizierter Mehrheit die gleiche Entscheidung wieder treffen kann.
> c) Den einzelnen Unternehmern sollte nur in besonderen Ausnahmefällen ein Rekursrecht gewährt werden, weil sonst mit einem Überhandnehmen von Rechtsmittelverfahren zu rechnen sei (Grenzfälle). Die Hohe Behörde wird sich bemühen, durch allgemeine Massnahmen indirekt auf die Unternehmen zu wirken.“[527]

Deutlich wird mit dieser Äußerung die Trennung zwischen den Rechten der Staaten bei Vertragsverletzung mit der sofortigen Anrufung eines Gerichts und der Beschwerde bei der vermuteten Verletzung von Interessen der nationalen Industrien. Auf die Qualität des Gerichts und die nach dem Entwurf vom 21. Juni 1950 bereits vorgesehenen Berufungsmöglichkeiten ging Monnet selbst nicht ein. Später wurden diese - nach französischer Überlegungen - entgegen ihrer zu-

---

die Gefährdung des außenwirtschaftlichen Gleichgewichts eines Landes. Die beiden genannten Dokumente sind wiederum in Schulze/Hoeren, Bd. 2, S. 19 und 20, abgedruckt.

525 Texte du projet préparé par les Français vom 21. Juni 1950, Art. 7, 8. A. a. O. (Fn. 107). Schulze/Hoeren, Bd. 1, S. 41, 42 f. Besondere Mehrheitsvorgaben für eine nochmalige Sachentscheidung der Hohen Behörde waren hier jedoch bereits nicht mehr vorgesehen.

526 Politisches Archiv des Auswärtigen Amts, Berlin, Sekretariat für Fragen des Schuman-Plans, Bd. 53. Das Dokument zeigt, wie groß der Klärungsbedarf zu diesem Thema war.

527 Ebd. Besonders aufschlußreich hinsichtlich der rechtsstaatlichen Charakters der Montanunion ist die unter Gliederungspunkt c) des Protokolls angeführte Begründung für den möglichst weitgehenden Ausschluß von Rechtsschutzmöglichkeiten der Unternehmen. Diese Argumentation zeigt, daß umfassender Rechtsschutz gerade nicht vorgesehen war.

nächst vorgesehenen Ausdehnung auf alle Arten von Interessenverletzungen auf Entscheidungen begrenzt, die die vertraglichen Verpflichtungen der Hohen Behörde betrafen oder die Vollbeschäftigungspolitik bzw. die Zahlungsbilanz der Mitgliedsstaaten nach außen berührten.[528] Die Entscheidungen des Schiedsgerichts waren nun bei Verletzung von Vertragspflichten bindend, während es sonst nur Empfehlungen aussprechen konnte. Auch der juristische Ausschuß befürwortete grundsätzlich die Existenz eines Schiedsgerichts sowie das Konzept von Einspruch und Berufung, besonders die deutsche Seite hielt aber die personelle Besetzung des Schiedsgerichts und das Verhältnis zwischen den Vorgehensweisen bei Einsprüchen für überdenkenswürdig.[529]

Erst das Protokoll eines Zusammentreffens der deutschen Delegation mit Monnet vom 2. Juli 1950[530] zeigt Entwicklungen bei der Institutionalisierung der Überprüfung von Entscheidungen der Hohen Behörde. Hallstein hatte vorgeschlagen, das Schiedsgericht als dauerhafte Institution auszugestalten. Es könne als „Erzieher“ der Hohen Behörde wirken.[531] Monnet führte dazu die positive amerikanische Bewertung einer beginnenden europäischen Gewaltenteilung durch ein Schiedsgericht an, betonte aber die Wichtigkeit der unbedingten Autorität der Hohen Behörde. Hier schien für Monnet das Verhältnis zwischen der Hohen Behörde als Entscheidungsträger und einem permanenten Schiedsgericht[532] zum Problem zu werden: Je weiter die Befugnisse des Gerichts reichen sollten, desto höher war die Wahrscheinlichkeit einer Beeinträchtigung der Hohen Behörde. Gerade die an selber Stelle wiedergegebenen Ausführungen Hallsteins, das permanente Schiedsgericht solle neben Rechtsstreitigkeiten auch das wirtschaftlich richtige Verhalten der Hohen Behörde im Sinne der Grundgedanken des Schuman-Plans prüfen, zeigt, daß die Befürchtungen Monnets nicht der Grundlage entbehrten. Allerdings sprachen sich die französischen und deutschen

528 Französisches Arbeitsdokument vom 24. Juni 1950, Art. 7 und 8, a. a. O. (Fn. 108), Schulze/Hoeren, Bd. 1, S. 50, 52 f. Träger der Berufung war nunmehr das Schiedsgericht.

529 Deutlich werden Zustimmung, aber auch Kritik im Protokoll der Sitzung des juristischen Ausschusses vom 27. Juni 1950, Politisches Archiv des Auswärtigen Amts, Berlin, Sekretariat für Fragen des Schuman-Plans, Bd. 4. Wiederum Schulze/Hoeren, Bd. 2, S. 24 f.

530 Politisches Archiv des Auswärtigen Amts, Berlin, Sekretariat für Fragen des Schuman-Plans, Bd. 53, wieder in Schulze/Hoeren, Bd. 1, S. 63 ff. Zum Schiedsgericht vgl. S. 65 f.

531 Ebd. Deutlich wird hier die wichtige Rolle, die die deutsche Seite der Entscheidungsprüfung im Institutionengefüge zumaß. Hallstein begrüßte, so weisen seine „Notizen für Herrn von Brentano“ vom 8. August 1950, a. a. O. (Fn. 495), aus, den permanenten Charakter des entsprechenden Organs, der sich entgegen der ursprünglichen französischen Vorstellungen und der dahinterstehenden schwachen Position einer rechtlichen Instanz zur Bewertung des Verhaltens der übrigen Institutionen recht schnell durchgesetzt hatte.

532 Gerade die Schaffung eines permanenten Gerichtshofes forderten erneut die Niederlande in einer Stellungnahme vom 7. Juli 1950, Ministerie van Buitenlandse Zaken, Den Haag, EGKS 1945 - 1954, Plan Schuman, Inventarisnummer 38. Schulze/Hoeren, Bd. 2, S. 31.

Teilnehmer gemeinsam gegen eine Prüfungskompetenz des Schiedsgerichts in Hinblick auf Wirkungen von Entscheidungen der Hohen Behörde auf innere politische Verhältnisse der Mitgliedsstaaten aus. Diese hätten ihre souveränen Rechte in Hinblick auf Kohle und Stahl abgetreten, so daß auch die gerichtliche Geltendmachung durch die Staaten nicht in Frage käme.[533]

In den weiteren Verhandlungen, in denen die Position der Hohen Behörde und ihre Kompetenzen auf wirtschaftlichem Gebiet im Mittelpunkt standen, trat die Frage der Prüfung ihrer Entscheidungen etwas in den Hintergrund.[534] Dabei stellte sich neben dem diskutieren, rechtlichen Verfahren auch die Frage nach einem besonderen wirtschaftlichen Schlichtungsansatz.[535] In diesem Zusammenhang, aber auch allgemein sahen die Verhandlungsbeteiligten den Gerichtshof im Spannungsfeld zwischen zwei grundlegenden Anforderungen gefangen, deren Einhaltung bei der Ausgestaltung der Kompetenzen genau zu regeln war:

> „... Es muß zugegeben werden, daß bei der Rechtsanwendung die Befugnisse des Gerichtshofes weit gespannt werden, damit er durch seine Rechtsprechung zur Entwicklung und zum Fortschritt der gesamten Organe beitragen kann; andererseits muß vermieden werden, daß seine Beschlüsse nicht tatsächlich zur Übertragung der Befugnisse der Hohen Behörde auf den Gerichtshof führen. Diese Gefahr läßt sich dadurch vermeiden, daß eine strenge Trennung der Gewalten vorgenommen wird, wonach der Gerichtshof verhindert wird, sich an die Stelle irgendeines der durch den Vertrag geschaffenen Organe zu setzen. Er kann die Entscheidungen oder Empfehlungen aufheben, deklaratorische Beschlüsse erlassen und im Falle von Vertragsverletzungen Schadenersatz zuerkennen. Er hat jedoch alle Sachen stets an die durch den Vertrag geschaffenen Organe zurückzuweisen, denen die Ausarbeitung der Entscheidung obliegt."[536]

Die Verhandelnden hatten auch hier erkannt, daß die Erhaltung der Entscheidungsträgereigenschaft der Hohen Behörde die klare Definition von Aufgabenbereichen der Gerichtshofs erforderlich machte. Dazu dämmte man die drohenden Gefahren eines Befugnistransfers weg von der Behörde hin zum Gericht durch den Zwang zur Rückverweisung ein. Der Gerichtshof konnte so seiner

---

533 Schulze/Hoeren, Bd. 1, S. 63, 66. Weitere Diskussionen scheinen nicht erfolgt zu sein.

534 So gab die Stellungnahme Schumans auf der Sitzung des Ausschusses für die institutionellen Fragen vom 12. Juli 1950, a. a. O. (Fn. 491), Schulze/Hoeren, Bd. 1, S. 77, 79 mit der Trennung der Entscheidung über Rechts- und Zweckmäßigkeitsfragen nur das wieder, was vorher bereits mehrfach zwischen Frankreich und Deutschland erörtert worden war.

535 Fragen für den Juristischen Unterausschuß vom 20. Juli 1950, a. a. O. (Fn. 492), Schulze/Hoeren, Bd. 1, S. 80, 81 f., wobei sich das Problem der Beurteilung des Grades der Gefährdung des einzelnen Staates im wirtschaftlichen Bereich als der Schwelle für das Einschreiten der Hohen Behörde oder des Schiedsgerichts stellte. Dies war letztendlich aber nur eine Ausprägung des allgemeinen Grundkonflikts, auf den gleich einzugehen ist.

536 Memorandum über die Institutionen des Vorschlages vom 9. Mai 1950, datiert vom 28. Juli bzw. 4. August 1950, a. a. O. (Fn. 492). Wieder Schulze/Hoeren, Bd. 1, S. 94, 100 f.

Kontrollfunktion für behördliche Entscheidungen nachkommen, ohne den Entscheidungsträger aus seiner Funktion zu verdrängen. In dazu konsequenter Weise wurde die bereits angesprochene Frage nach der Zweckmäßigkeitsprüfung der Entscheidungen der Hohen Behörde außerhalb des Gerichtshofs beantwortet:

> „Man hat die Möglichkeit ins Auge gefaßt, die Entscheidungen der Hohen Behörde einem Rechtsmittel zu unterwerfen, das sich nicht auf die Ungesetzlichkeit einer Entscheidung, sondern auf ihre Unzweckmäßigkeit gründet. Die Möglichkeit eines solchen Rechtsmittels, das nicht an den Gerichtshof gehen würde, muß ausgeschlossen werden. Ein derartiges Rechtsmittel würde die Hohe Behörde jeglicher Machtbefugnis im eigentlichen Sinne entkleiden. Dafür muß aber ein Artikel des Vertrages die Verpflichtung für die Hohe Behörde objektiv festlegen, in bezug auf das Gleichgewicht der Zahlungsbilanz, die Aufrechterhaltung des Volkseinkommens und den Beschäftigungsstand in jedem Staat keine tiefgreifenden und nachhaltigen Erschütterungen hervorzurufen. Der Gerichtshof kann demnach auf der Grundlage dieser Bestimmungen angegangen werden und eine Entscheidung der Hohen Behörde aufheben.“[537]

Auch hier hatte man die folgerichtige Entscheidung getroffen, die Hohe Behörde der Zweckmäßigkeitskontrolle zu entziehen. Nur für die Staaten unabdingbare Voraussetzungen sollten in vertragliche Form überführt und damit für den Gerichtshof justiziabel gemacht werden. Es bestand Mitte August 1950 Einigkeit darüber, einen ständigen Gerichtshof unter der Prämisse zu schaffen, daß er nicht materielle Ermessensentscheidungen, die der Kompetenz der Hohen Behörde unterfielen, an sich ziehen durfte.[538] Damit hatte man ein Konzept erarbeitet, das für die Gemeinschaft das Kunststück gerichtlicher Kontrolle des Entscheidungsträgers ohne die Übernahme seiner Kompetenzen zu sichern schien.

Daran änderte sich in der zweiten Verhandlungsphase kaum noch etwas. Im Vertragsvorentwurf Reuters vom 6. Oktober 1950 finden sich in den Artikeln 8 A bis 8 I[539] detaillierte Regelungen zur Besetzung des Gerichtshofs, zu seinen Kompetenzen, zu Antragsberechtigten und zum Suspensiveffekt seiner Entscheidungen. Seine Geschäftsordnung konnte sich der Gerichtshof zumindest nach den Vorstellungen Reuters selbst geben. Auch innerhalb der redaktionellen Arbeit wurde immer wieder das Problem des Verhältnisses der Befugnisse von Hoher Behörde und Gerichtshof in den Mittelpunkt des Interesses gerückt und

---

537 Ebd. Vgl. zur deutschen Haltung in dieser Verhandlungsperiode auch die Bemerkungen der Deutschen Delegation zu den Französischen Berichten über die Verhandlungen vom 20. Juni bis 10. August 1950, a. a. O. (Fn. 493), in Schulze/Hoeren, Bd. 1, S. 130, 132.

538 Institutionen des Schuman-Plans - Stand vom 10. August 1950, a. a. O. (Fn. 481). Schulze/Hoeren, Bd. 1, S. 135, 145. Darin sind nochmals die in den Vertrag aufzunehmenden Sachgebiete genannt, die außerhalb einer strikt rechtlichen Kontrolle, jedoch als Bewertung der Einhaltung von vertraglichen Mindeststandards jetzt dem Gerichtshof zufielen.

539 A. a. O. (Fn. 498). Reuters Entwurf findet sich bei Schulze/Hoeren, Bd. 1, S. 244, 246 ff.

der Ausschluß des letzteren von jeglicher Zweckmäßigkeitsprüfung der Tätigkeit der Hohen Behörde betont.[540] In der textlichen Gestaltung der Entwürfe variierten die einzelnen Vorschriften, die Verhandelnden hielten sich aber weiter an die Grundkonzeption.[541] Erhalten wurde vor allem der Gedanke der Rückverweisung einer rechtswidrig getroffenen Entscheidung an die zuständige Institution, ohne daß der Gerichtshof selbst eine Entscheidung in der Sache treffen konnte. Bis zuletzt offen blieb - ähnlich wie bei der Hohen Behörde - die Verteilung der Sitze am Gerichtshof und damit der Einfluß der einzelnen Mitgliedsstaaten auf die Benennung der Richter. Die Regelung dieser höchst politischen Frage gelang erst auf der Konferenz der Außenminister vom 12. bis zum 18. April 1951 in Paris, wobei auch das in Artikel 45 des zu diesem Zeitpunkt bereits paraphierten Gründungsvertrages vorgesehene Zusatzprotokoll zur Satzung des Gerichtshofs verabschiedet wurde.[542] Dieses enthielt Aussagen zur Stellung der Richter, zur Gerichtsorganisation und zum Verfahren selbst, ohne weitere Regelungen über Zuständigkeiten des Gerichtshofs zu treffen. Nunmehr enthielt die endgültige Fassung des Vertragstextes zur Gründung der Montanunion in Kapitel IV - Artikel 31 ff. EGKSV - eine auf rechtliche Angelegenheiten ausgerichtete Kontrollinstanz mit definierten Kompetenzen und ohne eigene Entscheidungsmöglichkeiten bezüglich der Zweckmäßigkeit des Vorgehens der übrigen Organe. Auch bei einem Unterlassen der Hohen Behörde bei bestehender Verpflichtung zum Tätigwerden sah Artikel 35 EGKSV keine Eigenentscheidung des Gerichtshofs vor, sondern deutete das Schweigen in eine Ablehnung um, gegen die der Betroffene wiederum rechtlich vorgehen konnte. Als Ausnahme zu diesem Prinzip der vollständigen Kompetenzabgrenzung und -erhaltung ist nur Artikel 37 EGKSV zu bewerten, der für den Fall der Gefährdung lebenswichtiger Interessen eines Staates den Weg zur Prüfung durch das Gericht eröffnete. Auch die Gemeinschaftshaftung war von Beginn an berücksichtigt.

Mißt man die Diskussion über die Ausgestaltung des Gerichtshofs und das vertragliche Ergebnis am Modell von Integration durch Schaffung eines übergeordneten Entscheidungsträgers, dann wird deutlich, daß man sich der Problemlage

---

540 Erste Redaktion des Vertragsentwurfes (französischer Vorschlag) vom 9. November 1950, a. a. O. (Fn. 499), Schulze/Hoeren, Bd. 1, S. 267, 271 f. und 301 f. Nun wurde die Zuständigkeit des Gerichtshofs für zivilrechtliche Konflikte im Deliktsrecht ausgestaltet.

541 Vgl.zum Beispiel den Deutschen Vorentwurf II - Traité portant Constitution de la Communauté, undatiert, Chapitre IV - De la Cour, a. a. O. (Fn. 500), Schulze/Hoeren, Bd. 1, S. 308, 316 f., und auch den Deutschen Juristenentwurf - Traité portant Constitution de la Communauté Européenne, datiert vom 16. November 1950, Politisches Archiv des Auswärtigen Amts, Sekretariat für Fragen des Schuman-Plans, Bd. 20, ebd. Bd. 1, S. 324 ff.

542 Protocole sur le Statut de la Cour de Justice der Décisions de la Conférence des Ministres (12-18 Avril 1951), Politisches Archiv des Auswärtigen Amts, Sekretariat für Fragen des Schuman-Plans, Bd. 174. Deutsch und französisch zu lesen in BGBl. 1952 II, S. 482 ff.

einer Kontrolle dieses Entscheidungsträgers in bezug auf dessen Unabhängigkeit von Anfang an bewußt war. Es wurde sich peinlich genau darum bemüht, die Kompetenzen der Hohen Behörde nicht zu gefährden. Insofern ergibt sich ein merkwürdiger Unterschied zur Bereitschaft der Verhandelnden, für den Ministerrat entsprechend der Bestrebungen der Niederlande und Belgiens eine Ausnahme zuzulassen. Die Gründe für dieses differierende Vorgehen scheinen in der fehlenden politischen Motivation der Beteiligten gelegen zu haben, den Gerichtshof als staatenabhängiges Kontroll- und Steuerungsinstrument anzulegen. Mit seiner, für ein Gericht entsprechend der Traditionen der Verhandlungsteilnehmer unabdingbaren Unabhängigkeit war er als Einflußgröße nicht zu verwenden. Letztendlich gelang es mit der Konstruktion des Gerichtshofs, eine objektive rechtliche Kontrolle der Hohen Behörde als Entscheidungsträger zu gewährleisten, ohne deren eigene Position zu gefährden. Gleichzeitig wurde damit für die neue Einheit eine rechtliche Instanz geschaffen, die den Staaten bereits eigen war. Bewertet man die Rolle des Gerichtshofs an der eingangs aufgestellten These der Ummantelung der Hohen Behörde mit weiteren Institutionen, um deren Funktion zu schmälern, trifft dies für den Gerichtshof der Montanunion mit Ausnahme von dessen Kompetenz zur Bewertung einer existenzbedrohenden Gefährdung eines Mitgliedsstaates gemäß Artikel 37 EGKSV also nicht zu.

δ) Fazit

Aus der Ausgestaltung von Versammlung, Ministerrat und Gerichtshof ergibt sich, daß sich die an den Verhandlungen Beteiligten der möglichen negativen Auswirkungen von Kompetenzen dieser Organe auf die Hohen Behörde durchaus bewußt waren. In Ansehung der Versammlung wurde eine weitergehende Ausgestaltung dieser zu einem Gebilde mit Parlamentsfunktionen gerade unter Berufung auf diese Gefahr verhindert. Allerdings muß hierzu festgestellt werden, daß bei der Ausstattung der Versammlung mit dem Budgetrecht für die Behörde und der Kompetenz der Ernennung von deren Mitgliedern nicht in die Befugnisse des Entscheidungsträgers, sondern in die Einflußmöglichkeiten der einzelnen Mitgliedsstaaten, denen diese Kompetenzen in kompromißhafter Form letztendlich zukamen, eingegriffen worden wäre. Insgesamt blieb die vertraglich vorgesehene Versammlung als Institution zur nachlaufenden, nur pauschalen Kontrolle der Tätigkeit der Hohen Behörde ohne konkrete Auswirkungen auf deren herausragende Position als Entscheidungsträger im Sinne der Verschmelzung kleinerer Einheiten zu einem neuen, größeren Gebilde.

Eine andere Beurteilung ergibt sich für den Ministerrat. Hier hatte die Position der Niederlande und Belgiens, die ursprünglich eine umfassende, dann eine begrenzte politische Letztverantwortung der Regierungsvertreter der Mitgliedsstaaten unter Zuerkennung eines Weisungsrechts beabsichtigten, zu einer Durchbrechung der umfassenden Entscheidungskompetenz der Hohen Behörde auf dem Gebiet der Montanindustrie geführt. Für den Fall einer Mangelsituation bei der Versorgung mit den entsprechenden Rohstoffen sollte der Rat, der nicht etwa als europäisches und von den Mitgliedsstaaten unabhängiges Gremium, sondern als Versammlung zur Interessenwahrung der Länder zu verstehen war, über die Verteilung der dann knappen Güter entscheiden. Obwohl sich die Durchbrechung der vollständigen Übertragung der politischen Verantwortung für Kohle- und Stahlerzeugung als Einzelfall für eine Situation darstellt, die in den folgenden Jahren nicht eintreten sollte, wirft sie ein bezeichnendes Licht auf die Umsetzung von Schumans und Monnets Vorstellungen eines effizienten, von den Staaten losgelösten Entscheidungsträgers auf westeuropäischer Ebene. Gerade die Ausnahme bei der Verteilung der Rohstoffe im Mangelfall zeigt, daß sich beide gegenüber den anderen Staaten damit nicht vollständig durchsetzen konnten und einen entsprechenden Kompromiß eingehen mußten, um das Projekt der sechs Staaten nicht insgesamt scheitern zu lassen. Zumindest in diesem Fall verblieb eine nicht vorgesehene politische Restverantwortung im Bereich der Kohle- und Stahlindustrie bei den Mitgliedern selbst.

Wiederum anders ist die Position des Gerichtshofs der Europäischen Gemeinschaft für Kohle und Stahl zu bewerten. Dort hatten sich die Verhandlungspartner einverständlich bemüht, einerseits die Kompetenzen zwischen Behörde und Gerichtshof als Rechtsinstanz klar abzugrenzen und andererseits einen schleichenden Kompetenzverlust der Hohen Behörde mit der Aufstellung von Verfahrensregeln zu verhindern. Hierbei wurde das Bemühen um eine neutrale Prüfungsmöglichkeit der Einhaltung der Verträge hinreichend deutlich. Allerdings zeigte sich auch hier eine Durchbrechung der klaren Trennung zwischen politischer Verantwortlichkeit der Hohen Behörde und der rechtlichen Prüfung durch den Gerichtshof. Letzterer sollte, wie bereits dargestellt, nach Artikel 37 EGKSV auch nachprüfen können, ob gegebenenfalls eine bestimmte Behördenentscheidung eine existentielle Bedrohung für die Wirtschaft eines Mitgliedsstaates beinhaltete. Insofern war der Gerichtshof in diesem Ausnahmefall befugt, die politischen Entscheidungen der Hohen Behörde zu bewerten und damit in deren Einschätzungsspielraum einzugreifen. Zwar konnte sich der Gerichtshof nicht mit einer neuen Entscheidung an die Stelle der Behörde setzen, wohl aber deren Ergebnis für nichtig erklären. Insofern kam - als umstrittener Kompromiß - dem Gerichtshof eine Ausnahmekompetenz zu, deren Anwendungsfall zwar sehr unwahrscheinlich war, mit dem aber auf die Funktion der Hohen Behörde als Entscheidungsträger eingewirkt werden konnte. Der Unterschied zu der untersuchten Ausnahme beim Ministerrat bestand aber hier darin, daß die Prüfungskompetenz für die politische Frage durch ein tatsächlich europäisches Organ wahrgenommen werden sollte. Ähnlich wie die Mitglieder der Hohen Behörde billigte das Protokoll über das Statut des Gerichtshofs den Richtern Unabhängigkeit zu, erwartete diese aber auch gegenüber den entsendenden Mitgliedsstaaten. Mit dem Richteramt sollten alle Verbindungen zu den

Länder im Sinne objektiver Entscheidungen, orientiert an der Gemeinschaft als solcher, beendet werden. Insofern war zu erwarten, daß der Gerichtshof bei Entscheidungen über die wirtschaftspolitischen Auswirkungen des Verhaltens der Hohen Behörde gemeinschaftliche Maßstäbe anwenden und nicht aufgrund nationaler Interessen entscheiden würde. Die politische Kontrolle neben dieser Möglichkeit der Prüfung an rechtlichen Maßstäben sollte von der europäischen Ebene aus erfolgen, während die Befugnis des Ministerrates als zulässige nationale Einflußmöglichkeit konzipiert war. Beides besaß - weniger in den tatsächlichen Auswirkungen als vielmehr aus der integrationstheoretischen Sicht - hinsichtlich der Interessenlagen negative Konsequenzen für die Hohen Behörde.

Insgesamt ist festzustellen, daß von einem umfassenden Funktions- und damit Effektivitätsverlust der Hohen Behörde in ihrer Rolle als Entscheidungsträger durch eine Ummantelung mit anderen Institutionen keineswegs die Rede sein kann. Das erkennbare Bemühen der beteiligten Staaten, die Kompetenzen der Behörde und damit auch ihre Funktion zu wahren, führte zu einer weitgehenden, aber eben nicht völligen Verschiebung der politischen Verantwortlichkeit für den Montanbereich von den Nationalstaaten auf die neue westeuropäische Ebene. Durch die aufgezeigten Kompromisse, nach denen die Hohe Behörde Entscheidungen nicht selbst treffen konnte oder einer beschränkten Zweckmäßigkeitsprüfung durch den Gerichtshof unterlag, wurde das Modell einer völlig losgelösten Institution als Entscheidungsträger zur Überwindung der bisherigen Ineffizienz in der westeuropäischen Zusammenarbeit nicht völlig konsequent umgesetzt. Über die anderen Institutionen erfolgte - wenn auch entgegen der obigen These in eher geringfügigem Umfang - eine Beschränkung der Kompetenzen der Hohen Behörde und eine Beeinträchtigung ihrer Autonomie. Aufgrund dieser nachgewiesenen, in ihren Auswirkungen zu vernachlässigenden Einzelfälle, in denen es aus Gründen des Kompromisses zwischen den Staaten zu Durchbrechungen kam, läßt sich aus heutiger Sicht einschätzen, daß das der Pariser Erklärung entstammende Konzept trotz der französischen Vorgabe des unbedingten Festhaltens an der Hohen Behörde als autonomem Entscheidungsträger nicht in vollem Umfang durchgesetzt, sondern durch die genannten Einschränkungen zur Durchführbarkeit des Vorhabens abgeschwächt worden war.

(3) Weitere Einrichtungen

Neben denjenigen Organen, die sich auf der gleichen Stufe wie die Hohe Behörde befanden und die Entscheidungsträgerschaft der Letztgenannten aufgrund eigener Kompetenzen hätten gefährden können, existierte im Gründungsvertrag der Europäischen Gemeinschaft für Kohle und Stahl eine zweite Kategorie von Institutionen, denen keine Entscheidungsbefugnisse zugestanden wurden und deren Besetzung durch die bedeutsameren Organen der Montanunion erfolgte.

α) Beratender Ausschuß

Die Bezeichnung der in Artikel 18 und 19 EGKSV geregelten Einrichtung deutet darauf hin, daß der Ausschuß nicht ganz in den Zusammenhang der hier problematisierten Verschiebung der Entscheidungsträgereigenschaft durch institutionelle Ummantelung der Hohen Behörde zu passen scheint. Jedoch macht es die enge Beziehung, die die Position von Beratendem Ausschuß und Hoher Behörde im Vertragstext nahelegt, nötig, sich doch näher ihm auseinanderzusetzen.

Die Idee eines Ausschusses, besetzt mit Personen, die der Kohle- und Stahlerzeugung nahestanden und so mit ihrer Fachkompetenz die Entscheidungen der Hohen Behörde beeinflussen konnten, scheint sich im Vorfeld der ersten Verhandlungsphase vom 20. Juni bis 10. August 1950 von französischer Seite ergeben zu haben. Ohne daß es dazu bereits Ausführungen in der Pariser Erklärung vom 9. Mai 1950 oder in den Vorentwürfen Reuters und Uris gegeben hätte, hieß es in einer internen Anweisung vom 12. Juni 1950, die durch Uri und Hirsch erarbeitet worden war, zu den sogenannten „*Organismes Consultatifs*“:

> „Il est également indispensable de prévoir, étant donné la compexité des problèmes généraux et des situations particulières auxquelles l'Autorité aura un faire face, qu'elle dispose de comités consultatifs, composés de professionnels et de représentants des organisations ouvrières.“[543]

Die Beratenden Ausschüsse, hier noch in der Mehrzahl, waren von Anfang an also nicht als Entscheidungsträger in Konkurrenz zur Hohen Behörde, sondern als beratende Einrichtungen für diese vorgesehen, der man fachliche Entscheidungen ohne Unterstützung von in diesem Bereich arbeitenden oder entsprechende Organisationen vertretende Personen allein offensichtlich nicht zutraute. Folgerichtig findet sich die Vorstellung einer konsultativen Institution auch in den einführenden Darstellungen Monnets vom 21. Juni 1950 vor den für die Verhandlungen vorgesehenen Vertretern der potentiellen Mitgliedsstaaten wieder, wobei allerdings nun konkret von zwei Ausschüssen die Rede war, von denen jeweils einer mit Unternehmern und einer mit Arbeitnehmern besetzt werden sollte.[544] Damit wiesen die Ausführungen Monnets sowohl in der Gestaltung der Ausschüsse als auch in der Besetzung wesentliche Unterschiede zum vom selben Tag datierten Textentwurf der französischen Seite auf, worin in Artikel

---

543 Note pour le Comité Interministériel, 12. Juni 1950, a. a. O. (Fn. 473). In Schulze/Hoeren, Bd. 1, S. 25, 27. Die beiden Mitarbeiter Monnets agierten dabei eher im Hintergrund.

544 Kurzprotokoll der Sitzung im französischen Außenministerium vom 21. Juni 1950, a. a. O. (Fn. 474), Schulze/Hoeren, Bd. 1, S. 37, 38. Abschnitt IV zu den Beratenden Ausschüssen ist jedoch im Vergleich zu anderen Institutionen sehr kurz und belegt die im Verhältnis zur Hohen Behörde, zur Versammlung oder zu rechtlichen Prüfungsmöglichkeiten eher gering eingeschätze Bedeutung des Organs zum Beginn der Verhandlungen.

14 von der Errichtung dreier Beratender Komitees die Rede war, die jeweils aus Arbeitgebern, Werktätigen und Verbrauchern bestehen sollten.[545] Die Befugnis zur Einberufung sollte bei der Hohen Behörde liegen, die auch entscheiden konnte, ob die Komitees einzeln oder in versammelter Form tagen sollten. Außerdem war vorgesehen, daß die Behörde neue Komitees einrichten konnte, wenn sie es für nützlich hielt.[546] In den Verhandlungen, die sich nun zunächst auf die Ausgestaltung der Hohen Behörde und deren Verhältnis zum angedachten Organ der Vertreter der Mitgliedsstaaten konzentrierten, blieb die Form der fachlichen Beratung offen, da noch nicht entschieden war, ob die Beratenden Ausschüsse der Hohen Behörde oder den ebenfalls in der Diskussion befindlichen regionalen Gliederungen zugeordnet werden sollten.

Am Ende der ersten Verhandlungsphase war dementsprechend kein wesentlicher Fortschritt erzielt worden. Neben der ungelösten Zuordnungsfrage bestand jedoch grundsätzlich Einigkeit darüber, überhaupt eine fachliche Beratung für die Hohe Behörde zu installieren, das weder zu kompliziert ausfallen noch die Gestalt einer Technischen Versammlung ähnlich der Versammlung der Montanunion werden sollte.[547] Andere Schwerpunkte der Überlegungen bildeten die Frage nach der Errichtung mehrerer kleiner Ausschüssen oder einem großen Komitee mit entsprechender Substruktur, der Anzahl und der Auswahl der Mitglieder sowohl im Hinblick auf ihre Funktion am Markt als auch ihre nationale Herkunft. Letztlich kamen die Delegationen ausweislich des Memorandums über die Einrichtungen und die Wirtschaftlichen und Sozialen Dauerbestimmungen des Schuman-Plans[548] innerhalb der zweiten Verhandlungsphase am 15. September 1950 zumindest dahingehend überein, daß nun nur noch ein einziger, großer Beratender Ausschuß für die Gemeinschaft gegründet werden sollte, der aus Vertretern der Produzenten, der Verbraucher und internationaler Arbeitnehmerorganisationen bestehen und seine Binnenstruktur selbst organisieren sollte. Die Zuordnungsfrage schnitten die Verhandelnden zwar an, löste sie aber hier

---

545 Vgl. zur Zusammensetzung der Ausschüsse beim damaligen Stand Texte du projet préparé par les Français, 21. Juni 1950, a. a. O. (Fn. 107), Schulze/Hoeren, Bd. 1, S. 41, 44.

546 Die dargestellte Zusammensetzung, Einberufungs- und Tagungsform sowie die Möglichkeit der Hohen Behörde zur Schaffung neuer Beratender Ausschüsse entsprach aus dem Sachstand im französischen Arbeitsdokument vom 24. Juni 1950, a. a. O. (Fn. 108), Schulze/Hoeren, Bd. 1, S. 50, 54, das in Art. 15 wiederum im engen textlichen Zusammenhang mit den Vorschriften über die Hohe Behörde entsprechende Aussagen enthielt.

547 Vgl. den Rapport sur l'avancement des travaux pour la mise en oeuvre du Plan Schuman, 31. August bis 19. September 1950, Institut Universitaire européen, Florenz, Archives Historiques des Communautés européennes, Collection: CECA ou CPE, Provenance: Ministère des Affaires étrangères, MAEF 5, Vol. 501. Veröffentlicht bei Schulze/Hoeren, Bd. 1, S. 159, 160 f. Eine inhaltsgleiche deutschsprachige, unveröffentlichte Fassung des Dokuments befindet sich im Politischen Archiv des Auswärtigen Amts, Berlin, Sekretariat für Fragen des Schuman-Plans, dort in Bd. 342 (Betr.: Nachlaß Prof. Dr. Schlochauer).

548 Vom 28. September 1950, a. a. O. (Fn. 497). In Schulze/Hoeren, Bd. 1, dort S. 173, 179.

nicht. Gleiches galt für die nach wie vor im Raum stehenden Probleme der konkreten Anzahl der Mitglieder, des Verfahrens hinsichtlich deren Auswahl, dem Konsultationsvorgang selbst und den Anforderungen an ihn.[549]

Diese noch bestehenden Unklarheiten wurden in der Folgezeit in verschiedenen Vertragsentwürfe der Redaktionsarbeit problematisiert und gelöst.[550] Am Ende dieses Prozesses war in den Artikeln 18 und 19 EGKSV eine Struktur vorgesehen, deren Besetzung mit am Marktgeschehen beteiligten und durch den Rat auf zwei Jahre ernannten Vertretern der Erzeuger, der Verbraucher und der Händler, aber auch Arbeitnehmervertretern eine Konsultationsmöglichkeit für die Behörde sicherte, sie aber nur zur Anhörung verpflichtete, wenn der Vertrag dies ausdrücklich vorsah. Den Ausschußmitgliedern wurde für die Dauer ihrer Tätigkeit Unabhängigkeit von den sie entsendenden Organisationen abverlangt, wodurch eine unvoreingenommene Beratung der Hohen Behörde garantiert war.

Wie eingangs schon aus dem Namen des Ausschusses abgeleitet, kam ihm neben dem Fakt seiner Existenz als Institution keine eigenständige Bedeutung als Entscheidungsträger zu. Er federte lediglich die politisch motivierte Besetzung der Hohen Behörde und deren dadurch befürchtete Sachferne ab, ohne daß der Entscheidungsträger dabei aber gezwungen war, überhaupt Ratschläge einzuholen oder sich nach diesen zu richten. Die Besetzung des Beratenden Ausschusses durch den Ministerrat weist zudem auf die Positionierung der zuerst genannten

549 Für letztes finden sich Anhaltspunkte für Meinungen, die die freie Entscheidung der Hohen Behörde über ihren Beratungsbedarf einer Pflichtkonsultation vorziehen. Vgl. dazu die Observations sur le memorandum du 28.9.1950, exposées par M. Jean Monnet au cours de la réunion restreinte des chefs de délégation le 4.10.50, datiert vom 5. Oktober 1950, Archives Nationales, Paris, AJ 81/132. In Schulze/Hoeren, Bd. 1, auf S. 241, 243 f.

550 So sahen die Art. 15 und 15 A des Vertragsentwurfs Reuters vom 6. Oktober 1950, a. a. O. (Fn. 498), Schulze/Hoeren, Bd. 1, S. 244, 250 f., die Benennung der Mitglieder aus den marktbezogenen Gruppen durch die Mitgliedsstaaten vor. Der Ausschuß sollte seinen Präsidenten selbst wählen dürfen. Die Erste Redaktion des Vertragsentwurfes (französischer Vorschlag) vom 9. November 1950, a. a. O. (Fn. 499), Schulze/Hoeren, Bd. 1, S. 267, 270 und 280, meldete zu Art. 17 Bedenken hinsichtlich der Praktikabilität einer Ernennung durch die Organisationen unter Wahrung eines Vetorechts für den Rat an, beinhaltete aber eine Größenvorgabe. Die Kompetenz zur Ernennung der Mitglieder sollte beim Rat liegen, wobei das Vorschlagsrecht den Organisationen verblieb. Denselben Inhalt besaß der undatierte deutsche Vorentwurf II, a. a. O. (Fn. 500), Schulze/Hoeren, Bd. 1, S. 308, 317 f., wobei eine Herauslösung der Vorschriften aus dem Abschnitt über die Hohe Behörde und die Plazierung als fünftes Gemeinschaftsorgan angedacht war. Im Vergleich zum Deutschen Vorentwurf I - Traité portant Constitution de la Communauté Européenne, undatiert, Politisches Archiv des Auswärtigen Amts, Berlin, Sekretariat für Fragen des Schuman-Plans, Bd. 344 (Betr.: Nachlaß Prof. Dr. Schlochauer), unveröffentlicht, war eine Veränderung eingetreten, da dieser Entwurf das *comité consultatif de la Haute Autorité* in seinem Artikel 4 noch als *organ auxiliair* und damit als der Hohen Behörde zugehörig angesehen hatte. Art. 37 des Entwurfs enthielt materielle Regelungen.

Einrichtung unterhalb der vier bedeutsameren und wesentlich heftiger diskutierten Institutionen innerhalb der Montanunion, die ihr Personal entweder aus den Mitgliedsstaaten selbst oder zumindest aufgrund von Vorschlägen dieser bezogen, hin. Außerdem war es dem Ministerrat aufgrund seiner Kompetenz zur Besetzung des Beratenden Ausschusses möglich, der Hohen Behörde eine den Interessen der Mitgliedsstaaten entsprechende fachliche Begleitung an die Seite zu stellen, ohne daß letztere eine - außergerichtliche - Möglichkeit zur Abwehr dessen im Hinblick auf ihre Unabhängigkeit zur Verfügung gestanden hätte. Damit stellt der Beratende Ausschuß einen weiteren, weniger bedeutsamen Mosaikstein bei der Ausgestaltung des Institutionensystems der Montangemeinschaft dar. Seine Existenz veränderte an der in der Pariser Erklärung postulierten Entscheidungsträgereigenschaft für die Hohe Behörde nichts.

Jedoch scheint der Beratende Ausschuß darüber hinaus wegen seiner Besetzung durch den Rat und seiner Ausrichtung auf die Konsultationstätigkeit gegenüber der Hohen Behörde das erste Beispiel einer nur durch die Existenz integrationsfördernden Institution zu sein. Es ergeben sich aufgrund der Unterteilung Smends zwischen persönlichem und funktionellem Integrationstyp also Schwierigkeiten bei der Einordnung als Mittel im Vergemeinschaftungsprozeß.

β) Rechnungsprüfer

Eine ähnliche Position wie der Beratende Ausschuß nahm der in Artikel 78 Absatz 6 EGKSV verankerte Rechnungsprüfer ein, auf den nur kursorisch eingegangen werden soll. Seine Tätigkeit bestand in der Erstellung eines Berichts über die Ordnungsgemäßheit der Buchführung und des Finanzgebarens der Organe der Montanunion, erschöpfte sich aber auch schon darin. Der Rechnungsprüfer diente der Vorbereitung des jährlichen Entlastungsbeschlusses der Versammlung, ohne jedoch selbst Entscheidungen zu treffen. Diese oblag der Versammlung auf der Basis des Berichts, der durch die Hohe Behörde in ihrem Gesamtbericht an die Versammlung zu übermitteln war, im Rahmen von Artikel 24 EGKSV. Die Befugnis zur Ernennung des Rechnungsprüfers lag beim Rat und damit bei einer der entscheidungsbefugten Institutionen, nicht aber bei den Mitgliedsstaaten, wie es sonst der Fall war. Ähnlich wie beim Beratenden Ausschuß handelte es sich beim Rechnungsprüfer um eine unterhalb von Behörde, Rat, Versammlung und Gerichtshof angesiedelte Einrichtung, der keinerlei Entscheidungsträgerschaft zukam und die auch nicht von den Mitgliedern besetzt wurde.

γ) Fazit

Mit dem Beratenden Ausschuß und dem Rechnungsprüfer hat sich innerhalb des Gründungsvertrages zur Montanunion eine weitere Klasse von Organen gefunden, deren Charakteristik in der von Anfang an fehlenden Entscheidungsträgereigenschaft sowie der Festlegung der personellen Besetzung durch entscheidungsbefugte Institutionen, hier dem Rat, lag. Die Aufgabe der beiden Organe bestand bei Wahrung völliger Unabhängigkeit der ihnen Angehörigen in einer assistierenden Tätigkeit fachlicher Beratung und der Vorbereitung des finanziellen Teils des Tätigkeitsberichts, beides nur auf die Hohe Behörde bezogen.

(4) Folgen für das Supranationalitätsverständnis

Wie erörtert, erfordert der Umgang mit dem Supranationalitätsbegriff eine gewisse Vorsicht bei der rückblickenden Anwendung auf die Integrationsentwicklung. Es muß beachtet werden, wie und in welchem Zusammenhang der *terminus* innerhalb oder im Umfeld der Verträge verwandt wurde. Die Betrachtung der Verhandlungen zum Vertrag über die Gründung der Europäischen Gemeinschaft für Kohle und Stahl sowie der Wortlaut dieser Vereinbarung tragen, wenn auch mit überraschendem Ergebnis, dazu bei, den Begriff der Supranationalität auf der Verständnisebene der beginnenden fünfziger Jahre zu klären.[551]

Was den Gebrauch des Supranationalitätsbegriffes in den Verhandlungen zur Montanunion angeht, so gibt besonders der Streit um die Ausgestaltung der Versammlung Auskunft. Hallstein hatte in der Sitzung des Institutionellen Ausschusses vom 4. und 5. August 1950 gefordert, die *Assemblée* als supranationales Organ wie die Hohe Behörde und den Gerichtshof auszugestalten.[552] Er begründete dies mit der Kontrollfunktion der Versammlung gegenüber der Hohen Behörde, so daß auch die Kontrollinstitution selbst unabhängig sein müsse. Ein Vergleich mit den weisungsgebundenen Mitgliedern des Rates ergab aus Hallsteins Sicht, daß die von den nationalen Parlamenten entsandten Angehörigen der Versammlung im Hinblick auf ihr Abstimmungsverhalten ungebunden seien, was ebenfalls für Supranationalität spreche. Auch Monnet gebrauchte den Supranationalitätsbegriff, indem er auf den Umstand der Entsendung der Abgeordneten und es zudem für einen psychologischen Fehler hielt, der Versammlung von Beginn an supranationalen Charakter beizulegen. Hallstein wiederholte, daß die Mitglieder von Behörde und Gerichtshof ebenso durch die Mitgliedsstaaten ernannt würden, was aber am von allen zugestandenen supranationalen Charakter dieser beiden Institutionen auch nichts ändere.

Aus diesem Streit ergibt sich im Hinblick auf das Verständnis des Supranationalitätsbegriffes, daß dabei das Verhältnis der jeweiligen Mitglieder einer Institution zu den teilnehmenden Staaten im Vordergrund stand. Nicht also die

---

551 Zuleeg in Hrbek, S. 291 ff., ordnet Supranationalität in den Kontext internationaler Verträge und Organisationen bis 1950 ein; erstere seie mit Internationalität gleichzusetzen.

552 Vgl. das schon erwähnte Kurzprotokoll über die Sitzung des Institutionellen Ausschusses, 4. und 5. August 1950, a. a. O. (Fn. 494), wieder in Schulze/Hoeren, Bd. 1, S. 102, 103 f.

Unabhängigkeit der Institutionen von den Einflußmöglichkeiten der Mitgliedsstaaten allgemein, sondern das Verhältnis der Staaten zu den Angehörigen der Institutionen definierte Supranationalität. Waren diesbezüglich persönliche Abhängigkeiten nicht vorhanden, dann ergab sich zumindest für Hallstein unabhängig von der Art der Ernennung der einzelnen Personen auch für die Institution das Merkmal der Supranationalität. Dagegen wirkt die Argumentation Monnets auf den heutigen Betrachter eher vorgeschoben, um den eigentlichen Grund der Ablehnung einer sich damit zwangsläufig ergebenden starken Stellung der *Assemblée* zu kaschieren. Anhaltspunkte für ein anderes Verständnis des Supranationalitätsbegriffes bei Monnet ergeben sich daraus aber nicht. Zusammengefaßt läßt sich aus dem Streit um die Stellung der Versammlung ableiten, daß Supranationalität zum Zeitpunkt der Kontroverse als Unabhängigkeit der Institution, schwerpunktmäßig vermittelt durch die Unabhängigkeit der entsprechenden Mitglieder von den vertragsschließenden Staaten, verstanden wurde.[553] Der Begriff stellt sich als eng institutionsbezogen dar und wurde in den Verhandlungen zu keiner Zeit für die Charakterisierung der Gemeinschaft als solcher verwendet.

Prüft man dieses Ergebnis am EGKS-Vertrag in der Fassung vom 18. April 1951, so findet sich der Begriff der Supranationalität zweimal innerhalb von Artikel 9 der Vereinbarung und damit in einer Vorschrift, die nach der Aufgabenstellung gemäß Artikel 8 die personelle Besetzung der Hohen Behörde regelte:

> „... Les membres de la Haute Autorité exercent leurs fonctions en pleine indépendance, dans l'intérêt général de la Communauté. Dans l'accomplissement de leurs devoirs, ils ne sollicitent ni n'acceptent d'instructions d'aucun gouvernement ni d'aucun organisme. Ils s'abstiennent de tout acte incompatible avec le caractère supranational de leurs fonctions.
> Chaque État membre s'engage à respecter ce caractère supranational et à ne pas chercher à influencer les mebres de la Haute Autorité dans l'exécution de leur tâche. ..."

Der Vertrag verwandte also einen Supranationalitätsbegriff, der in der deutschen Übersetzung mit „überstaatlich" wiedergegeben wurde, im Zusammenhang mit der Position der Mitglieder der Hohen Behörde, während einzelne Institutionen bzw. die gesamte Gemeinschaft nicht als supranational bezeichnet wurden.[554]

---

[553] Archer, S. 78 f., verwendet den Supranationalitätsbegriff ebenfalls in institutioneller Hinsicht, indem er damit die Idee der unabhängigen Behörde zur Entscheidung über Kohle- und Stahlfragen charakterisiert. Für ihn stellten sich die diese Behörde umgebenden, anderen Organe der Gemeinschaft bereits als Verwässerung des Autonomiegedankens dar.

[554] Mit dieser Verwendung wurde für Zuleeg in Hrbek, S. 291, 294 aus der Supranationalität ein normativer Begriff, der einer bestimmten Organisationsform auf institutioneller Ebene zugeordnet werden sollte. Die Montanunion blieb aber, worin Zuleeg zuzustimmen ist, eine internationale Organisation, die sich aber in ihren Organen von dem unterschied, was andere internationale Organisationen bis 1950 an Strukturen hervorgebracht hatten.

Obwohl sich ein Schluß von der unabhängigen Stellung der Mitglieder von Hoher Behörde auf ihre Institution anbietet, läßt sich ein solcher Zusammenhang anhand der Verhandlungsprotokolle nicht belegen.[555] Jedoch erlaubt die obige vertragliche Regelung der Position der Mitglieder der Hohen Behörde einen Rückschluß auf das Verständnis von Supranationalität im Rahmen der Montanunion. Es ist davon die Rede, daß die Mitglieder der Hohen Behörde ihre Tätigkeit in voller Unabhängigkeit im allgemeinen Interesse der Gemeinschaft ausüben sollen. Hier wurde der bisherigen Form der Zusammenarbeit der Staaten in internationalen Organisationen, die an den Erfordernissen eines Kompromisses zwischen nationalen Interessen gescheitert war, ein Gemeinschaftsinteresse entgegengesetzt. Wer letzteres bestimmen sollte, läßt sich aus der Formulierung des Vertrages und den Materialien nicht erkennen - der Konzeption eines unabhängigen Entscheidungsträgers mit politischer Letztverantwortung nach konnte aber nur die Hohe Behörde solche Motive bestimmen und verfolgen. Vergleicht man dies mit dem Charakter der Europäischen Gemeinschaft für Kohle und Stahl als Monnets Reaktion auf die Ineffizienz anderer Organisationsformen staatlicher Zusammenarbeit in Westeuropa nach dem Zweiten Weltkrieg, dann wird deutlich, daß gerade die Idee gemeinschaftlicher Interessen dazu beitragen konnte, die Handlungsfähigkeit einer solchen neuen Gemeinschaftsform zu schaffen und auf Dauer zu erhalten. Damit ergibt sich aber auch in Verbindung mit den Ausführungen und Bewertungen im Abschnitt über Ziele der Montanunion im Hinblick auf deren Interessenabhängigkeit, daß übereinstimmende nationale Motive, die sich als Grundlage solcher späteren gemeinschaftlichen Interessen anboten, im Bereich der Friedenserhaltung und im französisch-deutschen Austausch zwischen wirtschaftlichen Vorteilen einerseits sowie Gewinnung von Souveränität und Wiedereinbeziehung in die internationale Gemeinschaft andererseits lagen. Das Verständnis von Supranationalität muß in der Montanunion also um das Merkmal der Bestimmung und Verfolgung von Interessen des neuen Verbandes durch den zentralen Entscheidungsträger erweitert werden.

Trotz des Defizits bei der Anwendung des Supranationalitätsbegriffes auf Institutionen der neuen Gemeinschaft im Vertrag selbst läßt sich als Ergebnis formulieren, daß Überstaatlichkeit als Eigenschaft der Institutionen der Montanunion verstanden wurde. Es ging dabei um die Unabhängigkeit der Organe von den Interessen und Einflußmöglichkeiten der Mitgliedstaaten. Besonders muß dabei die Bestimmung und Verfolgung von Gemeinschaftsinteressen anstelle der Absichten der Länder betont werden. Supernationalität in diesem institutionsbezogenen Verständnis bedeutete aber von Anfang an keine absolute und vollständige Unabhängigkeit des Entscheidungsträgers, sondern ist mit einem durch die personelle Besetzung und die umgebenden Institutionen vermittelten Rest von

555 Ipsen, Gemeinschaftsrecht in Einzelstudien, S. 97, beläßt diesbezüglich es bei der Charakterisierung von Supranationalität als der Funktion der Mitglieder der Hohen Behörde.

Rückbindung an die Mitgliedsstaaten verbunden.[556] Gerade die gespaltene institutionelle Ausgestaltung der Montanunion mit der Hohen Behörde und dem Gerichtshof als weitgehend unabhängigen Institutionen sowie dem Besonderen Ministerrat und der Gemeinsamen Versammlung als national dominierten Organen zeigt, daß sich Supranationalität zwar als Merkmal einzelner Institutionen, nicht jedoch als Charakteristikum einer Gesamtgemeinschaft bestimmen läßt.

(5) Fazit

Aus der Analyse der Verhandlungen um die institutionelle Ausstattung der Europäischen Gemeinschaft für Kohle und Stahl ergibt sich, daß die Montanunion als sektoraler Integrationsansatz mit Entscheidungsträgern ausgestattet war, deren Kompetenzen zur Beförderung von Integration sich ausschließlich auf das bereits durch Konsens der Mitgliedsstaaten festgelegte Arbeitsgebiet bezogen. Besonders die Hohe Behörde, die als unabhängiger, dem Gemeinschaftsinteresse verpflichteter Entscheidungsträger konzipiert war, konnte ihre Wirkung als Mittel zur Beschleunigung des Integrationsprozesses daher nur auf wirtschaftlichem Gebiet im Montansektor entfalten. Entscheidungen über die Ausweitung darüber hinaus auch auf andere Sektoren blieben den Mitgliedsstaaten vorbehalten. Im Vergleich zur Pariser Erklärung hatte die Hohe Behörde durch die Schaffung des die Interessen der Regierungen der Mitgliedsstaaten wahrnehmenden Besonderen Ministerrates an Effektivität eingebüßt, da letzterer - wenn auch nur in wenigen Fällen - exekutive Entscheidungen für den Montanbereich treffen konnte, die nach Monnets Grundkonzeption ausschließlich dem zentralen Organ, also der Hohen Behörde, vorbehalten bleiben sollten. Gemeinsam mit den begrenzten und nur auf eine beschränkte Kontrolle der Hohen Behörde zielenden Befugnissen der Versammlung muß die Errichtung des Ministerrates insgesamt als Preis für die Befugnisübertragung auf die Gemeinschaft zur Wahrnehmung durch die Hohe Behörde verstanden werden.[557]

Natürlich drängt sich an dieser Stelle ein Vergleich dessen, was nach diesen Ergebnissen innerhalb der Europäischen Gemeinschaft für Kohle und Stahl begrifflich unter Supranationalität zu verstehen ist, mit den als Grundlage der Verhandlungen dienenden Vorstellungen der Pariser Erklärung geradezu auf. Wie schon dargestellt wurde, hatte Monnet innerhalb des Schuman-Plans das Bild einer effektiven Behörde zur Überwachung und Steuerung des zu schaffenden deutsch-französischen Stahlmarktes entworfen. Um diese Effizienz zu erreichen, sollte die ursprüngliche Oberste Behörde unabhängig von den National-

---

556 Darauf spielt Trausch in Hudemann u. a., S. 105, 106, an, der zum Schuman-Plan äußert, dieser habe Supranationalität „nur in kleinen Dosen“, aber als Neuerung in die Struktur internationaler Organisationen eingebracht. Dasselbe gilt dann auch für die Montanunion.

557 So das Ergebnis zur Institutionalisierung der EGKS bei Küsters in Schwabe, S. 73, 102.

staaten mit rechtlicher Verbindlichkeit ihrer Entscheidungen letzteren gegenüber handeln können. Damit ging der Inhalt der Pariser Erklärung weiter als das, was als Kompromiß im Vertrag über die Gründung der EGKS geregelt wurde. Zwischen der Idealvorstellung und der praktischen Umsetzung der Idee eines national unbeeinflußten europäischen Entscheidungsträgers hatten sich damit in bezug auf dessen Unabhängigkeit die dargestellten Veränderungen ergeben.[558] Ein Restrisiko fehlender Kompromißbereitschaft bei der Definition gemeinsamer Interessen, die zur Unfähigkeit der westeuropäischen Staaten bezüglich der Bildung einer handlungsfähigen Organisation zur Zusammenarbeit geführt und - wie erläutert - Monnets Anlaß für Überlegungen zu einer geeigneten Form gebildet hatte, blieb damit auch für die Montanunion bestehen. Es war eine Folge der interessenbedingt fehlenden Bereitschaft der beteiligten Staaten, ganz auf Einwirkungsmöglichkeiten gegenüber der Hohen Behörde auch für Ausnahmesituationen zu verzichten oder aber die Kontrolle letzterer dann einer mit wahrhaft parlamentarischen Befugnissen ausgestatteten Versammlung zu überlassen.

cc) Vertrag über die Gründung einer Europäischen Verteidigungsgemeinschaft

Während und nach den Verhandlungen über die Montanunion arbeiteten die sechs westeuropäischen Staaten auch am Abkommen über die Europäische Verteidigungsgemeinschaft, das am 27. Mai 1952 unterzeichnet wurde. Es verwundert daher nicht, daß die für die Europäische Gemeinschaft für Kohle und Stahl herausgearbeiteten Institutionen mit einem relativ unabhängigen, zentralen Entscheidungsträger im Mittelpunkt im allgemeinen auch auf diesen Zusammenschluß übertragen wurden,[559] was zu einer ähnlichen und beim Gerichtshof sogar zu einer identischen Struktur führte.[560] Daher sollen im Gegensatz zur Institutionalisierung der Montanunion weniger einzelne Ideen und Verhandlungsschritte zur Ausgestaltung der Organe, sondern die Unterschiede im Charakter des Entscheidungsträgers im Verhältnis zu den ihn umgebenden Institutionen im Vergleich zur Europäischen Gemeinschaft für Kohle und Stahl gezeigt werden.

Auch in dieser Gemeinschaft sollten Handlungs- und Aufsichtsbefugnisse, hier beschränkt auf die gemeinsame Verteidigung der westeuropäischen Staaten, nach Artikel 19 EVGV bei einem als Kommissariat bezeichneten Entscheidungsträger liegen. Das aus der Montanunion bekannte komplizierte Beset-

---

558 Dieses Resultat deckt sich mit der geschichtswissenschaftlichen Erkenntnis, daß die Montanunion im Vertrag zur Gründung der Europäischen Gemeinschaft für Kohle und Stahl vom 18. April 1951 grundlegend von der Pariser Erklärung abwich. Zu diesem Ergebnis kommen Milward, S. 408, sowie auch Trausch in Hudemann u. a., auf S. 105, 126.

559 Kielmannsegg, a. a. O. (Fn. 127), S. 5009, 5010 und 5011, sprach diesbezüglich von einer Gleichheit der Strukturelemente in Verteidigungsgemeinschaft und der Montanunion.

560 So Gröne, S. 5, der die Übereinstimmung der Institutionen der Gemeinschaften betont.

zungsverfahren für diese Behörde fehlt hier: Mit den Artikeln 21 und 25 des Vertrages war die gemeinsame, also einvernehmliche Benennung der Mitglieder vorgesehen. Beschränkt wurde die Unabhängigkeit des Kommissariats in wesentlich stärkerem Maße als in der Montanunion durch die Positionierung des Rates, dem nach Artikel 39 Absatz 1 EVGV die Koordinierung der Tätigkeit des Kommissariats und der Politik der Mitgliedsstaaten oblag. In den Absätzen 2 und 3 derselben Vorschrift war weiterhin eine politische Richtlinienkompetenz des Rates gegenüber dem Kommissariat sowie eigene Entscheidungsbefugnisse der ersteren Institution vorgesehen. Obwohl es sich bei der Richtlinienkompetenz des Rates nicht um Einzelweisungen handelte, wurde der politische Spielraum und die Letztverantwortung des zentralen Entscheidungsträgers im Vergleich zur Montanunion, bei der dieser Bereich ebenfalls umstritten war, deutlich verkürzt. Dies bedeutete gleichzeitig einen Verlust an Wirksamkeit des Kommissariats im Hinblick auf seine Funktion innerhalb der Integration zwischen den Staaten. Begründen läßt sich dieser Rückschritt in der Ausgestaltung des Verhältnisses zwischen Entscheidungsträger und Mitgliedsstaaten wohl nur mit der schon in den Ausführungen zu den Zielen europäischer Integration erläuterten Sensibilität der Länder im Hinblick auf die Verteidigung. Gerade in diesem Bereich mußte die politische Rückbindung an die Mitglieder aufgrund der empfindlichen Interessenlage trotz der erklärten Absicht zur Zusammenführung der entsprechenden nationalen Kontingente in besonders hohem Maße ausgeprägt bleiben. Die Besetzung des Rates und das Stimmenverhältnis sollte übergangsweise nach den fixen Vorgaben aus Artikel 43a EGVG, später dann entsprechend des Artikels 43 EGVG nach dem Umfang der finanziellen sowie truppenmäßigen Beteiligung der einzelnen Mitglieder erfolgen.

Was die Versammlung und den Gerichtshof der Europäischen Verteidigungsgemeinschaft anbetrifft, so blieben die Regelungen in etwa dieselben. Die Versammlung war die der Montanunion, nach Artikel 33 EVGV lediglich vermehrt um jeweils drei zusätzliche Abgeordnete aus Deutschland, Frankreich und Italien. Diese sollten auf nationaler Ebene durch die Parlamente bestimmt werden. Der Auftrag der Versammlung beschränkte sich mit Artikel 36 EGVG auf die nachlaufende Prüfung der Tätigkeit, wobei als Sanktion gegenüber dem Kommissariat nur die Ablehnung des Rechenschaftsberichts als Mißtrauensvotum zur Verfügung stand. Obwohl sich im Abschnitt über den Haushalt der Verteidigungsgemeinschaft mit Artikel 87 Absatz 2 und 3 EVGV eine Vorschrift findet, die eine Entscheidungskompetenz der Versammlung für das Budget der Gemeinschaft zu beinhalten scheint, so gestand diese Regelung der Versammlung lediglich ein Recht zur Stellungnahme und zur Empfehlung einer ablehnenden Entscheidung zu. Für den Rat, der den Haushalt festlegte, blieb dies jedoch ohne rechtliche Verbindlichkeit. Schon deshalb kann auch im Rahmen der Verteidigungsgemeinschaft nicht von einer haushaltsbezogenen Entscheidungskompetenz der Versammlung, mit der die deutsche Seite schon innerhalb der Verhandlungen der Europäischen Gemeinschaft für Kohle und Stahl gescheitert war, gesprochen werden. Die einzige wesentliche Veränderung gegenüber der *Assemblée* der Montanunion bestand mit Artikel 38 EVGV im Auftrag, die eigene Umgestaltung zu einem demokratisch und durch die Bürger der Mitgliedsstaaten direkt gewählten Organ zu untersuchen. Dieses sollte dann die Planungen für den Aufbau einer europäischen Föderation übernehmen. Durch die Artikel 51 ff. EVGV erhielt der Gerichtshof der Montanunion nun auch die Zuständigkeit für die Verteidigungsgemeinschaft, wobei seine Zuständigkeit auf Straf- und Wehrstrafsachen ausgedehnt wurde. Andere Verfahren bliebe jedoch weitgehend unberührt. Ansonsten waren die vertraglich vorgesehenen Gerichtshöfe der Verteidigungsgemeinschaft und der Montanunion völlig identisch.[561]

Allerdings waren auch für die EVG weitere Institutionen vorgesehen, denen keine Entscheidungsträgereigenschaft zukommen und deren Besetzung über die anderen, mit dieser Fähigkeit ausgestatteten Organe erfolgen sollte. Ein Beratender Ausschuß für die Tätigkeit des Kommissariats ähnlich dem für die Hohe Behörde fehlte zwar, aber dafür wurde die mit dem Rechnungsprüfer der Montanunion begonnene Institutionalisierung der Finanzkontrolle im weiteren Sinne wesentlich stärker ausgebaut. Artikel 83 EVGV sah dazu mit dem Finanzkontrolleur und dem Rechnungsprüfungshof zwei Organe vor, die der Sicherstellung der Beachtung der Finanzvorschriften - so der Finanzordnung, die jedoch selbst nicht Bestandteil des Vertrages war - zu dienen hatten.

Der Finanzkontrolleur als unabhängige Person sollte nach Artikel 84 EVGV für die Dauer von fünf Jahren vom Rat der Verteidigungsgemeinschaft ernannt werden. Seine Aufgabe bestand gemäß Artikel 92 EVGV in der Überwachung der Ausführung des Haushaltsplanes des Zusammenschlusses durch Anbringen eines Sichtvermerks bei finanzwirksamen Entscheidungen des Kommissariats im Rahmen der Beschaffung von Material und anderem. Der Finanzkontrolleur konnte zwar seinen Vermerk verweigern, was aber nicht zu einer Blockade der Entscheidung des Kommissariats, sondern lediglich zur Abgabe der Sache an den Rat zur weiteren Überprüfung führte. Eine tatsächliche Entscheidungskompetenz kam dem Kontrolleur damit nicht zu. Er hatte weiter in regelmäßigen Abständen über das Ausgabeverhalten des Kommissariats an den Rat als Leitungsgremium zu berichten. Zudem war er aufgrund seiner Erfahrungen an der Erstellung der Haushaltspläne zu beteiligen. Insofern ist der Finanzkontrolleur als Organ der Europäischen Verteidigungsgemeinschaft als nicht eigenständig entscheidungsbefugtes Instrument zur Vorfeldkontrolle des Finanzgebarens des Kommissariats sowie zur rechtzeitigen Information des Rates einzuschätzen. Dagegen nahm der in den Artikeln 85 und 97 EVGV näher charakterisierte Rechnungsprüfungshof als mit Vertretern jedes Mitgliedsstaates be-

---

561 Kielmannsegg, a. a. O. (Fn. 127), S. 5009, 5010, spricht dabei von der „vollen Identität".

setzter, unabhängiger Behörde die in der Montanunion dem Rechnungsprüfer obliegende Aufgabe der Rechnungsprüfung und Erstellung entsprechender Berichte wahr. Über die Entlastung einzelner Organe in finanzieller Hinsicht entschied wiederum nicht der Rechnungsprüfungshof selbst, sondern dieser hatte - die Detailregelungen dazu finden sich in Artikel 97 EVGV - auf der Basis seiner Berichte lediglich Vorschläge an den Rat zu übermitteln, der dann über die Entlastung entschied. Dem Rat allein kam die Befugnis zur Entscheidung über die Anzahl der Mitglieder des Rechnungsprüfungshofes, deren individuelle Bestimmung und gleichermaßen die Benennung des Präsidenten zu.

Als Ergebnis dieser knappen Betrachtungen zum Finanzkontrolleur und zum Rechnungsprüfungshof ist trotz des Fehlens einer Entsprechung für den Beratenden Ausschuß der Montanunion die Existenz einer Gruppe von Organen, für die keine Entscheidungsbefugnis vorgesehen war und deren personelle Besetzung durch den Rat als einer weiteren gemeinschaftlichen Institution erfolgen sollte, ebenfalls für die Europäische Verteidigungsgemeinschaft festzuhalten.

Vergleicht man die Institutionen der Europäischen Verteidigungs- mit denen der Montangemeinschaft, dann fällt die Verschiebung von politischer Verantwortung weg vom unabhängigen Entscheidungsträger hin zum Rat und damit zu einem nicht als supranational einzustufenden Organ der Interessenvertretung der Mitgliedsstaaten auf. Mit den an Bedeutung höher anzusiedelnden Interessen der Länder und deren Durchsetzungsmöglichkeit zumindest über Richtlinien an das Kommissariat ging gleichzeitig ein Verlust von Kompetenzen, Unabhängigkeit und damit auch letztlich von Integrationswirkung des eigentlich vorgesehenen Entscheidungsträgers einher. Da die Europäische Verteidigungsgemeinschaft an der Ablehnung des französischen Parlaments scheiterte, lassen sich die praktischen Auswirkungen dieser Veränderungen am institutionellen Gefüge im Vergleich zur funktionsfähigen Montanunion nicht bewerten. Es bleibt nur zu vermuten, daß der mit den Verschiebungen hin zum Rat gesteigerten Abhängigkeit von Kompromissen zwischen den Regierungen der Mitgliedsstaaten negative Auswirkungen auf die Handlungsfähigkeit dieser Gemeinschaft zugekommen wären, ganz wie diejenigen, die Westeuropa bis zum Ende der vierziger Jahre von der Schaffung einer geeigneten Organisation abhielten. Es ging nun wieder um den Konsens der Interessen der Mitgliedsstaaten. Festzuhalten bleibt für die Frage nach Institutionalisierung als Mittel europäischer Integration trotz ihres generellen Vorhandenseins,[562] daß die Schöpfer der Verteidigungsgemeinschaft bezüglich der Stellung des Entscheidungsträgers in weitaus größerem Umfang als die Montanunion dazu tendierten, diesen den Einflußmöglichkeiten der Mitgliedsstaaten zu unterwerfen und dadurch seine Funktionalität im Hinblick auf

---

[562] Kielmannsegg, a. a. O. (Fn. 127), S. 5009, 5010, formulierte es 1952 dann so: „Die Gemeinschaft drückt sich aus in ihren Organen und in der Durchführung der Integration."

den Integrationsverlauf zu verringern. Zum Verständnis von Supranationalität kann die Untersuchung dieses Vertrages nur zur Bestimmung der zu verfolgenden Interessen eine Aussage treffen. Der *terminus* selbst wurde im Vertrag nicht verwendet. Auch sonst lassen sich der Vereinbarung für die Institutionalisierung keine Aussagen entnehmen, die die aus dem Gründungsvertrag der Montanunion gewonnen Erkenntnisse bestätigen oder aber gerade in Zweifel ziehen könnten.

dd) Europäische Politische Gemeinschaft

Mit Artikel 38 EVGV hatten die Mitgliedsstaaten die zukünftige Versammlung der Verteidigungsgemeinschaft beauftragt, ihre eigene Neuerschaffung in Form eines demokratisch gewählten Organs zu untersuchen. Dieses sollte dann die weiteren Schritte zur Herstellung einer europäischen Föderation prüfen. Insofern handelte es sich hier zum ersten Mal um einen Ansatz für eine gemeinschaftliche Struktur, die dann ihrerseits selbst den Integrationsprozeß in vorher nicht durch die Staaten determinierter Weise fortführen sollte.

Jedoch war schon kurz nach Unterzeichnung des Vertrages über die Gründung der Europäischen Verteidigungsgemeinschaft abzusehen, daß eine schnelle Ratifikation in den Mitgliedsstaaten nicht stattfinden würde. Der Rat der Montanunion erklärte deshalb am 10. September 1952 in Luxemburg zur Beschleunigung des gesamten Vorgangs eine Änderung des Verfahrens zur Erschaffung einer politischen Union.[563] Danach sollten die entsprechenden Vorarbeiten nicht von einem unmittelbar demokratisch legitimierten Organ, sondern von einer Versammlung, die aus den Angehörigen der *Assemblée* der Montanunion, erhöht um die nach dem nicht ratifizierten EVG-Vertrag vorgesehene Zahl von Abgeordneten, geleistet werden. Im Rahmen der sich an diese Festlegung der Mitgliedsstaaten anschließenden Arbeiten an der Struktur einer politisch ausgerichteten Gemeinschaft ist für die Untersuchung von Institutionalisierung als Mittel von Integration besonders die Arbeit des Verfassungsausschusses von Interesse. Er sollte neben den der europäischen Ebene zu übertragenden Befugnissen auch die Struktur der Gemeinschaft im Hinblick auf neu zu schaffende Organe und die erforderlichen Änderungen an den Institutionen der schon bestehenden bzw. in der Ratifikationsphase befindlichen Gemeinschaften untersuchen.[564] Neben der Tätigkeit dieses Ausschusses muß im folgenden auch beleuchtet werden, wie

---

563 Vgl. dazu den Wortlaut der Entschließung, angenommen von den Mitgliedern des Rates der Montanunion am 10. September 1952 in Luxemburg. Conseil des Communautés européennes, Brüssel, Archives Historiques, Négociations du statut de la Communauté politique européenne, CM 4, No. 22. Abgedruckt bei Schulze/Hoeren, Bd. 1, dort S. 432 ff.

564 Aufschlußreich zu Aufgabe und Struktur des Ausschusses ist dessen Arbeitsplan, angenommen vom Verfassungsausschuß am 27. Oktober 1952, Conseil des Communautés européennes, Brüssel, Archives Historiques, Négociations du statut de la Communauté politique européenne, CM 4, No. 22. Abgedruckt in Schulze/Hoeren, Bd. 1, S. 435, 436 ff.

und warum die dabei in der Arbeit der Vertreter der Mitgliedsländer erzielten Ergebnisse zu den einzelnen Institutionen und deren Verhältnis zueinander in der Redaktion des Vertragstextes noch einmal verändert wurden.

Der Verfassungsausschuß hatte zur besseren Strukturierung seiner Tätigkeit zunächst vier Unterausschüsse eingerichtet. Im hiesigen Kontext von Integrationsmitteln muß dabei besonders die Arbeit der beiden Untergliederungen von Interesse sein, die sich im ersten Verhandlungsabschnitt bis Dezember 1952 mit politischen und juristischen Institutionen befaßte.[565] In der redaktionellen Arbeit soll das Hauptaugenmerk auf dem Ausschuß zur Erarbeitung des Vertragstextes liegen, der die Ergebnisse der vorherigen Beratungen teilweise wieder in Frage stellte und überformte. Im Mittelpunkt steht erneut die Frage nach dem Entscheidungsträger der Gemeinschaft und seiner Position im Institutionensystem.

(1) Politische Institutionen

Die Grundzüge der Institutionen der Europäischen Politischen Gemeinschaft lassen sich schon im Arbeitsplan des Verfassungsausschusses erkennen. Versammlung, Exekutiv- und Konsultativorgan entsprachen dem Organgerüst der Vorgänger. Jedoch zeigten sich bereits sehr früh Überlegungen, den bisher in Form von Hoher Behörde und Kommissariat mehr oder weniger unabhängigen Entscheidungsträger entweder als rein europäisches Organ oder nur noch in Verbindung mit einem Rat der Minister der Staaten auszugestalten. Es zeichnete sich ab, daß eine im Vergleich zu vorher noch stärkere Rückbindung des Entscheidungsträgers an die Mitgliedsstaaten nötige Voraussetzung des Erfolgs sein würde. Einem Vorentwurf eines Paktes für die Union der Europäischen Staaten vom 4. November 1952, verfaßt von Debré, läßt sich dies recht gut entnehmen:

> „Artikel 3
> Die Verantwortung für die Union wird einem politischen Rat für Europa übertragen. Dieser Rat wird aus den Regierungschefs der Mitgliedsstaaten gebildet. Er tritt einmal im Monat zusammen.
>
> Artikel 4
> Der Politische Rat für Europa bestimmt die gemeinsame Politik, die von den Unterzeichnerstaaten des Paktes verfolgt wird ...“[566]

Von einer unabhängigen Institution konnte danach keine Rede mehr sein. Der Gefahr der Entscheidungsunfähigkeit im Rat, die sich aus dem möglichen Festhalten an nationalen Interessen ergab, sollte nach Artikel 5 des Entwurfs mit

---

565 Weiter waren Unterausschüsse für die Frage der Zuständigkeiten der Gemeinschaft sowie für die Verbindungen zu internationalen Organisationen wie dem Europarat vorgesehen.

566 A. a. O. (Fn. 145). Der Entwurf ist abgedruckt bei Schulze/Hoeren, Bd. 1, S. 439, 440 f.

dem Mehrheitsprinzip begegnet werden. Den verbindlichen Entscheidungen des Politischen Rates konnte ein Mitgliedsstaat bei Verletzung seiner wesentlichen Interessen nur dergestalt begegnen, indem er sich an die Versammlung wandte. Diese unterschied sich in ihrer von Debré vorgesehenen Zusammensetzung dadurch von denen der Montan- und Verteidigungsgemeinschaft, daß die Mitglieder selbst festlegen konnten, ob ihre Vertreter durch die nationalen Parlamente entsandt oder von den Wählern bestimmt werden sollte. Für die Versammlung waren neben nachlaufender Prüfungskompetenz für den Bericht des Entscheidungsträgers, die sich in einer Richtlinienkompetenz für den Fall eines sogenannten Zensurbeschlusses und dem bekannten Mißtrauensvotum ausdrückte, auch das Recht zur Ablehnung des Haushaltsentwurfs vorgesehen. Im letztgenannten Fall mußte die *Assemblée* neue Vorschläge erarbeiten.

Die weiteren Bemühungen des institutionellen Unterausschusses konzentrierten sich zum einen auf die Ausgestaltung der Versammlung als Parlament mit zwei Kammern.[567] Weiterhin stand aber auch die Frage zur Debatte, wer die Exekutive der neuen politischen Gemeinschaft darstellen sollte. In Debrés Vorschlag war dies ein Ministerrat, der sich jedoch aufgrund der daraus resultierenden doppelten Verantwortlichkeit gegenüber den Einzelstaaten und dem Parlament als ungünstig erwies. Es sollte wieder eine europäische Hohe Behörde als Exekutive erschaffen werden, für die aber eine mitwirkende Funktion des Ministerrates vorgesehen war.[568] Dieses Konzept wurde weiter ausgebaut und stellt sich bereits Ende November 1952 als fertiges Institutionensystem dar.[569] Danach sah man die Bildung eines Exekutivorgans im engeren Sinne - später als Exekutivrat bezeichnet - vor, dessen Präsident durch Wahl in der ersten Kammer be-

---

[567] Dabei sollte die eine Kammer durch die Bevölkerung der Mitgliedsstaaten gewählt, die andere Kammer dagegen von den nationalen Regierungen und Parlamenten aus den Mitgliedern der letztgenannten Organe besetzt werden sollte. Diese Grundkonstruktion spiegelt sich in verschiedenen, im Detail abweichenden Vorschlägen der Mitglieder dieses Unterausschusses wider, auf die hier nicht im einzelnen eingegangen werden soll. Vgl. zur Gestaltung des Parlaments Note sur l'établissement d'une représentation des Etats, présentée par M. von Merkatz, 14. November 1952, Archives du ministère des Affaires étrangères, Paris, Série DE-CE 45-60, CPE Vol. 589; Note sur les institutions de la Communauté politique européenne, présentée par M. von Brentano, 18. November 1952, ebenfalls Archives du ministère des Affaires étrangères, Paris, Série DE-CE 45-60, CPE Vol. 589. Beide Texte sind abgedruckt in Schulze/Hoeren, Bd. 1, S. 454 ff. sowie 458 ff.

[568] Aufzeichnungen über die Verhandlungen des zweiten Unterausschusses vom 18. November 1952, Politisches Archiv des Auswärtigen Amts, Berlin, Abteilung 2, Bd. 854. Schulze/Hoeren, Bd. 1, S. 463 ff., 464. Hierbei zeigte sich der Rückbindungsbedarf deutlich.

[569] Vgl. zu den folgenden Ausführungen die Zusammenstellung der vom zweiten Unterausschuß während seiner ersten sieben Sitzungen in erster Lesung angenommenen Beschlüsse vom 29. November 1952, Conseil des Communautés européennes, Brüssel, Archives Historiques, Négociations du statut de la Communauté politique européenne, CM 4, No. 45. Schulze/Hoeren, Bd. 1, S. 476 ff., zum Exekutivorgan an selber Stelle auf S. 478 ff.

stimmt wurde und der dann weitere Mitglieder ernennen durfte. Jedoch blieb diese Institution auf die Ausführung von Beschlüssen begrenzt, wobei die Entscheidung dem Ministerrat zukamen. Gemeinsam mit gegebenenfalls hinzuzuziehenden Vertretern assoziierter Staaten sollten beide Organisationseinheiten das europäische Exekutivorgan im weiteren Sinne bilden. Damit setzte sich das schon in Debrés Entwurf erkennbare Abrücken von einem selbständigen politischen Entscheidungsträger auf europäischer Ebene als Mittel der Integration fort. Nun favorisierten die Verhandlungsführer wieder die Steuerungsmöglichkeiten der Staaten, während der Unterausschuß für die politischen Institutionen nur sehr wenige Äußerungen über die angedachten Kompetenzen der direkt zu wählenden Ersten Kammer des europäischen Parlaments tätigte.

Der Abschluß dieser Verhandlungsphase[570] veränderte am System eines Parlaments mit zwei Kammern und einer Exekutive, die sich aus einem Exekutivrat und einem Ministerkomitee zusammensetzte, nichts mehr. Der Präsident des Exekutivrates sollte vom Rat der nationalen Minister ernannt werden. Auch sonst konnte der Exekutivrat ohne die Zustimmung des Ministerrates nicht einmal die Geschäftsführung der Gemeinschaft betreiben. Dem Parlament waren zwar im Vergleich zur Montan- und Verteidigungsgemeinschaft weitere Befugnisse übertragen, die Entscheidung über wesentliche Angelegenheiten der Gemeinschaft und die Gesetzgebung waren allerdings auch hier nicht vorgesehen.

(2) Juristische Institutionen

Debré hatte in seinem Vorentwurf, was juristische Institutionen anging, ebenfalls einen Schritt zurück getan. In den Artikeln 25 ff. war nicht mehr von einem Gerichtshof, sondern nur von einem Juristischen Rat die Rede.[571] Dieser sollte den Vertrag im Streitfall auslegen und die Vereinheitlichung grundsätzlicher Rechtsnormen vorbereiten. Dies läßt eher auf eine rechtspolitische denn auf eine juristische Institution schließen, womit feststeht, daß eine Kollision mit der politischen Kompetenz des Ministerrates nicht zu befürchten war.

Aus einem Vorläufigen Bericht über die Schaffung gerichtlicher Institutionen und einer Gerichtsbarkeit in der Europäischen Politischen Gemeinschaft vom 21. November 1952, verfaßt von Merkatz, ergibt sich allerdings eine ganz andere Bewertung.[572] Darin wurde, ausgehend von der Existenz des Gerichtshofs der Montanunion und der Verteidigungsgemeinschaft, eine Zusammenle-

570 Den Verhandlungsstand dokumentieren die Entschließungen des Verfassungsausschusses der Ad hoc-Versammlung vom 20. Dezember 1952, in Europa-Archiv 4/1953, S. 5503 ff.

571 Vgl. dazu den Teil V des Vorentwurf eines Paktes für die Union der Europäischen Staaten vom 4. November 1952, a. a. O. (Fn. 145). In Schulze/Hoeren, Bd. 1, S. 439, 444 f.

572 Conseil des Communautés européennes, Brüssel, Archives Historiques, Négociations du statut de la Communauté politique européenne, CM 4, No. 52. Schulze/Hoeren, Bd. 1, S. 467 ff. Daraus ergeben sich vielfältige politischen Probleme, die damit verbunden waren.

gung der Rechtsprechung aller Gemeinschaften unter dem Dach eines Gerichtshofs unter Wahrung von Zuständigkeiten und Verfahrensarten diskutiert. Von Merkatz als Berichterstatter sah dabei keine Schwierigkeiten, den vorhandenen Gerichtshof auf die politische Gemeinschaft auszudehnen. Er lehnte dabei die Zuordnung der Rechtsprechung der Gemeinschaft zu einem ebenfalls diskutierten Gerichtshof des Europarats grundsätzlich ab, da dieser in seiner koordinatorischen Ausrichtung nicht der Überstaatlichkeit der Gemeinschaften der Sechs genügen könne. Bezüglich der Befugnisse wurde auf die Kontrolle der Exekutive verwiesen, bis ein unmittelbar gewähltes Parlament dies übernehmen könne. In weiteren Gesprächen wurde beschlossen, dem Modell der Montanunion zu folgen und nicht etwa einen Gerichtshof aufzubauen, wie er zeitgleich unter den sechs Staaten, die Mitglieder des Europarats waren, für diesen diskutiert wurde:

> „Nach einer längeren Erörterung, in der zunächst der französische Abgeordnete Debré (Gaullist) seine grundsätzlich verschiedenen Auffassung über die Struktur einer Politischen Gemeinschaft erneut niederlegte, wurde der Grundsatz allgemein angenommen, daß der Gerichtshof der Europäischen Politischen Gemeinschaft der Gerichtshof der Montanunion bzw. der Verteidigungsgemeinschaft sein solle. Damit war gleichzeitig die Antwort auf die Hauptfrage gegeben, ..., nämlich, ob etwa der zu schaffende Europäische Gerichtshof (des Europarates) der Gerichtshof der Europäischen Politischen Gemeinschaft werden solle. ... Es gelang klar herauszuarbeiten, daß es sich im Falle der Cour des Europarates um ein koordinatorisches, im wesentlichen der Schiedsgerichtsbarkeit verwandtes Organ handeln solle, das echte völkerrechtliche Aufgaben zu lösen hätte, während die Aufgaben des Gerichtshofes naturgemäß gleichsam die eines echten innerstaatlichen Gerichtes sind, da seine Jurisdiktion Gebiete umfaßt, in denen die einzelnen Staaten ihre Souveränität an die Gemeinschaft übertragen haben.“[573]

Damit wird auch die Position Debrés zur juristischen Institution der neuen Gemeinschaft in seinem eigenen Entwurf deutlich. Es schien der französischen Seite darum gegangen zu sein, den Gerichtshof als internationales Organ auszugestalten und so eine Verbindung mit dem Justizorgan des Europa-Rates zu ermöglichen. Gleichzeitig hätte aber eine „nur“ internationale Ausgestaltung die Durchsetzung von Entscheidungen der europäischen Exekutive zurück auf die allgemeine völkerrechtliche Ebene verlagert und damit auch der Verbindlichkeit der Entscheidungen europäischer Institutionen, gestaltet nach den Vorstellungen Monnets und Schumans, erheblichen Schaden zugefügt. Insgesamt paßte sich damit die Haltung von Debré in das Gesamtbild ein, das bereits im Rahmen der Untersuchung von Zielen europäischer Integration vom Verhalten Frankreichs nach dem Übergang der Regierung an de Gaulle aufgezeigt worden war. Die sich aus obiger Quelle ergebende Einigung schnitt dem den Weg ab. An selber

---

573 Zitat aus dem Wortlaut der Aufzeichnung über die Sitzungen des dritten Unterausschusses vom 24. und 25. November 1952, Politisches Archiv des Auswärtigen Amts, Abteilung 2, Bd. 854. Der vollständige Text findet sich bei Schulze/Hoeren, Bd. 1, auf S. 474.

Stelle wurde seitens der Verhandelnden auf die Wahrung der richterlichen Unabhängigkeit und das Verfahren zur Bestimmung dieser Richter eingegangen - alles Überlegungen, die bereits in den Gesprächen zur EGKS und zur EVG im Hinblick auf juristische Institution eine Rolle gespielt hatten.

An der Entscheidung des Unterausschusses für die juristischen Institutionen, den bisher vorgesehenen Gerichtshof der Montanunion nicht nur um den Aufgabenbereich der Verteidigungsgemeinschaft, sondern auch um die politische Gemeinschaft zu erweitern, veränderte sich im ersten Verhandlungsabschnitt zum Gründungsvertrag der Europäischen Politischen Gemeinschaft im Grundsatz nichts mehr.[574] Lediglich für den Fall einer über die Gemeinschaft und ihre Mitgliedsstaaten hinausgehende Streitigkeit sollte sich der Gerichtshof für unzuständig erklären und so den Weg für die Einschaltung internationaler Gerichte gleich welcher Art freimachen. Die an derselben Stelle aufgezählten Kompetenzen und Verfahren dieses Gerichtshofs setzen sich zunächst aus denjenigen zusammen, die bereits im Vertrag über die Gründung der Europäischen Gemeinschaft für Kohle und Stahl sowie der Verteidigungsgemeinschaft bestanden hatten. Sie wurden lediglich um Bereiche erweitert, in denen sich aufgrund der Besonderheiten der neuen Gemeinschaft noch Zusätze notwendig machten.

Mit der konzeptionellen Zusammenfassung der juristischen Aufgaben von Montan-, Verteidigungs- und Politikgemeinschaft innerhalb eines einheitlichen Gerichtshofs gewann die Eigenschaft des letzteren, rechtliche Kontrolle der Einhaltung der Verträge zu gewährleisten, ohne aber damit zwangsläufig über längere Zeiträume die Entscheidungsbefugnisse anderer Institutionen des Integrationsprozesses an sich zu ziehen, weiter an Bedeutung. Für die politische Gemeinschaft war als eigentlicher Entscheidungsträger aber nun nicht mehr eine von den Staaten zumindest weitgehend unabhängige Einrichtung wie die Hohe Behörde der Montanunion oder das Kommissariat der Verteidigungsgemeinschaft, sondern ein Gremium der Minister der Mitgliedsländer vorgesehen. Gerade für diese Konstellation und unter Berücksichtigung der beabsichtigten Ausgestaltung des Parlaments auch als Prüfungsinstanz der Exekutive liegt auf der Hand, daß damit durchaus denkbare politische Kontrollbefugnisse des Gerichtshofs noch strikter als in den sektoralen Gemeinschaften vermieden werden mußten. Neue Verfahrensarten für den Gerichtshof über die bereits seit der Montangemeinschaft bestehenden Möglichkeiten hinaus waren vor diesem Hintergrund innerhalb der Vereinbarung über die politische Union nicht zu erwarten. Anhaltspunkte in den Dokumenten der Arbeit des Unterausschusses für die juristischen Institutionen lassen sich diesbezüglich bis Ende 1952 auch nicht

[574] Vgl. dazu die Entschließungen des Verfassungsausschusses der Ad hoc-Versammlung vom 20. Dezember 1952, Europa-Archiv 4/1953, S. 5503 ff., hier aber nach der Veröffentlichung bei Schulze/Hoeren, Bd. 1, S. 507, 521 ff. Vorgesehen war jedoch zusätzlich die Erschaffung eines besondern Senats für die Verfassungsstreitigkeiten am Gerichtshof.

finden. Berücksichtigt werden muß zur Bewertung der Institutionalisierung eines Gerichtshofs für alle drei Gemeinschaften auch eine damit hergestellte Klammerwirkung des juristischen Organs für die Gemeinschaften selbst - quasi institutionelle Integration von Integrationsgemeinschaften hin zu einer allumfassenden Ebene einschließlich politischer Entscheidungen.

Im Ergebnis ist festzuhalten, daß an dem in den Arbeiten zum Vertrag über die Gründung der Europäischen Gemeinschaft für Kohle und Stahl erkannten Erfordernis der Trennung des Entscheidungsträgers von der rechtlichen Kontrollinstitution im wesentlichen festgehalten wurde und zumindest aus dieser Perspektive dem neuen Entscheidungsträger keine Kompetenz- und Wirksamkeitsverluste im Hinblick auf die Funktion im Integrationsvorgang drohten. Von Bedeutung ist auch die zu vermutende positive Wirkung der Konzentration der Rechtsprechung für drei Gemeinschaften bei einem Gerichtshof im Hinblick auf die angestrebten Zwecke der Europäischen Politischen Gemeinschaft, eine politische Leitungsebene für alle sektoralen Integrationsgemeinschaften zu schaffen.

(3) Veränderungen in der Redaktionsarbeit

Ab dem 29. Januar 1953 wurden durch einen koordinierenden Ausschuß und den schon bekannten Unterausschuß Vorentwürfe und schließlich ein Redaktionsentwurf für den Vertrag über die Gründung der Europäischen Politischen Gemeinschaft erarbeitet. Bis zur Übergabe des fertigen Redaktionsentwurfs an den Präsidenten und die Mitglieder des Ministerrates der Montanunion am 9. März 1953 ergaben sich im Vergleich zu den gerade kurz skizzierten Überlegungen zur Institutionalisierung erhebliche Veränderungen.

Bereits der eingangs vorgelegte Text des Abgeordneten Dehousse[575] brachte institutionelle Veränderungen. Europäischer Exekutivrat und Rat der nationalen Minister sollten nach Artikel 7 dieses Entwurfs jetzt getrennte Institutionen darstellen. Für den Exekutivrat war nun die alleinige Regierungsgeschäftsführung der Gemeinschaft vorgesehen. Dehousse sah weiter eine starke Rückbindung des Exekutivrates an beide Kammern des Parlaments vor, was sich in der Ernennung des Präsidenten des Exekutivrates durch den Senat und Bestätigung der personellen Besetzung durch die Völkerkammer niederschlug. Bei Versagung dieser Bestätigung des Exekutivrates war dessen geschlossener Rücktritt vorgesehen, wobei auch die Völkerkammer neu gewählt werden sollte. Umfassende Entscheidungskompetenzen des Ministerrates waren nicht mehr

[575] Bestimmungen über die Organe der Gemeinschaft sowie über die Verschmelzung der Europäischen Gemeinschaft für Kohle und Stahl und der Europäischen Verteidigungsgemeinschaft, Vorentwurf für die Formulierung, vorgelegt von Abg. Dehousse (Berichterstatter), 29. Januar 1953, Conseil des Communautés européennes, Brüssel, Archives Historiques, Négociations du statut de la Communauté politique européenne, CM 4, No. 62. Schulze/Hoeren, Bd. 1, S. 531 ff. Siehe darin auch die im weiteren verwendeten Artikel.

vorgesehen. Er sollte nach Artikel 53 des Entwurfs nur Einzelbefugnisse zur Koordinierung der Tätigkeit des Exekutivrates gegenüber den Mitgliedsstaaten besitzen. Als Gesamtbild ergibt daraus im Vergleich zu den Vorarbeiten bis Ende Januar 1953 eine stärkere Position des Exekutivrates gegenüber dem Ministerrat, jedoch wurde ersterer nun enger an das Parlament gebunden. Wem die Rolle des Entscheidungsträgers zugedacht war, läßt sich mit einem weiteren Redaktionsentwurf, der sich auf die Zuständigkeiten der Gemeinschaft beschränkte, nachvollziehen, wonach das Parlament nach den Artikeln 35 ff. Gesetze und der Exekutivrat Verordnungen erlassen sollte.[576] Die dem Exekutivrat zugedachten besonderen Entscheidungen der Hohen Behörde aus Artikel 95 Absatz 1 EGKSV sollten ebenso dem Parlament zur Entscheidung vorgelegt werden. Der Exekutivrat hatte weiter nach den Vorstellungen in diesem Entwurf die Aufgabe, einen Haushaltsplan zu erarbeiten und diesen dem Parlament vorzulegen. Besondere Kompetenzen des Ministerrates waren nicht vorgesehen. Insofern lassen sich nach den beiden Entwürfen mit dem Parlament und dem Exekutivrat zwei Entscheidungsträger ausmachen. Ersterer sollte - als Völkerkammer - durch direkte Wahl in allen Staaten entstehen und damit, abgesehen von der heftig diskutierten Frage der Stimmverteilung, ohne Einflußmöglichkeiten für die Regierungen gestaltet werden. Der Exekutivrat blieb von einer Dominierung durch den Ministerrat verschont. Letzterer fiel nach den beiden Vorentwürfen in die Rolle eines einflußlosen Verbindungsorgans zurück.

Dies stieß auf französischen Widerstand. Debré ersetzte seinen ersten Vorschlag durch ein Papier, in dem die Grundzüge der französischen Überlegungen, also Verantwortlichkeit und Entscheidungskompetenzen eines Politischen Rates, Kontrolle und Haushaltsrecht der Versammlung, Vertragsauslegung durch einen Juristischen Rat, jedoch erhalten blieben.[577] Wie der spätere Redaktionsentwurf der Satzung der Europäischen Gemeinschaft vom 2. Februar 1953 zeigt, konnte sich Debré erneut nicht durchsetzen.[578] Es blieb bis zum von der Ad hoc-Versammlung am 10. März 1953 angenommenen Satzungsentwurf bei der Teilung der Entscheidungsträgereigenschaft zwischen den Kammern des Parla-

---

[576] Vgl. dazu den Wortlaut des Redaktionsentwurfs über die Zuständigkeitsgebiete der Gemeinschaft, vorgelegt von Benvenuti (Berichterstatter), 29. Januar 1952, Conseil des Communautés européennes, Brüssel, Archives Historiques, Négociations du statut de la Communauté politique européenne, CM 4, No. 62. In Schulze/Hoeren, Bd. 1, S. 539 ff.

[577] Projet de pacte pour une Union d'Etats européens présentée par M. Debré, Januar 1953, Institut Universitaire européen, Florence, Archives Historiques des Communautés européennes, Inventaire Parlament européen, Assemblée „ad-hoc", Akte 37. Schulze/Hoeren, Bd. 1, S. 553 ff., mit den gerade kurz genannten Überlegungen von Debré.

[578] Vorgelegt von den Abgeordneten Benvenuti, Dehousse und von Merkatz, Berichterstatter. Institut Universitaire européen, Florence, Archives Historiques des Communautés européennes, Inventaire Parlament européen, Assemblée „ad-hoc", Akte 40. Schulze/Hoeren, Bd. 1, S. 559 ff. Zu den Organen vgl. im einzelnen die Art. 7 ff., auf S. 561 ff.

ments und dem Exekutivrat, während der Ministerrat auf Koordination beschränkt blieb.[579] Auch am Gerichtshof änderte sich, wie Artikel 38 ff. des Redaktionsentwurfs belegen, nichts.[580] Die Institutionen waren nun so strukturiert:

> „ ... La Communauté doit être telle que, conformément à la loi inhérente à son propre développement organique, elle devienne toujours plus étroite jusqu'à aboutir à une véritable structure fédérale ou confédérale.
> Cela apparaît notamment dans le fait que cette Communauté supranationale présente les traits d'une organisation étatique: Le Parlement est composé de la Chambre des Peuples, élue au suffrage direct, et du Sénat qui est formé par des élections indirectes et doit garantir la participation, sur une base paritaire, des peuples vivant à l'intérieur des frontières nationales. Il est prévu un organe exécutif supranational, à savoir le Conseil exécutif européen, qui a besoin, en ce qui concerne sa création, sa composition et son activité, de la confiance du Parlement, conformément aux principes de la démocratie parlementaire. L'ordre juridique est garanti par la Cour de la Communauté. Le Conseil de ministres nationaux a une double tâche: d'une part, il indique que les six Etats nationaux ne sont pas remplacés par un super-Etat, comme le soulignent également le Préambule et l'article premier où il est dit que nous voulons une Europe organisée, libre et vivante, pour le développement de notre civilisation et la sauvegarde de notre héritage moral commun, fondée sur l'union des peuples et des Etats, le respect de leurs particularités, l'égalité des droits et des obligations. Mais en second lieu, le Conseil de ministres nationaux doit participer aux décisions du Conseil exécutif européen et assurer en même temps l'indispensable coordination avec les administrations et Gouvernements nationaux. La cinquième et dernière institution commune est le Conseil économique et social, qui sera créé par une loi de la Communauté. A partir du jour où le Conseil de l'Europe aura créé une institution de cette sorte, le Conseil économique et social de la Communauté devra faire fonction de partie intégrante de l'organe correspondant du Conseil de l'Europe pour assurer en même temps la liaison avec les Etats membres de celui-ci. ... “[581]

Zum einen ergibt sich aus dieser kurzen Erläuterung Brentanos die Absicht des Ausschusses, der Gemeinschaft innerhalb einer grundsätzlichen Entscheidung

---

[579] Vgl. dazu den erwähnten Entwurf eines Vertrages über die Satzung der Europäischen Gemeinschaft vom 10. März 1953, a. a. O. (Fn. 579). In Schulze/Hoeren, Bd. 1, S. 609 ff.

[580] Breitner, Europa-Archiv 1954, S. 6263 ff., gibt für den fertigen Satzungsentwurf der Politischen Gemeinschaft einen detaillierten Überblick über die einzelnen Verfahrensarten des Gerichtshofs, aus dem sich die Übereinstimmung mit den in den Verträgen über die Montanunion und die Verteidigungsgemeinschaft vorgesehenen Prozeduren ergibt. Breitner bezeichnet den zu schaffenden Gerichtshof in seiner Zusammenfassung auf S. 6270 als supranationales Justizorgan, was ebenfalls eine Kontinuität zu den Vorgängern belegt.

[581] Rapport introductif au projet de traité portant statut de la Communauté européenne présenté à l'Assemblée ad hoc par M. Heinrich von Brentano, Président de la Commission constitutionelle, 10. März 1953, Institut Universitaire européen, Florence, Archives Historiques des Communautés européennes, Collection: CPE, Provenance: Ministère des Affaires étrangères, Vol. 302. Nachzulesen bei Schulze/Hoeren, Bd. 1, auf S. 638, 641 f.

über ihre Organisationsform ein staatsähnliches Institutionensystem zu geben. Dies bestätigt den Eindruck, der sich bei der Untersuchung der einzelnen Institutionen ergab. Zum anderen zeigt die übermäßige Betonung der Rolle des Ministerrates, gemessen an seinen tatsächlichen Kompetenzen, daß es wohl gerade die durch Debré vermittelten französischen Bedenken bezüglich des Einflusses der Mitgliedsstaaten auf die Politik der Gemeinschaft bis hin zu Befürchtungen um die Auflösung der Länder waren, die zerstreut werden sollten. Ob dies gelungen war, sollte sich in der Bewertung des Redaktionsentwurfs durch die Regierungen der Mitgliedsstaaten im nachfolgenden Verhandlungsabschnitt zeigen. Das dritte und bisher unerwähnte Element in der obigen Stellungnahme betraf Wirtschafts- und Sozialpolitik und damit die Verbindungen der Gemeinschaft zu anderen europäischen Organisationen und deren Mitgliedern. Diese Institution sollte jedoch beratenden und koordinierenden Charakter haben, so daß auf sie bei Institutionalisierung von Entscheidungsträgern nicht eingegangen werden soll. Auf diesen Ausschuß wird dann später noch zurückzukommen sein.

(4) Institutionalisierung als in Problem der Regierungsberatungen

Mit der Vorlage des Redaktionsentwurfs am 10. März 1953 war der Konflikt um die Ausgestaltung der Institutionen nicht beendet. Als Hauptstreitpunkt stellte sich - wiederum vor allem aus der Sicht Frankreichs - die Frage der Einflußmöglichkeiten der Regierungen der Mitgliedsstaaten auf die Politik der neuen Gemeinschaft dar. In einem französischen Dokument vom 17. März 1953[582] wurde das für die weitere Ausgestaltung die Politischen Gemeinschaft vorgesehene Organ erneut in Zweifel gestellt. Ausgangspunkt der Kritik bildete der Umstand, daß der Senat als zweite Kammer des Parlaments bis Februar 1953 als Repräsentation der Staaten verstanden wurde. Im genannten Entwurf war dann aber von einer Vertretung jedes Volkes der Gemeinschaft die Rede, wobei dies auch im Modus der Ernennung der Mitglieder durch die nationalen Parlamente zum Ausdruck kam.[583] Diesbezüglich erhoben einige Regierungen Einspruch. Auch die Besetzung des Parlaments - hier nun der Völkerkammer und des Senats - traf auf Bedenken, da sich Frankreich, ausgehend von der Einwohnerzahl, im Hinblick auf seine Stimmen zum Beispiel gegenüber Luxemburg benachteiligt fühlte. Ähnliche Schwierigkeiten hatte die französische Seite mit der Be-

---

582 Note au sujet de projet de traité portant statut de la Communauté Européenne (M. Lucien Hubert), 17. März 1953, Archives du ministère des Affaires étrangères, Paris, Série DE-CE 45-60, CPE Vol. 589. Schulze/Hoeren, Bd. 1, S. 644 ff. Hubert als Verfasser der Anmerkung war zu dieser Zeit als Rechtsberater für die französischen Regierung tätig.

583 Vgl. die Art. 11 und 16 des Entwurfs eines Vertrages über die Satzung der Europäischen Gemeinschaft, angenommen von der Ad hoc-Versammlung in Straßburg am 10. März 1953, a. a. O. (Fn. 579), abgedruckt bei Schulze/Hoeren, Bd. 1, S. 609, 612 sowie 613. Die Benennung der einzelnen Senatoren sollte durch die nationalen Parlamente erfolgen.

stimmung und der Machtfülle des Präsidenten des Exekutivrates, wobei dieser nicht durch die Regierungen der Mitgliedsstaaten, sondern durch den nun zum Organ der Vertreter der nationalen Parlamente erwachsenen Senat festgelegt werden sollte. Zusätzliche Informations- und Mitspracherechte des Ministerrates waren neben den bereits geregelten Fällen im Bereich der Außen- und Sicherheitspolitik der Gemeinschaft nun auch für die internen Fragen des Haushalts vorgesehen. Aus all diesen Einzelüberlegungen wird deutlich, daß die Beteiligungmöglichkeit der Staaten an der Entscheidungsfindung der Gemeinschaft über eigene Institutionen oder, wenn dies aufgrund des Charakters des Organs nicht möglich war, über die Ausgestaltung der personellen Besetzung und der Stimmverteilung nicht nur aus Sicht Frankreichs, sondern auch einiger anderer potentieller Mitglieder verstärkt werden sollte. Eine solche Verstärkung ging allerdings einher mit der spiegelbildlichen Schwächung der Unabhängigkeit der Entscheidungsträger auf europäischer Ebene gerade auch für die weitere Fortentwicklung der Integration im allgemeinen Sinne. Wie weit man in den politischen Verhandlungen auf Regierungsebene bereit war, sich von den ursprünglichen Vorstellungen des Verfassungsausschusses zu entfernen und durch die Überwindung des Problems des Verhältnisses zwischen Institutionen der Gemeinschaft und den Einflußmöglichkeiten der Mitgliedsstaaten zum Gelingen des Projektes beizutragen, zeigt ein Entwurf des Schlußberichts der Konferenz für die Europäische Politische Gemeinschaft in Rom vom 5. Oktober 1953.[584] Darin kam die Einigkeit zum Ausdruck, die zweite Kammer des Parlaments als Vertretung der Mitgliedsstaaten zu formieren. Das konkrete Verfahren der Besetzung der Völkerkammer blieb aber ebenso strittig wie deren Befugnisse. Bezüglich des Senats schien entweder eine paritätische oder eine gewogene Besetzung mit gewählten Vertretern der Mitgliedsstaaten - also unabhängig von den nationalen Regierungen - konsensfähig zu sein. Im Raum stand weiterhin die Idee, den Senat durch einen Ministerrat zu ersetzen, der in seiner legislativen Funktion allerdings nicht in Kollision mit dem Ministerrat als Exekutivorgan geraten sollte. Daraus ergab sich mittelbar eine Verschiebung der Funktion des Ministerrates hin zum Entscheidungsträger, womit sich die Waage zwischen gemeinschaftlich begründeter Unabhängigkeit und mitgliedsstaatlicher Bindung dieses Mittels zur Beeinflussung von Integration wiederum letzterem zuneigte.

Es läßt sich zusammenfassen, daß die Konflikte um den Charakter des Entscheidungsträgers und seine Funktionsfähigkeit als Instrument der Integration von Staaten in der neuen Gemeinschaft auch über den auf fachlicher Basis entstandenen Redaktionsentwurf hinaus in die politischen Verhandlungen der Staaten

[584] Conseil des Communautés européennes, Brüssel, Archives Historiques, Négociations du statut de la Communauté politique européenne, CM 4, No. 118. Das Dokument findet sich in seinem Wortlaut bei Schulze/Hoeren, Bd. 1, S. 657 ff., zu Organen auf S. 659 ff.

auf Regierungsebene getragen wurden. Die innenpolitisch begründeten Bemühungen vor allem Frankreichs[585] um die Erhaltung möglichst weitgehender Einflüsse der Regierungen der Mitgliedsländer auf die politischen Entscheidungen der Gemeinschaft führten dabei zur Erhaltung des Gesamtprojektes ebenfalls zu einer Veränderung der Position der übrigen Staaten, die bereit waren, ein gesteigertes Maß an Abhängigkeit der europäischen Institutionen von den Mitgliedern zu akzeptieren. Trotz dieser Kompromißbereitschaft der übrigen Verhandlungsteilnehmer kam eine Vereinbarung über die Europäische Politische Gemeinschaft schon vor dem endgültigen Scheitern der Verteidigungsgemeinschaft nicht zustande, so daß ein allseitig akzeptiertes Institutionensystem weder in vertraglicher Form fixiert noch umgesetzt wurde. Was bleibt, ist der verfolgbare Verlauf des Konfliktes um die Institutionalisierung im Hinblick auf die Unabhängigkeit von Exekutivrat und Parlament als Entscheidungsträger, wobei deutlich wurde, daß sich gerade im Hinblick auf eine nicht auf einen bestimmten fachlichen Sektor begrenzte Form von Integration die Bemühungen der Staaten um Erhaltung ihrer Einflüsse noch einmal verstärkten. Mit dem Scheitern der Europäischen Politischen Gemeinschaft hatte sich gleichzeitig ein Institutionenmodell als nicht konsensfähig erwiesen, das die Entscheidung über den weiteren Fortgang allgemeiner Integration weg von den Mitgliedsstaaten auf gemeinschaftliche Institutionen verlagert hätte. In diesem Zusammenhang waren die teilnehmenden Länder nicht bereit, die Verantwortung auf Organe zu übertragen, auf deren Verhalten ihnen wenig oder überhaupt kein Einfluß zukam.

(5) Weitere Institutionen

Neben der gerade dargestellten Entwicklungslinie der entscheidungstragenden Organe gab es aber auch von Beginn der Verhandlungen über die Europäische Politische Gemeinschaft an Überlegungen, eine Institution zur Beratung in wirtschaftlichen und sozialen Fragen einzurichten.[586] Die folgenden Entwürfe, ausgehend von dem Debrés vom 4. November 1952, sahen in verschiedenen Ausprägungen und mit unterschiedlicher Detailschärfe Regelungen für ein solches

---

585 Vgl. zu den Vorstellungen Frankreichs den Vorschlag der Nationalversammlung vom 13. Oktober 1953, Conseil des Communautés européennes, Brüssel, Archives Historiques, Négociations du statut de la Communauté politique européenne, CM 4, No. 179, Schulze/Hoeren, Bd. 1, S. 663 ff., der einen „pacte d'Union européenne“ zum Inhalt hatte. Als Institutionen waren in Art. 21 ff. eine kaum mit Befugnissen ausgestattete Vertreterversammlung, ein Ministerrat als eigentlichem Entscheidungsträger und ein Europäischer Rat als Ausführungsorgan vorgesehen. Das entsprach etwa den beiden Entwürfen Debrés.

586 Diese Absicht weist der Arbeitsplan des Verfassungsausschusses, angenommen am 27. Oktober 1952, a. a. O. (Fn. 564), Schulze/Hoeren, Bd. 1, S. 435, 438, aus, der für den Unterausschuß zu Institutionen von beginn an auch Beratungen über einen Wirtschafts- und Sozialrat hinsichtlich dessen Zusammensetzung, Befugnissen sowie anderem vorsah.

Beratungsgremium vor. Debré schlug seinerseits einen aus vier mit speziellen Sachgebieten betrauten Gruppen bestehende Konsultativrat vor, der dem Politischen Rat Maßnahmen zur Verbesserung der Beziehungen und des Verständnisses zwischen den Nationen in Form von Empfehlungen vorschlagen sollte.[587] Der Unterausschuß für die Institutionen nahm dies und sprach von einem Wirtschafts- und Sozialrat mit beratender Funktion, beschränkte sich dabei jedoch zunächst auf die mögliche Vereinigung einer solchen Einrichtung mit der ebenfalls in Planung befindlichen Parallelinstitution des Europarates.[588] Wohl aufgrund dessen blieb der Gedanke der Installation eines Beratungsorgans bis hin zu den Entschließungen des Verfassungsausschusses der ad hoc-Versammlung vom 20. Dezember 1952[589] im wesentlichen unverändert.

Die Redaktionsarbeiten am Satzungsentwurf zeigen neben einem im Vergleich zu seinem Vorentwurf hinsichtlich des Konsultativrates unveränderten, weiteren Vorschlag Debrés,[590] daß der Wirtschafts- und Sozialrat aus der Vertragskonstruktion zumindest zeitweise völlig herausfiel. Während im Redaktionsentwurf vom 2. Februar 1953 diese Institution wenigstens noch in Artikel 7 genannt wurde[591] und innerhalb eines Zusatzprotokolls[592] die Verbindung zur Beratenden Versammlung des Europarates hergestellt wurde, berücksichtigte ein weiterer Vorschlag vom 19. Februar 1953 den Wirtschafts- und Sozialrat nicht.[593] Demgegenüber hatte jedoch ein Vertragsteilentwurf vom 14. Februar

---

587 Zur Benennung vgl. Art. 19 ff. des Vorentwurfs eines Paktes für die Union der Europäischen Staaten, 4. November 1952, a. a. O. (Fn. 145). Schulze/Hoeren, Bd. 1, S. 439, 444.

588 Dieses Element der Rücksicht auf parallele Entwicklungen innerhalb des Europarates ergibt sich aus der Zusammenstellung der vom zweiten Unterausschuß während seiner ersten sieben Sitzungen in erster Lesung angenommenen Beschlüsse, datiert vom 29. November 1952, a. a. O. (Fn. 569), Abgedruckt bei Schulze/Hoeren, Bd. 1, auf S. 476, 480 f.

589 Darin siehe Entschließung III, a. a. O. (Fn. 574), in Schulze/Hoeren, Bd. 1, S. 507, 521.

590 Projet de pacte pour une Union d'Etats européens, entstanden im Januar 1953, a. a. O. (Fn. 577), Schulze/ Hoeren, Bd. 1, S. 553, 556 f. Mit dem ersten Entwurf von Debré stimmen dabei die Art. 19 ff. des gerade genannten Vorschlags soagr wörtlich überein.

591 Vgl. den Wortlaut der Satzung der Europäischen Gemeinschaft, hier in Form des Redaktionsentwurfs, vorgelegt von den Abgg. Benvenuti, Dehousse und von Merkatz, datiert vom 2. Februar 1953, a. a. O. (Fn. 578). Wieder in Schulze/Hoeren, Bd. 1, S. 559, 561.

592 Protokoll über die Verbindungen mit dem Europarat, 2. Februar 1953, Institut Universitaire européen, Florence, Archives Historiques des Communautés européennes, Inventaire Parlament européen, Assemblée „ad-hoc", Akte 40. Schulze/Hoeren, Bd. 1, S. 582 f. Die Beratende Versammlung des Europarates sollte danach in einer Art Doppelfunktion oder Organleihe gleichzeitig für die Europäische Politische Gemeinschaft tätig werden.

593 Art. 7, Projet de rédaction des articles du traité portant statut de la Communauté européenne soumis par le Sécretariat de la Commission vom 10. Februar 1953, Conseil des Communautés européennes, Brüssel, Archives Historiques, Négociations du statut de la Communauté politique européenne, CM 4, No. 70, Schulze/Hoeren, Bd. 1, S. 586, 587. Auch an anderen Stellen trat der Wirtschafts- und Sozialrat nicht mehr in Erscheinung.

1953[594] die Ideen Debrés fortgeführt und in den Artikeln 20 ff. erneut detaillierte Ausführungen über einen Konsultativrat aufgenommen. Am Ende der Redaktionsarbeiten hatte sich damit, so lautet zumindest die Aussage der verschiedenen, sich widersprechenden Vertragsentwürfe, neben der frühzeitig in den Verhandlungen erzielten Einigkeit über die Erforderlichkeit einer auf die Beratung anderer Organe ausgerichteten Institution kein Konsens über dessen Ausgestaltung gerade auch im Hinblick auf den Europarat erzielen lassen.

Ein Spiegelbild dieser Situation stellen die den Endzustand der Beratungen darstellenden Vorschriften über den Wirtschafts- und Sozialrat im Entwurf eines Vertrages über die Satzung der Europäischen Gemeinschaft vom 10. März 1953 dar.[595] Der die Organe aufzählende Artikel 9 nannte das Beratungsgremium als solches. In den Vorschriften über den Wirtschafts- und Sozialrat in Kapitel V, das diese Institution als von der engen systematischen Anlehnung an den Hauptentscheidungsträger befreit zeigt, finden sich jedoch nur wenig Detailregelungen zur Besetzung, zum Verfahren und zur Zuständigkeit. Der Wirtschafts- und Sozialrat sollte nach Artikel 50 des Satzungsvorschlages gegenüber den Kammern des Parlaments und für den Europäischen Exekutivrat auf Verlangen Stellungnahmen abgeben sowie Entschließungen an diese Organe richten können. Alles weitere wurde einem Ausführungsgesetz der Gemeinschaft überlassen, womit der gerade festgestellte Zustand der Uneinigkeit mittelbar sogar auf Satzungsebene eingestanden wurde. Der ebenfalls noch erwähnenswerte Artikel 51 hielt diesbezüglich auch die Möglichkeit einer Zusammenlegung der entsprechenden Einrichtung des Europarates mit dem der Europäischen Politischen Gemeinschaft offen. Der Wirtschafts- und Sozialrat dieses nie in Vollzug gesetzten Zusammenschlusses ist damit trotz der Unsicherheit hinsichtlich seiner Besetzung als eine weitere Ausprägung des bereits charakterisierten, lediglich beratenden und nicht entscheidungsbefugten Gemeinschaftsorgans aufzufassen.

Nach weiteren, quasi auf der Ebene unterhalb der politischen und juristischen Entscheidungsträger stehenden Institutionen sucht man jedoch innerhalb des Vertragsentwurfs über die Satzung der Europäischen Gemeinschaft vergebens. Gerade im Bereich der Finanzen, wo weitere Organe zu erwarten gewesen wären, verwies Artikel 75 Absatz 2 auf ein Gesetz zur Regelung des Vollzugs des Haushaltes und zu dessen Überwachung. Da es dazu nicht kam, ist für die Europäische Politische Gemeinschaft mit dem Wirtschafts- und Sozialrat zumindest das Bemühen um eine Institution mit nur beratendem Charakter festzuhalten.

---

594 Vertragsentwurf vom 14. Februar 1953, Conseil des Communautés européennes, Brüssel, Archives Historiques, Négociations du statut de la Communauté politique européenne, CM 4, No. 70, Schulze/Hoeren, Bd. 1, S. 590, 591 f. Dieser Entwurf beginnt inhaltlich erst mit Art. 19 und ließ damit die Vorschriften hinsichtlich des Parlaments zunächst aus.

595 A. a. O. (Fn. 579), Schulze/Hoeren, Bd. 1, S. 609 ff., hier insbesondere Art. 9 beachten.

(6) Verwendung und Verständnis von Supranationalität

Gerade vor dem Hintergrund der verschärften Auseinandersetzung um die Verteilung von Entscheidungskompetenzen und den Charakter diesbezüglicher Institutionen lohnt im Hinblick auf die zur Montanunion erörterten Inhalte des Supranationalitätsbegriffes eine genauere Betrachtung, ob und in welchem Zusammenhang der Supranationalitätsbegriff innerhalb der Vorarbeiten zum Gründungsvertrag für die Europäischen Politischen Gemeinschaft verwendet wurde.

Der Begriff der Supranationalität oder seine deutsche Entsprechung, die Überstaatlichkeit, findet sich in den Dokumenten zum - letztendlich erfolglosen - Entstehungsprozeß der Europäischen Politischen Gemeinschaft häufig. Schon die Entschließung des Rates der Montanunion vom 10. September 1952 enthielt bei der grundlegenden Einigung auf die Errichtung einer solchen Gemeinschaft den am Institutionalisierungsmodell zu messenden Begriff, indem die Regierungen der Mitgliedsländer der Verteidigungsgemeinschaft nun angehalten wurden:

> „ ... eine Versammlung zu bestimmen, welche das Statut einer Politischen Gemeinschaft supranationalen Charakter auszuarbeiten hätte, die allen Mitgliedsstaaten des Europa-Rates offensteht und denjenigen dieser Staaten, die dieser Gemeinschaft nicht beitreten werden, Möglichkeiten einer Assoziierung bietet ... “[596]

Zunächst fällt auf, daß der Begriff, verglichen mit der Montanunion, hier nicht nur Institutionen, sondern die Gemeinschaft selbst charakterisieren sollte. Worin sich diese Eigenschaft äußern sollte, ließ der Ratsbeschluß ebenso offen wie die Grundstruktur des Systems der Institutionen, das der Begriff der Überstaatlichkeit innerhalb der Europäischen Gemeinschaft für Kohle und Stahl charakterisiert hatte. Supranationalität als Schlagwort war auch in den Entschließungen des Verfassungsausschusses der Ad hoc-Versammlung vom 20. Dezember 1952[597] enthalten. Gleiches galt für die verschiedenen Vor- und Teilentwürfe[598] zum Redaktionsentwurf sowie wie für diesen selbst in seiner endgültigen Fas-

---

[596] Datiert vom 10. September 1952, a. a. O. (Fn. 563). In Schulze/Hoeren, Bd. 1, S. 432.

[597] Entschließung II, A. 1, a. a. O. (Fn. 574). Wieder bei Schulze/Hoeren, Bd. 1, S. 507, 508.

[598] Im einzelnen Art. 2 des Redaktionsentwurfs für die Kapitel über die Zuständigkeitsgebiete der Gemeinschaft usw., vorgelegt von Abg. Benvenuti (Berichterstatter), 29. Januar 1953, a. a. O. (Fn. 576), Schulze/Hoeren, Bd. 1, S. 539; Art. 1 des Redaktionsentwurfes der Satzung der Europäischen Gemeinschaft, vorgelegt von den Abgeordneten Benvenuti, Dehousse und von Merkatz, 2. Februar 1953, a. a. O. (Fn. 578), Schulze/Hoeren, Bd. 1, S. 559; Art. 1 des Projet de rédaction des articles du traité portant statut de la Communauté européenne soumis par le Secrétariat de Commission, 10. Februar 1953, a. a. O. (Fn. 593), Schulze/Hoeren, Bd. 1, S. 586. Es wurde dabei die Gemeinschaft als solche mit dem Begriff der Supranationalität bezeichnet, was erhebliche Veränderung bedeutet.

sung.[599] Dabei wurde der Begriff fast ausschließlich in den einführenden Artikeln zur Charakterisierung der Gemeinschaft verwendet, einmal aber auch im direkten Zusammenhang mit den besonderen, von den Staaten auf die politische Gemeinschaft übertragenen Befugnissen in Verbindung gebracht. Mit einzelnen Institutionen oder dem Modell der Institutionalisierung selbst hatte der Begriff bei den Verhandlungen um die Europäische Politische Gemeinschaft nichts zu tun - seine Verwendung legte ihm einen Inhalt nahe, der sich eher auf die Kompetenzen der Gemeinschaft und damit auf die Möglichkeit bezog, in einzelnen Bereichen verbindliches, autonomes Recht zu setzen. Damit wird ein gewisser Wandel, ja eine Erweiterung im begrifflichen Verständnis im Vergleich zur Montanunion und zur Verteidigungsgemeinschaft deutlich. Dies mag auch daran gelegen haben, daß mit der dritten Integrationsgemeinschaft in drei Jahren die von Monnet entworfene Idee einen nicht mehr ganz so neuen Ansatz darstellte.

Wendet man jedoch das begriffliche Verständnis von Supranationalität aus der Montanunion als Vergleichskriterium auf die Institutionen der Europäischen Politischen Gemeinschaft an, so zeigen sich innerhalb der Verhandlungen starke Schwankungen in deren Eigenschaften. Im ersten Verhandlungsabschnitt sollte diejenige Institution, die in der Europäischen Gemeinschaft für Kohle und Stahl als zentraler Entscheidungsträger fungieren sollte, als reine Exekutive auf die Ausführung von Beschlüssen eines Gremiums, das aus Vertretern der nationalen Regierungen bestehen sollte, beschränkt bleiben. Diese organisatorische Verbindung wurde in der redaktionellen Arbeit jedoch wieder aufgehoben. Mit der Erweiterung der Kompetenzen der mit zwei Kammern versehenen Versammlung in Richtung eines wahrhaften Parlaments ergaben sich zwar wiederum Einbußen bezüglich der herausgehobenen Stellung des Exekutivrates, mit der direkten Wahl der Völkerkammer und der Entsendung von Abgeordneten der nationalen Parlamente in den Senat blieb dennoch das nötige Maß an Unabhängigkeit von den nationalen Regierungen bezüglich der Entscheidungsfindung als Kriterium von Supranationalität bestehen. Eine erneute Gegenbewegung stellte die Absicht der Verhandelnden dar, die Besetzung des Senates zu ändern und aus ihm eine Vertretung der Staaten durch Minister zu machen. Die endgültige Fixierung des Verhältnisses der einzelnen Institutionen untereinander blieb jedoch aufgrund der nicht zustande gekommenen Unterzeichnung des Vertrages aus. Festzuhalten bleibt, daß die Gestaltung von Entscheidungsträgern zur Verfolgung von Gemeinschaftsinteressen als Merkmal von Supranationalität, wie

[599] Art. 1 - hier ist von „übernationalem Charakter" die Rede - des Entwurfs eines Vertrages über die Satzung der Europäischen Gemeinschaft, angenommen von der Ad hoc-Versammlung in Straßburg am 10. März 1953, a. a. O. (Fn. 579), Schulze/Hoeren, Bd. 1, S. 609, 610. Von Brentano bezeichnete das neue Gebilde als „Communauté supranationale", vgl. Rapport introductif au Projet de traité statut de la Communauté Européenne vom 10. März 1953, a. a. O. (Fn. 581). Vgl. dazu Schulze/Hoeren, Bd. 1, auf S. 638, 641.

sie durch den Montanvertrag praktisch umgesetzt wurde, umstritten blieb und gerade wegen der fehlenden Begrenzung der Politischen Gemeinschaft auf ein bestimmtes Integrationsfeld auf heftigen Widerstand zumindest eines der beteiligten Länder stieß. Überhaupt schien sich in einer im Hinblick auf die Fortführung des Integrationsprozesses offenen Gemeinschaft die Verteilung der Kompetenzen zwischen gemeinschaftlichen Entscheidungsträgern sowie den Institutionen, die mitgliedsstaatliche Einfluß- und Entscheidungsmöglichkeiten sichern sollten, als Hauptstreitpunkt bei der Umsetzung von Monnets Ideen zu erweisen.

ee) Vertrag zur Gründung der Europäischen Wirtschaftsgemeinschaft

Obwohl, wie bereits ausgeführt wurde, zunächst Uneinigkeit zwischen den sechs Staaten der Montanunion bestand, ob nach den Fehlschlägen der Verteidigungs- und der Politischen Gemeinschaft überhaupt ein Versuch der Verschmelzung der nationalen Wirtschaftsräume unternommen werden sollte, war die Frage diesbezüglicher Institutionalisierung bereits Thema im von Spaak geleiteten Regierungsausschuß, der von der Regierungskonferenz von Messina eingesetzt worden war. Während innerhalb der eigentlichen Ausschußarbeit und in den anschließenden Regierungsberatungen relativ schnell Einigkeit über die konkrete Gestaltung der einzelnen Institutionen erzielt wurde, blieben das Verhältnis der Organe untereinander, die Art von deren Besetzung sowie die nötigen Mehrheitsverhältnisse bei Beschlüssen lange und heftig umstritten. Bei der Beschäftigung mit den einzelnen Standpunkten dazu soll deshalb im Vordergrund stehen, welche Auswirkung der Ausgestaltung der Institutionen auf deren Funktionsfähigkeit als Instrumentarium im zwischenstaatlichen Integrationsprozeß zukam.

(1) Spaak-Bericht

Der Regierungsausschuß unter Spaak, genauer der Unterausschuß für den Gemeinsamen Markt, hatte sich mit Fragen der Institutionalisierung zu befassen. Anhand eines Dokuments vom 7. Oktober 1955[600] lassen sich dabei die grundsätzlichen Überlegungen nachvollziehen. Den Ausgangspunkt bildete dabei die Erkenntnis, daß zur Erreichung der wirtschaftlichen Ziele des Gemeinsamen Marktes zwischen der gemeinsamer und einzelstaatlicher Verantwortung unterschieden werden mußte. Dies sollte sich auch auf die Institutionen auswirken. Anhand der Aufgaben wurde zwischen Direktion und Verwaltung, Schiedsgerichtsbarkeit oder Gerichtsbarkeit sowie Verwaltungskontrolle unterschieden. Gesetzgeberische Funktionen blieb zunächst unberücksichtigt. Zur Zuordnung

600 Ausschuß für den Gemeinsamen Markt, für Investitionen und Sozialfragen, Arbeitsunterlage über die institutionellen Aspekte, Politisches Archiv des Auswärtigen Amts, Berlin, Abteilung 2, Aktenzeichen 217.221-09, Bd. 3. In Schulze/Hoeren, Bd. 1, S. 727 ff.

der genannten Funktionen zu einzelnen Institutionen als Entscheidungsträgern gelangte man zu mehreren Möglichkeiten, die innerhalb einer detaillierten Diskussionsgrundlage für die späteren Entscheidungen hier gegenüberstellt wurden:

> „Zur Ausübung der beiden ersten können vier Arten von Organen in Aussicht genommen werden:
> I - Ein Organ aus Vertretern der ... Regierungen, das einstimmig beschließt;
> II - Ein Organ aus Vertretern der ... Regierungen, das mit Mehrheit beschließt;
> III - Ein Organ aus Vertretern der Gemeinschaft als solcher;
> IV - Ein Schiedsorgan oder ein Gerichtshof.
> Bei den Vorschlägen I und II, die in Form eines Ministerrats verwirklicht würden, wären die Regierungsvertreter ihren jeweiligen Regierungen, d.h. letztlich den nationalen Parlamenten verantwortlich. Werden die Beschlüsse einstimmig gefaßt, ... so dürften keine Schwierigkeiten zu befürchten sein, denn es ist wenig wahrscheinlich, daß ein Parlament nachträglich das Vorgehen seiner Regierung mißbilligt. Werden hingegen von einem Organ, das allein und in letzter Instanz entscheidet, Mehrheitsbeschlüsse gefaßt, so würde dies zweifellos zu Schwierigkeiten führen. Dem in der Minderheit befindlichen Staat wurde von den anderen Staaten eine Entscheidung aufgezwungen, und es würde in diesem Staat fast immer der Eindruck herrschen, daß diese Entscheidung nicht in einem gemeinsamen Interesse, sondern auf Grund einer Verbindung nationaler Interessen gefaßt worden ist. Der Vorschlag II scheint daher keine befriedigende Lösung darzustellen.
> Der Vorschlag III hingegen würde die Verantwortlichkeit der Vertreter der Gemeinschaft gegenüber einer aus ihr selbst hervorgehenden Versammlung zur Folge haben. Das ist die normale demokratische Lösung. Sie weist keine Schwierigkeiten auf, vor allem deshalb, weil man sich auf Grund des Vertrages von vornherein mit der Möglichkeit einverstanden erklärt hat, daß eine Entscheidung nicht unbedingt dem entspricht, was man für wünschenswert gehalten hätte. Außerdem würde ein Gerichtshof, der für die Achtung des Rechtes sorgt, eine zusätzliche Garantie bieten.
> Der Vorschlag IV dürfte Teillösungen bieten, müßte jedoch noch eingehender untersucht werden.
> In diesem Expose ist unterstrichen worden, daß es nicht möglich scheine, ein einziges Organ vorzusehen: Man müßte sich um eine Verbindung von zwei oder drei Organen bemühen, so daß ihre gegenseitige Kontrolle und ein Gleichgewicht sichergestellt werde, das die Trennung der beiden oben angeführten Arten der Verantwortung gewährleistet.
> Wie bereits erwähnt, wird die Schaffung eines gemeinsamen Exekutivorganes eine Versammlung erfordern. ...“[601]

Aus dieser Quelle ergeben sich eine Vielzahl von für die Institutionalisierung wichtigen Erkenntnissen.[602] Zunächst ist abzuleiten, daß man nicht die in den

---

[601] Ebd., 1. Exposé, Schulze/Hoeren, Bd. 1, S. 727 ff. Für die Vorschläge I und II war berücksichtigt, daß es sich aufgrund der sonstigen Arbeitsbelastungen der Minister in den Mitgliedsstaaten nicht um ein ständiges Organ handeln konnte. Siehe dazu ebd., S. 729.

[602] Gleiches wie im vorigen Dokument findet sich auch in den Propositions d'amendements au document no. 313, présentées par la délégation néerlandaise, 12. Oktober 1955, aus.

anderen Gemeinschaften bestehenden Organe übernehmen wollte. Hier sollte entsprechend der Erfordernisse einer Wirtschaftsgemeinschaft ein neues Konzept für Institutionalisierung versucht werden. Es ging dabei im einzelnen um die Direktion, also die Vorgabe von durch die Gemeinschaft zu verfolgenden Leitlinien, und die juristische Prüfung. Bei der Wahl einer Institution für ersteres fällt gerade zu Vorschlag II die argumentative Rückkopplung an die Verfolgung von Gemeinschaftsinteressen auf. Während bei einer an die Einstimmigkeit von Entscheidungen gebundenen Ministerrunde schon durch die Art der Beschlußfassung gesichert war, daß sich die zu verfolgenden Ziele und die Art ihrer Umsetzung im Interessen aller befanden, ergaben sich beim Mehrheitserfordernis Schwierigkeiten. Vorschlag III koppelte die Besetzung der für Direktion und Verwaltung zuständigen Institution von der durch die Minister vermittelten Rückbindung an die nationalen Parlamente ab und ersetze sie durch Verantwortlichkeit gegenüber einer Gemeinschaftsversammlung. Damit war im Gegensatz zu Vorschlag I die Verfolgung gemeinschaftlicher Interessen nicht durch Verfahrensregelung, sondern durch Verantwortlichkeit des europäischen Entscheidungsträgers gegenüber einem anderen Gemeinschaftsorgan gesichert. Zur rechtlichen Kontrolle bot sich der Gerichtshof an. Getragen wurde alles von der Vorstellung, daß die Funktionen der Gemeinschaft nur durch sich gegenseitig überwachende Institutionen wahrgenommen werden sollten.

An selber Stelle wies man die einzelnen Funktionen den europäischen Institutionen oder den Mitgliedsstaaten zu. So sollte die Schiedsgerichtsbarkeit bzw. die Gerichte über Fragen des lauteren Wettbewerbs und besondere Wettbewerbsverzerrungen entscheiden. Ein „Organ mit eigenen Befugnissen, das im allgemeinen eine ergänzende Tätigkeit ausübt“,[603] war für die Zollsenkung und die gemeinsame Zollpolitik gegenüber Drittstaaten vorgesehen. Schwierigkeiten bereiteten die Sachgebiete, die mit Wirtschaftspolitik verknüpft waren. Hier sollte, wie ein weiterer Institutionalisierungsvorschlag zeigt, eine enge Rückbindung an die Mitglieder unter Beteiligung eines Ministerrates erhalten bleiben:

> „Für die erste Gruppe von Problemen [die, die mit Wirtschaftspolitik verbunden war, d. Verf.] wurde eine aus drei Hauptorganen zusammengesetzte institutionelle Struktur vorgeschlagen:
>
> 1. Ein Ministerrat, der seine Beschlüsse einstimmig fassen würde.
> 2. Ein ständiges selbständiges Kollegialorgan („Board"), das für die ständige Verbindung zu den Regierungen sorgen würde. Dieses Organ würde sich fortlaufend

---

Conseil des Communautés européennes, Brüssel, Archives Historiques, Négociations des traités instituant la CEE et la CEEA, CM 3, No. 39. Schulze/Hoeren, Bd. 1, auf S. 736 f.

603 Ausschuß für den Gemeinsamen Markt, für Investitionen und Sozialfragen, Arbeitsunterlage über die institutionellen Aspekte vom 7. Oktober 1955, 2. Exposé, a. a. O. (Fn. 600), Schulze/Hoeren, Bd. 1, S. 727, 730. Mit der Bezeichnung der Tätigkeit als „ergänzend“ ergab sich eine doch weitgehend periphere Position des Organs für die Zollpolitik.

mit den allgemeinen Problemen befassen. Seine Aufgabe bestände in Untersuchungen und der Unterrichtung, und es hätte das Recht zur Abgabe von Stellungnahmen sowie ein Initiativrecht. Seine Mitglieder würden vom Ministerrat ernannt. Sein Haushalt würde zwar vom Rat genehmigt, doch wäre dieses „Board" dem Rat nicht untergeordnet.

3. Ein ständiges Organ aus hohen Beamten der Mitgliedstaaten, unterstützt von einem Sachverständigenstab, das eine Art Ministerstellvertreterausschuß darstellen würde, dem die Minister die Entscheidungsbefugnis in bestimmten Angelegenheiten übertragen könnten. Falls innerhalb dieses Ausschusses keine Einigkeit erzielt werden könnte, müßte der Ministerrat befaßt werden und einstimmig Stellung nehmen."[604]

Mit dem schon aus Gründen der sonstigen Arbeitsbelastung nicht ständig tagenden Ministerrat, dessen Entscheidungen einstimmig sein sollten, und einem mit besonderen Rechten ausgestatteten, selbständigen „*Board*" für die laufende Arbeit war der Grundstein für die weiteren Verhandlungen über die institutionelle Ausgestaltung der Gemeinschaft gelegt. Daran zeigt sich aber auch wieder die - trotz des neuen gedanklichen Ansatzes zur Organgestaltung für die Wirtschaftsgemeinschaft - bereits bei der Montan- und den übrigen Gemeinschaften erkennbar gewordene Teilung in an die Länder gebundene sowie gemeinschaftliche Institutionen, wobei gerade letztere den Interessen der Mitgliedsstaaten auf Gemeinschaftsebene in hinreichendem, aber nicht übertriebenen Maße Rechnung tragen sollte. Problematisch war, und auch dies läßt sich aus dem Dokument des Ausschusses für den Gemeinsamen Markt entnehmen, das Verhältnis zwischen diesen beiden Institutionstypen besonders für den Fall, daß im Ministerrat keine Einstimmigkeit zustande kommen sollte. Gleiches galt für die Frage von Initiativrechten und ähnlichem. Letztlich bewegte sich die Ausschußarbeit auf eingefahrenen Problemgleisen, mit denen es bereits die Schöpfer der Montan-, Verteidigungs- und der Politischen Gemeinschaft zu tun gehabt hatten.

Nachdem die Unterausschüsse ihre Tätigkeit beendet hatten, setzte Spaak mit den Delegationsleitern und zwei hinzugezogenen Fachleuten, nämlich Uri und von der Groeben, die Arbeit an dem zu erstattenden Bericht fort. In den durch Uri und von der Groeben zusammengefaßten Ergebnissen der Fachausschüsse findet sich auch ein Arbeitspapier, in dem zur Frage der Institutionen Stellung bezogen wird.[605] Daraus ergibt sich als Ausgangspunkt und erstes Prinzip wie-

---

604 Ebd., 6. Exposé, Schulze/Hoeren, Bd. 1, S. 727, 733. Dem schlossen sich Überlegungen für den Fall an, daß im Ministerrat keine Einstimmigkeit herrschte. Ausgesondert wurden Situationen, in denen keine Entscheidung benötigt wurde, sondern die Minister auf nationaler Ebene die Vorgaben umsetzen sollten. Sonst überlegte man eine Einschaltung der Regierungschefs oder eine Unterbreitung von Vorschlägen durch das „Board" als solches.

605 Vgl. das document de travail no. 6 - Institutions - vom 8. November 1955, Conseil des Communautés européennes, Brüssel, Archives Historiques, Négociations des traités instituant la CEE et la CEEA, CM 3, No. 30. Wieder in Schulze/Hoeren, Bd. 1, S. 743 ff.

derum die Unterscheidung zwischen der Wirtschaftspolitik und den für die Herstellung eines Gemeinsamen Marktes nötigen Regelungen. Der zweite Grundsatz lag für Uri und von der Groeben in der Unsuspendierbarkeit der Marktregeln weder durch die Mitgliedsstaaten in ihrer Gesamtheit noch durch eine Mehrzahl der Mitglieder in interessenbedingten Koalitionen. Gerade für den Bereich der Einhaltung der Wettbewerbsregeln schien den beiden Bearbeitern eine unabhängige europäische Institution mit gemeinschaftlicher Verantwortung unverzichtbar zu sein, da für sie eine Befassung der Mitgliedsstaaten mit Fragen der Vertragseinhaltung nicht in Betracht kam. Weitere Punkte waren die Definition von klaren Verantwortlichkeiten der Organe gegenüber der Gemeinschaft oder den Mitgliedsstaaten, die Konstituierung eines Ministerrates und gerichtlicher Prüfungsmöglichkeiten sowie die Gestaltung der Zusammenarbeit der Staaten im Bereich der Wirtschaftspolitik außerhalb des Gemeinsamen Marktes. Letztlich blieb es - wenn auch im Vergleich zu den Ergebnissen des Unterausschusses mit deutlich stärkerer Betonung der punktuellen Einführung von gemeinschaftlicher Verantwortlichkeit - bei der auf die Funktionen des Gemeinsamen Marktes abgestimmten Auswahl sowie Ausgestaltung von Institutionen.

Die Ergebnisse der Arbeit des Unterausschusses für den Gemeinsamen Markt finden sich fast wörtlich im Bericht der Delegationsleiter des von der Konferenz von Messina eingesetzten Regierungsausschusses vom 21. April 1956 wieder. Dort wurden zunächst die Grundprinzipien für die Institutionalisierung erläutert:

> „Als erster leitender Grundsatz sollte dabei [bei der Marktvereinheitlichung, d. Verf.] gelten, daß bis zur Erreichung einer weitergehenden Vereinheitlichung in der Währungs-, Budget- und Sozialpolitik zwischen den allgemein-wirtschaftspolitischen Fragen, die der Zuständigkeit der Regierungen vorbehalten bleiben, einerseits und den Problemen in Verbindung mit dem Funktionieren des gemeinsamen Marktes andererseits unterschieden werden muß.
> Der zweite Grundsatz wäre, daß im Interesse der Erzeuger selbst und zur Gewährleistung ihrer Rechtssicherheit ein Verfahren für die Anwendung und Kontrolle der Wettbewerbsregeln unerläßlich ist. Wegen der Eilbedürftigkeit der Überprüfung und Entscheidung ist das komplizierte Verfahren, das bei zwischenstaatlichen Beziehungen oder Organisationen angewandt wird, nicht möglich. Auch kann man sich nicht vorstellen, daß die Kontrolle über die Durchführung der von den Staaten übernommenen Verpflichtungen und die Anwendung der Schutzklauseln von einem Votum der Regierungen abhängig sein sollten. Würde hierfür Einstimmigkeit vorgesehen, so könnte jeder Staat durch sein Veto das Verfahren lahmlegen oder seine Zustimmung von gewissen Bedingungen abhängig machen; bei Mehrheitsentscheidungen bleibt die Gefahr, daß Interessenverflechtungen eine objektive Entscheidung verhindern. Aus diesen beiden Gründen erscheint die Schaffung eines Organs mit eigener Autorität und gemeinsamer Verantwortlichkeit unerläßlich.
> Der dritte Grundsatz wäre schließlich, daß die allgemein-wirtschaftspolitischen Maßnahmen, für die die Regierungen zuständig sind, sich so entscheidend auf das

> Funktionieren des gemeinsamen Marktes auswirken, daß es der gemeinsamen Institution möglich sein muß, auf diesem Gebiet Vorschläge zu machen, um eine Einigung zu erleichtern und eine bessere Koordinierung zu gewährleisten. Gewisse Entscheidungen sind für das Funktionieren und die Entwicklung des gemeinsamen Marktes sogar von so ausschlaggebender Bedeutung, daß auf Grund eines Vorschlags dieses Organs, dessen Objektivität gesichert erscheint, in einer Reihe von erschöpfend aufgezählten Fällen oder nach Ablauf einer bestimmten Zeitdauer von der Regel der Einstimmigkeit im Rat eventuell abgesehen werden könnte.
> Der vierte Grundsatz wäre, daß notwendigerweise ein Rechtsmittelverfahren und eine parlamentarische Kontrolle eingerichtet werden müssen.“[606]

Anhand dieser Grundsätze ergab sich für Spaak und seine Mitarbeiter die Ausstattung der neuen, auf den Gemeinsamen Markt ausgerichteten wirtschaftlichen Gemeinschaft mit Institutionen, die den statuierten Anforderungen genügten:

> „Die Beratungen zwischen den Regierungen werden in einem Ministerrat erfolgen, damit die allgemeine Politik der Regierungen miteinander und mit der Gemeinschaft abgestimmt werden kann. Im Ministerrat sollen auch die Entscheidungen getroffen werden, die die Regierungen gemeinsam erlassen müssen Einstimmigkeit wird die Regel sein, wobei Stimmenthaltungen der Einstimmigkeit nicht entgegenstehen. Für die Fälle, in denen von dieser Regel abgewichen wird, soll zwischen den Vertretern von Ländern mit sehr unterschiedlicher Größe und zur Festlegung einer qualifizierten Mehrheit eine allerdings sehr begrenzte Gewichtig der Stimmen vorgesehen werden.
> Eine Europäische Kommission hat den Auftrag, die Anwendung der Regeln des Vertrages zu sichern und über die fortschreitende Entwicklung des gemeinsamen Marktes zu wachen. Diese Kommission, deren Präsident und deren Mitglieder gemeinsam von den Regierungen zu ernennen sind, kann mit einfacher Mehrheit Beschlüsse fassen. Je nach Lage des Falles wird die Europäische Kommission Entscheidungsbefugnisse besitzen, eine untersuchende und vorbereitende Tätigkeit in den Angelegenheiten ausüben, für die ein Gerichtsverfahren vorgesehen ist, sowie Vorschläge für den Rat auszuarbeiten haben. Schließlich würde sie hinsichtlich der Anpassung und der Überprüfung von Investitionsprojekten, für die eine gemeinsame Finanzierung erforderlich ist, eine Verwaltungsfunktion haben. Sie wird die Beteiligten konsultieren, insbesondere in den von ihr zu diesem Zweck gebildeten Ausschüssen.
> Organ der Rechtsprechung ist der Gerichtshof der Europäischen Gemeinschaft für Kohle und Stahl. Er wird über die Klagen wegen Verletzung des Vertrages durch die Staaten oder die Unternehmen und über die Anträge auf Aufhebung von Entscheidungen der Europäischen Kommission zu befinden haben. Er kann aufgehobene Entscheidungen nicht selbst durch neue Sachentscheidungen ersetzen. Damit die Einheit der Rechtsprechung trotz der Erweiterung des Aufgabenkreises gewahrt bleibt, kann dieser Gerichtshof in besondere Kammern unterteilt werden.

[606] Wortlaut des Berichts der Delegationsleiter des von der Konferenz von Messina eingesetzten Regierungsausschusses an die Außenminister vom 21. April 1956, a. a. O (Fn. 277). Schulze/Hoeren, Bd. 1, S. 752, 763 f. Der hier zitierte Abschnitt ist dabei fast identisch mit den Darlegungen Uris und Groebens in dem zuvor angesprochenen Dokument.

Schwierige Rechtsfragen können an das Plenum der Kammerpräsidenten verwiesen werden. Das gleiche gilt im Falle von voneinander abweichenden Entscheidungen. Die Zahl der Richter kann entsprechend erhöht werden. Außerdem könnte die Verfahrensordnung des Gerichtshofes vorsehen, daß für gewisse Fälle die Kammern einerseits mit Berufsrichtern, andererseits mit Beisitzern mit besonderen wirtschaftlichen und technischen Kenntnissen besetzt werden.
Die parlamentarische Kontrolle wäre von der Gemeinsamen Versammlung der Europäischen Gemeinschaft für Kohle und Stahl zu übernehmen, deren Abgeordnetenzahl stark erhöht werden könnte; das zahlenmäßige Verhältnis der nationalen Delegationen sollte dabei in der Weise geändert werden, daß der Anteil der auf die drei größten Länder entfallenden Vertreter nicht mehr so begrenzt ist wie in der Gemeinsamen Versammlung der Europäischen Gemeinschaft für Kohle und Stahl. Vor der Versammlung, die das Recht des Mißtrauensvotums hat, wurde die Europäische Kommission verantwortlich sein. Die Versammlung hätte über die Haushaltsvoranschläge der einzelnen Organe in der Weise Beschluß zu fassen, daß sie sie entweder insgesamt annimmt oder zur Erstellung eines neuen Entwurfs zurückverweist. Unabhängig davon ist es notwendig, eine eingehende Rechnungsprüfung sicherzustellen. Sie hätte abzustimmen über von der Europäischen Kommission zu erlassende Verordnungen, über Vorschläge der Europäischen Kommission an den Rat betreffend Änderungen des Verfahrens zur Beseitigung der Handelshemmnisse sowie über die entsprechend den Bestimmungen des Vertrages zu ergreifenden Maßnahmen zur Liberalisierung des Kapitalverkehrs, der Dienstleistungen und der Ordnung der Agrarmärkte."[607]

Diese Quelle zeichnet das Bild eines mit vier Organen ausgestatteten Institutionensystems, wobei im Mittelpunkt nicht ein unabhängiger Entscheidungsträger stand, sondern der dem Einstimmigkeitserfordernis unterliegende Ministerrat der Länder.[608] Man hatte sich also anhand der Vorstellungen des Unterausschusses für den Gemeinsamen Markt für den Vorschlag I entschieden. Hinzu trat die Kommission, der primär Überwachungsaufgaben zugedacht waren und deren Mitglieder von den Regierungen einvernehmlich ernannt werden sollten. Die Versammlung stellte ein Kontrollgremium für die Kommission dar, während nur dem Gerichtshof die juristische Prüfung des Verhaltens der Mitgliedsstaaten, der Unternehmen sowie dem der Kommission am Maßstab des Vertrages zukam.

Betrachtet man diese Festlegungen im Lichte der eingangs aufgeworfenen Frage nach der Rolle von Institutionen als Mittel zur Beeinflussung von Integrationsprozessen, so kommt hier wieder dem Verhältnis von mitgliedsstaatlich besetztem Ministerrat und unabhängiger, der europäischen Versammlung verantwortlicher Kommission die hauptsächliche Bedeutung zu. Dabei ergeben sich aber schon hier erhebliche Schwierigkeiten, die Kommission überhaupt noch als Ent-

607 Ebd. Schulze/Hoeren, Bd. 1, S. 752, 764 f. Zur Sondersituation der Agrarmärkte in bezug auf den europäischen Wirtschaftsraum vgl. oben C IV 3 c), S. 72, und dort auch Fn. 287.

608 So auch die Einschätzung von Groeben, Aufbaujahre, S. 33, der davon spricht, daß das Schwergewicht für die Institutionen in der EWG von vornherein bei dem Ministerrat lag.

scheidungsträger - besonders im Vergleich zur Hohen Behörde der Montanunion - verstehen zu können. Sie war, ohne daß sich zunächst aus dem Spaak-Bericht Einzelheiten ihrer Kompetenzen ergaben, als Kontroll- und Beobachtungsorgan vorgesehen. Aus dem Umstand, daß die Kommission dem Rat, begrenzt auf die weitere Entwicklung des Gemeinsamen Marktes, Entscheidungsvorschläge unterbreiten konnte, läßt sich schließen, daß sie selbst diese Entscheidungen nicht treffen sollte. Eigene Eingriffsmöglichkeiten waren nach den Vorstellungen von Uri und von der Groeben nur dort vorgesehen, wo es um die Einschätzung der Einhaltung der Regeln des Gemeinsamen Marktes durch die Mitgliedsstaaten ging, also bei Selbstentscheidung durch den Rat die Gefahr von Interessenkonflikten und Gruppenbildung bestand. Daran läßt sich erkennen, daß an dieser Stelle durch die Kommission tatsächlich Gemeinschaftsinteressen verfolgt werden sollten. Inwieweit mit der Formulierung, daß der Kommission je nach Fallage Entscheidungsbefugnisse zukommen sollten, umfassende Entscheidungsbefugnisse gemeint waren, ist dem Spaak-Plan mangels entsprechender Untersetzung mit konkreten Regelungen nicht zu entnehmen. Einziger Anhaltspunkt war die Aussage im Abschnitt über die Versammlung, wonach diese über die Verordnungen der Kommission abzustimmen habe. Eine besondere und herausgehobene Stellung als unabhängiger Entscheidungsträger wie bei der Montanunion war für die Kommission jedoch hier nicht vorgesehen.[609]

In einer Gegenentwicklung dazu hatte der Ministerrat an Bedeutung gewonnen. Nicht nur seine - aus systematischer Sicht bedeutsame - Erwähnung noch vor der Kommission im Spaak-Plan zeigt dies. Für den Rat waren darüber hinaus Entscheidungskompetenzen - in noch unklarem Umfang - vorgesehen, wobei im Regelfall für Beschlüsse Einstimmigkeit herrschen sollte. Dies bedeutete, daß ein Staat, der seine Interessen nicht genügend berücksichtigt sah, durch Verweigerung der Zustimmung einen Beschluß des Ministerrates verhindern konnte. Setzt man diese Verfahrensregelung mit der Interessenbindung europäischer Integration in engere Beziehung, so kommt man zu dem Schluß, daß das Gemeinschaftsinteresse hierbei durch den kleinsten gemeinsamen Nenner der Einzelinteressen der Mitgliedsstaaten gebildet wurde. Damit eröffnete sich wieder wie bei der westeuropäischen Zusammenarbeit vor 1950 das Risiko der Handlungsunfähigkeit, wenn es nicht gelang, bei der Findung von Dezisionen die nötigen Kompromisse herbeizuführen. Von einem unabhängigen Entscheidungsträger konnte mit der Rückbindung an nationale Regierungen und damit an die mitgliedsstaatlichen Parlamente jedenfalls keine Rede sein. Jedoch war dies bei der ebenfalls mit dem Ministerrat verfolgten Aufgabe, Wirtschaftspolitik

---

609 Damit läßt sich schon hier die von Bebr, a. a. O. (Fn. 501), S. 53, getroffene Bewertung bestätigen, wonach die Stellung der Kommission und der übrigen Organe von Wirtschafts- und Atomgemeinschaft die politischen Realitäten nach dem Scheitern der EVG widerspiegelt. Eine besondere zentrale Entscheidungsträgerfunktion für die Kommission war schon aus diesem Grund innerhalb der neuen Gemeinschaften hier nicht zu erwarten.

auch über die Erfordernisse des gemeinsamen Marktes hinaus auf kooperativer Basis zu gestalten, auch gar nicht möglich. Der Gerichtshof blieb in seiner Funktion auf die rechtliche Kontrolle beschränkt und durfte selbst bei erwiesener Rechtswidrigkeit keine Entscheidungen anderer Institutionen durch seine eigenen ersetzen. Eine Erweiterung der Kompetenzen läßt sich für die Versammlung ablesen, der neben der Kontrolle der Kommission nun auch die Haushaltsbestätigung und zumindest ein Recht zur Abstimmung beim Erlaß von Verordnungen zugestanden wurde. Ein echtes Parlament entwickelte sich, abgesehen von der fehlenden Gesetzgebungskompetenz, daraus dennoch nicht, da ja nur die aus den Vertretern der nationalen Volksvertretungen zusammengesetzte Versammlung der Montanunion erweitert werden sollte. Ob dafür auch die Veränderung des Besetzungsverfahrens hin zu einer unmittelbaren, gemeinschaftsweiten Wahl vorgesehen war, läßt sich aus dem Spaak-Bericht nicht entnehmen.

Faßt man die Vorstellungen zur institutionellen Ausgestaltung der neuen Gemeinschaft im Spaak-Bericht zusammen, so ergibt sich eine durch den Gemeinsamen Markt und durch die Zusammenarbeit in der Wirtschaftspolitik bedingte Aufspaltung der Entscheidungsträgereigenschaft zwischen dem Ministerrat und der Kommission, wobei der Ministerrat in seinen Befugnissen gegenüber den vorherigen Institutionsmodellen der sektoralen Integrationsgemeinschaften und der politischen Union deutlich an Gewicht gewonnen hatte. Wie das Verhältnis zwischen den beiden Entscheidungsträgern in bezug auf gegenseitige Abhängigkeiten ausgestaltet werden sollte, war jedoch noch nicht Inhalt des Berichts.

(2) Institutionalisierung im ersten Abschnitt der Vertragsverhandlungen

Daß schon mit dem Spaak-Bericht die Grundlage für die Institutionalisierung gelegt worden war, läßt sich anhand eines am Text dieses Berichts orientierten Entwurfs einer Abfassung von Artikeln zur neuen Gemeinschaft nachweisen. In dessen Artikel 5[610] waren die schon genannten Institutionen samt ihrer Aufgaben enthalten, die sich im wesentlichen auf die Überwachung des Marktes, die Abschaffung von Subventionen, die Politik gegenüber Drittstaaten und Wirtschafts- und Währungsfragen bezogen. Den eigentlichen Vorschriften zu den Institutionen in den Artikeln 52 ff. des Vertragsentwurfs fehlte jedoch noch die inhaltliche Unterlegung.[611] Sie sind lediglich als Artikelnummern überliefert. Von Be-

610 Arbeitsunterlage, Entwurf einer Abfassung von Artikeln entsprechend dem Text des Berichtes, Art. 5, datiert vom 20. Juni 1956, Bundesarchiv Koblenz, Bestand 102, Signatur 22096. Schulze/Hoeren, Bd. 1, S. 823, 825. Es soll sich nach Schulze/Hoeren, a. a. O. um ein vorbereitendes Dokument für die Regierungskonferenz für den Gemeinsamen Markt und Euratom gehandelt haben. Diese fehlende Zuordnung ändert am Aussagewert nichts.

611 Ebd. Schulze/Hoeren, Bd. 1, S. 823, 847 ff. Ein Vermerk auf dem Dokument gab an, daß der Spaak-Bericht die Regelungen hinsichtlich der Organe bewußt offengelassen habe.

deutung ist dabei der Umstand, daß für die Kommission, die Versammlung und teilweise für den Gerichtshof auf die Bestimmungen des EGKS-Vertrages verwiesen wurde. Nur den Artikeln, die Regelungen zum Ministerrat enthalten sollten, fehlten solche Verweise. Allerdings lassen sich trotz dieser Lücken aus den Einzelzuständigkeiten der Organe in den Vorschriften bereits gewisse Rückschlüsse auf das Verhältnis des Ministerrates zur Kommission ziehen. In fast allen Kapiteln der zu regelnden Materie mit Ausnahme der Überwachung des Kartellverbots sollte die Europäische Kommission Vorschläge unterbreiten, die dann durch den Ministerrat einstimmig oder mit Mehrheitsentscheidung bestätigt werden konnte.[612] Vorgesehen war in einigen wenigen Fällen auch die Zustimmung der Versammlung zu solchen Initiativen.[613] Von einer umfassenden und alleinigen Entscheidungsträgereigenschaft der Kommission konnte selbst bei einer Begrenzung der Bewertung auf den Gemeinsamen Markt durch Verknüpfung des Vorschlagsrechts der Kommission mit einem Zustimmungserfordernis des Ministerrates schon hier keine Rede mehr sein.

Dieses Modell der Bindung der Kommission an den Ministerrat und dessen Zustimmung blieb auch in der Folgezeit erhalten. Im Entwurf von Artikeln für die Ausarbeitung eines Vertrages über die Gründung eines Gemeinsamen Europäischen Marktes vom 17. Juli 1956, erarbeitet durch die Regierungskonferenz für den gemeinsamen Markt und Euratom in Brüssel,[614] finden sich die bekannten Institutionen in den Artikeln 4 bis 10, die nun für den Ministerrat den Grundsatz der einstimmigen Entscheidung enthielten, während für die Kommissionsbeschlüsse die einfache Mehrheit ausreichen sollte. In den Artikeln 42 und 73[615] war im Verfahren zum Erlaß von Verordnungen neben der Zustimmung der Kommission auch die der Versammlung nötig. Eine Fußnote zu Artikel 42 besagte zudem, daß noch geprüft werden müsse, ob auch die Zustimmung des Ministerrates erforderlich sei.[616] Aus den weiteren Materialien läßt sich ableiten,

612 Als ein gutes Beispiel dafür bietet sich hier der Art. 15 des Entwurfs - zur Ausfuhrkontrolle - an, wobei ein bestimmter Zeitpunkt für den Beginn gemeinsamer Handelspolitik gegenüber Drittstaaten durch einstimmigen Beschluß des Ministerrates auf Vorschlag der Kommission erfolgen sollte. Eine ähnliche Regelung findet sich in Art. 26 Nr. 2 und 3 dieses Entwurfs, wonach die Kommission Vorschläge zur Beseitigung von Wettbewerbsverzerrungen unterbreiten konnte, die aber erst nach Zustimmung des Ministerrates verbindlich werden sollten. Ebd., wieder in Schulze/Hoeren, Bd. 1, S. 823, 830 f. und 837 f.

613 Vgl. als Exempel auch Artikel 16 zur Dienstleistungsfreiheit, wobei die Kommission Vorschläge zur Änderungen von einzelnen Vorschriften unterbreiten konnte. Diese mußten jedoch erst der Versammlung zur Genehmigung vorgelegt werden, bevor dann der Ministerratat darüber befinden konnte. Ebd., Schulze/Hoeren, Bd. 1, dort S. 823, 831 f.

614 Politisches Archiv des Auswärtigen Amts, Berlin, Abteilung 2, Referat 200, Bd. 2, Aktenzeichen 81.11. Schulze/Hoeren, Bd. 1, S. 892 ff. Art. 4 bis 10 dann dort auf S. 894 ff.

615 Ebd., Schulze/Hoeren, Bd. 1, S. 892, 904.

616 Ebd., Schulze/Hoeren, Bd. 1, S. 892, 904, dort Fn. 12. Auf die Unklarheit über die Einschaltung des Rates beim Verordnungserlaß weist auch der Vermerk des Bundesjustizmi-

daß das Verhältnis zwischen den drei Institutionen Rat, Kommission und Versammlung neben der Frage, wann der Rat einstimmig und wann mit Mehrheitsbeschluß zu entscheiden habe, zum Hauptproblem der institutionellen Ausgestaltung des Vertrages wurde. Den Charakter der Kommission und ihr Verhältnis zum Ministerrat zeigt die deutsche Stellungnahme vom 13. August 1956 auf:

> „13. Europäische Kommission
> a) Es wird ein unabhängiges Organ (Europäische Kommission) eingerichtet. Die Rechtsstellung der leitenden Mitglieder dieser Kommission entspricht etwa der des Direktoriums der Bank deutscher Länder.
> b) Die Europäische Kommission wird an die Zielsetzung und die ordnungspolitischen Vorstellungen des Vertrages über den gemeinsamen Markt gebunden sein. Ihr obliegt im wesentlichen die Aufgabe, initiativ die Entwicklung zum Gemeinsamen Markt zu fördern, wobei die Kommission in der Spitze personell so bedeutend besetzt werden soll, daß der Ministerrat an ihren Empfehlungen nicht ohne triftige Gründe vorbeigehen kann."[617]

Diese Einschätzung belegt, daß selbst aus zeitgenössischer Sicht die Kommission nicht als Entscheidungsträger, sondern als Initiativorgan bewertet wurde. Die Überlegung, die Spitze der Europäischen Kommission auf besondere Art personell zu besetzen, um der ganzen Institution mehr Gewicht gegenüber dem Ministerrat zu verleihen, zeigt im Umkehrschluß, daß hier letzterem die größere Bedeutung im Hinblick auf Entscheidungen zukam. Etwas ähnliches ergibt sich auch aus einem Dokument, daß die Frage der Zuständigkeit für den Erlaß von Ausführungsbestimmungen zu den im Vertrag vorgesehenen Grundsätze behandelte.[618] Dabei stimmte man zunächst darin überein, daß nicht die nationalen Parlamente, sondern die Europäische Kommission für die Ausführungsbestimmungen verantwortlich sein sollte. Die eigentliche Frage bestand darin, wer den Vorschlägen der Kommission zustimmen sollte - die Versammlung oder der Ministerrat. Die französische Seite wollte zwischen Ausführungsbestimmungen politisch-schöpferischen und solchen rein verwaltungsmäßigen Charakters unterscheiden, wobei nach den Vorstellungen Frankreichs für erstere nur die alleinige Verantwortung des Ministerrates, für zweitere dagegen die der Kommission in Betracht kam. Beschlossen wurden die Ausführungen mit der Feststellung des französischen Vertreters, daß man es sich zur Richtlinie machen müsse, daß alle

---

nisteriums zum ersten Artikelentwurf, datiert vom 11. August 1956, Bundesarchiv Koblenz, Bestand 102, Signatur 11046 hin. Auch dieser Text ist bei Schulze/Hoeren, Bd. 1 auf S. 907 ff. veröffentlicht, zur Frage des Rates siehe dann insbesondere S. 908 unten.

617 Entnommen den Arbeitsunterlagen für den Entwurf von Thesen zu den Brüsseler Integrationsverhandlungen, datiert vom 13. August 1956, Nr. 12, Bundesarchiv Koblenz, Bestand 102, Signatur 22103. Veröffwentlicht bei Schulze/Hoeren, Bd. 1, auf S. 915, 918 f.

618 Zu den Ausführungsbestimmungen Vermerk, Wochenübersicht über die Sitzungen des Ausschusses Gemeinsamer Markt vom 8. bis 10. Oktober 1956, vom 11. Oktober 1956, Bundesarchiv Koblenz, Bestand 141, Signatur 11047. Schulze/Hoeren, Bd. 1, S. 939 ff.

Verantwortung beim Ministerrat zu liegen habe. Dem folgte die deutsche Seite. Belgien und Italien sprachen sich für ein Verfahren aus, in dem beide Institutionen - Ministerrat und Versammlung - zustimmen sollten. Dies wirft ein bezeichnendes Licht auf die vorgesehene Stellung der Kommission, die als Behörde mit Vorschlagsrecht und Kompetenzen für Verwaltungsentscheidungen von den wesentlichen politischen Dezisionen der Gemeinschaft ausgeschlossen sein sollte:

> „... Man könne annehmen, daß die institutionellen Fragen ungefähr in folgendem Sinne gelöst werden: Das Hauptgewicht werde bestimmt beim Ministerrat liegen, der die wichtigen Entscheidungen zu treffen haben werde. Er werde die Kompetenz-Kompetenz haben. Mit Einstimmigkeit werde er alles entscheiden können, gleichgültig ob die Kommission dagegen ist oder nicht Dann werde er auch ohne Rücksicht auf die Meinung der Kommission mit Mehrheit entscheiden können. Die Kommission werde aber immer gehört werden können. Als Regelfall solle gelten, daß die Kommission in wichtigen Dingen Vorschläge macht. Diese Vorschläge solle der Ministerrat schon durch einen mehrstimmigen Beschluß ablehnen können, für einen abgeänderten Beschluß solle jedoch Einstimmigkeit erforderlich sein. Diese Konzeption sei in einem französischen Vorschlag enthalten. Beim Ministerrat habe wieder die Frage der Stimmgewichtung eine Rolle gespielt. Frankreich und Italien würden einer starken Ponderierung zuneigen, während die Benelux-Staaten eine schwache wünschten. Es sei hier die Frage, ob sechs Staaten. oder, wenn man die Beneluxstaaten als einen Staat zählt, vier Staaten abstimmen. Über das Problem werde weiter gesprochen werden, sobald das Generalsekretariat ein Papier darüber herausgebracht habe.
> Die laufenden Verwaltungsgeschäfte sollen von der Kommission geführt werden, die Entscheidungen im Rahmen dieser Tätigkeit treffen werde. ...“[619]

Mit der Gestaltung des Ministerrates als Entscheidungsgremium ergab sich, und auch dies läßt sich anhand des gerade zitierten Dokumentes nachweisen, als weiteres Problem die Frage der Stimmenanteile der Staaten in dieser Institution. Während es in den Verhandlungen zur Montanunion, wie bereits erörtert, zu Schwierigkeiten bei der Besetzung und Stimmverteilung für die Hohe Behörde als Entscheidungsträger gekommen war, traten dieselben Probleme nun für den Ministerrat als Institution mit den gleichen Eigenschaften auf. Jedoch war letzteres bereits nicht mehr Gegenstand in den allgemeinen Vertragsverhandlungen.

Faßt man den erreichten Stand zur Frage der Institutionalisierung bis zum September 1956 zusammen, so ergibt sich als Entscheidungsträger der aus den Vertretern der Mitgliedsstaaten zusammengesetzte Ministerrat, währenddessen die als von den Staaten unabhängig zu charakterisierende Kommission zwar mit In-

---

[619] Ergebnisprotokoll über die Ressortbesprechung im Auswärtigen Amt am 24. November 1956 über die Probleme des Gemeinsamen Marktes und Euratom, Bundesarchiv Koblenz, Bestand 102, Signatur 22098. Schulze/Hoeren, Bd. 1, S. 994, 998. Dabei standen jedoch nicht nur die hier interessierenden institutionelle Fragen zur Debatte, sondern es ging um andere Problemfelder wie die Einbeziehung überseeischer Gebiete in die Gemeinschaft.

itiativrechten ausgestattet war, jedoch selbst vergleichsweise wenige und dann nur auf den Gemeinsamen Markt bezogene Entscheidungen treffen konnte. Insofern hatte sich, verglichen mit den Konzepten der Montan-, Verteidigungs- und Politischen Gemeinschaft, das Risiko der Verfolgung nationaler Interessen erhöht. Verbunden mit dem grundsätzlichen Erfordernis der Einstimmigkeit der Beschlüsse im Ministerrat war letztlich das integrationsseitig verfolgenswerte Gemeinschaftsinteresse einer Übereinstimmung der Länderinteressen gewichen.

(3) Verhandlungen des Ausschusses der Delegationsleiter

Die weitere Arbeit des Ausschusses der Delegationsleiter kam um eine Beschäftigung mit dem Institutionenmodell und den Stimmrechten im Ministerrat ebenfalls nicht herum. Hier waren es zum ersten der beiden Problemkreise die Niederlande, die eine Aufwertung der Stellung der Kommission durch die Möglichkeit rechtsverbindlicher Empfehlungen an die Staaten und Ausweitung alleiniger Entscheidungsbefugnisse forderten.[620] Gleichzeitig sprach sich dieses Land gegen eine Ponderierung der Stimmenzahlen im Rat bei Mehrheitsentscheidungen aus, da die Interessen der Staaten gegenüber der Gemeinschaft äquivalent seien. Um die in der niederländischen Position enthaltenen Problempunkte in der Betrachtung der Quellen, die der Zeit nach September 1956 entstammen, nicht zu vermischen, sollen sie hier im weiteren getrennt voneinander erläutert werden.

α) Institutionenmodell

Die Differenzen der Mitgliedsstaaten um die Institutionen und besonders das Verhältnis der Organe untereinander führten dazu, daß sich der Ausschuß der Delegationsleiter trotz der Grundpositionen noch einmal umfassend mit dem Zweck der Institutionen und den sich daraus ergebenden Konsequenzen für die Befugnisverteilung befaßte. Dabei entstand erneut eine Konzeption mehrfacher Unterscheidung der Kompetenzverteilung, das Bezüge zur Bildung der Wirtschaftsgemeinschaft mit ihren verschiedenen Aufgabenbereichen, zu den Interessen der beteiligten Staaten und zu Auswirkungen der Institutionalisierung auf den europäischen Integrationsvorgang und dessen Fortschreibung beinhaltete:

> „Le problème essentiel que pose la structure institutionnel de la Communauté est celui de savoir comment seront prises les *décisions* nécessaires pour assurer l'application du Traité. ...: Le problème des décisions se présente sous un double aspect: d'une part, celui de savoir par qui les décisions seront *prises* et, d'autre part, celui de savoir par qui les décisions seront éventuellement *contrôlées*.

---

620 Vgl. die Notizen der niederländischen Delegation über die Einwendungen am Wortlaut des Berichts der Delegationsleiter an die Außenminister vom 19. November 1956, Bundesarchiv Koblenz, Bestand 102, Signatur 22096, Schulze/Hoeren, Bd. 1, auf S. 1010 f.

Il importe de reconnaître en premier lieu que le Traité, qui par sa nature est un accord entre Etats, imposera aux Etats qui en sont membres des obligations précises de faire ou de ne pas faire. Dans la mesure où le Traité stipulera des obligations de faire, il appartiendra aux pouvoirs compétents des Etats membres de prendre les décisions et les mesures nécessaires pour assurer l'application du Traité. Ces décisions et mesures pourront être prises par les Etats soit individuellement, soit en commun (dans le cadre du Conseil des Ministres). Comme on le verra plus loin, les obligations des Etats seront susceptibles de sanction devant la Cour de Justice.
Cependant, comme il est reconnu que la réalisation des objectifs du Traité ne pourrait être obtenue par le seul moyen d'obligations mises à la charge des Etats. Il est également nécessaire de confier à la Communauté, et plus particulièrement à certaines institutions de cette dernière, la tâche de prendre certaines décisions.
La question de savoir quelle institution doit, dans chaque cas particulier, prendre les décisions indispensables doit être examinée sous l'angle de l'équilibre à réaliser entre, d'une part, le besoin de respecter les intérêts des Etats membres et, d'autre part, l'exigence de la réalisation des objectifs de la Communauté."[621]

In diesem Abschnitt wurde das bereits erörterte Grundproblem, nämlich die Aufnahme von Gegenständen, die Kompetenzabtretungen seitens der Staaten an die Gemeinschaft erforderten, sowie die bloße zwischenstaatliche Zusammenarbeit nochmals aufgegriffen und mit der Frage der Institutionalisierung in Zusammenhang gebracht. Hier hat es den Anschein, als ob die vertragliche Verpflichtung und nicht die Abgabe von souveränen Rechten im Vordergrund stand. Dabei befand sich auch wieder der Zwiespalt zwischen Beachtung der Interessen der Mitgliedsstaaten und der Umsetzung der vertraglichen Ziele - notfalls auch gegen die abweichenden Interessen eines Mitgliedsstaates - im Mittelpunkt des Aufmerksamkeit. Weiterhin ordnete man jedoch schon bestimmte Entscheidungsbereiche den einzelnen Institutionen oder einem konkreten Verfahren zu:

„Dans un premier groupe de cas, la compétence de décision devra être confiée au Conseil des Ministres statuant à l'unanimité, soit sur proposition soit après consultation de la Commission européenne. Il s'agira essentiellement des cas, dans lesquels la portée de la décision à prendre est d'un intérêt essentiel pour les Etats membres. On pourrait imaginer qu'entrent dans cette catégorie les décisions comportant une modification importante des mécanismes d'application du Traité, les décisions qui comporteraient des mesures plus larges que les obligations strictes du Traité et enfin les décisions qui concernent directement la politique économique des Etats membres, politique dont les Gouvernements restent responsables vis-à-vis des Parlements nationaux (exemple: transports). Ainsi, pour cette catégorie de cas, on ferait passer le souci de la réalisation la plus efficace des objectifs du Traité devant la nécessité d'obtenir le consensus de tous les participants, le veto

---

621 Wortlaut der Note sur le système institutionel à prévoir dans le traité sur le marché commun européen. Bruxelles, le 11 octobre 1956. Conseil des Communautés européennes, Brüssel, Archives Historiques, Négociations des traités instituant la CEE et la CEEA, CM 3, No. 185. Das vollständige Dokument findet sich bei Schulze/Hoeren, Bd. 1, S. 1020.

d'un seul Etat doit pouvoir empêcher une mesure qui affecterait directement et essentiellement son intérêt national.

Pour un second groupe de cas, dans lesquels le souci de réaliser des objectifs du Traité prend une plus grande place et dans lesquels l'intérêt particulier de chaque Etat membre est moins essentiellement mis en cause, il y aurait lieu de prévoir que les décisions soient prises par le Conseil des Ministres statuant à la majorité, mais avec l'accord de la Commission européenne. Dans ces cas, l'opposition d'un seul Etat pourrait être dépassée mais une garantie européenne serait donnée en compensation, à savoir que la mesure ne peut être valablement prise que si elle a l'accord des deux institutions ensemble.

Comme le Rapport de Bruxelles le fait, on peut prévoir dans le Traité que l'on pourra passer progressivement pour un certain nombre de cas du premier type de décisions au second. En effet, après un certain nombre d'années (la première ou les deux premières étapes), la Communauté d'intérêts des Etats membres se sera progressivement reserrée, le marché commun aura provoqué une harmonisation spontanée des politiques des Gouvernements nationaux.

Enfin, dans un troisième groupe de cas, ceux pour lesquels l'efficacité de la réalisation du marché commun sera essentielle, ou ceux dans lesquels l'intérêt de chaque Etat membre demandera que les décisions nécessaires ne puissent dépendre ni du veto d'un seul Etat ni d'une coalition d'intérêts de plusieurs Etats, il y aura lieu de prévoir la compétence de décision de la Commission européenne. Dans le cas où la Commission européenne recevrait compétence de décision à titre supplétif, c'est-à-dire parce que le Conseil n'aurait pu lui-même se mettre d'accord sur la décision, la Commission se prononcera seule. Dans les cas où la Commission serait saisie directement, et où aucune urgence particulière ne se manifesterait, on pourrait prévoir que la Commission se prononce après avoir consulté le Conseil des Ministres.

Toutes les décisions qui sont prévues ci-dessus, qu'elles incombent aux Etats membres ou aux institutions de la Communauté, doivent pouvoir faire l'objet d'un recours devant la Cour de Justice pour violation du Traité.“[622]

Für die beiden ersten Gruppen ergab sich demnach als Kriterium für die Vergabe der Entscheidungskompetenz an den Ministerrat das unterschiedlich abgestufte Interesse der einzelnen Mitgliedsstaaten. Für die dritte und letzte Gruppe, die den gemeinsamen Markt als Kernbereich der neuen Gemeinschaft umfassen sollte, war dagegen die völlige Unabhängigkeit von Vorstellungen der Mitgliedsstaaten durch die Unterzeichnung des Vertrages vorauszusetzen, so daß hierfür die Kommission eigenständig entscheidungsbefugt sein sollte. Klarer läßt sich die Abhängigkeit der Wahl des Entscheidungsträgers von den Interessen der Mitgliedsstaaten bzw. der dem entzogenen Realisation der vertraglichen Vorstellungen zum Gemeinsamen Markt nicht herausarbeiten. Losgelöst von der schließlich dafür zuständigen Institution ergibt sich aus dem letzten Satz des Dokuments noch, daß gegen jede Entscheidung der Weg der Beschwerde zum Gerichtshof wegen einer Verletzung des Vertrages gegeben sein sollte. Im Ver-

---

[622] Ebd. Schulze/Hoeren, Bd. 1, S. 1020, 1021 f.

gleich zu den bisherigen Entscheidungsträgern eher am Rande, aber durchaus in einer Linie mit den bis dahin erfolgten Verhandlungen wurde die Rolle der Versammlung, die bis dahin doch eher am Rande der Diskussion stand, beleuchtet:

> „Enfin, il faut envisager que dans certains cas, les décisions prises par le Conseil sur proposition de la Commission européenne ou d'accord avec celle-ci soient soumises à la confirmation de l'Assemblée. Il s'agirait des cas où il serait reconnu souhaitable de présenter devant la pleine lumière de l'opinion publique certaines décisions de portée générale (par exemple le budget de la Communauté ainsi que celui des fonds d'investissement et de réadaptation, la politique agricole commune) qui comporterait la présentation des décisions envisagées à l'Assemblée, cette dernière n'ayant pas le pouvoir d'amendement mais seulement d'accepter ou de rejeter en bloc."[623]

Die Entscheidungen der Versammlung waren nur für die aufgezählten Ausnahmefälle vorgesehen und konnten inhaltlich auch nur als Zustimmung oder Ablehnung erfolgen. Inhaltliche Ergänzungen gestattete man der Versammlung nicht. Ihre Funktion als Entscheidungsträger stellt sich damit im Vergleich zur Kommission und dem Ministerrat hier dann als auf das Äußerste beschränkt dar.

Aus dieser Grundunterscheidung der Zuständigkeiten ging, datiert vom 12. Oktober 1956, eine genaue Aufstellung der Entscheidungsbefugnisse des Ministerrates - hier noch einmal getrennt zwischen Einstimmigkeitserfordernis und Mehrheitsbeschluß - sowie der Kommission hervor.[624] Besonders die Interessen der Staaten betreffende und damit vom Rat einstimmig zu entscheidende Angelegenheiten waren demnach in der ersten Phase des Vertrages unter anderem die Aufschiebung von Elementen des Gemeinsamen Marktes, Veränderungen des Zollmechanismus, Bestätigung der Vorschläge der Kommission im Rahmen der Gesetzgebung. Die Befugnisse der Kommission blieben, wie nach den Vorgaben nicht anders zu erwarten, auf den Gemeinsamen Markt beschränkt. Gleiches galt für die Versammlung, die nur und ausschließlich in den im obigen Dokument bereits angesprochenen Fällen ein Mitspracherecht eingeräumt bekommen sollte. Bedenken bereiteten nunmehr die fehlende gemeinschaftliche Verantwortlichkeit des Ministerrates, während das Entscheidungsverfahren aufgrund der weiten Befugnis dieser Institution ebenfalls in den Mittelpunkt des Interesses

623 Ebd. Schulze/Hoeren, Bd. 1, S. 1020, 1022. Deutlich wird die Bindung an andere Organe.

624 Projet. Note du Président sur le système institutionnel dans le Traité sur le marché commun européen vom 12. Oktober 1956, Conseil des Communautés européennes, Brüssel, Archives Historiques, Négociations des traités instituant la CEE et la CEEA, CM 3, No. 185. Documents non numérotés du secrétariat de la Conférence. Schulze/Hoeren, Bd. 1, S. 1023, 1024 ff. Diese Übersicht bezog auch die Befugnisse des Gerichtshofs und eine Aufstellung der Kompetenzen der Versammlung ein. Letztere sollte nach wie vor nur aus der schon existierenden und dann vergrößerten Versammlung der Montanunion bestehen.

rückte.[625] Dabei war aus deutscher Sicht die Übertragung von eigenen Hoheitsrechten nach Artikel 24 GG an den Ministerrat problematisch, da sich im Zusammenhang damit gewisse Perspektiven in Richtung einer aus deutscher Sicht unzulässigen Kompetenz-Kompetenz für den Rat ergaben.

Dennoch blieb auch in den weiteren Verhandlungen die nötige Einigkeit für die Ausgestaltung der Institutionen, insbesondere bezüglich des Verhältnisses zwischen dem Ministerrat und der Kommission, aus.[626] Frankreichs Position im Hinblick auf die wieder aufgekommene Idee, Ministerrat und Kommission hinsichtlich des Entscheidungsverfahrens so zu verknüpfen, daß letztlich die Zustimmung beider Institutionen erforderlich war, gestaltete sich ablehnend. Frankreich betonte nochmals die herausragende Rolle des Ministerrates als einzigem Entscheidungsgremium. Es beschwor die Gefahren, die sich bei der Annahme einer Verknüpfung von Ministerrat und Hoher Behörde für den Fall widersprechender Entscheidungen ergeben würden. Italien schloß sich dem im Grundsatz an, betonte stattdessen die erforderliche gute Zusammenarbeit zwischen den beiden Institutionen und schlug zusätzlich vor, die Zustimmung der Kommission wenigstens bei Ratsbeschlüssen mit einfacher Mehrheit einzuführen. Die Niederlande hielten das gesamte System für ungenügend, da niemand, auch nicht der Ministerrat, wahre Entscheidungsbefugnis habe und bedauerte, daß nicht das supranationale Institutionensystem der Montanunion bzw. der EVG zur Anwendung kommen könne. Deutschland wollte der Kommission Mitentscheidungsbefugnisse zunächst in untergeordneten Fällen zubilligen. Es war sich selbst über das vorgesehene Verfahren der Beteiligung der Kommission bei Entscheidungen des Rates mit einfacher Mehrheit nicht klar, tendierte jedoch zur niederländischen Position. Auch Belgien sprach sich für eine Ausweitung von Befugnissen der Kommission und sogar von denen der Versammlung aus.

Die anhaltende Unklarheit über die Befugnisse der Organe im Verhältnis zueinander kam auch in den nachfolgenden Entwürfen[627] deutlich zum Ausdruck, wobei sich das Problem in eine Vielzahl von Einzelvorstellungen auflöste, deren Beziehungen untereinander kaum zu durchschauen sind. Letztendlich blieb das generelle Problem der Mitwirkung der Kommission an Entscheidungen des Mi-

---

625 Vgl. den Vermerk zu institutionellen Fragen des Gemeinsamen Marktes vom 12. Oktober 1956, der das Ergebnis einer Beratung führender deutscher Ministerialbeamter war. Bundesarchiv Koblenz, Bestand 141, Signatur 1049, in Schulze/Hoeren, Bd. 1, S. 1027 ff.

626 Die Positionen entstammen dem Resumé des délibérations des Treffens des Kommitees der Delegationschefs vom 22. November 1956. Archives du ministère des Affaires étrangères, Paris, Série DE-CE 45-60, CEE, Vol. 618. Schulze/Hoeren, Bd. 1, S. 1037 ff.

627 Eine detailliertere Darstellung lohnt hier mangels neuer Entwicklungen in den Entwürfen nicht. Vgl. die Dokumente 62, 65, 68, 69, 71, 74, 76 - 78, 81 und 85 in Schulze/Hoeren, Bd. 1. Besonders in den späteren Redaktionsentwürfen wichen nur die Wortlaute zur Beschreibung der in Stellung und Befugnissen unveränderten Institutionen voneinander ab.

nisterrates ungelöst. Man behalf sich zunächst mit Formulierungen, die sowohl dem Ministerrat als auch der Kommission Entscheidungsbefugnisse zuwiesen. Die konkreten Einzelkompetenzen ergaben sich dann aus den Vorschriften des Vertrages. Der Kommission blieb der Bereich der Überwachung der Entwicklung des Gemeinsamen Marktes vorbehalten, während der Rat über allgemeine wirtschaftspolitische Fragen befinden sollte. Obwohl für diese Entscheidungen auch im endgültigen Vertrag verschiedene Mehrheitserfordernisse - Einstimmigkeit, qualifizierte Mehrheit, einfache Mehrheit - vorgesehen waren, blieb eine Beteiligung der Kommission an solchen Entscheidungen aus. Die einzige Regelung, die letztendlich hervorging, war Artikel 149 Absatz 1 EWGV, wonach der Rat die einmal unterbreiteten Vorschläge der Kommission nur einstimmig abändern konnte. Alle anderen Überlegungen, die vorhergehend Gegenstände in den Beratungen gewesen waren, blieben ohne Berücksichtigung.

Der durch die nationalen Parlamente ratifizierte Vertrag über die Europäische Wirtschaftsgemeinschaft vom 25. März 1957 mußte damit ohne ein geklärtes Verhältnis der Befugnisse zwischen Ministerrat und Kommission auskommen. Ein abgegrenzter Befugnisbereich des Ministerrates fehlte in den Regelungen völlig, nur Artikel 145 EWGV legte fest, daß der Rat nach Maßgabe des Vertrages für die Abstimmung der Wirtschaftspolitik der Staaten zu sorgen hatte. Die Kompetenzen der Kommission blieb mit Artikel 155 EWGV auf Funktion und Entwicklung des Gemeinsamen Marktes beschränkt. Darüber hinaus standen ihr zwar nach Einzelvorschriften Vorschlagsrechte im Bereich des Gemeinsamen Marktes gegenüber dem Rat zu, einen Entscheidungsträger für das allgemeine Fortschreiten von Integration machte dies aus der Kommission aber nicht. Als Endzustand blieb ein in wirtschaftspolitischen Angelegenheiten befugter Ministerrat sowie die zum Überwachungs-, Vorschlags- und Ausführungsorgan degradierte Kommission, die mit einem umfassend befugten, unabhängigen Entscheidungsträger entsprechend der Ideen Monnets nichts mehr gemeinsam hatte.

β) Stimmenverhältnis im Ministerrat

Mit der sich mehr und mehr abzeichnenden Positionierung des Ministerrates als wahrem Entscheidungsgremium wurde auch spätestens seit September 1956 der Frage, wie sich das Stimmenverhältnis der Staaten bei Mehrheitsentscheidungen konkret gestalten sollte, erhöhte Aufmerksamkeit geschenkt. Unter Berücksichtigung des Umstandes, daß im Ministerrat als Vertretung der Länder die Vertretung nationaler Interessen eine wichtige, wenn nicht sogar die tragende Rolle spielen sollte, wird klar, warum sich die Stimmverteilung neben der Ausgestaltung der Befugnisse von Ministerrat und Kommission zu einem weiteren Hauptstreitpunkt in den Verhandlungen der Delegationsleiter und in der redaktionellen Arbeit am Vertragstext entwickelte. Die grundlegenden Erfordernisse, die aus

Sicht der Staaten an das Stimmenverhältnis im Rat bei Mehrheitsbeschlüssen zu stellen waren, ergeben sich aus folgendem Vorschlag vom 19. September 1956:

> „... 6. Wenn auf Einstimmigkeit verzichtet werden kann, muß die qualifizierte Mehrheit bestimmt werden, die an ihre Stelle tritt. Als Grundsatz müßte gelten:
>
> - daß die Benelux-Länder zusammen nicht in der Lage sein dürfen, etwas zu verhindern, was Deutschland, Frankreich oder Italien allein nicht verhindern könnten,
>
> und ferner
>
> - daß die Unterstützung Luxemburgs allein nicht ausreicht, damit diese Mächte ein Veto einlegen können,
> - daß hingegen die Übereinstimmung der Niederlande oder Belgiens mit einem der größeren Länder für die Ablehnung der Entscheidung ausreicht.
>
> Dieses Ergebnis läßt sich einfach durch ein ponderiertes Abstimmungsverfahren mit folgender Stimmverteilung erreichen:
>
> - Luxemburg 1 Stimme
> - Belgien und die Niederlande je 2 Stimmen
> - Deutschland, Frankreich, Italien je 4 Stimmen
>
> Insgesamt 17 Stimmen. Die qualifizierte, d. h. die Zweidrittelmehrheit erfordert 12 Stimmen."[628]

Das Dokument enthält Differenzierungen in zweierlei Hinsicht. Zum einen sollten es den kleineren Staaten bei Beschlüssen des Rates mit Zwei-Drittel-Mehrheit nicht ermöglicht werden, gemeinsam die Entscheidung zu Fall zu bringen, wenn dies die großen Staaten Deutschland, Frankreich und Italien jeweils einzeln auch nicht gekonnt hätten. Zum anderen ist zu erkennen, daß eine ausschlaggebende Position Luxemburgs in Verbindung mit den Stimmen eines großen Staates nicht erwünscht war. Dem genügte der obige Vorschlag, nach dem sich die drei kleinen Staaten selbst bei gemeinsamem Vorgehen *de facto* den Mehrheitsbeschlüssen der großen Staaten auslieferten.

Die weitere Diskussion zeigt zunächst, daß Konsens der Delegationen hinsichtlich der Ponderierung bestand. Lediglich die Niederlande hatten Bedenken, die sich nicht aus der Stimmverteilung, sondern erneut aus der Ablehnung der Entscheidungsträgereigenschaft des Ministerrates ergaben.[629] Dennoch zeigte

---

628 Entnommen dem Vorschlag betreffend die Gewichtung der Stimmen beim Ministerrat vom 19. September 1956, ausgehend vom Ausschuß der Delegationsleiter. Bundesarchiv Koblenz, Bestand 102, Signatur 22098, abgedruckt bei Schulze/Hoeren, Bd. 1, S. 1013 f.

629 Vgl. zu dieser Position das Telegramm von Ophüls an das Auswärtige Amt in Bonn vom 4. Oktober 1956, in dem der Absender den in der Sitzung am selben Tag erzielten Ver-

man sich optimistisch, daß sich bei einer vernünftigen Ponderierung der Stimmen der Länder keine Hindernisse für die Einführung von Abstimmungen mit qualifiziertem oder einfachem Mehrheitserfordernis ergeben würden. Entgegen dieser positiven Erwartung behielten die Niederlande auch in den folgenden Wochen ihre ablehnende Position gegenüber eine Gewichtung der Stimmen im Ministerrat bei. Als Argument dafür läßt sich aus einem weiteren Dokument[630] mittelbar erkennen, daß die Niederlande den Umstand kritisierten, eine qualifizierte Mehrheit könne sich sogar dann ergeben, wenn nicht einmal mehr als die Hälfte der Mitgliedsstaaten dem entsprechenden Beschluß zustimmen würde. Deshalb bemühten sich die übrigen Staaten, andere Lösungen zu finden. Dabei wurden verschiedene Ansätze diskutiert, die vom gänzlichen Verzicht der Ponderierung, unterschiedlicher Bewertung der Stimmen bei einzelnen Sachgebieten, Veränderung der Stimmenzahlen allgemein bis hin zur Beurteilung der Mehrheit nach der Zustimmung mindestens eines großen Staates neben den kleineren Staaten. Konkret faßte man diese Überlegungen wie folgt zusammen:

> „Die Ablehnung einer Gewichtung würde bedeuten, daß gegen die drei Beneluxländer keine Mehrheit zustande kommen könnte, daß dies aber z.B. gegen den gemeinsamen Widerspruch Deutschlands und Frankreichs möglich wäre. Dieses Ergebnis ist ... so wenig vertretbar und annehmbar, daß die Ablehnung einer Gewichtung den Verzicht auf jegliches Mehrheitsvotum bedeuten würde.
> Eine Untersuchung der einzelnen Fälle wurde in Aussicht genommen. Es würde sich dann sofort zeigen, daß zumindest in zwei Fällen - Festsetzung des Außentarifs und Kapitalverkehr - die Beneluxländer als Einheit zu betrachten wären und die drei Länder zusammen nicht mehr Stimmen als jedes der drei übrigen Länder hätten, z.B. eine für Luxemburg, jeweils zwei für Belgien und die Niederlande und je fünf für Frankreich, Deutschland und Italien. In den übrigen Fällen kann man endlos darüber diskutieren, ob die Beneluxländer mehr Stimmen oder die gleiche Stimmenanzahl haben sollen wie ein großes Land, dessen Produktion und Bevölkerungszahl weit größer sind.
> Man kann zu viel einfacheren Lösungen gelangen, wenn die Unterschiede in den Auffassungen sich nur auf die Anwendungsmodalitäten beziehen. Man kann dem niederländischen Einwand in gewisser Hinsicht Rechnung tragen. Es kann tatsächlich als paradox angesehen werden, daß die qualifizierte Mehrheit erreichbar ist, ohne daß hierbei gleichzeitig eine Mehrheit der Staaten vorliegt. Um diesem Mangel abzuhelfen, müßte die vorgeschlagene Gewichtung geändert und das Verhältnis l, 2, 3 gewählt werden ...“[631]

Die weiteren Ausführungen an derselben Stelle zeigen, daß man noch über zwei andere zu berücksichtigende Umstände nachdachte. So wurde überlegt, zur Un-

---

handlungsstand zur Frage der Stimmverteilung im Rat kurz erläutert. Abgelegt im Bundesarchiv Koblenz, Bestand 141, Signatur 11047. Schulze/Hoeren, Bd. 1, auf S. 1016 f.

630 Dokument zur Stimmgewichtung, 19. November 1956, Ausschuß der Delegationsleiter, Bundesarchiv Koblenz, Bestand 102, Signatur 22098, Schulze/Hoeren, Bd. 1, S. 1035 f.

631 Ebd. Schulze/Hoeren, Bd. 1, S. 1035 f. Dem schlossen sich Beispiele zur Wichtung an.

terdrückung allzu deutlicher Erkennbarkeit der Gewichtung für die Öffentlichkeit bei Beschlüssen mit qualifizierter Mehrheit auf die Bevölkerungszahl der Gemeinschaft und dem Anteil der Mitgliedsstaaten daran abzustellen. Weiterhin stand das Problem einer Veränderung der Gewichtung für den Fall des Beitritts Großbritanniens, das wegen Größe und wirtschaftlicher Bedeutung einen ähnlichen Status wie Frankreich und Deutschland hätte eingeräumt bekommen müssen. Letztlich schlug man zur Umsetzung dieser Vorstellungen eine Regelung vor, die alle Ansprüche zu erfüllen schien und dabei den Zusammenhang zwischen Mehrheit der Staaten sowie von deren Bevölkerungszahl berücksichtigte:

> „Der Rat beschließt mit der Mehrheit der Staaten, aus deren Vertretern er sich zusammensetzt, es sei denn, daß etwas Abweichendes bestimmt ist. Qualifizierte Mehrheitsbeschlüsse gelten nur dann als gefaßt, wenn sie gleichzeitig folgende Stimmen enthalten:
>
> - der Mehrheit der Mitgliedstaaten;
> - von Staaten, die bei Unterzeichnung des Vertrages mindestens zwei Drittel der Gesamtbevölkerung der Mitgliedstaaten umfassen;
> - von mindestens vier Staaten mit jeweils mehr als 5 Millionen Einwohnern oder von mindestens drei Staaten mit jeweils mehr als 40 Millionen Einwohnern.
>
> Schließt sich Großbritannien der Gemeinschaft an, so sind aufgrund derselben Lösung weiterhin die Stimmen von vier Staaten erforderlich, davon drei der vier Großen.“[632]

Diese Überlegungen wurden unter Zuhilfenahme verschiedener mathematischer Konstruktionen weiter verfeinert.[633] Die hinter allem stehende Frage war, welche Staaten durch die Ausgestaltung der Stimmgewichtung bei Ratsbeschlüssen in die Minderheit versetzt werden konnten.[634] Anders formuliert, war hier festzulegen, welche Interessen eines zukünftigen Mitgliedes gegebenenfalls von den übrigen Staaten durch Mehrheitsbeschluß übergangen werden konnten. Eine Einigung wurde innerhalb der Beratungen der Delegationsleiter aufgrund der Vorbehalte der Niederlande nach wie vor nicht erzielt.[635] Ein Anfang Januar 1957

632 Ebd. Schulze/Hoeren, Bd. 1, S. 1036 f. Berücksichtigenswert ist wieder das Bemühen, sich einer überwiegenden Zustimmung der drei bzw. vier großen Staaten zu versichern.

633 So unter anderem in der Aufzeichnung über das Abstimmungsverfahren im Rat, datiert vom 26. November 1956, ausgearbeitet von Uri im Rahmen des Ausschusses der Delegationsleiter. Politisches Archiv des Auswärtigen Amts, Berlin, Abteilung 2, Aktenzeichen 202-81-13, Bd. 66. Wiederum abgedruckt bei Schulze/Hoeren, Bd. 1, auf S. 1040 ff.

634 Ebd. Schulze/Hoeren, Bd. 1, S. 1040.

635 So der Bericht des französischen Botschafters in Belgien an seinen Außenminister über den Stand der Arbeit an den Institutionen. Zur Stimmwichtung heißt es: „Le Conseil des Ministeres peut prendre ses décisions, soit à l'unanimité, soit à la majorité qualifée pondérée (12 voix sur 17) s'experimant à concurrence de 4 voix pour chacun des Grands, 2 voix respectivement pur la Belgique et les Pay-Bas; soit à la majorité simple (4 voix sur

entstandener Redaktionsentwurf ließ in Anbetracht dieser Lage das Stimmenverhältnis bei Mehrheitsentscheidungen ganz offen.[636] Klarheit brachte erst eine Konferenz der Außenminister zum Vertrag über die Wirtschafts- und den über die Atomgemeinschaft, in der die niederländische Seite ihre lange gehegten Bedenken bezüglich der ursprünglichen Stimmbewertung aufgab.[637] Sie blieb für Beschlüsse mit qualifizierter Mehrheit auch innerhalb der übrigen Redaktionsarbeiten unverändert bestehen und fand Eingang in Artikel 148 EWGV. Für einstimmige und für Beschlüsse mit einfacher Mehrheit ergab sich Stimmwertgleichheit unter den Mitgliedsstaaten, so daß dafür sechs Stimmen bei gleicher Verteilung abzugeben waren. Damit hatte sich für die Vertretung der nationalen Interessen im Rat ein besonderes Stimmgefüge ergeben, das den Anforderungen zumindest der drei großen Mitglieder Rechnung trug und so konsensfähig war.

γ) Zusammenfassung

In den Verhandlungen um die kompetenzmäßige Ausgestaltung des Verhältnisses zwischen Ministerrat und Kommission war ersterer für das weite Feld der Wirtschaftspolitik der Gemeinschaft als Entscheidungsträger bestimmt worden.[638] Dies eröffnete den Mitgliedsstaaten in diesem Bereich die Möglichkeit, eigene Interessen innerhalb dieser Institution zur Geltung zu bringen. Die Bestimmung eines von den Einzelansichten der Staaten losgelösten Gemeinschaftsinteresses war trotz Bemühungen besonders seitens der Niederlande, die Kommission als unabhängiges Organ an der Entscheidungsfindung des Rates zumindest zu beteiligen, innerhalb dieser Konstellation nicht zu erwarten. Im Hinblick auf die Entscheidungsträgereigenschaft des Ministerrates entspannte sich ein Konflikt um die Stimmgewichtung bei die Interessen der Mitglieder betreffenden Entscheidungen, für die eine qualifizierte Mehrheit vorgesehen war. Auch hier mußte erst die niederländische Position überwunden werden. Die Be-

---

6). M. Luns [der niederländische Delegationsleiter, d. Verf.] a maintenu la réserve néerlandaise concernant l'insuffisance de la pondération des Pays-Bas." Brief von M. Raymond Bousquet à son excellence Monsiur Christian Pineau, Ministre des Affaires étrangères, datiert vom 29. Januar 1957. Archives du ministère des Affaires étrangères, Paris, Série DE-CE 45-60, CEE, Vol. 619. In Schulze/Hoeren, Bd. 1, auf S. 1070, 1071.

636 Vgl. dazu den Wortlaut von Art. 10a des Redaktionsentwurfs von Artikeln des Vertrages über die Gründung des Gemeinsamen Marktes, ausgearbeitet von der Redaktionsgruppe innerhalb des Ausschusses der Delegationsleiter, vom 14. Januar 1957. Bundesarchiv Koblenz, Bestand 102, Signatur 22107. Erneut in Schulze/Hoeren, Bd. 1, S. 1058, 1060.

637 Vgl. ein erneutes Schreiben - M. Raymond Bousquet à son excellence Monsiur Christian Pineau, Ministre des Affaires étrangères - über die institutionellen und finanziellen Aspekte. Datiert vom 6. Februar 1957. Archives du ministère des Affaires étrangères, Paris, Série DE-CE 45-60, CEE, Vol. 619. In Schulze/Hoeren, Bd. 1, auf S. 1075, 1076 f.

638 So Bebr, a. a. O. (Fn. 501), S. 53, 68 f., der die Kommission eher als eine technische Einrichtung mit Initiativrecht, den Rat dagegen als „*administrator*" und „*legislator*" ansah.

fugnisse der Kommission zur Entscheidung blieben im Kontrast dazu mit Artikel 155 EWGV auf den Bereich des Gemeinsamen Marktes und die Durchsetzung der Regeln im Wettbewerbs-, Kartell- sowie Beihilfebereich beschränkt.

(4) Beratende und sonstige Einrichtungen

Neben den bisher dargestellten vier Institutionen mit Entscheidungsträgereigenschaft in ihrer spezifischen Ausprägung für die Wirtschaftsgemeinschaft beinhalteten die Verhandlungen über den EWG-Vertrag, aber auch deren Ergebnis selbst - wie die vorangegangenen Gemeinschaften - weitere, meist beratende Einrichtungen, die teils in der Traditionslinie der diskutierten Erscheinungsformen standen, teils aber auch neue Ansätze einer Institutionalisierung darstellten.

Um eine Institution der letztgenannten Art handelte es sich beim französischen Vorschlag zur Einsetzung eines Währungsausschusses, der einem Memorandum vom 15. Oktober 1956[639] entstammte. Ausgehend von der Währungspolitik als marktrelevantem, aber nicht in die Vergemeinschaftung einbezogenen Faktor forderte Frankreich die enge Abstimmung nationaler Währungspolitik durch Schaffung eines Währungsausschusses, der unter Wahrung der Souveränität der Staaten funktionieren sollte. Unter Beachtung dieser Prämisse waren als Aufgaben dieser Institution die Sammlung und Weitergabe von Informationen über währungsrelevante Vorhaben der Staaten sowie die Erteilung von Stellungnahmen gegenüber den Mitgliedern, aber auch im Verhältnis zu den gemeinschaftlichen Entscheidungsträgern vorgesehen. Über den Charakter dieser Institution sowie zu der Frage ihrer Besetzung äußerte das Memorandum dann folgendes:

> „Der Ausschuß würde kein Organ der Gemeinschaft im eigentlichen Sinne darstellen, das mehr oder weniger von den Staaten unabhängig und mit Entscheidungsbefugnissen ausgestattet wäre, sondern vielmehr einen Rat von Sachverständigen mit beratender Funktion, die von den Regierungen frei ernannt würden. Zur Gewährleistung der größtmöglichen Wirksamkeit bei der Durchführung der Aufgaben des Rates wäre es unerläßlich, daß seine Mitglieder aus Persönlichkeiten ausgewählt werden, denen eine direkte Verantwortung für die Währungspolitik ihres jeweiligen Landes zufällt. Ihre Zahl wäre zweckmäßigerweise auf einen Vertreter und einen Stellvertreter je Land zu beschränken. ...“[640]

In den Mittelpunkt gestellt wurde wieder die beratende Funktion und die nicht unmittelbar durch die Regierungen der Staaten, sondern durch die jeweils auf nationaler Ebene für die Währungspolitik verantwortlichen Einrichtungen erfolgende Benennung der Mitglieder dieser Institution. In den anschließenden Dis-

---

639 Memorandum betreffend die Einsetzung eines Währungsausschusses, 15. Oktober 1956, Bundesarchiv Koblenz, Bestand 102, Signatur 22105. Schulze/Hoeren, Bd. 1, S. 944 ff.

640 Ebd., Schulze/Hoeren, Bd. 1, S. 944, 947. Es folgten Ausführungen zu Verfahrensregeln.

kussionen[641] kam es jedoch aufgrund der fehlenden Einigung zwischen den potentiellen Mitgliedsstaaten der EWG über die Anforderungen an eine solche zwar nicht gemeinschaftliche, wohl aber gemeinsame Währungspolitik nicht zu einer Umsetzung dieses institutionsbezogenen Ansatzes.

Der Wirtschafts- und Sozialausschuß erscheint in den Materialien zum EWG-Vertrag erst spät und dann in bereits weitgehend ausdifferenzierter Form. Er war Gegenstand der Verhandlung im Ausschuß der Delegationsleiter und hatte dort den Charakter einer Konsultationseinrichtung bekommen, die durch den Rat einvernehmlich mit Vertretern aller marktbezogenen Kategorien des ökonomischen und sozialen Lebens besetzt werden sollte.[642] Die Zahl der jedem Land zur Verfügung stehenden Plätze war ebenfalls fixiert worden. Die Ausgestaltung der Binnenstruktur blieb unter Wahrung gewisser Pflichtbereiche wie dem Agrarmarkt ebenso der Entscheidung der Mitglieder überlassen wie die Bestimmung des Präsidenten. Die Entscheidung über die Einrichtung des Wirtschafts- und Sozialausschusses wurde in den folgenden Verhandlungen nicht mehr in Frage gestellt. Der Ausschuß, dann in den Artikeln 193 ff. EWGV fixiert, ist damit als nicht entscheidungsbefugtes, durch Kommission und Rat obligatorisch oder fakultativ zu beteiligendes Konsultationsinstitution zu verstehen, deren Besetzung anhand vorgegebener Platzzahlen und auf Vorschlag der Staaten durch einstimmigen Beschluß des Rates erfolgte. Er unterschied sich von den übrigen Institutionen der neuen Wirtschaftsgemeinschaft auch dadurch, daß ihm der Organcharakter im formellen Sinne fehlte.[643]

Als der selben Kategorie von Einrichtungen zugehörig ist der in Artikel 206 EWGV geregelte Kontrollausschuß bezüglich des Haushaltes zu bewerten.[644]

---

641 Ein recht gelungenes Beispiel hinsichtlich der verschiedenen Positionen, Bedenken und Einwände stellt der Entwurf eines Protokolls über die Sitzungen der Arbeitsgruppe für den Gemeinsamen Markt am 15. und 16. Oktober 1956 in Brüssel, Bundesarchiv Koblenz, Bestand 102, Signatur 22105, dar. Wieder in Schulze/Hoeren, Bd. 1, auf S. 948 ff.

642 Dazu und zum folgenden Comité des chefs de délégation, Projet de rédaction d'articles du Traité instituant la Communauté économique européenne, Cinquième Partie, Titre I, Art. 200-260, Dispositions institutionelles, vom 6. März 1957, Bundesarchiv, Koblenz, Bestand 102, Signatur: 22101. Schulze/Hoeren, Bd. 1, S. 1092 ff., besonders Art. 255 ff. auf 1103 f. Von systematischer Bedeutung ist die Verlagerung der Regeln zum Wirtschafts- und Sozialausschuß in einen eigenen Abschnitt, dem die fehlende Aufnahme des Ausschusses in Art. 4 Abs. 1 EWGV und die Nennung in Abs. 2 der Norm entsprachen.

643 So die Rechtsprechung des Europäischen Gerichtshofes in der Rechtssache 828/79 - Adam - vom 4. Februar 1982, EuGHE 1982, S. 269 ff. Die Aussage, der Wirtschafts- und Sozialausschuß sei - aufgrund seiner fehlenden Aufnahme in Art. 4 EWGV - kein Organ, findet sich in Leitsatz 2 (S. 269) und Rn. 26 der Entscheidungsgründe (S. 290). So auch die einhellige Ansicht der Wissenschaft in den letzten Jahrzehnten, wobei aber Streit um die um die richtige Charakterisierung besteht. Vgl. dazu Siebecke, S. 11 f., mit Nachweis.

644 Eine umfassendere Darstellung der Aufgaben dieses Ausschusses hinsichtlich der externen Kontrolle der gemeinschaftlichen Finanzen sowie der dazu aufgestellten Prinzipien,

Unabhängigkeit der Mitglieder, Festlegung von deren Anzahl und Benennung durch den Rat sowie die Beschränkung auf bloße Berichtstätigkeit kennzeichnen eine weitere, dem Wirtschafts- und Sozialausschuß ähnliche Institution ohne Entscheidungsbefugnisse und ohne Einfluß der Mitgliedsstaaten auf die personelle Ausstattung. Erst auf der Basis der Berichte des Kontrollausschusses sollte der Ministerrat gemäß Artikel 206 Absatz 4 EWGV über eine Entlastung der Kommission für die Durchführung des jährlichen Haushaltsplanes entscheiden.

Betrachtet man die nicht entscheidungstragenden Institutionen der EWG, so stellte über ihr Vorhandensein hinaus der angedachte Währungsausschuß eine neue Ausprägung dar. Die anderen beiden Formen - Wirtschafts- und Sozialausschuß sowie Ausschuß der Rechnungsprüfer - waren insoweit bereits in vergangenen Vertragsentwürfen diskutiert und teilweise umgesetzt worden. Von besonderer Bedeutung war dabei die Ausgliederung des erst genannten Einrichtung aus dem systematischen Zusammenhang mit den vier entscheidungsbefugten Institutionen, zu deren Unterstützung die anderen Formen fungieren sollten.

(5) Stellung der Institutionen aus Sicht der Integrationsförderung

Ähnlich wie in den Verhandlungen über die EPG läßt sich für Ministerrat und Kommission der EWG eine Aufspaltung bei der Entscheidungsträgereigenschaft ausmachen. Der Grund dafür bestand in den Aufgaben der Wirtschaftsgemeinschaft. Unter Berücksichtigung des Umstandes, daß die Institutionen der Gemeinschaft zum einen zur Koordination der Wirtschaftspolitik, zum anderen aber auch für die Herausbildung des Gemeinsamen Marktes als tatsächlich gemeinschaftlichem Ziel dienen sollten, wird zumindest auf den ersten Blick klar, warum die Trennung der Kompetenzen zwischen Ministerrat und Kommission in der erörterten, durch die Verhandelnden bestimmten Weise notwendig war.[645]

Eingeschränkt wird diese, vor dem Hintergrund verschiedener Aufgaben durchaus nachvollziehbare funktionelle Teilung zwischen den Institutionen jedoch dadurch, daß dem Ministerrat auch Befugnisse im Rahmen der Weiterentwicklung des einheitlichen Wirtschaftsraumes zukommen sollten. Hier nahm er nicht mehr nur die Funktion eines Organs innerhalb allgemeiner völkerrechtlicher Kooperation wahr, sondern er erschien gleichzeitig auch als Institution des Gemeinsamen Marktes. Erst hier ergibt sich das eigentliche Problem im integrationstheoretischen Zusammenhang, will man bestimmen, wer in der Europäischen

Kompetenzen und Verfahren findet sich aus der Perspektive der Mitte der siebziger Jahre als eine Art von Bestandsaufnahme bei Leygues, RMC 17 (1974), dort auf S. 59, 60 ff.

645 Groeben, Aufbaujahre, S. 34 gibt ebenso an, die schwächere Stellung der Kommission bei Entscheidungen über die Wirtschaftspolitik als solche liege daran, daß sie auf die Anregung von Vorhaben und auf die Durchführung von Beschlüsse des Rates begrenzt sei.

Wirtschaftsgemeinschaft als Entscheidungsträger anzusehen war. Der Kommission als unabhängig ausgestaltetem Organ kamen zwar weitgehende Vorschlagsrechte zu, die eigentlichen Entscheidungen auch und gerade für die Weiterentwicklung der Gemeinschaft - zum Beispiel über den Eintritt in eine neue Stufe des Gemeinsamen Marktes - sollten jedoch durch den Ministerrat getroffen werden. Nur und ausschließlich dort, wo die an den Vertragsverhandlungen Beteiligten derartig starke Interessenkollisionen zwischen der Schaffung des Gemeinsamen Marktes und der jeweiligen wirtschaftlichen Lage des Mitgliedsstaates befürchteten, daß spätere Einsichtigkeit in Erfordernisse des Gemeinsamen Marktes überhaupt nicht mehr zu erwarten war und somit die Stagnation oder sogar das Scheitern des Vorhabens drohte, sollte die durch Stellung und Besetzung unabhängige Kommission als Entscheidungsträger agieren können. Insofern müssen beide Institutionen im Hinblick auf ihre Wirkung auf den europäischen Integrationsprozeß unterschiedlich bewertet werden. Mit dem Ministerrat wurde im Ergebnis kein am Gemeinschaftsinteresse orientiertes Organ geschaffen, daß als Entscheidungsträger fungieren sollte. Die Wirkung einer derartigen Institution auf die Verschmelzung kleiner Einheiten zu einer größeren sind sehr beschränkt oder gar nicht vorhanden, wenn nicht gleichzeitig auch unabhängig von der nationalstaatlichen Bewertung zu definierende Gemeinschaftsinteressen verfolgt werden. Wie wichtig dieser Zusammenhang schon damals genommen wurde, zeigen die Ausführungen von der Groebens zur Rolle des Ministerrates:

> „Auch der Ministerrat ist ein Organ der Gemeinschaft und muß sich deshalb den Vertragszielen verpflichtet fühlen. Da sich der Ministerrat aber aus Vertretern der Mitgliedsstaaten zusammensetzt und diese als Minister gleichzeitig ihren nationalen Parlamenten verantwortlich sind, entstehen Zielkonflikte dort, wo das Gemeinschaftsinteresse in scheinbarem oder tatsächlichem Widerspruch zu nationalen Interessen steht. Diese Zielkonflikte sind in einer werdenden Gemeinschaft unvermeidbar; das Schicksal der Gemeinschaft hängt davon ab, ob sie gelöst werden können."[646]

Einer solchen Lösung war die Kommission verpflichtet, deren Tätigkeit sich aber ausschließlich auf die im Gründungsvertrag enthaltenen Bedingungen des Gemeinsamen Marktes bezog. Die Funktion der Kommission als Entscheidungsträger in der Interessenvielfalt einer neuen Integrationsgemeinschaft war zwar ähnlich der Hohen Behörde der Montanunion vorhanden, blieb aber auf das Marktziel sowie dessen Durchsetzung begrenzt und konnte deshalb keinen eigenständigen Einfluß auf die Entwicklung des Integrationsprozesses ausüben.

Mit der Versammlung muß allerdings noch ein weiteres, in den bisherigen Darstellungen wenig berücksichtigtes Organ zumindest in seiner endgültigen Aus-

---

[646] Ebd., S. 37. Er schließt dem eine längere Schilderung der nationalen Interessen zur Definition der Ausgangslage im Jahr 1958 als dem Zeitpunkt des Einigung über die EWG an.

gestaltung und seinen Befugnissen nach dem Vertrag über die Europäische Wirtschaftsgemeinschaft dargestellt werden. Die Versammlung sollte zumindest nach den letztlich gescheiterten Vorstellungen der EPG als Parlament mit zwei Kammern einerseits durch das europäische Volk, zum anderen durch die nationalen Parlamente besetzt werden. Dieser Vorstellung war man in den Verhandlungen über die Europäische Wirtschaftsgemeinschaft von Beginn an nicht gefolgt, sondern hatte die Versammlung der Montanunion als Ausgangspunkt der Überlegungen gewählt. Dabei befand sich die Ausgestaltung dieses Organs eher an der Peripherie des Interesses der Verhandelnden.[647] Auch der Spaak-Bericht ging bei der Behandlung institutioneller Fragen nur am Rande auf die Versammlung als Organ parlamentarischer Kontrolle ein, wobei diese Rolle der von der Zahl der Abgeordneten her erweiterten Versammlung der Montanunion zugedacht war.[648] Nach längerem Streit über die personelle Besetzung der Versammlung der Europäischen Wirtschaftsgemeinschaft, die nach den Regelungen zur Montanunion[649] aus Abgeordneten der mitgliedsstaatlichen Parlamente erfolgen sollte, sowie über die - beschränkten - Kompetenzen entstand eine zwar organisatorisch selbständige[650] Institution, die aber mit ihrer geplanten Vorgängerin aus der Politischen Union wenig gemeinsam hatte. Die Versammlung

647 Innerhalb der Vorarbeiten zum Spaak-Bericht wurde lapidar festgestellt, daß die Erschaffung eines Exekutivorganes auch eine Versammlung erfordere. Eine Anknüpfung an die EPG findet sich dabei in keinster Weise. Vgl. Ausschuß für den Gemeinsamen Markt, für Investitionen und Sozialfragen, Arbeitsunterlage über die institutionellen Aspekte vom 7. Oktober 1955, 1. Exposé, a. a. O. (Fn. 600). Wieder Schulze/Hoeren, Bd. 1, S. 727, 729.

648 Bericht der Delegationsleiter des von der Konferenz von Messina eingesetzten Regierungsausschusses an die Außenminister vom 21. April 1956, a. a. O. (Fn. 277), Schulze/Hoeren, Bd. 1, S. 752, 765. Die Erhöhung der Anzahl der Abgeordneten sollte mit einer Verschiebung des Verhältnisses der Anzahl der Abgeordneten der einzelnen Staaten zugunsten der drei großen Länder Frankreich, Deutschland und Italien einhergehen. Als Befugnisse der Versammlung der Wirtschaftsgemeinschaft waren neben dem Mißtrauensvotum auch Bestätigung oder Ablehnung jeweiligen Haushaltsvorschläge vorgesehen.

649 Den Rückgriff auf den Vertragszustand der Montanunion belegen Art. 5 und 63 ff. der Arbeitsunterlage, Entwurf einer Abfassung von Artikeln entsprechend dem Text des Berichtes vom 20. Juni 1956, a. a. O. (Fn. 610). In Schulze/Hoeren, Bd. 1, S. 823, 825, 848.

650 Die ursprünglich vorgesehene Identität zwischen der Versammlung der Montanunion und der der EWG war fallengelassen worden. Die Entwürfe wurden auch für die Versammlung zunehmend detaillierter, so daß sich keine unmittelbaren Bezüge zur Montanunion mehr finden. Vgl. Art. 1 ff. des im Ausschuß der Delegationsleiter entstandenen Redaktionsentwurfs von Artikeln des Vertrages über die Gründung des Gemeinsamen Marktes, erarbeitet von der Redaktionsgruppe und datiert vom 14. Januar 1957, Bundesarchiv Koblenz, Bestand 102, Signatur 22107. In Schulze/Hoeren, Bd. 1, S. 1058 ff. Mit Art. 1 und 2 des Abkommens über gemeinsame Organe für die europäischen Gemeinschaften vom 23. März 1957, BGBl. 1957 II, S. 1156, 1158, wurde dann eine einheitliche Versammlung für alle Gemeinschaften vorgesehen. Dabei kam es mit Art. 2 Abs. 2 der Vereinbarung zur Erhöhung und damit zur Anpassung der Abgeordnetenzahl in der Montanunion.

konnte - selbst wenn man ihre Besetzung mit Vertretern der nationalen Parlamente unberücksichtigt läßt - über die bekannten Befugnisse zur Kontrolle der Kommission und zur Globalentscheidung über den Haushalt kaum etwas vorweisen, was sie zu einem echten europäischen Parlament auch und gerade im Sinne der Eigenschaften eines Entscheidungsträgers der neuen Gemeinschaft oder darüber hinaus machte.[651] Insofern erwuchs dem Ministerrat mit der Versammlung der EWG kein konkurrierender Entscheidungsträger. Ein Organ zur Vertretung gemeinschaftlicher Interessen entstand mit der Versammlung aufgrund fehlender Direktwahl der Abgeordneten und der verbleibender Rückbindung an die nationale Legislative auch nicht. Die neue Versammlung muß daher letztendlich als weitgehend ohne Auswirkung auf den Integrationsprozeß bewertet werden. Angelpunkt der Gemeinschaft blieb weiterhin der Ministerrat.

(6) Wirtschaftsgemeinschaft und Supranationalitätsbegriff

In der bisher behandelten Institutionalisierung der europäischen Integrationsgemeinschaften hatte sich, ausgehend vom Schuman-Plan und dessen Umsetzung, eine enge Verbindung zwischen der Verwendung des Supranationalitätsbegriffes und der Gestaltung von unabhängigen Entscheidungsträgern, die die Interessen der Gesamtgemeinschaft wahrnehmen sollten, ergeben. Sucht man allerdings innerhalb der Materialien zur Europäischen Wirtschaftsgemeinschaft nach diesem Begriff, dann wird man fast überhaupt nicht fündig. Auch der Vertragstext enthielt ihn nicht. Dieser Umstand steht, so das Ergebnis eines Vergleichs mit der Ausgestaltung der Institutionen des wirtschaftlichen Zusammenschlusses, im Einklang mit der Vergabe weitgehender Entscheidungsbefugnisse an den Ministerrat, während die Kommission als unabhängiges Organ auf die Durchführung des gemeinsamen Marktes beschränkt blieb und auch dort zu dessen Erweiterung lediglich Vorschläge unterbreiten konnte. Nur der Kommission kam innerhalb der Wirtschaftsgemeinschaft die Eigenschaft der Überstaatlichkeit im institutionellen Sinne zu, während der Ministerrat als ein ausschließlich auf Kooperation angewiesenes Organ diese Eigenschaft nicht besaß.

Blickt man vor diesem Hintergrund auf die Grundidee Monnets und ihre erstmalige praktische Umsetzung im Schuman-Plan zurück, so hatte sie in Form der Kommission der Europäischen Wirtschaftsgemeinschaft viel von ihrer Tragkraft verloren. Der Kommission kam aufgrund der gespaltenen Aufgaben des Vertrages und der Verlagerung maßgeblicher Befugnisse auch für den gemeinsamen Markt auf den Ministerrat bei weitem keine Rolle eines zentralen, starken Entscheidungsträgers zu, der durch Übertragung von Rechten der Mitgliedsstaaten auf sich selbst unabhängige Entscheidungen im europäischen Gesamtin-

[651] Das Recht der Versammlung beim Haushaltsplan war in Art. 203 Nr. 3, 4 EWGV, das Verfahren beim Mißtrauensvotum gegen die Kommission in Art. 144 EWGV enthalten.

teresse treffen konnte. Beginnend mit der Ausgestaltung der Hohen Behörde der Montanunion im Spannungsverhältnis zu einer Interessenvertretung der nationalen Regierungen stand die Kommission der Europäischen Wirtschaftsgemeinschaft am Ende einer Entwicklung, die die Position des von Monnet vorgesehenen unabhängigen Entscheidungsträgers auf europäischer Ebene aufgrund der politischen Realitäten und Kompromißzwänge und mehr abschwächte. Mit der EWG schien der Zeitpunkt erreicht zu sein, an dem der Ministerrat, den Monnet als Institution des Zusammenschlusses von Kohlebergbau und Stahlindustrie nicht vorgesehen hatte, die Rolle des Entscheidungsträgers übernahm, ohne gleichzeitig die im Hinblick auf den Integrationsvorgang erforderliche Unabhängigkeit von dem Interessengefüge der Mitgliedsländer gewinnen zu können.

Innerhalb der Betrachtungen zur EPG war festgestellt worden, daß diese als Gesamtgemeinschaft mit der Eigenschaft der Supranationalität versehen sein sollte und auch so bezeichnet wurde. Eine derartige Beschreibung der EWG findet sich in den Materialien nicht. Es hat mehr den Anschein, als ob der Begriff der Überstaatlichkeit innerhalb der vorbereitenden Arbeiten für den Gemeinsamen Markt und für die Wirtschaftspolitik in Abgrenzung zur fehlgeschlagenen Europäischen Politischen Gemeinschaft regelrecht vermieden worden sei. Der Grund dafür lag zum einen in der nach wie vor unveränderten innenpolitischen Lage Frankreichs, in der die national-konservativen Kräfte der Gaullisten weiter an Einfluß gewannen und deren Position immer maßgeblicher für die letztendliche Umsetzbarkeit europäischer Verträge wurde. Zum anderen konnten sich die beteiligten europäischen Regierungen hinsichtlich des Integrationsprojektes als solchem keine weiteren Fehlschläge leisten, so daß die Reizworte der vorangegangenen Vertragsverhandlungen zu EVG und EPG sorgfältig ausgespart wurden. Insofern läßt sich zu der im Bereich der EPG aufgeworfenen Frage, inwieweit die Übertragung staatlicher Befugnisse auf die Gemeinschaft unter den erörterten Supranationalitätsbegriff fiel, selbst keinerlei weitere Aussage treffen.

(7) Zusammenfassung

Das System der Institutionen der Europäischen Wirtschaftsgemeinschaft und deren Balance hinsichtlich der Entscheidungsträger untereinander, stellt sich, ausgehend von der dabei zu berücksichtigenden Zweiteilung der Aufgaben zwischen Herstellung und Überwachung eines Gemeinsamen Marktes sowie der Koordination auch weiterhin in nationaler Verantwortung befindlicher Wirtschaftspolitik, im Hinblick auf seine Wirkung als Mittel von Integration gespalten dar. Zwar wurde die Kommission als Exekutiv- und unabhängigem Organ zur Wahrnehmung von Gemeinschaftsinteresse eingerichtet und ihr die Kontrolle der Faktoren eines einheitlichen Wirtschaftsraumes im Sinne der Entscheidungsträgereigenschaft überantwortet. Wesentliche Entscheidungen zur

Weiterentwicklung des Integrationsstandes darüber hinaus blieben aber - auch über das eigentlich zum gemeinsamen Betreiben der Wirtschaftspolitik nötige Maß hinaus - an den Ministerrat gebunden, der sich aus den Fachministern der Mitgliedsstaaten und damit national rückgebundenen Entscheidern zusammensetzte.[652] Initiativ- und Entscheidungskompetenzen über den gemeinsamen Markt hinaus kamen der Kommission ebenfalls nicht zu. So verblieb der eigentliche Einfluß auf die Steuerung der neuen Gemeinschaft gerade auch in entwicklungspolitischer Hinsicht bei den Ländern als kleineren Einheiten. Damit stand die für das weitere Fortschreiten des allgemeinen Integrationsvorganges erforderliche Lenkung durch ein von nationalen Interessen möglichst unabhängiges Organ hier nicht zur Verfügung. Die neue Gemeinschaft geriet, wie sich bald zeigen sollte, bei der Ausdehnung ihrer Aufgabenbereiche und sogar in Verfahrensfragen wieder in den Bereich des Angewiesenseins auf die Kompromißbereitschaft der einzelnen Mitglieder, dem Monnet mit seiner Idee eines starken, mitgliederunabhängigen Entscheidungsträgers in einer Organisation zur europäischen Zusammenarbeit gerade entgehen wollte. In keiner der bisher untersuchten Gemeinschaften waren die in unabhängiger Entscheidung wahrzunehmenden Kompetenzen der Exekutive so gering wie in der Europäischen Wirtschaftsgemeinschaft. Entsprechend des fehlenden Einflusses der Kommission auf die Wirtschaftspolitik und der Erstarkung des Ministerrates hatten sich die in den vorangegangenen Gemeinschaften aufgetretenen Diskussionen um personelle Besetzung und Stimmgewichtung für den Entscheidungsträger in den Verhandlungen auf das letztgenannte Organ verlagert.

Die Ausrichtung der Versammlung der neuen Wirtschaftsgemeinschaft entsprach demgegenüber der der Montanunion, allerdings erweitert um eine Kompetenz zur Entscheidung über den Haushalt. Diese Erweiterung einer Kompetenz bedeutete jedoch einen gewaltigen Rückschritt hinter diejenigen Funktionen, die den beiden Kammern des Parlaments der Europäischen Politischen Gemeinschaft auch und gerade als Entscheidungsträger zugedacht waren. Die Gründe dafür lagen, so zumindest aus der Sicht der siebziger Jahre, in drei wesentlichen Umständen begründet.[653] Zum einen erschien insbesondere die Terminologie hinsichtlich der Supranationalität von Entscheidungsträgern - und ein solcher wäre ein direkt gewähltes Parlament der Wirtschaftsgemeinschaft gewesen - für die französische Seite aufgrund der Erfahrungen mit der Verteidigungs- und der Politischen Gemeinschaft aus politischer Sicht untragbar und nicht zeitgemäß. Zweitens wurde das Parlament im Hinblick auf die Aufgabe, schnell und effizient technische Regelungen zur Funktionsfähigkeit des Marktes in Funktion

---

652 Haas, S. 512 ff. und S. 520, bezeichnete den Ministerrat in den Erscheinungsformen zwischen 1950 und 1957 als kooperatives und intergouvernementales Organ, während er die allgemeine Ausrichtung des Fortganges von Integration als fundamentale Entscheidung der daran beteiligten sechs Regierungen einschätzte. Die Kommission spielte keine Rolle.

653 Die folgenden drei Erklärungen, die schon 1974 entstanden, finden sich bei Vedel, S. 2.

setzen zu müssen, als unerwünschter Hemmschuh empfunden. Das Parlament sollte aus der Integrationsentwicklung zwar seinen Nutzen ziehen, das europäische Aufbauwerk selbst war dagegen jedoch nicht in der Lage, sofort von der Existenz eines ähnlich des nationalen Gesetzgebers befugten Parlaments zu profitieren. Schließlich sah man - drittens - die untergeordnete Stellung der Versammlung auch deswegen als akzeptabel an, da, so die Prognose, die erwarteten wirtschaftlichen und damit auch politischen Integrationsfortschritte über kurz oder lang sowieso eine Aufwertung des nach sich ziehen müsse. Dabei kam vor allem die Einführung der Direktwahl der Abgeordneten als nächster Schritt in Betracht, aus der sich dann aus Sicht der damals Beteiligten fast zwangsläufig auch neue Befugnisse für dieses Organ ergeben würden. Berücksichtigt man diesen argumentativen Dreischritt, dann versteht sich die schwache Position der Versammlung als Institution im Vertrag über die Europäische Wirtschaftsgemeinschaft in seiner ursprünglichen Gestalt fast von selbst.

Der Gerichtshof, dessen Position in der Diskussion um die Verteidigungs- und die Politische Gemeinschaft nicht als problematisch eingeschätzt wurde und nur wenig zur Debatte gestanden hatte, blieb in seinen Verfahrensarten und Prüfungskompetenzen gegenüber seiner vorangegangenen Ausgestaltung, im wesentlichen konstant. Es bestand keine Gefahr einer schleichenden Übertragung von Kompetenzen auf die auf rechtliche Prüfung beschränkte Institution. Die Tendenz, ihn unter strikter Wahrung seiner Unabhängigkeit von den Regierungen der Mitgliedsstaaten außerhalb der politischen Entscheidungsträger zu positionieren, setzte sich dadurch innerhalb des Gründungsvertrages der EWG fort.

ff) Vertrag zur Gründung der Europäischen Atomgemeinschaft

Die zeitliche und politische Nähe zwischen den Gründungsverträgen der Wirtschafts- und Atomgemeinschaft hatte zur Folge, daß sich die Vorschriften zu den Institutionen der beiden Gemeinschaften, die für die Atomgemeinschaft in Artikel 3 EAGV aufgezählt wurden, nicht nur stark ähnelten, sondern weitgehend wortidentisch waren. Untersucht werden soll hier deswegen nur das Verhältnis zwischen Rat und Kommission der Atomgemeinschaft als besonderem Ausdruck der Wahrnehmung von nationalen und von Gemeinschaftsinteressen.

Betrachtet man Artikel 115 EAGV im Vergleich zu Artikel 145 EWGV, so fällt zunächst auf, daß der Rat der Atomgemeinschaft nur dann entscheiden durfte, wenn dies in den einzelnen vertraglichen Vorschriften angeordnet war. Die Formulierung einer globalen Entscheidungsbefugnis wie innerhalb der Wirtschaftsgemeinschaft fehlte. Auch der Kommission der EAG, die nur mit sechs statt mit neun Mitgliedern besetzt war, hatte man nur eine begrenzte Entscheidungsbefugnis im Rahmen der vom Vertrag vorgesehenen Fälle zugestanden. Da es sich jedoch bei der Atomgemeinschaft wie bei der Montanunion und gerade im Gegensatz zur Wirtschaftsgemeinschaft um die sektorale Integration eines streng abgegrenzten Forschungs- und Wirtschaftsbereichs handelte, für den keine besonderen Erweiterungs- oder Öffnungsmöglichkeiten vorgesehen waren, blieben die Einflußmöglichkeiten des Rates, bezogen auf die Einzelregelungen, gering. Seine Befugnisse lagen in der Festlegung der mittelfristigen Forschungsprogramme, der Entscheidung über die Bildung gemeinsamer Unternehmen, der Bestimmung der Außenpolitik der Gemeinschaft sowie dem Beschluß über den Haushaltsplan, dem allerdings auch die Versammlung zustimmen mußte. Die in weit größerem Umfang interessenanfälligen Fragen wie die Sicherung des Zuganges aller Mitgliedsstaaten zu den Forschungsergebnissen, die Festlegung der Versorgungspolitik hinsichtlich nuklearer Brennstoffe und damit die Möglichkeit zur Trennung einzelner Staaten vom erforderlichen Nachschub, die Überwachung des Gesundheitsschutzes in den einzelnen Ländern sowie die Einführung und Kontrolle technischer Sicherheitsbestimmungen oblagen der Entscheidung der Kommission. Insofern wurden die wesentlichen internen Entscheidungen bezüglich der Gewährleistung des allgemeinen Zugangs zu den innerhalb der Gemeinschaftsarbeit erzielten Erkenntnissen und zu den zum Betrieb von Kernkraftwerken unentbehrlichen Rohstoffen durch eine unabhängige Institution gesichert, die dem Gemeinschaftsinteresse verpflichtet war. Mit dieser Ausgestaltung des Verhältnisses zwischen Rat und Kommission ähnelte das Organsystem der Atomgemeinschaft eher dem der Montanunion. Gerade die Kommission der Atomgemeinschaft ist, belegt durch ihre sich aus den vertraglichen Vorschriften ergebenden Entscheidungsbefugnissen, in wesentlich größerem Maße als Entscheidungsträger anzusehen als die der Wirtschaftsgemeinschaft. Begründen läßt sich dieser Umstand damit, daß letztere als umfassender und noch nicht vollständig im Vertrag ausgeformter Integrationsansatz, der die in nationaler Verantwortung verbleibende Wirtschaftspolitik einschloß, weit mehr als der Steuerung durch die Mitgliedsstaaten in Form der Entscheidungskompetenz des Rates bedürftig betrachtet wurde. Die sektorale Integration der Nuklearforschung und ihrer zivilen Anwendung bedurfte nach konsentierter Festlegung der Grundregeln dieser Steuerung nicht mehr, was zu den im Vergleich zur Wirtschaftsgemeinschaft eher als begrenzt zu bewertenden Befugnissen des Rates der Europäischen Atomgemeinschaft führte.

Die beiden anderen Institutionen wiesen dagegen im Vergleich zur Wirtschaftsgemeinschaft kaum Abweichungen auf. Die Regelungen zur Versammlung der Atomgemeinschaft entsprachen wörtlich denen der Wirtschaftsgemeinschaft, und auch ihre Kompetenzen bezüglich des Mißtrauensvotums gegenüber der Kommission und der Zustimmung zum Haushaltsplan waren identisch.[654] Die Rolle des Gerichtshofs der Atomgemeinschaft unterschied sich trotz seiner

[654] Die Gleichheit in Verfahren und Befugnissen mündete in das Abkommen über die gemeinsamen Organe für die europäischen Gemeinschaften, a. a. O. (Fn. 650), S. 1156 ff..

sehr detaillierten Behandlung im Gründungsvertrag ebenfalls nicht von der desselben Organs in der Wirtschaftsgemeinschaft.[655] Aus der Sicht der Gestaltung eines von nationalen Interessen unabhängigen Entscheidungsträgers zur Beförderung der Integration zwischen den westeuropäischen Staaten blieben beide Organe ohne Belang. Der Vollständigkeit halber ist auch hier auf den in den Artikeln 165 ff. EAGV enthaltenen Wirtschafts- und Sozialausschuß und den in Artikel 180 EAGV niedergelegten Kontrollausschuß, bestehend aus Rechnungsprüfern, hinzuweisen. Beide Organe entsprachen in ihrer Beschränkung auf Beratungs- und Berichtstätigkeit sowie ihrer personellen Ausstattung durch den Rat dem Regelungsgehalt des Vertrages über die Wirtschaftsunion, weisen aber in Existenz und Ausgestaltung das Bestehen der bereits mehrfach charakterisierten Institutionenklasse ohne Entscheidungsträgereigenschaft und ohne eine unmittelbare Besetzung durch die Mitgliedsstaaten für die Atomgemeinschaft nach.

Faßt man die Betrachtungen zur Institutionalisierung im Vertrag über die Europäischen Atomgemeinschaft zusammen, dann ergibt sich im Vergleich zur EWG eine stärkere Gewichtung der Befugnisse der Kommission gegenüber dem Rat. Damit waren an wichtigen Stellen wie der Verteilung der Forschungsergebnisse und der Brennstoffversorgung Einflüsse der Mitgliedsstaaten ausgeschlossen. Der Grund für die institutionellen Unterschiede zwischen Wirtschafts- und Atomgemeinschaft lag in der Gestaltung der letzteren als sektoraler Struktur.

gg) Fazit

Betrachtet man anhand der Verträge bzw. Vertragsentwürfe die Bemühungen der an den Verhandlungen teilnehmenden Staaten, Institutionen für die einzelnen Gemeinschaften zu gestalten, so läßt sich erkennen, daß das Hauptproblem für die Wirksamkeit von Organen als Mittel zur Beförderung des Integrationsprozesses, wie eingangs behauptet, tatsächlich in der Regelung des Verhältnisses zwischen unabhängigen europäischen Entscheidungsträgern und der Interessenvertretung der Mitgliedsstaaten in Form der Ministerräte bestand.[656] Dabei läßt sich zwischen Monnets Überlegungen zur Obersten Behörde in der Pariser Erklärung einerseits und der Ausgestaltung der Kommission der Europäischen Wirtschaftsgemeinschaft im Vergleich zu deren Rat andererseits ein erhebliches

---

[655] Auch die Gerichtshöfe faßte man dann im Abkommen über die gemeinsamen Organe für die europäischen Gemeinschaften, a. a. O. (Fn. 650), auf S. 1156, 1158 ff., zusammen.

[656] Winter, a. a. O. (Fn. 450), S. 173, 176 f., nennt für die spätere Europäische Union einen ähnlichen Maßstab, indem er die Formationsbildung für Organe innerhalb des Integrationsprozesses nach der Gewichtigkeit der aus ihnen heraus zu treffenden Entscheidungen bewerten will. Letztlich geht es ihm aber nicht um das Verhältnis der Institutionen untereinander, sondern um ihr „Gewicht", gemessen an möglichen Befugnissen paralleler innerstaatlicher Organe. Winter verwendet Beispiele im Hinblick auf Verfassungsgebung.

Nachlassen der Befugnisse des gemeinschaftlichen Interessenvertreters gegenüber dem der nationalen Interessen feststellen. Damit läßt sich entsprechend der Erkenntnis, daß Supranationalität nicht an die Gesamtgemeinschaften, sondern nur an Organe und deren Eigenschaften wie die Unabhängigkeit von den Mitgliedsstaaten gebunden ist, eine stetige Abnahme von Supranationalität der Institutionen, bezogen auf Monnets Ausgangskonzept, erkennen.[657] Eine Ausnahme bildete zumindest bei normativer Betrachtung die Kommission der EAG, die als unabhängige Institution im sektoralen Integrationsansatz eher an die Hohen Behörde der Montanunion denn an die der Kommission der Wirtschaftsgemeinschaft angelehnt war.[658] Insgesamt blieben die genannten, spezifisch europäischen Institutionen - und auch dies beantwortet eine der anfänglich aufgeworfenen Fragen - von der Entscheidung über den weiteren Verlauf des Integrationsprozesses ausgeschlossen. Sie waren eng an die Sachgebiete gebunden, die ihnen übertragen worden waren, und konnten dort Integration positiv beeinflussen. Eine umfassende Kompetenz des unabhängigen Entscheidungsträgers zur Fortentwicklung der jeweiligen Gemeinschaft war in keinem der Verträge vorgesehen worden. Die Verantwortung für die Entscheidung über den allgemeinen Integrationsfortschritt verblieb bei den Mitgliedsstaaten. Daran änderte die Einführung der Vorschlagsrechte der Kommission der Wirtschaftsgemeinschaft zu deren Ausbau nichts, da auch darüber der Rat zu befinden hatte.

Weiterhin läßt sich im Verhältnis zwischen unabhängiger Institution und Vertretung der Mitgliedsstaaten die Tendenz feststellen, bei umfassenderen, nicht in einem Zug regelbaren Integrationsansätzen wie dem der EPG oder der EWG die Kompetenzen des unabhängigen Organs stärker zu beschneiden als bei

---

657 Ebenso Zuleeg in Hrbek, S. 291, 295, der Supranationalität an Eigenschaften von Organen knüpft. Er erkennt bereits innerhalb der Arbeit der Hohen Behörde der Montanunion einen stetigen Einflußgewinn des Besonderen Ministerrates und des später eingerichteten Ständigen Ausschusses der Vertreter der Mitgliedsstaaten auf die jeweiligen Dezisionen.

658 So auch Ipsen/Nicolaysen, NJW 1963, S. 2009, 2010: „In der EGKS stehen der Hohen Behörde umfassende (normative und exekutive) Kompetenzen zu, die der Montanvertrag indes sorgfältig umgrenzt. Insoweit ist ihre Stellung derjenigen der EAG-Kommission etwa vergleichbar." Die Kommission der Wirtschaftsgemeinschaft wird im Vergleich dazu dann folgendermaßen bewertet: „Der EWG-Vertrag mechanisiert die Herstellung der Zollunion unter Begründung auch von Kommissionskompetenzen, überantwortet im übrigen aber unter Aufstellung von Grundsätzen die Richtlinien der Politik den Gemeinschaftsorganen, und dies überwiegend dem Ministerrat, der auf Grund von Kommissionsvorschlägen entscheidet." Daraus folgt für die Autoren, daß: „der Hohen Behörde weitergehende supranationale Kompetenzen zustehen als der EWG-Kommission und der EGKSV insgesamt einen höheren Grad von Supranationalität verwirklicht als der EWGV." Dagegen wendet sich Zuleeg in Hrbek, S. 291, 295, der bei EWG und EAG keinen supranationalen Charakter der Kommission erkennt und diesen für die Montanunion nur nach Lage des Vertragstextes, nicht aber in der tatsächlichen Arbeitsweise der Hohen Behörde für Kohle und Stahl und der einheitlichen Kommission zugestehen will.

sektoralen Integrationsansätzen, die keinen Raum für eine Ausdehnung über den festgelegten Gegenstand hinaus aufwiesen. Es fällt auf, daß gerade bei Ansätzen, die Platz für zukünftige Erweiterung der Verschmelzung zwischen den Staaten boten, strikt darauf geachtet wurde, daß die Entscheidung über die Erweiterungen, grundsätzlich die Vertretung der Regierungen der Mitgliedsländer entscheidungsbefugt blieben. Als Beispiele dafür sind die versuchte Degradierung der Europäischen Exekutive zum bloßen Durchführungsorgan innerhalb der EPG und der Ausschluß der Kommission der Europäischen Wirtschaftsgemeinschaft von Entscheidungen über die Einleitung neuer Abschnitte bei der Ausdehnung des Gemeinsamen Marktes aufgezeigt worden.

Über das unabhängige europäische Organ und die Vertretung der Interessen der Länder hinaus konnten weder die Versammlung noch der Gerichtshof die Eigenschaft von Entscheidungsträgern gewinnen. Bei letzterem sollte dies auch gar nicht der Fall sein, um eine unabhängige Kontrolle der Einhaltung der Verträge aus rechtlicher Sicht zu gewährleisten, ohne sich dabei zum integrationspolitischen Entscheidungsträger zu machen. Eine diesen Vorstellungen gerechtwerdende Ausgestaltung des Gerichtshofs wurde bereits innerhalb der Europäischen Gemeinschaft für Kohle und Stahl erzielt und danach im wesentlichen nicht mehr verändert. Man hatte sich also zunächst für eine gerichtliche Kontrolle der Tätigkeit der Gemeinschaft entschieden. Überwachungsfunktionen kamen zwar auch den Versammlungen der einzelnen Gemeinschaften zu. Eine umfassende Entscheidungsfunktion, wie innerhalb der gescheiterten Politischen Gemeinschaft vorgesehen war, kam allerdings nicht zustande. Trotz Befugnissen im Haushaltsbereich und Mitentscheidung beim Verordnungserlaß blieben die Versammlungen für den Integrationsprozeß als solchen weitgehend einflußlos.

Für die ersten sieben Jahre der Institutionalisierung im europäischen Integrationsprozeß ergibt sich damit zunächst das grundsätzliche Vorhandensein von herausgehobenen Entscheidungsträgern, wie sie die für die europäische Integration anwendbar gemachte politikwissenschaftliche Integrationstheorie, basierend auf Smend, vorsieht. Jedoch nahm deren Einfluß, ausgehend von der Konzeption der Obersten Behörde in der Pariser Erklärung, entgegen des eigentlich zu erwarten gewesenen steigenden Einflusses originär gemeinschaftlicher Interessen im Verlaufe der Arbeiten an den einzelnen Verträgen ab. Verbunden mit dem - hier hinsichtlich der Steuerbarkeit des Integrationsprozesses zu bewertenden - Fehlen der Kompetenz zur eigenständigen Festlegung weiterer Maßnahmen zur Beeinflussung von Integration im Sinne der Erweiterung läßt sich feststellen, daß die unabhängigen, gemeinschaftlichen Institutionen durch die Errichtung einer Interessenvertretung der Mitgliedsstaaten auf gleicher Ebene bei weitem nicht die Entscheidungskompetenzen besaßen, die sie zu einem effektiven Mittel der Integration und damit zur Beschleunigung dieses Vorganges gemacht hätten. Der Grund dafür, und auch dies wurde innerhalb der einzelnen

Verträge hinreichend verdeutlicht, war das Bestreben der Staaten, sich zur Wahrung ihrer Interessen eigene Entscheidungsbefugnisse zu erhalten und sogar die Befugnisse der eigentlichen für die Gemeinschaften vorgesehenen Entscheidungsträger im Rahmen dessen zu halten, worauf man sich zwischen den Ländern geeinigt hatte. Institutionalisierung als Mittel von Integration war damit in der Gründungsphase der europäischen Gemeinschaften vorhanden, ihre Effektivität zur Steuerung und Beförderung des Vergemeinschaftungsprozesses verringerte sich aber, zumindest was das Verhältnis zwischen Institutionen zur Verfolgung gemeinschaftlicher und mitgliedsstaatlicher Interessen betraf, immer mehr. Am Ende der Gründungsphase stand mit der Europäischen Wirtschaftsgemeinschaft eine Organisation, die in einer eigentümlichen Mischung aus vergemeinschaftetem Markt und lediglich koordinierter Wirtschaftspolitik dem Ministerrat als Interessenvertretung der einzelnen Staaten die Rolle des zentralen Entscheidungsträgers einräumte, während sich die Kommission aufgrund der ansonsten befürchteten Handlungsunfähigkeit bei anderer Gestaltung dieses Bereichs mit der reinen Überwachung des Gemeinsamen Marktes begnügen mußte.

b) Veränderung und Ergänzung des Institutionengefüges

Von der Unterzeichnung und Ratifizierung des Vertrages über die EWG über verschiedene kleinere Änderungen, der EEA bis hin zur Errichtung des Rates der Europäischen Union im Maastricht-Vertrag von 1992 war das Institutionensystem stetiger Modifikation ausgesetzt, die bezüglich ihrer Relevanz für die Funktion dieser Organe als Mittel in der Integration untersucht werden müssen.

aa) Entwicklung bis zur Einheitlichen Europäischen Akte

Der Zeitraum zwischen den Verträgen zur Wirtschafts- und Atomgemeinschaft sowie der EEA war geprägt von Veränderungen, die sich aus der Parallelität der Institutionen ergaben, jedoch auch aus der vertragsunabhängigen Entwicklung und Verfestigung neuer Organformen in der politischen Zusammenarbeit zwischen den Mitgliedsländern neben dem Transfer von nationalen Kompetenzen.

(1) Fusionsvertrag[659]

Die parallele Existenz von drei Integrationsgemeinschaften und damit zumindest auch jeweils drei voneinander getrennten, als Entscheidungsträger fungierenden

659 Für die vertiefende Beschäftigung mit der Geschichte des Fusionsvertrages steht umfangreiches Quellenmaterial zur Verfügung. Vgl. Politisches Archiv des Auswärtigen Amts, Abteilung 2, Referat IA2, Aktenzeichen 80.50 - 80.70, Bde. 878 - 886, 1142 - 1146, 1588 - 1590, 1767 - 1769. Die Bände enthalten Vorschläge für die Zeit zwischen Januar 1962 und 1970, also über die Vertragsarbeiten hinaus eben auch für die Umsetzung der Fusion.

Organen führte schon Ende der fünfziger Jahre zu Bestrebungen, die diese im Hinblick auf eine spätere generelle Fusion der Gemeinschaften zu vereinigen.[660] Den Ansatzpunkt dafür bildete die Zusammenführung der Hohen Behörde und der beiden Kommissionen. Eine solche Zusammenlegung war bereits für die Versammlungen und Gerichtshöfe der drei Gemeinschaften geschehen.[661] Als Argumente für die Vereinigung wurden neben der Unübersichtlichkeit der Rechtsakte der Organe das wachsende Empfinden der Integration als einheitlichem Prozeß angeführt.[662] Außerdem ergaben sich Überschneidungen in den Aufgabenbereichen. Dennoch dauerte es bis 1965, bis sich mit dem Fusionsvertrag vom 8. April 1965 ein Abkommen ergab, das nicht nur die Hohe Behörde und die Kommissionen, sondern auch die drei Ministerräte zusammenfaßte. Damit entstand zum 1. Juli 1967 auch eine ganzheitliche Verwaltung.[663] Der Fusionsvertrag wirkte jedoch auch auf die beratenden Einrichtungen ein, indem er in Artikel 21 durch Einfügen von Artikel 78d EGKSV die Finanzkontrolle in der Montanunion zumindest hinsichtlich der Haushaltsdurchführung und des Rechnungsverhaltens einem Kontrollausschuß, übertrug. Diese dem Stand von EWG und EAG entsprechende Institution wurde durch Artikel 22 des Fusionsvertrages sofort mit den beiden anderen Kontrollausschüssen. Als Besonderheit der Montanunion verblieb ein nach dem neuen Artikel 78e EGKSV beizubehaltender Rechnungsprüfer, der sich nicht um den Haushalt der Gemeinschaft selbst, sondern mit beratendem Charakter speziell um die Buchführung und das Finanzgebaren der Hohen Behörde im Montanbereich kümmern sollte.

Was die Befugnisse der entscheidungstragenden Institutionen und deren Verhältnis untereinander betrifft, so kam es im Fusionsvertrag kaum zu Veränderungen.[664] Nach Artikel 1 Absatz 2 und Artikel 9 Absatz 2 der Vereinbarung sollten die einheitlichen Organe im wesentlichen die Aufgaben und Befugnisse ihrer Vorgänger wahrnehmen. Was den neuen Rat der Europäischen Gemein-

---

660 Dazu Ipsen/Nicolaysen, a. a. O. (Fn. 658), S. 2209 f., Fn. 2, und Groeben, Aufbaujahre, S. 261 ff. Bereits am 27. Juni 1961 hatten die Niederlande einen Plan zur Fusion der Organe unterbreitet und eine Kommission mit 14 Mitgliedern sowie einen einheitlichen Ministerrat vorgesehen. Das Europäische Parlament stimmte dem am 20. Oktober 1961 zu, das Vorhaben scheiterte jedoch am 14. November 1961 am französischen Außenminister Couve de Murville, der die Fusion als Scheinmaßnahme zur Erschwerung aus französischer Sicht anstehender Reformen der Gemeinschaften betrachtete. Erst Anfang Februar 1963 ermöglichte ein Umschwenken Frankreichs die Wiederaufnahme entsprechender Bemühungen. Vgl. zum ganzen auch Hellmann, Europa-Archiv 7/1964, auf S. 233, 238 f.

661 Hier sei nochmals auf das Abkommen über gemeinsame Organe für die europäischen Gemeinschaften vom 25. März 1957, a. a. O. (Fn. 650), S. 1156 ff., hingewiesen. Es stand im direkten zeitlichen Zusammenhang mit den Gründungsverträgen für EWG und EAG.

662 Eine Übersicht dazu findet sich bei Ipsen/Nicolaysen, a. a. O. (Fn. 658), S. 2209, 2210 f.

663 Oppermann, Europarecht, § 4, Rn. 153, zu einheitlichen Europäischen Gemeinschaften.

664 Zu den Veränderungen an den Institutionen vgl. Nicolaysen, NJW 1965, S. 1653, 1655 f.

schaften anging, so änderte sich außer Angleichungen beim Abstimmungsverfahren und der Anpassung der Stimmwägung bei Haushaltsbeschlüssen in der Montanunion nichts. Zur Unterstützung der Arbeit des Rates wurde ein Ausschuß der Ständigen Vertreter der Mitgliedsstaaten eingerichtet.[665] Gravierendere Änderungen widerfuhren dagegen der Hohen Behörde und den Kommissionen, die nun als Kommission der Europäischen Gemeinschaften zusammengefaßt wurden. Zwar blieben Kompetenzen und Mitgliederzahl - nach langer Diskussion - gleich, jedoch paßte man das Verfahren zur Ernennung der Kommissionsmitglieder allgemein und damit auch für die Montanunion dem der Wirtschaftsgemeinschaft und der Atomgemeinschaft an. Nach deren Artikel 158 EWGV und Artikel 127 EAGV wurden nun alle neun Kommissionsmitglieder im Einvernehmen der Mitgliedsstaaten bestimmt und nicht, wie bisher bei der Europäischen Gemeinschaft für Kohle und Stahl, lediglich acht Mitglieder, während das neunte durch die übrigen Kommissionsangehörigen bestimmt wurde. Dies wurde teilweise als Verlust des supranationalen Charakters der Hohen Behörde verstanden Der Präsident der neuen Institution sollte von den Mitgliedsstaaten aus den Kommissionsangehörigen bestellt werden. Die Kontrollbefugnisse der Versammlung verbesserte man dahingehend, daß mit Artikel 27 Absatz 2 des Fusionsvertrages die Bindung des Mißtrauensvotums an den Jahresbericht aufgehoben wurde. Ein Mißtrauensantrag war nun jederzeit möglich. Die Versammlung übte jetzt auch eine beratende Funktion bezüglich des Gesamthaushaltes aller drei Gemeinschaften aus. Mit dem Fusionsvertrag war jedoch auch die Eliminierung des Supranationalitätsbegriffes aus den Verträgen verbunden. Artikel 9 Absätze 5 und 6 EGKSV wurden im Zuge der Anpassung an die Kommissionen von EWG und EAG durch Artikel 19 des Fusionsvertrages so geändert, daß nicht mehr von Überstaatlichkeit der Tätigkeit der Kommissionsmitglieder die Rede war.[666] Hallstein begründete dies damit, daß man den Eindruck habe vermeiden wollen, die Mitgliedsstaaten sollten zerstört werden.[667] Die Ausrichtung dessen auf Frankreich ist überdeutlich.

Obwohl der Schaffung einer einheitlichen Kommission und eines einheitlichen Rates für die Europäischen Gemeinschaften gewisse Synergieeffekte nicht abzusprechen sind, so änderte der Fusionsvertrag am grundsätzlichen Verhältnis der Institutionen zueinander nichts. Besonders die Aufwertung der Kommission fand nicht statt. Gleiches galt für einen Ausbau der Versammlung zu einem unmittelbar durch das europäische Volk legitimierten Parlament.[668] Letztendlich

---

665 Der Ständige Ausschuß sollte die Arbeit des Ministerrates vorbereiten und Beschlüsse selbst ausführen. Eigenständige Bedeutung als Entscheidungsträger ihm jedoch nicht zu.

666 Vgl. dazu auch Zuleeg in Hrbek, S. 291, 294, im Rahmen des Supranationalitätsbegriffes.

667 Hallstein, Bundesstaat, S. 40; hierzu Ipsen, Gemeinschaftsrecht in Einzelstudien, S. 97.

668 Bereits beim Fusionsvertrag war immer wieder die Ausweitung der Befugnisse des Parlaments und die Einführung der Direktwahl gefordert worden. Birkelbach, Europa-Archiv 8/1964, S. 275, 277, sprach sich dabei für eine Bestellung der Exekutive durch das Par-

blieb der Fusionsvertrag im Hinblick auf die Institutionen als Mittel im Integrationsprozeß bedeutungslos. Die Umsetzung der Zusammenlegung der Hohen Behörde und der beiden Kommissionen sowie der Ministerräte verzögerte sich aber durch die für nötig gehaltene Klärung von Personalfragen, die ein weiterer, grundlegender und auch für die Institutionalisierung maßgeblicher Konflikt der Mitgliedsstaaten um die Fortführung des Integrationsprozesses mit sich brachte.

(2) Institutionalisierung und Integrationskrise

In etwa zeitgleich mit dem Abschluß des Fusionsvertrages kam es im noch als Rat der EWG fungierenden Organ zu Vorgängen, die hinsichtlich des Agrarbereichs ein bezeichnendes Licht auf die Interessenabhängigkeit dieser Institution warfen und alle Bedenken gegen die Ausgestaltung des Rates als Entscheidungsträger bestätigen.[669] Der Rat hatte sich in Artikel 7 Absatz 2 seiner Verordnung Nr. 25 vom 4. April 1962[670] verpflichtet, bis zum Ablauf von drei Jahren Veränderungen an der Ausrichtung des Agrarfonds vorzunehmen.[671] Dazu schlug die Kommission der Wirtschaftsgemeinschaft eine Regelung bis zum Ende des Übergangszeitraumes für den Agrarmarkt im Jahre 1968 vor, verknüpfte dies aber mit damit, daß die für den Agrarfonds benötigten Mittel durch die Gemeinschaft selbst aufzubringen seien.[672] Dem wollte Frankreich nicht zustimmen, da es eine abschließende, auch nach 1968 gültige Lösung ohne Verknüpfung mit der Frage der Finanzierung des Fonds beabsichtigte. Italien und Deutschland sahen in der vorläufigen Regelung die Möglichkeit, später weitere Tauschobjekte für die von ihnen beabsichtigte Herstellung eines gemeinsamen Obst- und Gemüsemarktes bzw. einer Marktordnung für Zucker zu besitzen.

lament, Haushaltskompetenzen und Mitwirkung an politischen Entscheidungen aus. Kobbert, Europa-Archiv 14/1965, S. 511, 513 f., folgte dem. Für ihn war die Versammlung juristisch nicht mehr als ein „Erinnerungsposten an den Parlamentarismus" (S. 515).

669 Vgl. dazu Esterbauer, S. 46 ff., im Vorfeld des „Luxemburger Beschlusses". Über die Vorgänge zwischen September 1964 und Mai 1966 existiert im Politischen Archiv des Auswärtige Amts, Berlin, Abteilung 2, Referat IA2, Aktenzeichen 82.03/1, Bde. 1318 - 1331 umfangreiches und bislang bisher unveröffentlichtes Quellenmaterial, das die Konfliktlagen und die Lösungsversuche detailreich widerspiegelt und im einzelnen nachvollziehbar macht. Wegen des Ziels der Arbeit kann darauf hier nicht eingegangen werden.

670 Art. 7 Abs. 2 der Verordnung Nr. 25 über die Finanzierung der gemeinsamen Agrarpolitik lautete: „2. Vor Ablauf des dritten Jahres legt der Rat anhand der Ergebnisse der in Artikel 4 vorgesehenen Gesamtprüfung nach dem Verfahren des Artikels 200 Absatz (3) des Vertrags die Regeln für die Einnahmen des Fonds ab 1. Juli 1965 bis zum Ende der Übergangszeit zur Gewährleistung der fortschreitenden Annäherung an das System des Gemeinsamen Marktes fest." ABl. EG Nr. 30/1962 vom 20. April 1962, dort S. 991, 993.

671 Eine Darstellung der Entwicklungen sowie der einzelnen Initiativen der Kommission, die dann 1965 zum Konflikt mit Frankreich führten, bietet Groeben, Aufbaujahre, S. 268 ff.

672 Vgl. hierzu im einzelnen die Ausführungen bei Nicolaysen, a. a. O. (Fn. 664), S. 1653.

Gleichzeitig versuchten andere Staaten, die mit einer Eigenfinanzierung der Gemeinschaft bedrohten Parlamentsrechte im Budgetbereich zu retten. Schließlich trat vor allem seitens Frankreichs unter de Gaulle die Ablehnung des Ausbaus der Unabhängigkeit der Gemeinschaft, hier in der versuchten Schaffung unmittelbarer Finanzhoheit, erneut zu Tage.[673] Der dadurch bedingte Fehlschlag der Verhandlungen führte dazu, daß Frankreich seine Mitarbeit in der Gemeinschaft einstellte. Eine damalige Bewertung offenbart die hier zutage tretende Interessenabhängigkeit des Verhaltens der Mitglieder und die Gefahr des Stillstandes des Integrationsprozesses durch fehlende Übereinstimmung der Motive:

> „Bei einer Analyse dieser Vorgänge läßt sich zunächst nicht leugnen, daß der Ministerrat eine gemeinschaftsrechtliche Verpflichtung, auch wenn er sie sich selbst gesetzt hatte, verletzte, als er die neue Ordnung des Agrarfonds nicht fristgemäß verabschiedete. Hier zeigt sich, wie sehr noch die Vorstellung von Leistung und Gegenleistung die Verhandlungen zum Nachteil des Gemeinschaftsinteresses erschwert, ohne Zweifel begünstigt durch das Erfordernis der Einstimmigkeit und verstärkt durch geringes Vertrauen zur künftigen Vertragstreue der anderen, wobei Berechtigung und Ursache solcher Krisenzeichen hier nicht diskutiert werden sollen. - Auf der anderen Seite steht die Reaktion Frankreichs in keinem Verhältnis zur Fristverletzung des Rats. Die Mitwirkung der nationalen Regierungen und Behörden bei der Durchführung des Vertrags ist eine Voraussetzung für die Existenz der Gemeinschaften und daher elementare Pflicht der Mitgliedstaaten. Alle gegenteiligen Maßnahmen können die konstruktive Tätigkeit der Gemeinschaften bis zum Stillstand hemmen, und eben dies ist denn auch gegenwärtig ihr einstweiliges Ziel. Eine Rechtfertigung dafür gibt es nicht. ..."[674]

Die damit angesprochene Blockadehaltung bei Interessenkollisionen zwischen den Mitgliedern, die den Rat als Entscheidungsträger gefährdeten, trat dann im weiteren Verlauf des Jahres 1965 mit der vieldiskutierten französischen „Politik des leeren Stuhls" in den Mittelpunkt des politischen und juristischen Interesse.[675] Ausgangspunkt dieser Krise war die Einführung des Mehrheitsverfahrens bei Beschlüssen im Rahmen der Agrarpolitik nach Artikel 43 Absatz 2 und 3 in Verbindung mit Artikel 8 EWGV.[676] Insofern wäre es möglich gewesen, einen oder mehrere Staaten und damit deren Interessen zu überstimmen, um selbst im

---

673 Kobbert, a. a. O. (Fn. 668), S. 511 f., und Zeller, a. a. O. (Fn. 179), S. 415, 417, arbeiten dieses Hauptproblem in den französischen Bedenken neben den Details zur Marktfinanzierung heraus. Auch Groeben, Aufbaujahre, S. 275 ff. beleuchtet die generelle Ablehnung der weiteren Integration Frankreichs unter de Gaulle als dem Hauptgrund der Krise.

674 Nicolaysen, a. a. O. (Fn. 664), S. 1653, 1654. Er bewertete auch das Verhalten Frankreichs im Hinblick auf die fehlende Eile der Neuregelung der Gestaltung der Agrarfonds.

675 Zum Verlauf zwischen Mitte 1965 und Januar 1966 vgl. Groeben, Aufbaujahre, S. 280 ff.

676 Vgl. dazu Schuppert, a. a. O. (Fn. 449), S. 35, 39 ff., der die Gründe der Blockadeposition seitens Frankreichs anhand des von de Gaulle forcierten Konzeptes eines „Europas der Vaterländer" bei Wahrung politischer Letztverantwortung der Mitgliedsstaaten darstellt.

Rat zwar nicht ein objektives Gemeinschaftsinteresse, aber wenigstens so etwas wie ein überwiegendes Interesse der Mitgliedsstaaten definieren zu können. Der zur Lösung dieses Konflikts getroffene Kompromiß[677] sah Einstimmigkeitserfordernisse unabhängig von der vertraglichen Regelung dann vor, falls sich ein Mitgliedsstaat in sehr wichtigen Interessen beeinträchtigt fühlte und ein solcher Konflikt auch nicht durch intensive Verhandlungen zu beseitigen war. Trotz fehlender Relevanz für die Gestaltung des Verhältnisses zwischen Rat und Kommission zementierte dies die Bindung von Ratsentscheidungen an den Konsens aller Mitgliedsstaaten. Scharpf hat anhand der Einstimmigkeitsvorgabe für den europäischen Agrarmarktes überzeugend nachgewiesen, daß sie als Entscheidungsregel suboptimale Ergebnisse systematisch begünstigt.[678] Auf den Rat bezogen, bedeutet dies, daß durch Rücksichtnahme auf die Interessen ausnahmslos aller Mitgliedsstaaten konzeptionell nicht diejenigen Entscheidungen getroffen werden konnten, die unter dem Gesichtspunkt des Gemeinschaftsinteresses für die Mehrheit der Staaten als Optimum annehmbar gewesen wären. Mit dem Luxemburger Kompromiß waren vom Rat als vertraglich vorgesehenem Entscheidungsträger auch zukünftig nur solche Beschlüsse zu erwarten, die den Interessen aller Mitgliedsstaaten entsprachen, während die Interessen der Wirtschaftsgemeinschaft, die der Rat ausweislich des Textes lediglich berücksichtigen sollte, auf dieser Ebene kaum mehr ins Gewicht fielen.[679]

Dem Kompromiß kamen darüber hinaus auch Auswirkungen auf die Position der Kommission zu.[680] Deren Stellung im Institutionengefüge blieb zwar formal unangetastet, aber allein der Umstand, daß sich die Staaten bei der Erarbeitung der Luxemburger Vereinbarung über die Kommission als Träger des Initiativrechts hinweggesetzt hatten, zeigt die Grenzen ihrer Tätigkeit im Hinblick auf die Interessen der Mitgliedsstaaten. Eine Warnung vor allzu großer Unabhängigkeit, wie sich im Vorschlag zur Agrarfinanzierung dokumentiert hatte,

677 Die nach ihrem Entstehungsort - Luxemburg - benannte, bezüglich der Verträge rechtlich unverbindliche Einigung ist bei Schweitzer/Hummer, Textbuch, S. 166 f., veröffentlicht.

678 Scharpf, PVS 1985, S. 323, 331 ff., zeigt den Agrarmarkt als Beispiel seiner Politikverflechtungsfalle und charakterisiert Regierungsinteressen als Grund des Einstimmigkeitserfordernisses im Rat, um die dort drohende Handlungsunfähigkeit zu problematisieren.

679 Bezeichnend ist die Anordnung der Interessenlagen im Luxemburger Kompromiß unter b) Mehrheitsentscheidungen: „I. Stehen bei Beschlüssen, die mit Mehrheit auf Vorschlag der Kommission gefaßt werden können, sehr wichtige Interessen eines oder mehrerer Partner auf dem Spiel, so werden sich die Mitglieder des Rats innerhalb eines angemessenen Zeitraums bemühen, zu Lösungen zu gelangen, die von allen Mitgliedern des Rats unter Wahrung ihrer gegenseitigen Interessen und der Interessen der Gemeinschaft gemäß Artikel 2 des Vertrags angenommen werden können." Vereinbarung der sechs Mitgliedsstaaten der EWG vom 29. Januar 1966, in Schweitzer/Hummer, Textbuch, S. 166 f.

680 Oppermann, Europarecht, § 1, Rn. 29, stellt ebenso fest, daß es Frankreich neben der Ablehnung des Mehrheitsprinzips im Ministerrat ebenso um Beschneidung des als immer noch zu weit verstandenen politischen Handlungsspielraumes bei der Kommission ging.

bildete nach damaliger Einschätzung auch der Wunsch des Rates, die Kommission möge den Rat vor der Unterbreitung von Vorschlägen konsultieren, also als Motor der Integration „realistischer“ vorgehen.[681] Nach dem Luxemburger Kompromiß wurde der Kommission sogar vorgeworfen, sie gebe nun im Gegensatz zur ihrer vorherigen, optimistischen Vorschlagstätigkeit im Rahmen einer Art Selbstbindung ihre Unabhängigkeit noch weiter dadurch auf, daß sie Vorschläge nur noch dann unterbreite, wenn ihr eine Zustimmung des Rates von der Sachlage und vom Zeitpunkt her sicher erschien.[682] Verbunden mit den bereits durch den Fusionsvertrag vollzogenen Veränderungen des Verfahrens der Besetzung der Kommission in personeller Hinsicht ergibt sich damit durch den Luxemburger Kompromiß und in den Jahren danach im Vergleich zum Rat das Bild einer erheblich geschwächten Institution. An dieser Stelle wurde die Beschneidung der Unabhängigkeit der Kommission durch die faktische Bindung ihres Initiativrechts an eine nicht vorrangig dem Gemeinschaftsinteresse verpflichtete Institution und das damit verbundene Verfahren zu einem spürbaren Hemmnis für Integration. Als einzig intaktes unabhängiges Gemeinschaftsorgan verblieb der Gerichtshof, dessen Auslegungskompetenz nicht verändert wurde. Er konnte dadurch auch seine allgemeine moralische Geltung durch die langfristige unabhängige Spruchtätigkeit auf Vertragsbasis erheblich vermehren.[683]

(3) Herausbildung des Europäischen Rates

Institutionalisierung auf westeuropäischer Ebene als Schaffung neuer Organe spielte sich nach 1966 - sogar vorwiegend - auf zwischenstaatlicher Ebene ab.[684] Zwischen dem Ende der sechziger und der Mitte der siebziger Jahre entwickelte sich aus den seit 1961 unregelmäßig stattfindenden Gipfelkonferenzen der Staats- und Regierungschefs der Mitgliedsstaaten ein als Institution zu bezeichnendes Forum, das die Aufgabe vorausschauender Initiative und politischer Beschlußfassung in den Bereichen der drei Gemeinschaften und auch darüber hinaus für sich in Anspruch nahm.[685] Damit war 1975 - zunächst ohne vertragliche Grundlage - der zwei- bis dreimal jährlich tagende Europäische Rat der Staats- und Regierungschefs, der Außenminister und des Kommissionspräsidenten entstanden.[686] Neben der Problematik des mit einer solchen außervertraglichen In-

---

681 So Kobbert, Europa-Archiv 4/1966, S. 119, 121, der im Übergehen der Kommission durch die Staaten bei der Kompromißfindung eine Abwertung dieser Institution erblickt.

682 Zeller, a. a. O. (Fn. 179), S. 415, 417 f., der damit eine praktische Erscheinung aufgreift.

683 So in der Bewertung des damaligen Institutionensystems bei Zeller, ebd., S. 415, 418.

684 Dies wurde schon im unmittelbaren zeitlichen Kontext so gesehen, vgl. Sasse, S. 61, 62 f.

685 Oppermann, Europarecht, § 1, Rn. 36, der den sich aus der Gründung des Europäischen Rates ergebenden Konflikt mit der für die Initiativen zuständigen Kommission anspricht.

686 Die Institution kam auf Anregung des französischen Staatspräsidenten d'Estaing und des deutschen Bundeskanzlers Schmidt zustande, siehe dazu Reichenbach/Emmerling/Stau-

stitution bewirkten Eingriffes in das Initiativrecht der Kommission, nur oberflächlich verdeckt durch die Teilnahme des Kommissionspräsidenten an den Tagungen, ergab sich nun eine weitere politische Instanz, mit der die Gefahr umfangreicher Zuständigkeitskonflikte mit den gemeinschaftsvertraglich begründeten Institutionen[687] anstieg. Dennoch wird die Einführung des Europäischen Rates zur Überwindung der anhaltenden Stagnation der europäischen Integration seit Mitte der sechziger Jahre positiv bewertet. In denselben Kontext der Zusammenarbeit außerhalb der drei Gründungsverträge gehört auch die institutionelle Seite der Herausbildung der EPZ. Die im Davignon-Bericht[688] vorgesehen Beratungen nahmen neben dem Europäischen Rat aufgrund ihrer Regelmäßigkeit ebenfalls Organcharakter an,[689] wobei auch in der Außen- und Sicherheitspolitik die Bündelung der Interessen der Mitgliedsstaaten im Vordergrund stand. Trotz ihres allgemein als integrationsfördernd einzuschätzenden Charakters kam der Europäischen Politischen Zusammenarbeit für die Herausbildung gemeinschaftlicher Entscheidungsträger keine eigene Bedeutung zu.

Obwohl es bezüglich der Stellung des Rates und der Kommission zu keinerlei Veränderungen gekommen war, kann eingeschätzt werden, daß sich bis Ende der siebziger Jahre das Gewicht im Hinblick auf die Entscheidungsträgereigenschaft und der Initiativfunktion bei fortgesetzter Schwächung der Kommission noch mehr auf den Ministerrat der Gemeinschaften und den Europäischen Rat verlagert hatte. Die erwartete Entwicklung der Kommission hin zu einer Art Regierung mit Ausbau der Entscheidungsträgereigenschaft war ebenso ausgeblieben wie das Absinken des Rates auf das Niveau der Länderkammer.[690]

(4) Tindemans-Bericht

Weitere Überlegungen zur Veränderung europäischen Organe ergaben sich aus dem vom belgischen Ministerpräsidenten Tindemans am 29. Dezember 1975 an den Europäischen Rat übermittelten Bericht über die Europäische Union.[691] Nach dem Scheitern der Einrichtung einer europäischen Wirtschafts- und Wäh-

denmayer/Schmidt, S. 16, 19 ff. Vorausgegangen war Beschluß des Gipfels von Paris im Jahre 1974, die Zusammenkünfte der Staats- und Regierungschefs für eine ganzheitliche Betrachtung der mit der Integration verbundenen Probleme und zu deren Lösung zu institutionalisieren. Zu den Aufgaben des Rates im einzelnen Bull. EG Nr. 12/1974, S. 7.

687 Sasse, S. 61, 62 f., sah dieses allgemein sowie für die gemeinsame Außenpolitik voraus.

688 Vom 27. Oktober 1970. A. a. O. (Fn. 184), S. D 520 ff. Vgl. dazu auch unter C III 2 b).

689 Zur Verbindung von EPZ und Europäischem Rat Reichenbach/Emmerling/Staudenmayer/Schmidt, S. 96 f., die auf fehlende Unterstellung der EPZ unter den Rat hinweisen.

690 So die zutreffende Einschätzung aus der Sicht der beginnenden achtziger Jahre durch ein Redaktionsgremium in Groeben, Europäische Integration als Prozeß, dort auf S. 37, 141.

691 Bericht des belgischen Ministerpräsidenten Leo Tindemans über die Europäische Union, dem Rat am 29. Dezember 1975 übermittelt. Vgl. Europa-Archiv 3/1976, auf S. D 55 ff.

rungsunion Anfang der siebziger Jahre war Tindemans in seiner Analyse auch auf die institutionellen Fragen eingegangen, die aus seiner Sicht vor einem Neuversuch zur Strukturänderung und -erweiterung klärungsbedürftig waren. Ausgehend von der Erhaltung der bereits akzeptieren institutionellen Grundlagen und unter ausdrücklichem Ausschluß der Rückkehr zu intergouvernementaler Zusammenarbeit[692] sollte das dann direkt gewählte Europäische Parlament aufgrund dadurch vermittelter neuer politischer Autorität in seinen legislativen Funktionen auch ohne Vertragsveränderungen wachsen. So sah Tindemans ausschließlich aufgrund seiner Direktwahl für das Parlament eine Befassung auch mit nicht vertraglich vorgesehener Materie und ein eigenständiges, aber zunächst unverbindliches Initiativrecht gegenüber dem Rat vor.[693] Hinsichtlich des Rates beabsichtigte Tindemans eine bessere Koordination der Arbeit der einzelnen, mit den Fachministern besetzten „Spezial-Räte" und die umfassende Einführung des Mehrheitsprinzips.[694] Schließlich ermunterte Tindemans die Kommission, deren Präsident nun durch Parlamentsbeschluß bestätigt werden sollte, ihre durch den Luxemburger Kompromiß bewirkte zurückhaltende Vorschlagspraxis gegenüber dem Rat aufzugeben und offensiver vorzugehen.[695] Obwohl in der Folgezeit keine dieser Vorstellungen verwirklicht wurde, zeigen Tindemans Vorstellungen, daß das Verhältnis der Gemeinschaftsorgane zueinander und die Frage der unmittelbaren Legitimation des Parlaments nach der Integrationskrise zwischen 1965 und 1966 nichts an Aktualität verloren hatte.

(5) Installation des Rechnungshofs

Nicht nur im Rahmen der vier auch in den Verträgen so bezeichneten Gemeinschaftsorgane, sondern auch innerhalb der Strukturen, die zur Information und zur Beratung dieser eingerichtet worden waren, kam es im Zeitraum zwischen den Gründungsvereinbarungen zu Wirtschafts- und Atomgemeinschaft und Einheitlicher Europäischer Akte zu spürbaren Veränderungen und sogar zur Neuschaffung von Einrichtungen. Ein besonderer Handlungsbedarf ergab sich dabei seit Anfang der siebziger Jahre des letzten Jahrhunderts im Bereich der Überwachung des Haushalts und seines Vollzuges. Dies lag an der mittlerweile zumindest im gewissen Umfang ausgebauten Haushaltskompetenz des Parlaments und

---

692 So Zuleeg in Europa-Archiv 17/1976, S. 549, in einer Analyse von Tindemans Entwurf.

693 Tindemans, a. a. O. (Fn. 691), S. D 55, D 78. Vgl. Zuleeg, a. a. O. (Fn. 692), S. 549, 550.

694 Tindemans, ebd., S. D 55, D 79 f. Im Hinblick auf die Aufgabe der Einstimmigkeit erscheint dies, bewertet an der nachlassenden Homogenität der Interessen der Mitgliedsstaaten durch die allgemein problematische Wirtschaftslage und die bereits vollzogene Neuaufnahme von Dänemark, Großbritannien und Irland im Jahr 1973 als fast utopisch.

695 Ebd., S. D 55, D 80 f. Ablehnend Zuleeg, a. a. O. (Fn. 692), S. 549, 554, der auf die letztlich doch wieder beim Rat gelegene Entscheidungskompetenz hinwies und eine bereits den Rat einbeziehende Vorschlagstätigkeit seitens der Kommission für besser hielt.

der mehr und mehr zu Tage tretenden Ineffizienz der Arbeit des Kontrollausschusses aus Artikel 206 EWGV.[696] Letzteres ergab sich aus der Weigerung von Kommission und Rat, eine sachgerechte Prüfung der Mittelverwendung in den Gemeinschaftsorganen und bei den Behörden der Mitgliedsstaaten zu gestatten.[697] Um diesen Zustand zu verändern, kam es nach Vorschlägen seitens der Mitgliedsstaaten und der Wissenschaft[698] sowie der Befassung der Kommission, dem Europäischen Parlament und dem Rat mit der Angelegenheit[699] am 22. Juli 1975 zum Abschluß des Vertrages zur Änderung bestimmter Finanzvorschriften der Verträge zur Gründung der Europäischen Gemeinschaften und des Vertrages zur Errichtung eines gemeinsamen Rates und einer gemeinsamen Kommission der Europäischen Gemeinschaften. Dieser errichtete durch die Einführung eines Artikel 4 Absatz 3 EWGV anstelle des bisherigen Kontrollausschusses einen Rechnungshof. Die materiellen Vorschriften über diesen neuen Rechnungshof wurden durch Änderung von Artikel 206 EWGV und durch Ergänzung der Artikel 206a und 206b EWG in den EWG-Vertrag eingeführt.[700]

Obwohl die Aufgaben dieser neuen Institution nicht nur in der Finanzkontrolle, sondern auch in der Begutachtung der Rechnungslegung, der Rechnungsprüfung und im Bereich der Entlastung anderer Gemeinschaftsorgane im Haushaltsbereich lag, änderte sich an den Befugnissen nichts. Die Haupthandlungsformen bestanden - wie beim Kontrollausschuß - in der Abgabe von Berichten und der Anfertigung von Stellungnahmen.[701] Zum Entscheidungsträger stieg damit auch der Rechnungshof, wie schon seine Vorgängereinrichtung nicht auf. Allerdings waren die beim Kontrollausschuß zu Tage getretenen Defizite bei der Informationsbeschaffung beseitigt worden. So wurde die Prüfungskompetenz auf mitgliedsstaatliche Dienststellen erweitert und die Mitglieder des Rechnungshofes nun hauptamtlich angestellt, während sie zuvor nur in Nebenbeschäftigung tätig gewesen waren.[702] Der Hauptstreit in der Literatur der damaligen Zeit entbrannte um den Organcharakter des Rechnungshofes im strengen vertraglichen Sinne, da die Vereinbarung vom 22. Juli 1975 zwar den Rech-

---

696 Diese Gründe führt Leygues, a. a. O. (Fn. 644), S. 59, 64, für die Reformbestrebungen an.

697 Gräfe in FS für Schäfer, S. 349, 352. Als weitere Gründe der Ineffizienz werden an selber Stelle der geringen Personalbestand des Kontrollausschusses, die schwache Position des Europäischen Parlaments, als dessen Hilfsinstitution der Kontrollausschuß verschiedentlich betrachtet wurde, und auch die veränderte Einnahmesituation genannt, da sich die Gemeinschaften nun in zunehmendem Maße aus Eigeneinnahmen finanzierten (S. 354).

698 Vgl. Gräfe in FS für Schäfer, S. 349, 358 ff., und Leygues, a. a. O. (Fn. 644), S. 59, 64 ff.

699 Ehlermann, Rechnungshof, S. 16 ff. und 18 ff., verfolgt den Verfahrensgang in den Gemeinschaftsorganen und beschäftigt sich weiter mit der Reform des Kontrollausschusses.

700 Auch Artikel 78b EGKSV sowie die entsprechenden Regeln zur EAG wurden angepaßt.

701 Zu Aufgaben und Befugnissen des Rechnungshofs nach dem genannten Vertrag vertiefend Brück/Kühne, DÖV 1977, S. 23, 24 f., und auch Ehlermann, Rechnungshof, S. 27 ff.

702 Zu den genannten Veränderungen vgl. die Darstellung von Reister, EuR 1976, S. 69, 78.

nungshof in den neuen Artikel 4 Absatz 3 EWGV aufgenommen hatte, die Institution jedoch nicht ausdrücklich als Organ bezeichnet worden war.[703] Dieses formale Problem blieb jedoch aufgrund der veränderten Haltung der Kommission und des Rats zur Arbeit des Rechnungshofs ohne nachteilige Auswirkung auf die Funktionsfähigkeit der Einrichtung oder auf die Position seiner Mitglieder[704] im Vergleich zu denjenigen des Gerichtshofs oder des Wirtschafts- und Sozialausschusses als unabhängigen Gemeinschaftseinrichtungen.

Als Erkenntnis für die durch den Vertrag zur Änderung bestimmter Finanzvorschriften der Verträge zur Gründung der Europäischen Gemeinschaften und des Vertrages zur Errichtung eines gemeinsamen Rates und einer gemeinsamen Kommission der Europäischen Gemeinschaften erfolgte Einführung des Rechnungshofs ist damit Effizienzgewinn bei der Kontrolle des Finanzgebarens der übrigen Organe anzusehen, ohne daß der Rechnungshof aber zu einem Entscheidungsträger im Sinne der vier großen Gemeinschaftsorgane geraten wäre.

(6) Direktwahl des Europäischen Parlaments

Im Gegensatz zu den Überlegungen Tindemans, die nicht direkt umgesetzt wurden, ergab sich mit der Einführung der Direktwahl des Europäischen Parlaments im Jahre 1979, basierend auf der Einigung der Mitgliedsstaaten zur Anwendung von Artikel 138 Absatz 3 EWGV im Beschluß des Rates 76/787/EGKS, EWG, Euratom vom 20. September 1976,[705] ein wichtiger Schritt hin zur Schaffung eines weiteren, am Gemeinschaftsinteresse orientierten Entscheidungsträgers. Obwohl die bis dahin meist konsultative Rolle des Parlaments unverändert blieb, wurden nun die Abgeordneten nicht mehr durch die Parlamente der Staaten entsandt. Dies war seit langem gefordert worden[706] und stellte eine wesentliche institutionelle Reform mit hoher europapolitischer Bedeutung dar.[707] Vorausgegangen war dieser allgemein positiv bewerteten Veränderung jedoch eine nicht nur auf politischer, sondern auch auf juristischer Ebene geführte Diskussion, ob die Aufwertung des Parlaments anstelle der Einführung der Direktwahl nicht

---

703 Dazu Brück/Kühne, a. a. O. (Fn. 701), S. 23 f., die den Organcharakter an der Stellung der Mitglieder festmachen will. Vgl. hierzu auch Gräfe in FS für Schäfer, S. 349, 359 ff.

704 Zur Unabhängigkeit der Rechnungshofmitglieder Ehlermann, Rechnungshof, auf S. 23 ff.

705 ABl. EG Nr. L 278/1976, 8. Oktober 1976, S. 1 ff. Der Akt schließt sich auf S. 5 ff. an.

706 Groeben, Aufbaujahre, S. 257 ff. schildert Vorschläge der Mitglieder bis 1968. Das Europäische Parlament hatte bereits am 17. Mai 1960 den „Entwurf eines Abkommens betreffend die Wahl des Europäischen Parlaments in allgemeiner unmittelbarer Wahl", Bull. EWG Nr. 98/1960, S. 969 ff., beschlossen. Eine Textfassung und Material zur gewollten und sich anschließenden Diskussion unter den Staaten befindet sich im Politischen Archiv des Auswärtigen Amts, Abteilung 2, Referat 200, Aktenzeichen 81.40/0, in Bd. 392.

707 Oppermann, Europarecht, § 1, Rn. 38. Schuppert, a. a. O. (Fn. 449), S. 35, 42, aufgrund der demokratischen Legitimation, welche sich aus direkter Wahl der Abgeordneten ergab.

besser durch den Ausbau der Kompetenzen zu verwirklichen wäre.[708] Mit der letztlichen Durchsetzung der vor allem im Rat der Europäischen Gemeinschaften favorisierten - weil seine eigenen Befugnisse unangetastet lassenden - Variante der Schaffung einer unmittelbaren Legitimation der Abgeordneten des Parlaments schienen auch die Voraussetzung gegeben, nun die Befugnisse des Organs, wie gefordert, im Sinne einer echten Legislative zügig auszubauen. Dazu kam es aber in der Folgezeit nicht. Mit der Einführung der Direktwahl blieben auch andere, vielfach beklagte organisatorische Defizite des Europäischen Parlaments erhalten. Es war nach wie vor durch die mangelnde Gleichheit der Stimmrechte, gemessen an den Bevölkerungszahlen der Länder, eine Vertretung der Völker der Mitgliedsstaaten, nicht aber die eines europäischen Volkes.[709] Umfassende Zustimmungs- und Vetorechte im Sinne eines an innerstaatlichen Verfassungsmodellen orientierten Legislativorganes fehlten - unabhängig von der Kompetenzfrage - entgegen der Forderungen der mit institutioneller Ausgestaltung des Integrationsvorganges befaßten Rechtswissenschaft noch immer.[710]

(7) Fazit

Für den Zeitraum zwischen dem Ende der fünfziger und dem Beginn der achtziger Jahre ist damit festzuhalten, daß sich am Verhältnis der Institutionen zueinander nichts Wesentliches geändert hatte. Besonders die durch den Vertrag über die Wirtschaftsgemeinschaft begründete Stellung des Rates als Institution zur Vertretung nationaler Interessen bestand nach wie vor. Die Nachteile der Bindung von Entscheidungen an ein mitgliederabhängiges Organ hatte sich mit dem Verhalten Frankreichs in den Jahren 1965 und 1966 offenbart. Nur die späte Einführung der unmittelbaren Wahl der Abgeordneten für das Europäische Parlament und die zumindest innerhalb der Rechtswissenschaft vorangegangene Diskussion um eine Erweiterung der Befugnisse dieser Institution deutete auf eine Verstärkung der Stellung ausschließlich am Gemeinschaftsinteresse orien-

---

[708] Frowein, Zur institutionellen Fortentwicklung der Gemeinschaft, S. 83, 88 ff., entschied sich gegen die Direktwahl des Parlaments und zunächst für die Ausdehnung der Kompetenzen des Organs. Vgl. auch Vedel, S. 4 ff. Herzog, S. 35, 42 ff., sprach sich für die Kombination beider Möglichkeiten aus, wonach erst die Befugnis der Institution erweitert und dann die Direktwahl der Abgeordneten des Parlaments eingeführt werden sollte.

[709] Dieser, bei Seidel, EuR 1992, S. 125, 127, angeführte Umstand läßt sich für die Unabhängigkeit des Parlaments unterschiedlich bewerten. Entweder legt man den Schwerpunkt darauf, daß trotz der Anbindung an die Völker der Mitgliedsstaaten Unabhängigkeit von den Regierungen der einzelnen Länder bestand. Zum anderen ließe sich das Argument in den Vordergrund stellen, auch die direkt gewählten Abgeordneten seien primär an den Bedürfnissen ihrer Herkunftsgebiete und damit wieder an den Mitgliedsstaaten interessiert. Mangels Entscheidungsträgereigenschaft des Parlaments, die ihm mit dem Verfahren der Zusammenarbeit versagt blieb, stellte sich die Frage konkret jedoch nicht.

[710] Weber, JZ 1993, S. 325, 327, in Bewertung der Direktwahl des Europäischen Parlaments.

tierter Organe hin. Als wesentliche Veränderung im Hinblick auf die Institutionalisierung sind die regelmäßigen Treffen der Staats- und Regierungschefs, die im Laufe der siebziger Jahren als Form staatlicher Zusammenarbeit Organcharakter annahmen und sich mit vorheriger Abstimmung gegenüber der Kommission der Europäischen Gemeinschaften zum Träger von Initiativen entwickelten.

bb) Reformen durch die Einheitliche Europäische Akte

Die EEA brachte Veränderungen am Institutionensystem mit sich, ließ aber die Grundstruktur der Organe fast unberührt.[711] Im Mittelpunkt stand die teilweise Einführung von Mehrheitsbeschlüssen im Rat sowie ein verändertes Verfahren zu Erlaß von Rechtssätzen der Gemeinschaft. Daneben lassen sich mit der Übertragung der Kompetenz zur Einführung eines Gerichtes erster Instanz an den Rat sowie erweiterten Delegationsmöglichkeiten vom Rat an die Kommission zusätzliche Verschiebungen ausmachen. Vorangestellt sei, daß Artikel 2 EEA den Europäischen Rat samt der EPZ auf eine vertragliche Grundlage stellte und in das Institutionensystem der Gemeinschaften einordnete.

Die Position des Parlaments wurde durch das mit der Einheitlichen Europäischen Akte eingeführte Verfahren der Zusammenarbeit weiter ausgebaut, ohne das Parlament jedoch zum Entscheidungsträger zu machen.[712] Das in den Artikeln 6 und 7 EEA beschriebene und als Artikel 149 EWGV aufgenommene Verfahren[713] zielte darauf ab, die bisher bei der Rechtssetzung des Rates erforderliche Anhörung des Parlaments zumindest für einige Sachgebiete durch eine tatsächliche Mitwirkung zu ersetzen. Der Rat sollte aufgrund von Kommissionsvorschlägen und nach Stellungnahme des Parlaments einen gemeinsamen Standpunkt erarbeiten, der einschließlich seiner Gründe wieder an das Parlament übersandt wurde. Dieses hatte Gelegenheit, dem zuzustimmen, den Standpunkt mit absoluter Mehrheit zu verändern oder mit demselben Stimmerfordernis ganz abzulehnen. Hätte diese Ablehnung gleichzeitig das verfahrensmäßige Ende des Standpunktes und damit des gesamten Rechtsaktes bedeutet, wäre dem Europäischen Parlament in diesem Zusammenhang eine tatsächliche Entscheidungsbefugnis zugekommen. Der Rat konnte sich aber nach Artikel 7 EEA in einem einstimmig zu fassenden Beschluß über die Ablehnung des Parlaments hinwegset-

---

[711] So in einer rückblickenden Betrachtung von 1990 Ketelsen in Leienbach/Dohle, S. 5, 6.

[712] Neben dem Zusammenarbeitsverfahren war in zwei Fällen - dem Beitritt neuer Mitgliedern und dem Abschluß von Assoziierungsabkommen - ein Zustimmungserfordernis des Parlaments aufgenommen worden. Vgl. Ehlermann in Hrbek, S. 221, 225 f. Nur hier kam diesem Organ echte Entscheidungsträgereigenschaft zu, während es in allen übrigen Fällen entweder angehört werden mußte oder die bloße Zusammenarbeit mit ihm genügte.

[713] Vertiefend Bieber, NJW 1989, S. 1395, 1398 ff.; Ehlermann in Hrbek, S. 221, 226 f.; Ketelsen in Leienbach/Dohle, S. 5, 12 ff., und Winter, a. a. O. (Fn. 450), S. 173, 179, die alle ausführlich das Verfahren der Zusammenarbeit und seine Besonderheiten aufzeigen.

zen, so daß trotz doppelter Lesung im Parlament und Effektivierung mittels zeitlicher Begrenzung des Verfahrens dem Rat die Letztentscheidung verblieb. Auch bei Änderungen der Standpunkte durch das Parlament ergab sich keine Verbindlichkeit für die Kommission - sie mußte sich mit den vorgeschlagenen Änderungen befassen - oder den Rat, dies so zu übernehmen. Mit dem Zusammenarbeitsverfahren aus den Artikeln 6 und 7 EEA wurde zwar der Grad der Mitwirkung des Parlaments am Verfahren zum Erlaß von Rechtssätzen erhöht, zum Entscheidungsträger im Sinne einer gemeinschaftlichen Legislative[714] stieg das Parlament dennoch nicht auf. Im Verhältnis zwischen Rat und Parlament brachte das Verfahren der Zusammenarbeit zwar eine öffentlichkeitswirksame Erhöhung des Einflusses der zuletzt genannten Institution, tat jedoch der Stellung des Rates als Entscheidungsträger keinen Abbruch.

Die Enscheidungsbefugnisse des Ministerrates vermehrten sich aufgrund neuer Aufgabenbereich, so dem der Forschung. Hier kam ihm wie in der EAG die Aufstellung mittelfristiger Forschungsprogramme zu. Damit verbunden war - unter Berücksichtigung der Erfahrungen von 1965 und 1966 - die vorsichtige Einführung des Mehrheitsverfahrens für die neuen Bereiche.[715] Aufgeschlüsselt nach Aufgaben konnte nach Erreichung eines einstimmigen Grundkonsens auch per Mehrheitsbeschluß entschieden werden.[716] Das Modell einstimmiger Grundentscheidung und mit einfacher Mehrheit zu fassender Folgebeschlüsse wurde in Artikel 100a EWGV für den Binnenmarkt übernommen.

Neben der Teileinführung des Mehrheitsprinzips enthielten die Regelungen der Akte zu den neu aufgenommenen Aufgabenbereichen vielfach die Formulierung, daß über die genaue Durchführung bestimmter Maßnahmen die Gemeinschaft entscheide. Insofern war eine stärkere Delegation von Überwachungs- und Verwaltungsaufgaben an die Kommission der Europäischen Gemeinschaften nicht nur beabsichtigt, sondern bereits konkret vorgegeben.[717] Dies erweiterte deren Tätigkeitsbereich im Hinblick auf die Entscheidungsträgereigenschaft zwar auch, änderte jedoch nichts daran, daß die maßgeblichen Entschei-

---

714 Die begriffliche Anleihe bei der Verfassungstheorie sei gestattet. Die Gemeinschaften sind, wie von Bogdandy, a. a. O. (Fn. 5), S. 3, 9 f., zur Europäischen Union feststellt, kein Staat. Er könne als bisher herrschende Form jedoch als Referenz dienen. Besser wäre es, von Verlagerung hin zu einem Organ zu sprechen, das der Legitimierung gemeinschaftlicher Normsetzung diente, wozu der Ministerrat allein jedoch noch nicht ausreicht.

715 Zum Rat auch Ketelsen in Leienbach/Dohle, S. 5, 8, der weniger die Möglichkeiten der Mehrheitsbeschlüsse für neu eingefügte Aufgaben, sondern die zum Binnenmarkt betont.

716 Ehlermann in Hrbek, S. 221, 222 ff., erläutert diese Aufgabenbereiche. Daneben blieben aber andere Gebiete erhalten, in denen es nach wie vor auf Einstimmigkeit ankam, da dort noch kein Grundkonsens erzielt war. Dazu gehört auch die Steuervereinheitlichung.

717 Ketelsen in Leienbach/Dohle, S. 5, 10, erläutert die Grundaussage der EEA, wonach der Ministerrat in allen Fällen verpflichtet war, die Durchführungsbefugnis auf die Kommission zu übertragen. Deren Exekutivbefugnisse wurden dadurch also erheblich gestärkt.

dungen innerhalb der neuen Aufgabengebiete durch den Rat getroffen wurden. Was den Gerichtshof der Europäischen Gemeinschaften anging, so enthielt Artikel 4 EEA eine Kompetenz für den Rat, ihm ein mit unabhängigen Richtern zu besetzendes, erstinstanzliches Gericht zuzuordnen. An den Beschränkungen des Gerichtshofs und dem neuen Gericht änderte sich durch die EEA jedoch nichts.

cc) Vertrag über die Europäische Union

Der Unionsvertrag von 1992, der die Zusammenfassung der drei Gemeinschaften und der verschiedenartigen Zusammenarbeit der daran beteiligten Staaten unter eine gemeinsame Dachkonstruktion darstellt,[718] erweiterte, wie erörtert, den Spielraum des europäischen Integrationsprozesses um neue Aufgaben. Die beiden Vertragsinhalte - Zusammenfassung bestehender Formen und Erweiterung des Aufgabenbereichs - müssen im Hinblick auf die Integrationsfunktion von Institutionen und dem Vorhandensein der Entscheidungsträgerschaft als Kriterium vergemeinschaftungwirksamer Mittel getrennt begutachtet werden.

(1) Organe aus den Gründungsverträgen

Die Institutionen der drei Einzelgemeinschaften, wie sie der Fusionsvertrag hervorgebracht hatte, blieben in ihren Befugnissen und in ihrem Verhältnis zueinander bis auf einen wesentlichen Unterschied auch nach Maßgabe des Unionsvertrages bestehen. Die Veränderung betraf wieder das Verfahren der Mitwirkung des Parlaments an den Entscheidungen des Rates. Das Verfahren der Zusammenarbeit wurde für einige Bereiche zum Verfahren der Mitentscheidung[719] nach Artikel 189b EGV erhoben, in dem bei fehlendem Konsens zwischen Rat und Parlament über einen Standpunkt des Rates ein Vermittlungsverfahren eingeführt wurde, über dessen Ergebnisse Rat und Parlament wiederum entscheiden konnten. Lehnte das Parlament auch das Vermittlungsergebnis mit absoluter Mehrheit ab, war das Vorhaben endgültig gescheitert. Das Parlament hatte damit

---

718 Diese Idee war nicht neu. Schon die Fouchet-Pläne sahen 1962 eine Zusammenführung der Gemeinschaften in einer politischen Struktur vor, in der die zwischenstaatliche Zusammenarbeit überwiegen und so - aus französischer Perspektive - die unabhängigen Institutionen in ihrer Wirkung reduziert werden sollten. Vgl. dazu und zur institutionellen Ausstattung der politischen Lenkungsebene de Araujo, S. 24 ff.; Koppe, Europa-Archiv 8/1962, S. 264 ff., besonders S. 267 f. Die Initiative des deutschen Außenministers Genscher Anfang der achtziger Jahre zur Wiederbelebung der Integration enthielt eine Verklammerung des Besitzstandes der zehn, an den Organisationen beteiligten Staaten als Basis zur Vollendung der Union. Darüber Hansen, Europa-Archiv 5/1981, S. 141, 144 f.

719 Zu den Einzelheiten des Verfahrens Bleckmann, DVBl 1992, S. 335, 337, bei dem sich die Parallelität des Mitentscheidungsverfahrens zu den bisherigen Arten der Beteiligung des Europäischen Parlaments nachvollziehen läßt, Nentwich, EuZW 1992, S. 235, 241 f.; Schmuck in Europa-Archiv 4/1992, S. 97, 102; Winter, a. a. O. (Fn. 450), S. 173, 179.

in einem aus bis zu drei Lesungen bestehenden Verfahren eine verbindliche, wenn auch praktisch irrelevante[720] Entscheidungskompetenz über Akte der Gemeinschaft bekommen.[721] Damit läßt sich das Parlament zumindest nach der Modifikation durch den Unionsvertrag als Entscheidungsträger im Integrationsprozeß klassifizieren. Auch das interne Verhältnis zwischen Parlament und Kommission wurde im Hinblick auf eine Legitimierungsfunktion durch Artikel 158 EGV verändert, indem die Kommission, nach wie vor durch die Mitgliedsstaaten einvernehmlich ernannt, nun in ihrer Gesamtheit auch die Zustimmung des Parlaments finden mußte.[722] Die Amtsdauer der Kommission war jetzt an die Wahlperioden des Europäischen Parlaments gebunden. Beides bestätigt die aufgewertete Position des Parlaments. Über die Gründungsgemeinschaften hinaus unterstellte man die existierenden Bereiche zwischenstaatlicher Kooperation wie die in der Außen- und Sicherheitspolitik der ehemaligen Europäischen Politischen Zusammenarbeit gerade nicht der gemeinschaftlichen Verantwortung, sondern beließ ihnen ihren bisherigen Charakter. Generelle Bestrebungen, die der zwischenstaatlichen Zusammenarbeit angehörigen Gebiete nunmehr ausschließlich am Gemeinschaftsinteresse orientierten Entscheidungsträgern analog denen der drei Einzelgemeinschaften zuzuordnen, lassen sich nicht nachweisen.

(2) Zuordnung neuer Aufgabenbereiche

Die Einführung neuer Aufgabenfelder im Unionsvertrag wurde im Hinblick auf deren Zuordnung zu den einzelnen Institutionen so vorgenommen, daß die überwiegende Zahl der Aufgaben in der Zuständigkeit der einzelnen Länder verblieb. Im Gegensatz dazu sahen die bisherigen Mitglieder der Gemeinschaften im Kontext der Einführung der Wirtschafts- und Währungsunion als Fortsetzung der Bemühungen um die Herstellung eines einheitlichen Wirtschaftsraumes in West, Süd- und Mitteleuropa die Einrichtung einer Europäischen Zentralbank vor, die als unabhängiger, an die Gemeinschaftswährung gebundener

---

720 Schon das Verfahren der Zusammenarbeit hatte zur Ablehnung eines Standpunktes des Rates einen Beschluß des Parlaments mit Mehrheit aller Mitglieder vorgesehen. Diese hohe Schwelle war zwischen 1987 und 1993 nur einmal überwunden worden, und zwar für eine Richtlinie über den Schutz der Arbeitnehmer vor Benzol am Arbeitsplatz vom Oktober 1988. Eine Statistik der Tätigkeit von Rat und Parlament von 1987 bis 1989 befindet sich bei Bieber, a. a. O. (Fn. 713), S. 1395, 1399. Damit war nicht zu erwarten, daß das Parlament nun im Mitentscheidungsverfahren die Hürde leichter überwinden würde.

721 Von Stauffenberg/Langenfeld, ZRP 1992, S. 252, 258, beurteilen, daß die begrenzte Möglichkeit des Parlaments gegenüber dem Standpunkt langfristig dazu führen würde, daß das Parlament, um nicht als „notorischer Neinsager“ im Integrationsprozeß dazustehen, den Vorschlag des Rates bevorzugen sowie letztlich dann doch akzeptieren würde.

722 Nentwich, a. a. O. (Fn. 719), S. 235, 237 f., der zu Recht darauf hinweist, daß der Ausbau der Beteiligung des Parlaments an der Besetzung der Kommission unvollständig geblieben war, weil sich nachnominierte Kommissare dem Parlament nicht stellen brauchten.

Entscheidungsträger fungierte.[723] Andere Bereiche, so die Zusammenarbeit in Justiz- und Innenangelegenheiten sowie in der Außen- und Sicherheitspolitik, blieben als Elemente einer Politischen Union außerhalb der Gemeinschaftsverträge und sollten wie bisher durch den Europäischen Rat wahrgenommen werden. Die Mitgliedsstaaten blieben hier letztendlich selbst die Träger der Zuständigkeit und der Verantwortung auf diesen Gebieten.[724]

Faßt man all dies zusammen, dann finden sich als Entscheidungsträger im Integrationsvorgang die auf den Markt beschränkte Kommission, die einzurichtende Europäische Zentralbank, der Rat der Gemeinschaft als Ministerrat sowie der Rat der Europäischen Union als Gremium der Staats- und Regierungschefs. Zu berücksichtigen ist dabei auch das zum Entscheidungsträger erstarkte Europäische Parlament.[725] Die ersten beiden Institutionen waren ausschließlich am Gemeinschaftsinteresse ausgerichtet, während alle übrigen der Findung von Kompromissen zwischen den mitgliedsstaatlichen Positionen verbunden waren. Selbst in den Organen konnte je nach Verfahrensart das Kompromißniveau unterschiedlich ausfallen: Der Rat der Europäischen Gemeinschaft konnte je nach Gegenstand entweder einstimmig oder im Mehrheitsverfahren entscheiden. Während im ersten Fall jedem Staat ein Vetorecht zukam und damit der Konsens aller Mitglieder gefunden werden mußte, ließ das Mehrheitsverfahren die Ablehnung von Vorhaben durch einzelne Mitglieder unbeachtlich werden, wenn sich die nötige Mehrheit dafür aussprach. Wann welches Verfahren anzuwenden war, regelte der Vertrag in einer Vielzahl unüberschaubarer Einzelvorschriften.

(3) Institutionen mit beratender Funktion

Der Vertrag über die Europäische Union baute, auch hinsichtlich der neuen Aufgabenbereiche, diejenige Kategorie von Institutionen aus, der keine Entscheidungsträgereigenschaft zukam. Innerhalb des Artikels G EUV wurden entweder bereits bestehende Einrichtungen dieser Art verändert oder neue Institu-

---

[723] Seit der Konferenz der Staats- und Regierungschefs am 1. und 2. Dezember 1969 in Den Haag war die Wirtschafts- und Währungsunion angestrebt worden, wie Nr. 8 des Schlußkommuniqués aussagt. Der Werner-Bericht vom 5. Oktober 1970, Europa-Archiv 22/1970, S. D 530 ff., hatte dazu die Herstellung eines einheitlichen Wirtschaftsraumes mit freier Konvertibilität der Währungen, Festsetzung der Wechselkurse und ein Zentralbanksystem vorgesehen. Es sollte eine gemeinsame Geldpolitik nach innen und nach außen betrieben werden, wobei in der ersten Stufe der Rat als Entscheidungsträger fungieren und die Kommission Vorschläge unterbreiten sollte. Der Rat entschied sich am 9. Februar 1971 für dieses Konzept. Zum Beschluß vgl. Europa-Archiv 6/1971, S. D. 139 ff.

[724] So auch Seidel, a. a. O. (Fn. 709), S. 125, 132, der die Politische Union mit der Wirtschafts- und Währungsunion vergleicht und dabei beide anhand der Merkmale abgrenzt.

[725] Dies sollte nicht überbewertet werden. Es ist eher Zuleeg, JZ 1993, S. 1069, 1071, zuzustimmen, daß trotz der Aufwertung des Parlaments der Rat das Entscheidungsorgan blieb.

tionen in den EG-Vertrag eingeführt. Reformen erfuhren zumindest im geringen Ausmaß der Wirtschafts- und Sozialausschuß sowie der Rechnungshof. Ersterer wurde in Details verändert, was zu einer Verstärkung seiner Unabhängigkeit gegenüber Kommission und Rat führen sollte.[726] Die vertraglichen Vorschriften über den seit 1977 tätigen Rechnungshof wurden von den Artikeln 206 bis 206b EWGV in die Artikel 188a bis 188c EGV verlagert, wobei als einzige sachliche Ergänzung die Möglichkeit des Organs in Artikel 188c Absatz 1 Satz 3 EGV eingefügt wurden. Zu einer grundlegenden Aufwertung beider lediglich beratender Institutionen kam es im Zusammenhang mit dem Vertrag über die Europäische Union jedoch nicht. Die besondere Entscheidungsträgereigenschaft anderer Organe blieb ihnen auch nach 1992 vollständig verwehrt.

Die in den wirtschafts- und währungspolitischen Zusammenhang gehörige Europäische Zentralbank, die mit eigener Rechtspersönlichkeit ausgestattet war und die in völliger Unabhängigkeit von den Mitgliedsstaaten und der Gemeinschaft fungieren sollte,[727] wurde zur Koordination der Politiken der Mitgliedsstaaten für den Binnenmarkt durch Artikel 109c des EG-Vertrages neu eingeführt. Dieselbe Vorschrift errichtete zudem einen Beratenden Währungsausschuß. Dessen Aufgaben bestanden neben der Abgabe von Stellungnahmen an den Rat oder die Kommission in der laufenden Beobachtung der Währungs- und Finanzlage der Mitgliedsstaaten sowie deren laufendem Zahlungsverkehr und entsprechender Berichterstattertätigkeit. Vorgesehen war in Artikel 109c Absatz 2 EGV auch eine jährliche Lageprüfung hinsichtlich der Freiheit des Zahlungsverkehrs im Marktgebiet. Absatz 3 derselben Regelung bereitete schon Veränderungen für die zweite Stufe der Wirtschafts- und Währungsunion vor, in der diese Institution zum Wirtschafts- und Finanzausschuß ausgebaut werden sollte. Obwohl die Ernennung der Mitglieder dieser Institution durch die Staaten selbst sowie die Kommission erfolgen sollte, ist dieser Ausschuß dennoch als derselben Kategorie zugehörig anzusehen, der auch der Wirtschafts- und Sozialausschuß sowie der Rechnungshof zugeordnet worden sind.

Noch eine dritte Einrichtung beratenden Charakters muß im Zusammenhang mit dem Vertrag über die Europäische Union und den darin enthaltenen Änderungen und Ergänzungen für die Gemeinschaftsverträge Erwähnung finden. Artikel G EUV sah einen in den Artikeln 198a ff. EGV enthaltenen Ausschuß der Regionen[728] vor, der sich aus Vertretern regionaler sowie lokaler Gebietskörperschaften zusammensetzen sollte und dessen Aufgabe in Begründung einer Konsultationsmöglichkeit für Rat und Kommission in den vertraglich vor-

---

726 Darauf soll nicht eingegangen werden. Vgl. hier Nentwich, a. a. O (Fn. 719), S. 235, 240.

727 Einen Kurzabriß über Geschichte und Charakter - auf beides soll aufgrund der rechtlichen Eigenständigkeit der Europäischen Zentralbank hier nicht weiter eingegangen werden - gibt Tietmeyer in Konferenz der deutschen Akademien der Wissenschaft, auf S. 43, 59 ff.

728 Die Geschichte des Ausschusses und Motive der Errichtung schildert Siebecke, S. 104 ff.

gesehenen Fällen oder bei Utilität bestand.[729] Der Grund für die Einrichtung dieser Institution lag in der gemeinschaftsseitigen Erkenntnis der Erforderlichkeit stärkerer Berücksichtigung regionaler Besonderheiten und Belange, um den Integrationsprozeß als solchen zu befördern.[730] Die Auswahl der für den Ausschuß als Mitglieder in Frage kommenden Personen oblag nach Artikel 198a EGV den Mitgliedsstaaten, die Bestimmung erfolgte durch einstimmigen Ratsbeschluß für die Dauer von vier Jahren. Mit der Beschränkung der Handlungsmöglichkeiten auf Stellungnahmen fehlte ihm Entscheidungsbefugnis, womit er als eine Ausprägung der von Rat, Kommission, Parlament und Gerichtshof zu trennenden, nur mit beratender Funktion versehenen Gruppe von Institutionen anzusehen ist.

(4) Fazit

Mit der Vereinbarung über die Gründung der Europäischen Union entstand also im Hinblick auf die Institutionalisierung ein inhomogenes Gebilde, daß zwei grundverschiedene Ansätze der Einflußnahme auf Integrationsprozesse durch Errichtung von Institutionen - nämlich den der Übertragung von Entscheidungskompetenzen auf Institutionen der neuen Einheit und den der bloßen Kooperation der Länder untereinander bei Erhalt nationaler Kompetenzen - in sich vereinigte.[731] Dabei standen diejenigen Institutionen, die auf der Übereinstimmung der Mitgliedsstaaten basierten, gerade für neue Bereiche der Integration im Vordergrund. Nur dort, wo sich innerhalb des Marktes konsensual nicht zu lösende Interessenkollisionen bei der Festlegung der Geldmarktpolitik innerhalb der Währungsunion abzeichneten, waren die beteiligten Staaten bereit, die Befugnisse auf ein am Gemeinschaftsinteresse ausgerichtetes Organ zu übertragen. Mit dieser Gespaltenheit im Institutionengefüge ergibt sich auch wieder die Erkenntnis, daß sich die Frage nach Supranationalität, innerhalb der Untersuchungen zur Institutionalisierung schon mehrfach gestellt, nicht an einer Gesamtgemeinschaft, sondern nur an einzelnen Organen und deren Verfahrensarten festmachen läßt. So gilt für die Europäische Union, daß ihre Institutionen teilweise supranationalen Charakter aufwiesen. Dazu zählte die Beschlußfassung des Ra-

---

729 Zu Aufgabe und Verfahren dieses Ausschusses Nentwich, a. a. O. (Fn. 719), S. 235, 240.

730 Zuleeg, DVBl 1992, 1329, 1336, sah die Funktion des Ausschusses in einer Plattform für die Eingliederung der Länder und Regionen in den europäischen Integrationsprozeß. Dies sollte sich neben stärkerer Beteiligung am Verschmelzungsprozeß auch förderlich auf den Erhalt von deren Eigenständigkeit auswirken, was eine gewisse Janusköpfigkeit bedeutet.

731 Winter, a. a. O. (Fn. 450), S. 173, 177 ff., entwirft für den Charakter der Funktion der Institutionen nach dem Maastricht-Vertrag aus juristisch-begrifflicher Sicht ein Ordnungsmuster, in dem er nach intergouvernementaler Verflechtung sowie verschiedenen Graden von Bundesstaatlichkeit - gemessen unter anderem an den einzelnen Beschlußverfahren des Rates und der Beteiligung des Parlaments an Entscheidungen - trennt. Er schlüsselt dann auf S. 179 ff. die einzelnen Verfahren und Befugnisse der Institutionen genauer auf.

tes der Europäischen Gemeinschaft im Verfahren der qualifizierten Mehrheit, der Europäischen Gerichtshof als Rechtsinstanz sowie die Kommission mit eigenständigen Entscheidungsbefugnissen bei der Wettbewerbs- sowie Beihilfeaufsicht.[732] Den übrigen Organen fehlte diese Eigenschaft.

Neben der Unterscheidung zwischen entscheidungsbefugten Institutionen kooperativen und supranationalen Charakters wurde jedoch auch das seit Beginn der Integrationsbemühungen im Jahre 1950 vorhandene Konzept der Beratung politischer, zu Dezisionen kompetenzmäßig berechtigter Organe durch andere, fachlich befähigte Strukturen weiter ausgebaut und damit fortgeführt. Die Ausdehnung des Binnenmarktes auf den Bereich der Finanz- und Währungspolitik ist ein Beispiel dafür, daß fortschreitende, politisch gesteuerte Integration sachlicher Beratung und Kontrolle bedarf. Dennoch sollte es nicht zur Steuerung des Integrationsvorgangs durch eine technische Behörde wie in der Montanunion kommen, sondern die Letztverantwortung bei den Mitgliedsstaaten, abgesichert über deren Teilnahme im Rat, liegen. Die Bereitstellung und Einbeziehung fachlicher Konsultationsmöglichkeiten, aber auch die Prüfung des Haushalts nach den Grundsätze sparsamen Wirtschaftens entspricht dem Primat der Politik und letztlich wieder den Interessen der Mitgliedsstaaten, die bereits bei der Zielstellung europäischer Integration als treibend erkannt wurden und sich auf die Ausgestaltung von Institutionen als Mittel der Verschmelzung niederschlagen.

dd) Zusammenfassung

Die Veränderungen am Institutionensystem der drei Gemeinschaften ab dem Ende der fünfziger Jahre bis hin zur Gründung der Europäischen Union stellen sich lediglich im Hinblick auf den Ausbau der Beteiligung des Parlaments am Entscheidungsverfahren und der damit verbundenen Aufwertung dieser Institution zum Entscheidungsträger als erheblich dar. Das grundlegende Verhältnis zwischen dem Rat und der Kommission der Wirtschaftsgemeinschaft, bei dem der Rat die Funktion des zentralen Entscheidungsträgers wahrnahm, blieb auch nach der Vereinigung mit den Institutionen der anderen beiden Gemeinschaften erhalten. Jedoch ging der Kommission besonders zwischen Mitte der sechziger und Mitte der siebziger Jahre ein Großteil ihres Einflusses auf die Fortführung des Integrationsprozesses im Rahmen des Gemeinsamen Marktes verloren.[733] Darüber hinaus waren ihr im Hinblick auf politische Integration von Beginn an keine Initiativrechte eingeräumt worden. Die einzigen Veränderungen im Hinblick auf die Erschaffung eines weiteren, unabhängigen Entscheidungsträgers

---

[732] Unter Nennung der Einzelelemente vertreten bei Seidel, a. a. O. (Fn. 709), S. 125, 128.

[733] Vgl. dazu die Analyse von Sasse, S. 61, 66 f., für den Stand von 1972. Er bezeichnet dort das Initiativrecht der Kommission und ihre Schutzfunktion bei Mehrheitsentscheidungen als ein „zu schwache Instrumente - jedenfalls in der Hand eines geschwächten Organs".

stellte in diesem Zusammenhang die Einführung der Direktwahl für das Europäische Parlament dar. Die darauffolgenden Änderungen des Verfahrens der Beteiligung dieses Organs an Entscheidungen des Rates änderten an dessen zentraler Stellung nichts. Die Findung neuer, über die drei Gemeinschaften hinausgehender Integrationsansätze sowie deren Umsetzung erfolgte durch Institutionen, die auf dem Modell der zwischenstaatlichen Zusammenarbeit basierten. Auch die inhaltliche Ausdehnung des EWG- bzw. EG-Vertrages auf Aufgabenbereich der Forschung und Entwicklung sowie des Umwelt- und Verbraucherschutzes stützte sich auf Entscheidungsbefugnisse des Rates und damit des Organs, das sich aus nationalen Fachministern zusammensetzte und damit den Interessen der Mitgliedsstaaten verpflichtet war. In einigen Fällen wie dem Gesundheitsschutz verblieb die Verantwortung zur Ergreifung nötiger Maßnahmen und damit jegliche Befugnis bei den Mitgliedsstaaten selbst, wodurch zumindest hier selbst dem Ministerrat die Entscheidungsträgereigenschaft abzusprechen ist.

Der damit spätestens ab 1965 vollzogene konzeptionelle Wechsel weg von Institutionen, die mit übertragenen Befugnissen Entscheidungen verbindlicher Art gegenüber den Mitgliedsstaaten treffen konnten oder Vorschläge für den weiteren Fortgang des Integrationsprozesses unterbreiten sollten, wirft die Frage auf, ob die mit den genannten Institutionen betriebene kooperative Zusammenarbeit auf den Gebieten der Außen- und Sicherheits- sowie der Innen- und Justizpolitik überhaupt noch als Integration im engeren Sinne verstanden werden kann. Dagegen spricht unter Berücksichtigung der eingangs erörterten Begriffsdefinition, daß Integration als Verschmelzung verschiedener kleinerer zu einer neuen, größeren Einheit begrifflich die Aufgabe der alten Strukturen fordert. Zwischenstaatliche Zusammenarbeit, die in keinster Weise den Zuständigkeits- und Kompetenzbereich der daran beteiligten Länder berührt, führt zwar zu einem auch durch Institutionen vermittelten engeren Kontakt untereinander, berührt aber das Bestehen der Staaten und deren Kompetenzausstattung als solcher weiter nicht. Anders formuliert heißt dies, daß sich zwar die Anfänge einer neuen Struktur bilden, daß aber die bis dahin existierenden kleineren Einheiten, also die Mitgliedsstaaten selbst, unverändert bestehen bleiben. Mißt man diesen Effekt zwischenstaatlicher Zusammenarbeit am Integrationsbegriff, so ergibt sich eine Inkongruenz. Dem aus formal-begrifflicher Sicht naheliegenden Schluß, daß Integration nur dann vorläge, wenn die überkommene, kleine Einheit durch den Verschmelzungsprozeß aufgelöst würde, steht die Verwendung des Begriffes im konkreten europäischen Zusammenhang entgegen. Obwohl spätestens 1965 klar war, daß die Bemühungen um eine veränderte Form von Zusammenarbeit in Westeuropa auf keinen Fall mit der Auflösung der Mitgliedsstaaten einhergehen würde, wurde der Begriff der Integration neben den bestehenden Gemeinschaften dennoch auch weiter für die kooperativen Elemente wie der Europäischen Politischen Zusammenarbeit und den im Unionsvertrag aufgeführten Bestandteilen einer Politischen Union verwandt. Insofern muß der Integrationsbegriff hier aufgrund der Entwicklung seiner Verwendung auch für auf zwischenstaatlicher Kooperation basierende Ansätze zur organisatorischen Zusammenarbeit zwischen den Mitgliedsstaaten ausgedehnt werden. Damit kann auch weiter von Integration gesprochen werden, ohne damit gleichzeitig immer begrifflich eine Auflösung der Nationalstaaten zugunsten von einer größeren Einheit zu fordern.

c) Erkenntnisse für Institutionalisierung als Integrationsmittel

Auszugehen ist hinsichtlich von Schlußfolgerungen zur Institutionalisierung als Integrationsmittel von der Erkenntnis, daß von Beginn europäischer Integration an Institutionen vorgesehen waren, um den Verschmelzungsprozeß voranzubringen und die zu seiner Beeinflussung und Beschleunigung nötigen Entscheidungen zu treffen. Zur Bewertung des Institutionalisierungsansatzes sind, wie bisher auch schon bei den einzelnen Gemeinschaften und den später dort vollzogenen Änderungen am System der Organe, zwei Elemente zu unterscheiden. Zum einen gehört dazu der Bereich der Integrationswirkung aufgrund des Bestehens von Organen, wobei sich die Frage nach dem Verhältnis zwischen am Gemeinschafts- und am nationalen Interesse ausgerichteten Institutionen stellt. Zum anderen muß die Entscheidungsträgereigenschaft gerade für die Ausweitung von Integration gesondert bewertet werden, wobei sich hier politisch motivierte Verschiebungen der Ansätze im Laufe des Verschmelzungsprozesses ergeben haben. Zum Komplex der Institutionalisierung gehörte, und dies darf nicht vergessen werden, von Beginn an die Frage nach rechtlicher Überprüfung der Entscheidungen durch geeignete Organe. Vorab sei festgestellt, daß gerade das hier herausgearbeitete Ausmaß und der Stellenwert der einzelnen Institutionen sowie die dazu vollzogenen Überlegungen die Wichtigkeit der Konstruktion herausgehobener Entscheidungsträger für den Integrationsvorgang zwischen den Staaten zwecks der Herstellung einer neuen europäischen Einheit verdeutlichen.

aa) Institutionalisierungskonzepte - Supranationalität und Kooperation

Institutionalisierung zielte bei Monnet und in der Pariser Erklärung darauf ab, einen von den Mitgliedsstaaten unabhängigen Entscheidungsträger zu begründen, der innerhalb eines fixierten Aufgabenbereichs die von den Staaten auf ihn übertragenen Befugnissen wahrnehmen konnte. Lediglich die Kontrolle der autonomen Entscheidungen dieses Organs sollte - nachlaufend - durch geeignete Verfahren gesichert werden. Schon die erstmalige Umsetzung in der Montanunion brachte mit dem Besonderen Ministerrat eine Institution hervor, deren bloße Existenz ein Gegengewicht zu diesem Entscheidungsträger bildete und zumindest den Rest einer Sicherung der politischen Beeinflußbarkeit des Integrationsprozesses und von Sonderinteressen aus mitgliedsstaatlicher Sicht heraus sichern sollte. Als Hauptstreitpunkt dessen war innerhalb der Montanunion die belgische Position ausgemacht worden, die schließlich in letzten Resten mit der Regelung der Verteilung von Produkten im Mangelfall durch Entscheidung des Besonderen Ministerrates ihren Eingang in den Vertrag fand. Bereits innerhalb der Europäischen Gemeinschaft für Kohle und Stahl als geschlossenem, sektoralem Integrationsansatz eines einzelnen Industriezweigs hatte sich damit eine Dualität zwischen einer am Gemeinschaftsinteresse ausgerichteten, aber streng auf die Vertragsdurchführung in Form des Marktes für Kohle und Stahl begrenzten unabhängigen Institution in Form der Hohen Behörde sowie einem noch relativ unbedeutenden, aber im Schuman-Plan nicht vorgesehenen Organ zur Interessenvertretung der Länder entwickelt. Obwohl auch die Verteidigungsgemeinschaft als sektoraler, begrenzter Integrationsansatz zu bewerten ist, fällt daran die massive Verschiebung politischer Entscheidungen innerhalb dieser Struktur weg vom Kommissariat hin zum Rat als mitgliedsstaatlich rückgebundenem Organ auf. Insofern setzte sich die schon in der Montanunion ausgemachte Tendenz innerhalb der Verteidigungsgemeinschaft fort.

Gleiches gilt für die Europäische Politische Gemeinschaft, nur lagen hier die Gründe dafür völlig anders. Es ging hier darum, den bis dahin vorgesehenen bzw. umgesetzten Einzelgemeinschaften eine politische Struktur überzuordnen, die allgemeine Entscheidungen gerade auch im Hinblick auf weitere Integration treffen sollte und somit nicht mehr auf ein Gebiet beschränkt war. Aus der Untersuchung der Verhandlungen zur EPG hat sich ergeben, daß schon hier der Rat der Minister als Gremium für politische Entscheidungen in den Mittelpunkt rückte, während die Europäische Exekutive zum Ausführungsorgan reduziert wurde. Trotz Abmilderung dieser Extremposition im weiteren Verlauf der Beratungen zeichnete sich das Bestreben der Staaten ab, die Zuständigkeit für allgemeine, den zukünftigen Integrationsverlauf determinierende politische Entscheidungen an mitgliedsstaatlich rückgebundene Organe zu vergeben. Nicht nur die Diskussion um die Ausgestaltung der Exekutive, sondern auch um die Einrichtung der zweiten Kammer des Parlaments belegen dies.

Besonderer Aussagewert für die Frage des Verhältnisses zwischen den einzelnen Organen hinsichtlich ihrer Befugnisse in einem abgegrenzten Integrationsbereichs einerseits und bei der Weiterentwicklung der Integration andererseits kam der Europäischen Wirtschaftsgemeinschaft zu. Innerhalb dieser zwischen Herausbildung des Gemeinsamen Marktes und der politischen Zusammenarbeit im Bereich der Wirtschaftspolitik gespaltenen Gemeinschaft wurde ein Institutionenmodell fixiert, in dem die Kommission als Entscheidungsträger für den engen Bereich der Wettbewerbs- und Beihilfeaufsicht zwar bestehen blieb, dem Gremium für entwicklungspolitische Fragen der Gemeinschaft in Form des Rates aber wesentliche Kompetenzen auch und gerade für den Bereich des innerhalb mehrerer Entwicklungsstufen zu schaffenden Gemeinsamen Marktes an sich zog. Mit dieser Unabgeschlossenheit des Marktes als integrationstechnischem Aufgabengebiet trat die Kommission zumindest bei der Frage der Bestimmung des Zeitpunktes des Überganges zu einer neuen Stufe der Marktentwicklung als Entscheidungsträger hinter den dafür zuständigen Rat zurück. Der Kommission blieb zwar eine Vielzahl von Initiativrechten, als Entscheidungsträger im Hinblick auf die Erweiterung ihres eigentlichen Zuständigkeitsgebietes war sie jedoch nie vorgesehen. Dieser Charakter kam dem Rat als einer aus den Vertretern der Mitgliedsstaaten zusammengesetzten und vorrangig den nationalen Interessenlagen verpflichteten Institution zu.

Während sich an der Entscheidungsträgereigenschaft der Kommission für die sektoralen Integrationsgemeinschaften und den durch den Rat festgelegten Bereich des gemeinsamen Marktes ab dem Ende der fünfziger Jahre nicht viel veränderte, ging die Phase kommissionsseitiger Initiativen, gefolgt von das Gemeinschaftsinteresse berücksichtigenden Beschlüssen des Rates mit der Blockadehaltung Frankreichs in den Jahren 1965 und 1966 zu Ende. Mit der Entstehung des Europäischen Rates wurde ein weiteres, politisches und auf kooperativer Basis arbeitendes Organ geschaffen, das auf höchster Ebene das weitere Vorgehen zur Entwicklung der europäischen Integration beraten konnte, ohne sich wie im Falle des Initiativrechts der Kommission der Gefahr auszusetzen, in den Verhandlungen durch einzelne Mitgliedsstaaten blockiert zu werden. Bei allen nachfolgenden Erweiterungen von Gebieten, auf denen Integration stattfinden sollte, blieb es mit dem Europäischen Rat und dem Rat der Europäischen Union bei der Verantwortlichkeit von Institutionen, die bei der Festlegung weiterer Integrationsentwicklung auf Kooperation der Beteiligten unter Wahrung der mitgliedsstaatlichen Kompetenzen angewiesen waren. Daran änderte auch der schrittweise Ausbau des Europäischen Parlaments im Hinblick auf die Beteiligung am Erlaß gemeinschaftlicher Rechtsakte nichts, da sich das Parlament als Institution der drei Gemeinschaften auf einer Ebene befand, die von Entscheidungen über das Fortschreiten von Integration institutionell ausgeschlossen blieb. Dem Einwand, das 1992 eingeführte System europäischer Zentralbanken und dessen Einmündung in eine Europäische Zentralbank stelle auch einen nach 1957 entstandenen unabhängigen Entscheidungsträger dar und widerspreche damit dem Übergewicht des Kooperationsmodells im Integrationsprozeß, muß entgegengehalten werden, daß auch diese Institution keine Zukunftsentscheidungen für den Integrationsprozeß als solchen trifft, sondern sich ihre Funktion auf die Geldmarktpolitik in der Wirtschafts- und Währungsunion als Fortsetzung des Marktgedankens begrenzt. Sie stellt zwar einen unabhängigen Entscheidungsträger dar, bleibt aber auf den definierten Tätigkeitsbereich beschränkt.

Die Herausbildung von Institutionen innerhalb des europäischen Integrationsprozesses beschränkte sich jedoch nicht nur auf die Errichtung entscheidungstragender Organe. Obwohl in der Pariser Erklärung vom 9. Mai 1950 nicht vorgesehen, wurden, zunächst bezogen auf die Hohe Behörde der Montanunion,

Gremien erschaffen, die der fachlichen, aber auch sozialen Beratung der Entscheidungsträger dienten. Die dazu auch für die Wirtschafts- und für die Atomgemeinschaft eingerichteten Ausschüsse dienten als Bindeglieder zwischen der politischen Ebene der Gemeinschaften und der wirtschaftlichen sowie sozialen Realität in den einzelnen Mitgliedsstaaten. Letztlich wurde mit der Möglichkeit zur Konsultation und der teilweisen Einführung obligatorischer Beratung innerhalb einzelner vertraglicher Vorschriften ein zu starkes Auseinanderdriften gerade wirtschaftspolitischer und -theoretischer Vorstellungen von der tatsächlichen Sachlage innerhalb der Gemeinschaft vermieden. Die Einrichtung des Wirtschafts- und Währungsausschusses sowie des Ausschusses der Regionen durch den Vertrag über die Europäische Union von 1992, beide für Rat und Kommission gleichermaßen nutzbar, weist die Kontinuität der grundlegenden Vorstellung einer um die eigentlichen Entscheidungsträger herum positionierten Korona beratender Gremien nach. Die bei allen aufgezeigten Ausprägungen vorgesehene persönliche und sachliche Unabhängigkeit der Mitglieder der Ausschüsse trug dem Bedürfnis der anderen, politischen Gemeinschaftsorgane nach unvoreingenommener fachlicher Information Rechnung.

Dieselbe Aussage läßt sich für den Aufbau von Kontrollinstanzen im finanziellen Bereich der Gemeinschaften bzw. der Union treffen. Auch hier ging es darum, durch Schaffung sachverständig besetzter Organisationsformen den anderen Institutionen die für die politische Bewertung und Dezision nötigen Informationen über die Haushaltsdurchführung und das Rechnungsverhalten innerhalb der Gemeinschaften bzw. der Union zu verschaffen, ohne daß die Sachkundigkeit gleichzeitig zur Entscheidungsträgereigenschaft geführt hatte. Die Aufwertung des Kontrollausschusses für die drei Einzelgemeinschaften zum Rechnungshof innerhalb des Vertrages über die Europäische Union war dabei die Konsequenz der gewachsenen finanziellen Selbständigkeit des Integrationsverbandes und paßte die diesbezügliche Organstruktur innerhalb der Mitgliedsstaaten an. Zu betonen bleibt gerade für die institutionelle Seite der Überprüfung des Finanzgebarens der Gemeinschaftsorgane die strikte Unabhängigkeit der dazu ausgewählten Personen von ihren Herkunftsstaaten, aber auch von den europäischen Institutionen, womit hier ein von den Interessenlagen des Integrationsprozesses unabhängiges Arbeiten der Betroffenen gewährleistet werden sollte.

Obwohl sich Institutionalisierung über den gesamten Zeitraum von 1950 bis zum Unionsvertrag von 1992 als Mittel von Integration nachweisen läßt, ergibt sich für denselben Zeitraum eine eigentümliche und sich vertiefende Aufteilung in der Gestaltung der Aufgaben und Zuständigkeiten zwischen den am Gemeinschaftsinteresse bzw. an nationalen Motiven orientierten Einrichtungen. Während sich in einigen Bereichen, die sich durch Konsens der Mitgliedsstaaten und Übertragung von nationalen Befugnissen eröffnet hatten, eine starke institutionelle Ausrichtung an Gemeinschaftsinteressen in Form der Kommission zeigte, blieb die Zuständigkeit für Entscheidungen über die Fortführung des Integrationsprozesses immer an Organe geknüpft, die entweder der Rückbindung an die Mitgliedsstaaten unterlagen oder sich aus führenden Vertretern dieser zusammensetzten. Die so zustande gekommenen neuen Aufgaben für Integration wurden nicht mehr in Form der Befugnisübertragung an die Gemeinschaft ausgestaltet, sondern verblieben in der Zuständigkeit der Mitgliedsstaaten. Demgegenüber steht der große Wert, der innerhalb der nicht unmittelbar auf Entscheidungen ausgerichteten Tätigkeit der verschiedenen beratenden Gremien und der Haushaltsüberwachung auf die Unabhängigkeit der Mitglieder der entsprechenden Organe von den Mitgliedsstaaten, aber auch von den übrigen gemeinschaftlichen Institutionen auf europäischer Ebene gelegt wurde.

Zumindest für den kooperativen Ansatz der Ausgestaltung entscheidungstragender Organe zur Beschleunigung der Integration läßt sich feststellen, daß sich bis zum Jahr 1992 wieder der Zustand eingestellt hatte, dem Monnet 1950 mit seinem Vorschlag in der Pariser Erklärung begegnen wollte: Die Weiterentwicklung europäischer Zusammenarbeit im organisatorischen Sinne und große Teile der im Maastricht-Vertrag enthaltenen neuen Betätigungsbereiche für Integration waren von der Interessenlage der daran beteiligten Staaten abhängig.

bb) Institutionalisierung als Inhalt von Integrationstheorien

Für die herausgearbeitete historische Zweispurigkeit der Institutionalisierungsbemühungen bietet sich ein Vergleich mit den Ergebnissen der schon erläuterten Integrationstheorien an. Diesen Erklärungsansätzen aus Politik- und Wirtschaftswissenschaften kommen aufgrund ihrer Beschreibung der treibenden Elemente und der Durchführung des Verschmelzungsprozesses eine besondere Bedeutung auch für den hier in Rede stehenden Bereich zu. Institutionalisierung spielt dabei als Faktor zur Beeinflussung von Integrationsprozessen eine wesentliche Rolle. Inwieweit sich die aus der entwicklungsgeschichtlichen Betrachtung abgeleiteten Ergebnisse zur Institutionalisierung als eine der Einflußgrößen für Integration in Übereinstimmung mit den Theorien innerhalb der einzelnen Arbeitsbereiche bringen lassen, kann gleichzeitig auch als Element zur Prüfung von deren Richtigkeit und Überzeugungskraft herangezogen werden. Dies soll hier für die politikwissenschaftlichen sowie auch für die ökonomischen Lehren geschehen.

(1) Politikwissenschaftliche Integrationstheorien

Alle Lehren innerhalb der Politikwissenschaft berücksichtigen die Institutionalisierung als Instrument zur Beeinflussung des Verschmelzungsvorgangs. Unterschiedlich ist in den anfänglichen Beschreibungen jedoch der Grad, mit dem die Lehren in der Lage sind, auch alle der aufgetretenen Ausprägungen zu erfassen.

α) Ursprüngliche Integrationstheorien

Mitranys funktioneller Integrationsansatz ging, wie innerhalb der Darstellung der Integrationslehren im Abschnitt über die Integrationsziele schon erläutert, davon aus, daß sich internationale Organisationen darum bemühen sollen, durch kooperatives Zusammenwirken in einzelnen Bereichen konkrete wirtschaftliche und soziale Probleme zu lösen und so für eine dauerhafte Erhaltung des Friedens zu sorgen. Die Sachzwänge des technischen Fortschrittes sollten zur Bildung von aufgabenspezifischen funktionalen Einheiten auf internationaler Ebene führen. Geht man davon aus, daß die von Mitrany angesprochenen Organisationen zur Herstellung von Handlungsfähigkeit nicht ohne Institutionen auskommen, dann spielt deren Charakter - ob nun supranational oder auf Basis von zwischenstaatlicher Zusammenarbeit - in diesem Zusammenhang zunächst keine ausschlaggebende Rolle. Diese Theorie ist damit grundsätzlich in der Lage, die beiden herausgearbeiteten Institutionalisierungsansätze zu erfassen. Auch der Entwicklungsgang sinkender Eigenständigkeit des zentralen Entscheidungsträgers innerhalb des Integrationsprozesses, beginnend mit der Pariser Erklärung und endend mit der Kommission der Europäischen Wirtschaftsgemeinschaft, ließe sich in Einklang mit der funktionalistischen Theorie bringen. Allerdings erweist sich Mitranys Ansatz in einer anderen Hinsicht als unhaltbar. Mitrany beschränkte die möglichen Antriebkräfte der Bildung und Weiterentwicklung von Funktionseinheiten auf die Staaten selbst und ließ andere, auf innerstaatlicher Ebene befindliche Eliten und Einflußgruppen unberücksichtigt. Gerade für die Einheitliche Europäische Akte läßt sich jedoch nachweisen, daß diese nicht nur auf Anregung der Staaten, sondern auch durch die Einflußnahme wirtschaftlicher Interessengruppen auf die Kommission zustande kam.

Dies erweiterten Formen des Zustandekommens von Integrationsanregungen hatte die neofunktionalistische Theorie von Haas schon Mitte der fünfziger Jahre und zunächst ohne wirklich evidenten Beispielsfall in der tatsächlichen Entwicklung berücksichtigt. Nicht nur die Nationalstaaten, sondern auch anderweitige Eliten, Interessengruppen und Parteien können danach Druck auf ein supranationales Entscheidungszentrum ausüben, um den Integrationsprozeß zu beschleunigen. Insofern soll es zu einer Umorientierung von Eliten auf neue Instanzen. kommen. Bezieht man diese Aussage auf die Marktintegration als Teilmenge allgemeiner Integration, so mag dies einerseits zutreffen. Andererseits geht diese Lehre aber davon aus, daß das Übergreifen auch von der Wirtschaft auf die Politik und dort zwischen einzelnen Politikfeldern funktioniert - zusammengefaßt unter dem Begriff des „*spill over*“.[734] Damit kann es nach der

[734] Zum Beispiel in der neofunktionalistischen Theorie bei Hrbek/Wessels in dies., S. 29, 33, wobei zum Ausdruck kommt, daß der politische Bereich staatlicher Einheiten „schließlich“, also nach der wirtschaftlichen Integration, von der Verschmelzung erreicht wird.

neofunktionalistischen Theorie durchaus zur Auflösung der Mitgliedsstaaten kommen. Dieser Prozeß läßt sich mit der Entstehung von supranationalen Institutionen und der Veränderung von Loyalitäten beschreiben. Jedoch berücksichtigt die neofunktionalistische Theorie nicht die kooperativen Ansätze von Integration, die sich erst nach ihrer Formulierung durch das Verhalten Frankreichs ergaben.[735] Sowohl für die funktionalistische als auch für die neofunktionalistische Theorie bleiben also - einmal durch die Beschränkung auf Staaten als maßgebliche Kräfte zur Beförderung von Integration, zum anderen in der Festlegung auf Institutionsformen supranationalen Charakters - Defizite bestehen, wenn man versucht, den Verlauf der Institutionalisierung an beiden Lehren zu messen.

Als einziges bestimmendes Merkmal für Integrationsprozesse sah die föderalistische Lehre die fehlende alleinige Aufgabenbewältigung der Staaten an. Die darauf beruhende politische Entscheidung zur Übertragung von Befugnissen auf eine neue supranationale Einheit verlieh der Institutionalisierung ebenso wie den formalisierten sonstigen Beziehungen zwischen den Staaten in Form der Souveränitätsabtretung, der Stärkung zentraler Instanzen sowie der Kompetenz- und Gewaltenteilung eine tragende Rolle.[736] Eine solche zentralisierte Institution stellte bei Entstehung dieser Theorie nur die Hohe Behörde oder die jeweiligen Kommissionen dar. Insofern steht zumindest der Strang von Institutionalisierung, der vor allem in den fünfziger Jahren die Übertragung der Verantwortung zumindest für einen eng begrenzten Aufgabenbereich an eine Institution mit supranationalem Charakter verfolgte, in Übereinstimmung mit der föderalistischen Integrationstheorie. Mit ihr läßt sich, da die weitere Entwicklung bei der Erarbeitung dieser Lehre noch nicht abzusehen war, aber nicht die zweite Schiene von Institutionalisierung auf kooperativem Gebiet erklären. Eine solche Institutionalisierungsform neben gemeinschaftlicher und einzelstaatlicher Ebene paßt nicht zu den Grundaussagen der föderalen Integrationslehre im Hinblick auf den angestrebten supranationalen Charakter. Außerdem fehlte die vorauszusetzende umfassende, bewußte politische Entscheidung über die Gestaltung als Mehrebenensystem. Damit erweist sich die föderalistische Theorie trotz ihres teilweisen Zutreffens für die supranationalen Entscheidungsträger als nicht ausreichend, um alle Erscheinungsformen der Institutionen umfassend erläutern zu können.

---

735 Haas selbst, so berichtet Hrbek in GS für Sasse, Bd. 1, S. 87, 93, habe in seine Theorie nicht das Auftreten eines politischen Führers wie de Gaulle und dessen Blockade des Ausbaus originär gemeinschaftlicher Verantwortung einbezogen. Gerade die französische Haltung Mitte der sechziger Jahre war es aber, die zur Krise des Institutionensystems der Gemeinschaft und zur Herausbildung kooperativer Strukturen führte. Deutlich wird aber dabei auch, daß sich der Richtigkeitsgehalt der Integrationstheorien schnell ändern kann.

736 So Hrbek in Gedächtnisschrift für Sasse, Bd. 1, S. 87, 90 f., zur föderalistischen Theorie. Dieselbe Schlüsse wie hier zieht auch Plasa in Mainzer FS für Armbruster, S. 13, 14, der feststellt, daß „Föderalismus den Akzent vor allem auf den institutionellen Rahmen" lege.

Für die erst in den sechziger Jahren entstandene soziokausale Theorie steht Institutionalisierung im Gegensatz zu allen anderen Versuchen zur Beschreibung von Integrationsvorgängen erst am Ende der entsprechenden Entwicklung. Ausgangspunkt von Verschmelzungsprozessen soll nach dieser Ansicht die wachsende Verflechtung von Transaktionsströmen auf verschiedenen Sektoren sein, die bei den Bürgern der beteiligten Staaten zu einem Gemeinschaftsgefühl führen sollen. Erst anhand der daraus entstehenden Bindung durch die Herausbildung eines Gemeinschaftsgefühls[737] und der Verschmelzung der Völker ergab sich für Deutsch als dem Begründer dieser Lehre[738] das allgemeine Bedürfnis nach Organisationen und Institutionen.[739] Mit Transaktion, sozialpsychologischer Ebene und schließlich Institutionalisierung[740] zeigt sich die umgekehrte Abfolge bei der Entstehung von Institutionen, wie sie sich in der Entwicklung auch schon aus der Perspektive der sechziger Jahre abgespielt hat. Hier wurden Organe errichtet, um Transaktionen herzustellen und zu fördern, während - wie später zu untersuchen sein wird - weder vor dem Beginn der Integrationsbemühungen noch innerhalb des Prozesses ein entsprechendes Verständnis beim Einzelnen vorhanden war. Insofern scheint auch die soziokausale Theorie aufgrund ihrer Herangehensweise ungeeignet zu sein, den Vorgang europäischer Integration im Hinblick auf Institutionalisierung als von Beginn an vorhandenem und nicht auf Anschauungen des Einzelnen gestützten Integrationsmittel vollständig und in der im Untersuchungszeitraum vorhandenen Zweispurigkeit zu erklären.

Insgesamt ergibt sich, daß die Institutionalisierung in ihrer Gesamtheit von keiner der Lehren zwischen 1950 und 1992 vollumfänglich erfaßt wird. Dies liegt zum großen Teil daran, daß die politikwissenschaftlichen Integrationstheorien, die zumindest bei Haas und Deutsch als Abstraktion des tatsächlichen Integrationsverlaufes aus der Sicht des Endes der fünfziger bzw. der sechziger Jahre entstanden, nicht in der Lage sind, die aufgetretene Parallelität von Organen supranationalen und intergouvernementalen Charakters zu erfassen. Trotz der Wichtigkeit, die der Institutionalisierung in den Lehren zukommt, erweisen sich die ursprünglichen politikwissenschaftlichen Integrationstheorien für die Bewertung von Institutionalisierung und auch für die eigene Richtigkeit als unzulänglich.[741]

---

737 Als Zwischenstufe hin zur Verschmelzung wird von der soziokausalen Lehre die Bildung eines *„sense of community“* vorausgesetzt, vgl. dazu Behrens, a. a. O. (Fn. 384) S. 8, 20.

738 Deutsch, S. 272 ff., im Kapitel „Erreichung und Erhaltung von Integration“. Er ging von den in den fünfziger Jahren stattgefundenen europäischen Integrationsentwicklungen aus.

739 Hrbek in GS für Sasse, Bd. 1, S. 87, 91, beschreibt den Vorgang als einen Lernprozeß, der in die Erkenntnis der Wichtigkeit von Integration gerade für jeden Einzelnen mündet.

740 Sasse, S. 30, ordnet die Institutionalisierung an die letzte Stelle des Erkenntnisvorganges.

741 Auch weitere Lehren - Regimetheorie und Netzwerkansatz - sind schon ohne die Frage nach Organen so umstritten, daß sie kaum als Erklärung für supranationale und kooperative Institutionen der europäischen Integration in Frage kommen. Vertiefend Sin, S. 29 ff.

β) Weiterentwicklung seit den sechziger Jahren

Seit Ende der sechziger Jahre zeichnete sich, wie schon erörtert, eine Veränderung der integrationstheoretischen Landschaft durch Polarisierung der Meinungen zwischen Neofunktionalismus und dem intergouvernementaler Ansatz ab. Den Gemeinschaftsorganen soll nach der intergouvernementalen Lehre kein eigenständiger Einfluß auf zwischenstaatliche Verhandlungen, sondern lediglich eine Verbesserung der Kooperationsbedingungen durch Übernahme von Aufgaben nach Kooperationszusagen der Regierungen zukommen. Während die funktionalen Ansätze auf zunehmende Erklärungsschwierigkeiten im Hinblick auf den Maastricht-Vertrag gerieten, der sich nicht als Ergebnis eines zwangsläufigen „*spill-over*“-Effektes, sondern als Ergebnis der Interessenübereinstimmung der Länder darstellte, konnte die intergouvernementale Lehre auch diese Entwicklung, die ohne Einschaltung der bestehenden Organe der Einzelgemeinschaften zustande kam, erklären. Damit blieb das Defizit der liberalen und neoliberalen Ansichten im Hinblick auf den Dualismus zwischen supranationalen und kooperativ ausgerichteten Organen bestehen, während der Intergouvernementalismus mit der Reduktion der Gemeinschaftsorgane auf die Durchführung politischer Beschlüsse den erzielten Ergebnissen bei der Untersuchung der Ausgestaltung von Institutionen weitgehend entspricht. Aber auch die Fusionslehre von Wessels,[742] die die Spezifik des europäischen Integrationsprozesses und seiner Weiterentwicklung in der wachsenden Verschmelzung staatlicher Handlungsinstrumente innerhalb und durch die Europäische Gemeinschaft erblickt, wird den gewonnen Ergebnissen hinsichtlich der Herausbildung von Institutionen, die letztlich derartige Handlungsinstrumente darstellen, durchaus gerecht.

γ) Fazit

Die älteren Integrationstheorien und deren Wiederaufnahme in den neunziger Jahren berücksichtigen zwar Institutionalisierung im weitesten Sinne, sind aber nicht in der Lage, den Dualismus zwischen Organen supranationaler bzw. kooperativer Prägung zu berücksichtigen. Dies gelang erst dem Intergouvernementalismus, der den Verlust der anfänglich starken Stellung der unabhängigen Gemeinschaftsinstitutionen einbezog und den interessenabhängigen Konsens der Mitglieder als Voraussetzung für den Integrationsfortschritt definierte. Die hier dargestellten Formen von Institutionen als Mittel der europäischen Integration lassen sich damit am besten durch den intergouvernementalistischen Ansatz umfassend beschreiben. Dieser führt damit die beschriebene Interessenhaftigkeit innerhalb der Bemühungen um den europäischen Verschmelzungsprozeß und die sich zumindest seit den sechziger Jahren daran orientierende institutionelle

[742] Wessels in Kreile, S. 36, 40 ff. Vertiefend und mit weiterem Nachweis Giering, S. 166 ff.

Ausgestaltung unter Wahrung der - einstimmigen - Letztentscheidungsmöglichkeit zusammen. Institutionalisierung tritt hier zwar in der Form der verschiedenen Räte als Mittel von Integration auf, bleibt aber an die Mitgliedsstaaten und damit an die ganz oder aber teilweise zu verschmelzenden Einheiten gebunden.

(2) Ökonomische Integrationstheorie

Die ökonomische Integrationslehre verfolgt ihrerseits eine noch stärker systematisierende Zielstellung, indem sie wirtschaftsbezogene Typen von Integrationsformen entwirft und diese dann auf ihre besonderen theoretischen, normativen und institutionellen Implikationen hin untersucht.[743] Da es hier um das Verständnis von Institutionalisierung als Mittel von Integration geht, soll gerade der letzte dieser genannten Bereiche im Vordergrund stehen. Als große Integrationstypen stehen Bilateralismus und Multilateralismus zur Verfügung, die beide auf den Abbau von Handelsbeschränkungen und anderer wirtschaftlicher Diskriminierung zwischen zwei oder mehreren Staaten abzielen. Integration im engeren Sinne beginnt dort, wo vollständige Zollfreiheit herrscht, so daß es zur Intensivierung internationaler Arbeitsteilung kommt, sich also ein neues, verschmolzenes Wirtschaftsgebiet als größere Einheit herausbildet.

Unter Integration im engeren Sinne lassen sich fünf Typen zusammenfassen, bei denen es sich um Freihandelszone, Zollunion, Gemeinsamer Markt, Wirtschaftsunion und Vollintegration handelt.[744] In institutioneller Hinsicht benötigt die Zollunion eine gemeinsame Zollpolitik nach außen, während sich beim Gemeinsamen Markt die Frage nach der Erforderlichkeit von eingreifender und lenkender - nationaler - Wirtschaftspolitik stellt. Die Wirtschaftsunion bezieht diese nationale Wirtschaftspolitik in die Integration mit ein, wobei auch die Stabilitäts- und Währungspolitik betroffen ist. Gerade hier werden Probleme bei der Konsensbildung erwartet. Vollintegration bedeutet die Lösung des Konsensproblems, da alle wirtschaftspolitischen Entscheidungen von einer zentralen Instanz getroffen werden. Dies setzt politische Integration voraus,[745] womit Binnenmarkt und politischer Raum verschmelzen. Daraus wird deutlich, daß die schon im Bereich der Ziele europäischer Integration erörterte Zusammenarbeit in der Wirtschaftspolitik nicht unbedingt ausschließlich durch supranationale Organe unter Ausschluß nationaler Interessen stattfinden mußte. Jedoch spricht auch nichts dagegen, einzelne wirtschaftspolitische Entscheidungen wie die

---

743 So die Zielstellung bei Behrens, a. a. O. (Fn. 384), S. 8, 25 f., mit weiteren Nachweisen.

744 Dies geht auf Balassa, S. 2, zurück, der als Klassiker ökonomischer Integrationlehre gilt.

745 Balassa, S. 272 f., womit sich ein Widerspruch zur neofunktionalistischen Integrationstheorie ergibt, die erst auf die wirtschaftliche Vollintegration ein „*spill over*" zum politischen Bereich folgen lassen will. Ist aber politische Integration Voraussetzung für wirtschaftliche Vollintegration, so existiert damit zwischen beiden Lehren ein Zirkelschluß.

Festlegung der Außenzölle an eine unabhängige Institution zu vergeben. Hier zeigt sich die ökonomische Integrationstheorie als offen für Institutionen. Sie ist daher in der Lage, die Zweispurigkeit supranationaler und intergouvernementaler Organe für einzelne Typen der Integration zu erklären. Damit ergibt sich im Vergleich zur politikwissenschaftlichen Integrationslehre eine höherer Grad an Übereinstimmung zwischen Erscheinungsformen und theoretischer Deskription.

(3) Zusammenfassung

Die Beschäftigung mit der tatsächlichen Herausbildung und Funktionsweise von Institutionen des europäischen Integrationsprozesses und deren Verhältnis untereinander sowie zu den Mitgliedsstaaten hat in der Gegenüberstellung zu den politikwissenschaftlichen Integrationstheorien ergeben, daß letztere die dabei aufgetretene Zweispurigkeit von der Errichtung supranationaler Entscheidungs- und Vorschlagsträger für festgelegte Bereiche sowie der Erhaltung der Steuerungs- und Beeinflussungsmöglichkeit von Integration allgemein in institutionalisierter Form bei den Mitgliedsstaaten nur im Rahmen der gouvernementalistischen Integrationslehre allumfassend erklären können. Etwas anderes ergibt sich für die ökonomische Integrationslehre, bei der eine bestimmte, vorgegebene Form von Institutionalisierung lediglich für den letzten, bisher allerdings noch nicht erreichten Integrationstyp erwartet wird. Für die vorherigen Stufen kommt es damit ganz im Sinne der bisherigen, vorhandenen Zweispurigkeit auch innerhalb wirtschaftspolitischer Entscheidungsfindung nicht auf eine Organform an.

cc) Rollenmodell und Wechsel des Entscheidungsträgers

Die Zweiteilung des Institutionalisierungsansatzes in supranationale und kooperative Organe, charakterisiert durch unterschiedliche Arbeitsgebiete und differierende Effizienz für den Integrationsprozeß, findet sich auch bei Schuppert, der zunächst allgemein und dann am Beispiel der Europäischen Wirtschaftsgemeinschaft ein Rollenmodell der Institutionen im europäischen Einigungsprozeß versucht.[746] Maßgeblich ist für ihn das relative Gewicht der einzelnen Organe zueinander. Im Rahmen der Europäischen Wirtschaftsgemeinschaft geht Schuppert dabei von der Rolle der Kommission in der Wirtschaftsgemeinschaft als Motor, Wächter und ehrlichem Makler des Vertrages aus, während dem Rat die Funktion des national rückgebundenen Endentscheidungsträgers zukam. Schuppert kennzeichnet die Kommission als genuin europäisches Organ, das das Gemeinschaftsinteresse definieren und es gegenüber den Vorstellungen der Mitgliedsstaaten zur Geltung bringen sollte. Änderungen daran ergaben sich erst 1965, in dem Jahr, als dem Ministerrat - so Schuppert - aufgrund der französischen Hal-

---

[746] Zum Rollenverständnis von Organen siehe Schuppert, a. a. O. (Fn. 449), auf S. 35, 45 ff.

tung der „europäische Gemeinschaftsgeist" verlorenging. Als den Beginn des Wandels führt Schuppert den Luxemburger Kompromiß an, nach dem die Funktion des Motors der Integration von der Kommission auf den Europäischen Rat überging, bis sich die Rolle der Kommission nur noch als zweitklassig charakterisieren läßt. Schuppert zieht aus dem Schluß, daß es weniger auf Kompetenzausstattung als vielmehr darauf ankommt, wie Entscheidungen getroffen werden können und ob sich mitgliedsstaatliche oder Gemeinschaftsinteressen durchsetzen. Im Verlust der Inspiratoreneigenschaft der Kommission und der Herausbildung des Europäischen Rates erblickt er die eigentliche Veränderung.

Dieser Ansatz stimmt, soweit er den Zusammenhang zwischen den Entscheidungen der Institutionen und der Rückbindung der Organe an gemeinschaftliche oder mitgliedsstaatliche Interessen betrifft, mit den hier erzielten Ergebnissen überein. Was den Integrationsfortschritt angeht, so läßt sich der faktische Übergang der Initiative für weitere Vorhaben im Verschmelzungsprozeß von der Kommission auf den Europäischen Rat nur beschränkt als wesentlicher Wandel im Institutionengefüge verstehen. Die von Schuppert im Anschluß an Hallstein und Oppermann angenommene Funktion der Kommission als Motor beschränkte sich auf das Gebiet des Vertrages über die Europäische Wirtschaftsgemeinschaft. Die Kommission war damit, was ihre Initiativrechte anging, schon vor 1965 beschränkt. Anstöße für die Ausdehnung der Integrationsbemühungen auf andere Gebiete konnten selbst zu dieser Zeit nur von den Mitgliedsstaaten - als Beispiel sei der Vorschlag Frankreichs zur Bildung einer Politischen Union genannt - ausgehen. Ein generelles Initiativrecht der Kommission zur Beförderung von Integration außerhalb der vertraglich bereits vereinbarten Gebiete war nicht vorgesehen, was die Einschätzung der Kommission vor der Krise von 1965 und 1966 als Motor von Integration mit einem allgemeinen Gültigkeitsanspruch als deutlich überzogen erscheinen läßt.

Wie schon dargestellt, war keiner der bis dahin vorgesehen oder umgesetzten Gemeinschaften mit einem unabhängigen, europäischen Organ ausgestattet, daß selbst Vorschläge zur umfassenden weiteren Gestaltung der Integration unterbreiten oder diesbezügliche Entscheidungen treffen konnte. Selbst die Europäische Exekutive der EPG sollte nur als ausführendes Organ solcher Dezisionen des Ministerrates fungieren. Insofern ist festzuhalten, daß zu keinem Zeitpunkt der Entwicklungsgeschichte der europäischen Integration umfassende Vorschlags- und Entscheidungsrechte für die weiteren Forcierung von Integration bei einem Organ lagen, das gemeinschaftlichen Interessen verpflichtet war. Dies blieb - in Übereinstimmung mit der Interessenlastigkeit des Verhaltens der Mitgliedsstaaten - entweder den Ministerräten oder aber den Mitgliedsstaaten selbst vorbehalten, bis mit dem Europäischen Rat eine Institution geschaffen war, die diese Aufgabe in intergouvernementaler Form wahrnahm. Insofern waren von Beginn an die Mitgliedsstaaten - anfänglich in ihrer Gesamtheit, später in der Form des Europäischen Rates - der Motor der Integration. Das von Schuppert für die Wirtschaftsgemeinschaft gezeichnete Bild einer sich Mitte der sechziger Jahre verändernden Rollenverteilung zwischen den Institutionen im Hinblick auf die Fortentwicklung des Gemeinsamen Marktes läßt sich auf den Gesamtvorgang seit 1950 jedoch nicht anwenden. Dort stand von je her die Rückbindung an die Interessen der Mitgliedsländer im Mittelpunkt der Entscheidung über den Fortgang europäischer Integration. Ein Rollenmodell von Institutionalisierung kann damit zwar für die Zweispurigkeit von an Gemeinschafts- und an Länderinteressen ausgerichteten Organen, nicht aber ausschließlich am Verhältnis der Kommission zum Rat, fixiert auf die Jahre 1965 und 1966, festgemacht werden. Insofern erweist sich Schupperts Ansatz bei der Ausdehnung des Modells auf den Gesamtintegrationsprozeß mit supranationalen und kooperativen Institutionen für die Erklärung der Entwicklung als untauglich.

dd) Wirksamkeit von Institutionalisierung auf den Integrationsprozeß

Die Zweiteilung von Institutionalisierung zwischen abgeschlossenen Integrationsbereichen und der Entscheidung über den Fortgang des Verschmelzungsprozesses stellt unabhängig von der Beschreibung durch die Integrationstheorien die Frage nach der Wirksamkeit beider Ansätze zur Beeinflussung europäischer Integrationsvorgänge. Dabei geht es um den Vergleich der Effektivität und der Realisierbarkeit im Hinblick auf die dargestellten Prämissen von Integration zwischen Staaten. Integrationsfortschritt im institutionellen Sinne bedeutet dabei, daß sich die Mitgliedsstaaten, die in der neuen Einheit den größten Einfluß ausüben, darüber einigen, auf der Basis eines institutionellen Gerüsts unter Benutzung desselben staatliche Funktionen an die Gemeinschaft zu übertragen, wobei dieser Prozeß mit den übertragenen Entscheidungen ersichtlich wird.[747]

Betrachtet man die Bereiche, die einem hinreichend befugten europäischen Entscheidungsträger mit Ausrichtung am Gemeinschaftsinteresse überlassen waren, so bietet der Gemeinsame Markt unter Aufsicht der Kommission das charakterisierende Beispiel für die schnelle Herstellung einer neuen, verschmolzenen Einheit auch bis in kleine Details, wobei der konsequente Ausschluß von mitgliedsstaatlichen Interessen für die einmal der Kommission übertragenen Bereiche Verzögerungen durch Kompromißzwänge und ähnliches von Beginn an verhinderte. Die Kommission kann in diesem Zusammenhang wie auch die Hohe Behörde der Montanunion und die Kommission der Atomgemeinschaft nur als am Gemeinschaftsinteresse ausgerichteter, starker Entscheidungsträger mit integrationsfördernden Auswirkungen umfassender Art - zumindest in ihrem Zuständigkeitsbereich - bewertet werden. Sie stieß dort an ihre Grenzen, wo sich die

747 Plasa in Mainzer FS für Armbruster, S. 13, 16 f., wiederum zum Integrationsfortschritt.

Mitgliedsstaaten im Rat wirtschaftspolitisch nicht auf einen weiterführenden konsequenten Ausbau ihres gemeinsamen Wirtschaftsraumes einigen konnten.

Damit ist gleichzeitig auch die wesentliche Schwäche einer Ausprägung von Institutionalisierung benannt, die in kooperativer Weise unter Wahrung der Zuständigkeiten und Befugnisse der Mitgliedsstaaten tätig waren und es nach wie vor sind. Grundsätzlich gilt, daß sich die bloße Zusammenarbeit zwischen Staaten innerhalb von Institutionen wie dem Rat der Europäischen Gemeinschaften, dem Europäischen Rat oder dem der Europäischen Union genauso effektiv gestalten kann, solange sich das entsprechende Organ und alle seine Mitglieder am Gemeinschaftsinteresse oder zumindest an einem überwiegenden Interesse unter den Ländern orientiert. Dies gilt zum einen für Entscheidungen, die sich auf der Integration unterliegende Gebiete beziehen, für die also bereits mindestens einmal ein Konsens bestand, zum anderen aber auch für die Ausdehnung von Integrationsprozessen in jeder nur erdenklichen Hinsicht.

Die nötige Handlungsfähigkeit des Organs läßt sich dabei verfahrenstechnisch durch die Einführung von Mehrheitsbeschlüssen absichern, wie sie an verschiedenen Stellen für den Rat der EWG bzw. dem Rat der Europäischen Gemeinschaften vorgesehen waren. Mit der plakativen französischen Abkehr vom Gemeinschaftsinteresse, der ähnliche, wenn auch nicht ganz so öffentlichkeitswirksame Verhaltensweisen der anderen Mitglieder bei der Verfolgung eigener Zielstellungen vorangegangen waren, blieb das Mehrheitsprinzip für die wesentlichen Entscheidungen und damit auch für diejenigen, die den weiteren Ausbau der Integration durch Öffnung neuer Bereiche betrafen, auf der Strecke. Das von den Organen einer kooperativen Zusammenarbeit innerhalb des Integrationsprozesses verfolgte Interesse stellte sich wegen des Einstimmigkeitsprinzips in wesentlichen Angelegenheiten zwar nun als der größte gemeinsame Nenner der Einzelinteressen dar, blieb aber damit hinter dem, was für einen effektiven Integrationsvorgang möglich gewesen wäre, weit zurück. Die Politik der Gemeinschaften bzw. der Union war damit mit der der einzelnen Mitgliedsstaaten verknüpft, was sich hemmend auf das Fortschreiten der Integration auch in anderen Bereichen auswirkte. Auch die im Rahmen des kooperativen Vorgehens erzielten Kompromisse trugen zur Beförderung von Integration bei, jedoch nicht in dem Maße, wie es mit einer Übertragung von Befugnissen auf gemeinschaftliche Entscheidungsträger möglich gewesen wäre.

Die Gründe für dieses Defizit sind hinreichend deutlich geworden: Die Mitgliedsstaaten in der Gestalt der Regierungen waren vor und nach 1965 und 1966 nicht bereit, sich im Rahmen freier oder institutionalisierter zwischenstaatlicher Zusammenarbeit von der Verfolgung nationaler Vorteile zu lösen und dieses Verhalten unter Aufgabe des gesamten bisherigen, auf die Mitgliedsstaaten bezogenen Wertesystems bei Entscheidungen über europäische Angelegenheiten durch ausschließliche Wahrnehmung von Gemeinschaftsinteressen zu ersetzen.

Damit bleibt insgesamt festzustellen, daß beide Arten von Institutionen - supranational oder auf kooperativer Basis - als Mittel zur Beschleunigung des Integrationsprozesses zwischen den europäischen Staaten beigetragen haben. Zwischen ihnen bestand jedoch aufgrund des unterschiedlichen Verhältnisses zum Gemeinschaftsinteresse ein erheblicher Unterschied in ihrer Wirksamkeit im Hinblick auf die Förderung der Verschmelzung zu einer neuen Einheit, wobei sich der kooperative Part als kaum effizient, aber konsenserhaltend erwiesen hat.

ee) Anforderungen an zukünftige Institutionalisierung

Als Kernaussage zur zukünftigen Ausgestaltung von Institutionen muß damit gelten, daß zur Steigerung der Effizienz der Organe die Einführung größerer Unabhängigkeit von unmittelbaren und mittelbaren Einflüssen zur Wahrung der Interessen der Mitgliedsstaaten erforderlich ist.[748] Dies ergibt sich für die Herbeiführung allgemeinen Integrationsfortschrittes der drei Gemeinschaften ebenso wie für eine weitere Beförderung des Verschmelzungsprozesses in den Bereichen der Außen- und Sicherheitspolitik, der inneren Angelegenheiten, der Wirtschafts- und Währungsunion sowie auf den übrigen Gebieten, ja sogar bis hin zu einer bewußten politischen Entscheidung über einen europäischen Bundesstaat. Die dazu nötigen Einzelmaßnahmen können sowohl in der Veränderung des Institutionengefüges mit der Stärkung der Entscheidungsträgereigenschaft der Kommission über den Wirtschafts-, Energie- und Montanbereich hinaus auf andere Bereiche sowie eine Ausdehnung ihrer Vorschlagsrechte in bezug auf den allgemeinen Integrationsprozeß bestehen. Die allgemeine Entscheidungsbefugnis des Rates der Europäischen Gemeinschaft und die Initiativfunktion des Rates der Europäischen Union müssen dazu zurückgefahren werden. Um nicht einen Einflußwettlauf der Staaten für die Besetzung der in ihren Entscheidungs- und Initiativkompetenzen verstärkten Kommission wie bei der Hohen Behörde der Montanunion zu provozieren, ergibt sich, daß die Besetzung nicht durch die Staaten, sondern durch das Europäische Parlament zu erfolgen hat. Dem Rat und den parallellaufenden intergouvernementalen Strukturen würde dann nur noch die Aufgabe zukommen, in der Art einer Mißbrauchskontrolle darüber zu wachen, daß die Staaten in ihrer Existenz bestehen bleiben. Letztendlich ergibt sich in der Zusammenfassung dieser Überlegungen die generelle Notwendigkeit einer Veränderung des Wertesystems, in dem über die institutionelle Ausstattung

[748] Schuppert, a. a. O. (Fn. 449), S. 35, 68, spricht von Verklammerung und Vernetzung bisheriger Säulen. Bloße Verflechtung genügt aber nicht, um zu einem erhöhten Grad an Interessenübereinstimmung unter den Staaten oder der Herausbildung durchsetzungsfähigerer Gemeinschaftsinteressen mit den vorhandenen Institutionen in ihrer jetzigen Gestalt zu erreichen. Die Aufnahme neuer Mitglieder in die Union wird tendenziell zum Auseinanderfallen der Motive und damit zu deutlicher Verlangsamung des Integrationsprozesses führen, wenn dieses nicht durch spezifische Gemeinschaftsinteressen ausgeglichen wird.

entschieden wird. Nicht der einzelne Mitgliedsstaat, sondern die Gemeinschaft muß als allein maßgeblicher Bewertungshorizont bei der Frage der Institutionen und damit des Integrationsfortschritts herangezogen werden.

Bereits mit dieser kurzen Skizze der Anforderungen, die an einen Ausbau von Institutionen im Hinblick auf eine effizientere Beeinflussung und Beschleunigung des Integrationsprozesses zu stellen sind, ergibt sich eine erstaunliche Übereinstimmungen mit einigen von der rechtswissenschaftlichen Seite geäußerten Vorstellungen über den weiteren Ausbau der Europäischen Union hin zu einem Staatsgebilde bundesstaatlicher Struktur.[749] Allerdings sind damit aus integrationstechnischer Sicht auch alle Probleme verbunden, die bereits für die Errichtung eines europäischen Bundesstaates diskutiert wurden. Diese reichen vom Fehlen europäischer Öffentlichkeit als Voraussetzung europaweiter politischer Diskussion und Meinungsbildung vor Wahlen zum Europäischen Parlament über das Erfordernis einer klaren politischen Entscheidung im Sinne der föderalistischen Integrationstheorie zur Schaffung der nötigen Strukturen, die der Selbstentmachtung der nationalen Regierungen gleichkommen würde und somit aus der Erfahrung eher unwahrscheinlich ist, bis hin zu einer tragfähigen Definition der Funktion der bisherigen Mitgliedsstaaten in der neuen Einheit. Dies ist Gegenstand der aktuellen juristisch-politischen Diskussion und soll aufgrund der vorhandenen Meinungs- und Veröffentlichungsfülle nicht weiter diskutiert werden. Festzuhalten bleibt das Einmünden der durch zeitgeschichtliche Untersuchung der institutionellen Seite von Integrationsbeeinflussung erkannten Erfordernisse in aktuelle Problemfelder in der Diskussion um europäischer Einigung.

2. Funktionelle Integration in Form der Erlebbarkeit der Organtätigkeit

Funktionelle Integration im Sinne Smends, innerhalb der heutigen Begrifflichkeit wohl am besten als Erlebbarkeit der Tätigkeit europäischer Institutionen verstanden, stellt die zweite Untergruppe der objektiven Dimension integrationsbeeinflussender Faktoren dar. Zurückgehend auf eine aus Smends Beispielen ableitbare Unterscheidung zwischen Wahlen und Abstimmungen sowie staatlichen Entscheidungsformen von Gesetzgebung, Verwaltung und Justiz bedarf es auch für diesen Abschnitt einer weiteren Differenzierung, die sich mit der Unterscheidung zwischen Möglichkeiten zur Bestimmung der Besetzung der europäischen Institutionen einerseits und deren Entscheidungsformen andererseits treffen läßt. Es handelt sich also um Erlebnisvorgänge „von unten nach oben", und umgekehrt, die jedoch hier beide auseinandergehalten werden müssen. Dabei läßt sich besonders für die Bestimmung der personellen Besetzung herausgehobener Entscheidungsträger auf Diskussionen zurückgreifen, die im vorangegangenen Abschnitt bei der Errichtung der Organe herangezogen worden sind.

---

[749] Zu Hauptlinien der derzeitigen Diskussion vgl. von Bogdandy, a. a. O. (Fn. 5.) S. 3, 11 ff.

a) Zielgruppenbestimmung als theoretische Grundlage

Für beide genannten Bereiche ergibt sich hinsichtlich der Methode ein Problem dahingehend, daß zunächst die Frage beantwortet werden muß, wer denn zur Förderung von Integration die Tätigkeit europäischer Institutionen erleben können muß. Dabei kommen mit den Staaten selbst sowie den in ihnen lebenden Individuen zwei Zielgruppen in Betracht. Konkrete Aussagen Smends dazu sind in der Integrationstypenlehre nicht vorhanden. Er traf jedoch in seinen Ausführungen zum bundesstaatlichen Staatsbegriff, der sich für ihn ebenso nur am Leben und dessen Ausprägungen selbst festmachen ließ,[750] einige Aussagen zum Verhältnis von Gesamtstaat, Bundesland und Individuum, die sich für die Lösung des Zielgruppenproblems im Bereich mehrerer Wirkungsebenen verwenden lassen.[751] Für Smend, der von einer parallele Existenz von Gesamtstaat und Bundesland ausgeht, besteht ein bestimmtes Einflußrecht der letztgenannten Struktur gegenüber der größeren Einheit. In seiner Terminologie ist diese Beteiligung an der Reichsgewalt Ersatz für die den einzelnen Ländern verlorengegangene Staatsgewalt. Gleichzeitig versucht der Gesamtstaat neben der unmittelbaren Integration aller Individuen in seinem Gebiet, dieses Ziel auch mittelbar über die Bundesländer und somit vollständiger zu erreichen. Parallel dazu liegt das Ziel des Gesamtstaates für Smend aber auch in einer Integration der Länder als solchen und damit in dem Bestreben, die kleineren Einheiten in das Reichsganze einzubeziehen, ohne sie jedoch vollständig zu assimilieren. Insofern läßt sich bei Smend ein Trias integrativer Tätigkeit des Gesamtstaates in einem Mehrebenenmodell festhalten: Zum einen geht es um die Einbeziehung aller Individuen auf direkte Art. Zweitens versucht die größere Einheit kleinere Strukturen ebenfalls zu mittelbaren Erreichung der Individuen einzusetzen. Zum dritten zielt der Gesamtstaat jedoch auch auf eine fortschreitende Einbeziehung der kleineren Einheiten ab. Damit läßt sich die eingangs gestellte Frage zumindest unter Berücksichtigung von Smends bundesstaatsbezogenen Modell und der Prämisse des Fortbestehens der kleineren Einheiten in der größeren Struktur dahingehend beantworten, daß sowohl die Individuen als auch die Bundesländer als die Zielgruppen der integrativen Bemühungen in einem Gesamtstaat zu betrachten sind.

Dieses Ergebnis muß sich zumindest vom Ansatz her auf den europäischen Integrationsprozeß übertragen lassen. Ohne hier die vieldiskutierte Frage, ob die Strukturen europäischer Einigung staatlichen oder sogar bundesstaatlichen Charakter aufweisen, tiefgründiger problematisieren zu wollen, erscheint die tatsächliche Ausgangslage bei einem Vergleich zwischen dem tatsächlich stattgefundenen Verschmelzungsprozeß und Smends theoretischem Ansatz identisch

[750] Wieder in strenger Abgrenzung zur positivistischen Lehre seiner Zeit bei Smend, S. 268.

[751] Zu den hierbei nur kurz zusammengefaßten Aussagen vgl. im einzelnen ebd., S. 269 ff.

zu sein. Auch im Bereich europäischer Integration haben die Staaten einen Teil nationaler Befugnisse an die Gemeinschaftsebene abgegeben, die nun sowohl aus eigener Kompetenz als auch in Abstimmung mit den Mitgliedern handelt. Insofern liegt zumindest ein dem Bundesstaat ähnliches Mehrebenensystem vor. Eine vollständige Auflösung der nationalstaatlichen Strukturen der partizipierenden Länder war jedoch zu keinem Zeitpunkt beabsichtigt,[752] während hinsichtlich der Institutionen zum Ausgleich des Kompetenzverlustes weitgehende Mitwirkungsmöglichkeiten der Staaten eingeführt und gesichert wurden. Aus diesem Grund ist bei der Untersuchung der Erlebbarkeit der Tätigkeit europäischer Organe wie beim bundesstaatlichen Modell Smends mit den Mitgliedsländern und den darin lebenden Individuen von zwei eigenständigen Bezugsgruppen auszugehen, die bei der folgenden Darstellung berücksichtigt werden müssen. Bedeutung gewinnt mit dieser Erkenntnis auch die Frage, welcher dieser beiden generellen Einwirkungsmöglichkeiten bezüglich der einzelnen Erlebnismöglichkeiten „von unten nach oben“ und umgekehrt der Vorzug eingeräumt wurde. Als Ergebnis ist festzuhalten, daß die Erlebbarkeit der Tätigkeit der Gemeinschaftsorgane in beiden Bereichen sowohl für die Mitgliedsstaaten als auch für die jeweiligen Möglichkeiten der Individuen in den Ländern festzustellen ist.

b) Erlebbarkeit der Besetzung

Unter Berücksichtigung der gerade aufgestellten Anforderungen fragt sich nun, auf welche Weise die Mitgliedsstaaten und die Individuen an der personellen Besetzung der gemeinschaftlichen Organe als Teil der ständigen Aktualisierung der Willensgemeinschaft im Sinne Smends beteiligt worden sind. Konkret ging es bei Smend um Wahlen und Abstimmungen, also eine Beteiligung „von unten nach oben“. Zur Beantwortung dieser Frage kann hinsichtlich der Entwicklungsgeschichte im wesentlichen auf die Ausführungen zur Ausgestaltung der europäischen Institutionen verwiesen werden. Hinsichtlich der Entscheidungsträger ist festzustellen, daß deren Besetzung durch die Mitgliedsstaaten selbst vorgenommen wurde. Derselbe Befund ist für die Auswahl der Mitglieder der verschiedenen beratenden und den Haushalt kontrollierenden Gremien zu konstatieren. Die Individuen konnten nur ab Ende der siebziger Jahre das Europäische Parlament direkt wählen, das jedoch im Hinblick auf seine Entscheidungsträgerschaft trotz der Veränderungen in der EEA[753] und dem Unionsvertrag im Hinblick auf die Verfahren von den wesentlichen Dezisionen zur Fortentwick-

---

752 Belegen läßt sich dies mit der Pariser Erklärung vom 9. Mai 1950, wonach die Anregungen zur Montanunion als erster Schritt hin zu einer zukünftigen europäischen Föderation verstanden wurden. A. a. O. (Fn. 35), S. 3091. Allerdings macht eine derartige Föderation nur einen Sinn, solange die Staaten als potentielle Mitglieder in ihrer Existenz bestehen.

753 Zu den Veränderungen durch die EEA bei der Einführung des Zusammenarbeitsverfahrens vor dem Hintergrund der Legitimität vgl. Groeben, Legitimationsprobleme, S. 129 f.

lung von Integration ausgeschlossen war. Dem Einzelnen blieb aufgrund der Benennungsmöglichkeiten der Länder ein besonderes integrationsförderndes Erlebnis bei der Teilhabe an der personellen Ausstattung der Entscheidungsträger, insbesondere der verschiedenen Räte, also verwehrt.

Führt man sich noch einmal das eingangs vorgestellte politikwissenschaftliche Dimensionenmodell vor Augen, dann wird vor diesem Hintergrund schon hier deutlich, daß nicht nur hinsichtlich der bereits erreichten Integrationstiefe auf verschiedenen Gebieten Unterschiede bestehen können. Auch für die Erlebbarkeit der Tätigkeit von Organen der neuen, größeren Einheit läßt sich im Hinblick auf mehrere Zielgruppen innerhalb eines Mehrebenensystems eine Aufteilung dergestalt eintreten, daß die Besetzung der obersten Ebene eine Entscheidung darüber erforderte, wer sie tätigen sollte. Zwischen den Extrempositionen einer Benennung nur durch die Staaten oder ausschließlich seitens der Individuen sowie einem Mittelweg der Beteiligung beider Zielgruppen hatten die Staaten, ausgehend von den Entscheidungen innerhalb der Gründungsverträge, im wesentlichen an der alleinigen Besetzung durch die Mitgliedsstaaten festgehalten, um deren Einflußmöglichkeiten, die innerhalb der Vertragsverhandlungen über die Ausgestaltung der Institutionen eine wichtige Rolle gespielt hatten, nicht zu zerstören. Mit der Einführung der Direktwahl zum Europäischen Parlament und der anschließenden Einführung der Verfahren der Zusammenarbeit bzw. der Mitentscheidung durch Einheitliche Europäische Akte und Unionsvertrag schien sich dies in Anlehnung an nationale Demokratievorstellungen, vermittelt durch ein Parlament, verändert zu haben. Die fehlenden Entscheidungskompetenzen des Parlaments und sein geringer Einfluß auf den Fortgang des Integrationsprozesses lassen dies Änderungen jedoch nur als Pseudoerlebnis erscheinen, das hinsichtlich der Dezisionsträger völlig leerläuft.

Mit diesem Übergewicht der Einfluß- und damit Erlebnismöglichkeit der Staaten innerhalb dieses Bereichs funktioneller Integration hat sich eines der vieldiskutierten Hauptprobleme europäischer Integration in bezug zu den davon betroffenen Individuen in den Mitgliedsländern gezeigt. Jedoch handelt es sich im Hinblick auf ein ganzheitliches Integrationsverständnis nicht nur um ein Problem mangelnder Legitimation im Vergleich mit innerstaatlich-demokratischen Maßstäben, das die europäische Rechtswissenschaft in den Mittelpunkt ihrer Überlegungen stellte.[754] Es fehlte im Untersuchungszeitraum für einen Ausdehnung der Erlebnismöglichkeiten der Einzelnen im Hinblick auf Wahlen zur Besetzung europäischer Organe und Abstimmungen zu einzelnen Sachfragen dar-

[754] Zuleeg, a. a. O. (Fn. 725), S. 1069, 1071, definierte den Legitimationsbegriff unabhängig vom innerstaatlich-demokratischen Vorverständnis ausschließlich als nötige Zustimmung der Betroffenen und bewertete sie hinsichtlich des Unionsvertrages von 1992 als im wesentlichen durch die Staaten vermittelt. Zur Legitimationsdiskussion in der Integrationsentwicklung Groeben, Legitimationsprobleme, S. 70 ff.; zur demokratischen Legitimation der Europäischen Union Kaufmann, Integration, S. 224 ff.; ebenso hier Kluth, S. 44 ff.

über hinaus an einer umfassenden europäischen Medienlandschaft und an den für demokratische Legitimationen in einem repräsentativen System nötigen Parteien als Trägern politischer Meinungsbildung.[755] Erst bei Existenz von beidem kann ein Umfeld entstehen, in dem sich für das Individuum nachvollziehbare und als Grundlage seiner Entscheidung dienende Zieldiskussionen auf europäischer Ebene führen lassen. Auch dieses fehlte im interessierenden Zeitraum.

Zusammenfassend läßt sich hinsichtlich der Erlebbarkeit der personellen Ausstattung festhalten, daß diese zwar existiert, aber zur Förderung von Integration in Anbetracht der zwei daran zu beteiligenden Gruppen fast ausschließlich und bezüglich der zentralen Entscheidungsträger innerhalb des hier in Rede stehenden Untersuchungszeitraumes vollständig auf der Ebene der Mitgliedsstaaten und nicht auf der einzelner Personen ablief. Gleichermaßen hat sich im selben Zeitabschnitt in der Entwicklung der europäischen Integration ein erhebliches Defizit der Teilhabe der Individuen herausgebildet, was vom Schlagwort fehlender Legitimation der Gemeinschaftsorgane aufgrund der nach wie vor vorherrschenden verfassungspositivistischen Erklärungsansätze nur teilweise und nicht in voller Tragweite erfaßt wird. Diese Einschätzung trifft dabei nicht nur die entscheidungstragenden Gemeinschaftsorgane, sondern auch diejenigen Einrichtungen, die zu deren Beratung geschaffen worden sind. Auch diese kommen hinsichtlich der Erlebbarkeit ihrer personellen Besetzung über die Mitgliedsstaaten selbst oder über bestimmte Interessengruppen nicht hinaus. An allgemeiner Erlebbarkeit fehlt es auch hinsichtlich der beratenden Gremien. Das damit für beide Kategorien von Institutionen festgestellte Mißverhältnis zwischen Beteiligung der Mitgliedsstaaten und der Erlebbarkeit der personellen Besetzung aus Sicht des Einzelnen muß zur Erzielung weiteren Integrationsfortschritts und dessen Akzeptanz bei den Individuen bereinigt werden, was gleichzeitig als ein erster Ansatz zur Veränderung der Wirksamkeit des Erlebens der personellen Besetzung von Institutionen als ein Instrument der Integration festzuhalten ist.

c) Erlebbarkeit von Entscheidungen

Geht man noch einmal zu Smend zurück, so hatte jener im Bereich des funktionellen Integrationstypus die permanente Aktualisierung der staatlichen Willensgemeinschaft neben Wahlen und Abstimmungen auch durch die Gesetzgebung,

---

[755] Dies ist umstritten. Vgl. die Kritik bei Kluth, S. 11 ff. und S. 60 ff., der bei seinen Ausführungen zu Vorbedingungen demokratischer Legitimation für die Europäische Union nach ihrem Gründungsvertrag von 1992 auch auf die Medien und die Parteien eingeht. Daß es zur Herstellung von Legitimation mehr als der Einführung der Direktwahl bedarf, ist anderen dagegen schon seit langem klar, vgl. Grimm, Der Spiegel 43/1992, S. 57, und Rengeling, DÖV 1977, S. 622, 624. Auf die Einwände des erforderlichen Umfeldes und die diesbezüglichen Unsicherheiten weist Zuleeg, a. a. O. (Fn. 725), S. 1069, 1073, hin.

die Justiz und die Verwaltung als erforderlich verstanden. Führt man sich die erörterten, überhaupt zu Entscheidungen befugten Institutionen des europäischen Verschmelzungsprozesses als dem persönlichen Integrationstypus Smends angehörigen Einrichtungen vor Augen, so wird deutlich, daß damit diejenigen Kategorien gemeint sind, in denen die Entscheidungsträger ihre Dezisionen fassen können. Allerdings ist damit hinsichtlich der möglichen Entscheidungsformen und ihrer Wirkung auf die beiden Zielgruppen - Staaten und darin befindlichen Individuen - noch nichts ausgesagt. Insofern ist es erforderlich, Formen von Entscheidungen der einzelnen Gemeinschaftsorgane zu erarbeiten. Die politikwissenschaftliche Dimensionenlehre geht über die bloße Bestimmung von Entscheidungsformen jedoch noch hinaus und verlangt auch eine Untersuchung der Einführung verbindlicher Entscheidungsverfahren der einzelnen Organe im Hinblick auf ihre Wirksamkeit für Vergemeinschaftungsprozesse.[756] Während dies zum Teil schon Bestandteil der Darstellung zu den einzelnen Institutionen war, kommt den Verfahren selbst im Hinblick auf die Erlebbarkeit als solcher keine grundlegende Bedeutung zu. Die Zielgruppe der Individuen erfahren die Verfahrensabläufe in den Organen selbst unmittelbar nicht,[757] sondern werden im Regelfall von den Medien über die Entscheidungen informiert. Für die Mitgliedsstaaten wird Erlebbarkeit durch die Vertreter in den Räten gesichert. Aufgrund dieses auch ohne empirische Untersuchungen abschätzbaren, geringen Einflusses der Verfahren auf die Erlebbarkeit soll hier auf eine ausgedehnte, darauf detailliert eingehende Darstellung verzichtet werden.

Weiterer Klärungsbedarf besteht jedoch aus der systematischen Sicht an anderer Stelle. Anhand innerstaatlicher Begrifflichkeit lassen sich die von Smend genannten Bereiche der Gesetzgebung, der Verwaltung und der Justiz und ihre einzeln Entscheidungsarten aufgrund des von ihnen dabei ausgehenden Verbindlichkeits- und Befolgungsanspruchs der Kategorie des Rechts zuordnen. Damit fragt sich, ob die im weiteren darzustellenden Entscheidungsformen innerhalb des europäischen Integrationsprozesses auf gleiche Art ebenfalls dem Recht zuzuordnen sind, womit dieses zugleich, ohne den Kern des Systems darzustellen, seinen Platz bei der Erfassung von Faktoren der Verschmelzung zugewiesen bekäme. Davor ist jedoch zu untersuchen, ob die Ausprägungen von Dezisionen aus begrifflicher Sicht überhaupt die an Recht zu stellen Anforderungen erfüllen. Also muß als Zwischenschritt zwischen den Entscheidungsformen selbst und ihrer Zuordnung zur Kategorie des Rechts eine Prüfung am Maßstab der Definition des Rechtsbegriffes stattfinden, wobei dessen an nationaler Staatlichkeit entwickelter Inhalt auf der europäischen Ebene problematisch

756 Vgl. dazu die Ausführungen unter B II 1 auf S. 15 f. und die beiden Nachweise in Fn. 51.

757 Zuleeg, a. a. O. (Fn. 725), S. 1069, 1071, stellt diesen Zustand beispielsweise für die Entscheidungstätigkeit des Rates fest, wobei diese ihm nicht „transparent“ genug erscheint. Dies läßt sich - mit Ausnahme des Parlaments - auf alle Entscheidungsträger ausdehnen.

ist. Während sich die Institutionen des Integrationsprozesses wegen der Abhängigkeit von den Interessen der Mitgliedsstaaten bei objektiver Betrachtung als ineffizient für den weiteren Verschmelzungsvorgang herausgestellt haben, ist eine solche Bewertung für konkrete, teils rechtliche Entscheidungsformen als Mittel von Integration nicht ohne weiteres möglich. Dazu bedürfte es genauerer empirischer Untersuchungen der Auswirkungen einzelner Entscheidungen auf die Entstehung einer neuen Gemeinschaft. Solches ist aber in einer Systematisierung nicht zu leisten. Als Beispiel eines abstrakten Wirkungskonzepts soll der Einfluß europäischer Entscheidungen auf die Rechtsordnungen der Mitgliedsstaaten am Ende der Überlegungen über die Erlebbarkeit von Dezisionen stehen.

aa) Entscheidungsformen in den Gemeinschaftsverträgen

Den Ausgangspunkt der Überlegungen zur Erlebbarkeit der Tätigkeit der Institutionen bilden also die einzelnen Entscheidungsformen, die innerhalb der Gemeinschaftsverträge zwischen 1950 und 1992 entstanden sind. Nach einer weiteren Abstraktion, aber dennoch in Kontinuität zum funktionellen Integrationstypus von Smend, ist nach dem Vorhandensein von generell und abstrakt wirkenden Regelungen - Normen -, Entscheidungen im Einzelfall sowie solchen zur Überprüfung von diesen Normen und Einzelfallentscheidungen - alles sowohl gegenüber den Mitgliedsstaaten als auch den Individuen - Ausschau zu halten. Zur Vorbereitung der anschließenden Bewertung, ob es sich dabei um Kategorien handelt, die dem Rechtsbegriff unterfallen, und in engem Zusammenhang zur Institutionalisierung als Integrationsmittel soll ebenfalls der Grad des Verbindlichkeitsanspruchs der Formen gegenüber den am Integrationsprozeß beteiligten Staaten, aber ebenso gegenüber einzelnen Individuen innerhalb dieser Länder untersucht werden. Obwohl die hier aufgestellten Prämissen bezüglich der Eigenschaften von Entscheidungen in formeller Hinsicht eng mit den innerstaatlichen Ausprägungen von Gesetz, Verwaltungsentscheidung und Urteil verbunden zu sein scheinen, läßt für den Aufbau der folgenden Ausführungen aus institutionellen, entwicklungsgeschichtlich bedingten Gründen eine Strukturierung nach Entscheidungen der Legislative, Exekutive und Judikative auf europäischer Ebene vornehmen.[758] Aus dem Vorhandensein der Hohen Behörde bzw. der Kommission und dem Ministerrat einerseits sowie dem Gerichtshof andererseits läßt sich für die folgenden Darstellungen jedoch zumindest eine Unterscheidung zwischen den eigentlichen sachlichen und politischen Entscheidungen sowie solchen zu deren Kontrolle ableiten. Da, wie schon bei der Institutionalisierung festgestellt, das Kontrollorgan Gerichtshof seit Beginn der fünfziger Jahre kon-

---

758 Deutlich wird dies an der Rolle des Parlaments, dem auf europäischer Ebene im Untersuchungszeitraum keine Legislativfunktion zukam. Die für den Bereich der Mitgliedsstaaten tradierte Übereinstimmung von Organ und dessen Entscheidungsform fehlt hierbei.

stant einer klar definierten Arbeitsweise eben in Abgrenzung zu grundsätzlich politischen Entscheidungen folgte, sollen zunächst Dezisionen legislativer Art und solche für den Einzelfall im Spannungsverhältnis von Hoher Behörde, Kommission und Ministerrat thematisiert werden. Dem wird sich eine Betrachtung der Entscheidungsformen und der Funktion des Gerichtshofs anschließen.

(1) Legislative und exekutive Entscheidungsformen

Die Pariser Erklärung vom 9. Mai 1950 hatte außer der Obersten Behörde als Verantwortlicher für die Verwaltung und der Betonung der Verbindlichkeit der - nicht spezifizierten - Entscheidungen des Präsidenten der Behörde keine detaillierten Vorstellungen über Dezisionsformen enthalten. Deshalb kann erst beginnend mit der Vereinbarung über die Montanunion und deren Vorarbeiten die Herausbildung und Ausdifferenzierung legislativer sowie administrativer Entscheidungsformen bis hin zum Unionsvertrag von 1992 nachvollzogen werden.

α) Vertrag zur Gründung der Europäischen Gemeinschaft für Kohle und Stahl

Wirft man einen Blick in die Materialien, so fällt auf, daß Regelungen zu Entscheidungsformen der Hohen Behörde fehlen. Im Vorentwurf Reuters vom 16. Mai 1950 ist vom Begriff der Entscheidung keine Rede,[759] während Uris am 7. Juni 1950 diesen nur im Zusammenhang mit Mehrheiten in der Hohen Behörde, dem Modus der Veröffentlichung in Artikel 8 sowie mit Beschwerdemöglichkeiten anspricht.[760] Auch in der am 12. Juni 1950 entstandenen Note für das französische *Comité Interministériel* wird die Frage der formellen Ausgestaltung von Entscheidungen nicht erwähnt, sondern der Begriff der *décision* nur im Zusammenhang mit dem Beschwerdeverfahren genannt.[761] In der Frühphase der Beschäftigung mit den Entscheidungen der Hohen Behörde wurde nicht zwischen einzelnen Formen differenziert, die sich mit abstrakt-genereller oder individueller Wirkung umschreiben lassen. Aus dem Vorentwurf von Reuter und der Note für das *Comité Interministériel* ergaben sich jedoch schon Aussagen für eine besondere Form zur Prüfung von Entscheidungen der Hohen Behörde. Innerhalb einer Zweitentscheidung sollte über Widersprüche der Staaten oder einzelner Interessenten befunden werden können. Zum einen zeigt sich hierin die beginnende Ausdifferenzierung einer Entscheidungsform zur Überprüfung von

---

759 Projet d'un schéma du traité par P. Reuter vom 16. Mai 1950, a. a. O. (Fn. 469), Schulze/Hoeren, Bd. 1, S. 11 ff. Dieser Vorschlag besaß eher den Charakter einer Denkschrift.

760 Schéma du traité de Pierre Uri vom 7. Juni 1950, a. a. O. (Fn. 471). In Schulze/Hoeren, Bd. 1, S. 21 ff., Artikel 8 auf S. 22, auf S. 23 Vorschläge zur Ausgestaltung des Beschwerdeverfahrens gegen Entscheidungen, der schon für die Institutionen erörtert wurde.

761 Note pour le Comité Interministériel, 12. Juni 1950, a. a. O. (Fn. 473). In Schulze/Hoeren, Bd. 1, S. 25, 27. Auch dieses war im Kontext der Institutionen von Interesse.

Handlungen. Zum anderen ergibt sich daraus, daß die Dezisionen der Institution auch gegenüber einzelnen Individuen gelten sollten. Eine besondere Verbindlichkeit der Handlungen der Hohen Behörde wurde nicht erwähnt, jedoch lag darin ja der grundlegend neue Gedanke der Pariser Erklärung.

Reuters Anmerkungen vom 14. Juni 1950,[762] bezogen auf den Vertragsvorentwurf Uris, und im Kurzprotokoll der ersten Sitzung der Verhandlungsrunde am 21. Juni 1950[763] treffen dieselben Aussagen. Veränderung ergaben sich erst im von der Frankreich vorbereiteten Textentwurf vom 21. Juni 1950. Darin hieß es neben den Ausführungen zu den Mehrheiten bei Artikel 6 und den Prüfungsmöglichkeiten in Artikel 8[764] in einem unbezifferten Artikel der *2ème Section - de la mise en commun du charbon et de l'acier* bezüglich der Entscheidungen:

> „La Haute Autorité peut communiquer selon les cas aux Etats ou directement aux entreprises: des décisions, des recommandations, des avis.
> Les décisions obligent juridiquement en tous leurs éléments leurs destinataires. Les recommandations comportent obligation dans les buts qu'elles assignent, mais laissent à leurs destinataires le choix des moyens aptes à réaliser ce but. Les avis ne lient pas juridiquement leurs destinataires. Lorsque la Haute Autorité est habilitée à prendre une décision, elle peut se borner à présenter une recommandation ou une suggestion; lorsque la Haute Autorité est habilitée à prendre une recommandation, elle peut se borner à proposer une suggestion. En ce qui concerne les services, agences et institutions rattachés directement à la Haute Autorité, celle-ci disposera du droit d'élaborer des règlements et de prendre toutes mesures d'ordre intérieur."[765]

Dieser Artikel führte mit Entscheidung, Empfehlung und Stellungnahme drei Formen auf, die sich im Hinblick auf ihre Verbindlichkeit gegenüber den Adressaten - nach wie vor entweder die Staaten selbst oder die Unternehmen des Montansektors - deutlich voneinander unterschieden. Im Hinblick auf die Entscheidung, hier begrifflich im engeren Sinne zu verstehen, sollten die Adressaten in allen ihren Elementen juristisch verpflichtet sein. Die Empfehlung war dagegen nur hinsichtlich ihrer Ziele verbindlich, die Art und Weise von deren

---

[762] Vgl. Observations sur le schéma de traité faites par P. Reuter, 14. Juni 1950, a. a. O. (Fn. 488), Schulze/Hoeren, Bd. 1, S. 28 ff. Dabei stand immer die Behörde im Mittelpunkt.

[763] Kurzprotokoll der Sitzung im französischen Außenministerium vom 21. Juni 1950, a. a. O. (Fn. 474), Schulze/Hoeren, Bd. 1, S. 37 ff. Entscheidungen wurden nur beim Mehrheitserfordernis in der Hohen Behörde und bei der Art der Entscheidungsprüfung berührt.

[764] Texte du projet préparé par les Français vom 21. Juni 1950, a. a. O. (Fn. 107), Schulze/Hoeren, Bd. 1, S. 41, 42 f. Zur Entscheidungsprüfung war in Art. 8 ein *ad hoc* einzusetzender Gerichtshof vorgesehen, der in juristischen Angelegenheiten entscheiden sollte. Damit war die schon angesprochene Form der Prüfung von Entscheidungen auf den rechtlichen Bereich beschränkt worden. In nichtjuristischen Angelegenheiten sollte die Institution als Schiedsrichter tätig werden, jedoch nicht verbindlich entscheiden können.

[765] Ebd., S. 41, 44 ff., das Zitat zu Entscheidungsformen findet sich auf S. 45 unten sowie f.

Erreichung blieb den Adressaten überlassen. Der Stellungnahme fehlte jeder verbindliche Charakter. Damit hatte sich ein abgestuftes System von Entscheidungsformen unterschiedlicher Verbindlichkeit und differierender Eingriffsintensität ergeben, an das die Einzelbefugnisse des Vertrages anknüpfen konnten. Zur Ausdifferenzierung von Formen abstrakter oder individueller Wirkung kam es nicht. Auch an den Formen der Prüfung von Entscheidungen der Behörde sind nach dem Entwurfstext keine Änderungen ersichtlich.

Diese Differenzierung von Entscheidungsformen nach Verbindlichkeitsgraden blieb als konstantes Element über das französische *document de travail* vom 24. Juni 1950, in das es als Artikel 6 Eingang gefunden hatte,[766] hinaus erhalten.[767] Abgesehen von späteren, wohl von der deutschen Seite ausgehenden Bestrebungen hin zu einer Erweiterung[768] dieser drei Formen traten keine Veränderungen ein.[769] Der Ansatz wurde auch so in den endgültigen Vertragstext übernommen.[770] Führt man sich die eingängliche Frage nach der Differenzierung von Entscheidungsmöglichkeiten bei Smend vor Augen, so ergibt sich, daß Dezisionen der Hohen Behörde gegenüber den beteiligten Staaten, aber auch den Unternehmen vorgesehen waren. Es waren beide Zielgruppen angesprochen.

---

766 *Document de travail*, 24. Juni 1950, a. a. O. (Fn. 108). Schulze/Hoeren, Bd. 1, S. 50, 51 f.

767 Vgl. das Memorandum über die Institutionen des Vorschlags vom 9. Mai 1950, datiert vom 28. Juli bzw. 4. August 1950, a. a. O. (Fn. 492), Schulze/Hoeren, Bd. 1, S. 94, 97 f.

768 So zu institutionellen Fragen innerhalb in den Bemerkungen der Deutschen Delegation zu den Französischen Berichten über die Verhandlungen vom 20. Juni bis 10. August 1950, undatiert, a. a. O. (Fn. 493), Schulze/Hoeren, Bd. 1, S. 130, 131: „Die Maßnahmen der Hohen Behörde beschränken sich nicht auf die im französischen Bericht aufgezählten rechtlichen Kategorien. Der Begriff dieser Maßnahme muß daher weiter gefaßt werden, insbesondere auch, um nötigenfalls die Anfechtung vor Gericht zu ermöglichen.“ Der Bericht bezog sich auf das erwähnte Memorandum Bericht über die Institutionen vom 28. Juli/4. August 1950 und trug dem Umstand Rechnung, daß der Hohen Behörde nach damaligem Stand andere Handlungsformen offenstehen sollten, die jedoch weniger in den Entscheidungs- als in den Planungsbereich fielen. Die Verbindung mit einer gerichtlichen Prüfungsmöglichkeit zeigt die Absicht der deutschen Seite, zu einer weitgehenden Prüffähigkeit der „Maßnahmen“ der Hohen Behörde am Maßstab des Vertrages zu gelangen.

769 Vgl. Art. 6 des Vertragsentwurfs Reuters vom 6. Oktober 1950, a. a. O. (Fn. 498), Schulze/Hoeren, Bd. 1, S. 244, 246; Art. 12 der Ersten Redaktion des Vertragsentwurfes (französischer Vorschlag) vom 9. November 1950, a. a. O. (Fn. 499), Schulze/Hoeren, Bd. 1, S. 267, 279; den Abschnitt *Délibérations* im deutschen Vorentwurf II - Traité portant Constitution de la Communauté, undatiert, a. a. O. (Fn. 500), Schulze/Hoeren, Bd. 1, S. 308, 313; Art. 12 der Redaktionsvorschläge der deutschen Delegation zum Vertragsentwurf vom 17. November 1950, a. a. O. (Fn. 109), Schulze/Hoeren, Bd. 1, S. 330, 335, und Art. 15 der Décisions de la Conférence des Ministres (12-18 Avril 1951), a. a. O. (Fn. 542), Schulze/Hoeren, Bd. 1, S. 359, 364. Alle Regelungen treffen - in manchmal variierenden Wortlauten - die erörterte Unterscheidung zwischen *décision*, *recommendation* und *avis* und bleiben damit an das Modell der abgestuften Verbindlichkeit gebunden.

770 In Art. 14 EGKSV in der Form vom 18. April 1951, die von den Staaten ratifiziert wurde.

Allerdings läßt sich auf unmittelbare Art weder im institutionellen noch in den sonstigen Teilen der Vereinbarung über die Montanunion eine begriffliche Trennung zwischen Entscheidungen, die ähnlich wie ein Gesetz auf nationaler Ebene generell und abstrakt wirken sollten, und solchen für den konkreten Einzelfall ausmachen. Materiell betrachtet, waren beide Formen jedoch vorhanden. Als Beispiel für eine abstrakt-generelle Entscheidung sei hier die Möglichkeit der Hohen Behörde aus Artikel 61 Absatz 1 Buchstabe a) EGKSV genannt, in Höchstpreise für ein Erzeugnis oder Erzeugnisgruppen festlegen zu können. Eine Befugnis konkreter, individueller Art enthielt Artikel 54 Absatz 1 EGKSV, der es der Behörde ermöglichte, auch an einzelne Unternehmen im Rahmen der vorgesehenen Investitionsprogramme Kredite zu vergeben. Trotz des Fehlens einer begrifflichen Differenzierung zwischen den beiden Formen lassen sich Unterscheidungen aufweisen, die an anderer Stelle - so im Rahmen des Rechtsschutzes bzw. der Vorschriften über die Verkündung von Entscheidungen - darauf schließen lassen, daß die an der Erarbeitung Beteiligten mit trotz der Verwendung des einheitlichen Entscheidungsbegriffes darunter auch allgemein sowohl abstrakt-generelle als auch konkret-individuelle Inhalte verstanden. So unterschied Artikel 8 des *document de travail* schon zwischen dem Rechtsschutz eines Staates gegen Entscheidungen oder Empfehlungen der Hohen Behörde sowie dem Recht der „Unternehmungen im Falle einer Entscheidung oder Empfehlung ..., die sich individuell an sie richtet.“[771] Der Vertragsentwurf Reuters vom 6. Oktober 1950, verfolgte diese Unterscheidung zwischen einem Rechtsschutz der Staaten und dem der individuell Betroffenen nicht weiter, sah jedoch verschiedene Bekanntgabe- und Rechtsschutzvoraussetzungen für Entscheidungen generellen und individuellen Charakters unabhängig vom Adressaten vor:

> „Les délibérations de la Haute Autorité et décisions de son Président ayant un caractère individuel seront opposables à leur destinataire à la suite d'une notification faite à celui-ci.
> Les mêmes actes qui auraient un caractère général entreront en vigueur après leur publication. Cette publication sera organisée par une décision de la Haute Autorité; elle pourra notamment prendre la forme d'une insertion dans un recueil officiel.“[772]

Später wurde der Zusammenhang zwischen der Art der Entscheidung im Hinblick auf abstrakt-generellen oder konkret-individuellen Charakter wieder aufgelöst. Was blieb, war der Umstand, daß bis zum endgültigen Vertragstext das Wirksamwerden einer Entscheidung von ihrer Art abhing. Ausweislich der Absätze 2 und 3 von Artikel 15 EGKSV bedurfte es für Entscheidungen und Emp-

---

[771] *Document de travail*, 24. Juni 1950, a. a. O. (Fn. 108), Schulze/Hoeren, Bd. 1, S. 50, 52.

[772] Projet de M. Reuter vom 6. Oktober 1950, a. a. O. (Fn. 498), Schulze/Hoeren, Bd. 1, S. 244, 246. Ähnliche unter *Formes de mesures* im Deutschen Vorentwurf II - Traité portant Constitution de la Communauté, a. a. O. (Fn. 500). Schulze/Hoeren, Bd. 1, S. 308, 313.

fehlungen, die Einzelfälle betrafen, der Zustellung an die Beteiligten, während in allen übrigen Fällen eine Veröffentlichung für die Anwendbarkeit ausreichte.[773] Damit hatte die Unterscheidung von abstrakt-generellen und konkret-individuellen Entscheidungen zumindest in den Vorschriften zur Geltung Eingang in den Vertrag über die Gründung der Europäischen Gemeinschaft für Kohle und Stahl gefunden. Trotz des Fehlens der ausdrücklichen Differenzierung zwischen Entscheidungsformen, die den Rechtsnormen und den Verwaltungsentscheidungen gleichzusetzen sind, war dem Gründungsvertrag für die Montanunion eine solche sachliche Differenzierung in der Form der Entscheidung ausweislich des materiellen Vorhandenseins beider Entscheidungsgattungen und begrifflicher Trennung hinsichtlich der Einzelvorschriften also bekannt.

Faßt man die Entscheidungsformen der Hohen Behörde im Gründungsvertrag der Europäischen Gemeinschaft für Kohle und Stahl zusammen, so ergibt sich, daß abstrakt-generelle und konkret-individuelle Regelungen, also Normen und Einzelfallentscheidungen, mit unterschiedlichem Verbindlichkeitsgrad sowohl gegenüber den beteiligten Staaten als auch den darin befindlichen Unternehmen der Montanindustrie vorgesehen waren. Diese lassen sich den auf dem innerstaatlichen System basierenden Formen von Gesetz und Einzelfallentscheidung, wie sie sich bei Smend innerhalb des funktionellen Integrationstypus und in seiner Folge in der heutigen politikwissenschaftlichen Diskussion finden, zuordnen. So bestand bereits zu diesem frühen Zeitpunkt hier eine Übereinstimmung.

β) Vertrag über die Gründung einer Europäischen Verteidigungsgemeinschaft

Aufgrund der zeitlichen Nähe des Vertrages über die Europäische Verteidigungsgemeinschaft zu seinem Vorgänger soll wiederum nicht die Vertragsentstehung im Mittelpunkt stehen. Den Ansatzpunkt und Hypothese zur Betrachtung von Handlungsformen in dieser weiteren sektoralen Gemeinschaft soll die eher institutionsbezogene Einschätzung Graf Kielmannseggs als Mitglied der deutschen Verhandlungsdelegation bilden, der, ausgehend von staatsbezogener Begrifflichkeit, von Gewaltenteilung in der neuen Einheit ausging.[774] So sah er den Ministerrat als föderatives und legislatives Organ an, dem „in Ergänzung der gesetzlichen Grundlagen des Vertragswerkes auch wesentliche gesetzgeberische Befugnisse zustehen" sollten, während das Kommissariat für ihn das „oberste Exekutivorgan" darstellte. Auch die Versammlung schätzte Kielmannsegg als Legislative ein, beschränkte dies aber dadurch, daß sie bis zur vollständigen Schaffung einer europäischen Föderation nur beschränkte Funktionen haben

---

773 Vorausgegangen war dem eine Regelung in Art. 15 der Décisions de la Conférence des Ministres (12-18 Avril 1951), a. a. O. (Fn. 542). Schulze/Hoeren, Bd. 1, dort S. 359, 364.

774 Zu den einzelnen Institutionen siehe Kielmannsegg, a. a. O. (Fn. 127), S. 5009, 5010 ff.

könne. Diese auf den ersten Blick nur die Institutionen charakterisierenden Ausführungen ermöglichen jedoch auch Schlüsse auf geplante Handlungsformen der einzelnen Organe. Berücksichtigt man, daß den genannten Institutionen im innerstaatlichen Bereich abgegrenzte Handlungs- und Entscheidungsformen zugewiesen sind, so impliziert dies, daß diese Formen auch den genannten Organen innerhalb der neuen Gemeinschaft zukamen. Dies läßt sich am Vertragstext überprüfen und damit das Vorhandensein der Entscheidungsformen nachweisen.

Kielmannsegg hatte zunächst den Ministerrat und grundsätzlich auch die *Assemblée* als Legislative der Gemeinschaft bezeichnet. Insofern müßten beiden Organen abstrakt-generelle Entscheidungen, innerstaatlich vergleichbar mit einem Gesetz, zugekommen sein. Grundsätzlich war der Ministerrat nach Artikel 39 Absatz 3 EVGV entscheidungsbefugt, ohne daß näher definiert wurde, welche Entscheidungsformen gemeint waren. Für den Ministerrat ergab sich die Form wiederum nur mittelbar aus einer Vielzahl von Einzelvorschriften des Vertrages, so im Bereich der Streitkräfte in Artikel 78a EVGV. Dieser enthielt eine Entscheidungskompetenz des Rates für die Festlegung der ersten Welle von Truppen für den Fall der Verteidigung. Diese Regelung betraf alle Staaten gleichermaßen, ohne daß es sich dabei um einen konkreten Einzelfall einer bereits anstehenden Verteidigungssituation gehandelt hätte. Dieses Beispiel mag genügen, um dem Ministerrat als Entscheidungsform die abstrakt-generelle Regelung zuzuweisen. Der Begriff der Legislative enthält aber umgekehrt auch den Ausschluß des Organs von Einzelfallentscheidungen. Solche lassen für den Ministerrat am Maßstab des Vertrages jedoch in Artikel 39 Absatz 3 EVGV ausmachen, wonach die Institution konkret-individuell über einzelne Vorhaben des Kommissariats als Exekutivorgan befinden sollte. Dabei handelte es sich jedoch nur um eine institutionsinterne Form, der man im innerstaatlichen Recht jegliche Außenwirkung absprechen würde. Auch die Zustimmung des Ministerrates sollte keine eigenständigen Auswirkungen auf die Staaten oder die Individuen innerhalb der vorgesehenen europäischen Streitkräfte entfalten, so daß hier nicht von einer zur Berücksichtigung fähigen, konkret-individuellen Entscheidungsmöglichkeit des Rates auszugehen ist. Dagegen kam, und dazu sei erneut auf die Ausführungen zur Institutionalisierung verwiesen, der Versammlung der Verteidigungsgemeinschaft nach Vertragslage keinerlei sachliche Entscheidungsbefugnis zu, so daß sich die Formfrage hier nicht stellt. Festzuhalten bleibt die abstrakt-generelle Entscheidungsform als Domäne des Rates.

Die von Kielmannsegg für das Kommissariat gewählte Bezeichnung als Exekutivorgan impliziert eine Begrenzung der Befugnisse auf konkret-individuelle Entscheidungsformen. Obwohl Artikel 27 EVGV mit einer fast wortidentischen Formulierung zu Artikel 14 EVGV mit Entscheidung, Empfehlung und Stellungnahme verschiedene Abstufungen der Verbindlichkeit für den Adressaten vorsah, fehlte auch hier wie bei der Montanunion eine allgemeine Aussage zum Charakter der Maßnahmen des Kommissariats. Eine genauere Untersuchung des Vertragstextes im Hinblick auf vorgesehene Einzelfallentscheidungen dieses Organs zeigt etliche dieser Art, so zum Beispiel im Rahmen des Titels V - Wirtschaftliche Bestimmungen - die Vergabe von Aufträgen für Bewaffnung und Ausrüstung aus Artikel 103 EVGV. In dieselbe Kategorie fällt die Befugnis des Kommissariats aus Artikel 31 Absatz 1 EVGV, Dienstgrade oberhalb national-geschlossener Einheit mit einstimmiger Zustimmung des Rates vergeben zu können. Gleiches gilt auch für die Beförderungskompetenz des Kommissariats aus Artikel 31 Absatz 3 EVGV im Hinblick auf die Kommandeure der Grundeinheiten. Nicht mehr als Einzelfallentscheidung aufzufassen ist jedoch die Möglichkeit des Kommissariats, diesbezüglich längerlaufende Programme mit eher generellem als individuellem Charakter zu erlassen. Schon hier zeichnet sich ab, daß bei Vorhandensein beider Entscheidungsformen eine Zuordnung des Kommissariats in den exekutiven Bereich nicht ohne weiteres möglich ist und genauer untersucht werden müßte. Dies kann und soll nicht Inhalt dieser Arbeit sein. Festzuhalten bleibt für die Frage nach Entscheidungsformen, daß der Vertrag über die Europäische Verteidigungsgemeinschaft für das Kommissariat sowohl abstrakt-generelle als auch konkret-individuelle Dezisionen vorsah, wobei letztere in ihrer Verbindlichkeit wie bei der Montanunion abgestuft waren. Wie bei dieser konnten sich die Entscheidungen des Kommissariats entweder auf die Mitgliedsstaaten oder aber auf die Individuen beziehen.

Faßt man all dies zusammen, so ergibt sich, daß die bei Smend vorhandenen Elemente des funktionellen Integrationstypus in der Ausgestaltung der Entscheidungsformen des Vertrages über die Gründung einer Europäischen Verteidigungsgemeinschaft unter abgestufter Verbindlichkeit gegenüber den Staaten und den Individuen wie bei der Montanunion vorhanden waren. Eine begriffliche Differenzierung zwischen Entscheidungsformen abstrakt-genereller und konkret-individueller Form kam nicht vor. Die einzelnen Entscheidungsarten orientierten sich in ihrer Zuordnung zu den Institutionen am innerstaatlichen Vorbild, ohne daß jedoch - besonders im Hinblick auf das Kommissariat - eine völlige Deckungsgleichheit mit den Verfassungsorganen der Mitgliedsländer bestand.

γ) Europäische Politische Gemeinschaft

Die Suche nach Entscheidungsformen erweist sich im Hinblick auf die Europäische Politische Gemeinschaft aufgrund des Fehlens eines letztendlich zumindest paraphierten Vertrages als besonders schwierig. Jedoch lassen sich aus den einzelnen Entwürfen und Dokumenten einige grundsätzliche Aussagen zu den vorgesehenen Entscheidungsformen ableiten, die jedoch nur als Momentaufnahmen der niemals vollendeten Beschäftigung mit diesem Sachbereich anzusehen sind.

Der einleitende Vorentwurf von Debré stand, was die Entscheidungsformen und die diesbezügliche Begrifflichkeit betrifft, deutlich hinter dem zurück, was in der Montanunion bereits Anwendung fand und für die Verteidigungsgemeinschaft vorgesehen war. Der von Debré vorgesehene Politische Rat sollte gemäß der Artikel 4 und 5 des Vorentwurfs eines Paktes für die Union der Europäischen Staaten vom 4. November 1952 durch Entscheidungen,[775] die für die Mitgliedsstaaten verbindlich waren, die gemeinsame Politik in den Bereichen Verteidigung, Verbesserung der Lebensumwelt, der Wirtschaftsentwicklung, des Verwaltungsrechts sowie des Justizwesens festlegen. Neben dieser abstrakt-generellen Regelungsmöglichkeit waren Einzelfallentscheidungen nicht vorgesehen, da die vom Politischen Rat zu fassenden Beschlüsse unmittelbar im Gebiet der Mitgliedsstaaten wirken und - aufgrund des Fehlens eines Organs für Einzelentscheidungen - von den Ländern ausgeführt werden sollten. Von Empfehlungen ist nur noch im Zusammenhang mit dem in den Artikeln 19 ff. des Entwurfs vorgesehenen Konsultativrat die Rede. Dieser wurde befähigt, nach Artikel 24 gegenüber dem Politischen Rat, nicht aber gegenüber den Mitgliedsstaaten oder den Individuen Empfehlungen zu erteilen. Die Stellungnahme trat als eigene Handlungsform wie in der Montanunion hierbei nicht in Erscheinung.

In den folgenden Beratungen des Unterausschusses für die Institutionen traten Entscheidungsformen der Institutionen in Anbetracht der anderen zu lösenden Probleme in den Hintergrund. Nach Debrés Entwurf von November zeichnete sich die Einführung eines Exekutivorganes nur zur Vorbereitung und Überwachung von Entscheidungen des Ministerrates ab. Während gleichzeitig vom Parlament als Gesetzgebungsorgan die Rede war,[776] tauchte im Zusammenhang mit den Kompetenzen der EPG sowie den Bestimmungen der Montanunion und der EVG in einem Zwischenbericht des Unterausschusses für Zuständigkeitsgebiete erstmals der Begriff normativer Befugnisse auf. Bei Ergänzungen des Kompetenzkataloges - bislang bei Montanunion und EVG durch Rechtsvorschrift - wurde eine Festlegung ohne Beteiligung des Parlaments befürchtet und eine Zuständigkeitsverschiebung zu dessen Gunsten angeregt.[777] In dieser Ar-

---

775 A. a. O. (Fn. 145), Schulze/Hoeren, Bd. 1, S. 439 ff. Art. 4 und 5 finden sich auf S. 441.

776 Vgl. dazu auch die Zusammenstellung endgültiger Regelungen des Unterausschusses für politische Institutionen vom 29. November 1952, dort II) Exekutivorgan. A. a. O. (Fn. 569), Schulze/Hoeren, Bd. 1, S. 476, 478 ff. Hier findet sich als Nr. 28 auf S. 480 die Delegation der Gemeinschaftsverwaltung auf die Ebene der nationalen Verwaltungen.

777 Zwischenbericht über die Zuständigkeitsgebiete einer Europäischen Politischen Gemeinschaft, vorgelegt vom Abgeordneten Benvenuti, Berichterstatter, datiert vom 30. November 1952, Conseil des Communautés européennes, Brüssel, Archives Historiques, Négociations du statut de la Communauté politique européenne, CM 4 No. 38. Schulze/Hoeren, Bd. 1, S. 482, 490 ff. Dabei ist auf S. 492 von nicht in den Verträgen vorgesehenen Befugnissen und deren Erschaffung durch „Normen der Gemeinschaft" die Rede.

gumentation erschien erstmals der Begriff des „einfachen Gesetzes der Gemeinschaft“, anzunehmen durch beide Kammern des Parlaments.[778] Daraus läßt sich erkennen, daß hier bereits eine Trennung zwischen den Staaten zu überlassenden Verwaltungentscheidungen und der Gesetzgebung zur Schaffung abstrakt-genereller Regelungen in Anlehnung an innerstaatliche Begriffe vollzogen war.[779]

Innerhalb der redaktionellen Arbeiten an der Satzung der Europäischen Politischen Gemeinschaft vom 29. Januar 1953 bis zur Übergabe des Satzungsentwurfs am 10. März 1953 läßt sich die Aufnahme der herausgearbeiteten Begrifflichkeit in die einzelnen Vorschläge nachvollziehen. In einem Redaktionsentwurf der Arbeitsgruppe Vertragsentwurf vom 29. Januar 1953, der sich auf Zuständigkeitsgebiete der Gemeinschaft beschränkte, findet sich unter der Kapitelüberschrift „Die Gesetze der Gemeinschaft“ in Artikel 35 die Feststellung, daß die Gemeinschaft in den vertraglich vorgesehenen Fällen Gesetze erläßt.[780] In den folgenden Vorschriften schloß sich ein vollständiges Gesetzgebungsverfahren an, während in Artikel 37 und 38 die Ausführung der Gesetze dem Europäischen Exekutivrat sowie den Staate überlassen blieb. Ersterer konnte zur Durchführung auf dem Verordnungswege Entscheidungen treffen. Weitere Kapitel griffen die Formen der Stellungnahme gegenüber den Parlamenten und Regierungen der Mitgliedsstaaten und der Empfehlung wieder auf, ohne sie jedoch genauer zu definieren oder sie schon konkret einer Institution zuzuordnen. Faßt man die vorhandenen Entscheidungsformen dieses Entwurfs zusammen, so finden sich abstrakt-generelle Regelungen in Form des Gesetzes und der Verordnung, wobei das Gesetz innerhalb eines förmlichen Verfahrens durch beide Kammern des Parlaments und die Rechtsverordnung durch die Exekutive erlassen werden konnten. Einzelfallentscheidungen zur Umsetzung des Vertrages sollten durch das Exekutivorgan und die Mitgliedsstaaten getroffen werden. Auch die in ihrer Verbindlichkeitsreichweite abgesenkten Formen von Empfehlung und Stellungnahme waren vorgesehen. Berücksichtigt man noch den im Bereich der Entscheidungsformen des Gerichtshofs erzielten Stand, so zeigt sich, daß mit einer im Gegensatz zu den Vorgängerverträgen ausdifferenzierten

---

[778] Ebd., Schulze/Hoeren, Bd. 1, S. 482, 493 unten. Es ging dabei um Veränderung der „Gesetzgebungs-Klauseln“ in den zu übernehmenden Verträge über die EGKS und die EVG.

[779] Vgl. dazu auch Nr. 7 der Entschließung II des Verfassungsausschusses der ad hoc-Versammlung vom 20. Dezember 1952, a. a. O. (Fn. 574), Schulze/Hoeren, Bd. 1, S. 507, 509 f., in der die Beteiligung des Parlaments an den angesprochenen normativen Bestimmungen gemäß Art. 95 Abs. 1 EGKSV und auch Art. 24 EVGV niedergelegt wurde.

[780] Redaktionsentwurf für die Kapitel über die Zuständigkeitsgebiete der Gemeinschaft, das Verfahren zur Revision des Vertrages zur Gründung der Gemeinschaft, des Montanvertrages und des EVG-Vertrages sowie für die allgemeinen Bestimmungen, vorgelegt von Abg. Benvenuti (Berichterstatter), 29. Januar 1953, a. a. O. (Fn. 576), Schulze/Hoeren, Bd. 1, S. 539 ff., zu den Entscheidungsformen siehe insbesondere Art. 35 ff. auf S. 541 f.

Begrifflichkeit alle Formen bis dahin nur staatlichen Handelns, die sich im funktionellen Integrationstypus bei Smend finden lassen, in diesem Entwurf für die Satzung der Politischen Gemeinschaft vorgesehen waren.[781]

An dieser Grundlage im Hinblick auf Entscheidungsformen in der neuen Gemeinschaft ergaben sich in der Folgezeit über verschiedene Änderungsentwürfe bis hin zum fertigen Satzungsentwurf einige wesentliche Änderungen. Im Redaktionsentwurf von Benvenuti, Dehousse und von Merkatz vom 2. Februar 1953 wurde das Gesetzgebungsverfahren im Hinblick auf Initiativrechte und den Modus der Verkündung konkretisiert.[782] Auch das Verordnungsrecht des Exekutivrates wurde im Hinblick auf den verbindlichen Charakter dieser Entscheidungsform näher ausgeformt, während demselben Organ auch die Entscheidung über Empfehlungen als nur dem Ziel nach verbindlichen Akten zugestanden wurde. Die Möglichkeit der Abgabe von unverbindlichen Stellungnahmen sollte nun sowohl dem Exekutivrat als auch dem Parlament zukommen. Der letztendlich am 10. März 2001 von der Ad hoc-Versammlung in Strasbourg angenommene Entwurf eines Vertrages über die Satzung der Europäischen Gemeinschaft trat dahinter wieder etwas zurück, indem in den Artikeln 52 ff. unter Konkretisierung des Gesetzgebungsverfahrens durch das Parlament und dem Erhalt des Verordnungsrechts des Exekutivrates nur noch das Parlament bei gegebener Zuständigkeit in der Sachfrage Empfehlungen aussprechen konnte.[783] Die Möglichkeit zur Stellungnahme, die im Entwurf vom 2. Februar 1953 noch vorgesehen war, wurde nicht mit aufgenommen. Artikel 41[784] des am 10. März 1953 beschlossenen Satzungsentwurfs sah für den Gerichtshof die Möglichkeit zur Prüfung von Entscheidungen anderer Institutionen bei Auslegung und Anwendung der Satzung oder der Gesetze vor, so daß auch die an den Gerichtshof gebundene besondere Entscheidungsform Berücksichtigung gefunden hatte. Aufgrund der fehlenden Einigung der potentiellen Mitgliedsstaaten auf diesen Satzungsentwurf wegen Problemen im Bereich der Zuständigkeiten und der Institutionen stellt dieser Befund zugleich den Abschluß der Beschäftigung mit Entscheidungsformen in den Vorarbeiten zur Europäischen Politischen Gemeinschaft dar, da alle weiteren Dokumente und Entwürfe bis zum endgültigen Scheitern

781 Am Beispiel der Erarbeitung der Institutionen der Gemeinschaft einerseits sowie der Zuständigkeiten und des Verfahren andererseits durch zwei verschiedene Unterausschüsse zeigt sich, daß die bei Smend nicht nachvollziehbar erscheinende Unterteilung von Institutionalisierung und Verfahren in zwei verschiedene Integrationstypen in der Praxis der europäischen Verschmelzungsbemühungen durchaus eine eigene Entsprechung besaß.

782 Vgl. zu Entscheidungsformen Art. 47 ff. der Satzung der Europäischen Gemeinschaft - Redaktionsentwurf, vorgelegt von den Abgg. Benvenuti, Dehousse und von Merkatz, Berichterstattern, 2. Februar 1953, a. a. O. (Fn. 578). Schulze/Hoeren, Bd. 1, S. 559, 569 f.

783 A. a. O. (Fn. 579), Schulze/Hoeren, Bd. 1, S. 609, 621, mit veränderten Artikelnummern.

784 Ebd., Schulze/Hoeren, Bd. 1, S. 609, 619. Insgesamt sind die Vorschriften zu Entscheidungen und Verfahren des Gerichtshofs detaillierter als in den Vorentwürfen ausgefallen.

im Jahre 1954 dieses Detailproblem aufgrund der zu bewältigenden politischen Konfliktsituation, die einen schnellen Konsens verhinderte, unbeachtet ließen.

Trotz des Scheiterns der Gemeinschaft beinhalteten die Vorarbeiten zur EPG im Hinblick auf Entscheidungsformen der Institutionen einen Entwicklungsprozeß, an dessen Ende eine klare begriffliche Trennung zwischen abstrakt-generellen Regelungen verfahrensförmlicher Art, solchen der ausführenden Organe sowie dem Exekutivrat und den Mitgliedsstaaten überlassenen Entscheidungen im Einzelfall stand. In der Differenzierung zwischen Gesetz, Verordnung und Verwaltungsentscheidung finden sich, angelehnt an die in den Staaten verwandte Begrifflichkeit, diejenigen Kategorien wieder, die sich Smends funktionellem Integrationstypus zuordnen lassen. Die abgestufte Verbindlichkeit von Entscheidungen, die sich in der Montanunion herausgebildet hatte und die bei der EVG fortgeschrieben worden war, blieb in Form von Entscheidung, Empfehlung und Stellungnahme des Europäischen Exekutivrates bei seiner Tätigkeit im Verwaltungsbereich erhalten, während für das Parlament in seiner Gesetzgebungsbefugnisse Entscheidungen mit Empfehlungscharakter vorgesehen waren. Als Adressaten der einzelnen Formen, insbesondere der Gesetze und Verordnungen mit voller Verbindlichkeit, kamen, wie schon bei den vorausgegangenen Vereinbarungen, sowohl die Mitgliedsländer selbst als auch Individuen in Betracht.

δ) Wirtschafts- und Atomgemeinschaft

Ähnlich wie bei den Vertragsverhandlungen im Hinblick auf die Europäische Verteidigungsgemeinschaft lassen sich auch bei der Wirtschaftsgemeinschaft erst in einem sehr späten Stadium konkrete Entscheidungsformen finden. Allgemeine Aussagen zum Charakter der Organe, meist aufbauend auf im innerstaatlichen Bereich besetzten Begriffen, lassen jedoch schon innerhalb des Spaak-Berichts erkennen, in welche Richtungen sich das Entscheidungsgefüge im Vertrag zur Gründung der Europäischen Wirtschaftsgemeinschaft entwickeln würde. So war im 5. Exposé der Arbeitsunterlagen über die institutionellen Aspekte des Ausschusses für den Gemeinsamen Markt für Investitionen und Sozialfragen vom 7. Oktober 1955 bei Überlegungen zu einem zwischen Supranationalität und dem klassischen Ansatz stehenden Institutionensystem bereits von Funktionen einer Gerichtsbarkeit und solchen mit Entscheidungscharakter die Rede, wobei bei letzterer ausdrücklich von Legislative und Exekutive die Rede war.[785] Die Verwendung dieser Begriffe, die sich an innerstaatlichen Strukturen orientierten, lassen den Schluß zu, daß auch für die Wirtschaftsgemeinschaft ab-

[785] A. a. O. (Fn. 600), Schulze/Hoeren, Bd. 1, S. 727, 732 f. Dabei wurde im Bereich der Exekutive ähnlich wie bei der EPG eine Aufteilung der Entscheidungen zwischen Mitgliedsstaaten und einem Gemeinschaftsorgan angedacht. Näheres findet sich hierzu nicht.

strakt-generelle Regelungen mit Gesetzescharakter, ausführende Einzel- und auch Gerichtsentscheidungen zur Prüfung der Handlungen der übrigen Organe vorgesehen waren. Damit gingen die Schöpfer des Gemeinsamen Marktes zunächst von den bereits bekannten Entscheidungsformen aus.

Die dem folgenden Verhandlungen zur Ausgestaltung der Institutionen im Regierungsausschuß unter Spaak, aber auch die darauffolgenden Gesprächen zwischen den Delegationsleitern kamen zunächst weitgehend ohne Diskussion über die Entscheidungsformen aus. In einem als Arbeitsunterlage für die Arbeitsgruppe Gemeinsamer Markt vorgesehenen Entwurf vom 20. Juni 1956[786] ergeben sich wiederum nur mittelbare Anhaltspunkte, nicht aber konkrete Aussagen zu vorgesehenen Handlungsformen der Organe der neuen Gemeinschaft. Innerhalb der Vorschriften zur Europäischen Kommission findet sich in Artikel 59 des Entwurfs unter Verweis auf die Artikel 14 und 15 EGKSV die stichwortartige Aufzählung „Entscheidung - Stellungnahmen - Art der Empfehlung?".[787] Daraus geht hervor, daß zur Untersetzung des Berichts von Spaak auch bezüglich der Entscheidungen zumindest hinsichtlich der Kommission Anleihen bei der Hohen Behörde der Montanunion genommen werden sollten. Für die Versammlung und den Rat fehlte dies. Besonders auffällig ist der nicht vorhandene Bezug zu den innerhalb der Europäischen Politischen Gemeinschaft ausgearbeiteten Differenzierung zwischen Entscheidungen abstrakt-genereller und konkret-individueller Art. Auf die genannte Vorstellung sollte, so läßt sich nur vermuten, aufgrund des Scheiterns dieses Vergemeinschaftungsansatzes und der veränderten Anforderungen an Institutionen, Verfahren und Entscheidungsformen in der Wirtschaftsgemeinschaft zur Erreichung des Ziels eines Gemeinsamen Marktes bewußt kein Bezug mehr genommen werden.

Die Frage nach den vorgesehenen Entscheidungsformen wurde erneut bei der Organisation der Ausführung der vertraglichen Grundlagen bedeutsam. Als dazu zur Verfügung stehende Alternativen führte eine Wochenübersicht über die Ausschußsitzungen für den Zeitraum vom 8. bis 10. Oktober 1956 die Wahrnehmung oder Koordinierung durch die der nationalen Gesetzgebungen oder durch die Europäischen Kommission an.[788] In diesem Zusammenhang, der schon durch die Wahl der Legislative auf der Ebene der Mitgliedsstaaten einen Hinweis auf abstrakt-generelle Regelungen enthält, wurde anschließend die entsprechenden Zustimmungsbedürfnisse für Durchführungsverordnungen problemati-

---

786 Arbeitsunterlage. Entwurf einer Abfassung von Artikeln entsprechend dem Text des Berichtes, datiert vom 20. Juni 1956. A. a. O. (Fn. 610), Schulze/Hoeren, Bd. 1, S. 823 ff. Beim erwähnten „Bericht" handelte es sich um den Spaak-Bericht vom 21. April 1956.

787 Ebd., Schulze/Hoeren, Bd. 1, S. 823, 847. Es handelt sich dabei wieder um einen der noch aussagelosen Artikel des Entwurfs, die im Verlaufe der weiteren Verhandlungen mit Inhalt gefüllt werden sollten. Die Stichworte sind daher nur als Denkansätze zu bewerten.

788 Datiert vom 11. Oktober 1956, a. a. O. (Fn. 283), Schulze/Hoeren, Bd. 1, dort auf S. 939.

siert.[789] Darin läßt sich der Ansatz zu einer ersten Entscheidungsform ausmachen, wobei umstritten war, welches Organ diese dann erlassen sollte. Diskutiert wurden sowohl die Kommission für rein durchführende Akte, also diejenigen verwaltungsmäßiger Natur, als auch der Rat oder die Versammlung für solche politisch-schöpferischen Charakters. Besonders die deutsche Seite schien die Errichtung und die Entscheidungsformen der einzelnen Organe als eng zusammenhängend zu betrachten. Aus einem weiteren Vermerk, wieder die institutionellen Fragen betreffend, ergibt sich, daß die Bundesrepublik die Kommission mangels echter parlamentarischer Kontrolle auf die Vorbereitung und den Vollzug von Entscheidungen anderer Organe beschränken wollte.[790] Ob damit die Kommission sogar von Einzelfallentscheidungen ausgeschlossen werden sollte, blieb offen, da Inhalt und Reichweite der Durchführungstätigkeit nicht näher spezifiziert wurden. Für den Ministerrat als Organ war eine deutlich stärkere Position vorgesehen, welche sich dann in den Entscheidungsarten widerspiegelte:

> „... Er [der Ministerrat, d. Verf.] sollte als das Organ ausgestaltet werden, das zuständig ist, Entscheidungen zu treffen, und zwar sowohl Entscheidungen politischer, administrativer wie legislativer Art. Der Ministerrat würde insoweit Regierung, Gesetzgebungsorgan und föderatives Organ zugleich sein ... "[791]

Mit der Aufzählung der Entscheidungsformen und der Herstellung eines Zusammenhangs mit den Organen der Gewaltenteilung in den Mitgliedsstaaten ergibt sich, daß mit Gesetzgebungs- und Verwaltungsentscheidungen zumindest zwei Dezisionsformen, nämlich die abstrakt-genereller und die konkret-individueller Art, in Betracht gezogen wurden. Obwohl es sich hierbei um ein internes Dokument eines der beteiligten Ländern handelt, scheint eine Begrenzung dieser Vorstellung auf Deutschland unrealistisch zu sein. Es ist vielmehr davon auszugehen, daß die Diskussion um die Attributierung der Institutionen mit Entscheidungsformen auf europäischer Ebene auf dieselbe Art stattfand. Ansonsten wäre kein Grund ersichtlich, den Themenbereich zum Gegenstand nationaler Strategieüberlegungen zur Verhandlung zu machen.

Auch in den weiteren Entwürfen bleiben die Entscheidungsformen der einzelnen Organe, die selbst in ihrer konkreten Ausgestaltung zu diesem Zeitpunkt noch immer umstritten waren, undeutlich. Erst in den Redaktionsarbeiten, die in geringem zeitlichem Abstand vor der erfolgreichen Beendigung der Arbeiten am

---

789 Ebd., Schulze/Hoeren, Bd. 1, S. 939 f. Dort wird die enge Verknüpfung von Institutionen und den durch sie zu treffenden Entscheidungen einschließlich der Verfahren deutlich.

790 Vermerk: Betr.: Institutionelle Fragen des Gemeinsamen Marktes, vom 12. Oktober, a. a. O. (Fn. 625), Schulze/Hoeren, Bd. 1, S. 1027. Auch im Zusammenhang mit der vorbereitenden Tätigkeit der Kommission für den Ministerrat ist bereits von dessen politischen, administrativen und legislativen Dezisionen die Rede, was die Multifunktionalität belegt.

791 Ebd., Schulze/Hoeren, Bd. 1, S. 1027. Der weitere Inhalt des Dokuments bezieht sich auf die Kontrolle des Rates durch Staaten oder Versammlung und die Abstimmungsprozedur.

Vertrag über die Europäische Wirtschaftsgemeinschaft stattfanden, finden sich wieder Formulierungen zu Entscheidungsarten. In einem Redaktionsvorschlag, betreffend die Artikel 200 bis 260, vom 6. März 1957 heißt es dann unter der Überschrift *„Dispositions communes a plusieurs institutions"* in Artikel 251:

> „Pour l'accomplissement de leur mission et dans les conditions prévues au Traité, le Conseil et la Commission arrêtent des règlements et des directives, prennent des décisions et formulent des recommandations ou des avis.
> Le règlement a une portée générale. Il est obligatoire dans tous ses éléments et il est directement applicable dans tout Etat membre.
> La directive lie tout Etat membre destinataire quant au résultat à atteindre, tout en laissant aux instances nationales la compétence quant à la forme et aux moyens.
> La décision est obligatoire en tous ses éléments pour les destinataires qu'elle désigne.
> Les recommandations et les avis ne lient pas."[792]

Dieser Vorschlag enthielt eine Mischung aus altbekannten Entscheidungsformen und neuen Typen, die vorher nicht in Erscheinung getreten waren. Der Ministerrat und die Kommission sollten Verordnungen - so die deutsche Übersetzung von *reglément* in der Endfassung des Gemeinschaftsvertrages und bis heute *terminus technicus* - und Richtlinien erlassen, Entscheidungen treffen sowie Empfehlungen und Stellungnahmen abgeben können. Innerhalb dieses Artikels läßt sich eine mehrfache Unterscheidung nach dem Charakter der Dezisionen treffen. Zum einen stellt sich die Frage nach abstrakt-generellen und konkret-individuellen Entscheidungen. Während es sich bei den Verordnungen und Richtlinien um solche mit Wirkung für alle Staaten und damit nicht um Einzelfallentscheidungen handelte, kam dieser Charakter den übrigen aufgezählten Formen zu. Andererseits läßt sich eine Systematisierung nach dem Grad der Verbindlichkeit der Entscheidungsform treffen. Verordnungen und Entscheidungen waren im vollen Umfang verbindlich, während dies für die Richtlinie nur hinsichtlich ihres Ziels galt. Die Art der Umsetzung blieb den Mitgliedsstaaten überlassen. Empfehlung und Stellungnahme blieben unverbindlich. Fragt man nach dem Geltungsbezug der Entscheidungsformen, so nennt Artikel 251 dieses Redaktionsentwurfs sowohl die Mitgliedsstaaten als auch - für die Kategorie der Entscheidung - den Einzelnen, auf den die Entscheidung gerichtet ist. Insofern ergibt sich daraus ein im Vergleich zur Politischen Gemeinschaft begrifflich leicht verändertes, nochmals konkretisiertes System von Entscheidungsformen, das zwischen abstrakt-generellen und konkret-individuellen Ty-

792 Comité des chefs de délégation. Projet de rédaction d'articles du Traité instituant la Communauté économique européenne. Cinquième Partie. Titre I. Art. 200-260. Dispositions institutionelles. Datiert vom 6. März 1957, a. a. O. (Fn. 642), Schulze/Hoeren, Bd. 1, S. 1092, 1102. Zu berücksichtigen sind an dort auch die Art. 252 und 253 mit Regelungen zur Begründungspflicht und zum Modus der Veröffentlichung bzw. Bekanntgabe.

pen unterschiedlicher Verbindlichkeitsgrade gegenüber den Mitgliedsstaaten, aber auch in bezug auf den Einzelnen unterschied. Die Zuordnung der Arten zu einzelnen Regelungen ließ dieser Entwurf jedoch noch offen, da er sich auf institutionelle Bereiche beschränkte und die Befugnisse des Gemeinsamen Marktes und der Wirtschaftspolitik unberücksichtigt ließ. Die abschließenden Redaktionsarbeiten berühren diese Differenzierung ebenfalls nicht weiter. Damit ergibt sich für den Vertrag über die Gründung der europäischen Wirtschaftsgemeinschaft vom 25. März 1957 mit der Existenz von Artikel 189 EWGV dieselbe Einschätzung wie zum eben dargestellte Entwurf. Hinzuweisen ist noch einmal auf die Differenzierungen in den Entscheidungsarten, die ihrer Ausgestaltung nach letztlich Ähnlichkeit mit staatlichen Formen aufwiesen.

Es verwundert ob der erwähnten zeitlichen Parallelität des Vertrages über die Wirtschaftsgemeinschaft mit dem der Atomgemeinschaft und der überwiegenden Identität der an der Vertragserarbeitung beteiligten Personen nicht, daß sich dieselben, dargestellten Entscheidungsformen auch für den Gründungsvertrag der Atomgemeinschaft nachweisen lassen. Artikel 161 EAGV entsprach wörtlich der Regelung in Artikel 189 EWGV, womit auch Kommission und Rat der Atomgemeinschaft auf Verordnung, Richtlinie und Entscheidung, Empfehlung sowie Stellungnahme als den Entscheidungsformen zurückgreifen konnten.

Auch im EWG-Vertrag waren die auf Smend basierenden Entscheidungsformen des funktionellen Typus der Integrationsbeeinflussung hinsichtlich der Gesetzgebung und der Verwaltung vorhanden. Dabei hat sich ein enges geschichtliches Verhältnis und eine Wechselwirkung zwischen Institutionalisierung und den Entscheidungsformen erwiesen, was es entgegen Smend sogar möglich machen würde, beide Mittel von Integration innerhalb eines Typus zusammenzufassen. Die Aufteilung, die hier vorgenommen wurde, war aus darstellungstechnischen Gründen zwar notwendig. Abschließend muß aber noch einmal deutlich auf den zwischen den Instrumenten bestehenden Zusammenhang hingewiesen werden.

ε) Entscheidungsformen in der weiteren Integrationsentwicklung

Versucht man, die Entscheidungsformen in den Gründungsverträge zwecks möglichen Veränderungen und Ergänzungen weiterzuverfolgen, dann stellen die nach 1957 entstandenen Ideen und Vertragsänderungen eine gute Richtschnur dar. Dabei erweisen sich die sechziger Jahre des zwanzigsten Jahrhunderts mit dem Vorschlag einer Europäischen Politischen Union durch Frankreich, die nie über das Stadium anfänglicher Verhandlungen zwischen den Mitgliedsstaaten der Gründungsgemeinschaften hinauskamen, ähnlich wie bei der Frage der Institutionalisierung im wesentlichen als unergiebig. Erst die siebziger Jahre lassen wegen der beabsichtigten und dann auch eingetretenen Vertiefung der politischen Zusammenarbeit in Westeuropa neue Entscheidungsformen vermuten.

Der Davignon-Bericht als Untersuchung der auf dem Gipfeltreffens der Staats- und Regierungschefs der Gemeinschaften vom 1. bis zum 2. Dezember 1969 in Den Haag beschlossenen Zusammenarbeit in der Handels- und der Außenpolitik sah keine neuen Entscheidungsformen vor. Ausgehend davon, daß sich die Zusammenarbeit zunächst in umfassender Unterrichtung und Konsultation in den genannten Politikbereichen erschöpfen sollte, wird deutlich, daß eine für die Mitgliedsstaaten verbindliche Entscheidung nicht beabsichtigt war. Durch die bewußt auf dem Niveau der Zusammenarbeit erfolgende Art des Vorgehens kann zumindest aus dem Davignon-Bericht keine Einführung neuer oder die Veränderung bestehender Entscheidungsformen abgeleitet werden. Trotz der Verfestigung der Beratungen der Außenminister hin zu einer eigenen Institution und der Einführung des zunächst ohne Vertragsgrundlage arbeitenden Europäischen Rates im Jahre 1974 änderte sich daran bis zur Einheitlichen Europäischen Akte vom 17./27. Februar 1986 nichts. In Artikel 30 EEA wurden die Handlungsmöglichkeiten im Bereich der Zusammenarbeit im Außen- und Sicherheitsbereich nach wie vor in Übereinstimmung mit dem Davignon-Bericht mit Unterrichtung und Konsultation beschrieben. Ein Ansatzpunkt für eine neue Entscheidungsform ließe sich nur Artikel 30 Nummer 2 lit. c) EEA entnehmen:

> „Jede Hohe Vertragspartei trägt bei ihren Stellungnahmen und einzelstaatlichen Maßnahmen den Standpunkten der übrigen Partner in vollem Umfang Rechnung und berücksichtigt in Gebührendem Maße die Wichtigkeit der Festlegung und Verwirklichung gemeinsamer europäischer Standpunkte.
> Um die Fähigkeit zum gemeinsamen Handeln im Bereich der Außenpolitik zu erweitern, stellen die Hohen Vertragsparteien die schrittweise Entwicklung und die Festlegung gemeinsamer Grundsätze und Ziele sicher.
> Die Festlegung gemeinsamer Standpunkte bildet einen Bezugspunkt für die Politiken der Hohen Vertragsparteien."

Die Festlegung gemeinsamer Grundsätze, Ziele und Standpunkte setzt eine Entscheidung darüber unter Beteiligung der gemeinschaftsangehörigen Staaten voraus. Gerade den Begriff der Entscheidung vermeidet die Einheitliche Europäische Akte in Artikel 30 allerdings, so daß dessen Inhalt im Hinblick auf Entscheidungsformen wohl eher aus der Perspektive der Mitte der achtziger Jahre als zukünftig zu realisierendes Programm, nicht aber als die konkrete Einführung einer Entscheidungsform zu bewerten ist. Dazu fehlen Aussagen zum Adressatenkreis, zum Grad der Bindungswirkung. Ebenso hätte eine Rechtsschutzmöglichkeit angegeben werden müssen. All dies war aufgrund des nach wie vor kooperativen Charakters der Zusammenarbeit in der Außen- und Sicherheitspolitik, an dem die Einheitliche Europäische Akte selbst nichts verändert hatte, im Hinblick auf die Interessenlage der Staaten auch nicht zu erwarten.

Die für die Einführung einer neuen Entscheidungsform erforderliche Konkretisierung der Vorschriften der EEA im Bereich der Außen- und Sicherheitspolitik trat mit dem Vertrag über die Vertrag über die Europäische Union vom 7. Februar 1992 ein. Dieser behielt in Artikel J.2 Absatz 1 zwar die Verpflichtung zu Unterrichtung und Konsultation in Fragen des genannten Politikbereichs bei und ordnete beides dem Rat zu, Absatz 2 desselben Artikels ermöglichte aber nun die Festlegung eines gemeinsamen Standpunktes ebenfalls durch den Rat, falls dies als erforderlich anzusehen war. Artikel J.3 beinhaltete in Absatz 1 die Möglichkeit des Rates, im Rahmen von Richtlinien des Europäischen Rates sogenannte Aktionen, also ein gemeinsames Vorgehen bei bestimmten außen- und sicherheitspolitischen Problemstellungen, innerhalb eines an derselben Stelle vorgegebenen Verfahrens zu beschließen. Diese Aktionen waren ausweislich Artikel J.3 Absatz 4 EUV in der Fassung vom 7. Februar 1992 für Stellungnahmen und Vorgehensweisen der Mitgliedsstaaten verbindlich.[793] Artikel J.8 Absätze 1 und 2 erläuterten desweiteren die Entscheidung des Europäischen Rates über Grundsätze und Leitlinien der Außen- und Sicherheitspolitik sowie eine allgemeine Entscheidungsmöglichkeit des Rates zur Festlegung und Durchführung einzelner Maßnahmen in den genannten Bereichen.

Betrachtet man die Regelungen im Hinblick auf die Frage nach Entscheidungsformen, so ergibt sich, daß sowohl der Rat als auch der Europäische Rat nun verbindlich Entscheidungen für die Außen- und Sicherheitspolitik treffen konnten. Dabei banden die Richtlinien des Europäischen Rates nur den Rat als solchen bei der Entscheidung über Einzelaktionen, die wiederum den Mitgliedern gegenüber verbindlich waren. Welcher Entscheidungsform gerade die letztere Entscheidungsmöglichkeit zuzuordnen ist, stellt sich dagegen als Problem dar. Man kann gemeinsame Aktionen nach Artikel J.3 EUV zum einen als Einzelfallentscheidung im Hinblick auf ein bestimmtes außen- und sicherheitspolitisches Problem verstehen. Dem steht auf den ersten Blick entgegen, daß Adressat der Aktionen nicht der oder die Problembetroffenen, sondern die Mitgliedsstaaten als Akteure im genannten politischen Bereich waren. Insofern handelte es sich um eine Vielzahl von Adressaten, womit eher ein genereller Charakter der Aktion und der diesbezüglichen Entscheidung ersichtlich ist. Dies ändert aber nichts am Bezug der Entscheidungs- und Handlungsform zu einem singulären Ereignis, so daß hier die äußerst ungewöhnliche Erscheinung eines generellen und konkreten Charakters zu konstatieren ist. Gleichzeitig zeigt sich hieran auch, daß sich neu aufgenommene Entscheidungsformen im Spannungs-

---

793 Vertiefend und zur institutionellen Seite der GASP im Unionsvertrag von 1992 Stoller, NZWehrr 1992, S. 222, 225 f. Er verweist auch auf die Möglichkeit der Staaten zum *„opting out"* trotz Verbindlichkeit des Beschlusses, wenn sich diese größeren Schwierigkeiten bei der Umsetzung des Beschlusses ausgesetzt sahen. Zudem blieb es nach Art. J.3 Nr.5 Satz 1 EUV den Mitgliedsländern überlassen, ohne vorherige Ratsentscheidung notwendige Sofortmaßnahmen zu treffen, was dann ein Unterlaufen der GASP bedeutete.

verhältnis zwischen Integrationsgemeinschaft und einer begrenzten Anzahl von Mitgliedsstaaten nicht immer in innerstaatlichen Kategorien fassen lassen. Festzustellen bleibt mit der gemeinsamen Aktion das Entstehen einer weiteren europäischen Entscheidungsform außerhalb der Gründungsverträge.

Eine ähnliche, aber nicht ganz so weit ausdifferenzierte Entscheidungsform ergibt sich für den mit dem Unionsvertrag neu eingeführten Bereich der Zusammenarbeit in Justiz- und Innenangelegenheiten. Auch dafür war nach Artikel K.3 Absatz 1 Unterrichtung und Konsultation der anderen Gemeinschaftsmitglieder im Rat vorgesehen. Absatz 2 derselben Vorschrift ermöglichte es dem Rat, Standpunkte festzulegen und gemeinsame Maßnahmen anzunehmen. Auch hier kam dem Rat in der genannten Form eine weitere Entscheidungsmöglichkeit zu, die aber mangels einer genaueren Darstellung im Unionsvertrag nicht eindeutig als abstrakt-generell oder konkret-individuell eingestuft werden kann.

Faßt man die Entwicklung der Entscheidungen nach 1957 zusammen, so ist zunächst festzuhalten, daß die in den drei Gründungsverträgen enthaltenen Formen der Verordnung und der Richtlinie, der Entscheidung, der Empfehlung und der Stellungnahme nicht verändert wurden. Sie bildeten auch nach der Einheitlichen Europäischen Akte und den Vertrag von Maastricht das Rückgrat der Entscheidungstätigkeit der europäischen Organe. Der Gründungsvertrag der Europäischen Union sah desweiteren neue Entscheidungsformen für den Europäischen Rat und den Rat in Bereichen vor, die bis dahin lediglich auf der unverbindlichen, fallweisen Bereitschaft der Mitgliedsstaaten zur Kooperation beruht hatten. Gleiches galt für die neue Zusammenarbeit im Innen- sowie im Justizsektor.

ϕ) Zusammenfassung

Auf dem Vertrag über die Gründung der Europäischen Gemeinschaft für Kohle und Stahl, der mit den in ihm enthaltenen Entscheidungen gegenüber den Mitgliedsstaaten und den Unternehmen des Montansektors Dezisionen genereller und individueller Art jeweils unterschiedlicher Verbindlichkeitsgrade aufwies, läßt sich ein System wiederkehrender und dabei relativ konstante Entscheidungsformen für die der Organe der europäischen Integration im Hinblick auf legislative und exekutive Funktionen aufbauen. Die Europäische Politische Gemeinschaft nahm die genannten Formen auf und differenzierte sie weiter aus, wobei sich die klare Trennung zwischen Gesetz und Einzelfallentscheidung an innerstaatlichen Begrifflichkeiten orientierte. Unter weiterer Verfeinerung und Herausbildung einer eigenständigen Terminologie, die an der der Montanunion ansetzte, entstanden in der Europäischen Wirtschaftsgemeinschaft und der Atomgemeinschaft diejenigen Handlungsformen, die trotz der Veränderungen der Einheitlichen Europäischen Akte und des Maastricht-Vertrages bis 1992 und darüber hinaus das Hauptinstrumentarium der europäischen Institutionen darstellten. Eine Erweiterung der Entscheidungsformen, die sich nicht mehr mit den bisher zu Vergleichszwecken herangezogenen innerstaatlichen Begriffen erfassen läßt, stellen die genannten Möglichkeiten des Europäischen Rates dar, in der Außen- und Sicherheitspolitik sowie im Innen- und Justizbereich für die Mitgliedsstaaten verbindliche Dezisionen treffen zu können. Anschließend an den Unionsvertrag deutet sich die Ausdehnung bereits vorhandener und die Einführung neuer Formen, angepaßt an die Integrationsbereitschaft der Mitglieder, an.

Deutlich wurde in diesem Zusammenhang auch die Wechselwirkung zwischen Institution und Entscheidungsform. So läßt sich zwischen 1950 und 1957 ein stufenweises Hinüberdriften der Entscheidungsformen abstrakt-genereller Art weg vom genuin europäischen Organ der Hohen Behörde über das ebenso dem Gemeinschaftsinteresse verpflichteten, jedoch nie in Funktion gesetzten Parlaments der Europäischen Politischen Gemeinschaft hin zum Ministerrat der Wirtschafts- und der Atomgemeinschaft nachvollziehen. Weiterhin ist besonders bei den beiden 1957 fertiggestellten Vertragswerken eine konzeptionelle Doppelbesetzung der Entscheidungsformen für den Einzelfall zwischen Kommission und Ministerrat, abhängig dann von einzelnen Vorschriften der Vereinbarungen, zu erkennen. Auch hier läßt sich ein langsames Verlassen vertrauter, staatsbezogener, in sich stimmiger und überschaubarer Kategorien wie Legislative und Exekutive hin zu einer eher funktionsbezogenen, institutionsunabhängigen Instrumentalisierung der Entscheidungsformen auf europäischer Ebene ausmachen.

Im Hinblick auf die Ausgangsfrage, inwieweit die bei Smend angeführten Entscheidungstypen als Bestandteile funktioneller Integration ihre Entsprechung im Rahmen des europäischen Gemeinschaftsbildungsprozesses gefunden haben, läßt sich festhalten, daß bei Abstraktion der Handlungsformen von Gesetzgebung und Verwaltung, wie sie Smend verstand, sich teils identische, teils jedoch nur ähnliche Formen ausmachen lassen. Obwohl die diesbezügliche Begrifflichkeit von derjenigen innerstaatlicher Art über weite Strecken divergierte, wurden Entscheidungen mit legislativem und administrativem Charakter nachgewiesen. Als Zielgruppen der Entscheidungen haben sich sowohl die Mitgliedsstaaten als auch Individuen erwiesen, wobei letztere teilweise - so bei der Montan- und der Atomgemeinschaft - nur berührt wurden, wenn sie im konkreten Sektor tätig waren. Die in Smends Lehre enthaltenen Bestandteile der Gesetzgebung und Verwaltung im funktionalen Integrationstypus sind als vorhandene Elemente des bis 1992 entwickelten Instrumentariums der europäischen Integration zu verstehen.

(2) Formen der Entscheidungsprüfung

Im Hinblick auf Formen der Prüfung von Entscheidungen der europäischen Organe kann in noch stärkerem Maße als bei den Legislativ- und Exekutivfunktionen auf die Ausführungen zur Institutionalisierung verwiesen werden. Schon in der Pariser Erklärung vom 9. Mai 1950 wurden Vorkehrungen in Aussicht gestellt, Einspruchsmöglichkeiten gegen die Entscheidungen der Obersten Behörde zu gewährleisten, ohne diese jedoch genauer zu charakterisieren. Der Vollständigkeit halber sei, obwohl sich dies schon aus den Ausführungen zum Gerichtshof der Montanunion als Teil der Institutionalisierung innerhalb dieser Gemeinschaft ergeben hatte, darauf hingewiesen, daß aus der ursprünglichen Idee, der Hohen Behörde innerhalb einer Art verbindlicher Bestätigungsentscheidung die Prüfung ihrer eigenen Beschlüsse zu ermöglichen, eine eigene, zunächst auf die Einhaltung des Vertrages bezogene, besondere Form der Entscheidung entstanden war. Artikel 33 EGKSV in der Fassung vom 18. April 1951, der mit den Worten: „Der Gerichtshof ist zur Entscheidung über Nichtigkeitsklagen ... zuständig." beginnt, verdeutlicht dies. Verwiesen sei noch einmal auf die Begrenzung der Prüfungsentscheidungen auf die Einhaltung des Gründungsvertrages. Weitere Dezisionen über die Zweckmäßigkeit des Verhaltens der Hohen Behörde waren, wie dargestellt, aus Gründen der Kompetenzerhaltung der Behörde selbst nicht vorgesehen worden.[794] Damit hatte sich im Rahmen der institutionellen Überlegungen zur Montanunion eine an ein besonderes Organ gebundene Entscheidungsform der Prüfung anderer Entscheidungen herausgebildet. Diese Form ist, berücksichtigt man die Perspektive Smends, auf der staatlichen Ebene mit dem Urteil eines Gerichtes als Teilbereich des funktionalen Integrationstypus vergleichbar. Auch hierbei ergibt sich schon für den Beginn der europäischen Integrationsbemühungen eine Übereinstimmung zwischen dem tatsächlichen Geschehen und der Integrationstypenlehre von Smend.

In den Vergemeinschaftungsansätzen der fünfziger Jahre blieb die Form der Prüfung von Sachentscheidungen der europäischen Organe ein Kernbereich der Verhandlungen. Der Gerichtshof der EVG sollte, so zumindest nach Kielmannsegg, die „rechtsstaatliche Kontrolle" über die übrigen Gemeinschaftsorgane ausüben, was eine unmittelbare Anknüpfung an die Justiz als Bestandteil des Smend'schen funktionellen Integrationstypus ermöglicht. Die Kontinuität der Konzeption der Kontrollentscheidungen sollte dadurch gesichert werden, daß der Gerichtshof der Verteidigungsgemeinschaft mit dem der Montanunion identisch war und keine neue Institution geschaffen wurde.

Der anfängliche Entwurf von Debré sah dagegen für die Europäische Politische Gemeinschaft keinen Gerichtshof, sondern lediglich einen Juristischen Rat vor. Dessen Entscheidungsmöglichkeiten, insbesondere die Reichweite seiner Prüfung, blieben textlich schwammig und ermöglichen keine weiteren Schlüsse in bezug auf einen eventuell zwischenzeitlich beabsichtigten konzeptionellen Wandel in der Herangehensweise an die Prüfung von Entscheidungen der Gemeinschaftsorgane. Eine Vorentscheidung für den nie zustande gekom-

[794] Vgl. D II 1 a) bb) (2) γ), S. 144 ff., zum Umgang mit der Prüfungsreichweite des Organs.

menen Vertrag über die Politische Gemeinschaft im Hinblick auf die besondere Entscheidungsform der Prüfung von Dezisionen anderer Organe fiel mit dem Beschluß des Unterausschusses für juristische Angelegenheiten vom 25. November 1952, als Gerichtshof der Europäischen Politischen Gemeinschaft den der Montanunion und der Verteidigungsgemeinschaft einzusetzen.[795] Insofern wurde deutlich, daß die Form der Prüfungsentscheidung durch eine besondere Institution, begrenzt auf die Einhaltung der Verträge und eben nicht für politische Entscheidungen, hierbei fortgesetzt werden sollte.

Auch der Vertrag über die Gründung der EWG änderte an der Art der Prüfung durch ein unabhängiges Gericht, beschränkt auf die Einhaltung und damit auch die Auslegung der Gemeinschaftsverträge, nichts. Dem mit dem Gerichtshof der Montanunion identische Gerichtshof der Europäischen Wirtschaftsgemeinschaft kam, wie schon in den vorherigen Verträgen und Entwürfen, keine Entscheidung in der Sache selbst, sondern nur die Prüfung von Handlungen der anderen Organe einschließlich des dabei ausgeübten Ermessens und die Auslegung des Vertrages zu. Nach Artikel 173 EWGV waren lediglich die unverbindlichen Formen der Empfehlung und Stellungnahme des Rates sowie der Kommission von gerichtlichen Überprüfung ausgeschlossen. Letzteres unterstrich nochmals die im Vertrag ausdrücklich so definierte rechtliche Unverbindlichkeit dieser Handlungsformen. Dasselbe Ergebnis läßt sich auch für den Gerichtshof der Atomgemeinschaft formulieren, der auch für diesen Zusammenschluß die nötige Möglichkeit zur Prüfung von Entscheidungen anderer Gemeinschaftsorgane und für die Vertragsauslegung zur Verfügung stellte.

Faßt man die Entwicklung der Entscheidungsformen zur Prüfung von Dezisionen der anderen Gemeinschaftsorgane bis 1957 zusammen, so hatte sich seit der grundsätzlichen Festlegung auf einen verbindliche Entscheidungen treffenden Gerichtshof mit unabhängigen Richtern nicht viel verändert. Diese Feststellung gilt auch für den Zeitraum zwischen Ende der fünfziger Jahre und dem Unionsvertrag von 1992. Die Urteile des Gerichtshofs haben sich aufgrund der Konstanz der Tätigkeit des Organs als wesentliches Element der Erlebbarkeit im Sinne von Smends funktionellem Integrationstypus erwiesen, wobei sich festhalten läßt, daß sowohl die Mitgliedsstaaten als auch die Individuen als Entscheidungsbetroffene mit der Tätigkeit dieser Institution in Berührung kamen.

Allerdings kam den Prüfungsentscheidungen des Gerichtshofs im hierbei in Rede stehenden Zeitraum zwischen dem Anfang der fünfziger Jahre und 1992 noch eine weitere Wirkung zu, die sich aus seiner durch die Entscheidungen ausge-

---

[795] Aufzeichnung über die Sitzungen des dritten Unterausschusses (Affaires juridictionelles) vom 24. und 25. November 1952, a. a. O. (Fn. 573), Schulze/Hoeren, Bd. 1, S. 474 f. In Nr. 3 auf S. 475 hieß es, daß das Gericht zur Entscheidung von Verfassungsstreitigkeiten und für die Wahrung der Einheitlichkeit der Rechtsprechung verantwortlich sein sollte.

übten Befugnis zur Auslegung der Gemeinschaftsverträge ergibt.[796] Insofern konnte der Gerichtshof in seiner Tätigkeit die Verträge im Hinblick auf die Kompetenzen der Gemeinschaften wesentlich weiter verstehen und so zum Fortschreiten der Integration als Prozeß beitragen.[797] Als eines von vielen möglichen, diesbezüglichen Beispielen[798] sei die Ausdifferenzierung der wirtschaftlichen, den Marktteilnehmern zugestandenen Freiheiten hinsichtlich des Gemeinsamen Marktes und des Binnenmarktes genannt.[799] Da sich die Prüfungs- von der Auslegungsfunktion im wesentlichen nicht trennen läßt, muß auch auf diesen besonderen Schwerpunkt der Prüfungsentscheidungen des Gerichtshofs im Hinblick auf die Beförderung der europäischen Verschmelzungsprozesses hingewiesen werden, ohne hierbei in größerem Umfang darauf eingehen zu können.

(3) Fazit

Die eingangs gestellte Frage nach dem Vorhandensein und der Art von Entscheidungsformen europäischer Institutionen, verglichen mit den staatsbezogenen Überlegungen Smends, läßt sich dahingehend beantworten, daß die sich Formen legislativen, exekutiven und judikativen Charakters finden, die mit den von Smend genannten Beispielen als übereinstimmend anzusehen sind. Die genannten Entscheidungen besaßen, teils in abgestufter Weise, den Anspruch der Verbindlichkeit gegenüber den der Gemeinschaft angehörigen Staaten, aber auch gegenüber den Individuen. Die Entscheidungsformen waren damit - in unterschiedlicher Intensität - für die Integrationsbetroffenen erlebbar und konnten damit bei einer Übertragung von Smends staatsbezogenen Vorstellungen auf europäisches Niveau einen eigenen Beitrag zur Beförderung der Integration zwischen den daran beteiligten Staaten und den dort lebenden Individuen leisten.

---

796 Zum Begriff der Auslegung auf europäischer Ebene und den Auslegungsmethoden des EuGH Anweiler, S. 33 ff. und S. 40 ff.; Buck, S. 28 ff. und S. 143 ff.: Sander, S. 39 ff.

797 Buck, S. 64, will dem Gerichtshof nur eine beschränkte Rolle als Integrationsfaktor zugestehen, da das Vorantreiben der Integration als solcher anderen Organen, nämlich Rat und Kommission, übertragen sei. Integrationsförderung sei nur indirekt möglich, weil da der Gerichtshof darüber zu wachen habe, daß die Gemeinschaftsorgane ihrer Pflicht zum Erlaß von verschmelzungsfördernden Rechtsnormen nachkommen. Buck bezieht sich dabei auf Nicolaysen, EuR 1972, S. 375, 379, der zum Funktionsverständnis des Gerichtshofs bemerkte: „Nur die Entfaltung des Regelwerks zur größtmöglichen Effektivität ist seine Sache, nicht die Korrektur." Buck unterbewertet dabei den durch extensive Auslegung erzielten Ffortschritt, insbesondere bezüglich des Gemeinsamen Marktes, wo letztlich nur ein Versagen der europäischen „Gesetzgeber" korrigiert wurde. Vgl. auch Sander, S. 46 f.

798 Bei Sander, S. 81 ff., findet sich eine Analyse von Entscheidungen, die sich als wesentlich zur Fortführung der Vergemeinschaftung erwiesen haben und die eine Grundlage für die Bewertung des EuGH als besonderem Instrument der Integration darstellen können.

799 Eine Übersicht zu Entscheidungen und dem damit verbundenen Fortschritt bei den Marktfreiheiten in den Gemeinschaften befindet sich bei Wolf-Niedermaier, auf S. 149 ff.

bb) Rechtscharakter der Entscheidungsformen

Mit der Darstellung der Entscheidungsformen und deren Entwicklung als Bestandteil des funktionellen Integrationstypus bei Smend bzw. der objektiven Vergemeinschaftungsdimension der Politikwissenschaft ist noch nichts über den Rechtscharakter dieser Formen gesagt. Insofern fragt sich zunächst, nach welchen Kriterien das Vorhandensein von Recht zu bestimmen ist. Diese Kriterien müssen dann unter Berücksichtigung des Umstandes, daß es sich bei der europäischen Integration um die Verschmelzung von Staaten handelt, auf die gerade gezeigten Formen angewandt werden, um so zu einer Aussage im Hinblick auf den Rechtscharakter der Handlungsmöglichkeiten der Institutionen zu gelangen.

(1) Kriterien des Rechtsbegriffes

Den Ausgangspunkt zur Bewertung, ob etwas Recht ist, bildet die Grundüberlegung, ob der Begriff des Rechts von dem der Moral vollständig getrennt werden kann oder ob moralische Bestandteile im Sinne einer Bewertung der Richtigkeit des Rechts dieses ebenfalls definieren sollen. Setzt man sich jedoch zum Ziel, das Ergebnis bestimmter Entscheidungsverfahren unabhängig von Inhalten der Kategorie des Rechts zuzuordnen, dann verliert der Streit zwischen positivistischen und nichtpositivistischen Definitionen des Rechtsbegriffes[800] seine Bedeutung, da es eben nicht auf die - moralische - Richtigkeit einer konkreten Norm oder Entscheidung ankommt. Im Hinblick auf das Auffinden von brauchbaren Kriterien zur Beantwortung der Frage, ob es sich bei legislativen, exekutiven und judikativen Entscheidungen europäischer Organe generell um Recht handelt, kann daher nur die positivistische Betrachtungsweise weiterhelfen. Für die Gesamtheit der nichtpositivistischen Ansätze fehlt der nötige Bezug zum konkreten Inhalt der Entscheidung, um sie dann als richtig bewerten zu können.

Die positivistische Seite[801] zur Definition des Rechtsbegriffes stützt sich auf zweierlei, nämlich ordnungsgemäße, autoritative Gesetztheit und soziale Wirksamkeit. Unter Ordnungsgemäßheit ist die Einhaltung der Entscheidungsverfahren zu verstehen. Dies kann wiederum bei einer abstrakten Zuordnung nicht bewertet werden, womit das Erfordernis hier auf das Vorhandensein von bestimmten Verfahren zur Entscheidungsfindung zu reduzieren ist. Das Kriterium autoritativer Entstehung kann zum einen synonym dazu, zum anderen aber auch als Erlaß durch einen Souverän, also als faktische Rechtssetzungsgewalt außer-

800 Zum Streit zwischen den Positionen Alexy, S. 15 ff.; Hoerster, JuS 1987, S. 181, 184 ff.

801 Als deren am weitesten vorgedrungener Vertreter gilt Kelsen, der Recht und Moral vollkommen trennte, indem er behauptet, daß ein jeder beliebiger Inhalt Recht sein könne.

halb von Kompetenzkatalogen,[802] verwendet werden. Zu bevorzugen ist im Zusammenhang letzteres, was im Hinblick auf die politikwissenschaftliche Integrationslehre wieder als Entscheidungsträgerschaft durch herausgehobene Personen bzw. Organe zu verstehen ist. Denkbare wäre nämlich auch, daß sich Befugnisse von Gemeinschaftsorganen nur als Verlängerung staatlicher Setzungsmechanismen darstellen, die faktische Regelungsmacht also bei den kleineren, an sich gerade zu verschmelzenden Einheiten verblieben ist.

Die soziale Wirksamkeit als Element positivistischen Rechtsverständnisses soll sich wiederum nach zwei Unterkriterien bemessen.[803] Dazu gehört ein inneres Element, worunter die Motivation der Entscheidungsunterworfenen zur Befolgung gemeint ist. Dies kann sich wiederum auf konkrete Normen oder Einzelentscheidungen beziehen.[804] Diese Möglichkeit steht allerdings bei der Frage nach dem allgemeinen Rechtscharakter der aufgezeigten Entscheidungsformen innerhalb der europäischen Integration nicht zur Verfügung. Es bleibt zur Beurteilung daher nur das äußere Element sozialer Wirksamkeit, nämlich die Möglichkeit der Befolgungserzwingung durch den Entscheidungsträger.[805] Will man also die Zugehörigkeit der erörterten Entscheidungsformen europäischer Institutionen zur Kategorie des Rechts bestimmen, so hat dies nach Erlaß durch einen herausgehobenen Entscheidungsträger, nach ordnungsgemäßer Gesetztheit innerhalb vorgegebener Verfahren sowie nach Möglichkeiten der zwangsweisen Durchsetzung[806] der Entscheidungen gegenüber den betroffenen Staaten oder Individuen zu erfolgen. Nichtpositivistische Lehren und die übrigen genannten Kriterien eignen sich wegen der abstrakten Natur der Frage hierbei aber nicht.

---

802 Anders Alexy, S. 16, Fn. 2, der ordnungsgemäßen Erlaß mit autoritativer Entstehung gleichsetzt. Er begründet dies damit, daß die Macht als Faktor auch der Effektivität, also der sozialen Wirksamkeit, zugeordnet werden könnte. Auf letztere soll aufgrund der hier verfolgten, abstrakten Fragestellungen nicht eingegangen werden, so daß insgesamt nur die getrennte Betrachtung von Ordnungsgemäßheit und autoritativer Entstehung im Zusammenhang mit den Einflüssen auf die Entscheidung der Organe angezeigt erscheint.

803 Hierzu bestehen Unteransätze, die beides in unterschiedlicher Gewichtung zueinander in Beziehung setzen. So Ross, § 14, S. 73 f.: „To arrive at a tenable interpretation of the validity of law is possible only by a sythesis of psychological and behaviouristic views ... ".

804 Huber, Geltung des Völkerrechts, S. 565, 569 f., erläutert den darin anklingenden soziologischen Rechtsbegriff dahingehend, daß sich Recht als geltend durchsetzen und zu faktischer Wirksamkeit gelangen müsse. Er stellt dazu nur auf historische Kausalitäten ab.

805 Auf diesem äußeren Merkmal liegt nach Alexy, S. 32 f., der Schwerpunkt einzelner soziologischer Definitionen des Rechtsbegriffs, so bei Weber, S. 17, sowie Geiger, S. 297.

806 Anders bei Hart, S. 6 f., der nicht von Zwangsdurchsetzung spricht, sondern es bei *obligation*, also einer Verpflichtung, beläßt. Daß er damit letztendlich auch den Zwang umfaßt wissen will, zeigt sein Beispiel einer *obligation*, in dem ein Straßenräuber mit gezogener Waffe vom Passanten die Geldbörse fordert. Ein besseres Bild des unmittelbaren Zwangs im hierbei zu diskutierenden Zusammenhang hätte Hart nicht zeichnen können.

In welchen Maße die genannten Merkmale im einzelnen erfüllt sein müssen, um von Recht sprechen zu können, und ob es dazu auch der gleichzeitigen Verwirklichung aller Kriterien bedarf, wird in der Diskussion um den Begriff uneinheitlich beantwortet.[807] So bestehen Lehren, die in streng positivistischer Tradition einzig und allein auf das autoritative Zustandekommen im ordnungsgemäßen Verfahrensgang abstellen und die Durchsetzbarkeit und damit die Verbindlichkeit als unerheblich erachten. Andere Ansätze betonen ausschließlich das Kriterium der zwangsweisen Durchsetzbarkeit und lassen die geforderte Verfahrensförmlichkeit dann unberücksichtigt. Hier soll von der Notwendigkeit der Erfüllung aller drei Kriterien ausgegangen werden, so daß die bereits herausgearbeiteten Entscheidungsformen der Gründungsgemeinschaften und auch der Europäischen Union auf alle diese Elemente hin untersucht werden müssen.

(2) Anwendung auf europäische Integration

Die Kriterien der ordnungsgemäßen und autoritativen Entstehung sowie der zwangsweisen Durchsetzbarkeit bzw. des Geltungsanspruchs müssen auf diejenigen Entscheidungsformen übertragen werden, die bereits dargestellt wurden.

α) Autoritativer Erlaß und ordnungsgemäßes Verfahren

Diese beiden Kriterien lassen sich anhand der nachvollzogenen Entscheidungsformen der Organe innerhalb der europäischen Integrationsentwicklung relativ einfach auf Vorhandensein überprüfen. Bei der Frage nach dem Vorhandensein einer Autorität, die unabhängig von den Mitgliedsstaaten Normen und Einzelfallentscheidungen erlassen kann, ist zwischen zwei verschiedenen Anknüpfungspunkten zu unterscheiden. Zum einen stellt sich die Frage, ob die europäischen Integrationsgemeinschaften und die hinzugetretene zwischenstaatliche Zusammenarbeit selbst bereits einen genügenden Grad der Trennung von mitgliedsstaatlichen Strukturen aufweisen. Zum anderen muß bewertet werden, ob die entscheidungstragenden Organe im Sinne eigener Autoritäten als von den Teilnehmerländern unabhängig zu bewerten sind. Für ersteres ist festzuhalten, daß, ausgehend von der Pariser Erklärung, bereits mit der Europäischen Gemeinschaft für Kohle und Stahl zumindest für die gemeinschaftlichen Entscheidungen eine eigene Struktur unter klarer Trennung von den Mitgliedsstaaten geschaffen wurde. Hingewiesen sei in diesem Zusammenhang auf die einzelnen vertraglichen Vorschriften, die der Montanunion, aber auch allen darauffolgenden Gemeinschaften eine eigene Rechtspersönlichkeit verliehen. In der darauffolgenden Integrationsentwicklung ließe sich gegen das Vorhandensein einer

[807] Die aus unterschiedlichen Wichtung der beschriebenen Elemente entstehenden Unterarten des positivistischen Ansatzes für den Rechtsbegriff stellt Ott, dort auf S. 33 ff., dar.

solchen eigenständigen Struktur zur Entscheidungsfindung und -umsetzung nur anbringen, daß die Durchführung solcher Dezisionen über weite Strecken den Mitgliedsstaaten überlassen blieb, da ein eigener Verwaltungsunterbau der Gemeinschaften auf dem Gebiet der Mitgliedsstaaten ebenso nicht vorgesehen war wie gemeinschaftliche Streitkräfte. Eine solche weitreichende, eigene Exekutive fehlt aber dem deutschen Beispiel eines föderalen Staatsaufbaus auch. Die Bundesebene muß sich nach Artikel 83 des Grundgesetzes ebenfalls im Regelfall der Landesexekutive bedienen, ohne daß dies dazu führt, daß der Rechtscharakter der Bundesgesetze bestritten würde. Daher reicht auch das Fehlen einer ausgeprägten Gemeinschaftsexekutive nicht aus, um den Gemeinschaften und der politischen Zusammenarbeit die Eigenständigkeit abzusprechen.

Die zweite Frage, betreffend das Vorhandensein autoritativer Eigenschaften der Organe, läßt sich zumindest im Hinblick auf die Hohe Behörde, die Kommission, den Gerichtshof und das direkt gewählte Parlament leicht beantworten. Mit der sowohl in personeller als auch in sachlicher Hinsicht vorhandenen Unabhängigkeit von den Regierungen der Mitgliedsstaaten läßt sich eine eigene Autorität dieser Institutionen in den Integrationsgemeinschaften begründen. Probleme ergeben sich bei den verschiedenen Räten der Einzelgemeinschaften, deren Zusammenfassung durch den Fusionsvertrag sowie dem Europäischen Rat und dem Rat der Europäischen Union. Diesen Organen ist die Besetzung entweder mit Regierungschefs der Mitgliedsstaaten oder mit den Fachministern der Länder gemeinsam, so daß durchaus denkbar wäre, daß nicht die Autorität der Gemeinschaften bzw. der Union, sondern die der einzelnen Mitgliedsstaaten zum Tragen kommt. Dagegen spricht, daß die aufgezeigte Abhängigkeit der Beschlüssen in diesen Institutionen von den Interessen der Mitgliedsstaaten nicht zwangsläufig dazu führen muß, darin Organe der Staaten und nicht der Gemeinschaften bzw. der Union zu sehen. Schon der Rückblick auf die Institutionenentwicklung hat gezeigt, daß die genannten Organe immer als solche der Gemeinschaft bzw. der Union konzipiert wurden und sich in das Gefüge der übrigen Entscheidungsträger einpaßten. Für ein adhäsives Verständnis der verschiedenen Räte als Organ der Staaten im Hinblick auf die übrigen Gemeinschaftsinstitutionen bleibt trotz der Wahrung von Länderinteressen durch diese Organe kein Raum. Dies entspricht auch dem Selbstverständnis in der Gemeinschaft, wie es die Rechtsprechung des Europäischen Gerichtshofs dokumentiert. Damit sind auch die einzelnen Räte als Autoritäten der Gemeinschaften bzw. der Europäischen Union zu verstehen, so daß die von ihnen erlassenen Entscheidungen abstrakt-genereller und konkret-individueller Art autoritativen Charakter als Voraussetzungen einer Zuordnung zur Kategorie des Rechts besitzen. Insgesamt läßt sich festhalten, daß auch die bereits im einzelnen untersuchte, institutionelle Ebene des europäischen Integrationsprozesses im Zeitraum zwischen 1950 sowie 1992 hinsichtlich der erforderlichen Autorität ihrer Entscheidungen kein Hindernis für eine Bewertung eben gerade dieser Dezisionen als Recht darstellt.

Im Hinblick auf ein ordnungsgemäßes Verfahren läßt sich anhand der oben getroffenen Einschränkung für eine abstrakte Herangehensweise festhalten, daß sich von der Hohen Behörde der Montanunion über die verschiedenen Organe der Verteidigungs- und der Politischen Gemeinschaft bis hin zu Kommission und Ministerrat von Wirtschafts- und Atomgemeinschaft fixe Verfahren im Hinblick auf Zuständigkeiten, Mehrheits- sowie Formerfordernisse ausmachen lassen. Dies gilt sowohl für Entscheidungen abstrakt-genereller Natur wie für solche im Einzelfall. Die aufgezeigten Veränderungen durch die Einheitliche Europäische Akte und den Unionsvertrag von Maastricht formten die Verfahren für einzelne Bereiche durch stärkere verfahrensmäßige Einbeziehung des Europäischen Parlaments noch weiter aus. Spätestens seit dem Unionsvertrag von 1992 lassen sich, wie schon ausgeführt, auch für das Gebiet lediglich zwischenstaatlicher Zusammenarbeit in Außen- und Sicherheitspolitik sowie Justiz- und Innenangelegenheiten vertraglich definierte Entscheidungsverfahren ausmachen, die ebenfalls als hinreichend im Hinblick auf die Bewertung des Vorhandenseins von Recht einzuschätzen sind. Das Erfordernis des Vorhandenseins von Verfahren überhaupt, die sich losgelöst von ordnungsgemäßer Durchführung im Einzelfall betrachten lassen, ist für die hier genannten Entscheidungsformen erfüllt.

Zusammengefaßt ergibt sich, daß die beiden Kriterien des autoritativen Erlasses sowie des Vorhandenseins von Entscheidungsverfahren für den europäischen Integrationsprozeß von Beginn an vorlagen. Daher steht einer Zuordnung der verschiedenen Entscheidungsformen zur Kategorie des Rechts nichts entgegen.

β) Zwangsweise Durchsetzbarkeit

Damit die Entscheidungen der europäischen Institutionen abstrakt-genereller oder konkret-individueller Art als der Kategorie des Rechts angehörig bewertet werden können, müssen sie zwangsweise gegenüber der Allgemeinheit oder den Adressaten durchgesetzt werden können. Damit fragt sich, ob und in welchem Umfang in den Gründungsverträgen und in deren praktischer Anwendung neben der plakativen Betonung der Verbindlichkeit von Entscheidungen der Organe auch Zwangsmittel zur Durchsetzung zur Verfügung stehen. Als Quellen dafür stehen die Verträgen selbst, aber auch wieder die Materialien zur Vertragsgestaltung zur Verfügung. Aus beidem läßt sich zusätzlich ableiten, ob Zwangsmittel vorgesehen waren und welche Überlegungen diesen hier zugrunde lagen.

αα) Vertrag zur Gründung der Europäischen Gemeinschaft für Kohle und Stahl

Beginnt man die Suche nach möglichen Zwangsmitteln innerhalb der Vorarbeiten zur Montanunion, so verwundert es nicht, daß neben den zu lösenden institutionellen und sachlichen Fragen die Durchsetzbarkeit von Entscheidungen im

Hinblick auf den gemeinsamen Markt für Kohle und Stahl nicht unbedingt im Mittelpunkt des Interesses stand. Bis zum Beginn der ersten Verhandlungsphase am 20. Juni 1950 spielten Überlegungen zur Zwangsdurchsetzung keinerlei Rolle. Artikel 33 des *document de travail* vom 24. Juni 1950 enthielt eine Ermächtigung der Hohen Behörde zur Einrichtung von Kontrollen, um die Beachtung ihrer Entscheidungen durch die Unternehmen sicherzustellen sowie Strafen und entsprechende Zwangsmaßnahmen verhängen zu können.[808] Von Bedeutung ist hier die Begrenzung von Zwangsmaßnahmen auf Unternehmen. Staaten, die den im einzelnen definierten Wettbewerbs- und Preisregelungen zuwider handelten, bleiben davon unberührt. Zu weiteren Überlegungen in diesem Zusammenhang kam es nicht, was sich mit der Feststellung aus einem Dokument über Fragen für den Juristischen Unterausschuß vom 20. Juli 1950 belegen läßt, wonach man im engen Zusammenhang zur Wirksamkeit der Entscheidungen der Hohen Behörde zu dem Schluß kam, daß die Frage der Sanktionen nicht vordringlich sei.[809] Erst das Memorandum über die Einrichtungen und die Wirtschaftlichen und die Sozialen Dauerbestimmungen des Schuman-Plans vom 28. September 1950 erwähnt unter § 1 in Artikel 5 Absatz 3 auf pauschale Art die Auferlegung von Geldstrafen und Zwangsmitteln sowie die Entscheidung über Maßnahmen zum Schutz der Gemeinschaftsinteressen.[810]

Eine Konkretisierung dieser Vorstellungen trat erst innerhalb der abschließenden Redaktionsarbeiten ein. In einem Dokument vom 10. Oktober 1950 finden sich detaillierte Vorstellungen über die Höhe von Strafen und zum Verfahren von deren Vollstreckung - hier zur Verweigerung von Informationen der Unternehmen gegenüber der Hohen Behörde.[811] Ähnliches war auch für das Unterlaufen der Preisbestimmungen und die Nichteinhaltung von Produktionsvorgaben der Hohen Behörde vorgesehen. Diese beiden Sanktionen trafen im wesentlichen die Unternehmen, in deren Verantwortlichkeit sowohl die Infor-

---

[808] A. a. O. (Fn. 108), Schulze/Hoeren, Bd. 1, S. 50, 60. Neben diesen Überlegungen im Hinblick auf Zwangsmaßnahmen fehlen detaillierte Regelungen jedoch noch vollständig.

[809] Fragen für den Juristischen Unterausschuß, erarbeitet von Ophüls, 20. Juli 1950, a. a. O. (Fn. 492), Schulze/Hoeren, Bd. 1, S. 80, 82. Bei der Wirksamkeit der Entscheidungen der Behörde wurde diskutiert, inwieweit eine Transformation über die Mitgliedsstaaten nötig sei. Davon getrennt behandelte man die Entscheidungsvollstreckung. Hierzu sollte die Hohe Behörde Titel ausstellen, welche in den Mitgliedsländern zur Vollstreckung galten.

[810] A. a. O. (Fn. 497), Schulze/Hoeren, Bd. 1, S. 173, 175. In Art. 16, ebd., S. 173, 180, wird auf die Festlegung eines geeigneten Sanktionsverfahrens hingewiesen, wobei sich als Sonderproblem wieder die Vollstreckbarkeit von Beschlüssen auf dem Gebiet der Mitgliedsstaaten ergab. Als Sanktionen wurden nochmals Geldstrafen und Zwangsmittel angesprochen, während es bezüglich der Ausdehnung dieser Mittel auf Strafen jedoch Bedenken hinsichtlich der einzuhaltenden Verfahrenserfordernisse gegeben zu haben schien.

[811] Ausarbeitung des Vertragsentwurfs vom 10. Oktober 1950, Politisches Archiv des Auswärtigen Amts, Berlin, Sekretariat für Fragen des Schuman-Plans, Bd. 77. Wiederum in Schulze/Hoeren, Bd. 1, S. 259, 260 ff. Deutlich wird hier nochmals der Einzelfallbezug.

mationserteilung als auch die Preisbildung sowie die Entscheidung über die erzeugte Menge fiel. Weiterhin war eine staatsbezogene Zwangsvorschrift bezüglich der Steuerung von Investitionen durch die Mitgliedsstaaten nach Vorgabe der Behörde vorgesehen, wobei jedoch der Gerichtshof zunächst einen solchen Verstoß feststellen und dann der Ministerrat über Sanktionen gegen das Land entscheiden sollte. Solche Maßnahmen konnten nach der Vorstellung der Redakteure auch über den Bereich von Kohle und Stahl hinausgehen, also das gesamte Verhältnis der Gemeinschaft zu diesem Staat betreffen. Ähnliche Vorstellungen finden sich im französischen Vertragsentwurf vom 9. November 1950, der im Abschnitt über ungeklärte Fragen in den Artikeln 41 und 42[812] Geldbußen und Zwangsgelder für den Fall vertragswidriger kartellmäßiger Absprachen und Fusionen von Unternehmen ohne Zustimmung der Hohen Behörde vorsah. Artikel 58 desselben Entwurfs veränderte die Verfahrensweise bei Vertragsverstößen der Mitgliedsstaaten dahingehend, daß die Hohe Behörde nach Anhörung des betreffenden Landes die Verfehlungen durch Entscheidung festsetzen konnte. Falls sich das Verhalten des Staates nicht änderte oder er gegen den Beschluß der Hohen Behörde Rechtsmittel einlegte, war - nach einer Stellungnahme des dazu mit Zwei-Drittel-Mehrheit beschließenden Rates - die Einstellung von Zahlungen der Behörde an das Land oder die Forderung besonderer Umlagen mit dem Ziel der Gewinnabschöpfung vorgesehen.[813]

Die einzelnen Überlegungen aus der Redaktionsarbeit zur zwangsweisen Durchsetzung der vertraglichen Bestimmungen flossen fast unverändert in den endgültigen Vertrag über die Montanunion ein. So sahen Artikel 58 und 59 sowie 64 bis 66 EGKSV bei Verstößen gegen die von der Behörde festgelegten Produktionsquoten und Preise sowie für unternehmensseitiges Fehlverhalten bezüglich Kartellbildung und Unterlaufen der Fusionsbestimmungen Geldbußen und Zwangsgelder in im einzelnen näher ausgeführter Höhe vor. Der Behörde standen nach der Festlegung solcher Zwangsmittel mit den Artikeln 91 und 92 EGKSV zwei grundsätzliche Wege zur Durchsetzung zur Verfügung. Zum einen konnte sie nach Artikel 91 EGKSV geschuldete Zahlungen an das konkrete Unternehmen in der Höhe der Geldbuße bzw. des Zwangsgeldes aussetzen. Aufgrund des damit eintretenden Verrechnungseffektes konnte die Hohe Behörde ein Unternehmen eigenständig unter finanziellen Druck setzen. Zum anderen legte Artikel 92 EGKSV fest, daß Entscheidungen über geldlichen Verpflichtungen der Unternehmen, also auch im Hinblick auf Geldbußen und Zwangsgelder, vollstreckbare Titel darstellten, die dann ohne weiteren nationalen Umsetzungsakt nach mitgliedsstaatlichem Recht zwangsvollstreckt werden konnten.

---

[812] Vom 9. November 1950. Vgl. darin Zweiter Teil - Französische Vorschläge zu den noch nicht geregelten Fragen, a. a. O. (Fn. 499). Wieder Schulze/Hoeren, Bd. 1, S. 267, 303 f.

[813] Ebd., Schulze/Hoeren, Bd. 1, S. 267, 306. Erwiesen sich die Maßnahmen als wirkungslos, so sollte der Ministerrat damit befaßt werden und über nötige Maßnahmen befinden.

Hierzu war allerdings die Mitwirkung des Landes erforderlich, dessen zuständiger Minister die Erteilung einer Vollstreckungsklausel veranlassen mußte. Gegenüber diesen umfangreichen Regelungen zur zwangsweisen Durchsetzung der vertraglichen Inhalte und der Entscheidungen der Hohen Behörde gegenüber den Unternehmen sah Artikel 88 EGKSV bei Verstößen der Staaten lediglich vor, Zahlungen der Gemeinschaft an das jeweilige Land auszusetzen oder andere geeignete Maßnahmen zum Ausgleich der Vertragsverletzung zu beschließen.

Aus den vertraglichen Bestimmungen läßt sich ableiten, daß der Hohen Behörde zur Durchsetzung ihrer Entscheidungen über Produktionsquoten und Preisgestaltung gegenüber den Unternehmen nur die Möglichkeit zur Verfügung stand, finanziellen Druck durch Sperrung von Zahlungen oder durch Zwangsvollstrekkung von Geldbußen und Zwangsgeldern auszuüben. Ein unmittelbarer Zugriff auf Unternehmen, also Zwangsverwaltung, Verkauf, Schließung oder ähnliches, war nur in Artikel 66 Absatz 5 EGKSV für den Fall der Nichtbefolgung von Entscheidungen über Unternehmenszusammenschlüsse vorgesehen. Bei diesen Verstößen der Unternehmen gegen den Vertrag konnte die Behörde darüber hinaus die Realisierung unrechtmäßig erworbener Vermögenswerte blockieren sowie Unternehmensentscheidungen gegenüber Dritten für nichtig erklären.[814] Insofern stand in Artikel 66 Absatz 5 EGKSV ein ansehnliches Instrumentarium an Zwangsmitteln, während in den übrigen Konstellationen die Wirkung davon abhing, ob und in welchem Umfang sich das Unternehmen durch das Ausbleiben von Zahlungen der Hohen Behörde oder deren Geldforderungen beeinträchtigt fühlte. Sowohl für die Sonderform des Artikels 66 Absatz 5 EGKSV als auch für die übrigen Möglichkeiten zwanghafter Durchsetzung war die Hohe Behörde zusätzlich auf die Mithilfe der Staaten angewiesen.[815]

Bei Vertragsverletzungen seitens der Mitgliedsländer enthielt der Vertrag explizit nur ein finanzielles Druckmittel in Form von Zahlungsmoratorien, während die nach der Aussage von Artikel 88 EGKSV ebenfalls zulässigen weiteren Möglichkeiten des Eingreifens der Hohen Behörde nicht näher spezifiziert wa-

---

814 Die Einführung dieser im Vergleich zu den übrigen Verstößen drakonisch anmutenden Sanktionen läßt sich in zweierlei Hinsicht erklären. Zum einen dokumentierte Art. 66 Abs. 5 EGKSV gegenüber Drittstaaten, besonders den USA, daß mit der Montanunion keine kartellartige bzw. -fördernde Struktur im Entstehen war. Zum anderen trug diese Vorschrift dem besonderen Interesse von Frankreich an der Zerschlagung der zu dieser Zeit nach wie vor kartellartigen Strukturen in der deutschen Montanindustrie Rechnung.

815 Nach Art. 66 Abs. 5 EGKSV war die Behörde berechtigt, an die Mitgliedsstaaten Empfehlungen zu richten, um sie zur Öffnung der nationalen Rechtsordnungen für Zwangsmaßnahmen der Gemeinschaft zu bewegen. Abgesehen von der Mitwirkungsbedürftigkeit des Zwangsmittels ergab sich hier erstmals die explizite Möglichkeit des zentralen Entscheidungsträgers, die Rechtsordnung der Mitgliedsstaaten zu beeinflussen. Darauf wird später bei der Frage nach den Auswirkungen der Entscheidung zurückzukommen sein.

ren. Auch mit diesen beiden Möglichkeiten war, ähnlich wie bei den Unternehmen und ganz abgesehen von der schon aus völkerrechtlichen Gründen fehlenden Möglichkeit des Zugriffs der Gemeinschaft auf die Staaten selbst, kein wirklich zwingendes, effektives Mittel gegeben, das die Staaten in überaus hohem Maße zur Vertragstreue angehalten hätte. Als abschließender Befund ist damit das Bestehen eines hauptsächlich auf finanziellem Druck beruhendes Systems von Zwangsmitteln gegenüber den Unternehmen und den Mitgliedsstaaten festzuhalten, dessen Wirksamkeit zur Durchsetzung der vertraglichen Regelungen und der Entscheidungen der Hohen Behörde jedoch bezweifelt werden darf. Weitere Bestimmungen für die zwangsweise Durchsetzung von Entscheidungen der übrigen Organe, also des Ministerrates oder des Gerichtshofs, fehlten völlig.

Der Grund für das Fehlen von Zwangsmitteln ist nur vor dem Hintergrund des Vertragscharakters verständlich. Trotz der Ideen von Monnet bildete die zugrundeliegende Vereinbarung eine Regelung des Verhältnisses zwischen Staaten. Obwohl im Fall der Europäischen Gemeinschaft für Kohle und Stahl ein mit der Möglichkeit zu Zwangsmitteln versehenes Organ und ein diesbezüglicher Gerichtshof bestand, existierte mit der Ausnahme des Zahlungsmoratoriums keine Möglichkeit dieser Institutionen, ihre Entscheidungen auf dem Gebiet des betroffenen Mitgliedsstaates unter Zuhilfenahme eigener Behörden gegen den Willen des jeweiligen Landes zu vollstrecken. Insofern sieht man sich bei der Beurteilung von Zwangsmitteln der Gemeinschaft gegen einzelne Länder denselben Vollzugsdefizit gegenüber, unter denen das allgemeine Vertragsvölkerrecht seit langem leidet.[816] Damit reihen sich der Vertrag über die Gründung der Europäischen Gemeinschaft für Kohle und Stahl als völkerrechtliche Vereinbarung und die auf seiner Basis möglichen abstrakt-generellen und konkretindividuellen Entscheidungen in diejenige Kategorie von Regelungen ein, die zwar Verbindlichkeitsansprüche erheben, aber gegenüber den beteiligten Staaten nicht ohne deren Bereitschaft zur Kooperation durchgesetzt werden können.[817]

ββ) Verteidigungs- und Politische Gemeinschaft

Im EVG-Vertrag sind im Hinblick zu Entscheidungsformen des Kommissariats und des Rates keine Aussagen zur Zwangsdurchsetzung vorhanden. Nur Artikel 66 EVGV begründet die Vollstreckbarkeit von Entscheidungen des Gerichtshofs

---

816 Vgl. zu Grenzen der Zwangsdurchsetzung im Völkerrecht Dahm/Delbrück/Wolfrum, Bd. I/1, § 8 I 1, S. 89; Seidl-Hohenveldern/Stein, § 3, Rn. 13 ff. Das vielfache Argument der fehlenden obligatorischen Gerichtsbarkeit greift zwar mit dem Vorhandensein des Gerichtshofs hier nicht. Bestehen blieb hier aber das charakterisierte Defizit beim Vollzug.

817 Zum Verhältnis zwischen Verbindlichkeit des Völkerrechts und Souveränität der Staaten vgl. Hart, S. 220 ff. Er spricht das Problem für den allgemeinen Begriff der Verbindlichkeit an und lehnt auf Zwang basierende Definitionen für das Völkerrecht als Recht ab.

auf dem Gebiet der Mitgliedsstaaten, wobei - ähnlich wie in Artikel 92 EGKSV - die Vollstreckungsklausel durch den zuständigen nationalen Minister angeregt werden sollte. Insofern wäre der Gerichtshof der EVG wieder auf die Mitwirkung der Mitglieder zur Durchsetzung seiner Entscheidungen angewiesen gewesen. Gerade der Umstand, daß im Rahmen der EVG mit den Streitkräften ein ausschließlich staatlicher Sektor integriert werden sollte, macht aus heutiger, notwendigerweise hypothetischer Sicht die Erteilung von Vollstreckungsklauseln beispielsweise zur Bereitstellung der vorgesehenen finanziellen Mittel unwahrscheinlich. Dieser Umstand macht die in Artikel 66 EGVG enthaltene Vollstreckbarkeit der Urteile des Gerichtshofs zu einem schwachen Zwangsmittel. Darüber hinaus finden sich keine Regelungen, die Möglichkeiten der Gemeinschaft vorsahen, gegen vertragsuntreue Staaten einschreiten und diese zur Einhaltung der Vereinbarung zwingen zu können. Damit enthielt der EVG-Vertrag weniger Zwangsmittel gegenüber den Mitgliedern als der über die Montanunion.

Ähnliches ergibt sich aus den Vorstellungen und Entwürfe zur Politischen Gemeinschaft. Ohne hier genauer auf die Ideen zur zwangsweisen Durchsetzung von Entscheidungen eingehen zu wollen, enthielt Artikel 106 des Entwurfs eines Vertrages über die Satzung der Europäischen Gemeinschaft, angenommen von der Ad hoc-Versammlung am 10. März 1953, die Vollstreckbarkeit von Entscheidungen des Europäischen Exekutivrates und des Gerichtshofs. Der Vertragsentwurf sah zwar in Artikel 105 ein ausdrückliches Bekenntnis der Unterzeichnerstaaten zu den Zielen der Vereinbarung, Förderungspflichten und eine Unterlassungserklärung im Hinblick auf Satzungsverstöße vor, Sanktionen dafür wurden aber in den Entwurf nicht aufgenommen. Insofern lief Artikel 106 im Hinblick auf fehlende Zwangsmittel gegen die Staaten leer. Besondere Sanktionen zur Einhaltung des Vertrages und der darauf beruhenden Entscheidungen der Organe der Europäischen Politischen Gemeinschaft müssen hier als nicht vorhanden bewertet werden. Ob daran eine Veränderung in den weiteren, jedoch nicht stattgefundenen Verhandlungen beabsichtigt war, läßt sich aus dem Satzungsentwurf sowie den übrigen Texten nicht einmal als Tendenz entnehmen.

γγ) Wirtschafts- und Atomgemeinschaft

Sucht man innerhalb der Dokumente zur Entstehung des Vertrages über die Europäische Wirtschaftsgemeinschaft nach den Möglichkeiten der Zwangsdurchsetzung vertraglicher Vorschriften oder darauf basierender Entscheidungen der Organe, so stößt man auf zwei verschiedene Konzepte. In den Vertragsverhandlungen über den Gemeinsamen Markt, die seit Juni 1956 stattfanden, lassen sich zumindest von deutscher Seite zu den Wettbewerbsregelungen Vorstellungen einer Zwangsdurchsetzung gegenüber einzelnen Unternehmen über den Gerichtshof und nicht mehr über die Kommission ausmachen. So sahen die Formeln für die Gestaltung eines Vertragstextes über die Verwirklichung eines gemeinsamen Marktes, die zwischen dem 20. und 28. Juni 1956 im Bundeswirtschaftsministerium entstanden waren, teilweise nur noch einen Schlichtungsversuch der Kommission, nicht aber sofortige Geldbußen und Zwangsgelder wie innerhalb der Montanunion vor. Dies wird durch den folgenden Auszug belegt:

> „3. Bei der Ausgestaltung des Verfahrens zur Durchführung der Grundsätze des Abs. 1 ist in den Durchführungsverordnungen vorzusehen, daß im Falle einer Beschwerde wegen Verletzung der Grundsätze des Abs. 1 die Europäische Kommission unter Anhörung eines von ihr zu bildenden Beratenden Ausschusses zunächst versucht hat, den Streit gütlich beizulegen. Erst nach dem Mißlingen einer gütlichen Einigung innerhalb einer Frist von ... nach Eingang der Beschwerde, soll die Europäische Kommission, ein Mitgliedsstaat oder ein betroffenes Unternehmen berechtigt sein, bei dem Gerichtshof Klage wegen Verletzung der Grundsätze zu erheben.“[818]

Der Ausschluß der Kommission von der Ergreifung von Zwangsmaßnahmen war aber nicht generell vorgesehen. An einer anderen Stelle innerhalb desselben deutschen Dokuments war für die Frage der Verzerrung des Marktes durch nationale Wettbewerbsregeln ein Eingriffsrecht der Kommission dahingehend ausgestaltet, daß über das Instrument der Zollpolitik ausgleichende Regelungen, die den Unternehmen allgemein einen wettbewerbsfähigen Stand verschaffen sollten, ermöglicht wurden.[819] Hier findet sich wieder der von der Kommission unter Beteiligung des Ministerrates durchzuführende Ausgleich, der sich schon für Vertragsverletzungen in der Montanunion ergeben hatte.

Von den beiden genannten Alternativen in der Vorgehensweise zur zwangsweisen Durchsetzung der vertraglichen Bestimmungen hat sich aber nur die erstere Möglichkeit auf längere Sicht durchsetzen und in der Diskussion um die Vertragsgestaltung erhalten können. Deutlich wird dieser Umstand am Beispiel des Artikel 43 eines Artikelentwurfs vom 17. Juli 1956, der innerhalb der Wettbewerbsregeln bei Verstößen zwar eine Untersuchung durch die Kommission und einen von ihr zu unterbreitenden Vergleichsvorschlag vorsah, bei Nichtannahme jener auf dem Einvernehmen basierenden Lösung aber eine Klagemöglichkeit der Kommission oder der Staaten vor dem Gerichtshof vorsah.[820]

---

[818] Formeln für die Gestaltung eines Vertragstextes über die Verwirklichung eines gemeinsamen Marktes, undatiert, wohl zwischen dem 20. und 28. Juni 1956 entstanden. Bundesarchiv Koblenz, Bestand 102, Sig. 22096. In Schulze/Hoeren, Bd. 1, auf S. 851, 864.

[819] Ebd., Schulze/Hoeren, Bd. 1, S. 851, 866 f. Jedoch sollte nicht jeder Verstoß zu einer derartig weitreichenden Konsequenz führen sollte. Das Verfahren ist a. a. O. beschrieben.

[820] Vgl. im einzelnen den Wortlauf von Art. 43 des von der Regierungskonferenz für den gemeinsamen Markt und Euratom geschaffenen Entwurfs von Artikeln für die Ausarbeitung eines Vertrages über die Gründung eines gemeinsamen europäischen Marktes vom 17. Juli 1956, a. a. O. (Fn. 614), Schulze/Hoeren, Bd. 1, S. 892, 904. Dabei trat wieder der Gerichtshof als besonderes Instrument zur Zwangsdurchsetzung in den Mittelpunkt.

Eigene Zwangsmöglichkeiten der Exekutive waren in diesen Entwurf nicht aufgenommen worden. Die besondere Klagemöglichkeit von Wettbewerbsverstößen betroffener Unternehmen enthielt der genannte Vorschlag im Gegensatz zum vorhergegangenen deutschen Entwurf nicht mehr. Ein anders gelagerter Ansatz findet sich knapp zwei Monate später in einem französischen Artikelentwurf zur Preisdiskriminierungen und einschränkenden Praktiken im Wettbewerb.[821] Für den erstgenannten Bereich war nach dem Ablauf einer Übergangszeit bei Verstößen eine Art Schlichtungsmöglichkeit der Kommission, verbunden mit einem Vorschlagsrecht, vorgesehen. Im Falle der Nichtbefolgung des Vorschlags sollte der Ministerrat mit qualifizierter Mehrheit eine sofort vollstreckbare Entscheidung treffen können, während den Staaten parallel dazu ein Vertragsverletzungsverfahren ermöglicht wurde. Insofern regte man hier neben der Anrufung des Gerichtshofs eine weitere Entscheidungsmöglichkeit auf politischer Ebene an. Was die Beibehaltung einschränkender Praktiken im Wettbewerb als zweitem Bereich des gerade genannten Dokumentes anbetrifft, so trat hier wieder das Reziprozitätsprinzip zu Tage. Die Kommission sollte gegebenenfalls die Mitgliedsstaaten ermächtigen, in eigener Zuständigkeit Abhilfe zu schaffen. Gleichzeitig war in diesem Entwurf ein neues, auf eigenen Befugnissen der Kommission beruhendes Eingriffsrecht enthalten. Kamen die Staaten den Vorschlägen der Kommission innerhalb von sechs Monaten nicht nach, so sollte wieder der Ministerrat mit qualifizierter Mehrheit entscheiden und den Staaten die Möglichkeit der Durchführung eines Vertragsverletzungsverfahrens offenstehen. Diese Überlegungen der französischen Delegation, die letztendlich im institutionellen Gefüge auch die Position des Rates stärkte, konnten sich nicht durchsetzen. Aber auch die Kommission gewann im Gegensatz zum Vertrag zur Gründung der Europäische Gemeinschaft für Kohle und Stahl in den weiteren Verhandlungen nicht mehr Befugnisse zur Zwangsdurchsetzung von vertraglichen Bestimmungen oder darauf basierender Entscheidungen hinzu.[822]

Es blieb auch in den weiteren Bemühungen um den Vertrag im Hinblick auf zwangsweise Durchsetzbarkeit zunächst bei der Hauptzuständigkeit des Gerichts, das im Rahmen von Vertragsverletzungsverfahren gegenüber dem die Vereinbarung verletzenden Ländern entscheiden konnte, während über eine der-

---

[821] Arbeitsgruppe für den gemeinsamen Markt. Bestimmungen, die den Artikel 42 des Dokuments Mar. Com. 17 ersetzen. Vorschlag der französischen Delegation. Bundesarchiv Koblenz, Bestand 102, Signatur 22097. Siehe dazu Schulze/Hoeren, Bd. 1, S. 919, 920 f.

[822] Nachweisen läßt sich dies mit Aufzeichnungen des Präsidenten der Regierungskonferenz zum institutionellen System im Vertrag über die Gründung eines Gemeinsamen Europäischen Marktes vom 10. November 1956, Bundesarchiv Koblenz, Bestand 102, Signatur 22106, Schulze/Hoeren, Bd. 1, S. 1029 ff. Dort waren Fälle aufgelistet, in denen die Kommission entscheiden sollte. Die Vertragsdurchsetzung wurde in diesem Kontext nicht erwähnt, obwohl dies bei entsprechenden Befugnissen zu erwarten gewesen wäre.

artige Möglichkeit gegenüber einzelnen Unternehmen noch Uneinigkeit bestand.[823] Diese Lage hielt sowohl während der Beratungen des Ausschusses der Delegationsleiter als auch innerhalb der Redaktionsgruppe an.[824] Betrachtet man die endgültige Fassung des Vertrages zur Gründung der Europäischen Wirtschaftsgemeinschaft vom 25. März 1957, so ergibt sich neben der betonten Einigkeit der beteiligten Staaten in Artikel 4 EWGV, die vertraglichen Verpflichtungen zu erfüllen und Maßnahmen, die die Verwirklichung der Ziele gefährden, zu unterlassen, ein auf den Gerichtshof ausgerichtetes Bild der Zwangsdurchsetzung vertraglicher Bestimmungen. Im Zuge des Verletzungsverfahrens, das mit den Artikeln 169 und 170 EWGV der Kommission und den Staaten offenstand, mußte das den Vertrag brechende Land nach Artikel 171 EWGV die im jeweiligen Urteil enthaltenen Maßnahmen ergreifen. Aus Artikel 187 EWGV in Verbindung mit Artikel 192 EWGV ergab sich die Vollstreckbarkeit von Entscheidungen des Gerichtshofs als dem einzigen Zwangsmittel.

Auch das im allgemeinen Völkerrecht gebräuchliche Reziprozitätsprinzip[825] hatte Eingang in diesen Vertrag gefunden: Mit Artikel 89 EWGV konnte die Kommission die Mitgliedsstaaten bei Zuwiderhandlung eines Landes gegen die Wettbewerbsregeln dazu ermächtigen, ihrerseits geeignete Abwehrmaßnahmen auf wirtschaftlichem Gebiet zu treffen.[826] Insofern verlagerte sich die Durchsetzung der Regelungen im Wettbewerbsbereich auf das Verhältnis zwischen den Mitgliedsstaaten selbst. Eigene Befugnisse der Kommission im Hinblick auf Geldbußen oder Zwangsgelder gegen die Unternehmen oder die Möglichkeit des Einfrierens von Zahlungen an die einzelnen Staaten waren im Ver-

---

823 Vgl. dazu die Art. 24 bis 26 des Redaktionsentwurfs von Artikeln über die Gründung des Gemeinsamen Marktes, ausgearbeitet von der Redaktionsgruppe, 14. Januar 1957, a. a. O. (Fn. 636), Schulze/Hoeren, Bd. 1, S. 1058, 1064 ff. Art. 28, der sich nach dem Titel mit Vertragsverletzung von Unternehmen befassen sollte, war inhaltlich nicht ausgefüllt.

824 Weitere Aussagen treffen die Dokumente 68, 71, 77 sowie 85 in Schulze/Hoeren, Bd. 1, wobei deren Gehalt im wesentlichen mit den bisherigen Ausführungen übereinstimmte.

825 Reziprozität wird im völkerrechtlichen Zusammenhang als „relationship between two or more States accordning each other identical or equivalent treatment“ definiert, so Simma in Bernhardt, Vol. IV, S. 29, 30. Weiter heißt es dort: „Most attempts at definition add the element of a subjective interrelation of action and counteraction according to which the action of one party, whether consumated or expected, provides the motivation for that of the other.“ Es geht darum, daß Staaten völkerrechtliche Vereinbarungen einhalten, weil sie durch vertragstreues Verhalten der Gegenseite ebenfalls zu derartigem, langfristigen Verhalten motiviert werden. Darin liegt der Schlüssel zur Entstehung und Einhaltung des Völkerrechts. Dazu Neuhold in Neuhold/Hummer/Schreuer, Bd. 1, S. 3, 12 f., Rn. 59 ff.

826 Wendet man die Reziprozitätsdefinition auf dieses Zwangsmittel der Kommission an, so bedeutet die Möglichkeit der Institution, daß mit dem Vertragsbruch eines Mitgliedsstaates im Wettbewerbsbereich die Motivation für ein anderes Land zur Vertragstreue im selben Gebiet als weggefallen betrachtet wurde, womit letztgenanntem Staat - kommissionsseitig sanktioniert - der Weg für die entsprechende Gegenmaßnahme eröffnet wurde.

trag unmittelbar nicht vorgesehen, allerdings war mit Artikel 87 Absatz 2 lit. a) EWGV eine Verordnungs- und Richtlinienkompetenz des Ministerrates vorgesehen worden, der auf Vorschlag der Kommission in einem Zeitraum bis zu drei Jahre nach Inkrafttreten des Vertrages Geldbußen und Zwangsgelder zur Einhaltung der Wettbewerbsregeln aus den Artikeln 85 und 86 EWG - Kartellverbot, Untersagung von Preisdiskriminierung und Ausnutzung einer marktbeherrschenden Stellung im weitesten Sinne - einführen konnte. Allerdings richtete sich diese Möglichkeit zur Einführung von finanziellen Zwangsmittel aus systematischer Sicht ausschließlich gegen die Unternehmen des Gemeinsamen Marktes, da sich Artikel 87 EWG in einem entsprechenden Abschnitt befand. Ein Zwangsmittel gegen die Mitgliedsstaaten bedeutete es schon deshalb nicht.

Mit der weitgehenden Ausgestaltung der Verfahren des Gerichtshofs und dessen Urteilen als Mittel zur Durchsetzung der Einhaltung vertraglicher Bestimmungen gegenüber den Staaten sah sich die der EWG-Vertrag letztlich demselben Vollzugsdefizit ausgesetzt wie die davor erarbeiteten Verträge. Trotz plakativer Betonung der Verbindlichkeit der Urteile des Gerichtshofs war eine Zwangsvollstreckung ohne Mitwirkung der nationalen Regierungen ausgeschlossen, da Artikel 192 EWGV als Vollstreckungsvorschrift an das nationale Recht anknüpfte. Zur Zwangsvollstreckung gegen einen oder in einem Mitgliedsstaat war die Erteilung einer nationalen Klausel erforderlich, deren Vergabe durch die Gemeinschaft wiederum nicht erzwingbar war. Insofern blieb der Bruch zwischen europäischer Gemeinschaftsebene und dem staatlichen Bereich im Hinblick auf das Fehlen unmittelbarer Zugriffsmöglichkeiten des Integrationsverbandes auf mitgliedsstaatliches Gebiet zur Vertragsdurchsetzung weiter bestehen. Die Schere zwischen Geltungsanspruch und praktischer Durchsetzbarkeit klaffte durch die fehlende Möglichkeit, zumindest im Hinblick auf die von der Gemeinschaft geschuldeten Zahlungen an einzelne Mitglieder - so im Agrarbereich - und deren Einstellung über ein gewisses Druckmittel zu verfügen, sogar noch weiter auseinander. Als einzig effektives Zwangsmittel ist damit die Möglichkeit der Kommission zu bewerten, im Bereich der Wettbewerbsregeln Mitgliedsstaaten zu Maßnahmen zur Überwindung von Verstößen anderer Teilnehmer ermächtigen zu können. Insofern verlagerte sich die Frage der Zwangsdurchsetzung der Marktregeln von der Gemeinschaft auf das bilateralen Verhältnis der Mitglieder. Im übrigen reihte sich die Lage in der EWG zur Zeit ihrer Gründung nahtlos in gleiche Situation aller internationalen Organisationen ein.

Für die zeitgleich entstandene Europäische Atomgemeinschaft scheint sich auf den ersten Blick derselbe Befund zu ergeben. Auch hier war in den Artikeln 141 bis 143 EAGV ein durch die Mitgliedsstaaten oder die Kommission einzuleitendes Vertragsverletzungsverfahren vorgesehen, wobei aus den Entscheidungen des Gerichtshofs eine Pflicht zur Umsetzung der geforderten Maßnahmen durch die Mitgliedsstaaten folgte. Allerdings war daneben die Rolle der Kommission bei der Vertragsdurchsetzung bezüglich einzelner Materien wesentlich stärker ausgeprägt als in der Europäischen Wirtschaftsgemeinschaft.

Im Bereich der Vergabe für Lizenzen für erzielten Patente zur Erzeugung von Kernenergie sollte sich die Kommission zwar nach Artikel 14 EAGV zunächst um gütliche Lösungen bemühen, konnte aber mit Artikel 17 EAGV die Berechtigung zur Nutzung auf dem Zwangsweg an andere Gemeinschaftsmitglieder vergeben. Nach einem weiteren Schiedsverfahren um die Lizenzerteilung mußte dann der Gerichtshof entscheiden. Während im Kapitel über den Gesundheitsschutz und die Preisgestaltung am Markt nur Überwachungsmaßnahmen und Empfehlungen seitens der Kommission vorgesehen waren, beinhaltete Artikel 83 Absatz 1 EAGV für das gesamte Kapitel VII - Überwachung der Sicherheit - abgestufte und in letzter Konsequenz weitreichende Zwangsmöglichkeiten der Kommission gegenüber den Unternehmen. Ausgehend von einer bloßen Verwarnung konnte diese Institution bei Verstößen gegen die Sicherheitsbestimmungen zunächst besondere Vorteile entziehen, weiterhin Zwangsverwaltung des Unternehmens durch Dritte für einen Zeitraum bis zu vier Monaten anordnen und schließlich teilweise oder vollständig die zur Energieerzeugung nötigen Ausgangsstoffe und spaltbares Material - teilweise oder ganz - entziehen. Die Zwangswirkung lag darin begründet, durch den Entzug der Vorteile, der Verfügungsmöglichkeit über das Unternehmen oder der erforderlichen Betriebsstoffe das jeweilige Unternehmen zur Kooperation zu bewegen. Es fällt nicht schwer, hier dasselbe Modell zur Zwangsdurchsetzung wie innerhalb der Europäischen Gemeinschaft für Kohle und Stahl zu erkennen, in der auch die Einstellung von Zahlungen der Hohen Behörde an einzelne Unternehmen als Druckmittel zur Verfügung stand. Unterstützt wurde der Mittelkatalog von Artikel 83 Absatz 1 EAGV in seiner Wirkung durch die in Absatz 3 derselben Vorschrift angeordnete Vollstreckbarkeit von Herausgabeentscheidungen über Artikel 164 EAGV, wobei allerdings wieder die Mitgliedsstaaten an der Vollstreckungsklausel mitwirken mußten und nach Artikel 83 Absatz 4 EAGV zusätzlich die besondere Sorge für die Vollstreckung selbst trugen.

Für alle sonstigen Verfahren außerhalb des Artikels 83 EAGV konnte die Kommission die Mitgliedsländer nach Artikel 145 EAGV auffordern, zur Durchsetzung ihrer Entscheidungen innerstaatliche Zwangsmaßnahmen gegen die Unternehmen zu verhängen. Kamen die Staaten dem nicht nach, stand der Kommission erneut der Weg zum Gerichtshof zur Feststellung einer Vertragsverletzung offen. Die schon angesprochene, nach Artikel 164 EAGV mögliche Vollstreckung von Entscheidungen blieb jedoch, genau wie bei der Wirtschaftsgemeinschaft, in ihrer Effektivität als Zwangsmittel begrenzt, da die Staaten wie bei den anderen Verträgen an einem Umsetzungsakt - hier der Erteilung einer Vollstreckungsklausel - mitwirken mußten. Trotz dieses Defizits muß die Möglichkeit der Organe der Atomgemeinschaft, den Vertrag und ihre eigenen Entscheidungen durchzusetzen, mit Existenz von Artikel 83 EAGV im Vergleich mit dem Gemeinsamen Markt als doch erheblich effizienter bewertet werden.

Trotz dieses Unterschiedes zwischen Wirtschafts- und Atomgemeinschaft ist festzuhalten, daß die zwangsweise Durchsetzung der Regelungen der beiden Gründungsverträge und der Entscheidungen der Organe gegenüber den Mitgliedsstaaten und den Unternehmen vollumfänglich nicht möglich war. Der Grund dafür bestand in der ständigen Erforderlichkeit von Umsetzungsakten auf nationaler Ebene, die dem Einverständnis und der Mitwirkung der Regierungen der Mitgliedsstaaten bedurften. Von echter Zwangswirkung kann daher nur für die wenigen Konstellationen gesprochen werden, in denen die europäischen Organe durch Zurückhaltung an sich zu gewährender Leistungen unabhängig von den Mitgliedsstaaten Druck auf diese oder auf die dort befindlichen Unternehmen ausüben konnten. Dieselbe Einschätzung ergibt sich für die Fälle, in denen die Kommission einzelne Mitgliedsstaaten zum Vorgehen gegen vertragsbrüchige Länder ermächtigen konnte. Ein umfassender, der staatlichen Ebene vergleichbarer Durchsetzungszwang einschließlich des dazu nötigen Verwaltungsunterbaus war bis 1957 in den europäischen Gemeinschaften nicht vorhanden.

δδ) Veränderungen nach 1957

Nach dem Inkrafttreten der Verträge von 1957 stellte die Konkretisierung von Geldbußen und Zwangsgeldern auf der Basis der Ermächtigungsgrundlage von Artikel 87 Absatz 2 lit. a) EWGV den nächsten, für die zwanghafte Durchsetzung der Verträge relevanten Schritt dar. In der Verordnung Nr. 17 - Erste Durchführungsverordnung zu den Artikeln 85 und 86 des Vertrages - vom 6. Februar 1962[827] hatte der Rat mit Artikel 15 Geldbußen und mit Artikel 16 Zwangsgelder für die unrichtige Anmeldungen von Zusammenschlüssen, die Verweigerung von Auskünften, die Nichtvorlage von Geschäftsbüchern sowie für andere vorsätzliche oder fahrlässige Verstöße gegen die Artikel 85 und 86 EWGV vorgesehen. Dagegen war schon nach den allgemeinen Vorschriften des Gründungsvertrages der EWG der Rechtsweg zum Gerichtshof gegeben, der nach Artikel 17 dieser Verordnung in vollem Umfang über die Höhe der verhängten Geldbuße und des Zwangsgeldes entscheiden konnte.

Obwohl diese Zwangsmittel, die nun der Kommission zur Durchsetzung der Wettbewerbsregeln zur Verfügung standen, auf Geldleistungen gerichtet und damit nach Artikel 192 EWGV vollstreckbar waren, ergab sich wie bei den übrigen Entscheidungen wiederum das Problem der erforderlichen Mitwirkung der Regierungen der Mitgliedsstaaten. Auch die Erste Durchführungsverordnung zu den Artikeln 85 und 86 des Vertrages konnte die Erforderlichkeit eines Umset-

[827] Die Verordnung ist abgedruckt in ABl. EG Nr. 13/1962 vom 21. Februar 1962, S. 204 ff.

zungsaktes auf nationaler Ebene für den direkten Zugriff auf die Wettbewerbsregeln verletzende Unternehmen nicht abschaffen. Damit ist festzuhalten, daß mit der genannten Verordnung der Kommission der Europäischen Wirtschaftsgemeinschaft zwar pekuniäre Zwangsmittel ähnlich der der Hohen Behörde der Montanunion zur Verfügung gestellt wurden, diese aber wiederum im Hinblick auf die Effizienz aufgrund der Erforderlichkeit des nationalen Umsetzungsaktes als gering einzustufen sind. Damit hatte sich zwischen dem Befund für die Europäische Gemeinschaft für Kohle und Stahl und der Wirtschaftsgemeinschaft in bezug auf zwangsweise Durchsetzung von Entscheidungen gar nichts verändert.

In der weiteren Integrationsentwicklung blieb der Bestand an Zwangsmitteln, wie er sich mit den einzelnen Gründungsverträgen und der Ersten Durchführungsverordnung zu den Artikeln 85 und 86 des EWG-Vertrages darstellte, unverändert. Der Übergang zur zweiten und zur dritten Stufe des Gemeinsamen Marktes ließ die entsprechenden Regelungen unberührt. Die nach der Stagnationsphase des Verschmelzungsprozesses in der zweiten Hälfte der sechziger Jahre entstandenen Formen politischer Zusammenarbeit im Rahmen des Europäischen Rates und der Kooperation in außen- und sicherheitspolitischen Angelegenheiten basierten auf der unverbindlichen Bereitschaft der Teilnehmerländer zur Abstimmung ihrer nationalen Politiken und waren bis Mitte der achtziger Jahre nicht einmal vertraglich geregelt, so daß sich weder ein Bedürfnis nach Zwangsdurchsetzung noch eine diesbezügliche Befugnis aus einer Vereinbarung ergab. Diesen Zustand veränderte auch die Einheitliche Europäische Akte vom 17. bzw. 27. Februar 1986 nicht, die die Europäische Politische Zusammenarbeit zwar auf eine vertragliche Grundlage stellte, aber ihr den weitgehend unverbindlichen Charakter beließ. Die Veränderungen, die sich durch die Akte an den drei Gründungsverträgen ergaben, betrafen im wesentlichen die Entscheidungsverfahren und ließen den Bereich der Zwangsmittel völlig unberührt. Die durch den Vertrag über die Europäische Union vom 7. Februar 1992 aufgenommenen neuen Aufgabengebiete der Gemeinschaft richteten sich auch im Hinblick auf die Befugnisse ausschließlich an die Staaten, so daß mit dem Vertragsverletzungsverfahren bereits Möglichkeiten einer - wenn auch letztendlich ineffektiven - Zwangsdurchsetzung entstanden. Auch der Unionsvertrag führte seinerseits keinen neuen, diesbezüglichen Befugnisse der Institutionen innerhalb der drei Gründungsverträge, der Gemeinsamen Außen- und Sicherheitspolitik - obwohl dort, wie schon aufgezeigt, durchaus Entscheidungen mit verbindlichem Charakter getroffen werden konnten - sowie der Justiz- und Innenpolitik ein.

Die Entwicklung eines weiteren Zwangsmittels außerhalb der vertraglicher Vereinbarungen läßt sich innerhalb der Rechtsprechung des Europäischen Gerichtshofs zur Nichtumsetzung von Richtlinien durch die Mitgliedsstaaten ausmachen.[828] Im Mittelpunkt dessen steht die Verpflichtung der Länder, Richtlinien als abstrakt-generelle, nur ihrem Ziel nach verbindliche Regelungen in nationales Recht zu transformieren und so für die Individuen anwendbar und verpflichtend zu machen. Da ein vertragliches Zwangsmittel zur Durchsetzung dieser Verpflichtung neben dem langwierigen Vertragsverletzungsverfahren nicht bestand, ging der Europäische Gerichtshof seit Anfang der siebziger Jahre dazu über, Richtlinien, die inhaltlich konkret bestimmt waren, bei vertragswidriger Nichtumsetzung für direkt anwendbar zu erklären.[829] Im umgekehrten Verhältnis konnte eine solche nicht umgesetzte Richtlinie nach der Rechtsprechung des Europäischen Gerichtshofs jedoch keine Verpflichtungen der Individuen in den Mitgliedsstaaten bewirken.[830] Insofern wurde ein Mitgliedsstaat bei Nichtumsetzung der Richtlinien der Gemeinschaften gleich doppelt betroffen, indem einerseits seine Verpflichtungen direkt anwendbar waren, er selbst aber daraus keine Rechte im Hinblick auf die Individuen ableiten konnte. Als der Gerichtshof schließlich Anfang der neunziger Jahre eine gemeinschaftsrechtlich fundierte Schadenersatzpflicht der Mitgliedsländer aus Gründen der Staatshaftung für den Fall der Nichtumsetzung von Richtlinien anerkannte, der dann gegenüber einem tatsächlich verstoßenden Staat vor seinen nationalen Gerichten durchsetzbar war,[831] hatte die europäische Rechtsprechung unter Ausschaltung des an sich dafür vorgesehenen Vertragsverletzungsverfahrens ein neues, effektiveres Druckmittel im Hinblick auf die Richtlinienumsetzung durch die Mitglieder geschaffen. Zwar besaß die Einführung der Schadenersatzpflichtigkeit der Länder bei Nichtumsetzung ebenfalls Zwangswirkung. Ihr Einsatz entzog sich aber der Entscheidung der Gemeinschaftsorgane, da Ansprüche gegen den jeweiligen Vertragsverletzer nur vor dessen nationalen Fachgerichten geltendzumachen waren.

---

828 Vgl. Bleckmann, Europarecht, Teil II, § 7 III, Rn. 431 ff.; Oppermann, Europarecht, § 6, Rn. 556 ff. Zur Unmittelbarkeit Claßen, S. 62 ff., zum Schadenersatz dann auf S. 99 ff.

829 Zuerst in Rechtssache 33/70 - Spa SCE - vom 17. Dezember 1970, EuGHE 1970, S. 1213 ff., wo die unmittelbare Wirkung in Leitsatz 2 (S. 1213) und den Rn. 13 bis 18 (S. 1223 f.) der Gründe ausgeführt wurde. Weiter in den Rechtssachen 8/81 - Ursula Becker - vom 19. Januar 1982, EuGHE 1982, S. 53 ff., Leitsatz 1 (S. 54) und Rn. 17 bis 25 (S. 70 f.) der Gründe sowie C-6/90 und C-9/90 - Andrea Francovich und Daniela Bonifaci u. a. - vom 19. November 1991, EuGHE 1991, S. I-5403 ff., in Rn. 11 (S. 5408) der Gründe.

830 Erstmals in der Rechtssache 152/84 - M. H. Marshall - vom 26. Februar 1986, EuGHE 1986, S. 723 ff., wobei Leitsatz 5 (S. 725) und Rn. 48 (S. 749) der Entscheidungsgründe verpflichtende Wirkungen gegen Individuen ausschlossen. Ebenso in der Rechtssache 80/86 - Kolpinghuis Nijmegen BV - vom 8. Oktober 1987, EuGHE 1987, S. 3982 ff., Rn. 9 (S. 3985) der Gründe, seitdem ist dies die ständige Rechtsprechung des Gerichtshofs.

831 So in den verbundenen Rechtssache C-6/90 und C-9/90 - Andrea Francovich und Daniela Bonifaci u. a. - vom 19. November 1991, a. a. O. (Fn. 829), S. 5403 ff., wobei in den Rn. 38 bis 46 (S. 5415 f.) der Entscheidungsbegründung die Schadenersatzhaftung des nichtumsetzenden Staates aus gemeinschaftsrechtlichen Grundsätzen hergeleitet wurde. Letztendlich war diese Haftung jedoch wieder vor den nationalen Gerichten geltendzumachen.

Damit ergibt sich, daß zwischen 1957 und 1992 als Ende des Untersuchungszeitraumes, abgesehen von der Einführung von Geldstrafen und Zwangsgeldern zur Sicherung der Einhaltung der Wettbewerbsregeln im Gemeinsamen bzw. dem Binnenmarkt und der Rechtsprechungsentwicklung zur Richtlinienumsetzung, keine grundsätzlich neuen Möglichkeiten für die zwangsweise Durchsetzung der vertraglichen Bestimmungen oder der Entscheidungen der Gemeinschaftsorgane eingeführt worden waren. Es blieb im wesentlichen bei dem eng begrenzten Mittelbestand, wie ihn bereits die Analyse der Gründungsverträge ergeben hatte.

εε) Fazit

Die Beschäftigung mit den einzelnen Verträgen innerhalb der europäischen Integrationsbestrebungen hat ergeben, daß diese durchaus Zwangsmittel zur Sicherung der Einhaltung eben dieser Vereinbarungen und der Entscheidungen der gemeinschaftlichen Institutionen vorsahen. Diese Zwangsmittel, unabhängig davon, ob sie nun durch die Kommission oder den Gerichtshof zur Anwendung zu bringen waren, haben sich aber in einem Punkt als ineffizient zur Ausübung von Druck auf die Mitgliedsstaaten oder Adressaten mit individuellem Charakter erwiesen: Als Folge der völkerrechtlichen Natur der Gemeinschaftsverträge bedurfte es bei vielen dieser Mittel eines Umsetzungsaktes seitens der Regierungen der Mitgliedsstaaten. Damit hing die Durchsetzung von Verträgen und Entscheidungen nicht nur vom Willen der Gemeinschaftsinstitutionen, sondern auch von dem der einzelnen Länder ab. In dieser Beziehung besteht im Hinblick auf die Definition des Rechtsbegriffes ein erheblicher Unterschied zu Durchsetzungsmöglichkeiten innerhalb einzelner Staaten, die sich dazu auf ihrem Gebiet eigener Vollzugskräfte bedienen und autonom über die Art und Weise der Sicherung der Einhaltung innerstaatlicher Entscheidungen befinden können. Effektive Zwangsmittel auf europäischer Ebene stellen damit nur diejenigen Eingriffsmöglichkeiten dar, die hinsichtlich ihrer Wirkungen ausschließlich von der Entscheidung der Institutionen und nicht noch zusätzlich von nationalen Umsetzungsakten abhängen. Legt man diesen Maßstab an, so kommen dafür nur die Möglichkeiten der Kommission innerhalb der Verträge über die Europäische Gemeinschaft für Kohle und Stahl und über die Atomgemeinschaft in Betracht, Zahlungen an Staaten und Unternehmen einzustellen oder die Lieferung von Rohstoffen zu beschränken. Alle anderen Möglichkeiten sind vor dem Hintergrund der Erforderlichkeit einer autonomen, schon und ausschließlich deshalb wirksamen Entscheidung der europäischen Organe nicht als Zwangs- oder Druckmittel in einem engeren Sinne zu verstehen. Dies hat zur Folge, daß die Gemeinschaftsverträge, die übrigen Vereinbarungen, die Richtlinien, Verordnungen und Entscheidungen, soweit deren Einhaltung durch Staaten und Individuen nur unter Einschaltung der nationalen Regierungen gesichert werden kann, zumindest nach derjenigen Definition des Rechts, die auf Möglichkeiten zwanghafter Durchsetzbarkeit abstellt, im Vergleich zu den innerstaatlichen Verhältnissen nicht als Recht angesehen werden können. Da es sich dabei um die weit überwiegende Anzahl der vertraglichen und sonstigen Vorschriften sowie der Einzelentscheidungen handelt - Ausnahmen bestehen dabei, wie erörtert, nur ein einigen Bereichen der Montanunion und der Atomgemeinschaft -, hat dies zur Folge, daß der umfassende gemeinschaftliche Regelungsbestand im Zeitraum zwischen der Pariser Erklärung vom 9. Mai 1950 und dem Vertrag über die Europäische Union vom 7. Februar 1992 in seiner Gänze nicht als Recht im Sinne einer auf der Möglichkeit zur Zwangsdurchsetzung als Form äußerer sozialer Wirksamkeit beruhenden Begriffsdefinition zu verstehen ist.[832] Macht man also, wie nach der ersten eingangs eingeführten Definition zum Rechtsbegriff vorgesehen, die zwangsweise Durchsetzbarkeit zum wesentlichen Kriterium für die Bewertung eines Regelwerks und seiner Entscheidungsformen als Recht, so handelt es sich bei den im vorherigen Abschnitt gezeigten Arten von Dezisionen in der europäischen Integrationsentwicklung im wesentlichen nicht um Recht.

Mit dieser Einschätzung, daß die Vereinbarungen zwischen mehreren Staaten und die Entscheidungen von aus solchen Abreden hervorgegangenen Institutionen aufgrund fehlender Möglichkeit zur Zwangsdurchsetzung kein Recht darstellen, gelangt man zur selben Erkenntnis, die die verschiedenste Autoren der letzten Jahrhunderte zum allgemeinen Völkerrecht und dessen Rechtsqualität vertreten haben. Ausgehend von Machiavelli über Hobbes, Spinoza, Pufendorf bis hin zu Hegel lassen sich verschiedenste Stellungnahmen philosophischer[833] und juristischer[834] Natur finden, die den spezifischen Rechtscharakter oder die Verbindlichkeit von Regelungswerken zwischen Staaten überhaupt ablehnen.[835] Es wäre gut vertretbar, in dieser Traditionslinie dem Ordnungsgefüge des europäischen Integrationsprozesses jeden eigenen Rechtscharakter abzusprechen.

---

[832] So Grabitz in Kruse, S. 33, 37, der - jedoch ohne auf die existenten Zwangsmöglichkeiten einzugehen - festhält, daß die drei Gemeinschaften nicht über Erfüllungszwang verfügen.

[833] Die Darstellung der Lehren würde den Rahmen sprengen. Vgl. zu einzelnen philosophischen und juristischen Ansichten die Übersicht bei Berber, Bd. I, S. 9 ff. mit Nachweisen.

[834] Mit Austin geht Ipsen, Völkerrecht, § 1, Rn. 19, auf den Hauptvertreter der Rechtswissenschaften des 19. Jahrhunderts ein, der Rechtscharakter ausschließlich an Zwangsdurchsetzbarkeit festmachte und daher für das Völkerrecht den Rechtscharakter ablehnte.

[835] Dahm, Bd. 1, S. 8, verweist unter Nennung dieser Schwächen auf Walz, § 2 ff., S. 4 ff. Dieser hatte in den dreißiger Jahren des letzten Jahrhunderts die das Völkerrecht als Rechtskategorie ablehnenden Autoren nach Naturrechtsradikalisten (Hobbes, Spinoza, Pufendorf), Vertretern des Völkerrechts als Politik der Gewalt (Seydel, Lundstedt), Völkerrechtsmoralisten (Austin, Puchta, Somló, Baumgarten, Binder) und Vertretern, die das Völkerrecht als unvollendetes, aber werdendes Recht betrachteten (Gierke, Zitelmann), eingeteilt, im einzelnen analysiert und Gegenpositionen formuliert. Diese sehr detaillierte Arbeit eignet sich heute noch für den Nachvollzug der den Rechtscharakter des Völkerrechts ablehnenden Meinungen bis hinein in die zwanziger Jahre des 20. Jahrhunderts.

γ) Alternative Geltungsgründe

Das gerade formulierte Ergebnis läßt jedoch den Umstand unberücksichtigt, daß danach auch eine Vielzahl innerstaatlicher Vorschriften, die als Recht angesehen werden, keines wären.[836] Als Beispiel sei nur der Umstand genannt, daß in verschiedenen Verfassungssystemen, so zum Beispiel in denen der USA und der Bundesrepublik Deutschland,[837] das Recht der obersten Staatsorgane gegeneinander nur unvollkommen erzwingbar ist. Diese und andere Schwächen der Definition von Recht über die Durchsetzung hat eine Vielzahl von Autoren der philosophischen und juristischen Arbeitsgebiete dazu geführt, andere Erklärungsmodelle für das in der Praxis zu beobachtenden Befolgen von völkerrechtlichen Ordnungssystemen auch ohne Zwangsmöglichkeiten zu finden. Diese Erklärungsversuche sollen im einzelnen wenigstens auf völkerrechtlicher Ebene überblicksartig nachvollzogen werden, um mit dem dabei erzielten Ergebnis nach der Übertragbarkeit der völkerrechtlichen Vorstellungen auf die europäischen Verträge und die darauf basierenden Entscheidungen zu fragen.

Bei der Beschäftigung mit anderen Geltungsgründen neben der Zwangsdurchsetzbarkeit erweisen sich jedoch diejenigen Definitionen wie die von Rüthers, die anstelle der Zwangsdurchsetzbarkeit einen undifferenzierten Gültigkeits- und Befolgungsanspruch anführen,[838] als unbrauchbar. Sie lassen die Frage nach dem Grund für diesen Anspruch offen, so daß ein Erkenntnisgewinn für die Frage, welche anderen Merkmale die Zwangsdurchsetzbarkeit als Kriterium des Rechtsbegriffes ersetzen sollen, nicht eintritt. Solchen Definitionen, die nicht brauchbar sind, soll hier weiter keine Aufmerksamkeit geschenkt werden.

αα) Völkerrechtliche Positionen zu alternativen Geltungsgründen

Die Erklärungsansätze, die im Gegensatz zur Definition von Rüthers einen Beitrag zur Lösung des Geltungsproblems des Völkerrechts leisten können, lassen sich nach ihren Anknüpfungspunkten systematisieren. Solche Merkmale stellen der staatlichen Willen, die Betonung des Positivismus, des Naturrechts und eine soziologische Herangehensweise dar.[839] In ihnen spielten - je nach Standpunkt -

---

[836] So auch Berber, Bd. 1, S. 13 f., der die zu enge Auffassung des Rechtsbegriffes bei einer bloßen Beschränkung dieser Bewertung auf die zwangsweise Durchsetzbarkeit kritisiert.

[837] Für letzteres spricht Huber, Geltung des Völkerrechts, S. 565, 587 f., von der im Völkerrecht und auch im Verfassungsrecht klaffenden Machtlücke, womit er auch den eher politikwissenschaftlich-soziologisch besetzten Begriff der Macht in die Diskussion einführt.

[838] Rüthers, Rechtstheorie, Rn. 57, für den innerstaatlichen Bereich. Diese Definition läßt die diskutieren Fragen der Gerechtigkeit und der subjektiven Wirksamkeit aus, soll aber nicht nur auf abstrakt-generelle, sondern auch auf weitere Regelungsformen anzuwenden sein.

[839] Ipsen, Völkerrecht, § 1, Rn. 20 ff. Seiner Systematisierung soll hier für die Darstellung gefolgt werden. Auf Ipsens fünften Ansatz, den der kritischen Schule bzw. eines dekon-

formal-rechtliche Begründungen in verschiedenem Maße eine Rolle, so daß es sich um einen Gegenstand im schon öfter berührten Grenzbereich der wissenschaftlichen Diskussion zwischen Philosophie, Recht und Soziologie handelt.

Im Mittelpunkt der wohl ältesten Theorie, die die Ablehnung des Völkerrechts als Rechtskategorie überwand, der Staatswillenstheorie,[840] steht - *nomen est omen* - ausschließlich der Wille der Staaten.[841] Nur dieser schaffe das Völkerrecht, begründe seine Geltung und könne es wieder beseitigen. Am weitesten ging dabei Jellinek, der eine Verpflichtung der Staaten durch Vereinbarungen nur als begründet ansah, soweit sie dem Staatszweck genügten.[842] Danach war der Wegfall des staatlicher verfolgten Zwecks mit dem Wegfall der Völkerrechtsnorm und ihrer Geltung gleichzusetzen. Die Vereinbarungslehre ging darüber hinaus und konstruierte aus einer geschlossenen Vereinbarung einen zur Erzeugung von objektivem Recht geeigneten Gemeinwillen, der sich jedoch nur auf die Beteiligten bezog.[843] Dieser Gemeinwille sollte quasi über den an der Vereinbarung Partizipierenden stehen, so daß sie sich ihm nicht nach Belieben entziehen konnten. Der Geltungsgrund des Völkerrechts lag damit anfänglich auch im Willen der einzelnen Staaten, setzte sich dann aber im besonderen Gemeinwillen fort. Schließlich bezog die dem anglo-amerikanischen Rechtskreis entstammende Lehre vom *„common consent"* auch die nicht vertragsunterzeichnenden Staaten mit ein, indem sie den Gemeinschaftswillen auch auf nicht zustimmende Staaten bezog. Damit wurden auch Staaten, deren Willen einer vereinbarungsmäßigen Materie nicht positiv gegenüberstand, in den Geltungsbereich aufgenommen, womit diese Lehre den Horizont des staatlichen Willens als Geltungsgrund des Völkerrechts und damit ihre Begrenzung in noch stärkerem Maße als der genannte Ansatz des Gemeinwillens verließ.

Die Kritik an diesen Lehren zielt im wesentlichen darauf ab, daß ein flexibler, sich stets wandelnder staatlicher Wille nicht tragfähiges Fundament für statische Völkerrechtsnormen langlaufender Geltung sein kann. Innerhalb der europäischen Integrationsentwicklung wurde die Unzulänglichkeit dessen am Verhalten Frankreichs und der damit ausgelösten Integrationskrise zwischen

---

struktivistischen Ansatzes soll wegen deren Herleitung der anhand spezifisch völkerrechtlicher Regelungsmaterie und nicht des Gemeinschaftsrechts nicht eingegangen werden.

840 Hegel, Grundlinien der Philosophie, §§ 330 ff., S. 284 ff. Dort wurde das Volk und damit die Staaten als „absolute Macht auf Erden" (§ 331, S. 284) charakterisiert. Eine Bindung der Mächte mußte auf einem „besonderen souveränen Willen" (§ 333, S. 285 f.) beruhen.

841 Vgl. dazu Dahm, Bd. 1, S. 8 f., sowie Ipsen, Völkerrecht, § 1, Rn. 20 ff. Huber, Geltung des Völkerrechts, S. 565, 580 ff., stellt eigene Überlegungen zum Staatswillen selbst an.

842 IOm einzelnen Jellinek, Staatenverträge, S. 2 ff., S. 45; ders., Staatenverbindungen, S. 101 ff. Zum Zusammenhang zwischen der Staatswillenslehre und dem Souveränitätsbegriff siehe Pauly in der Einleitung zu Jellinek, Staatenverbindungen, dort auf S. VII, IX.

843 Triepel, §§ 3 und 4, S. 27 ff., zur Willensübereinstimmung dann auf S. 31 f., 49, 66, 88.

1965 und 1966 deutlich. Mit der Veränderung der staatlichen Interessenlage war die Geltung des EWG-Vertrages für Frankreich zumindest in Teilen weggefallen, womit es sich nicht mehr an die Vereinbarung gebunden fühlte. Die beiden anderen Ansätze, die eine Fortführung des Geltungsgrundes auch über den Wegfall des staatlichen Interesses fingieren hinaus wollen, verlassen dabei einmal die Grundvoraussetzung staatlicher Selbstverpflichtung, kamen aber auch in der genannten konkreten Situation nicht einmal ansatzweise zum Tragen. Insofern ist festzuhalten, daß die Staatswillenstheorie mit ihren Unterausprägungen sowohl allgemein im Hinblick auf das Völkerrecht als auch für den europäischen Integrationsprozeß keine Grundlage der Begriffsdefinition des Rechts darstellt.

Der normativistische Erklärungsansatz[844] läßt den Staatswillen unberücksichtigt und beschränkt sich allein auf positive Normen. Die Vertreter dieser Lehre gehen damit davon aus, daß, wenn der Geltungsgrund positivistischer Natur und für alle Völkerrechtsnormen gleich ist, er auch in allen diesen vorhanden sein muß. Dies führt zum Erfordernis einer Grundnorm, wie sie Kelsen für den Rechtsbegriff beschrieben hatte.[845] Für den Geltungsgrund des Völkerrechts wurden drei Grundnormen ausgemacht. Dabei handelte es sich um den Grundsatz *„pacta sunt servanda"*, um das Gebot des Verhaltens, wie es gegebener Staatengewohnheit entspricht, und um die Hypothese,[846] daß das Völkerrecht selbst eine rechtsschöpfende Tatsache sei.[847] Letztere Norm war jedoch im Völkerrecht selbst nicht enthalten und erweist sich bei näherer Betrachtung im Hinblick auf die Definition des Rechtsbegriffes als Zirkelschluß. Dies gilt auch für den Grundsatz der Einhaltung einmal eingegangener Verträge, da dieser als Gegenstand des Völkerrechts ja ebenfalls als nach seiner Geltungsgrundlage suchend zu betrachten ist.[848] Damit kann auch die normativistische Lehre keine zweifelsfreie Basis für die Zuordnung des Völkerrechts zum Recht erschaffen.

---

844 Dahm, Bd. 1, S. 9 ff. Zum Kontext der Ablehnung des Staatswillens und mit der Grundnorm bei Kelsen vgl. Pauly in Einleitung zu Jellinek, Staatenverbindungen, S. VII, XII ff.

845 Siehe Kelsen, Reine Rechtslehre, S. 197, 205. Der Bezug zu seiner Staatslehre ist überdeutlich. Dagegen, Kelsen jedoch so zu verstehen, daß die Geltung der Grundnorm als Recht allein von ihrer Wirksamkeit abhinge, spricht sich Pauly, Rechtsphilosophische Hefte, Bd. VI, S. 99, 101 ff., aus. Er sieht darin auch soziologische Teilaspekte enthalten.

846 So führt Hendler, JuS 1972, S. 489, 493, unter starker Betonung des hypothetischen Charakter und unter Bezugnahme auf Kelsens Reine Rechtslehre, S. 222 und 325, aus: „Der Geltungsgrund des Völkerrechts kann nur in einer von der Rechtserkenntnis vorausgesetzten (hypothetischen) Norm gefunden werden, gleichsam in der Grundnorm, in der rechtslogischen Verfassung des Völkerrechts, die, da das allgemeine Völkerrecht Gewohnheitsrecht ist, die Staatengewohnheit als rechtserzeugende Tatsache einsetzen muß."

847 Zusammengefaßt bei Ipsen, Völkerrecht, § 1, Rn. 26. Die Vertragstreue als Grundnorm Kelsens wurde für andere Lehren, so für die staatswillensorientierten Ansätze, verwendet.

848 So beispielsweise bei Doehring, Völkerrecht, § 1, Rn. 4. Er war der Ansicht, daß Kelsen die eigentliche Verbindlichkeit der Grundnorm nicht in hinreichendem Maße nachwies.

Dieselbe Einschätzung gilt für verschiedene naturrechtliche Überlegungen zur Begründung der Geltung des Völkerrechts.[849] Den Ausgangspunkt naturrechtlicher Betrachtungen zu den genannten Gebieten stellen unbeweisbare Grundaussagen dar, die dem Völkerrecht zugrunde liegen und den souveränen Staaten als solchen vorgegeben sein sollen. Diese Herangehensweise entspricht den ideengeschichtlichen Traditionen des Naturrechts, als richtig einleuchtende und keines Beweises bedürftiger Aussagen aufzustellen und diese - teilweise mit Gottesbezug - als unumstößliche Grundlagen einer Rechtsordnung zu betrachten. Mit der unübersehbaren Rückbindung naturrechtlicher Überlegungen an die verschiedenen gesellschaftlichen Grundwerte[850] entsteht jedoch auch die Schwierigkeit, für das möglicherweise weltweit geltende Völkerrecht aufgrund der Verschiedenheit der einzelnen Kulturen solche allgemeingültigen Grundwerte überhaupt auszumachen zu können. Schon innerhalb Europas kommt es, wie beispielsweise in den vorangegangenen Überlegungen zum Wirtschaftsverständnis bei der Erarbeitung des Vertrages für den Gemeinsamen Markt bereits herausgearbeitet wurde, zu erheblichen Abweichungen, die einen auf der Anerkennung der gemeinsamen Grundwerte basierenden Geltungsansatz des Völker- und damit ebenso des Europarechts mehr als zweifelhaft erscheinen lassen. Insofern verbleibt der Ansatz, der eben diese Geltung des Völkerrechts auf naturrechtlicher Grundlage erklären will, in Zwiespalt zum ebenfalls untauglichen positivistischen Modell, das gerade untersucht wurde, gefangen. Argumente für Geltungsansätze als Voraussetzung des Rechtsbegriffes lassen sich nicht ableiten.

Die soziologische Lehre[851] zur Geltungsbegründung betrachtet das Völkerrecht als nur einen von vielen Mechanismen zur Steuerung der Beziehungen zwischen den in Staaten zusammengefaßten sozialen Großgruppen. Völkerrecht sei kein isolierbares Phänomen, sondern stehe in Wechselwirkung mit den Beziehungen zwischen den Staaten. Völkerrecht soll kein „reines" Recht, sondern soll unter Berücksichtigung einer Vielzahl von politischen, ideologischen, religiösen und historischen Fakten zu verstehen sein. Die Geltung des Völkerrechts sei damit weder positivistisch noch naturrechtlich, sondern empirisch zu ermitteln.[852] Die Gegenargumente dazu liegen auf der Hand: Zum einen kommt auch die Sozio-

---

849 Die ideengeschichtliche Bedeutung des Naturrechts für die Verbindlichkeit des Völkerrechts leitet Doehring, § 1, Rn. 8 ff., mit Bezugnahme auf die maßgeblichen Autoren des 20. Jahrhunderts her. Im Mittelpunkt der allgemeinen Lehre steht dabei Radbruch, der die Moral als die hinter dem Recht stehende, eigentlich verpflichtende Kraft charakterisierte.

850 Ipsen, Völkerrecht, § 1, Rn. 29, weist auf den Zweck des Völkerrechts, Werte zu gewährleisten, hin. Er unternimmt einen Exkurs zu einer neueren amerikanischen Ansicht, die das Völkerrecht in die weltweite Klärung und Sicherung solcher Positionen einordnet.

851 Zur Vorgeschichte und den Autoren des 17. und des 18. Jahrhunderts, auf die hierbei im einzelnen nicht weiter eingegangen werden kann, siehe auch Dahm, Bd. 1, dort S. 11 f.

852 Zu empirischer Betrachtung der Verbindlichkeit vgl. Doehring, Völkerrecht, § 1, Rn. 13.

logie bei näherer Beschäftigung mit der juristischen Seite der Beziehungen von Staaten untereinander nicht ohne Abstraktion aus, wobei diese auf tatsächlichen Beobachtungen vom Phänomen der Macht bis hin zu den schon erwähnten Grundwerten basiert und damit nicht zu einer beweisbaren Theorie führt. Insofern stünden soziologische Beobachtungen und die Schlußfolgerungen daraus dem naturrechtlichen Ansatz dann doch näher, als zunächst vermutet. Auch aus methodischer Sicht lassen sich mit der dadurch vollzogenen Vermischung von Positivismus und Naturrecht sowie der zumindest teilweisen Aufgabe des empirischen Ansatzes Zweifel an der Verfolgbarkeit begründen. Insofern scheint eine über die Betrachtung von Ordnungen zwischen Staaten unter juristischen Prämissen hinausgehende, umfassende Lehre soziologischer Art ebenso nicht geeignet zu sein, den Geltungsgrund des Völkerrechts auf eine überzeugende sowie gleichermaßen auch methodisch zweifelsfreie Art bestimmen zu können.

Mit den Bedenken gegen die hier näher erörterten Ansätze zur Begründung der Geltung fehlt es aber immer noch an einer tragfähigen Begründung für die Verbindlichkeit von Völkerrecht und damit auch der Ordnung innerhalb des europäischen Integrationsprozesses. Dennoch gelangen fast alle Autoren diesbezüglich zu einem positiven Ergebnis.[853] Neben einigen Ansätzen, die - wie oben schon angedeutet - in einer Art Erst-recht-Schluß auf Vergleichen mit innerstaatlichen Einschätzungen beruhen,[854] wurde in der letzten Zeit in überzeugender Weise das Konsensprinzip als Geltungsgrund ausgemacht.[855] Dieses steht zwar durchaus in der Nähe der Staatswillenstheorie, ist aber nicht mit dieser identisch. Um zu einer Verbindlichkeit nach der Konsenslehre zu gelangen, bedarf es der Übereinstimmungen staatlicher Positionen auf mehreren Ebenen. Zuerst gilt, daß die Entstehung verbindlicher Verhaltensmuster durch Vertragsabschluß oder die Herausbildung von Gewohnheitsrecht nur im Einverständnis aller Beteiligten geschehen kann. Das Ergebnis dieses Erzeugungsverfahrens „gilt“ dann und ist verbindlich. Bezüglich der damit eingegangenen Verbind-

---

853 So stellte u. a. Dahm in Bd. 1 seines Völkerrechtslehrbuchs von 1958 auf S. 7 in Fn. 1 fest: „ An der Verbindlichkeit des VR [Völkerrechts, d. Verf.] wird heute nicht mehr ernstlich gezweifelt. Insofern wirken die Erörterungen über den Grund seiner Geltung ein wenig akademisch und ihre Ergebnisse - z. B. das, was im Schrifttum als Inhalt der sog. "Grundnorm" festgestellt wird, - bis zu einem gewissen Grade trivial. ... “ Dem kann man sich für die Verbindlichkeit anschließen, während deren Grund selbst umstritten bleibt.

854 Berber, Bd. 1, S. 16, mit weiteren Nachweisen. Dennoch hinterläßt seine Meinung beim Betrachter eher den Eindruck eines Bezuges zur naturrechtlichen Theorie, da er sich nur auf Evidenzargumente und damit auf die keine Begründung bedürfende Richtigkeit des Rechtscharakters des Völkerrechts beruft. Jedoch hatte auch er a. a. O, S. 14, die „freie Einverständniserklärung“ als höherwertiger als diejenige des Polizeistaates bezeichnet, was auch wiederum auf ein gewisses konsensuales Verständnis des Völkerrechts weist.

855 Rüthers, Völkerrecht, § 1, Rn. 42 ff., der dann die folgenden Argumente dazu verwendet.

lichkeit besteht ein erneuter Konsens der Staaten. Die Loslösung einzelner Länder von solchen verbindlichen Vereinbarungen erfordert zum dritten Mal den Konsens aller Beteiligten, so daß eine einseitige Liberation bei Interessenwegfall - zumindest bei Fehlen von den Austritt ermöglichender, ebenso konsentierter Regelungen - unmöglich ist. Ansonsten steht einer durch Übereinstimmung begründeten Dauergeltung der Ordnungen auf völkerrechtlicher Ebene selbst bei zeitweiligen Meinungsverschiedenheiten nichts im Wege.[856] Nur bei gleichzeitigem Wegfall des Konsens zwischen allen und dem damit bewirkten Ende der Verbindlichkeit versagt dieser Ansatz. Als Geltungsgrund des Völkerrechts ist trotz dieser Schwäche für das folgende der Konsens der Beteiligten anzunehmen.[857] Dieses Element tritt an die Stelle fehlender Zwangsdurchsetzbarkeit als Grundlage für eine Verbindlichkeit von Vereinbarungen zwischen den Staaten.

ββ) Übertragung auf den europäischen Integrationsprozeß

Ob sich diese Begründung der Verbindlichkeit ohne weiteres auf das Recht der europäischen Integration übertragen läßt, hängt von der Beantwortung der Frage ab, ob das Europarecht als Bestandteil des Völkerrechts anzusehen ist. Ein Teil der Autoren, die sich mit dem Völkerrecht bzw. dem Europarecht beschäftigen, bejaht jenes und führt als Begründung die Art der Entstehung der Ordnung der Gemeinschaften und der Union durch völkerrechtliche Verträge der Mitgliedsstaaten als Völkerrechtssubjekte an.[858] Dem folgte auch die frühere Rechtsprechung des Europäischen Gerichtshofs.[859] Für die auf den Verträgen beruhenden, bereits dargestellten Entscheidungsformen, dem „sekundären“ Gemeinschaftsrecht wird ebenfalls völkerrechtlicher Charakter angenommen, da dieses vom

---

856 Dabei handelt es sich um die Rückkehr zu dem, was von Oppenheim, International Law, in den frühen Auflagen vertreten wurde. Dort hieß es: „Law is a body of rules for human conduct within a community which by common consent of this coomunity shall be enforced by external power.“ und „Common consent is the basis of all law.“ Zitiert nach Dahm, Bd. 1, S. 9. Die an selber Stelle durch Dahm getroffene Zuordnung von Oppenheims Konsensformel zu den Staatswillenstheorien, insbesondere der des Gemeinwillens bei Triepel, a. a. O. (Fn. 843), erscheint heute nicht ganz zutreffend, da an den Konsens keine besondere Fiktion der Fortgeltung beim vollständigem Konsenswegfall zwischen allen Beteiligten gebunden war. Dies galt nur für das Abfallen eines der Vertragspartner.

857 Grabitz in Kruse, S. 33, 34, spricht für die sogleich zu erörternde Gegenmeinung davon, daß dieser in den von den Mitgliedsstaaten abgeschlossenen völkerrechtlichen Verträgen als Nachweis fortdauernder Willensübereinstimmung der Staaten liege. Obwohl Grabitz dem bezüglich des Europarechts nicht folgt, hat auch dieser das Konsensprinzip im Blick.

858 Streinz, Europarecht, § 3, Rn. 108, der auf den völkerrechtlichen Charakter der Gründungsverträge und auch den weiterer Vereinbarungen wie dem Unionsvertrag verweist.

859 So erfolgte eine ausdrückliche Zuordnung zum Völkerrecht in der Rechtssache 26/62 - N.V. Algemene Transport- en Expeditie Onderneming Van Gend & Loos - vom 5. Februar 1963, EuGHE 1963, S. 3 ff., Leitsatz 3 (S. 5 f.), sowie in den Gründen, dort S. 25.

„primären“ Rechts, also den Verträgen selbst, abgeleitet seien. Folgt man dem, so läßt sich das im Rahmen der Betrachtungen zum Völkerrecht erzielte Ergebnis der Verbindlichkeit aufgrund eines Konsens problemlos übertragen, so daß der Geltungsgrund europäischer Ordnung ebenfalls im Konsens zu sehen wäre.

Eine andere Ansicht bestreitet die Zugehörigkeit der europäischen Ordnung zur Kategorie des Völkerrechts.[860] Von der vertraglichen Grundlage sei nicht zwangsläufig auf den vertraglich-obligatorischen Inhalt der Ordnung zu schließen.[861] Maßgeblich sei vielmehr die sich aus dem Gesamtzusammenhang der verschiedenen Verträge ergebende Struktur,[862] die sich deutlich von anderen völkerrechtlichen Verträgen unterscheide. Insofern soll der europäischen Ordnung kein völkerrechtlicher, sondern ein gemischt vertragsrechtlich-verfassungsrechtlicher Charakter zukommen.[863] Diesem Ansatz hat sich - sicherlich vom positiven Start der Europäischen Wirtschaftsgemeinschaft und der bis zur Krise von 1965 durchaus effizienten Arbeit der Gemeinschaftsorgane nicht ganz unbeeinflußt - der Gerichtshof schon 1964 angeschlossen und damit seine ursprüngliche Linie, die Gemeinschaftsordnung als Teil der Gesamtmenge des Völkerrechts anzusehen, verlassen.[864] Diese Lehre muß sich jedoch zum einen aufgrund des abgeschnittenen Begründungszusammenhangs der Geltung der Gemeinschaftsordnung zu den Lehren zum allgemeinen Völkerrecht nach dem für sie maßgeblichen, verbindlichkeitsbegründenden Element fragen lassen. Zum anderen wird unter Berücksichtigung der geltungserzeugenden Eigenheiten des Völkerrechts angeführt, daß der Konsens als Willenslage der Mitgliedsstaaten seinerseits nicht Geltungsgrundlage sein kann. Als Argumente dafür dienen die auf den ersten Blick von den Staaten unabhängige Entscheidungsfindung in den Gemeinschaften durch deren Organe, das fehlende Erfordernis von Willensakten aller Länder für das Zustandekommen von sekundären Regelungen sowie das aus Sicht der älteren Literatur noch fehlende Kündigungsrecht der Teilnehmer am Integrationsprozeß.[865] Eine durchaus erkannte, aber als faktisch bewer-

---

860 Unter anderem bei Badura, VVDStRL 23 (1966), S. 34, 59. Eine Übersicht der dazu herangezogenen Argumenten findet sich bei Schweitzer/Hummer, Europarecht, § 4, Rn. 75.

861 Beispielsweise Ipsen, Gemeinschaftsrecht, S. 59, zur „Gesamtakttheorie“. Dieser Ansatz stellt hauptsächlich auf die mitgliedsstaatlichen Anteile zur Gemeinschaftserrichtung ab.

862 Schlochauer, AVR 11 (1963-64), S. 1, 4 ff., zur Organstruktur siehe insbesondere S. 6 f.

863 Badura, VVDStRL 23 (1966), S. 34, 60 ff., der einzelne Vertragsfunktionen untersucht.

864 Dies geschah in Rs. 6/64 - Costa - vom 20. Februar 1964, EuGHE 1964, S. 1251 ff. Vgl. Leitsatz 3 (S. 1256 f.) sowie in den Gründen auf S. 1269. Dabei bezog sich der Gerichtshof vollständig auf das Bestehen der eigenständigen, besonderen Gemeinschaftsordnung.

865 Die Argumentation findet sich bei Grabitz, Gemeinschaftsrecht, § 7, S. 32 ff. Sein 1966 abgeschlossenes Werk hatte im Hinblick auf die Mehrheitsentscheidungen im Ministerrat den Stand vor der Integrationskrise vor Augen und berücksichtigt den Luxemburger Kompromiß als solchen nicht. Allerdings zeigt dieser neben der teilweisen Verlängerung

tete Sezessionsmöglichkeit der Mitgliedsstaaten wird innerhalb dieser Argumentation außen vor gelassen, während der für eine Vertragsrevision erforderliche Konsens im Hinblick auf die Erhaltung der Verträge als nicht erforderlich angesehen wird. Da nach dieser Ansicht das Konsensprinzip zwischen den Staaten auf europäischer Ebene nicht zwangsläufig Anwendung findet, wird unter anderem von Grabitz unter Bezugnahme auf die scheinbar nachgewiesene Selbständigkeit des Gemeinschaftsrechts vom nationalen Recht vertreten, daß das Recht des Integrationsverbandes seine Geltungsgrundlage in den Gemeinschaften selbst finden muß.[866] Damit erliegt auch Grabitz dem Zirkelschluß, der sich schon in der Argumentation Kelsens aus den zwanziger Jahren des letzten Jahrhunderts im Hinblick auf seine Suche nach der geltungsverschaffenden Grundnorm innerhalb des Völkerrechts gefunden hatte. Ein Ordnungssystem, für das nach einem Geltungsgrund gesucht wird und dessen Rechtscharakter insofern zweifelhaft ist, kann selbst jedenfalls nicht als argumentativer Ausgangspunkt für seine eigene Verbindlichkeit herangezogen werden.

Abgesehen von dem Umstand, daß eine Lehre, die die europäische Ordnung nicht als Bestandteil des Völkerrechts betrachten will, keine eigene Geltungsgrundlage für die Verbindlichkeit der europäischen Entscheidungsformen beibringen kann, ergeben sich auch an der Trennungstheorie als solcher erhebliche Bedenken.[867] Zum einen wird vorgebracht, daß eine Trennung der europäischen Ordnung vom Völkerrecht einer besonderen, diese anordnenden normativen Grundlage bedurft hätte, die sich jedoch in keinem der bisherigen Verträge findet. Zu einer Loslösung aufgrund tatsächlicher Vorgänge, die eine solche normative Anordnung hätte überflüssig machen können, ist es angesichts eines zurückgehenden Grades von Supranationalität im Hinblick auf die entscheidungstragenden Institutionen und den verstärkten Ausbau intergouvernementaler Strukturen innerhalb der Einheitlichen Europäischen Akte und des Vertrages über die Europäische Union auch nicht gekommen. Außerdem bedürfte es bis zum Ende des Untersuchungszeitraumes ausweislich des Artikels E des Unionsvertrages völkerrechtlicher Vereinbarungen, um den Befugnisbestand der Union und der Gemeinschaften auszuweiten. Im Hinblick auf strukturelle Unterschiede der Gemeinschaften zu anderen internationalen Organisationsformen ist festzuhalten, daß die europäische Ordnung lediglich als eine neue Entwicklungsstufe zu betrachten ist, was aber noch keine Lösung vom Völkerrecht bedeuten kann.

---

des Einstimmigkeitserfordernisses, daß es sehr wohl auf den fortdauernden Konsens der Mitgliedsländer als eigentlichem Geltungsgrund für die Gemeinschaftsordnung ankommt.

866 Grabitz, Gemeinschaftsrecht, § 8, S. 38; ders. in Kruse, S. 33, 34 ff. Auf das Verhältnis von nationaler Rechtsordnung zur europäischen Gemeinschaftsordnung als dem eigentlichen Hauptproblem in der Diskussion soll hierbei aber nicht näher eingegangen werden.

867 Die folgenden Argumente werden so durch Streinz, Europarecht, § 3, Rn. 113, angeführt.

γγ) Fazit

Mit der vorzugswürdigen Einordnung des europäischen Integrationsprozesses in das Völkerrecht lassen sich die dort bestehenden Überlegungen zum Geltungsgrund übertragen. Auch für die Entscheidungsformen der einzelnen europäischen Institutionen, die selbst ein Ordnungssystem konstituieren, ist der auf der vertraglichen Ebene vorhandene und der auch auf die sekundäre Entscheidungsebene auszudehnende Konsens aller Mitglieder geltungsbegründend.[868]

δ) Zwischenergebnis

Die Entscheidungen ergehen aufgrund bestimmter Verfahren durch Organe, denen autoritativer Charakter im Sinne eigenständiger Machtausübung zuzugestehen ist. Diese Entscheidungen können zwar - bis auf wenige Ausnahmen - nicht mit effektiven Zwangsmitteln durchgesetzt werden, beruhen aber auf dem fortdauernden Konsens der beteiligten Staaten als besonderem Geltungsgrund. Mit Erfüllung der eingangs genannten beiden Voraussetzungen sowie der Einschätzung des Konsens als Geltungsgrund handelt es sich bei den Entscheidungsformen der europäischen Institutionen um Recht. Insofern kann, soweit die genannten Dezisionen das Verhältnis der Gemeinschaften bzw. der Union zu den Mitgliedsstaaten sowie zu den darin befindlichen Individuen ausgestalten, bei der Entscheidungstätigkeit der genannten Organe als Teil objektiver Verschmelzungsdimension und gleichzeitig von Smends funktionellem Integrationstypus tatsächlich von einer Verrechtlichung der Beziehungen von Mitgliedsstaaten und den Individuen zu den Gemeinschaften sowie zur Union gesprochen werden.

(3) Zusammenfassung

Unter Berücksichtigung des Umstandes, daß in der Definition des Rechtsbegriffes das Merkmal der zwangsmäßigen Durchsetzbarkeit von Regeln als Geltungsgrund durch das des Konsens im Hinblick auf Entstehung, Beibehaltung und Erlöschen von Ordnungen ersetzt werden muß, sind die Entscheidungsformen, die den Organen des europäischen Integrationsprozesses zwischen 1950 und 1992 zur Verfügung standen, damit der Kategorie des Rechts zuzuordnen.

cc) Einwirken der Entscheidungen auf nationales Recht

Nachdem das Vorhandensein von Dezisionsformen und deren Zuordnung zum Rechtsbegriff erörtert worden sind, fragt sich, welche integrativen Wirkungen

---

868 So auch Everling in Kruse, S. 51, 71, der zu den Entscheidungen des Gerichtshofs bemerkt, daß ihre Befolgung abhängig vom ständig erneuerten Willen der Mitglieder sei.

über das bloße Erleben solcher Entscheidungen im Einzelfall hinaus bestanden haben. Dabei steht nun nicht mehr die äußere Form, sondern der Inhalt von Entscheidungen und dessen Einfluß auf verschiedene Gebiete im Mittelpunkt. Auf welche Bereiche des politischen, wirtschaftlichen und gesellschaftlichen Lebens die Dezisionen wirken sollen, so daß Integration und damit ein Staat entsteht, ließ Smend offen. Seine Lehre kann hier nicht mehr helfen.

Betrachtet man rückblickend die Tätigkeit der Gemeinschaften in den gerade diskutierten Formen, so ergibt sich eine unüberschaubare Vielfalt von Entscheidungen abstrakt-genereller und konkret-individueller Natur, deren Auswertung und Einteilung in bestimmte Kategorien, zum Beispiel anhand der zu verwirklichenden Ziele, besonders bei Ausrichtung auf den Einzelfall im Rahmen dieser Arbeit nicht zu leisten ist. Dennoch sollen Entscheidungsinhalte im Vergleich zu den zu verwirklichenden Integrationszielen hier nicht völlig außer acht gelassen werden. Als Beispiel der Wirkung von Dezisionen auf die Mitgliedsstaaten und damit in ihrem integrationsfördernden Charakter bietet sich die unmittelbare oder mittelbare Einwirkung von Entscheidungen der gemeinschaftlichen Institutionen auf die nationalen Rechtsordnungen an, um auf diese Art auf dem Gebiet der neuen Einheit entweder gleiche oder zumindest angepaßte Bedingungen herzustellen.[869] Es soll also im folgenden um die Frage von Möglichkeiten und Kompetenzen in den Verträgen, den zugrundeliegenden Konzeptionen und deren Durchführbarkeit gehen. Auch hier muß die Frage nach der Effektivität solcher Anpassungsmaßnahmen gestellt werden, da an dieser Stelle wiederum eine vollständige Einflußnahme auf die nationalen Rechtsordnungen auf allen Gebieten aufgrund einer tragenden politischen Entscheidung oder aber nur partielles Angleichen einzelnen Bereichen grundsätzlich denkbar erscheint. Die Überlegungen der Schöpfer der Verträge sollen in dieser Hinsicht untersucht werden, um die tatsächlichen Möglichkeiten, aber auch ihre Grenzen besser verstehen zu können. Nicht zu leisten ist hier jedoch eine umfassende empirische Untersuchung der Wirksamkeit von Rechtsvereinheitlichung und Rechtsangleichung im Hinblick auf die Beförderung des Integrationsprozesses als solchem, so daß eine Beschränkung auf vertraglich vorgesehenen Möglichkeiten und Konzeptionen in abstrakter Betrachtungsweise notwendig erscheint.

(1) Einwirkungsmöglichkeiten in Gründungsverträgen

Als ideengeschichtliche Grundlage für die Bestimmung von Einwirkungsmöglichkeiten auf die nationalen Rechtsordnungen der Staaten sowie der Umsetzung solcher Vorstellungen bieten sich noch einmal die Gründungsverträge für die einzelnen Gemeinschaften aus den fünfziger Jahren des letzten Jahrhunderts an.

[869] Die Rechtsangleichung wird von einigen Autoren, so durch van Themaat in FS für Ophüls, S. 243, bereits im dotigen Titel als selbständiges Integrationsinstrument angesehen.

α) Vertrag zur Gründung der Europäischen Gemeinschaft für Kohle und Stahl

Die Pariser Erklärung hatte für den Vertrag zur Montanunion die Aufgaben der Modernisierung der Produktion und der Verbesserung der Qualität, der Herstellung gleicher Bedingungen für die Lieferung von Kohle und Stahl für den französischen und den deutschen Markt, die Entwicklung einer gemeinsamen Ausfuhr in Drittstaaten sowie den Ausgleich im Fortschritt der Lebensbedingungen der Arbeitnehmer vorgesehen. Dazu sah der Schuman-Plan die Abschaffung der Zollpflicht und die Einführung von Preisausgleichssystemen, nicht aber eine vollumfängliche Angleichung der marktbezogenen Vorschriften der Mitglieder vor. Jedoch könnte schon die Zollfreiheit selbst, da sie sich verändernd auf die nationalen Rechtsordnungen auswirkten mußte, als der Beginn solcher Harmonisierungsbemühungen verstanden werden. Dagegen spricht jedoch, daß dies nicht von den Gemeinschaftsorganen, sondern als Vertragsbestimmung von den zukünftigen Mitgliedsstaaten hätte ausgehen müssen. Dem Schuman-Plan die Grundidee für die Rechtsangleichung beizulegen, ginge hierbei jedoch zu weit.

Verfolgt man die Bemühungen um die vertraglichen Bestimmungen für den gemeinsamen Markt für Kohle und Stahl in den Verhandlungen um den Montanvertrag, so zeigt sich von Beginn an das bereits charakterisierte System einer Vielzahl von Einzelentscheidungen, das sich auf die Herstellung von Regulierungsmöglichkeiten hinsichtlich einzelner marktbildender Faktoren wie die Höhe der Zölle und der Preisbildung, jedoch gegenüber den Unternehmen, bezog.[870] Überlegungen für unmittelbare Einwirkungsmöglichkeit der Hohen Behörde auf die Staaten traten weder in der ersten Verhandlungsphase, die am 20. Juni 1950 begann und bis zum 10. August 1950[871] andauerte, noch danach auf. Es blieb auch in der Redaktionsarbeit bei einer Ansammlung von Einzelbefugnissen, die sich bezüglich der Preisgestaltung, der Mengen und dem Kartellverbot primär an die Unternehmen richtete. Nur in den Artikeln 66 ff. EGKSV wurde im Zusammenhang mit dem Kartellverbot, der Beeinträchtigung der Wettbewerbsbedingungen, der Freizügigkeit der Arbeitnehmer und der Han-

870 So erstmals in Reuters Vorentwurf, dort in Art. 29 ff. des Projet d'un schéma du traité par P. Reuter vom 16. Mai 1950, a. a. O. (Fn. 469), Schulze/Hoeren, Bd. 1, S. 11, 16 ff. Reuter hatte jedoch für die zwei von ihm vorgesehenen *organisations* keine besonderen Befugnisse aufgenommen, dazu auch Veränderungen der nationalen Rechtsordnungen vorzunehmen. In dieser Hinsicht war sein Vorentwurf doch noch zu allgemein gehalten.

871 Als Beleg dieser Einschätzung mag die Zusammenstellung der Aufgabengebiete der Hohen Behörde als Anlage zum Dokument zu Institutionen des Schuman-Plans, Stand vom 10. August 1950, gelten. Darin waren in detaillierter Weise die sachlichen, jedoch auch die Verwaltungsaufgaben niedergelegt, ohne daß jedoch von der Aufgabe der Erzielung gleicher Marktbedingungen durch unmittelbare Anpassung mitgliedsstaatlicher Regelungen die Rede gewesen wäre. A. a. O. (Fn. 481), in Schulze/Hoeren, Bd. 1, S. 135, 149 ff.

delspolitik das Verhältnis der Mitgliedsstaaten und ihrer Regelungen zum zukünftigen gemeinsamen Markt für Kohle und Stahl problematisiert. Bei Verstößen von staatlicher Seite war nur die Möglichkeit von Empfehlungen und Stellungnahmen der Hohen Behörde vorgesehen. Während die Stellungnahmen als rechtlich unverbindliche Handlungsform nicht als von Bedeutung anzusehen ist, kam den Empfehlungen mit Artikel 14 EGKSV eine verbindliche Wirkung zu. Diese betraf zwar nur die Zielstellung, jedoch konnte schon damit die Hohe Behörde die teilnehmenden Länder dazu bewegen, ihre nationalen Vorschriften im Hinblick auf die marktwirksamen Faktoren anzupassen.

Verdeutlicht werden soll diese Möglichkeit der Einflußnahme auf die wettbewerbsrelevanten Bestimmungen der Mitgliederstaaten hier an zwei Beispielen. Zum einen beinhaltete Artikel 66 Absatz 5 EGKSV im Rahmen des Kartellverbots und der Kontrolle von Unternehmensfusionen folgende Passage bezüglich des Einflusses der Hohen Behörde auf die nationalen Rechtsordnungen:

> „Die Hohe Behörde ist außerdem berechtigt, an die beteiligten Mitgliedsstaaten die Empfehlungen zu richten, die erforderlich sind, um im Rahmen der Gesetzgebung der einzelnen Staaten den Vollzug der in den vorstehenden Absätzen vorgesehenen Maßnahmen zu erreichen."

Bei den angesprochenen Maßnahmen handelte es sich um diejenigen Zwangsmittel, die Artikel 66 Absatz 5 EGKSV für den Fall vorsah, daß die Beteiligten einer negativen Entscheidung der Hohen Behörde über einen Unternehmenszusammenschluß nicht hinreichend Rechnung trugen. Mit der vertraglichen Formulierung konnte die Hohe Behörde den Mitgliedsstaaten ein verbindliches Ziel im Hinblick auf die Ausgestaltung ihrer eigenen Rechtsnormen, auf die Zwangsverwaltung von Unternehmen, die Blockierung der Realisierung unrechtmäßig erworbener Vermögenswerte, den Zwangsverkauf des Unternehmens oder die Nichtigkeitserklärung von Unternehmensentscheidungen dergestalt vorgeben, daß eine Umsetzung der vertraglichen Zugriffsmöglichkeiten der Hohen Behörde jederzeit gesichert war. Der Umstand einer Möglichkeit zur verbindlichen Anordnung im Hinblick auf Zielvorgaben bei der Ausgestaltung staatlicher Rechtsvorschriften wird damit hinreichend deutlich. Gleiches gilt, wenn auch in weniger detailliert ausgeführt Form, für die Beendigung einer staatlichen Beeinträchtigung der Wettbewerbsregeln nach Artikel 67 Absatz 2 EGKSV. In beiden Fällen handelte es sich, da bei bloßer Zielvorgabe unterschiedliche Regelungen in den Mitgliedsstaaten zu erwarten waren, um den Beginn zwar nicht rechtsvereinheitlichender, aber rechtsanpassender Bestrebungen sowie der Verteilung diesbezüglicher Befugnisse in institutioneller Hinsicht in den drei zustande gekommenen europäischen Gemeinschaften.

Darüber hinausgehende, allgemeine Ansätze zur Rechtsangleichung im Zusammenhang mit der Errichtung eines gemeinsamen Marktes für Kohle und Stahl lassen sich im Gründungsvertrag der Montanunion jedoch nicht ausmachen. Dies korrespondiert mit der fehlenden begrifflichen Trennung zwischen abstrakt-generellen und konkret-individuellen Entscheidungsformen, wie sie sich innerhalb der Entscheidungsformen ergeben hat. Bei den zwei aufgezeigten Möglichkeiten der Einflußnahme auf die Gestaltung innerstaatlicher Rechtsordnungen handelte es sich schließlich bei beiden Möglichkeiten zum Ausspruch einer Empfehlung um Maßnahmen im Einzelfall bei einem Verstoß durch ein Mitgliedsland. Für die generelle Angleichung und Vereinheitlichung der nationalen Rechtsordnungen selbst in partiellen Bereichen wäre es aber aufgrund der dann eintretenden eher abstrakt-generellen Wirkung auf die begriffliche Unterscheidung angekommen. Die Entscheidungsformen und die im Hinblick auf die Anpassung der Rechtsordnungen zu erreichenden Wirkungen stimmen überein.

Insgesamt ist festzuhalten, daß rechtsvereinheitlichende Ansätze im Gründungsvertrag der Montanunion nicht vorhanden waren. Die beiden Möglichkeit der Hohen Behörde, nach den Artikeln 66 Absatz 5 und 67 Absatz 2 EGKSV durch Ausspruch von Empfehlungen verbindliche Ziele für die Ausgestaltung nationaler Rechtsordnungen im Hinblick auf die Durchsetzung der Fusionskontrolle und den Wettbewerb am gemeinsamen Markt festlegen zu können, sind als eine erste, aber nur auf einzelne Staaten bezogene Ausprägung der Rechtsangleichung in den Gemeinschaftsverträgen einzustufen. Die Gemeinschaft hatte lediglich ein Reaktionsmittel in bezug auf Verstöße der Länder erhalten. Deshalb ist einzuschätzen, daß die konkrete Vorstellung einer umfassenden Anpassung der mitgliedsstaatlichen Rechtsordnungen in Form einer allgemeinen Angleichung dem Montanvertrag als solchem noch unbekannt war.

Diese Einschätzung gilt jedoch nur für den Vertrag, nicht aber für die Rechtswissenschaft jener Zeit. So äußerte Geiler in seinem Festvortrag anläßlich der Eröffnung des 38. Deutschen Juristentages in Frankfurt am Main bereits 1950, daß es „Hauptaufgabe des Rechts, die gerade auch für die europäische Rechtseinheit erneut gestellt werden muß," sei, „alle Machterscheinungen, die in unserem Dasein hervortreten, sei als es private Macht, sei es als staatliche Macht oder als übernationale Macht, zu legalisieren und zu legitimieren ..."[872] Weiterhin stellte er die Frage, was unter europäischer Rechtseinheit wünschenswerterweise zu verstehen sei, und beantwortete diese vor dem Hintergrund der Ergebnisse der von der Europäischen Bewegung einberufenen Kulturkonferenz in Lausanne vom 8. bis zum 12. Dezember 1949 mit eigenen Überlegungen zu einem europäischen Staats- und Verwaltungsrecht sowie zu den Menschenrechten.[873] Diese Äußerungen zeugen davon, daß sich die Wissenschaft der Bedeutung der Rechtsangleichung in Westeuropa im Jahre 1950 vollauf bewußt war.

---

[872] Geiler, Festvortrag, in Verhandlungen des Deutschen Juristentages, 38. Juristentag 1950, auf S. A 18, A 20. Deutlich wird die Forderung nach Rückbindung jeder Machtausübung.

[873] Ebd., S. 18, 21 ff. Enthalten waren hier bereits Bezüge zu den einzelnen Integrationsansätzen funktionalistischer sowie föderalistischer Art, auf die sich Geiler mehrfach bezog.

β) Verteidigungs- und Politische Gemeinschaft

Dem EVG-Vertrag fehlen im Hinblick auf seinen Zweck, die bereits vorhandenen nationalen Streitkräfte zu einer europäischen Armee zu bündeln, Hinweise auf das Vorhandensein rechtsangleichender bzw. rechtsvereinheitlichender Überlegungen mit Auswirkungen auf die Mitgliedsstaaten völlig. Inwieweit sich die vorgesehene Befugnis des Rates, auf Vorschlag des Kommissariats bestimmte Rechtssätze erlassen zu können, auch auf die innerstaatliche Rechtslage der Mitgliedsländer ausgewirkt hätte, ist aufgrund des Scheiterns dieser Gemeinschaft und der damit fehlenden praktischen Umsetzung des Gründungsvertrages nicht abzuschätzen. Damit kann der Vertrag über die Europäische Verteidigungsgemeinschaft nichts zur Klärung der Frage nach den Auswirkungen gemeinschaftlicher Entscheidungen auf die nationalen Rechtsordnungen beitragen.

Ein ähnlicher, noch weitgehend undifferenzierter Befund ergibt sich für die Europäische Politische Gemeinschaft in der Gestalt ihres Satzungsentwurfs vom 10. März 1953. Auszugehen ist dabei von der in den Artikeln 10, 52 und 54 dieses Entwurfs vorgesehenen Möglichkeit des Parlaments der Gemeinschaft, Gesetze und Empfehlungen zu erlassen. Ebenso war der Exekutivrat nach Artikel 53 dieses Entwurfs befugt, Verordnungen zur Sicherung der Durchführung der Gemeinschaftsgesetze zu erlassen. Geht man von den begrifflichen Definitionen der Gesetze, Verordnungen und Empfehlungen aus, so war für die Europäische Politische Gemeinschaft vorgesehen, ihre Entscheidungen entweder in vollem Umfang gegenüber den Mitgliedsstaaten und den darin befindlichen Individuen oder aber - bei den Empfehlungen - nur hinsichtlich des Ziels und damit für die Länder als verbindlich auszugestalten. Bezieht man nun noch in die Überlegungen mit ein, daß im Hinblick auf die in Artikel 2 des Entwurfs niedergelegten Aufgaben der Gemeinschaft in den Bereichen der Außen- und Sicherheitspolitik, der Wirtschaftspolitik und -förderung einschließlich eines gemeinsamen Marktes sowie der Integration der Montangemeinschaft bereits umfassende nationale Regelungen besonders hinsichtlich des Wettbewerbs existierten, so wird deutlich, daß die Ausübung der genannten Befugnisse zwangsläufig Auswirkungen auf die innerstaatlichen Rechtsordnungen der Mitgliedsstaaten haben mußten. Aufgrund der angegebenen möglichen Entscheidungs- und Handlungsformen wird deutlich, daß damit sowohl eine unmittelbare, direkt wirkende Herstellung eines einheitlichen Rechtszustandes in den Staaten, aber auch die Vorgabe verbindlicher Ziele unter Übertragung der dazu nötigen Maßnahmen auf die Länder möglich gewesen wäre. Dennoch schien, so ergeben zumindest die Materialien zu diesem Entwurf, eine Instrumentalisierung dieser Einwirkungsmöglichkeiten zur aktiven Herstellung von Rechtseinheit oder zumindest einem angeglichenen Zustand innerhalb der Diskussionen in den Unterausschüssen nicht erwogen worden zu sein. Ausdruck dessen ist das Fehlen von genaueren Vorstellungen über das Kollisionsverhältnis zwischen gemeinschaftlichen Entscheidungen mit abstrakt-genereller Wirkung auf die Ordnungen der Mitgliedsstaaten und diesen selbst. Insofern waren dem Entwurf zur Satzung der EPG die Instrumente der Anpassung nationaler Rechtssysteme zwar bekannt, ein diesbezüglicher aktiver Einsatz war zumindest im Entwurfsstadium ausdrücklich noch nicht vorgesehen.

Für die Verteidigungs- und die Politische Gemeinschaft ergibt sich, daß beide der Möglichkeit, mit Entscheidungen der gemeinschaftlichen Organe anpassend und integrierend auf die Rechtsordnungen der Mitgliedsstaaten einzuwirken, trotz Vorhandenseins der dazu nötigen Entscheidungsformen zumindest im Ansatz zur EPG kaum Beachtung schenkten. Der Schwerpunkt der Überlegungen lag auf der Ausgestaltung der Organe, schon weniger auf den Arten ihrer Entscheidung, während deren verwendbare Auswirkungen auf die innere Rechtslandschaft der Mitglieder jedoch noch weitestgehend unberücksichtigt blieben.

γ) Wirtschaftsgemeinschaft

Diese weitgehende Vernachlässigung der gemeinschaftlichen Einwirkungsmöglichkeiten auf die nationalen Rechtssysteme änderte sich erst, als im Zuge der Überlegungen über einen umfassenden gemeinsamen Markt auch die Staaten als Verursacher von Wettbewerbsverzerrungen in den Mittelpunkt des Interesses rückten. Ausgehend von der Vorstellung, eingetretene Marktstörungen beseitigen zu müssen, sah schon der Entwurf einer Abfassung von Artikeln entsprechend des Berichts des Spaak-Ausschusses vom 20. Juni 1956 unter der Kapitelüberschrift „Berichtigung der Verzerrungen und Annäherung der Rechtsvorschriften“ in seinem Artikel 27 die Möglichkeit zur Angleichung der innerstaatlichen Regelungen vor.[874] Dies sollte in der ersten Stufe des gemeinsamen Marktes zunächst durch einstimmigen, später - in der zweiten Stufe - durch Mehrheitsbeschluß des Ministerrates auf Vorschlag der Europäischen Kommission geschehen. Konkrete Formen der in diesem Zusammenhang zu treffenden Entscheidungen und damit deren Qualität im Hinblick auf die Wirksamkeit gegenüber den Staaten blieb jedoch - es handelte sich erst um den Beginn der Gespräche über den Vertrag - zunächst noch offen. Die Möglichkeit blieb aber zumindest nach diesem Entwurf ähnlich wie bei der Montanunion noch an eine Fehlfunktion des angestrebten gemeinsamen Marktes gebunden. Hinreichend deutlich wird aber bereits in diesem Dokument die Absicht der zukünftigen Vertragspartner in den Verhandlungen, den im Entstehen begriffenen Gemeinschaftsorganen die Angleichung nationaler Vorschriften betreffend marktbeeinflussende Faktoren sowie den Zugriff auf nationale Ordnungen zu ermöglichen.

---

[874] Arbeitsunterlage. Entwurf einer Abfassung von Artikeln entsprechend dem Text des Berichtes, vom 20. Juni 1956. A. a. O. (Fn. 610). Schulze/Hoeren, Bd. 1, S. 823 ff., S. 838.

In den weiteren Entwürfen zeichnete sich dann eine Trennung des Gedankens der Rechtsangleichung von der Behebung einzelner Marktverzerrungen ab. So sahen die Formeln für die Gestaltung eines Vertragstextes über die Verwirklichung eines gemeinsamen Marktes als deutschem, zwischen Mitte und Ende Juni 1956 unterbreitetem Vorschlag zur Angleichung der Rechtsvorschriften - jedoch immer noch in engem räumlichen Zusammenhang mit den Vorschriften zur Bewältigung einer Verzerrung - im einzelnen die folgenden Grundzüge vor:

> „Die Europäische Kommission kann in Zusammenarbeit mit den Regierungen der Mitgliedsstaaten auf Grund eingehender Überprüfung der in den einzelnen Mitgliedsstaaten geltenden Vorschriften, die für den gemeinsamen Markt von Bedeutung sind, Grundsätze und Regelungen erarbeiten und vorschlagen, die geeignet sind, allen Mitgliedsstaaten als Grundlage für eine Angleichung von Rechtsvorschriften zu dienen. Das Verfahren ist zunächst auf die allgemeinen Grundsätze der Rechtsordnungen und auf das System der Angleichung zu beschränken. Wenn hierüber Übereinstimmung erzielt ist, ist das Verfahren auch auf einzelne Bereiche zu erstrecken.
> Billigt der Ministerrat einstimmig die vorgeschlagenen Grundsätze und Regelungen, so haben sich die Regierungen in der ihnen geeignet erscheinenden Weise darum zu bemühen, daß die Rechtsvorschriften in ihrem Staate ... so weit wie möglich angepaßt werden."[875]

Deutschland ging es nicht mehr um eine Anpassung von staatlichen Einzelvorschriften bei Vorliegen einer Wettbewerbsverzerrung, sondern darüber hinaus um eine grundlegende Angleichung von nationalen Regelungen. Dazu sollten zunächst Grundsätze ausgearbeitet werden, die dann - nach Abschluß des Gemeinschaftsvertrages und Annahme der Ergebnisse der Kommissionsarbeit durch den Rat - konkret untersetzt werden sollten. Deutlich wird aus dem gerade zitierten Dokument auch, daß trotz der fehlenden begrifflicher Differenzierung zwischen Richtlinie und Verordnung lediglich ein bis zu einem gewissen Grad verbindliches Regelungsziel vorgegeben werden sollte, daß die Staaten dann unter Veränderung ihrer eigenen Rechtsordnung unter Wahrung eines eigenen Spielraums umsetzen sollten. Insofern wurde gleichzeitig die denkbare Kollision des überkommenen nationalen Rechts mit unmittelbar gegen Staaten und Individuen wirkenden abstrakt-generellen Rechtssätzen der Gemeinschaft vermieden. Es handelte sich, bringt man die heutige Terminologie zur Anwendung, um einen rechtsvereinheitlichenden Ansatz, den Deutschland vorgeschlagen hatte.

---

[875] A. a. O. (Fn. 818), Schulze/Hoeren, Bd. 1, S. 851, 867 f. Eine ähnliche Herangehensweise war für die Angleichung der Arbeitsbedingungen innerhalb der ersten und zweiten Etappe der Marktherausbildung vorgesehen. Außerdem sollten Schritte zur Verwirklichung gleicher Löhne für männliche und weibliche Arbeitskräfte sowie zur Regelung der Arbeitszeit, der Überstundenzuschläge, allgemeiner Zuschläge und des Urlaubs unternommen werden. Dies lehnte Deutschland ab, da man die Ausbildung einheitlicher Verhältnisse in den Bereichen den Kräften des Arbeitsmarktes überlassen solle. Ebd., Fn. 42.

Ein enges Verhältnis, aber keine zwangsweise Abhängigkeit der Vorschriften gegen Wettbewerbsverzerrung und den vorgesehenen Regelungen zur Anpassung der Rechtsordnungen kennzeichnet auch die übrigen Entwürfe. So beinhaltete ein deutscher Vorschlag vom 6. November 1956 zur Neufassung der Artikel 45 bis 47 sowohl die allgemeine Möglichkeit der Kommission, Vorschläge zur Angleichung marktbezogener Vorschriften der Mitgliedsstaaten zu erlassen, also auch im konkreten Fall einer Wettbewerbsverzerrung durch Regelungen eines einzelnen Landes auf Antrag eines anderen entsprechende Korrekturen vorzuschlagen.[876] Diesbezüglich scheint Ende November 1956 ein zumindest grundsätzliches Einverständnis der Verhandlungsführer im Hinblick auf die allgemeinen Möglichkeiten zur Rechtsanpassung in marktrelevanten Bereichen geherrscht zu haben.[877] Dafür bestanden hinsichtlich der Anpassung sozialer Bedingungen durch gemeinschaftliche Entscheidung und für den Verzerrungsfall des Wettbewerbs weiterhin Differenzen, die für ersteres aus einem grundlegenden Verständnisunterschied bezüglich der Sicherung sozialer Standards resultieren, was sich entweder durch dirigistische Entscheidung - so die französische Position - oder durch die Kräfte des Marktes, wie es den deutschen Vertretern vorschwebte, ergeben sollte. Für den zweiten, dabei strittigen Punkt spielten hauptsächlich Fragen des Verfahrensablaufs eine Rolle.[878]

Eine Einigung kam im Ausschuß der Delegationsleiter erst am 1. Februar 1957 zustande, wobei neben der allgemeinen Befugnis des Rates für Beschlüsse zur Annäherung der nationalen Rechtsordnungen auch moderate Formulierungen zur Anpassung sozialer Bedingungen aufgenommen wurden.[879] Den Eingriffsmöglichkeiten des Rates auf Vorschlag der Kommission zur Behebung von Wettbewerbsverzerrungen war nun ein Schlichtungsverfahren vorgeschaltet. Zur

---

876 Arbeitsgruppe für den Gemeinsamen Markt, Vorschlag der deutschen Delegation für eine Neufassung der Artikel 45 bis 47, 6. November 1956. Bundesarchiv Koblenz, Bestand 102, Signatur 22119. Schulze/Hoeren, Bd. 1, S. 967. Vorausgegangen waren den beiden aufgezeigten Möglichkeiten die ausdrückliche Verpflichtung der Mitgliedsstaaten, zur Erreichung der Ziele des Vertrages - hier im Marktbereich - laufend eng zusammenzuarbeiten und weiterhin mit den Zielen unvereinbare Maßnahmen ihrerseits zu unterlassen.

877 So wurden in einem Dokument zum Stand der Arbeit in der Arbeitsgruppe Gemeinsamer Markt vom 24. November 1956, erstellt vom Vorsitzenden des Ausschusses Gemeinsamer Markt im Ausschuß der Delegationsleiter, nur noch Probleme mit Wettbewerbsverzerrungen selbst, nicht aber mit der Rechtsangleichung dargestellt. Das Schriftstück ist im Politischen Archiv des Auswärtigen Amts, Berlin, Abteilung 2, Aktenzeichen 202-81-13, Bd. 66, archiviert und bei Schulze/Hoeren, Bd. 1, dort auf S. 989, 992 f., abgedruckt.

878 Redaktionsentwurf der Arbeitsgruppe für den Gemeinsamen Markt, betreffend Titel II, Kapitel 2: Die Rechtsangleichung und die besonderen Verzerrungen, 19. Dezember 1956. Bundesarchiv Koblenz, Bestand 102, Signatur 22107. Schulze/Hoeren, Bd. 1, S. 1050 ff.

879 Ausschuß der Delegationsleiter, Fassung betreffend Titel II, Kapitel 2: Annäherung der Rechtsvorschriften, von den Delegationsleitern gebilligt am 1. Februar 1957. Bundesarchiv Koblenz, Bestand 102, Signatur 22119. Schulze/Hoeren, Bd. 1, S. 1072 ff.

Vermeidung des Eintretens neuer Verzerrungen sollten sich die Mitgliedsstaaten zudem vor der Einführung marktrelevanter Regeln konsultieren. Schließlich hatte der Ausschuß der Delegationsleiter für Sonderfälle wie der schweren Störung einzelner Wirtschaftszweige die Möglichkeit von Schutzmaßnahmen vorgesehen, die als Wettbewerbsverzerrung ausnahmsweise zulässig sein sollten. Erhalten blieb in den Artikeln 46 bis 49 dieses Einigungsvorschlages die enge textliche Verbindung mit der Verhinderung von Wettbewerbsverzerrungen sowie die generellen Möglichkeiten für eine Annäherung der Rechtsvorschriften.

Die Betrachtung des endgültigen Vertrages über die Europäische Wirtschaftsgemeinschaft vom 25. März 1957 ergibt ein noch weiter ausdifferenziertes Bild. Dabei müssen, ausgehend von der Tätigkeitsbeschreibung für die Gemeinschaft in Artikel 3 lit. h) EWGV[880] und neben der Trennung zwischen reaktiven Möglichkeiten und aktivem Tätigwerden bei der Angleichung der Rechtsvorschriften bei Marktrelevanz, besondere Anpassungskompetenzen in den einzelnen Regelungen zum gemeinsamen Wirtschaftsraum von allgemeinen Regelungen, die den Rat beim Vorliegen eines entsprechenden Vorschlages der Kommission zur Rechtsangleichung ermächtigten, unterschieden werden.

Zur an erster Stelle genannten Kategorie gehörte die Möglichkeit des Rates, nach Artikel 57 Absatz 2 EWGV Richtlinien zur Koordination von Rechts- und Verwaltungsvorschriften der Mitgliedsstaaten hinsichtlich der Aufnahme und Ausübung selbständiger Tätigkeiten zu erlassen. Dazu zählten weiterhin Befugnisse zur Koordination der Devisenpolitik der Mitgliedsstaaten in Artikel 70 Absatz 1 EWGV sowie Artikel 84 Absatz 2 EWGV, der den Rat zum Erlaß von Vorschriften für die Seeschiffahrt und Luftfahrt ermächtigte.[881] Mit Artikel 99 EWGV durfte der Rat sogar auf einige steuerliche Vorschriften innerhalb der Mitgliedsländer einwirken. Dies bezog sich konkret auf nationale Umsatzsteuern, Verbrauchsabgaben und sonstige indirekte Steuern. Mit den jeweils unterschiedlichen steuerlichen Vorschriften wurde ein wesentliches Problem der verzerrenden staatlichen Einflußnahme auf die Marktbildung wieder aufgegriffen, das sich schon in der Montanunion als wesentlich für die Preisbildung herausgestellt hatte. Auch dafür war nun zumindest eine Befugnisvorschrift vorgesehen, auf die sich die Mitgliedsländer beim Vorhandensein eines entsprechenden politischen Willens im Rat zwecks Vereinheitlichung der Steuern stützen konnten.

---

880 Müller-Graff, EuR 1989, S. 107, 109, bezeichnet die Rechtsangleichung als „eine der elf Grundaufgaben der Gemeinschaft". Wie sich Art. 3 lit. h) EWGV jedoch zu den übrigen Aufgaben verhielt, war lange umstritten. Nach Groeben/Boeckh/Thiesing, 2. Aufl., Bd. 1, Art. 3 h, S. 86 (Ficker), und Ipsen, Gemeinschaftsrecht, S. 689 sollte die Rechtsangleichung gleichrangig neben anderen Aufgabenstellungen verfolgt werden. Beitzke in ZfRV 1964, S. 80, 81, wollte seinerseits Art. 3 lit. h) EWGV auf den Markt begrenzt wissen.

881 Vgl. zu den beiden Befugnisnormen für die Rechtsangleichung Groeben/Boeckh/Thiesing, 2. Aufl., Bd. 1, Art. 70, S. 556 (Waschk) sowie auch Art. 84, S. 631 f. (Stalkenow).

Neben diesen Spezialermächtigungen existierten in den Artikeln 100 bis 102 EWGV weitere Befugnisnormen, die diejenigen Fälle von Wettbewerbsverzerrungen und zu deren Beseitigung nötigen Maßnahmen der Rechtsangleichung abdecken sollten, die für die am Vertragsentwurf Beteiligten im einzelnen noch nicht abzusehen waren. In Artikel 100 EWGV fand sich zunächst eine generelle Kompetenz des Rates für Richtlinien zur Angleichung der Rechts- und Verwaltungsvorschriften der Mitgliedsstaaten, wobei sich die nationale Regelung unmittelbar auf die Errichtung und das Funktionieren des Gemeinsamen Marktes auswirken mußte.[882] Vor der Verabschiedung war eine Anhörung der Versammlung und des Wirtschafts- und Sozialausschusses vorgesehen, wenn die jeweilige Richtlinie eine Änderung nationaler Gesetze erforderlich machte. Artikel 101 EWGV enthielt die Möglichkeit der Kommission, bei Wettbewerbsverzerrungen dem Rat Richtlinien zur Beseitigung vorzuschlagen, nachdem Beratungen mit den betreffenden Mitgliedsstaaten fehlgeschlagen waren. Mit Artikel 102 EWGV schloß sich eine Regelung an, die eine dem Mitgliedsland obliegende Pflicht zur Konsultation der Kommission vor der Einführung neuer, marktrelevanter Regelungen vorsah, also dem Schutz vor weiterer Störung des Wettbewerbs diente. Die Kommission konnte dabei Empfehlungen zur Vermeidung von Wettbewerbsverzerrungen erlassen, um bei Nichtbefolgung über Artikel 101 EWGV einen Ratsbeschluß zur Veränderung der Vorschriften der anderen Mitglieder herbeizuführen. Artikel 100 bis 102 EWGV besaßen dabei gegenüber den Bestimmungen zur Einzelangleichung nur subsidiären Charakter.

δ) Atomgemeinschaft

Eine völlig andere Einschätzung ergibt sich für den zeitgleich entstandenen Vertrag zur Gründung der Atomgemeinschaft. In seiner in Artikel 2 EWGV enthaltenen Ausrichtung auf die gemeinschaftlichen Erzielung von Forschungsergebnissen und deren Umsetzung unter Errichtung eines einheitlichen europäischen Marktes für kernenergiebezogene Produkte fehlte eine dem Artikel 100 EWGV ähnliche, grundsätzliche Rechtsangleichungsbefugnis des Ministerrates vollständig. Rechtsanpassende Momente finden sich ausschließlich in den Artikeln 30 ff. EAGV, betreffend den Gesundheitsschutz, wobei die Grundnormen dazu durch den Rat der Gemeinschaft auf Vorschlag der Kommission festgelegt und nach Artikel 33 Absatz 1 EAGV durch die Mitgliedsstaaten in Form von internen Rechts- und Verwaltungsvorschriften umgesetzt werden sollten. In Artikel 33 Absatz 2 EAGV war dann eine Befugnis der Kommission zum Erlaß

---

882 Gemeint war hier in technischer Hinsicht die Entscheidungsform der Richtlinie aus Art. 189 Abs. 3 EWGV, die lediglich ihrem Ziel nach für die Staaten verbindlich war und umgesetzt werden mußte, während sie die Individuen nicht betraf. So wiederum Groeben/Boeckh/Thiesing, 2. Aufl., Bd. 1, Art. 100, S. 1294 (Ficker). Zugriffsbefugnisse mit unmittelbarer Wirkung auf die nationalen Rechtsordnungen waren jedoch nicht enthalten.

von Empfehlungen vorgesehen, die die in den Mitgliedsstaaten geltenden Bestimmungen in Einklang bringen sollten. Aus der in Artikel 33 Absatz 3 EAGV enthaltenen Mitteilungspflicht der Staaten gegenüber der Kommission für bestehende nationale Regelungen zum Zeitpunkt des Vertragsschlusses und für spätere Änderungen läßt sich ableiten, daß damit sowohl die Angleichung der vorhandenen Vorschriften zum Gesundheitsschutz als auch die andauernde Überwachung von neu zu erlassenden Regelungen der Mitgliedsländer gemeint war.

Der Grund für die Begrenzung rechtsanpassender Befugnisse auf das Gebiet des Gesundheitsschutzes läßt sich - im Vergleich mit den umfassenderen Regelungen innerhalb der Wirtschaftsgemeinschaft - dahingehend erklären, daß bis Mitte der fünfziger Jahre etablierte, umfassenden Ordnungsvorschriften unterworfene, funktionsfähige nationale Märkte weder für wissenschaftliche Erkenntnisse noch für Rohstoffe und Fertigprodukte im Bereich der Kerntechnologie existierten. Insofern unterschied sich der Anpassungsbedarf deutlich von dem, der hinsichtlich des allgemeinen Marktes der Wirtschaftsgemeinschaft bestand. Der Gemeinschaft war es mit dem angestrebten wachsenden Forschungsstand möglich, beim Erkennen besonderer regelungsbedürftiger Umstände selbst Normen zu erlassen, ohne dabei mit schon vorhandenen mitgliedsstaatlichen Regelungen anderer Aussage in Konflikt zu geraten. Über die Anzeigepflicht der Länder wurde zudem gesichert, daß sich kein möglicherweise differierendes innerstaatliches Regelungssystem an der Kommission der Atomgemeinschaft vorbei entwickeln konnte. Insofern trug die fehlende, auf die Aufgaben aus Artikel 2 EAGV bezogenen allgemeinen Rechtsanpassungsbefugnis der Gemeinschaft dem Umstand Rechnung, daß sich ein Markt für Forschungsergebnisse und für zur Erzeugung von Kernenergie nötiger Produkte erst herausbildete und damit durch europäische Regelungen noch weiterhin ausgeformt werden konnte.

ε) Fazit

Betrachtet man das Verhältnis zwischen den der Rechtskategorie zuzuordnenden Entscheidungsmöglichkeiten der Gemeinschaften zu den Rechtsordnungen der Mitgliedsstaaten, so läßt sich zwischen dem Gründungsvertrag der Montanunion vom 18. April 1951 und der Vereinbarung über die Europäische Wirtschaftsgemeinschaft vom 25. März 1957 ein deutlicher Fortschritt ausmachen. Es zeigt sich, daß das ursprünglich zur Verhinderung von durch staatliches Recht erzeugten Wettbewerbsverzerrungen im Einzelfall gedachte Instrument des Rates als bloße Reaktionsmöglichkeit zu einem eigenen Mittel zur Beschleunigung der Herstellung des Gemeinsamen Marktes und zur Erhaltung von dessen Funktionsfähigkeit weiterentwickelt wurde. Insofern kamen den genannten Entscheidungsformen der Institutionen besonders in der Wirtschaftsgemeinschaft nicht nur eine integrative Funktion im Hinblick auf die Erlebbarkeit der Tätigkeit der neuen Einheit zu, sondern darüber hinaus Bedeutung bei der Schaffung von gleichen rechtlichen Rahmenbedingungen zu, die eine solche integrierte Struktur mit Ordnungscharakter mindestens ebenso ausmachen.

Jedoch wird an selber Stelle trotz der dabei vorhandenen, weitgehenden Übereinstimmung der Verhandelnden gerade im Hinblick auf den Vertrag zur Wirtschaftsgemeinschaft deutlich, daß rechtsanpassende Bestrebungen nur im engen Rahmen des von den Beteiligten als nötig Erachteten Aussicht auf Erfolg versprachen. Der auf den Differenzen über grundsätzliche Wirtschaftsmodelle basierende Streit um die Vereinheitlichung von Sozialbestimmungen legt dafür ein deutliches Zeugnis ab. Dieselbe Feststellung läßt sich - jedoch mit Einschränkungen aufgrund unterschiedlicher Ausgangslage - auch für die Europäische Atomgemeinschaft treffen. Dennoch ist hierbei festzuhalten, daß mit dem Stand von 1957 möglichen Auswirkungen gemeinschaftlicher Entscheidungen auf die nationalen Rechtsordnungen der Mitgliedsstaaten als integrationsfördernd erkannt und dementsprechend dann auch instrumentalisiert worden waren.

(2) Weiterentwicklungen bis 1992

Nach dem Inkrafttreten des Vertrages über die Europäische Wirtschaftsgemeinschaft begannen rasch Aktivitäten zur Rechtsangleichung, die von der Kommission unter Hallstein ausgingen und zur Abschaffung der gröbsten Wettbewerbsverzerrungen, aber auch der Umsetzung der einzelnen Marktfreiheiten dienten.[883] Bis zum Ende der Übergangszeit zur Erschaffung des gemeinsamen Wirtschaftsraumes hatte sich der Rat in den Bereichen des Niederlassungsrechts, der Verkehrsordnung, der Energieerzeugung, des Kapitalmarkts, des Steuersystems, des gewerblichen Rechtsschutzes und im Hinblick auf technische Handelshemmnisse rechtsangleichend betätigt,[884] wobei die Anpassung bezüglich der Niederlassungsfreiheit bereits Mitte der sechziger Jahre als abgeschlossen empfunden wurden. Da der Markt keine allumfassende Rechtseinheit in den Mitgliedländern der Gemeinschaft forderte,[885] waren die siebziger Jahre des letzten Jahrhunderts von Stagnation bei der Angleichung marktrelevanter Regelungen

---

883 Dazu beklagte sich Zweigert in FS für Dölle, Bd. II, S. 401, daß die Gemeinschaft bis 1963 eher die klassischen Wege der Rechtsangleichung über Verträge und die besonderen Befugnisse zu den einzelnen Marktfreiheiten anstelle von Art. 100 EWGV genutzt hätte.

884 Der von Plessow, DÖV 1969, S. 458 ff., verfaßte Tagungsbericht einer Konferenz zur Angleichung des Rechts der Wirtschaft in Europa vom 18. bis zum 20. März 1969 in Köln ergibt aufgrund der einzelnen Beiträge eine gute Übersicht über die Angleichungsbemühungen seit 1960. Weitere Vorhaben bezogen sich auf Arzneimittel, Forstwirtschaft, Lebens- und Futtermittel und öffentliche Aufträge. Vgl. für die Zeit zwischen 1960 und 1965 das umfangreiche Quellenmaterial im Politischen Archiv des Auswärtigen Amts, Berlin Abteilung 2, Referat IA2, Aktenzeichen 82.13, Bde. 1107 ff., nicht veröffentlicht.

885 Zweigert in FS für Dölle, Bd. II, S. 401, 404, in der Analyse marktrelevanter Regelungen.

in den Mitgliedsländern geprägt. Dies hatte neben der eben angedeuteten Erschöpfung des primären Regelungsbedarfs mehrere andere Ursachen. Mit der vollzogenen Veränderung einiger gravierender, den freien Wettbewerb am europäischen Markt behindernder nationaler Regelung hatte sich die Kommission bei ihrer Vorschlagstätigkeit zunehmend weiteren Verzerrungen, insbesondere denen durch technische Handelshemmnisse wie der Produkt- und Verbraucherschutzstandards, gewidmet. Das diesbezügliche, aufgrund des nach wie vor bestehenden Einstimmigkeitserfordernisses[886] sehr schleppende Harmonisierungsverfahren zur Herbeiführung einer Einigung im Rat sowie die erforderlichen Anzahl und Regelungsdichte der zu erlassenden Rechtsakte bildeten ein erhebliches Hindernis für eine weitere, dynamische Angleichung der rechtlichen Bedingungen für den Markt.[887] Außerdem gingen die Staaten dazu über, beim leisesten Anzeichen einer Angleichungsinitiative der Kommission ihre Vorschriften selbst in für den Markt positiver Hinsicht zu ändern, was die Angleichung selbst jedoch nicht voran brachte.[888] Bereits Ende der siebziger Jahre zeichnete sich deshalb ab, daß eine Fortsetzung der umfassenden Angleichung der Vorschriften zu jedem Detail des gemeinsamen Marktes im Sinne einer Rechtsvereinheitlichung, die nach der Zielstellungen des EWG-Vertrages seit 1958 vorangetrieben wurde, mehr und mehr an Sinn und auch an Erfolgsaussichten verlor.

α) Veränderungsvorschläge der Kommission

Diesem Umstand trug die Kommission in ihrem Weißbuch von 14. Juni 1985 Rechnung, indem sie im Hinblick auf die Abschaffung noch bestehender steuerlicher und handelstechnischer Schranken zur Erreichung des Binnenmarktes auch eine neue Strategie zur Harmonisierung von Rechtsvorschriften der Mitgliedsstaaten vorschlug, die ihren argumentativen Ausgangspunkt bei den aufgetretenen Schwierigkeiten der Beseitigung der technischen Schranken nahm.[889]

---

886 Die Hindernisse durch das Verfahren erläutert Everling in FS für Schmidt, S. 165, 172 f.

887 So die Bewertung der Gründe der Stagnation in der Anpassung bei Hayder, a. a. O. (Fn. 321), S. 622, 625. Die Kommission betonte im Weißbuch vom 14. Juni 1985, a. a. O. (Fn. 317), S. 18, zur Begründung der Notwendigkeit von Veränderungen das hinderliche Einstimmigkeitserfordernisses nach Art. 100 Abs. 1 EWGV und stellte auf danach S. 18 f. die Verspätung in der Angleichung wegen der besonderen Schwierigkeit der Materie dar.

888 Schon Plessow, DÖV 1969, S. 458, 459 f., spielt darauf an. Dieses Phänomen vorauseilenden Gehorsams muß also schon am Ende der sechziger Jahre vorhanden gewesen sein.

889 „Während die materiellen Schranken, die in Teil 1 [des Weißbuches, d. Verf.] behandelt wurden, den Handel hemmen und unannehmbare Verwaltungskosten verursachen (...), sind Schranken, die auf unterschiedlichen nationalen Regelungen und Normen für Waren beruhen, ein zweischneidiges Schwert. Sie bedingen nämlich nicht nur zusätzliche Kosten, sondern verzerren auch die Produktionsstrukturen, erhöhen die Stück- und Lagerkosten, hemmen die zwischenbetriebliche Zusammenarbeit und kappen die Wurzeln eines gemeinsamen Marktes ..." Weißbuch der Kommission, a. a. O. (Fn. 317), dort auf S. 16.

Ausgangspunkt dessen war eine Schlußfolgerung des Rates zur Normung vom 16. Juli 1984, worin dieses Organ festgestellt hatte, daß die Ziele der nationalen Gesetzgebungen im Hinblick auf technische Standards zum Gesundheitsschutz, zur Produktsicherheit und zum Umweltschutz im wesentlichen gleichwertig seien. Daraus schloß die Kommission, daß Rechtsangleichung auf diesem Gebiet effektiver durch gegenseitige Anerkennung nationaler Vorschriften zu bewerkstelligen sei.[890] Unter diese Prämisse entwickelte die Kommission eine neue Strategie zur Harmonisierung von Rechtsvorschriften, die sich auf drei Grundaussagen stütze.[891] Zum ersten sollte die Kommission bei jeder Initiative zur Harmonisierung prüfen und gesondert darlegen, ob es sich um einen Bereich handelte, für den Rechtsangleichung unerläßlich erschien, oder ob eine gegenseitige Anerkennung der nationalen Vorschriften genügte.[892] Für den Rat war - zweitens - eine Beschränkung seines Tätigwerdens nach Artikel 100 EWGV auf die zwingende Festlegung von Erfordernissen für Gesundheit und Sicherheit vorgesehen, die in allen Staaten einzuhalten waren. Dabei ging die Kommission von weiterhin einstimmig zu fassenden Beschlüssen aus. Das dritte Element der neuen Strategie bestand in der Forcierung der Harmonisierung von Industrienormen und der Ausarbeitung eigener europäischer Normen.

Dieser Ansatz der Kommission bedeuteten den Rückzug von einer bis in letzte Details marktrelevanter Regelungen betriebenen Rechtsangleichung und eine Entlastung des Rates von unnötigen technischen Regelungen. Für die dem Rat zu belassenden Angleichungsmaßnahmen in den Bereichen Gesundheit und Sicherheit blieb zumindest aus der Sicht der Kommission das für Anpassungsfortschritte grundlegender Art hinderliche Einstimmigkeitsgebot bei Beschlüssen bestehen, es wurde nicht vom Mehrheitsprinzip ausgegangen. Es läßt sich festhalten, daß die Kommission eine Zurückdrängung der bisher praktizierten Detailangleichung zugunsten einer Minimal- und Kernangleichung sowie Reduzierung der Normangleichung im Austausch für eine gegenseitige Normanerkennung als gleichwertig im Sinne des Herkunftsstaatsprinzips beabsichtigte.[893]

---

[890] Klein in Starck, S. 117, 140, Fn. 119, und auch Mussler, S. 148 f., weisen auf den Zusammenhang zwischen Aufnahme dieser Idee und der Entscheidung des Europäischen Gerichtshofs in Rs. 120/78 - Rewe-Zentral-AG, besser bekannt als Cassis de Dijon - vom 20. Februar 1979, a. a. O. (Fn. 322), S. 649 ff., Leitsatz 3 (S. 650) und Rn. 15 der Entscheidungsgründe (S. 664) hin, wonach ein Produkt bereits dann als tauglich für den gemeinsamen Markt anzusehen war, wenn es entsprechend der nationalen Regelungen seines Herkunfts-Mitgliedsstaates hergestellt und in den Verkehr gebracht worden war. Die Entscheidung deutete die später anerkannteGleichwertigkeit der Schutzregeln schon an.

[891] Zu den drei Elementen der Angleichungsstrategie der Kommission für Rechtsnormen vgl. Weißbuch, a. a. O. (Fn. 317), auf S. 19, sowie auch Hayer, a. a. O. (Fn. 321), S. 622, 625.

[892] Auf diese Einteilung weist noch einmal Scharrer in Integration 1986, S. 108, 110 hin.

[893] Müller-Graff, a. a. O. (Fn. 880), S. 107, 111. Unberücksichtigt ist europäische Normung.

Neben der neuen Harmonisierungsstrategie für divergierende Regelungen der Mitgliedsstaaten wies die Kommission im Weißbuch auch auf bereits erzielte Fortschritte bei der Verhinderung der Entstehung neuer, marktverzerrender Rechtssätze der Staaten hin. In einer Richtlinie des Rates vom 28. März 1983[894] waren die Staaten vom 1. Januar 1985 an durch die Artikel 2 und 4 verpflichtet worden, alle Entwürfe von Normen betreffend technische Spezifikationen der Kommission mitzuteilen. Diese konnte dann in einer Art „Stillhaltezeit", die Artikel 7 der Richtlinie den Staaten vorschrieb, die Vorstellungen der Mitglieder prüfen und gegebenenfalls Verfahren nach Artikel 30 oder 100 EWG auf den Weg bringen, ohne daß die Staaten in dieser Zeit zur Inkraftsetzung der technischen Vorschriften berechtigt gewesen wären. Die Kommission berichtete in ihrem Weißbuch über erste Erfolge dieser Prüfungsmöglichkeit im Vorfeld und regte an, sie über eine Reihe von Industrieerzeugnissen, für die die Richtlinie zunächst galt, auf den Lebensmittel- sowie Arzneimittelbereich auszudehnen.[895]

β) Umsetzung in der Einheitlichen Europäischen Akte

Die Transformation der neuen Harmonisierungsstrategie der Kommission auf vertragliche Ebene trat im Zuge der Einführung des Binnenmarktes in der Einheitlichen Europäischen Akte von vom 17. bzw. 27. Februar 1986 ein. Während durch Artikel 16 EEA nur die Mehrheitserfordernisse in den besonderen Befugnisnormen der Artikel 59 II, 70 I und 84 II EWGV der weitreichenden Einführung der qualifizierten Mehrheit angepaßt wurden und die Verhandelnden auch die Beschlüsse im Rahmen des Artikels 99 EWGV einem Anhörungserfordernis bezüglich des Parlaments unterwarfen, setzte der mit Artikel 18 EEA neu eingeführte Artikel 100a EWGV wesentliche Teile der Vorschläge der Kommission aus dem Weißbuch um.[896] Für die Verwirklichung des Binnenmarktziels aus dem ebenfalls neu aufgenommenen Artikel 8a EWGV wurde der Rat in Artikel 100a Absatz 1 EWGV nun ermächtigt, die nötigen Maßnahmen zur Angleichung der Rechts- und Verwaltungsvorschriften mit Marktbezug zu treffen. Im Vergleich zum nach wie vor als allgemeiner Kompetenznorm bestehenbleibenden Artikel 100 EWGV[897] bedeutete dies neben der von der Kommission im

---

894 Richtlinie 83/189/EWG des Rates, datiert vom 28. März 1983. Es ging um die Einführung des Informationsverfahrens auf dem Gebiet der Normen und technischen Vorschriften. Die Rchtlinie ist abgedruckt in ABl. EG Nr. L 109/1983 vom 26. April 1983, S. 8 ff.

895 Siehe optimistische Darstellung in Weißbuch der Kommission, a. a. O. (Fn. 317), S. 21.

896 Auch diese neue Ermächtigung blieb zu den besonderen Angleichungsbefugnissen des Rates für einzelne Marktelemente subsidiär. Hayder, a. a. O. (Fn. 321), S. 622, 660 ff.

897 Zur Konkurrenzsituation zwischen Art. 100 und 100a EWGV vgl. Breulmann, S. 102 ff. mit Nachweisen, und Müller-Graff, a. a. O. (Fn. 880), S. 107, 122 ff. Im Mittelpunkt des Interesses stand dabei ein neuer Regelungsgehalt des Art. 100a EWGV, der diese Vorschrift gegenüber der allgemeineren Norm des Art. 100 EWG vorrangig machen würde.

Weißbuch nicht angesprochenen Einführung des Erfordernisses einer qualifizierten Mehrheit auch, daß der Rat im Hinblick auf den Binnenmarkt nach Lage des Vertragstextes nicht mehr nur auf den Erlaß von Richtlinien beschränkt war.[898] Allerdings hatte der Rat das Europäische Parlament im Verfahren der Zusammenarbeit zu beteiligen und vor dem Erlaß einer Angleichungsmaßnahme den Wirtschafts- und Sozialausschuß anzuhören. Artikel 100a Absatz 3 EWGV enthielt die von der Kommission vorgeschlagene vertragliche Berücksichtigung des bereits bestehenden einheitlichen Niveaus technischer Vorschriften im Hinblick auf Gesundheit, Sicherheit und Umwelt. Dies diente nun als vertragliche als Grundlage dafür, die entsprechenden Regelungen auch ohne eine zentrale Harmonisierungsentscheidung gegenseitig anzuerkennen.

Mit Artikel 100b EWGV, der durch Artikel 19 EEA eingefügt wurde, setzte man eine zeitliche Begrenzung dahingehend, daß die Mitgliedsländer im Jahr 1992 eine Aufstellung aller in allgemeiner Hinsicht marktrelevanten, jedoch noch nicht harmonisierten Rechts- und Verwaltungsvorschriften an die Kommission melden sollten. Insofern war also für 1992 als - unverbindlichem - Endpunkt in der Herausbildung des Binnenmarktes eine Bestandsaufnahme noch anpassungsbedürftiger nationaler Regelungen vorgesehen. Damit war der seit 1957 bestehende, jedoch in Art, Umfang und Zeit nicht genau spezifizierte Auftrag zu aktiver Anpassung der mitgliedsstaatlichen Vorschriften im Hinblick auf den Gemeinsamen Markt weiter konkretisiert worden. Insofern setzten sich die Mitgliedsstaaten in der Einheitlichen Europäischen Akte selbst unter Druck, auf Anregung der Kommission im Ministerrat in noch stärkerem Maße als bis dahin einer allgemeinen und umfassenden Anpassung einzelner nationaler Vorschriften, die dem Binnenmarkt im Weg standen, zuzustimmen.

Insbesondere mit Artikel 100a EWGV waren die im Weißbuch von 1985 enthaltenen Vorstellungen der Kommission zur Beschleunigung der Harmonisierung nationaler Rechtsordnungen und dort vor allem der technischen Vorschriften als verbliebenen Markthindernissen weitgehend umgesetzt worden.[899]

---

[898] Im Anhang zum Vertrag wiesen die Unterzeichnerländer für Artikel 100a EWGV aber darauf hin, daß die Kommission als Entscheidungsform die Richtlinie bevorzugen sollte, wenn beabsichtigte Angleichungsmaßnahmen Änderungen gesetzlicher Vorschriften in einem oder mehreren Mitgliedsstaaten erforderlich machen würden. Damit engte man nachträglich den im Vertrag weit gefaßten Maßnahmebegriff des Artikel 100a Absatz 1 EWGV, wenn auch auf gegenüber der Kommission unverbindliche Weise, wieder ein.

[899] Darauf, daß vor und nach der Einheitlichen Europäische Akte Rechtsangleichung in der Wirtschaftsgemeinschaft nur Mittel zur Erreichung des Integrationsziels des Gemeinsamen Marktes bzw. des Binnenmarktes war und nicht als Selbstzweck diente, weist Hayder, a. a. O. (Fn. 321), S. 622, 624, hin. Ähnlich Klein in Starck, S. 117, 123, der Rechtsangleichung und Rechtsvereinheitlichung noch nicht als entfunktionalisiert und nach wie vor einen ökonomischen Bezug als gegeben ansieht. Dies soll auch solange noch so bleiben, meint der Autor, wie sich die Angleichung nicht über Sicherung der Marktfunktionen hinausbewegt, um dann in der zielseitig definierten Europäischen Union aufzugehen.

Insofern waren die möglichen Handlungsformen und Befugnisse der Gemeinschaft im Hinblick auf die nationalen Rechtsordnungen zur Umsetzung des Binnenmarktes erweitert worden, während der gleichzeitige Wegfall der zentralen Vereinheitlichungsbemühungen im Bereich technischer Vorschriften sowie die Einführung des Mehrheitsprinzips die Harmonisierung deutlich erleichterte.[900]

Das so entstehende Bild einer gelungenen Reform der Möglichkeiten der Gemeinschaftsorgane, durch Entscheidungen in verbindlicher Form Einfluß auf die Angleichung nationale Vorschriften nehmen zu können, wurde jedoch durch weitere Regelungen der EEA getrübt. Einige Staaten wollten die Mehrheitsentscheidung des Rates nach Artikel 100a Absatz 1 EWGV nur akzeptieren, wenn die überstimmten Staaten bei besonderen Bedingungen diese Mehrheitsentscheidungen nicht auszuführen brauchten.[901] Erst die Staats- und Regierungschefs konnten diesen Konflikt lösen, indem sie Artikel 100a EWGV eigenhändig redigierten und Absatz 4 einfügten, der es bei Vorliegen der Voraussetzungen des Artikels 36 EWGV oder einer Beeinträchtigung der Arbeitsumwelt bzw. des Umweltschutzes einzelne Staaten gestattete, dem Angleichungsverlangen des Rates auf unbestimmte Zeit nicht nachkommen zu müssen.[902] Als Ausgleich dafür war nur die sofortige Möglichkeit der Kommission, bei einer Prüfung der Voraussetzungen von Artikel 100a Absatz 4 EWGV ohne Vorverfahren den Gerichtshof anzurufen, vorgesehen. Aufgrund der Klausel zugunsten von Mitgliedern, die eine Entscheidung nicht umsetzen wollten, verwundert es nicht, daß verschiedene Autoren zu dem Schluß kamen, daß oft nur die Mehrheit, aber nicht alle Mitglieder Mehrheitsentscheidungen zur Rechtsangleichung ausführen würden.[903] Gerade die Wissenschaft stand dieser aus Gründen eines politischen Kompromisses eingeführten, weitreichenden Ausnahmeregelung äußerst skep-

---

900 Klein in Starck, S. 117, 122 f. und Fn. 22, spricht von Erleichterung des Zustandekommens rechtsvereinheitlichender Akte durch die EEA und meint sowohl besondere Harmonisierungsbefugnisse als auch die neue allgemeine Kompetenz mit Art. 100a EWGV.

901 Vgl. Börner in FS für Rechtswissenschaftliche Fakultät Köln, S. 633, 639, mit Nachweis. Rogge, WRP 1986, S. 459, 461, sieht in Art. 100a Abs. 4 EWGV die Korrektur der Erleichterung des Entscheidungsverfahrens in Art. 100a Abs. 1 EWGV. Scharrer, a. a. O. (Fn. 892), S. 108, 110, benennt die Möglichkeit der Staaten für ein *„opting out"* als den Preis für das Entfallen des Einstimmigkeitserfordernisses bei der Rechtsangleichung.

902 Zu Art. 100a Abs. 4 EWGV und seinem Regelungsgehalt Glaesner, EuR 1986, S. 119, 134 ff. Meier, NJW 1987, S. 537, 539, betonte in diesem Zusammenhang besonders die Dauerhaftigkeit der Weigerungsmöglichkeit und die diesbezügliche Entscheidungsmöglichkeit des Staates im Vergleich zu Art. 100a Abs. 5 EWGV, der eine ratsseitige Befugnis zur Bewilligung von Schutzklauseln lediglich im Einzelfall und auf zeitlich befristete Weise beim Vorliegen der Voraussetzungen gemäß Art. 36 EWGV zur Verfügung stellte.

903 So Börner, a. a. O. (Fn. 901), S. 633, 639. Bei Meier, a. a. O. (Fn. 902), S. 537, 539, war neben einer Rechtfertigung des Europas der verschiedenen Standards durch den Art. 100a Abs. 4 EWGV noch vom Abschied von einer ordnungspolitischen Vorstellung die Rede.

tisch gegenüber, während sich die Kommission zum Zeitpunkt des Vertragsschlusses und auch in der späteren Entwicklung den Konsequenzen dieser vertraglichen Regelung überhaupt nicht bewußt zu sein schien.

Damit jedoch nicht genug der Vorschriften, die einer lediglich positiven Bewertung der Veränderungen am EWG-Vertrag durch die EEA entgegenstehen. So sah der mit Artikel 15 EEA eingeführte Artikel 8c EWGV vor, daß die Kommission bei Vorschlägen über Bestimmungen zur Verwirklichung der Ziele des Artikels 8a EWGV den Umfang der Anstrengungen zu berücksichtigen hatte, die einigen Volkswirtschaften mit unterschiedlichem Entwicklungsstand abverlangt werden konnten. Damit brauchten Maßnahmen nicht mehr für alle Mitglieder gleichzeitig und mit gleichem Inhalt wirken. Ob damit die seit Mitte der siebziger Jahre diskutierte abgestufte Vergemeinschaftung in den EWG-Vertrag aufgenommen worden war, wurde in der Literatur unterschiedlich bewertet. Die Vorstellung abgestufter Integration[904] geht auf eine Rede des bundesdeutschen Kanzlers Brandt zurück, welcher am 19. November 1974 dazu geäußert hatte:

> „... 4. Die Gemeinschaft braucht eine Politik der Abstufung der Integration. Angesichts der starken Unterschiede in der wirtschaftlichen Situation der verschiedenen Mitgliedsländer der Gemeinschaft würde eine mechanistische Gleichbehandlung aller Mitglieder bei ihren Rechten und Lasten den Zusammenhalt der Neun jetzt ernsthaft gefährden. Die Gemeinschaft sollte sich deshalb die Einsicht zu eigen machen, daß sie nicht geschwächt, sondern gestärkt wird, wenn die ihrer Wirtschaftslage nach objektiv stärkeren Länder die wirtschaftliche Integration voranbringen, während andere Länder aufgrund ihrer objektiv abweichenden Lage hieran zunächst in Abstufungen teilnehmen.
> Hierbei kann es sich keineswegs um eine „Abkoppelung" handeln, sondern es muß darum gehen, den gemeinsamen Rahmen zu erhalten und das gemeinsame Dach zu stärken. Man tritt niemandem zu nahe, wenn man darauf hinweist, daß die Bundesrepublik Deutschland, Frankreich und die Benelux-Länder über günstigere Voraussetzungen eines aufeinander abgestimmten Verhaltens verfügen, als dies gegenwärtig bei Italien und Großbritannien gegeben ist.
> Verständnis der Gemeinschaft für die Probleme dieser Partnerländer und aktive Unterstützung bei deren Lösung liegt in unserem wohlverstandenen Eigeninteresse. Dieses Prinzip stand schon auf einer Vielfalt von Ebenen zur Diskussion. Nur durch eine sinnvolle Differenzierung kann diesen Ländern wirksam geholfen werden.
> Verschiedene agrarpolitische Ratsbeschlüsse, aber auch die Aufnahme einer Gemeinschaftsanleihe bei den Ölländern und der bilaterale Währungskredit der Bundesrepublik für Italien sind Beispiele einer solchen Politik. ...“[905]

Der Gründe für diesen vorgeschlagenen Wechsel lagen im wesentlichen im wirtschaftlichen Bereich. Nach langen Wachstumsjahren gerieten die Gemeinschaftsmitglieder seit Beginn der siebziger Jahre zunehmend in ökonomische

---

904 Zur flexibilisierten Integration bei Brandt sowie Tindemans vgl. auch Giering, S. 99 ff.

905 Vor einer französischen Organisation, Volltext in Europa-Archiv 2/1975, S. D 33, D 36.

Schwierigkeiten, die zunächst aus der allgemeinen weltwirtschaftlichen Rezession jener Jahre, später aber auch besonders aus der Ölkrise resultierten.[906] Hinzu kamen der integrationspolitische Fehlschlag bei der Errichtung einer Wirtschafts- und Währungsunion im selben Zeitraum und weitere drängende Probleme, die sich mit innergemeinschaftlicher Verteilungsproblematik, steigenden nationalen Widerständen beim Vordringen der Vereinheitlichungsbemühungen in Kernbereiche staatlicher Aktivitäten[907], wachsender staatlicher Unternehmertätigkeit sowie der Aufnahme von Dänemark, Großbritannien und Irland als neuen Mitgliedern im Jahr 1973 umschreiben lassen.[908] Unter Berücksichtigung der ebenfalls anstehenden Süderweiterung der Gemeinschaft sank der Homogenitätsgrad hinsichtlich der Interessenlage alter, neuer und perspektivischer Gemeinschaftsmitglieder, zumal deren wirtschaftliche Leistungskraft erheblich differierte. Vor diesem Hintergrund und beim nach wie vor bestehenden Erfordernis einstimmigen Entscheidungen im Rat aufgrund des Luxemburger Übereinkommens verfiel die Gemeinschaft bezüglich grundlegender wirtschaftspolitischer Entscheidungen in weitgehende Handlungsunfähigkeit.[909]

Diesem Zustand abzuhelfen und zumindest eine Diskussion darüber anzuregen, war die Intention von Brandts Rede.[910] Er schlug die Aufhebung der Bindung der wirtschaftlich stärkeren an die schwächeren Mitglieder vor, wobei er dabei von einem positiven Effekt für die Gesamtgemeinschaft ausging. Seine weiteren Überlegungen lassen sich so zusammenfassen:[911] Abgestufte Integration sollte zur Wiederbelebung wirtschaftspolitischer Integration dienen. Die wirtschaftliche Stärke eines Landes war objektives Kriterium zur Rechtfertigung unterschiedlicher Integrationsgeschwindigkeiten, wobei eine Differenzierung nur für den Zeitfaktor, nicht aber bei sachlichen Inhalten erfolgen sollte. Brandt betonte die Erhaltung des gemeinsamen Rahmens der Gemeinschaft und die aktive Unterstützung wirtschaftlicher schwächerer Mitglieder.

Mehr als ein Jahr nach Brandts Vorschlag, am 29. Dezember 1975, unterbreitete der belgische Ministerpräsident Tindemans ähnliche Vorschläge. Tindemans war vom Europäischen Rat beauftragt worden, einen Bericht über die Herstellung einer Europäischen Union anzufertigen. Als Ausgangspunkt seiner Ausführungen zur wirtschaftspolitischen Problemlage innerhalb des Integrationsprozesses und diesbezüglicher Lösungen hatte Tindemans festgestellt, daß eine Wirtschafts- und Währungsunion zwar von allen Mitgliedsstaaten ge-

---

906 Siehe dazu oben unter C IV 4, S. 77 f., daneben auch die Ausführungen Becks auf S. 39.

907 Genannt seien Steuern, Wirtschaftsförderung, Konjunktur-, Stabilitäts- und Sozialpolitik.

908 Eine umfassende Darstellung der Probleme findet sich bei Scharrer in Grabitz, S. 1, 2 ff.

909 So auch Beck, S. 39, der sich auf die Neuaufnahme der drei genannten Staaten bezieht.

910 Bei Brandts Rede wird wegen der fehlender Details von einem „Denkanstoß", so bei Scharrer in Grabitz, S. 1, 7, oder von einem Konzept, so bei Beck, S. 40, ausgegangen.

911 Sie entstammen Scharrer in Grabitz, S. 1, 8, der diese zu Vergleichszwecken verwendet.

wünscht werde, aber die erforderlichen „politischen“ und „technischen“ Übereinstimmungen für dieses Projekt fehlten.[912] Um diesem Umstand Rechnung zu tragen, sah Tindemans eine Pflicht der Staaten zur Bindung an gemeinschaftliche Entscheidungen nur soweit vor, als sie im einzelnen als dazu fähig erschienen.[913] Begrenzt war dieser Ansatz damit in zweierlei Hinsicht. Zum einen sollte er sich nur auf wirtschaftspolitische Angelegenheiten beziehen - gemeint war primär die Wirtschafts- und Währungsunion[914] -, zum anderen beabsichtigte Tindemans keine sachliche, sondern nur eine zeitliche Differenzierung auf der Grundlage der objektiven wirtschaftlichen Leistungsfähigkeit. All dies sollte zudem auf einem gemeinschaftsverträglichen Weg geschehen, also am bis dahin entstandenen Gemeinschaftsstand nichts verändern. Einen Ausdruck der Bemühungen darum stellte die von Tindemans vorgeschlagene verfahrensmäßige Zuordnung der Feststellung einer abstufungsbegründenden wirtschaftlichen Lage zum Rat - auf Vorschlag der Kommission - und die begleitende gemeinschaftsseitige Unterstützung für diese Staaten dar. Letzteres sollte zur Verhinderung der Vertiefung der ökonomischen Unterschiede dienen. Die Ideen Tindemans lassen sich damit als Vorstellung einer Integrationsform mit gemeinsamer Zielfestlegung, zeitlich gestaffelter Zielverwirklichung und Solidarität untereinander zum Ausgleich existierender ökonomischer Unterschiede zusammenfassen.[915]

Mit den allgemeinen Ansätzen Brandts und Tindemans deutete sich eine Entwicklung an, die das Leitbild des Verschmelzungsprozesses - Vollintegration als Regelung gegenüber allen Mitgliedern zum gleichen Zeitpunkt und mit gleichem sachlichen Inhalt[916] - aufgrund der durch die Veränderungen der siebziger Jahre zunehmend schwindenden Homogenität der Interessenlagen der Mitgliedsstaaten hin zu einer nach wirtschaftlichen Kriterien differenzierenden Abstufung veränderte.[917]Die genannten Vorstellungen der beiden Politiker trafen,

---

912 Tindemans, a. a. O. (Fn. 691), S. D 55, D 66. Der argumentative Einstieg bezog sich auf die Gründe des Scheiterns der Wirtschafts- und Währungsunion zu Beginn der siebziger Jahre. Seither hatten sich die wirtschaftlichen Ausgangslagen der Mitglieder durch die Beitritte Dänemarks, Großbritanniens sowie Irlands weiter unterschiedlich entwickelt.

913 Die Hauptlinien abgestufter wirtschaftlicher Integration finden sich ebd., S. D 55, D 67 f.

914 Ebenso und dadurch konform mit Brandt auch Langeheine in EuR 1983, auf S. 227, 228.

915 Definition des Begriffs bei Beck, S. 44 ff., und Eiden, Europa-Archiv 12/1984, S. 365. Beide des *terminus* gehen auf den Aufsatz von Langeheine zu abgestufter Integration im europäischen Kontext, a. a. O. (Fn. 914), S. 227, 230, zurück und sind dadurch identisch.

916 Definition des rechtsbezogenen Vollintegrationsbegriffs bei Scharrer in Grabitz, S. 1, 12.

917 Ausgelöst durch die Problemlage in der Integrationsgemeinschaft und angeregt durch Brandts und Tindemans Vorschläge entwickelten sich weitere Ansätze zur Wiederbelebung wirtschaftspolitisch ausgerichteter Verschmelzungsprozesse. Dahrendorf schlug ein „Europa *à la Carte*“ vor, worin sich unter Beibehaltung einer als Rahmen fungierenden Gemeinschaftsstruktur freie Beteiligungsmöglichkeiten der Staaten bei Vorliegen ge-

über die Wirtschaftspolitik hinaus auch auf den Gemeinsamen Markt erweitert,[918] in der europarechtlichen Literatur der zweiten Hälfte der siebziger und zu Beginn der achtziger Jahre sowohl auf Zustimmung als auch auf Ablehnung. Die zustimmende Fraktion stellte vor allem die Lösung der Beitrittsprobleme im Hinblick auf die fehlende wirtschaftliche Leistungsfähigkeit der neuen Mitglieder sowie mehr Flexibilität innerhalb der Gemeinschaft heraus und betonte die daraus entstehende Möglichkeit zu Fortschritten bei der Handels-, Geld- und Währungspolitik.[919] Außerdem beständen *de facto* schon nach dem damals bestehenden Vertrag Abstufungen gegenüber bestimmten Staaten, so daß deren verstärkte Berücksichtigung im Vertrag denkbar wäre.[920]

Die erhoffte Wirkung, den Integrationsprozeß in wirtschaftspolitischer Hinsicht wieder zum Leben zu erwecken, stellte sich jedoch für viele andere als mit der Aufgabe von wesentlichen Grundgedanken der europäischen Integration verbunden dar. So wurden Befürchtungen laut, daß die forcierte Integration unter den ökonomisch stärkeren Staaten zu suboptimalen Lösungen, bewertet aus der Perspektive der Gesamtgemeinschaft, führen würde. Als Nachteil drohte auch ein weiteres Auseinanderdriften der Staaten in der wirtschaftlichen Leistungsfähigkeit sowie ihrer wirtschaftspolitischen Vergemeinschaftungsbereitschaft. Gerade in Anbetracht des Rechts als einigendem Faktor sah man eine Durchbrechung der Rechtsgemeinschaft aufgrund der Sanktionsmöglichkeiten innerhalb der abgestuften Integration voraus, da dann nicht mehr dieselben Vorgaben für alle Mitgliedsstaaten zum selben Zeitpunkt gelten sollten.[921] Zudem bestanden im Detail Bedenken wegen der im Tindemans-Bericht fehlenden zeitlichen Begrenzbarkeit der angedachten Abstufungen sowie bezüglich der generellen Vereinbarkeit mit weiteren Grundsätzen des Vertrages über die Wirtschaftsgemeinschaft.[922] Die Diskussion um Vor- und Nachteile abgestufter Inte-

---

meinsamer Interessen ergeben sollte. Die französische Idee eines „*Europe à géométrie variable*", ausgehend vom Planungskommissariat, verfolgte eine ähnliche Richtung, wobei verschiedene Gemeinschaftsprojekte durch Zusammenarbeit einiger, nicht aber aller Mitglieder zu verwirklichen waren. Vgl. Beck, S. 42 ff., Langeheine, a. a. O. (Fn. 914), S. 227, 228, sowie Scharrer in Grabitz, S. 1, 13 f., wobei letzterer, S. 14 ff., eine Konzeption zum Transfer der Abstufungsidee von der Wirtschaftspolitik auf andere Gebiete entwikkelte. Zu wissenschaftlicher Verarbeitung der an sich politischen Idee Giering, S. 101 ff.

918 So als Startpunkt entsprechender Überlegung von Eiden, a. a. O. (Fn. 915), S. 365, 366.

919 Ein Beispiel dafür ist Lahnstein, Europa-Archiv 9/1978, S. 263, 270, der sich am Ende von Überlegungen zur Ausgestaltung der schon länger vorgesehenen Wirtschafts- und Währungsunion optimistisch über die abgestufte Integration als ein Mittel hierzu äußert.

920 Ebd., S. 263, 270. Grabitz/Iliopoulos in Grabitz, S. 31, 33 ff., weisen die Richtigkeit dessen in einer Übersicht zu den Wirkung von Gemeinschaftsregeln auf die Mitglieder nach.

921 Zu diesem und zu den weiteren Gegenargumenten wieder Scharrer in Grabitz, S. 1, 22 ff.

922 Langeheine, a. a. O. (Fn. 914), S. 227, 230 und 231 ff. Er stand der Abstufung skeptisch gegenüber. Eiden, a. a. O. (Fn. 915), S. 365, 368 ff. untersucht Kernelemente des Gemeinsamen Marktes (freier Warenverkehr, sonstige Marktfreiheiten, Politiken) auf eine

gration zur Wiederbelebung des Vergemeinschaftungsprozesses ebbte Mitte der achtziger Jahre wegen der Änderungen in der Einheitliche Europäische Akte ab.

Der Auftrag an die Kommission aus Artikel 8c EWGV, auf die wirtschaftlichen Möglichkeiten der Mitgliedsstaaten bei der Festlegung von Maßnahmen zur Erreichung des Binnenmarktes Rücksicht zu nehmen, wurde von der Rechtswissenschaft aufgrund der in den Jahren zuvor stattgefundenen Diskussionen als selbstverständliche Einführung der abgestuften Integration in den Gemeinschaftsvertrag bewertet.[923] Einige wenige Autoren argumentierten dagegen, daß Artikel 8c EWGV aufgrund seines Absatzes 2 und in Verbindung mit der Umsetzungsfrist des Binnenmarktes aus Artikel 8a EWGV als zeitlich begrenzt verstanden werden müsse und damit auch nicht über das hinausgehe, was auch schon vor 1986 an Möglichkeiten zur situationsbedingten Vermeidung sofortiger Vollintegration auf vertraglicher Grundlage zur Verfügung gestanden hätte.[924] Andere wiederum wollten bei der Beurteilung, ob es sich nun mit der Einheitlichen Europäischen Akte um die Aufnahme der Konzeption abgestufter Integration handelte oder nicht, die tatsächliche Entwicklung nach Inkrafttreten des Vertrages abwarten oder versuchten sich an Lösungen, die das Prinzip abgestufter Integration mit den zeitlichen Aussagen von Artikel 8c EWGV in Übereinstimmung bringen sollten.[925] Diejenigen Autoren, die Artikel 8c EWGV und Artikel 100a Absatz 4 EWGV als Ausprägung abgestufter Integration empfanden,[926] mußten sich jedoch auch den schon vorher geäußerten Bedenken im

---

mögliche Vereinbarkeit mit den Prinzipien abgestuften Integration. Er kommt dabei und hinsichtlich der Rechtsangleichung (S. 374) zum Schluß, daß am Maßstab des Vertrages über die Europäische Wirtschaftsgemeinschaft abgestufte Integration unzulässig sei.

923 Zu Art. 8c EWGV war meist von der Einführung des „Europa der zwei Geschwindigkeiten" oder eben von Aufnahme abgestufter Integration in den Vertrag die Rede. Befürwortend äußerten sich Magiera in GS für Geck, S. 507, 528 - er verwies gleichzeitig auf eine damit bewirkte Schwächung des Gerichtshofs, der bis dahin über die einheitliche Rechtsanwendung in der Gemeinschaft gewacht hatte -; Pescatore, a. a. O. (Fn. 320), S. 153, 159; Rogge, a. a. O. (Fn. 901), S. 459, 461; Scharrer, a. a. O. (Fn. 892), S. 108, 112, unter Bezug auf seinen Beitrag in Grabitz, S 1 ff., zum Gegenstand abgestufter Integration; Sedemund/Montag, NJW 1987, S. 546, sowie Wessels, Integration 1986, S. 65, 67.

924 Ausgehend von Glaesner, a. a. O. (Fn. 902), S. 119, 134; verweisend darauf Ehlermann, CMLR 1987, S. 361, 374 f., und Groeben/Thiesing/Ehlermann, 4. Aufl., Bd. 1, Art. 8c, Rn. 12 (Pipkorn). Zu anderen zeitlich begrenzten Ausnahmen in den Gemeinschaftsverträgen vor der Einheitlichen Europäischen Akte Hayder, a. a. O. (Fn. 321), S. 622, 645.

925 Für erstes Müller-Graff, a. a. O. (Fn. 880), S. 107, 139; für zweites Hayder, a. a. O. (Fn. 321), S. 622, 643 f., der zwar Art. 8c EWGV als Ausprägung abgestufter Integration verstand, ihn aber nur als wenig über das hinausgehend ansah, was an zeitlicher Verzögerung gemäß der sonstigen Vorschriften aus dem Gemeinschaftsvertrag zugelassen war.

926 Auch Art. 100a Abs. IV EWGV wurde als Ausprägung abgestufter Integration bezeichnet, Meier, a. a. O. (Fn. 902), S. 537, 539; Scharrer, a. a. O. (Fn. 892), S. 108, 110 f. und

Hinblick auf dieses Konzept bei der Beurteilung möglicher Integrationsfortschritte in Abwägung zu den Risiken des Unterschreitens eines bestimmten, ausreichenden Einigkeitsgrades stellen.[927] Als Beispiel dessen mögen hier nur die Ausführungen von Rogge gelten, die Artikel 100a Absatz 4 EWGV als potentielle Gefahr für den Binnenmarkt bezeichnete, jedoch auch betonte, daß eine vorsichtige und punktuelle Nutzung der Möglichkeit, rechtsangleichende Mehrheitsbeschlüsse des Rates nicht umzusetzen, wahrscheinlicher sei als ein großangelegtes und häufiges Ausscheiden der Mitgliedsstaaten aus dem Angleichungsprozeß.[928] Sie führte diese Einschätzung auf das sehr vorsichtige Vorschlagsverhalten der Kommission zurück, die die Besonderheiten der einzelnen Mitgliedsstaaten berücksichtigen und keine Initiativen unterbreiten werde, die eine erhöhte Wahrscheinlichkeit der Berufung eines Landes auf Artikel 100a Absatz 4 EWGV mit sich bringen würde. Insofern herrschten zwar vorsichtige Bedenken im Hinblick auf den Umgang der Mitgliedsstaaten und der Gemeinschaften mit den ihnen nun zur Verfügung stehenden Artikeln 8c und 100a EWGV zur Flexibilisierung des Integrationsprozesses vor, jedoch bestand auch ein verhaltener Optimismus dahingehend, daß die Kommission, der Rat und die Mitgliedsstaaten im Hinblick auf den von allen grundsätzlich gewünschten Integrationsfortschritt mit diesem Instrumentarium vorsichtig und im Bewußtsein der diesbezüglich sehr großen Verantwortung gegenüber der Gemeinschaft als solcher und den übrigen Mitgliedsstaaten umgehen würden.

Trotz dieser nur verhalten optimistischen, von erheblichen Bedenken geprägten Haltung der Wissenschaft kam es nach dem Inkrafttreten der Änderungen, die die Einheitliche Europäische Akte für den Vertrag über die Europäische Wirtschaftsgemeinschaft vorgesehen hatte, zu schnellen und erfolgreichen rechtlichen Anpassungsmaßnahmen - auch in Form gegenseitiger Anerkennung[929] -, womit sich die Befürchtungen der Kritiker im wesentlichen nicht bestätigten. Weder kam es zu einem inflationären *„opting out"* der in den Abstimmungen nach dem Mehrheitsprinzip unterlegenen Staaten auf dem Wege des Artikel 100a Absatz 4 EWGV noch zu einer umfangreichen, den Gemeinschaftszusammenhalt sprengenden Anwendung der Vorgaben des Artikels 8c EWGV durch die Kommission im Rahmen ihrer Vorschlagstätigkeit. Es überwog die wiedergewonnene Handlungsfähigkeit der Gemeinschaft, die sich - auch und besonders auf rechtsangleichendem Gebiet - durch eine schnelle Be-

---

Wessels, a. a. O. (Fn. 923), S. 65, 67. Börner in FS Rechtswissenschaftliche Fakultät Köln, S. 633, 641, sprach davon, daß eine „Integration *à plusieures vitesses*" legalisiert sei. Dies gebe, so seine Ansicht, die Rechtseinheit der Gemeinschaft auf. Hier wird klar, daß die abgestufte Integration als Gefahr für die Vergemeinschaftung empfunden wurde.

927 Im Zusammenhang damit vgl. unter anderem auch Wessels, a. a. O. (Fn. 923), S. 65, 67.

928 Hierzu sowie zur folgenden Begründung vgl. Rogge, a. a. O. (Fn. 901), auf S. 459, 461.

929 Eine Übersicht zur Beseitigung technischer Marktverzerrung für den Zeitraum zwischen 1987 und September 1988 entwickelt Müller-Graff, a. a. O. (Fn. 880), auf S. 107, 114 ff.

seitigung der technischen Markthindernisse, wie es von der Kommission im Weißbuch zum Binnenmarkt vom 14. Juni 1985 vorgesehen worden war, äußerte. Die mit der Einheitlichen Europäischen Akte einsetzende tatsächliche Integrationsentwicklung widerlegte die gerade genannten Bedenken der Skeptiker.

Insgesamt läßt sich hier zusammenfassen, daß die Umsetzung der Vorstellungen der Kommission aus ihrem Weißbuch in der Einheitlichen Europäischen Akte eine aus heutiger Perspektive durchaus positive Veränderung des grundlegenden Konzepts der Rechtsvereinheitlichung bewirkte. Dies führte zu einem Wiederaufleben der Integrationsbemühungen auch auf rechtsangleichendem Gebiet, sei es durch zentrale Anpassungsmaßnahmen der Gemeinschaft oder die gegenseitige Anerkennung bereits bestehender nationaler Rechtsvorschriften. Die Bedenken gegenüber der abgestuften Integration als Konzept haben sich dagegen nicht bewahrheitet Es ist weder zum wirtschaftlichen noch zum politischen Auseinanderdriften der Gemeinschaft gekommen. Damit müssen die Veränderungen der EEA als die erfolgreiche Reform der Rechtsangleichungsidee bewertet werden.

γ) Vertrag über die Europäische Union

Im Gegensatz zu den aufgrund einer ein ganzes Jahrzehnt anhaltenden wissenschaftlichen Diskussion ergangenen Reformen des Konzepts zur Rechtsangleichung in der Einheitlichen Europäischen Akte ließ der Vertrag über die Europäische Union vom 7. Februar 1992 sowohl die bereits existierenden besonderen Anpassungsbefugnisse innerhalb der Einzelvorschriften zur Marktgestaltung als auch die allgemeinen Kompetenzen in den Artikeln 100 ff. EWGV im Übergang zum Vertrag über die Europäische Gemeinschaft von ihrer Grundaussage her unverändert. Zwar kam es in den Artikeln 57 Absatz 2, 99, 100 und 100a EWGV zu Überformungen, diese waren aber der umfassenderen Beteiligung des Parlaments nach dem neuen Artikel 189b EGV geschuldet. An der Unterscheidung zentraler Harmonisierung von gemeinschaftswichtigen Kernbereichen und dem Anerkennungsverfahren technischer Vorschriften hatte sich ebenfalls nichts verändert. Jedoch wurden der Rechtsangleichung durch allgemeine Vorschriften Grenzen gesetzt. Die europäischen Institutionen konnten schon seit den Gründungsverträgen nach dem Grundsatz der begrenzten Einzelermächtigung nur dort tätig werden, wo sie ausdrücklich dazu ermächtigt waren. Nun trat mit dem neu eingefügten Artikel 3b EGV in dessen Absatz 2 das sogenannte Subsidiaritätsprinzip als weitere wesentliche Einschränkung des gemeinschaftlichen Handelns und damit auch der Harmonisierungstätigkeit hinzu.[930] Das Subsidiari-

---

930 Die umfangreiche Diskussion über Herkunft, Sinn und Inhalt des Subsidiaritätsprinzips auf europäischer Ebene kann hier nur am Rande und in zu 1992 zeitnahen Darstellungen berührt werden. Zu den allgemeinen geschichtlichen Wurzeln des Prinzips in der Katholischen Soziallehre und dem Kommunalrecht sowie zur konkreten Entstehung von Art. 3b

tätsprinzip des Gemeinschaftsvertrages sagte aus, daß bei konkurrierender Gemeinschaftszuständigkeit die Gemeinschaft nur dann handeln sollte, wenn die anzustrebenden Ziele aufgrund ihrer Bedeutung oder ihrer Relevanz für das gesamte Gemeinschaftsgebiet durch die Mitgliedsstaaten selbst nicht in genügendem Maße oder mit hinreichender Qualität erreicht werden konnten.[931] Daher begrenzte auch Artikel 3b Absatz 2 EGV die Harmonisierungstätigkeit auf einen Kernbereich, der durch die Länder selbst nicht ausreichend im Sinne der Integration bearbeitet werden konnte. Das mit der EEA eingeführte Konzept der Beschränkung der Gemeinschaft auf eine Basisangleichung wurde durch eine allgemeine Vorschrift bestätigt und gleichzeitig eine Rückkehr zur Praxis der Vollintegration zumindest im Bereich konkurrierender Zuständigkeit[932] der Gemeinschaft und der Mitglieder für die Zukunft ausgeschlossen.

Die Aufnahme neuer Aufgabenbereich für die Gemeinschaft im Unionsvertrag trug ebenfalls nichts zum Ausbau der Rechtsangleichungsbefugnisse bei. Die Organe des Integrationsverbandes waren hier auf die Förderung bestimmter Entwicklungen begrenzt, ohne daß dazu Entscheidungskompetenzen auf sie übergegangen wären. Ganz im Gegenteil, die Regelungen zu den neu eingeführten Aufgabengebieten Ausbildung, Berufsbildung, Kultur und Gesundheitswesen schlossen jegliche Rechtsangleichung aus.[933] Die Vorschriften in Artikel 126 Absatz 4, Artikel 127 Absatz 4, Artikel 128 Absatz 5 und Artikel 129 Absatz 4 EGV enthielten ein ausdrückliches, gegenüber den Gemeinschaftsorganen ausgesprochenes Verbot, bei nach der Vertragslage zulässigen Maßnahmen zur Förderung in diesen Gebieten auch nationale Rechts- und Verwaltungsvorschriften anzugleichen. Insofern blieb den Gemeinschaftsorgane nur Artikel 100a Absatz 1 EGV als Grundlage von Maßnahmen in den genannten Bereichen, sobald sich zumindest partiell Bezüge zum Binnenmarkt finden ließen.[934]

Abs. 2 EGV vgl. Lecheler, Subsidiaritätsprinzip, S. 29 ff. und S. 12 ff.; ersteres stellt auch Pipkorn, EuZW 1992, S. 697, 698, dar. Zu subsidiaritätsähnlichen Gehalten in den Gemeinschaftsverträgen vor 1992 findet sich in Schima, S. 55 ff., eine sehr ausführliche Übersicht. Müller-Graff, ZHR 159 (1995), S. 34, 46 ff und S. 54, untersucht die Ausprägung des Subsidiaritätsprinzips in Art. 3b Abs. 2 EGV sowie die besonderen Gründe zu dessen Einführung, die der Autor als eine Gegenreaktion auf die Harmonisierungstätigkeit der europäischen Institutionen nach der Einheitlichen Europäischen Akte einschätzt.

931 Zum begrifflichen Verständnis von Subsidiarität allgemein und diesbezüglichen Schwierigkeiten Lecheler, Subsidiaritätsprinzip, S. 43 ff.; Schima, S. 2 ff. Müller-Graff, a. a. O. (Fn. 930), S. 34, 59 ff., erläutert die beiden genannten Voraussetzungen nicht-ausschließlicher Zuständigkeit und die Prognose ungenügenden Zielerreichung durch die Staaten.

932 Schwierigkeiten bereitete die Bestimmung konkurrierender Gemeinschaftskompetenzen, da eine eindeutige Befugnisteilung zwischen Gemeinschaft und Mitgliedsstaaten auf europäischer Ebene von Beginn an fehlte. Vgl. dazu Pipkorn, a. a. O. (Fn. 930), S. 697, 698.

933 Zum folgenden und schon zum Subsidiaritätsprinzip vgl. Dreher, JZ 1999, S. 105, 107 f.

934 Dazu auch Pipkorn, a. a. O. (Fn. 930), S. 697, 698, der die Regelungen der Art. 126 bis 129 EGV ebenfalls nur als eine besondere Ausprägung des Subsidiaritätsprinzips ansieht.

Zusammenfassend ist bezüglich des Gründungsvertrages der Europäischen Union im Hinblick auf die Rechtsangleichung mit Ausnahme einer Begrenzung allgemeiner Harmonisierungsbefugnisse sowie der Ausnahme der neuen Aufgabenbereiche aus der Angleichungsbefugnis der Gemeinschaftsorgane keine wesentliche konzeptionelle Änderung gegenüber dem durch die Einheitliche Europäische Akte vom 17. bzw. 27. Februar 1986 geschaffenen Zustand erkennbar.

δ) Zusammenfassung

In der Weiterentwicklung der Gründungsverträge der verschiedenen Gemeinschaften nach 1957 lag ein entscheidender Wandel in der Herangehensweise an die Angleichung nationaler Rechtsvorschriften. Bei allgemeinen Regelungen mit Marktrelevanz außerhalb von Sondervorschriften in einzelnen Artikeln des Vertrages über die Europäische Wirtschaftsgemeinschaft fand ein Übergang von der Vollintegration zu einem Konzept der von Gemeinschaftsseite zu leistenden Kernintegration und Anerkennung der gleichen Schutz gewährenden Vorschriften der einzelnen Mitglieder statt. Dieser mit der Einheitlichen Europäischen Akte vorgenommene Prämissenwechsel bewirkte im engen Zusammenhang mit institutions- und verfahrensbezogenen Veränderungen im Hinblick auf die Mehrheitserfordernisse im Rat sowie dem Gedanken der abgestuften Integration nicht nur eine Wiederbelebung des Integrationsprozesses in wirtschaftspolitischer Hinsicht, sondern auch eine Wiedergewinnung an Wirksamkeit für das Integrationsmittel der Rechtsangleichung selbst. Diese Entwicklung glich den Effizienzverlust aus, der sich aufgrund des aufrechterhaltenen Einstimmigkeitserfordernisses im Rat nach der Integrationskrise von 1965 und 1966 sowie der zunehmenden Konzentration der Harmonisierungsbemühungen auf technische Vorschriften ergeben hatte. Die in der Einheitlichen Europäischen Akte fixierte Konzeption, die ihre Funktionsfähigkeit bei der schnellen Beseitigung verbliebener Handelshemmnisse im Zuge der Realisierung des Binnenmarktes zwischen 1987 und 1992 unter Beweis gestellt hat, blieb im Vertrag über die Europäische Union aus dem Jahr 1992 in ihrem Bestand unangetastet. Über die allgemeine Vorschrift des Artikel 3b Absatz 2 EGV wurde die Rechtsanpassungsbefugnis jedoch eingegrenzt, während entsprechende Kompetenzen für die neuen gemeinschaftlichen Aufgabenbereiche gar nicht erst installiert wurden. Insofern stand der Gemeinschaft am Ende des Untersuchungszeitraumes mit der Harmonisierung ein effektives, flexibles Mittel zur Beförderung des Integrationsprozesses zur Verfügung, das gewissen Beschränkungstendenzen unterlag.[935]

---

[935] Zum Ausdruck kam dies ebenfalls durch die nach 1992 einsetzende Debatte, ob die Rechtsangleichung weiter „von oben“, also durch die Gemeinschaftsinstitutionen, oder „von unten“ in Form eines Wettbewerbs der nationalen Rechtsordnungen geschehen sollte. Besondere Relevanz besaß dies für die Angleichung des Privatrechts als marktbezogener Materie. Vgl. dazu Dreher, a. a. O. (Fn. 933), S. 105, 108 ff. - Mussler, S. 65 ff.

(3) Fazit

Aus der Untersuchung der Quellen zum europäischen Einigungsprozeß zwischen 1950 und 1992 hat sich hinsichtlich der Wirkungen von Entscheidungen auf die Rechtsordnungen der Mitgliedsstaaten zur Angleichung nationaler Regelungen zweierlei ergeben. Zum einen fand, ausgehend von Harmonisierung als eher einzelfallbezogener Reaktion auf die Verzerrung der Märkte in der Montanunion, zwischen Mitte der siebziger und Mitte der achtziger Jahre ein Wechsel weg von der nach dem Vertrag über die Wirtschaftsgemeinschaft möglichen Vollangleichung hin zu einer Basisharmonisierung unter Anerkennung gleichwertiger Vorschriften der Mitgliedsstaaten statt. Zu zweiten waren Rechtsangleichungsbestrebungen ausschließlich mit der Herstellung von gemeinsamen Märkten bzw. dem Binnenmarkt verbunden.[936] Weitere Kompetenzen zur Harmonisierung darüber hinaus bestanden nicht.

Der Unionsvertrag setzte mit der Einführung des Subsidiaritätsprinzips und dem ausdrücklichen Ausschluß der neu aufgenommenen Aufgabengebiete einer fortschreitenden Rechtsangleichung über die Errichtung eines einheitlichen Wirtschaftsraumes hinaus weitere Grenzen. Damit stellt sich Rechtsangleichung in den Mitgliedsstaaten ebenfalls als eng auf den Marktsektor begrenzt dar. Eine politische Grundentscheidung zur Angleichung von Vorschriften jeglicher Art wurde nicht getroffen und sollte - belegt durch die Artikel 126 bis 129 EGV - so auch nicht getroffen werden. Bei den innerhalb der Rechtsangleichung zum Einsatz gekommenen Entscheidungsformen handelte es sich innerhalb der Montanunion um solche konkreter Art, die sich auf einen Vertragsverletzungsfall bezogen, während später mit dem Vertrag über die Gründung der Europäischen Wirtschaftsgemeinschaft und der Positionierung von Harmonisierung nationaler Rechtsvorschriften als allgemeines Integrationsmittel ausschließlich Formen abstrakt-genereller Art zum Einsatz kamen. Dabei war die Form der Richtlinie vorherrschend, die den Staaten lediglich ein verbindliches Ziel im Sinne eines Regelungsgehaltes vorgab, die Art und Weise der konkreten Umsetzung jedoch dem Mitglied überließ.[937] Trotz dieser Offenheit im Hinblick auf die Ausführung hat sich die Harmonisierung von Rechtsvorschriften bis Mitte der sechziger Jah-

---

und 88 ff., entwickelt dies zur Theorie der Rechtsangleichung durch Wettbewerb oder Intervention weiter, wobei bis 1992 unbestritten nur die letzere im Vordergrund stand.

936 Everling in FS für Schmidt, S. 165, 166, sprach schon aus der Sicht der Mitte der siebziger Jahre im Hinblick auf den bis dahin unveränderten Art. 100 EWGV von der Sachbezogenheit der Rechtsangleichung, die keine Verwirklichung von allgemeinen Rechtsideen möglich machte. Daran änderte Art. 100a EWGV auch nichts, da er an den Binnenmarkt des Art. 8a EWGV gebunden blieb. Jedoch sicherte eine weite Auslegung der Bestimmungen eine umfassende Angleichungskompetenz des Rates auch in den Randbereichen.

937 Die kritisierte schon Everling in FS für Schmidt, S. 165, 172 f., als einen Grund für die bremsende Wirkung des Angleichungsverfahrens, da es noch einer Umsetzung bedurfte.

re und in der Umsetzung des Binnenmarktziels zwischen 1987 und 1992 als das Hauptmittel zur Integration im wirtschaftlichen Bereich, also der Herstellung gleicher Bedingungen, erwiesen. Sie stellt wegen der verwendeten Entscheidungsformen gleichzeitig Integration durch Recht dar und ist Bestandteil der Verrechtlichung des Verhältnisses zwischen Gemeinschaft und Mitgliedsstaaten.

dd) Zusammenfassung

Hinsichtlich der beiden Unterarten objektiver Integrationsmittel entsprechend der Lehre Smends läßt sich festhalten, daß beide, jedoch in unterschiedlichen Anteilen hinsichtlich der Zielgruppen, vorhanden sind. Besonders bezüglich der einzelnen Entscheidungsformen hat sich ähnlich wie bei der Institutionalisierung ein fester Bestand herausgebildet, der zur Transformation einzelner Inhalte geeignet ist, jedoch bezüglich der entscheidungstragenden Institutionen und der erforderlichen Verfahren nicht gleichartig effizient auf den Integrationsvorgang wirkt. Die herausgearbeiteten, mittlerweile akzeptierten Mittel lassen sich nach entsprechender Anpassung auch für den weiteren Integrationsverlauf einsetzen.

d) Erkenntnisse für den weiteren Einsatz erlebbarer Mittel

Entsprechend der Aufgabenstellung dieser Arbeit, aus den gewonnen Erkenntnissen über die Ziele und die Mittel europäischer Integration vorsichtige Schlußfolgerungen im Hinblick auf den weiteren Integrationsprozeß abzuleiten, ergeben die vorangehend erzielten Ergebnisse Anlaß zur Kritik am Verhältnis der eingesetzten objektiven Mittel zueinander und zum Verhältnis ihrer Wirksamkeit auf teilnehmenden Staaten und die Individuen als den beiden Zielgruppen.

Zu konstatieren ist zunächst, daß sich im Untersuchungszeitraum ein ausgeprägtes System von Institutionen und eine klare Abgrenzung von deren Aufgaben und Kompetenzen herausgebildet hat. Die Erlebbarkeit der Tätigkeit dieser Organe steht dazu jedoch besonders hinsichtlich des Einzelnen in keinem Verhältnis. Während die Mitgliedsstaaten als eine Zielgruppe im Mehrebenensystem der europäischen Integration in Form ihrer Regierungen und zum Teil ihrer Parlamente von Beginn an der Besetzung dieser Institutionen beteiligt waren, läßt sich dies für die Individuen erst Ende der siebziger Jahre mit der Einführung der Direktwahl des Europäischen Parlaments ansatzweise ausmachen. Aufgrund der geringen Entscheidungsbefugnissen des Parlaments und seinem im wesentlichen fehlenden Einfluß auf die Besetzung der Kommission kann diese Möglichkeit des Erlebens jedoch kaum mit dem der Mitgliedsstaaten gleichgesetzt werden. Unter Berücksichtigung des Umstandes, daß direkte Entscheidungsmitwirkung des Einzelnen etwa in Abstimmungen auf nationaler Ebene ebenfalls nicht vorhanden waren, ist zumindest bis 1992 das Vorliegen eines erheblichen Ungleichgewichts bei der Erlebbarkeit der Besetzung der Gemeinschaftsorgane zwischen den Zielgruppen festzuhalten. Dies betrifft sowohl das Fehlen einer durchaus denkbaren direkten Bestimmung des Kommissionspräsidenten ähnlich eines Ministerpräsidenten durch Wahl seitens der gemeinschaftsangehörigen Individuen, also auch eine zumindest mittelbare Festlegung durch die direkt gewählten Angehörigen des Parlaments. Letzteres würde gleichzeitig eine Stärkung von dessen Position gegenüber den anderen Organe mit sich bringen, die die Einführung der Direktwahl nicht zu leisten vermochte. In dieser Hinsicht ist auf Tendenzen zu verweisen, wie sie mit der Einführung des Erfordernisses der Bestätigung der personellen Besetzung der Kommission durch das Parlament und das unmittelbar auf erstere durchschlagende Mißtrauensvotum bereits am Ende des Untersuchungszeitraumes im Unionsvertrag enthalten waren und die bei entsprechender Fortsetzung auch weiterhin zum Abbau dieses Ungleichgewichts beitragen können. Es geht dabei nicht nur um Herstellung von Legitimationsketten im engeren verfassungsrechtlichen Sinn, sondern die Erschaffung umfassender Erlebbarkeit, die im Rahmen einer europäischen Öffentlichkeit und unter Einschaltung europäischer Parteien geschehen muß.

Eine zweite Schwäche hinsichtlich der Erlebbarkeit von Entscheidungen der Organe läßt sich in der Bevorzugung der Dezisionsform der Richtlinie durch den Rat bei den in erheblichem Umfang ergriffenen Maßnahmen der Rechtsangleichung ausmachen. Diese Richtlinien banden, wie dargestellt, nur hinsichtlich des Ziels die Mitgliedsstaaten, die ihrerseits Maßnahmen zu dessen Umsetzung ergreifen mußten. Insofern gestalteten sich rechtsangleichende Regelungen der europäischen Ebene nicht als erkennbar für die letztendlich davon betroffenen Individuen, da Normsetzer eben kein Gemeinschaftsorgan, sondern die nationale Legislative war. Dies beließ den Mitgliedsstaaten zwar zusätzlichen Raum, um gemeinschaftliche Vorgaben angepaßt in ihrem nationale Bereich umzusetzen, führte jedoch innerhalb einer Konzeption, die in der Europäischen Wirtschaftsgemeinschaft und danach die Harmonisierung nationaler Rechts- und Verwaltungsvorschriften anstelle einer Vielzahl von Einzelentscheidungen zur Herstellung eines gemeinsamen Marktes vorzog, dazu, daß der Zusammenhang der Sachentscheidung mit ihrem Ursprung, nämlich europäischen Institutionen, für den Einzelnen gerade auch hinsichtlich der verschiedenen, ihn im täglichen Leben betreffenden Materie verlorenging. Eine Veränderung dessen und die Bevorzugung unmittelbar auf Staat und Individuum wirkender Entscheidungsformen - zum Beispiel die der Verordnung - hätte jedoch wieder zur Konsequenz, daß durch den Wegfall nationaler Spielräume bei der Umsetzung die Kompromißbereitschaft im Rat sinken und der Integrationsprozeß an anderer, die Institutionen betreffender Stelle neue Hindernisse bei der Herausbildung der großen Einheit auf europäischer Ebene eintreten würden. Letztendlich hängt also auch hier alles davon ab, inwieweit die Mitgliedsstaaten bereit sind, weitere Einflußmöglichkeiten auf den Integrationsprozeß an die Gemeinschaftsorgane abzugeben und sich damit möglicherweise Entscheidungen auszusetzen, die nicht ihren Interessen entsprechen, wobei solche Widersprüche jedenfalls nicht mehr über den Weg des nationalen Umsetzungsverfahrens ausgeglichen werden könnten.

3. Schlußfolgerungen für die objektive Integrationsdimension

Hierzu lassen sich Ergebnisse formulieren, die das Nebeneinander von Institutionen und der Erlebbarkeit von deren Entscheidungen betreffen. Unabhängig von dem recht banalen Schluß des Vorhandenseins objektiver Integrationsmittel überhaupt muß nochmals das Überwiegen der Ausgestaltung der einzelnen Institutionen zur Erhaltung des Einflusses der Mitgliedsstaaten betont werden, während die Erlebbarkeit besonders für den Einzelnen weit zurückstand. Damit ist nicht nur ein Rückstand der Erlebbarkeit hinsichtlich der Besetzung der Organe gegenüber deren Entscheidungstätigkeit, sondern ein ähnliches Ungleichgewicht zwischen Institutionalisierung und deren Wirkung auf die Individuen zu konstatieren. Entsprechend den Aussagen des politikwissenschaftlichen Institutionenmodells bezüglich des Standes von Integration läßt sich auch für die Integrationsmittel der Schluß ziehen, daß erhebliche Niveau- und Einflußunterschiede der einzelnen Mittelgruppen zueinander ihre kumulative Wirksamkeit auf den Verschmelzungsvorgang mindern. Es besteht die Gefahr, daß immer mehr ausdifferenzierten Organe unter Beibehaltung der im wesentlichen gegenüber den Staaten wirkenden Entscheidungspraxis der erforderliche Erlebniszusammenhang im Hinblick auf die Individuen verloren geht, so daß der Verschmelzungsprozeß als Torso einer Vollintegration auf die Mitgliedsstaaten beschränkt bleibt. Damit ist für den Fortgang der Integrationen die Aufgabe zu formulieren, Institutionalisierung und die Formen der Erlebbarkeit für Staaten und Individuen auf ein annähernd gleiches Niveau zu bringen und das Erleben dieser Einheit aus Sicht des Einzelnen nicht aus Gründen der politischen Opportunität auch in der zukünftigen Integrationsentwicklung zu vernachlässigen.

III. Subjektive Dimension des Einflusses auf europäische Integration

Neben dem objektiven Bereich von Mitteln europäischer Integration hat die politikwissenschaftliche Dimensionenlehre in ihren Ansatz ein weiteres Feld subjektiver Art, das sozialpsychologisches Verständnis, aufgenommen. Dabei soll es auf die Selbstwahrnehmung des Individuums im Kontext des Verschmelzungsvorganges ankommen. Die politische Theorie meint hier das Zugehörigkeitsempfinden des Einzelnen zur neuen Gemeinschaft. Anders und differenzierter, jedoch in der Grundlinie ebenfalls subjektiv ausgerichtet ist der sachliche Integrationstyp Smends, den dieser als eine durch Realisierung von ideellen Sinngehalten begründete und vertiefte Wertegemeinschaft in Form eines andauernden Erlebniszusammenhangs für die ihm jeweils Angehörigen verstanden wissen wollte. Smend schneidet damit jedoch nur einen Teilbereich des allgemeinen Zugehörigkeitsgefühls zu einer Gemeinschaft, nämlich das aufgrund übereinstimmender Werte, an. Die diesbezüglichen Aussagen innerhalb der Darstellung des sachlichen Integrationsfaktors fallen knapp aus.[938]

Eine weitere, für diese Darstellung brauchbare Differenzierung, ergibt sich bei Smend erst unter der Überschrift „Integrierender Sachgehalt moderner Verfassungen“, wobei er zwischen Bekenntnissen zu Grundsätzen in Form von Präambeln und Grundrechten, der Konkretisierung anderweitig festgelegten konkreten Bestandes - hier meinte er das Staatsgebiet - und der Festlegung und Symbolisierung des Verfassungstypus durch die Staatsform und die Nationalflagge differenzierte.[939] Aus heutiger Sicht erscheint diese deskriptive Unterscheidung in Hinblick auf das Postulat einer Wertegemeinschaft hinsichtlich des Typus sachlicher Integration jedoch nicht völlig konsequent durchgeführt zu sein. Während sich die bei Smend genannten Grundsätze problemlos auch als Grundwerte einer Werteordnung und das Staatsgebiet als dementsprechende räumliche Bezugsgröße verstehen lassen, ist die Verbindung der Staatsform als politischem Ordnungssystem mit einer bestimmten Struktur zu den Individuen als Wertegemeinschaft unklar. Hier vermischte Smend Elemente objektiver Integration seiner persönlichen und funktionellen Typen mit dem Gedanken der Wertegemeinschaft. Dieses Element ist daher nicht für eine Übertragung auf die europäische Ebene zur Erklärung entsprechenden Erscheinungsformen subjektiver Integration geeignet. Auch die Zuordnung der Nationalflagge zur Staatsform und damit letztendlich zur Konstituierung einer Wertegemeinschaft lassen sich aus heutiger Sicht nicht mehr halten. Zu Recht weist Bieber darauf hin, daß Flaggen als Symbole außerhalb ihrer selbst liegende Werte verkörpern, jedoch im Gegensatz zu den bei ihm beispielhaft aufgeführten Grundrechten keinen eigenen Wert hinsichtlich einer bestimmten Idee oder eine Sache selbst besitzen.[940] Ein Beleg dessen ist der Umstand, daß die Staatsflagge beim Wechs

tuierendes Merkmal einer bestimmten Werteordnung ist, mit letzterer auf eine Ebene hob. Es macht sich daher im folgende eine weitere Differenzierung nötig. Unter Kombination des politikwissenschaftlichen Ansatzes mit dem sachlichen Integrationstyp soll zunächst auf die Faktoren eingegangen werden, die nach Smend eine Werteordnung begründen können, wobei zu bestimmen ist, hinsichtlich welcher Zielgruppe auf europäischer Ebene eine solche Ordnung errichtet werden muß. Danach sollen weitere Identifikationsfaktoren, die mit einer Werteordnung nicht zusammenhängen, sondern auf die allgemeine politikwissenschaftliche Definition zurückgehen, untersucht werden. Es muß auch für eine Systematisierung subjektiv wirkender Integrationsmittel wiederum darum gehen, Aussagen in den Vertragstexten und Maßnahmen der Gemeinschaftsorgane hinsichtlich der genannten Bereiche im Untersuchungszeitraum nachzuweisen.

1. Zielgruppenbestimmung

Aufgrund des Umstandes, daß sich nicht wie bei Smends Integrationstypenlehre der Einzelne und eine Einheit gegenüberstehen, sondern sich der europäische Integrationsvorgang neben den Individuen zumindest auch auf die teilnehmenden Staaten bezieht, fragt sich ähnlich wie bei der Erlebbarkeit der Tätigkeit der Institutionen als Teil der objektiven Integrationsdimension wieder, auf wen diesbezügliche Mittel zur Herbeiführung und Erhaltung des Zugehörigkeitsgefühls wirken sollen. Zum einen kommen hierbei wieder die Mitgliedsländer selbst in Betracht. Dem steht jedoch entgegen, daß im Untersuchungszeitraum der gesamte Integrationsprozeß samt seiner Institutionen, wie festgestellt, durch übereinstimmende Interessen und die Einigung auf gemeinsame Grundlinien getragen wurde, die bereits vor der Gemeinschaftsgründung vorhanden waren und zum Erhalt der Einheit auch weiter Bestand haben mußten. Insofern bedeutete im Rahmen entsprechender Kompromisse bei den Verhandlungen der Abschluß der Verträge bereits eine Übereinstimmung bezüglich weiter Bereiche, die man im individuellen Rahmen als gemeinsame Grundwerte - oder anders ausgedrückt - als gewisse Homogenität zwischen den Staaten verstehen könnte. Erinnert sei hier an die bei der Herausbildung von Gemeinschaftszielen zu Tage getretenen Gedanken der Problemlösung mit friedlichen Mitteln, der Nichtdiskriminierung und den Prinzipien des Wettbewerbs,[941] die sich in den einzelnen Vertragswerken finden. Nimmt man den Umstand hinzu, daß der Rat als Träger von Entscheidungen bei Maßnahmen zur Weiterentwicklung solcher Grund-

---

[941] Ob es sich bei den Marktvorstellungen des liberalen Wirtschaftsverständnisses um einen Grundwert in der subjektiven Integrationsdimension handelt, ist jedoch umstritten. Unter Darstellung der Argumente, selbst jedoch ablehnend Schmitz, S. 322, Fn. 26, der dies als ordnungspolitische Entscheidung, nicht aber als integrationsbegründenden gemeinsamen Wert betrachtet. Anders Pernice, a. a. O. (Fn. 412), S. 100, 118, der das besondere Marktziel als Bestandteil von gemeinschaftlichen Grundwerten als verwirklicht ansieht.

werte unmittelbar an die Mitgliedsstaaten selbst gebunden ist, so ergibt sich, daß im Gegensatz zu den Individuen die Staaten selbst über die einzelnen Verträge hinaus keine solche zusätzlichen Werte entwickeln mußten, ja auch gar nicht entwickeln konnten. Insofern ist über die Zieldarstellung hinaus eine weitere Untersuchung der Zielgruppe der Staaten und einer besonderen Beeinflussungsmöglichkeit von deren Grundwerten als wenig ertragreich zu betrachten. Darauf soll deshalb im weiteren nicht eingegangen werden.

Im Zentrum der Untersuchung der subjektiven Integrationsdimension und zugehöriger Mittel müssen also im Gegensatz zum Bereich des Erlebens von Organtätigkeit die von der Verschmelzung betroffenen Individuen stehen.[942] Als über das bereits in der Negativabgrenzung der Zielgruppe der Mitgliedsstaaten Gesagte hinausgehend führt Schmitz dazu drei Gründe an.[943] Die Bürger eines Staates müssen sich mit den politischen Systemen anderer Mitgliedsländer anfreunden, weil - erstens - andere Staaten über die Mitwirkung in den europäischen Organen zunehmend Einfluß auf die nationale Politik des Landes ausüben können. Die Bürger haben zweitens die Lasten von Solidaritäts- und Treueverpflichtungen zu tragen, die die Staaten untereinander eingegangen sind. Drittens müssen alle Mitgliedsstaaten vom Einzelnen als Teil eines großen gemeinsamen Lebensraumes akzeptiert werden. Problematisch ist dabei, daß die von Smend dazu geforderte Herausbildung einer Wertegemeinschaft gerade wegen der Vorexistenz der Staaten nicht vollständig den Gemeinschaftsorganen überlassen wurde. Die zur Gemeinschaftsgründung erforderliche Übereinstimmung von Werten auf der Ebene der Länder führt dazu, daß diesbezüglich keine Tätigkeit der Institutionen mehr nötig war. Die nachfolgenden Darstellungen der Beeinflussung der Herausbildung gemeinschaftlicher Werte können aufgrund des Rückbezuges zu innerstaatlichen Werteordnungen daher kein vollständiges Bild des Entstehens europäischer Identität ergeben, was hier entsprechend des Vorhabens der Systematisierung von integrationswirksamen Mitteln auch nicht beabsichtigt ist. Das Erkenntnisinteresse bleibt hier in Anlehnung an die Smend'schen Beispiele auf einzelne Bereiche beschränkt, in denen sich die Gemeinschaftsorgane wertebeeinflussend betätigt haben. Dabei geht es zusätzlich nach der Prämisse der Wirksamkeit der Integrationstypen Smends[944] wieder

---

942 Dies entspricht dem, was die Auseinandersetzung mit der - nicht besonders umfangreichen - Literatur zu den Wechselwirkungen zwischen europäischer Integration und Individuum ergibt. Ein besonderes Zugehörigkeitsgefühl der Staaten wird entsprechend der obigen Ausführungen nicht diskutiert, die meisten Autoren gehen bewußt oder unbewußt vom Bürger als in dieser Hinsicht maßgeblicher Betrachtungsebene aus. So auch Pernice, a. a. O. (Fn. 412), S. 100, 118, der ohne weitere Argumentation die Vorstellungen aus Smends auf zwei Ebenen bezogenem System auf die europäische Integration überträgt.

943 Vgl. Schmitz, S. 322, zum Homogenitätserfordernis in seiner „Supranationalen Union".

944 Für die im folgenden erforderliche Beschäftigung mit Grundrechten folgt Meessen in Frowein u. a., S. 35, 37, derselben Prämisse, indem er unter ausdrücklichem Bezug auf

nicht um die für den Einzelfall empirisch zu ermittelnde Wirkung konkreter Entscheidungen auf das Zugehörigkeitsgefühl des Einzelnen. Nur so kann unter Berücksichtigung der objektivierenden, juristisch-zeitgeschichtlichen Arbeitsweise der hier gestellten Systematisierungsaufgabe auch Rechnung getragen werden.

2. Begründung einer Werteordnung

Im folgenden soll, ausgehend von den auf die Errichtung einer Werteordnung zur Erzeugung einer Wertegemeinschaft bezogenen Beispielen Smends, deren Entsprechung im europäischen Integrationsprozeß zwischen 1950 und 1992 gesucht werden. Dabei soll im Sinne Smends zwischen Grundsatzaussagen hinsichtlich der Werte in den Präambeln und hinsichtlich der Grundrechte unterschieden werden. Erst danach ist auf das integrationsbetroffene Gebiet als nötigem räumlichen Rahmen für die Herausbildung der Werteordnung einzugehen.

a) Präambeln der Verträge

Nach der obigen Struktur müssen zuerst die Präambel einer Gemeinschaftsverfassung im Sinne einer Werteordnung untersucht werden. Genauere Vorstellungen Smends zur Funktion einer Präambel fehlt jedoch, so daß zunächst dazu Überlegungen erforderlich sind. Ein Blick auf die Weimarer Reichsverfassung vom 11. August 1919 als denkbarer Bezugspunkt[945] Smend'scher Überlegungen zum Verfassungsbegriff zeigt eine Präambel, die sich zumindest nicht ausdrücklich als Kern einer Werteordnung versteht.[946] Allerdings erscheinen in diesem Vorspruch mit Freiheit und Gerechtigkeit sowie innerem und äußerem Frieden Begriffe, die durchaus einer Werteordnung für eine Gesellschaft zuzuordnen sind. Geht man von der Weimarer Verfassung aus, so hat Smend wohl tatsächlich grundlegende Werte gemeint, die sich aus der Präambel einer Verfassung ergeben können. Da es jedoch im Vergleich mit Funktion und Ausgestaltung innerstaatlicher Grundnormen auf der europäischen Ebene an einer solchen Ver-

---

Smend einen positiven Beitrag von Grundrechten zur Gemeinschaftserrichtung feststellt, ohne diese Wertung aber weiter zu begründen oder an empirischen Beispielen zu belegen.

945 Diese Auswahl ist methodisch zulässig, da sich Smend an anderer Stelle seiner Arbeit zu Verfassung und Verfassungsrecht ausdrücklich auf Vorschriften eben jener Verfassung - so hinsichtlich der Staatsorgane, Smend, S. 199 f. - berufen hat. Daß Smend im Gegensatz dazu gerade bei der Präambel nicht den eigenen, seiner Zeit entsprechenden Regelungsstand bei der Entstehung seines Beitrages vor Augen hatte, ist hier wohl undenkbar.

946 Vgl. den Wortlaut bei Anschütz, S. 31. Im folgenden Abschnitt über den Gehalt der Präambel ging Anschütz selbst in der letzten Auflage seines Verfassungskommentars vor 1933 und damit nach der Veröffentlichung von Smends Lehre auf die Elemente Freiheit, Gerechtigkeit und Frieden nicht ein. Der Gehalt der Präambel für Grundwerte, die später zu Grundrechten ausgebaut werden konnte, blieb in diesem Kontext unberücksichtigt.

fassung fehlt, lassen sich nur die Präambeln der Gründungsverträge und die späteren Vereinbarungen als weitere Quellen für Grundaussagen der auf die Individuen wirkenden Werteordnung der europäischen Gemeinschaft heranziehen.

Die Präambel des Vertrages zur Gründung der Europäischen Gemeinschaft für Kohle und Stahl vom 18. April 1951 weist im Gegensatz zur Weimarer Reichsverfassung kaum Aussagen auf, die selbst außerhalb ihres Verwendungszusammenhangs als Elemente einer Werteordnung für Individuen verstanden werden könnten. Zwar war von der Sicherung des Weltfriedens, der Aufrechterhaltung friedlicher Beziehungen und wirtschaftlicher Entwicklung sowie der Hebung des Lebensstandards die Rede - Teile davon sind bereits als Integrationsziele charakterisiert worden -, ein Bezug zur Entstehung einer inneren Wertegemeinschaft läßt sich daraus jedoch nicht ableiten. Die Gründe dafür sind zum einen das Überwiegen staatlicher Beziehung in diesem Gemeinschaftsmodell und lediglich auf einen engen Sektor beschränkte Einbeziehung von Einzelnen, hier der Unternehmen der Kohleerzeugung und der Stahlindustrie. Somit konnte und sollte die Präambel des Vertrages über die Montanunion keine individuenbezogenen Grundentscheidungen für eine Werteordnung enthalten.

Auch die Präambel des EVG-Vertrages vom 27. Mai 1952 sprach zunächst vom Ziel der Friedenserhaltung und der Aufgabe der Entwicklung der Wehrkraft. Danach war jedoch an selber Stelle von Elementen die Rede, die sich bei der genaueren Betrachtung als Ansatz zu einer Werteordnung auffassen ließen:

> „... Sie [die vertragsschließenden Staaten, d. Verf.] werden es sich dabei angelegt sein lassen, die geistigen und sittlichen Werte zu wahren, die das gemeinsame Erbe ihrer Völker sind, und sie sind überzeugt, daß in der gemeinsamen Streitmacht, die ohne unterschiedliche Behandlung der beteiligten Staaten gebildet wird, die Vaterlandsliebe der Völker nicht an Kraft verlieren, sondern sich vielmehr festigen und in erweitertem Rahmen neue Gestalt finden wird. ... “

Im Vordergrund befand sich hier die Absicht der Staaten, die in ihnen vorhandenen Werte zu wahren. Es blieb offen, worin diese Werte im einzelnen bestanden, auf welche Tätigkeitsbereiche sie sich beziehen sollten und ob eine aktiven Gestaltung weiterer Werte auf europäischer Ebene vorgesehen war. Aufgrund dieser wenig eindeutigen Formulierung und des sektoralen Charakters der EVG ist auch hier davon auszugehen, daß eine gemeinschaftliche Werteordnung zumindest in der Präambel des Vertrages keinen Ursprung hätte finden können. Eine Gemeinschaftsordnung war in ihren Grundsätzen ähnlich wie bei der Montanunion innerhalb der Präambel des Gründungsvertrages der Verteidigungsgemeinschaft nicht angelegt, obwohl selbst nur sektoral bezogene Vorstellungen aufgrund der Vielzahl an Individuen innerhalb einer einheitlichen europäischen Armee als Kern einer Wertegemeinschaft hätten dienen können. Dieser Ansatzpunkt wurde im EVG-Vertrag nicht genutzt. Da der mit der Verteidigungsgemeinschaft eng verbundene Entwurf einer Satzung für die EPG vom 10. März 1953 nie den Status eines paraphierten, geschweige denn von den Staatsoberhäuptern signierten Vertrages erreichte, lassen sich Aussagen zu Elementen der Werteordnung in der Präambel hierzu nicht treffen.

Aber auch die Präambel des EWG-Vertrages vom 25. März 1957 führte trotz des wesentlich breiteren Integrationsansatzes mit einer hohen Zahl betroffener Individuen nicht dazu, daß zumindest die Grundlagen einer gemeinschaftlichen Werteordnung in die Präambel der Vereinbarung aufgenommen wurden. Neben den bereits diskutierten Integrationszielen ist lediglich von Wahrung der Freiheit die Rede. Diese Aussage ging hinsichtlich ihres Charakters als Wert nicht über das hinaus, was schon der Vorbemerkung zum Vertrag über die Europäische Gemeinschaft für Kohle und Stahl 1951 zu entnehmen war. Die Vereinbarung über die Atomgemeinschaft vom selben Datum stand dahinter sogar noch zurück, selbst von Freiheit als Grundwert war in ihrer Präambel nicht die Rede. Die beiden Verträge von 1957 stehen damit stellvertretend für eine auf alle Gründungsvereinbarungen zutreffende Aussage, daß Grundvorstellungen über eine individuumsbezogene Werteordnung für die Gemeinschaften keine Aufnahme in die Präambeln fanden. Es ist festzuhalten, daß die genannten Verträge zumindest in ihren Vorbemerkungen die Möglichkeit zur Festlegung von Grundwerten zur nachfolgenden Entwicklung einer entsprechenden Wertegemeinschaft der integrationsbetroffenen Individuen im Gegensatz zu nationalen Verfassungen nicht wahrnahmen. Dies deutete schon die in den Verträgen nachgewiesene Konzentration auf Organ- und Verfahrensfragen unter Schwerpunktlegung auf das interinstitutionelle Verhältnis und die Einflüsse der Staaten an.[947]

Aber auch die beiden weiteren großen Verträge innerhalb des Untersuchungszeitraums - die Einheitliche Europäische Akte vom 17. bzw. 27. Februar 1986 und der Vertrag über die Europäische Union vom 7. Februar 1992 - weisen Präambeln auf, die ihrerseits als Quelle von Grundwerten angesehen werden können. So bezieht sich die Präambel der EEA neben einem Bekenntnis zur Demokratie auf die in den Verfahren und Gesetzen der Mitgliedsstaaten, in der Europäischen Konvention zum Schutze der Menschenrechte und Grundfreiheiten sowie in der Europäischen Sozialrechtecharta anerkannten Grundrechte, wobei insbesondere Freiheit, Gleichheit und soziale Gerechtigkeit genannt werden. An derselben Stelle ist im nächsten Absatz von der Einhaltung der Grundsätze der Demokratie, der Wahrung des Rechts und der Rechtsstaatlichkeit die Rede. Abgesehen davon, daß Demokratie als politische Ordnungsform eines Gemeinwesens nicht als Grundlage oder Bestandteil einer individuenbezogenen Werteordnung angesehen werden kann, zeigt die Präambel der Einheitlichen Europäi-

[947] Anders Böhmer, S. 32, die in den Präambeln der Gründungsverträge bereits eine Werteordnung zur Abgrenzung westeuropäischer Staaten gegenüber dem Ostblock sehen will.

schen Akte im Vergleich zu den Gründungsverträgen nicht nur für eine solche Ordnung taugliche Grundwerte, sondern differenziert diese noch in erheblichem Umfang aus. Der Grund dafür lag jedoch nicht in der späten Entdeckung der Förderlichkeit von Werteordnungen für den Integrationsprozeß als solchen, sondern ist lediglich als vertragliche Aufnahme der seit dem Ende der sechziger Jahre entwickelten gemeinschaftlichen Grundrechtspositionen des Europäischen Gerichtshofs samt ihrer Quellen zu verstehen, auf die sogleich einzugehen sein wird. Damit sind die Aussagen in der Präambel der Einheitlichen Europäischen Akte nicht als Grundwerte einer dann später zu entwickelnden Werteordnung zu verstehen, sondern als Extrakt solcher bereits existierenden Einzelwerte aus der gemeinschaftlichen Rechtsprechung. Insofern kam den Aussagen in der EEA und denen des Unionsvertrages, die sich lediglich als Bestätigung des Bekenntnisses zu den Grundsätzen der Freiheit, der Demokratie und der Achtung der Menschenrechte und Grundfreiheiten sowie der Rechtsstaatlichkeit verstand, keine eigenständige Bedeutung hinsichtlich der Begründung von Werten als Basis einer gemeinschaftlichen Werteordnung zur Herausbildung einer Wertegemeinschaft im Sinne Smends zu. Die Inhalte der beiden Vereinbarungen sind deshalb nur als eine vertragsförmliche Bestätigung dessen zu verstehen, was auf der Gemeinschaftsebene selbst als Zustand schon seit längerem anerkannt war.

Als Ergebnis der Beschäftigung mit den Präambeln der Gemeinschaftsverträge läßt sich festhalten, daß ihnen anfänglich keine Rolle bei der Begründung einer auf die Individuen ausgerichteten Werteordnung zukam, da letztere in den sektoralen Integrationsansätzen und im Gemeinsamen Markt nicht als integrationsfördernd verstanden wurde. Die Aufnahme von Grundwerten in die Präambeln der Einheitlichen Europäischen Akte und des Unionsvertrages bedeuteten nicht einen Ausweis der Entscheidung der Mitgliedsstaaten aus der Erkenntnis integrationsfördernder Wirkungen einer Werteordnung heraus, sondern nur die Übernahme der von der europäischen Rechtsprechung entwickelten Grundrechte unter Anerkennung von deren Quellen. Die von Smend angesprochene eigenständige Wirkung von Präambeln der Verfassungen bei der Herausbildung von Werteordnungen ist bei Übertragung dieses Gedankens auf die europäischen Verträge aufgrund der gezeigten Umstände als nicht vorhanden einzuschätzen.

b) Grundrechte

Daß die Gründungsverträge der einzelnen europäischen Gemeinschaften sowie die Einheitliche Europäische Akte und der Unionsvertrag keine Grundrechte in Katalogform enthielten, wie sie die überwiegende Anzahl der nationalen Verfassungen der Mitgliedsstaaten beim jeweiligen Abschluß der genannten Vereinbarungen kannten, ist unbestritten und verwundert ob der gerade gezeigten fehlenden Berücksichtigung von Werteordnungen schon in den Präambeln der Vereinbarungen nicht. Dennoch oder gerade deswegen entwickelte sich seit Ende der sechziger Jahre durch die Rechtsprechungstätigkeit des Europäischen Gerichtshofs ein an die Verfassungstraditionen der Mitgliedsstaaten angelehnter Wertekanon, bestehend aus auch als solchen bezeichneten Gemeinschaftsgrundrechten und allgemeinen Rechtsgrundsätzen.[948] Ihren Ausgangspunkt nahm diese Entwicklung Ende der sechziger Jahre,[949] als der Gerichtshof im Angesicht der Gefahr, bei der Bewertung von Entscheidungen der Gemeinschaftsorgane an nationalen Grundrechten aufgrund deren unterschiedlicher Ausprägung in den einzelnen Mitgliedsstaaten zu einer Durchbrechung der Rechtseinheit im Gemeinschaftsgebiet zu gelangen, dazu überging, eigenständige Grundrechte der neuen Einheit auf europäischer Ebene zu entwickeln.[950] Der Gerichtshof beschränkte sich dabei nicht auf den kleinsten gemeinsamen Nenner der entsprechenden Grundrechte in den mitgliedsstaatlichen Verfassungen, sondern innerhalb wertender Rechtsvergleichung nach der aus seiner Sicht „besten" Lösung im Fundus der nationalen Regelungen, die er dann als verbindlich erklärte.[951] Ohne hier auf die einzelnen Entscheidungen über konkrete Freiheiten eingehen zu wollen,[952] läßt sich festhalten, daß sich bis Ende der achtziger Jahre durch die Entscheidungstätigkeit ein umfassendes und in seiner Schutzreichweite teilweise über

---

948 Möllers, S. 33, der seinerseits von Beginn an begrifflich von Gemeinschaftsgrundrechten redet, obwohl dies nicht der Terminologie der Rechtsprechung des EuGH entsprach. Die erforderliche Abgrenzung zu den positiven Grundfreiheiten im EWG-Vertrag, also dem freien Warenverkehr, der Freizügigkeit der Arbeitnehmer und des Kapitals, der Niederlassungs- und der Dienstleistungsfreiheit findet sich anhand des mehr objektiven Charakters der letztgenannten Freiheiten bei Weber, JZ 1989, S. 965, 968. Dauses, JöR 31 (1982), S. 1, 2, war dagegen noch von einem zumindest materiellen Grundrechtsgehalt der eben genannten marktbezogenen Grundfreiheiten des EWG-Vertrages ausgegangen.

949 Mit einem grundrechtsbezogenen *obiter dictum* in der Rechtssache 29/69 - Stauder - vom 12. November 1969, EuGHE 1969, S 419 ff., Rn. 7 der Entscheidungsgründe (S. 425). Ein weiterer Ausbau von Grundrechtsüberlegungen, die sich 1969 in der genannten Entscheidung lediglich angedeutet hatten, erfolgte mehr als ein Jahr später in der Rechtssache 11/70 - Internationale Handelsgesellschaft mbH - vom 17. Dezember 1970, EuGHE 1970, S. 1125 ff., in Leitsatz 2 (S. 1126) sowie in Rn. 3 f. der Gründe (hier auf S. 1135).

950 Zu Entscheidungen mit Grundrechtsbezug zur Montanunion, zu den Positionen der Generalanwälte und auch zur Argumentation des EuGH Pernice, Grundrechtsgehalte, S. 43 ff.

951 Zur Herangehensweise Oppermann, Europarecht, § 6, Rn. 491 am Beispiel der Entscheidung des EuGH in Rs. 120/73 - Gebr. Lorenz GmbH - vom 11. Dezember 1973, EuGHE 1973, 1471 ff. Oppermann weist an selber Stelle auf anderen Inspirationsquellen des EuGH für seine grundrechtsschöpfende Tätigkeit, so beispielsweise der Europäischen Menschenrechtskonvention und der Sozialrechtecharta, hin. Pernice, NJW 1990, S. 2409, 2413 f., fügt als Quellen Grundsätze des Gemeinschaftsrechts, die gemeinsame Verfassungsüberlieferung der Mitgliedsstaaten und das *„soft law"* der Gemeinschaften hinzu.

952 Eine detaillierte Darstellung dessen würde den hier gegebenen Rahmen sprengen. Vgl. stattdessen mit Nachweis der Entscheidungen Lenz, EuGRZ 1993, S. 587 f.; Möllers, S 33 f.; Oppermann, Europarecht, § 6, Rn. 492, und Weber, a. a. O. (Fn. 948), S. 965, 969.

mitgliedsstaatliche Regelungen hinausgehendes System von Grundrechten herausgebildet hatte, das mit dem allgemeinen Gleichheitssatz, dem Eigentumsrecht, der Handels-, Wirtschafts- und Wettbewerbsfreiheit, der Berufs- und allgemeinen Handlungsfreiheit, dem Schutz der Wohnung und der Privatsphäre sowie der Meinungsfreiheit all diejenigen Inhalte aufweist, die sich hinsichtlich einer Anwendung von Smends Vorstellung der Wirkung von Grundrechten einer nationalen Verfassung zur Herausbildung einer Wertegemeinschaft erforderlich machen. Gleiches gilt für die bereits angesprochenen allgemeinen Rechtsgrundsätze im Umfeld und zur Absicherung dieser Grundrechte,[953] wobei hier nur die Rechtssicherheit und der Vertrauensschutz, das Erfordernis eines wirkungsvollen Rechtsschutzes und der Verhältnismäßigkeitsgrundsatz genannt werden sollen.[954] Festzustellen bleibt damit, daß die von Smend als Bestandteil sachlicher Integration aufgefaßten Grundrechte auf europäischer Ebene zwar nicht in einer Verfassung enthalten waren, jedoch aus Gründen der Rechtseinheit durch den Gerichtshof schrittweise aus den nationalen Verfassungen heraus entwickelt und als gültig anerkannt wurden. Diese Grundrechte verschafften neben ihren allgemeinen Ordnungs- und Begrenzungsfunktionen hinsichtlich der Tätigkeit der Institutionen der neuen Einheit für den Einzelnen gültige und erlebbare Grundwerte, die die Individuen der Einzelstaaten aufgrund der allgemeinen Gültigkeit gleichzeitig auch zu einer sich auf das gesamte Gemeinschaftsgebiet erstreckende Wertegemeinschaft zusammenfaßten. Insofern erweist sich das Smend'sche Beispiel einer sachlichen Integration durch die Grundrechte auch bei der Transformation auf die europäischen Ebene als tragfähig und kann unter Berücksichtigung der genannten Prämisse der Integrationswirksamkeit der Grundrechte auf den Einzelnen als ein Mittel für den Verschmelzungsprozeß verstanden werden.

Die hier kurz skizzierte Entwicklung von Grundrechten und die damit bewirkte Herausbildung einer daran orientierten Wertegemeinschaft durch die Rechtsprechung führte aber auch dazu, daß innerhalb der anderen Organe die Diskussion um eine Aufnahme in die Gemeinschaftsverträge, also um eine Positivierung, in Gang kam.[955] Davon zeugt die Gemeinsame Erklärung des Europäischen Parlaments, des Rates und der Kommission betreffend die Achtung der Grundrechte

---

[953] Zu Rechtsgrundsätzen der Gemeinschaft Frowein in FS für Maihofer, S. 149, 150 ff.; zu Einzelausprägungen über das Erwähnte hinaus vgl. Weber, a. a. O. (Fn. 948), S. 965, 968.

[954] Zu den drei Prinzipen vgl. Möllers, S. 34, mit Nachweisen zu einzelnen Entscheidungen.

[955] Als Ausgangspunkt zu einem Grundrechtskatalog wurde gelegentlich auch die Entscheidung des Bundesverfassungsgerichts - Solange I - vom 29. Mai 1974, BVerfGE 37, S. 271 ff., gesehen, die ausweislich ihres Leitsatzes (S. 271) die Nichtexistenz eines gemeinschaftlichen Grundrechtekatalogs zur Aufrechterhaltung des Prüfungsmaßstabs deutscher Grundrechte heranzog. Vgl. zum Konnex zwischen dem Grundrechtskatalog und deutscher Verfassungsrechtsprechung Meessen in Frowein u. a., S. 35 f., der auf der Basis dessen auf S. 38 ff. eine Konzeption zur Integration durch Grundrechte entwickelte.

sowie der Europäischen Konvention zum Schutz der Menschenrechte und Grundfreiheiten vom 5. April 1977,[956] hinsichtlich deren Rechtsverbindlichkeit jedoch erhebliche Zweifel bestanden.[957] Eine Auswirkung dieser Erklärung bestand jedenfalls in einer gewissen Brückenfunktion mit der bereits angesprochenen Anerkennung der Grund- und Menschenrechte anhand der Rechtsquellen des Europäischen Gerichtshofs in der EEA, womit nicht nur die Gemeinschaftsorgane, sondern auch die Mitgliedsstaaten die Existenz einer durch die Rechtsprechung erschaffenen Werteordnung akzeptierten. Kaum anders dürfte hinsichtlich ihrer rechtlichen Verbindlichkeit die Beurteilung der Entschließung des Europäischen Parlaments von 12. April 1989 ausfallen,[958] mit dem es die bis dahin in der Rechtsprechung entstandenen Grundrechte nochmals anerkannte.[959] Zu einer Einigung der Mitgliedsstaaten im Hinblick auf die Aufnahme der Grundrechte in die Verträge kam es während der Diskussion über Grundrechte nicht. Weder in der Einheitlichen Europäischen Akte von 1986 noch im Unionsvertrag von Maastricht aus dem Jahre 1992 fanden sie in Form eines entsprechenden Kataloges Berücksichtigung. Der Unionsvertrag seinerseits ordnete jedoch neben der - rechtlich unverbindlichen - Präambel auch in Artikel F Absatz 2 die Anerkennung der Europäischen Menschenrechtskonvention und der überkommenen Verfassungstraditionen der Mitgliedsstaaten, und zwar so, wie sie der Europäische Gerichtshof auf die gemeinschaftliche Ebene angehoben hatte, an.[960] Für das Ende des Untersuchungszeitraums ist trotz Bemühungen um einen vertraglich gesicherten Grundrechtekatalog festzuhalten, daß eine Wertegemeinschaft ausschließlich an den von der Rechtsprechung entwickelten Grundrechten entstehen konnte. Die diesbezüglichen Beschlüsse anderer Gemeinschaftsorgane und die Vereinbarungen der Mitgliedsstaaten sind demgegenüber aufgrund der im Vergleich zu den nationalen Verfassungen fehlenden Grundrechtskataloge

---

956 ABl. EG Nr. C 103/1977 vom 27. April 1977, S. 1 f. Hier schloß sich der Kreis zwischen der Menschenrechtskonvention als Quelle der von der Rechtsprechung des Europäischen Gerichtshofs erarbeiteten Grundrechte und der Anerkennung der Konvention durch die Mitgliedsstaaten und die Gemeinschaftsorgane. Vgl. zur Bedeutung der Menschenrechtskonvention für die Grundrechtsherausbildung beim Europäischen Gerichtshof auch Oppermann, Europarecht, § 6, Rn. 494, der jedoch den Ausspruch der Achtung der Konvention durch Gemeinschaften und Union erst mit Art. F Abs. 2 EUV als gegeben ansieht.

957 Der Wortlaut enthielt keine Aussagen zum rechtlichen Wert, was der Erklärung nach Hilf, EuGRZ 1977, S. 158, 160, die Rechtswirkung nach außen nahm und zu fehlender Durchsetzbarkeit vor dem Gerichtshof führte. Meessen in Frowein u. a., S. 35, 36 sah die wirkliche Bedeutung der Erklärung im vorläufigen Verzicht auf den Grundrechtekatalog.

958 ABl. EG Nr. C 120/1989, 16. Mai 1989, S. 51, wo auf diese Rechte eingegangen wurde.

959 Die Erklärung, so Pauly, EuR 1998, S. 242, 243, besaß keinen verbindlichen Charakter.

960 Erst ab dann will Oppermann, Europarecht, § 6, Rn. 493, unter Verweis auf Schwarze, NJ 1994, S. 53, von Grundrechten der Personen im Gemeinschaftsrecht sprechen. Hier wird der durch beide Autoren betriebene „Vertragspositivismus" bei der Beurteilung der Existenz von Grundrechten klar, der im Widerspruch zu Möllers, S. 33 - Fn. 948 - steht.

als pauschal und ohne Rechtsverbindlichkeit zu bewerten, wodurch sich auch deren integrative Wirkung auf den einzelnen Bürger insgesamt bezweifeln läßt.

c) Gemeinschaftsgebiet

Zwischen Wertegemeinschaft und Gemeinschaftsgebiet stellte Smend zwei besondere Beziehungen her. Die im Staat als Integration verkörperte Wertegemeinschaft erwies sich seiner Ansicht nach einerseits als abhängig davon, in welchem Raum sich dessen gemeinschaftliches Leben abspielte.[961] Seine theoretischen Überlegungen gingen dahin, eine gewisse Vorbestimmung der Gemeinschaftsherausbildung - wohl auch hinsichtlich der damit bezüglich der Individuen zu realisierenden Werteordnung - durch die räumliche Lage der für diesen Zweck zur Verfügung stehenden Fläche anzunehmen. Setzt man dies in Verbindung mit Ressourcen, Kultur, Geschichte und ähnlichen auch raumbezogenen Faktoren, so erweist sich Smends Gemeinschaftsgebiet nicht als Abgrenzungform gegen andere Gemeinschaften, sondern auch als tauglicher Anknüpfungspunkt sachlicher Integration. Die Übertragung dieser Überlegungen auf die europäische Ebene erweist sich für Homogenität, Interessenähnlichkeit, geschichtliche Zusammenhängen und kulturelle Ähnlichkeit als banal. Es soll genügen, daß das Gebiet aufgrund der Vorbedingungen nicht ohne Auswirkung auf die Grundwerte der dort lebenden Menschen bleiben kann.

Die zweite von Smend gezogene Verbindung zwischen sachlicher Integration und dem Integrationsgebiet stellt der Charakter des letzteren als Wirkungsraum staatlicher Tätigkeit und Aufgabenerfüllung dar.[962] Smend stellte dabei die These auf, daß durch die Tätigkeit des Staates das Gebiet verändert und für die dort lebenden Individuen zum „Vaterland" würde. Auch hier zeigt sich wieder die doppelte Wirkung von integrativen Maßnahmen und deren zwangsläufige Aufnahme in zwei der Integrationsfaktoren, da derselbe Effekt zur Begründung des funktionellen Vergemeinschaftungstyps hinsichtlich der Erlebbarkeit im objektiven Sinne auftrat. Die Anwendung dieser Vorstellung den europäischen Verschmelzungsprozeß wenig jedoch nur Erkenntnisgewinn. Lediglich der Umstand, daß nicht nur die objektive Möglichkeit der Erlebbarkeit der Organtätigkeit, sondern auch subjektiv auf das Individuum wirkende konkrete Entscheidungen integrationsfördernde Wirkungen besitzen, ist im Ergebnis festzuhalten.

---

[961] So bereits zum sachlichen Integrationstypus: „ ... Es ist eine Hauptleistung der neuen Geographie und ‚Geopolitik', daß sie eindringlich gezeigt hat, wie sehr das staatliche Leben durch seinen ‚Lebensraum', das Staatsgebiet, dessen Eigenschaften, Grenzen und Raumbeziehungen bestimmt wird ..." Smend, S. 168, womit der besondere, im ganzen nur entwicklungsgeschichtlich zu erklärende Raumbezug der Grundwerte deutlicht wird.

[962] Ebd., S. 169, wieder in allgemeinen Überlegungen zu sachlichem Integrationstyp. Obwohl sich Bezüge zum funktionellen Faktor anbieten, diskutiert Smend diese aber nicht.

d) Fazit

Die Gesamtbetrachtung der anhand der Überlegungen Smends als förderlich für die Herausbildung einer europäischen Wertegemeinschaft anzusehenden Bemühungen um eine europäische Werteordnung innerhalb der Präambeln der Verträge und durch Aufstellung von Grundrechtskatalogen hat ergeben, daß solche Bemühungen zumindest in den Gründungsverträgen so gut wie nicht vorhanden waren. Dieses Instrument wurde erst durch die Rechtsprechung des Europäischen Gerichtshofs für den Integrationsprozeß - allerdings nicht aus der Erkenntnis der Vorteilhaftigkeit für die subjektive Seite der Vergemeinschaftung heraus, sondern anläßlich der Frage des Verhältnisses zwischen europäischem und nationalem Recht - nutzbar gemacht. Erst danach erkannten zunächst die europäischen Organe, dann auch die Staaten auf vertraglicher Basis die durch die Rechtsprechung in Form der Grundrechte entwickelte Werteordnung an. Ein Grundrechtekatalog kam jedoch bis 1992 nicht zustande.

Bereits die fehlende Berücksichtigung des Aussagewertes von Präambeln und Grundrechten hinsichtlich einer auf die Individuen wirkenden europäischen Werteordnung zeigt das gestörte Verhältnis zwischen den Bemühungen unter den Staaten um Fortschritte im Bereich der objektiven Integrationsdimension sowie der zumindest bis Mitte der siebziger Jahre andauernden, aber auch darüber hinaus nachweisbaren Zurückhaltung, ja Mißachtung hinsichtlich auf den Einzelnen wirkender integrationsfördernder Instrumente. Insofern zeigt die Systematisierung nach Smend trotz ihrer nicht vollständigen Schlüssigkeit ein erhebliches Defizit der Vergemeinschaftungsbemühungen im subjektiven Bereich.

3. Weitere identifikationsfördernde Mittel

Neben Smends Vorstellung über die Schaffung einer Werteordnung lassen sich weitere Mittel ausmachen, die nach staatlichem Vorbild das Zugehörigkeitsgefühl der Individuen zur im Entstehen befindlichen Gemeinschaft auf europäischer Ebene beeinflussen konnten. Neben der Gemeinschaftsflagge, die bereits im Zusammenhang mit der Staatsform als einem der Bestandteile von Smends sachlichem Integrationstypus angesprochen worden ist, lassen sich weitere Erscheinungsformen wie eine Gemeinschaftshymne, europäische Feiertage, die Hauptstadt der Gemeinschaft oder ein einheitlicher Paß finden. Diese bis auf ihre Symbolwirkung in keinem Zusammenhang stehenden Ausprägungen sollen als zweiter Bereich für die subjektiven Integrationsdimension analysiert werden.

a) Integrative Funktion von Symbolen

Die oben hinsichtlich der Nationalflagge festgestellte Bedeutungslosigkeit für die Inhalte einer Wertegemeinschaft hinsichtlich der diese konstituierenden

Werteordnung nach den Vorstellungen Smends bedeutet nicht, daß Symbolen[963] keine integrative Wirkung zukommen kann. Ganz im Gegenteil, in der modernen Psychologie gelten kulturelle Symbole allgemein als Bestandteile der geistigen Struktur und als lebenswichtige Kräfte im Aufbau der menschlichen Gesellschaft,[964] wobei auch ansonsten nicht in körperlicher Gestalt faßbare Werte vermittelt werden können.[965] Daneben besteht die Aufgabe des Symbols darin, abstrakte politische und für den Einzelnen unzugängliche politische Ideen als gedankliche Abstraktion zu repräsentieren und damit in eine unmittelbare, reale und konkret verständliche Aussage umzuwandeln.[966] Ein Symbol vereint - integriert - nicht nur dadurch, sondern es schafft dort, wo ein Wertekonsens herrscht, auch ein besonderes Gemeinschaftsgefühl. Eine solche Funktion kann einer Vielzahl verschiedenster Gegenstände zukommen. Symbole im weitesten Sinne sind lebende Wesen, Dinge, Gegenstände, Worte, Wortgruppen, Begriffe, Namen, Farben, Bilder, Werke der bildenden Kunst, Musik, und anderes.[967] Diese Vielfalt deutet schon an, daß eine umfassende Analyse aller Erscheinungsformen von Symbolen als Mittel zur Vergemeinschaftung hier nicht zu bewältigen ist. Dieser Umstand erfordert eine Einschränkung der folgenden Darstellung in zweierlei Hinsicht. Zum einen sind zur Aufrechterhaltung des Systematisierungsansatzes solche Formen auszuschließen, die bereits innerhalb der objektiven Integrationsdimension behandelt wurden, aber ebenfalls symbolische Nebenwirkungen entfalten.[968] Zum anderen sollen sich die Ausführungen auf wesentliche Symbole der europäischen Integrationsentwicklung beschränken, die gemeinschaftsseitig in Anlehnung an staatliche Symbolik als Integrationsfaktoren hinsichtlich des Zugehörigkeitsgefühls des Individuums instrumentalisiert worden sind. Dazu gehören Flagge, Hymne, gemeinschaftliche Feiertag und die

---

963 Zu Verständnis und Verwendung des Symbolbegriffes vgl. Göldner, S. 30 ff., der ihn als Mittel zur Erkenntnis, zum Bekenntnis und zur Beschwörung einer Gemeinschaft definiert. Rabbow, S. 1 f., erklärt dagegen, daß Symbole schlicht für etwas anderes stehen.

964 Jung, Der Mensch und seine Symbole, S. 93, sowie Bieber in GS für Geck, S. 59, Fn. 1.

965 Vgl. Hattenhauer, der zur Aufgabe im Vorwort der 2. Auflage seiner Geschichte der deutscher Nationalsymbole folgendes formuliert: „Symbole stehen für Ideen, politische Ziele. Sie sollen staatsbürgerliche Einigkeit stiften und Grundüberzeugungen verkörpern."

966 Vgl. dazu und auch zur Assoziationsfunktion Loewenstein in FS für Laun, S. 559, 560 f.

967 So Rabbow, S. 3. Eine vollständige Übersicht der Ausprägungen von Symbolen ist undenkbar, denn: „In der Ausfindigmachung wertbedeutender Symbole sind der menschlichen Erfindungsgabe keinerlei Grenzen gesetzt. Es gibt nichts, was so trivial oder so bizarr wäre, daß es nicht als Mittel symbolischer Übermittlung dienen könnte." Loewenstein in FS für Laun, S. 559, 563, der an der Stelle einige politische Symbole beschreibt.

968 Es ist unstrittig, daß die Entscheidungsträger Symbolgehalt besitzen. Auch sie stehen neben der Beteiligung an deren Einführung in verfahrenstechnischer Hinsicht mit ihrer bloßen Existenz als Organ für die gemeinschaftliche Werteordnung und beinhalten damit auch eine gewisse symbolische Kraft. Gleiches gilt für die Grundrechte sowie das Konzept der Parlamentssouveränität, worauf auch Bieber in GS für Geck, S. 59, hinweist.

Hauptstadt. Über diese vier Bereiche hinaus auf weitere Erscheinungsformen gemeinschaftlicher Art wie einen einheitlichen europäischen Paß oder europäische Auszeichnungen einzugehen,[969] würde den Rahmen dieser Arbeit sprengen.

aa) Flagge

Eine eigenständige Flagge für die europäischen Gemeinschaften wurde in der Integrationsentwicklung erst spät thematisiert. Das Europäische Parlament beschäftigte sich - nach seiner erstmaligen Direktwahl im Jahre 1979[970] - mit dem Thema und forderte in einer Entschließung vom 11. April 1983 unter anderem die durch den Europarat eingeführte Europa-Fahne auch für die Gemeinschaften anzunehmen sowie dafür Sorge zu tragen, daß alle europäischen Einrichtungen diese Fahne führen sollten. Dieser Entschließung vorausgegangen war eine lange Geschichte von fehlgeschlagenen Bemühungen, die bereits seit 1955 existierende Fahne des Europarates[971] auch auf die Integrationsgemeinschaften zu übertragen.[972] Nach einer Zwischenphase in den siebziger Jahren des letzten Jahrhunderts, in dem die einzelnen europäischen Institutionen ihrerseits zur Festlegung nur für sie geltender eigenständiger Symbole übergingen, einigte man sich mit der Entschließung vom 11. April 1983 zwar auf die Fahne mit zwölf Sternen, dieses Ergebnis wurde aber aufgrund rechtlicher Bedenken hinsichtlich bestehender Schutzansprüche des Europarates nicht umgesetzt. Erst nach Einschaltung eines durch den Rat gebildeten Ad-hoc-Ausschusses im Zusammenhang mit dem Problem des Identitätsverlustes bei den europäischen Bürgern und der Stagnation des Integrationsprozesses im allgemeinen,[973] dessen

---

969 Vgl. zu beidem Göldner, S. 208 ff. und S. 244 ff., der sich darüber hinaus noch mit den Versuchen der Einführung von europäischen Briefmarken auseinandersetzt (S 225 ff.).

970 Den Zusammenhang stellt Bieber in GS für Geck, S. 59, 65, her, ohne ihn näher zu begründen. Dabei hatte das Parlament bereits am 5. November 1979 einen Antrag auf Einführung einer Flagge mit einem Kranz aus zwölf goldenen Sternen, der am 31. Oktober 1979 gestellt worden war, in den Politischen Ausschuß überwiesen. Bericht und Entschließungsantrag des Ausschusses bildeten die Grundlage für die Entschließung vom 11. April 1983, mit der sich Göldner, S. 106 ff., unter Analyse von Quellen auseinandersetzt.

971 Vgl. zur Geschichte und dem Entscheidungsverfahren in den Gremien des Europa-Rates Göldner, S. 33 ff., und Bieber in GS für Geck, S. 59, 64 f. Letztendlich hatte sich der Europa-Rat hier für einen Kranz aus zwölf goldenen Sternen auf blauem Grund entschieden.

972 So bemühten sich die drei Gemeinschaftspräsidenten Hallstein, Finet und Hirsch bereits 1959 um ein gemeinsames Symbol für alle Gemeinschaften, wobei die Ergebnisse entsprechender Ausschußarbeiten hinsichtlich unveränderter Übernahme der Flagge des Europarates im November 1960 im Parlament scheiterten. Man einigte sich aber darauf, einen besonderen Wettbewerb für ein eigenes Symbol auszuschreiben. Vgl. zu dieser Entwicklung am Ende der fünfziger sowie zum Beginn der sechziger Jahre Göldner, S. 93 ff.

973 Obwohl der zeitliche Rahmen in etwa dem der Entstehung der EEA entspricht und beides - institutionelle Veränderungen und Binnenmarktziel sowie die Einführung von Flagge

Auftrag in der Einführung von Symbolen in Form einer Fahne und einer Hymne bestand, kam es erneut zu Fortschritten hinsichtlich des Gemeinschaftssymbols der Flagge.[974] Nach weiteren Verzögerungen, diesmal verursacht durch konzeptionelle Arbeiten eines Ausschusses des Europarates hinsichtlich der grundsätzlichen Ausgestaltung des Verhältnisses zu den Integrationsgemeinschaften stimmte der Rat der Europäischen Gemeinschaften am 21. April 1986[975] einer bekräftigenden Entschließung des Parlaments vom 13. November 1985 zu. Damit verfügte die neue, integrative Einheit 36 Jahre nach der Gründung der ersten, ihr zugehörigen Gemeinschaft über ein eigenes Flaggensymbol, das auch in visueller Hinsicht die Identifikation der Individuen mit den bis dahin entstandenen Grundwerten des Verbandes - hier seien nur die in der Rechtsprechung des EuGH entstandenen Grundrechte genannt - ermöglichte und gleichzeitig aufgrund der gestalterischen Herkunft der Fahne eine Verbindung zu weiteren Prozessen europäischer Zusammenarbeit, verdeutlichte, in die sich diese Gemeinschaft ausweislich Wahl ihrer der Symbol damals ebenso eingebettet fühlte.[976]

Damit läßt sich neben der bloßen Existenz der Flagge und ihrer spät einsetzenden, nicht gradlinig verlaufenden Entwicklungsgeschichte festhalten, daß ihr im Gegensatz zu Smends Position Bedeutung hinsichtlich sachlicher Integration nur als Symbol bereits vorhandener gemeinschaftlicher Werte zukommt. Eine eigenständige Wertaussage läßt sich der Flagge - auch nicht in den Augen der anderen Autoren dieses Forschungsbereichs - keineswegs entnehmen. Ihr kommt eine eigenständige Bedeutung als Integrationsmittel lediglich in der Funktion einer Brücke zwischen diesen Werten und den integrationsbetroffenen Individuen zu, was ihrer Bedeutung für das Zugehörigkeitsgefühl des Einzelnen gegenüber der neuen, größeren Integrationseinheit keinen Abbruch tut. Der eigentlich bemerkenswerte Umstand ist darin zu erblicken, daß die Gemeinschaft, die bis 1992 nicht in der Lage war, einen über die Rechtsprechungstätigkeit hinausgehenden Grundrechtekatalog als Werteordnung einzuführen, im Bereich der zur Übertragung eines solchen Wertemodells verwendungsfähigen Brückenkonstruktion durch Symbole, hier der Fahne, bereits Mitte der achtziger Jahre tätig geworden war. Ohne daß auf vertraglicher Ebene eine Werteordnung existierte, bestand damit zumindest hinsichtlich der subjektiven Integrationsdimension die Gefahr, daß die Fahne zu einem inhaltsleeren Symbol geriet, hinter dem die einzelnen

---

und Hymne - der Überwindung der Stagnation dienten, fehlen, so Bieber in GS für Geck, S. 59, 66, jedoch Bezüge zwischen beidem. Beides wurde vom Rat getrennt beschlossen.

974 Jene traten während des Europäischer Rat, der vom 25. bis 26. Juni 1984 in Fontainebleau tagte, ein. Der auf die Symbole der Integration bezogene Entschluß ist dann in den Schlußfolgerungen des Vorsitzenden, Bull. EG, Beilage 7/1985, S. 1, 5, abgedruckt.

975 Bull. EG, Nr. 4/1986, S. 54, 57. Darin wurde die Flagge in ihrer Gestaltung beschrieben.

976 Als juristisches Hauptproblem der Flagge erweist sich anhand der Gemeinschaftsverträge die fehlende Befugnis zur Einführung einer solchen. Bieber in GS für Geck, S. 59, 67 ff.

Individuen wenige oder keine Aussagen entdecken konnten, die einen Bezug zur Entwicklung eines Zugehörigkeitsgefühls aufwiesen. Die europäische Fahne als Symbol steht im wesentlichen für bestimmte Entscheidungsträger und deren Erlebbarkeit im objektiven Sinne. Das Symbol selbst prolongiert aufgrund des Fehlens eigener Werthaltigkeit hier das Mißverhältnis zwischen objektiver Integration und der Ausbildung der Wertegemeinschaft auf der subjektiven Seite.

bb) Hymne

Die offizielle Hymne der Gemeinschaft, die seit ihrer erstmaligen Aufführung als solche am 29. Mai 1986 in Beethovens Präludium „Ode an die Freude", gleichzeitig 4. Satz der 9. Symphonie, besteht, gleicht in ihrer Entstehungsgeschichte der Gemeinschaftsflagge. Auch hier war es der Europarat, dessen Ministerkomitee im Januar 1972 dieses Werk als Hymne geprüft, ihr zugestimmt und sie mit der Uraufführung am 5. Mai 1972 der Öffentlichkeit in der von Karajan erschaffenen Fassung vorgestellt hatte.[977] Diese Hymne fand in den darauffolgenden Jahren zunehmend auch für Anlässe innerhalb der Struktur der europäischen Gemeinschaften Verwendung, so daß sie auch ohne besonderen formellen Akt als Symbol des Integrationsprozesses in das Bewußtsein der Individuen drang.[978] Offiziell anerkannt wurde von Gemeinschaftsseite der Charakter der „Ode an die Freude" als Hymne im selben Zusammenhang wie die Flagge erst im Rahmen des Ad-hoc-Ausschusses, der von der Tagung des Europäischen Rates am 26. Juni 1984 in Fontainebleau ins Lebens gerufen worden war. Gleichzeitig mit der Flagge erhielt damit der europäische Integrationsverband nach der erforderlichen Zustimmung seitens der europäischen Organe ein musikalisches Symbol. Auch dieses stand ebenso wie die Flagge weniger für eine Werteordnung als Grundlage einer Wertegemeinschaft, sondern vielmehr für einen Bestand an Entscheidungsträgern und -verfahren. Bedeutsam ist aber auch hier wieder die bewußte Instrumentalisierung von Symbolen zur Fortführung des Integrationsprozesses hinsichtlich der Identität der Bürger, die bei der Dis-

---

977 Zur Vorgeschichte der Hymne, den Vorläufern wie dem „*Te Deum*" des französischen Komponisten Charpentier, das sich als Erkennungsmelodie vor Sendungen der am 12. Februar 1950 gegründeten Union europäischer Rundfunkanstalten einen erheblichen Bekanntheitsgrad erworben hatte, und zum Verfahren der Anerkennung von Beethovens „Ode an die Freude" im Europarat vgl. ausführliche Darstellung bei Göldner, S. 128 ff.

978 Als Beleg mag die bei Göldner, S. 139 f., abgedruckte Anfrage des englischen Abgeordneten des Europäischen Parlaments Curry vom 12. November 1980 dienen, der von der Kommission wissen wollte, ob nicht seitens der Kommission eine amtliche Übersetzung der bis dahin nur in der deutschen Originalsprache gesungene „Ode an die Freude" als Hymne der Gemeinschaft erfolgen könne. Die Kommission antwortete, daß die Hymne eben nicht offiziellen Charakters sei und es nicht wünschenswert wäre, von ihr amtliche Übersetzungen herauszugeben. Vgl. die schriftliche Anfrage Nr. 1462/80 mit der genannten Antwort der Kommission in ABl. EG Nr. C 56/1981 vom 16. März 1981, S. 8.

kussion um die gemeinschaftlichen Grundrechte im wesentlichen fehlte. Dennoch mußte sich die Gemeinschaft auch hier wiederum einer bereits durch den Europarat eingeführten Form bedienen, was diesmal jedoch weniger aus einer bewußten Anlehnung an die genannte Organisation, sondern eher in der vorhandenen, länger andauernden Nutzung im Kontext der Gemeinschaft und der Entwicklung eines gewissen Bekanntheitsgrades in den siebziger Jahren resultierte.

cc) Feiertag

Nicht nur Flagge und Hymne einer größeren, neuen Einheit, sondern auch der Feiertag als ein Mittel zur Besinnung auf ein bestimmtes politisches Ereignis oder der Bekundung eines politischen Ideals kann verbindend wirken.[979] Die europäische Integrationsgemeinschaft grenzte sich hierzu vom durch den Europarat ausgerufenen Europa-Tag, dem 5. Mai, ab und schuf mit dem 9. Mai einen eigenen Gedenktag, der an die Pariser Erklärung von 1950 erinnert. Es handelt sich dabei aber nur um einen internen Gedenktag als Feiertag der Bediensteten der Kommission und des Rates. Forderungen, den 9. Mai zu einem gemeinschaftsweiten gesetzlichen Feiertag auszubauen, existierten schon seit Mitte der siebziger Jahre, führten aber, ähnlich wie bei den Überlegungen zu Flagge und Hymne, zur Kollision mit dem 5. Mai als Europa-Tag des Europarates. Der Adhoc-Ausschuß für ein Europa der Bürger empfahl im Juni 1985, den 9. Mai als Europatag zu feiern, um bei der Bevölkerung ein Bewußtsein dafür zu wecken. Nachdem der Europäische Rat von Mailand dem am 29. Juni 1985 zugestimmt hatte, erklärte jedoch die Kommission den Europa-Tag des Europarates für vorrangig und sah erstmals für den 9. Mai 1987 ein Feier im engen Kreis der höchsten Amtsträger der Gemeinschaft und des Gastlandes vor. Die Kommission plante vielmehr, durch die Unterstützung von Veranstaltungen in den Mitgliedsländern ein Bewußtsein für den 9. Mai zu erzeugen, um dessen Ausbau zum gemeinschaftsweiten Feiertag später in Angriff zu nehmen. Damit kam kein verbindlicher Feiertag der Europäischen Gemeinschaft zustande, womit hinsichtlich der Integrationsförderung lediglich eine mittelbare Wirkung auf das Zugehörigkeitsempfinden der Individuen durch die gemeinschaftsseitig vorgesehen Unterstützung von nationalen Veranstaltungen am 9. Mai festzuhalten ist.

dd) Hauptstadt

Wesentlich älter als die Überlegungen auf der europäischen Ebene zur Flagge und Hymne der Gemeinschaft sind Diskussionen um die Frage einer europäi-

[979] Göldner, S. 143. Hinzuzufügen ist, daß nicht nur die Besinnungs- und Bekundungsfunktion integrationsfördernd wirken, sondern daß gleichzeitig auch den öffentlichen Festveranstaltungen unter Beteiligung der Bevölkerung ein solcher positiver Effekt zukommt.

schen Hauptstadt, die sich seit Beginn der fünfziger Jahre im engen Zusammenhang mit der Verteilung der Sitze der Institutionen der einzelnen Gemeinschaften stellte. Die Gründungsverträge selbst enthielten für die räumliche Verteilung der Organe keine Regelungen, diese sollten aufgrund ihres vorwiegend technischen Charakters erst später unter den Mitgliedsstaaten getroffen werden.[980] So stand nach der Unterzeichnung des Gründungsvertrages der Montanunion am 18. April 1951 die Festlegung des Gemeinschaftssitzes nach Artikel 77 EGKSV an, wobei die sechs Mitgliedsstaaten Brüssel die Funktion der Hauptstadt anboten.[981] Jedoch hatte die belgische Regierung intern den Gemeinschaftssitz bereits an Lüttich vergeben, auf das sich wiederum die Mitgliedsstaaten in Gesprächen am 22. und 24. Juli 1952 nicht einigen konnten. So kam es einen Tag später, am 25. Juli 1952, zur Festlegung einer Übergangslösung durch die Außenminister der Länder, wobei Kommission und Gerichtshof der Montanunion in Luxemburg, die Versammlung dagegen in Strasbourg ihre Arbeit aufnehmen sollten. Das Generalsekretariat des Parlaments wurde jedoch in Luxemburg errichtet, um ihm die Beobachtung der Kommissionstätigkeit aus nächster Nähe zu ermöglichen.[982] In der Folgezeit wurde trotz des Übergangscharakters dieser Regelung die Diskussion um den Gemeinschaftssitz nicht wieder aufgenommen. Eine Hauptstadt der Montanunion kam hier nicht zustande.

Erneuter Diskussionsbedarf entstand mit der Gründung von Wirtschafts- und Atomgemeinschaft, wobei sich Luxemburg als Sitz der Organe der beiden neuen Zusammenschlüsse angeboten hätte. Luxemburg verzichtete jedoch, so daß sich im Jahr 1958 eine erneute, umfangreiche Verhandlungstätigkeit auf Ministerebene anschloß, um einen geeigneten, die Gemeinschaftsorgane zusammenfassenden Sitz zu bestimmen. Dies sollte bis zum 1. Juni 1958 geschehen, wobei bis dahin wiederum Übergangsregelungen erforderlich waren. So sollte die Kommission in Val Duchesse bei Brüssel oder in Luxemburg tagen, während für die Versammlung Strasbourg vorgesehen wurde. Letztlich richteten sich Kommissionen und Rat in Brüssel ein, während die Versammlung in Strasbourg tagte, ihr Generalsekretariat in Luxemburg agierte und Ausschüsse teilweise in Brüssel tagten. Die Zusammenführung der Institutionen an einem Ort kam weder zum 1. Juni 1958 noch zu einem dem zumindest nahekommenden, späteren Zeitpunkt zustande, wobei die diesbezüglichen Bemühungen stets am Einstimmigkeitserfordernis in Artikel 77 EGKSV, Artikel 216 EWGV und Artikel 189 EAGV scheiterten. In der Folgezeit kam es bis 1964 zu verschiedenen

---

980 Ein Überblick über Ereignisse zum Gemeinschaftssitz zwischen 1952, dem Inkrafttreten des EGKS-Vertrages, und 1962 findet sich bei Hellmann, a. a. O. (Fn. 660), S. 233, 235 f.

981 Beworben hatten sich um den Sitz der Montanunion weiterhin Luxemburg und Aachen. Deren Anfragen und die ausführliche Bewerbungen sind im Politischen Archiv des Auswärtigen Amts, Abteilung 2, Referat 200, Az. 84-11/1-7, Bde. 26, 29 und 30, erhalten.

982 Zu der Sitzwahl für die Organe sowie zu den Gründen Göldner, S. 163, mit Nachweisen.

Entschließungen des Parlaments zur Beseitigung dieses von allen als unbefriedigend empfundenen Zustandes.[983] Alledem war aber keinerlei Erfolg beschieden.

Der Fusionsvertrag vom 8. April 1965 zur Zusammenlegung der Hohen Behörde und der beiden Kommissionen sowie der Ministerräte bedeutete einen erneuten Veränderungsbedarf hinsichtlich der vorläufigen räumlichen Verteilung der europäischen Institutionen,[984] da Luxemburg als Sitz der Hohen Behörde aufgrund der Zusammenlegung als Gemeinschaftsstandort entbehrlich wurde.[985] Da sich bereits in den vorangegangenen Diskussion innerhalb der Versammlung gezeigt hatte, daß Luxemburg keinesfalls bereit war, diesen Verlust ausgleichslos hinzunehmen, sah Artikel 37 der Fusionsvereinbarung entsprechende Möglichkeiten vor, die auf der Ebene zwischen den Mitgliedsstaaten im Einvernehmen festgelegt werden konnten. Die Länder einigten sich, nachdem sie grundsätzliche Einigkeit bezüglich der Fusion der Organe der drei Einzelgemeinschaften erzielt hatten, in einem besonderen Beschluß[986] darauf, Luxemburg als Gemeinschaftsstandort zu erhalten und sahen dort Ratstagungen in den Monaten April, Juni und Oktober vor, während Luxemburg als vorläufiger Sitz des Generalsekretariats der Versammlung und des Gerichtshofs noch einmal ausdrücklich bestätigt wurden.[987] In den folgenden Jahren wurden die vorläufigen Regelungen nicht immer und nicht vollständig eingehalten, so daß es mehrfach zu Beschwerden einzelner Mitglieder kam.[988] Mit der Einführung der Direktwahl des Europäischen Parlaments und der damit verbundenen Erhöhung der Abgeordnetenzahl kam es zwischen Strasbourg, Luxemburg und Brüssel zu einem regelrechten Wettstreit hinsichtlich einer möglichen Verlagerung des Parlaments an

983 Vertiefend Beutler, EuR 1983, S. 284, sowie Göldner, S. 167 ff., der die jeweiligen Konzeptionen zur räumlichen Verteilung der Gemeinschaftsorgane dann gründlich erläutert.

984 Zu dem Zusammenhang zur Organfusion vgl. Hellmann, a. a. O. (Fn. 660), S. 233, 235.

985 Zu Folgen der Fusion für die Verteilung der Organe vgl. Bieber, EuR 1974, S. 168, 170.

986 Beschluß der Vertreter der Regierungen der Mitgliedsstaaten über die vorläufige Unterbringung bestimmter Organe und Dienststellen der Gemeinschaft, ABl. EG Nr. 152/1967 vom 13. Juli 1967, S. 18. Der Beschluß zurräumlichen Verteilung der Organe trat dann nach Art. 37 des Fusionsvertrages mit diesem selbst, also auch am 1. Juli 1967, in Kraft.

987 Problematisch war die Befugnis der Mitgliedsstaaten für den Beschluß, da sie sich nicht auf Kompetenznormen der Gründungsverträge für die Sitzfestlegung bezogen, sondern diese wegen Art. 37 des Fusionsvertrages gerade ausgeschlossen blieben. Mit dem Argument, daß derjenige, der den Sitz bestimmen könne, auch die Arbeitsorte festlege, leitete Stempel in FS für Ophüls, S. 229, 240, dann argumentativ eine solche Befugnis her.

988 So hielt das Parlament erstmals am 19. Juli 1967 eine Sitzung in Luxemburg ab, die sich wegen dringender Beratungen des Rates als nötig erwiesen hatte. Dazu Beutler, a. a. O. (Fn. 983), S. 284, 285; Göldner, S. 186. Weitere Beispiele für die Zeit nach 1965 finden sich bei Bieber, a. a. O. (Fn. 985), S. 168, 173 f. Dieser zog daraus den Schluß, daß die Regierungen dem Parlament zur Aufrechterhaltung der Funktionsfähigkeit stillschweigend Handlungsspielräume zugebilligt hätten, die gewohnheitsrechtlich erhalten blieben.

einen Ort, der im Gegensatz zu Strasbourg die erforderliche Infrastruktur für das größenmäßig gewachsene Organ bieten konnte.[989] Es blieb es jedoch beim alten Sitz und der Praxis des Parlaments, Sitzungen teils in Strasbourg und teils in Luxemburg abzuhalten. Neben verschiedenen weiteren Entschlüssen des Parlaments in den Jahren 1980 und 1981 entwickelte sich der Tagungsort des Parlaments zum Hauptproblem für die eines einheitlichen Gemeinschaftssitzes. Obwohl der Europäische Rat am 24. März 1981 den gegebenen Zustand der örtlichen Verteilung der Organe nochmals bestätigt hatte,[990] kam es am 7. Juli 1981 zu einem Beschluß, indem sich das Parlament für Strasbourg als Ort für Plenarsitzungen aussprach, während die Ausschüsse in Brüssel tagen sollten. Luxemburg schien damit den Wettbewerb um den Parlamentssitz - auch gerichtlich - verloren zu haben.[991] Das Parlament konnte sich nach der Ansicht des Gerichtshofs zur Sicherung der Funktionsfähigkeit auf eine, wenn auch beschränkte Kompetenz zur Sitzfestlegung berufen, da die Mitgliedsstaaten selbst trotz seit 1951 bestehender Verpflichtung nicht tätig geworden waren.[992]

Ermutigt durch die Feststellung seiner Souveränität hinsichtlich des Sitzes, paßte das Parlament mit Entschließung vom 9. März 1983[993] den Sitz des Generalsekretariats dahingehend an, daß es nun in Strasbourg und Brüssel arbeiten sollte. Damit wäre Luxemburg auch diese gemeinschaftliche Dienststelle verlorengegangen. Einer Klage Luxemburgs war Erfolg beschieden. Dem seitens des Parlaments vorgebrachten Einwand der Unzulässigkeit der Klage - der Entschluß zur Frage des Sitzes des Generalsekretariats sei eine interne Organisationsangelegenheit des Parlaments, der die Außenwirkung fehle - folgte der Gerichtshof nicht und sah durch den materiellen Gehalt den Beschluß der Mitgliedsstaaten vom 8. April 1965 zur Erhaltung Luxemburgs als Gemeinschaftssitz verletzt.[994] Das Generalsekretariat der Parlaments verblieb in Luxemburg.

---

989 Beutler, a. a. O. (Fn. 983), S. 284, 285, spricht in dem Zusammenhang von der nochmaligen Verschärfung des Problems durch die Einführung der Direktwahl der Abgeordneten.

990 Bull. EG Nr. 3/1981, Ziff. 1.1.8., was aber das Funktionalitätsproblem jedoch nicht löste.

991 Luxemburg unterlag im von ihm angestrengten Rechtsstreit, mit dem es den Parlamentsbeschluß für vertragswidrig erklären lassen wollte. Rechtssache 230/81 - Großherzogtum Luxemburg - vom 10. Februar 1983, EuGHE 1983, S. 255 ff., zur Befugnis des Parlaments zur Sitzfestlegung zwecks Aufrechterhaltung der Arbeitsfähigkeit siehe Leitsätze 3 - 5 (S. 256 f.) sowie Rn. 34 ff. der Gründe (S. 286 ff.). Zu den sich aus dem Urteil ergebenden Konsequenzen für die Befugnisse des Parlaments zur Festlegung des eigenen Sitzes bei dem fehlenden Tätigwerden der Staaten Beutler, a. a. O. (Fn. 983), S. 284, 288 ff.

992 Daß der Gerichtshof gerade Bieber, a. a. O. (Fn. 985), S. 168, 174, für die gewohnheitsrechtliche Kompetenz des Parlaments folgte, ist kein Zufall. Bieber war im Streit zwischen Luxemburg sowie dem Parlament dessen Bevollmächtiger. Göldner, S. 187, Fn. 1.

993 Zu den Gründen und Umständen von deren Zustandekommen siehe Göldner, S. 203 ff.

994 Rechtssache 103/83 - Großherzogtum Luxemburg - vom 10. April 1984, S. 1945 ff. Zum Entscheidungscharakter des Beschlusses des Parlaments vgl. Rn. 19 ff. (S. 1957 f.) der Gründe, zur Befugnis für die Verlagerung Leitsatz 2 (S. 1945) und Rn. 30 f. (S. 1960) der

Damit erschöpften sich die vor allem vom Parlament getragenen Bemühungen um eine Veränderung der „vorläufigen“ Zustände der räumlichen Verteilung der Gemeinschaftsorgane hin zu einem einheitlichen Sitz der Institutionen, dem der Charakter einer Hauptstadt der Gemeinschaft zuzubilligen wäre. In der Folgezeit konzentrierten sich die Mitgliedsstaaten, denen allein eine Veränderung der vorläufigen Regelungen möglich gewesen wäre, auf die materiellen Probleme des Binnenmarktes und der Europäischen Union, so daß im Untersuchungszeitraum keine Hauptstadt der Gemeinschaft mit integrationsförderndem Symbolgehalt zustande kam. Der seit den fünfziger Jahren ausstehende Beschluß der Mitgliedsstaaten über die räumliche Verteilung der Gemeinschaftsorgane erfolgte zwar durch den Europäischen Rat am 12. Dezember 1992,[995] veränderte aber an der bis dahin bestehenden Sitzstruktur nichts. Rat und Kommission blieben in Brüssel, der Europäische Gerichtshof und das Generalsekretariat des Europäischen Parlaments in Luxemburg und das Parlament in Strasbourg, während die Ausschüsse in Brüssel tagten.[996] Aus dem 1952 eingerichteten „vorläufigen“ Verteilung war durch fehlende Konsensbereitschaft ein Dauerzustand geworden.

Die verschiedenen Vorschläge zur Festlegung eines Sitzes der Gemeinschaft im Untersuchungszeitraum zeigen durch ihre jeweilige Begründung, daß nicht etwa die Suche nach einer Hauptstadt im Sinne der Integrationsförderung durch ein weiteres Gemeinschaftssymbol im Vordergrund stand. Den Schwerpunkt der Argumentation bildete zumeist die Arbeitsfähigkeit der einzelnen Gemeinschaftsorgane gerade in ihren engen Wechselbeziehungen zu anderen Institutionen, damit die Effizienz von Entscheidungen und schließlich die durch die Aufteilung der Entscheidungsträger auf verschiedene Orte verursachten Kosten.[997] Selbst in diesem Zustand entdeckte man noch den Vorteil, daß das Vorhanden-

---

Gründe. Auf letzteres war der EuGH bereits in Rs. 230/81 - Großherzogtum Luxemburg - vom 10. Februar 1983, a. a. O. (Fn. 991), S. 255 ff. eingegangen. Nach Leitsatz 7 (S. 256) und Rn. 50 ff. (S. 289 ff.) der Gründe stellte die völlige oder sorgar die teilweise Veränderung des Sitzes des Sekretariats einen Verstoß gegen Art. 37 des Fusionsvertrages dar.

995 Im gegenseitigen Einvernehmen gefaßter Beschluß der Vertreter der Regierungen der Mitgliedstaaten über die Festlegung der Sitze der Organe und bestimmter Einrichtungen und Dienststellen der Europäischen Gemeinschaften vom 12. Dezember 1992, ABl. EG Nr. C 341/1992 vom 23. Dezember 1992, S. 1 ff. Enthalten waren darin Plenartagungen des Europäischen Parlaments in Brüssel sowie Ratstagungen in Brüssel und Luxemburg.

996 Zu dieser Aufteilung und den Sitzen der hier weniger interessierenden, lediglich beratenden Institutionen wie dem Wirtschafts- und Sozialausschuß, dem Ausschuß der Regionen, dem Rechnungshof oder der Europäischen Investitionsbank vgl. die kurze Zusammenstellung der Organe und ihrer Sitze bei Beutler/Bieber/Pipkorn/Streil, dort auf S. 161.

997 So als Einleitung zu an sich kompetenzbezogenen Überlegungen bei Bieber, a. a. O. (Fn. 985), S. 168. Schon Mitte der sechziger Jahre läßt sich die Argumentation bei Stempel in FS für Ophüls, S. 229, 240 f., nachweisen. Bedenken hinsichtlich einer besonderen Vernachlässigkeit der subjektiven Integrationsdimension sind dabei jedoch nicht erkennbar.

sein europäischer Organe auf dem Territorium mehrerer Mitgliedsstaaten das Interesse der Völker der Gastgeberländer mehr fördern würde als die Schaffung eines einheitlichen Gemeinschaftssitzes.[998] Dennoch wurde - in der Literatur zumindest nachweisbar für den Beginn der achtziger Jahre - im Zusammenhang mit der bereits angesprochenen Identitätskrise hinsichtlich der Gemeinschaftsbürger - auch die integrationsfördernde, symbolische Wirkung einer Hauptstadt erkannt.[999] Letztendlich führte dies aber nicht dazu, daß sich die Mitgliedsstaaten in den beiden Räten der Frage des Sitzes ähnlich wie der Flagge und der Hymne annahmen. Eine Instrumentalisierung hinsichtlich des Zugehörigkeitsgefühls der Individuen fand bezüglich einer europäischen Hauptstadt nicht statt. Insofern blieb aufgrund der differierenden Vorstellungen unter den Mitgliedsstaaten die an die Funktion nationaler Hauptstädte angelehnte Möglichkeit der Festlegung eines zentralen Gemeinschaftssitzes mit positiven Auswirkungen auf das Selbstverständnis des Einzelnen im Integrationsprozeß letztlich ungenutzt.

ee) Fazit

Die vier großen Ausprägungen von Symbolen, die auch innerstaatlich eine gemeinschaftsfördernde Verwendung finden, lassen sich für den europäischen Integrationsprozeß nur zum Teil nachweisen. Flagge und Hymne existieren erst seit Mitte der achtziger Jahre des letzten Jahrhunderts, wurden aber im Kontext der Beförderung der Herausbildung einer europäischen Identität bei den integrationsbetroffenen Individuen eingeführt. Währenddessen blieb mit dem 9. Mai ein gemeinschaftlicher Feiertag nur unvollständig verwirklicht, während die Zusammenführung der Institutionen der Gemeinschaften bzw. der Union an einen Ort im Sinne der Gewinnung einer Hauptstadt nicht gelang. Bei letzterem stand weiterhin nicht etwa die Förderung des subjektiven Zugehörigkeitsgefühls des Einzelnen als Selbstverständnis innerhalb des europäischen Integrationsprozesses im Mittelpunkt, sondern Fragen nach der Arbeitsfähigkeit der Organe, ihre Effizienz und die diesbezüglich entstehenden Kosten.

Damit ergibt sich hinsichtlich der Instrumentalisierung von Symbolen zur Förderung der Vergemeinschaftung ein ähnliches Bild wie bei der Herausbildung einer Werteordnung. Symbole spielten zu Beginn des Integrationsprozesses in ihrer subjektiven Wirksamkeit keine Rolle. Erst später wurde das sich verstärkende Mißverhältnis zwischen Institutionen und deren Verfahren einerseits sowie dem Zugehörigkeitsgefühl der Individuen zu dieser neuen Struktur ande-

[998] Ophüls, ebd., S. 229, 241, der die Schaffung des „europäischen Beamtenghettos" befürchtete. Zu vermuten ist, daß schon damals die Organe als Wirtschaftsfaktor gerade für die kleinen Mitglieder der Gemeinschaften eine nicht zu unterschätzende Rolle spielten.

[999] Vgl. Beutler, a. a. O. (Fn. 983) S. 284, der seinerseits die politische Bedeutung der Sitzfrage hinsichtlich des Integrationswerts der Massierung der europäischen Institutionen an einem Ort, also einer Hauptstadt, begründet sah, jedoch dazu keine weitere Aussage traf.

rerseits zum Anlaß genommen, Symbole als Mittel zur Transformation bestimmter Werte und Strukturen zu verwenden. Jedoch war eine entsprechende Werteordnung, abgesehen von der erst spät entwickelten Rechtsprechung des Gerichtshofs zu Grundrechten, nicht weit genug ausgebaut, um der Symbolik eine dahinterstehende, subjektiv wirkende Aussage zur Verfügung zu stellen. Insofern standen die beiden Symbole der Gemeinschaften, Flagge und Hymne, eher für die objektiven Integrationstypen als für eine subjektive Werteordnung.

b) Einheitliche Sprache

Die Sprache prägt die Identität einer Nation[1000] und ist damit unmittelbarer Bestandteil des Zugehörigkeitsgefühls der Individuen zu einer bestimmten Struktur. Damit fällt es leicht, die Festlegung einer einheitlichen Sprache als auf das Selbstempfinden des Einzelnen wirkendes Mittel von Integration zu verstehen. Es stellt sich die Frage, ob und in welchem Umfang, ausgehend von den Gründungsverträgen, besondere Vorstellungen zur Vereinheitlichung der Sprache im europäischen Gemeinschaftsgebiet zwischen 1950 und 1992 bestanden haben.

Im Vertrag zur Gründung der Europäischen Gemeinschaft für Kohle und Stahl sucht man vergeblich nach Regelungsgehalten, die einen Sprachbezug aufweisen. Zum Vertragsinhalt wurde die Ausgestaltung der sprachlichen Verhältnisse in den Gemeinschaften dann erstmals mit Artikel 217 EWGV und Artikel 190 EAGV, die beide jedoch nur Regelungen hinsichtlich der Organe trafen.[1001] Die Räte der beiden Gemeinschaften sollten danach einstimmig die sprachliche Praxis für die Institutionen festlegen. Eine allgemeine Sprachangleichung ähnlich der für die Wettbewerbsbedingungen war nicht vorgesehen. Die Gründe dafür sind unter Berücksichtigung des Integrationsklimas zwischen 1956 und 1958 schnell gefunden. Die in den Mitgliedsländern etablierten Sprachen standen in ihrer Tradition ebenfalls als Identifikationsmerkmal für eine - hier staatliche - Struktur. Eine gemeinschaftsseitig vorgegebene Umorientierung auf eine neue Sprache hätte damit einen weitgehenden Verlust des Zugehörigkeitsgefühls zum eigenen Land sowie zu dessen Traditionen und Werten bedeutet. Angesichts der gerade im Scheitern der Europäischen Politischen Gemeinschaft fehlenden Bereitschaft zur Preisgabe eigener Staatlichkeit und eigener Einflußmöglichkeiten seitens der Mitglieder verwundert es nicht, daß eine Angleichung der Sprachen in den Ländern zur Erschaffung eines einheitlichen Zustandes undenkbar war.

1000 Nedle/Mäder, ZfSH/SGB 2000, S. 651, zu Perspektiven der europäischen Sprachpolitik.

1001 Ausgenommen war in beiden vertraglichen Vorschriften der Gerichtshof, dessen eigene sprachlichen Regelungen sich wegen der besonderen Verfahrenserfordernisse aus der Verfahrensordnung ergaben. Zum eigenen Problemkreis der Verfahrenssprache vor dem EuGH sowie den einzelnen Regelungen dazu vgl. Riese in FS für Dölle, Bd. II, S. 507 ff.

Selbst bezüglich der Gemeinschaftsorgane kam es in der Umsetzung von Artikel 217 EWGV und Artikel 190 EAGV nicht zu einer einheitlichen Sprache. Die von den Räten erlassenen Verordnungen[1002] sah in ihrem Artikel 1 die in den sechs Staaten, die 1958 den Mitgliederbestand von EWG und EAG ausmachten, verbreiteten Sprachen als gleichberechtigte Amts- und Arbeitssprachen vor.[1003] Artikel 2 der beiden Verordnungen ermöglichte es den Staaten und den Individuen, den Schriftverkehr mit den Institutionen in einer der Amtssprachen abwickeln zu können, was 1958 nichts anderes bedeutete, daß beide Zielgruppen ihre jeweilige Landessprache benutzen konnten. Die Umsetzung dieser Vorgaben blieb den einzelnen Organen innerhalb ihrer Geschäftsordnungen überlassen.[1004] Die Förderung einer der Sprachen der Mitgliedsstaaten mit dem Ziel der Herausbildung einer einheitlichen Amtssprache war hier nicht vorgesehen. Selbst in der Tätigkeit der Institutionen wurde aufgrund des leichten Kontaktes mit den Gemeinschaftsorganen die integrationsfördernde Wirkung einheitlicher Amts- und Arbeitssprache nicht berücksichtigt. Verschiedene Veränderungsversuche stießen dann regelmäßig auf Kritik in der Öffentlichkeit, während gleichzeitig die Versammlung auf die Einhaltung der Gleichberechtigung achtete.[1005]

An dieser grundsätzlichen Festlegung auf Erhaltung sprachlicher Vielfalt anstelle zwar mühsamer und langwieriger, aber weitaus integrationsfördernderer Vereinheitlichung der Sprache im Gemeinschaftsgebiet änderte sich auch im weiteren Verlauf des Integrationsprozesses nichts mehr. Mit dem Hinzukommen weiterer Mitglieder wurden unter Aufrechterhaltung des Gleichheitsgrundsatzes deren Sprachen ebenfalls als gleichberechtigt anerkannt. Allerdings kam es innerhalb anderer als dem individuell-integrationsbeeinflussenden Zusammenhang - zunächst eher mittelbar - zur Einflußnahme auf das Erlernen von in den Mitgliedsstaaten gesprochenen Sprachen selbst. Am 15. Juni 1987 hatte der Rat der Europäischen Gemeinschaften im Kontext der Bemühungen um den Binnenmarkt und der Schaffung der dazu als erforderlich angesehenen bildungsmäßigen Voraussetzungen das sogenannte ERASMUS-Programm - 87/327/EWG - beschlossen,[1006] das der Hochschulkooperation und der Förderung der Mobilität von Studenten und Lehrenden durch Vergabe von Stipendien dienen sollte. Mit

---

1002 Siehe dazu im einzelnen Verordnung Nr. 1 zur Regelung der Sprachenfrage für eine Europäische Wirtschaftsgemeinschaft vom 15. April 1958, veröffentlicht in ABl. EG Nr. 17/1958 vom 6. Oktober 1958, S. 385 f., sowie Verordnung Nr. 1 zur Regelung der Sprachenfrage für die Europäische Atomgemeinschaft vom selben Datum, ebd., auf S. 401 f.

1003 Es handelte sich um die deutsche, französische, niederländische und italienische Sprache.

1004 Vgl. zu Detailregelungen in den Institutionen auch Lwowski, Städtetag 1992, S. 193 f.

1005 Riese in FS für Dölle, Bd. II, S. 507, 508, ohne Beispiele für die Vorschläge einzugehen.

1006 Beschluß des Rates vom 15. Juni 1987 über ein gemeinschaftliches Aktionsprogramm zur Förderung der Mobilität von Hochschulstudenten (ERASMUS), veröffentlicht in ABl. EG Nr. L 166/1987 vom 25. Juni 1987. Der vollständige Wortlaut findet sich auf S. 20 ff.

dem gerade für die Studenten attraktiven Kennenlernen anderer Mitgliedsstaaten der Gemeinschaft über einen längeren Zeitraum war zwangsläufig auch eine Beschäftigung mit einer anderen Amtssprache der Gemeinschaft verbunden, was zumindest hinsichtlich dieser Zielgruppe zu einer besseren Beherrschung zumindest einer in der Gemeinschaft üblichen Amtssprache führte. Insofern kam dem ERASMUS-Programm unter der Verantwortung der Kommission neben dem Erleben eines anderen Landes wenigstens indirekt eine Instrumentalisierung der Sprache für das Zugehörigkeitsempfinden des Einzelnen zur neuen, größeren Einheit zu. Am 28. Juli 1989 kam es zu einem weiteren Ratsbeschluß,[1007] der auf der Basis der Ergebnisse der Ad-hoc-Kommission für ein Europa der Bürger neben ERASMUS ein weiteres, diesmal speziell auf das Erlernen von Sprachen ausgerichtetes Programm unter der Bezeichnung LINGUA einführte. Diese auf fünf Jahre befristete Aktion sollte die Fortbildung von Fremdsprachenlehrern, das Erlernen von Fremdsprachen an Hochschulen, besondere Fremdsprachenkenntnisse für Beruf und Wirtschaft sowie den Austausch von Jugendlichen in der Berufsbildung fördern. Dabei stand zwar nun das Fremdsprachenlernen selbst im Vordergrund. Einen Ersatz für die integrationsfördernde Wirkung einer einheitlichen Gemeinschaftssprache konnte LINGUA genau wie ERASMUS jedoch nicht bieten. Einerseits blieb der Kreis der durch die Programme Begünstigen relativ schmal, andererseits konnten auch das zeitweilige Studium in einem anderen Land bzw. die über LINGUA finanzierten Kurse immer nur eine der in der Gemeinschaft verbreiteten Sprachen vermitteln, was für das Zugehörigkeitsgefühl zur Gemeinschaft aber nicht genügen konnte.

Die Praxis des Umgangs mit den verschiedenen Sprachen führte in den achtziger und zu Beginn der neunziger Jahre dazu, daß sich Französisch und Englisch zumindest in der Organtätigkeit durchsetzten. Die Folge davon war jedoch die besonders Anfang der neunziger Jahre vorgetragenen deutschen Kritik an einer aus der Sicht ihrer Vertreter schleichenden, verordnungswidrigen Nichtberücksichtigung der deutschen Sprache auf europäischer Ebene.[1008] Trotz der Herkunft dieser Kritik aus den Reihen der Juristen unter Bezugnahme auf Gemeinschaftsrecht lassen die entsprechenden Stellungnahmen darauf schließen, daß sich an der sakrosankten Stellung der mitgliedsstaatlichen Sprachen in ihrer Gesamtheit innerhalb der Gemeinschaft und der geradezu eifersüchtigen Aufsicht über die gleichberechtigte Verwendung durch die Mitgliedsländer nichts verändert hatte.

[1007] Beschluß des Rates 89/489/EWG vom 28. Juli 1989 über ein Aktionsprogramm zur Förderung der Fremdsprachenkenntnisse in der Europäischen Gemeinschaft (LINGUA), ABl. EG Nr. L 239/1989 vom 16. August 1989, S. 24 ff. Zum Zusammenhang der Entstehung dieses Aktionsbündels mit den Erfahrungen aus ERASMUS und anderen, parallel laufenden Programmen siehe die Darstellungen bei Wuttig in RdJB 1999, S. 80, 81.

[1008] Vgl. dazu Huber, BayVBl 1992, S. 1, 2 - er spricht von fortgesetzter Diskriminierung des Deutschen -, sowie Lwowski, a. a. O. (Fn. 1004), S. 193, 194 f., jeweils mit Beispielen.

Einen weiteren vorsorglichen Riegel scheint der Unionsvertrag von 1992 der Vereinheitlichung der Sprache in Gestalt des Artikel F Absatz 1 EUV vorgeschoben zu haben. Nach dieser Vorschrift achtet die Union die nationale Identität ihrer Mitgliedsstaaten. Geht man, wie eingangs ausgeführt, davon aus, daß sich Staaten auch über die in ihnen vorhandene Sprache definieren, so ergibt sich, daß eine Sprachangleichung mit der zwangsläufig zerstörenden Wirkung hinsichtlich der Nationalsprache als identifikationsverkörperndem Faktor gegen Artikel F Absatz 1 EUV und seine Nachfolgebestimmungen verstoßen würde. Einer derartigen Auslegung steht auf den ersten Blick jedoch die Interpretation des Identitätsbegriffes durch Rechtsprechung und Literatur entgegen. Während das Bundesverfassungsgericht in der Maastricht-Entscheidung vom 12. Oktober 1993 Identität in einen Zusammenhang zu Unabhängigkeit und Souveränität der Mitgliedsstaaten brachte,[1009] tendieren einige Autoren dazu, Identität auf das Regierungssystem und die staatlichen Kompetenzen[1010] oder die Verfassung als erweitertem Oberbegriff dessen selbst[1011] zu beziehen. Von Sprache als außerhalb staatlicher Organisation und Verfassung liegendem identifikationsrelevanten Gegenstand ist dabei jedoch nicht die Rede. Macht man sich jedoch bewußt, daß Sprache die Basis jeder Verfassung, jedes politischen Systems ist und dabei der äußeren Abgrenzung sowie mittelbar sogar der Unabhängigkeit eines Staates dient, dann wird deutlich, daß sich die Festlegung einer einheitlichen Sprache durch die Gemeinschaft zwangsläufig - und sei es über den argumentativen Umweg der Verfassung - zwangsläufig auf die Identität eines Landes auswirkt. Es käme letztendlich dazu, daß nur noch eine übersetzte und damit nicht mehr authentische Fassung einer staatlichen Grundnorm interpretiert werden könnte. Insofern stellt Artikel F Absatz 1 EUV in der Fassung vom 7. Februar 1992 tatsächlich ein lediglich im Wege der Vertragsänderung durch die Staaten wieder aufzuhebendes Verbot rechtlich bindender Konstituierung einer einheitlichen Sprache innerhalb der Integrationsgemeinschaft dar. Von Instrumentalisierung einer einheitlichen Sprache im Integrationsgebiet als Mittel zur Einwirkung auf das Selbstverständnis der Individuen innerhalb der Gemeinschaft kann daher bis 1992 und auch darüber hinaus keine Rede sein. Es wird bei dem Modell der

---

[1009] BVerfGE 89, S. 155, 189, wobei die dortige Interpretation, die von der freiwilligen Entscheidung der Mitgliedsstaaten zum Vertragsschluß ausgeht, und die Art der Formulierung der Entscheidung wohl nicht unbedingt Ansprüche auf Ausschließlichkeit erhebt.

[1010] Doehring in FS für Everling, Bd. I, S. 263, 264 ff. Er geht bei der Aufnahme des Begriffes der Mitgliedsstaaten von einem generellen Staatsbezug der Identität aus und gelangt so zum Regierungssystem und zu Befugnissen. Wahrung der Identität soll sich auf politische Ordnung in den Mitgliedsländern beschränken, einzelne Werte spielen keine Rolle.

[1011] So in Groeben/Thiesing/Ehlermann, 5. Aufl., Bd. 1, Art. F., Rn. 11 und 18 (Beutler). Der Bearbeiter ging von Identität als Verfassungsidentität aus und erschuf damit wieder eine streng rechtliche Beziehung, die sich neben dem vorhandene System politischer Entscheidungsträger auf die Grundrechte beziehen sollte. Symbole blieben unberücksichtigt.

„Einheit in Vielfalt“[1012] bezüglich der Sprache und damit bei der Erhaltung des integrationsverhindernden nationalen Identitätsbezuges bleiben, wie ihn Artikel F Absatz 1 EUV hinsichtlich der die verschiedenen Sprachen festgelegt hatte.

Die Vorstellung einer europäischen Sprache war damit als Konsequenz der Prämisse der Erhaltung der Staaten im Integrationsprozeß im Untersuchungszeitraum nicht vorhanden. Eine integrationsfördernde Wirkung durch eine einheitliche Sprache hinsichtlich des Zugehörigkeitsgefühls des Einzelnen gerade in kommunikativer Hinsicht fehlt hier im Vergleich zu den Mitgliedsstaaten völlig.

c) Fazit

Die beiden vorgehend untersuchten Formen von auf den Einzelnen wirkenden Integrationsbemühungen zeigen ein ähnliches Ergebnis wie die Beschäftigung mit der Errichtung einer Werteordnung in den Präambeln der verschiedenen Verträge und durch Einführung verbindlicher Grundrechte. Hinsichtlich der Symbolik hat sich ergeben, daß diese bis zur Mitte der achtziger Jahre mit Ausnahme der Diskussion um eine Gemeinschaftsflagge nur wenige Überlegungen zu Integrationsmitteln hinsichtlich der Verbesserung des Zugehörigkeitsgefühls der Individuen gegeben hatte.[1013] Erst infolge der Integrationskrise Ende der siebziger und Anfang der achtziger Jahre gelang es über einen besonderen Ad-hoc-Ausschuß, mit Fahne und Hymne zumindest zwei Gemeinschaftssymbole zur Transformation der ebenfalls nur schwach ausgeprägten Gemeinschaftswerte zu errichten. Dagegen fehlte es bis zum Ende des Untersuchungszeitraumes an einem verbindlichen gemeinschaftlichen Feiertag und einem Ort mit Hauptstadtfunktion, an dem die einzelnen Institutionen ihren Sitz hätten nehmen sollen. Die Sprache als einem wesentlichen Mittel zur Einflußnahme auf das Selbstempfinden der Individuen im Integrationsprozeß wurde, ausgehend vom Gleichwertigkeitsbeschluß von 1958, ebenfalls kaum Bedeutung hinsichtlich der subjektiven Seite der Vergemeinschaftung zugemessen. Neben der bereits als unzureichend charakterisierten Bemühungen um die Errichtung einer Werteordnung zur Herstellung einer Wertegemeinschaft wurde die Selbstwahrnehmung

[1012] So Nelde/Mäder, ZfSH/SGB 2000, S. 651. Auch Lwowski, a. a. O. (Fn. 1004), S. 193, 196, fordert ein Europa der sprachlichen Vielfalt. Bei Ackermann, WRP 2000, S. 807, ist diesbezüglich von Sprache als Ausdruck der kulturellen Vielfalt der Mitgliedsstaaten die Rede, der Respekt gezollt werden müsse. Daraus ergibt sich, daß eine gewachsene Gemeinschaft in Form der Union von der gemeinsamen Sprache so weit wie nie entfernt ist.

[1013] Zur Geschichte der Bemühungen um die Herstellung einer europäischen Identität Walkenhorst, S. 160 ff. Er geht vom „Europa der Bürger“ aus und beschreibt einzelne Vorstellungen zur Umsetzung. Diese bewegen sich aber aufgrund von Anknüpfungspunkten hinsichtlich der allgemeinen Demokratisierung sowie der Erlebbarkeit von Entscheidungen mehr in der objektiven als der subjektiven Dimension der Integrationsbeeinflussung.

des Individuums in der Integration und deren Beeinflussungserfordernis auch für die Erschaffung weiterer subjektiver *vehicula* der Verschmelzung unterschätzt.

4. Zusammenfassung

Neben der bloßen Feststellung des Vorhandenseins, des Umfangs und der Funktion einzelner subjektiv wirkender Integrationsmittel lassen sich - wie im objektiven Bereich auch - weitere Ergebnisse hinsichtlich der Brauchbarkeit des vorgestellten Systematisierungsansatzes und auch - vorsichtig formulierte - Prognosen für die Zukunft treffen, die über bloße Verlaufsdarstellungen hinausgehen.

a) Verwendbarkeit des Systematisierungsansatzes

Zum einen hat sich ergeben, daß der sachliche Integrationstyp Smends nur nach entsprechender Überarbeitung für die Systematisierung von Mitteln der subjektiven Integration verwendungsfähig ist, um die Faktoren zur Entstehung einer Wertegemeinschaft und deren räumlichen Bezug auch über das hier Gesagte hinaus beschreiben zu können. Unter Korrektur der Zuordnung, die Smend für die Staatsform, mehr aber noch für die Staatsflagge getroffen hatte, läßt sich darüber hinaus die gesamte Bandbreite spezifisch auf den einzelnen wirkender integrationsfördernder Maßnahmen verfolgen und in einen systematischen Zusammenhang bringen. Insofern hat sich auch die subjektive Dimension des europäischen Verschmelzungsprozesses als verwendungsfähige Grobunterscheidung erwiesen, um über rechtliche Beurteilungen und juristische Erscheinungsformen hinaus einen brauchbaren Rahmen zur Katalogisierung von Mitteln europäischer Integration zu entwickeln. Schwächen, die sich bei der Mittelerfassung der objektiven Integrationsdimension hinsichtlich ihrer Tätigkeit nicht erlebbarer Organe ergeben haben, lassen sich im subjektiven Bereich nicht feststellen. Der Ansatz ist insofern auch für die weitere Integrationsentwicklung auf der europäischen Ebene zur Erfassung verschiedener, auf das Selbstverständnis des Individuums im Verschmelzungsprozeß einwirkender Faktoren verwendbar.

b) Grad der Verwendung auf den Einzelnen bezogener Mittel

Die Beschäftigung mit der Frage der Herausbildung einer Wertegemeinschaft, aber auch mit Symbolen und der Sprache haben ergeben, daß die innerhalb dieser Gebiete existenten, seit langem bekannten und auf nationaler Ebene funktionsfähigen Möglichkeiten der Beeinflussung des Individuums und seines Selbstverständnisses innerhalb des Verschmelzungsprozesses im Untersuchungszeitraum aus verschiedenen Gründen nur zum Teil genutzt wurden.[1014] Es fehlte dabei sowohl seitens der Integrationspolitik durch die Mitgliedsstaaten, aber auch innerhalb der entsprechenden Wissenschaftszweige trotz der allgemein erkennbaren Bemühungen des Parlaments um seinen Sitz oder die Debatte um die Flagge innerhalb der Gemeinschaft bis Mitte der achtziger Jahre an einem umfassenden Bewußtsein der Erforderlichkeit solcher auf den Einzelnen gerichteten Bemühungen zur Förderung der Verschmelzung. Erst die Integrationskrise rückte das Individuum stärker in den Mittelpunkt des Interesses der europäischen Organe, wobei es jedoch wiederum nicht zur schnellen Einführung von gemeinschaftlichen Grundrechten oder der Lösung der Hauptstadtfrage kam. Auch hier verhinderten, ähnlich wie beim persönlichen und funktionellen Integrationstyp, unterschiedliche Beurteilungen und Interessenlagen der Mitgliedsstaaten, die einer Konzentration auf das aus der sozialpsychologischen Sicht Erforderliche entgegenstanden, eine Transformation der bekannten und zur Verfügung stehen Mittel auf die europäische Ebene sowie deren effektiven Einsatz. Bereits innerhalb der subjektiven Integrationsdimension sind bei weitem nicht alle denkbaren Mittel ausgeschöpft, um den Einzelnen in seinem Selbstverständnis näher an die europäische Integration heranzuführen und ein weiteres Auseinanderklaffen von objektiv-institutionellem Vergemeinschaftungsstand und dem Zugehörigkeitsgefühl des Einzelnen zur neuen Struktur zu verhindern.

c) Reflektion in den Integrationstheorien

Entsprechend der nicht vorhandenen praktischen Bedeutung der Instrumente innerhalb der subjektiven Dimension der Beeinflussung von Integration in den Gründungsverträgen bis zu den achtziger Jahren des 20. Jahrhunderts gehen die frühen politikwissenschaftlichen Integrationstheorien in der Zusammenfassung der tatsächlichen Ereignisse des europäischen Vergemeinschaftungsprozesses kaum darauf ein. Während innerhalb der funktionalistischen und der föderalistischen Lehre überhaupt keine Rede von dieser Mittelkategorie ist, berührt die soziokausale Theorie von Deutsch das Erfordernis der auf Individuen wirksamen Integration zumindest dahingehend, daß sie zunächst von einer durch Transaktionsströme bewirkten Herausbildung eines Zusammengehörigkeitsgefühls der Bürger, gefolgt von der Herausbildung der Institutionen, ausgeht.[1015] Dies entsprach jedoch zum Zeitpunkt der Herausbildung dieser Lehre der eigentlichen Sachlage nicht. Aber auch die Besonderheiten der beginnenden Beschäftigung

---

[1014] Noch deutlicher bei Hornstein/Mutz, S. 26, die aus der Perspektive von 1993, aber auch rückblickend für den verwendeten Untersuchungszeitraum, von der kaum vorhandenen Einbeziehung der Sozialwissenschaften in die Diskussion um die europäische Integration sprechen, was aber eine der Grundvoraussetzungen für eine umfangreichere Nutzung der auf den Einzelnen wirkenden Instrumente für den Verschmelzungsprozeß gewesen wäre.

[1015] Zu Grundaussagen der soziokausalen Integrationslehre vgl. unter D II 1 c) bb) (1) α).

mit der Identifikation der Individuen hinsichtlich der Integrationsgemeinschaft Mitte der achtziger Jahre des letzten Jahrhunderts konnte die Theorie von Deutsch schon aufgrund ihrer Entstehungszeit nicht erfassen. Es kam eben nicht im Sinne von Deutsch zur Herausbildung eines Gemeinschaftsgefühls und anschließender Einrichtung von Institutionen, sondern zu Bemühungen der bereits vorhandenen Institutionen unter Verwendung der verschiedenen, dargestellten Mittel zur Herausbildung eines Zugehörigkeitsgefühls.

Auch die späteren Integrationslehren, die sich im Spannungsverhältnis zwischen Neofunktionalismus und Intergouvernementalismus befinden, lassen die wenigen, aber vorhandenen Versuche zur Beeinflussung des Selbstverständnisses des Individuums im Verschmelzungsprozeß unberücksichtigt. Insofern spiegelt sich die geringe und späte Berücksichtigung des Erfordernisses auf den Einzelnen und sein Zugehörigkeitsgefühl wirkender Integrationsmaßnahmen auch in den Integrationslehren wieder, die sich hauptsächlich mit der objektiven Dimension einer Beeinflussung des Vergemeinschaftungsprozesses beschäftigen.

d) Wirksamkeit zur Bekämpfung der Identitätsdefizite

Die spärliche Verwendung von auf den Einzelnen und dessen Zugehörigkeitsgefühl zum europäischen Integrationsverband ausgerichteten Mitteln ist deshalb hinsichtlich der Überwindung eines an der eigenen Region ausgerichteten Selbstverständnisses der Individuen[1016] und der Etablierung einer europäischen Identität als unzureichend zu bewerten. Desweiteren wurde der traditionelle Bezug des Einzelnen auf seinen Staat bisher nicht überwunden. Ganz im Gegenteil, die Schwäche und Ineffizienz der europäischen Dezisionsfindung aufgrund der bestehenden Entscheidungsträgerschaft mitgliedsstaatlich rückgebundener Organe, die bereits charakterisiert worden ist,[1017] hat geradezu zu einer Stärkung des staatlichen Identifikationszusammenhangs geführt.[1018] Dies konnte mit den existierenden, subjektiv wirkenden Mitteln europäischer Integration nicht verhindert werden und erklärt das von Böhner gekennzeichnete Desinteresse der Bevölkerungen der verschiedenen Mitgliedsstaaten an der europäischen Integra-

---

1016 Das gerade behauptete regionenbezogene Selbstverständnis und dessen Erstarkung in den Jahrzehnten nach dem zweiten Weltkrieg als Gegenbewegung zur einsetzenden Internationalisierung weist Walkenhorst, S. 120 ff., unter Einbeziehung von entsprechenden statistischen Erhebungen auch über den vorliegenden Untersuchungszeitraum hinaus nach.

1017 Vgl. dazu schon die Ausführung zur Entstehung der europäischen Institutionen bei D II 1.

1018 Wieder Walkenhorst, S. 125 ff., der neben dem „Verharrungsvermögen des nationalstaatlichen Prinzips" die Konzeptionslosigkeit der Europäischen Union, einen fehlenden politischen Bezugsrahmen und weitere, im hier verwendeten Systematisierungsansatz dem objektiven Bereich zuzuordnende Defizite für das Fehlen einer europäischen Identität verantwortlich macht. Dies verdeutlicht noch einmal die enge Verbindung beider Integrationsdimensionen, die eingangs mit Smends Überlegungen verdeutlicht worden war.

tion.[1019] Die wenigen Instrumente, die sich auf das Zugehörigkeitsgefühl des Einzelnen beziehen, stehen einer Vielzahl von institutionell bedingten Problemen gegenüber, die sich kontraproduktiv auf das Selbstverständnis der Integrationsbetroffenen auswirken. So blieb der nationalstaatliche Identifikationsstrang im Analysezeitraum trotz der Bemühungen aufrecht erhalten und besteht fort.

IV. Erkenntnisse für Mittel europäischer Integration

Die Kombination beider Einflußdimensionen läßt über die innerhalb der einzelnen Vergemeinschaftungstypen nach Smend bereits erfüllte Systematisierungsaufgabe, die eingangs des Abschnittes zu Mitteln europäischer Integration aufgestellt worden war, einige weitere Schlüsse zu. Diese verdeutlichen neben den teils auftretenden Wechselwirkungen zwischen den beiden Bereichen entwicklungsgeschichtliche Defizite bei der Schaffung von Einflußmöglichkeiten zur Beschleunigung der Verschmelzung sowie beim Umgang mit den Instrumenten.

1. Wechselwirkungen zwischen den beiden Dimensionen

Eine Hauptkritik an Smends Integrationstypen war die als künstlich empfundene Trennung zwischen herausgehobenen Entscheidungsträgern und deren Verfahren durch die Zuordnung zum persönlichen bzw. funktionellen Vergemeinschaftungsfaktor. Jedoch lassen sich auch die objektive und die subjektive Integrationsdimension nicht vollständig voneinander unterscheiden. Betrachtet man die dem funktionellen Integrationstyp zugeordnete Erlebbarkeit der Organtätigkeit, so läßt sich diese - nun aus Sicht der Individuen - ebenfalls als identitätsfördernd ansehen. Insofern stehen auch der sachliche sowie der funktionelle Integrationstyp in einem engen Zusammenhang, dem die hier unterscheidende Darstellung der beiden Vergemeinschaftungsdimensionen nicht ganz gerecht wird. Hinzuweisen ist damit also noch einmal auf das bereits durch Smend hervorgehobene Erfordernis eines ganzheitlichen Verständnisses der drei Integrationstypen und damit auch der beiden, hier getrennt dargestellten Dimensionen.

2. Defizite

Schon der Umfang der Darstellungen zur objektiven und zur subjektiven Dimension im Sinne der politikwissenschaftlichen Integrationslehre innerhalb dieser Arbeit zeigen ein solches Defizit auf. Innerhalb der Bemühungen um die Beförderung europäischer Integration im Untersuchungszeitraum standen Instrumentarien im Mittelpunkt, die dem objektiven Bereich zuzuordnen sind, wäh-

[1019] Böhner, S. 16, die als Beleg dafür den geringen Informationsgrad der Individuen über europäische Politik, über die Institutionen der Gemeinschaften und Vertragsinhalte anführt.

rend die Einbeziehung des Einzelnen über weite Strecken vernachlässigt wurde und selbst nach Erkenntnis diesbezüglicher Notwendigkeiten über Anfänge nicht hinauskam. Die Gründe dafür liegen im wesentlichen darin, daß europäische Vergemeinschaftung eben nicht nur einen freien Zusammenschluß von Individuen zu einer größeren Einheit anhand soziologischer Gesetzmäßigkeiten darstellt, sondern einen Verschmelzungsprozeß von Staaten und der Prämisse von deren eigener Weiterexistenz darstellt. Insofern wurden hochspezialisierte Entscheidungsträger und -verfahren innerhalb eines Systems gegenseitiger Abhängigkeiten entwickelt, das den politischen Ordnungsmodellen der Mitgliedsstaaten ähnlich war und ist. Die innerstaatlichen Strukturen haben sich jedoch innerhalb langer Zeiträume in der Wechselwirkung zwischen Institution und Individuum herausgebildet, so daß in ihnen Identität zwischen Gemeinschaft und darauf einwirkender Entscheidungsträger derart bestand, daß sich die Entscheidungsunterworfenen durch die Herrschaftsausübung eben dieser Einheit zugehörig fühlten. Aufgrund der vom Bemühen um Erreichung der Integrationsziele geprägten, innerhalb eines kurzen Zeitraumes vollzogenen Herstellung einer Entscheidungsstruktur durch Schaffung von Institutionen und Verfahren auf der europäischen Ebene blieb dieser Zusammenhang für die Integrationsgemeinschaft aus. Bemühungen, ihn durch Einwirkung auf den Einzelnen und nicht nur auf die Staaten herzustellen, wurden spät und mit wenig Erfolg unternommen.

Nicht unwesentlich beigetragen hat dazu der Umstand, daß eine die Notwendigkeit individuenbezogener Bemühungen betonende sozialwissenschaftliche Begleitung der Verhandlungen über die Gründungsverträge und auch die späteren Abkommen nicht stattgefunden hat. Die Verhandelnden wiesen ausnahmslos Biographien mit volkswirtschaftlichem, juristischem oder politischem Hintergrund auf. Die Beteiligung von Monnet, Reuter, Uri oder Debré auf französischer Seite, Hallstein[1020] und von der Groeben aus Deutschland, des Belgiers Spaak, Spierenburg aus den Niederlanden oder des Italieners Benvenuti sicherten zwar ein funktionsfähiges Institutionensystem, die Einhaltung wirtschaftspolitischer Grundvorstellungen und die Einflußmöglichkeiten der Mitgliedsstaaten. Die Berücksichtigung des Einzelnen in einem aufgrund der Prämisse der Erhaltung der Staaten entstehenden Mehrebenensystem konnte von ihnen aber nicht erwartet werden. Erst die Integrationskrise führte Anfang der achtziger Jahre des letzten Jahrhunderts zur Einsetzung der mehrfach erwähnten Ad-hoc-Kommission für ein Europa der Bürger, die - endlich, ist man fast versucht zu sagen - auch den Einzelnen und die Beförderung seines Zugehörigkeitsgefühls zu der Gemeinschaft in den Mittelpunkt des Interesses der Institutionen rückte.

[1020] Zur Biographie Steindorff in FS für Hallstein, S. 1. Hallstein hatte Rechts- und Wirtschaftswissenschaften studiert und sich vor seiner persönlichen Beteiligung am europäischen Integrationsprozeß besonders in der Rechtsvergleichung einen Namen erworben.

Solchen Bemühungen sind aber, und dies ist das dritte Defizit, das sich bei der Betrachtung des Spannungsverhältnisses objektiver und subjektiver Dimension der Beeinflussung des europäischen Integrationsprozesses ergibt, Grenzen gesetzt. Diese Beschränkungen ergeben sich für beide Bereiche der Mittel für den Verschmelzungsprozeß aus der Erhaltung der Mitgliedsstaaten, die im Gegensatz zur anfänglichen Definition von Integration eben nicht unter Beendigung ihrer eigenen Existenz in der neuen, größeren Einheit aufgehen sollen.[1021] Während sich schon innerhalb der Betrachtungen die Integrationsziele als abhängig von den Interessen der Mitgliedsstaaten dargestellt hatten, wirft das Fortbestehen der Mitgliedsstaaten hinsichtlich des Zugehörigkeitsgefühls des Einzelnen das Problem fehlender Notwendigkeit der Identifikation mit der Gemeinschaft auf, solange der eigene Staat in seiner politischen, geistigen, kulturellen und sprachlichen Tradition sowie in seiner Funktion als Werteordnung als Bezugsobjekt eines individuellen Zugehörigkeitsgefühls zur Verfügung steht. Verbunden mit den im Untersuchungszeitraum nur unzureichenden Bemühungen der Gemeinschaften und der Union um einen Einbruch in dieses bisher mitgliedsstaatlich dominierte Feld verwundert die Diskrepanz zwischen dem ausgefeilten System von Entscheidungsträgern und -verfahren, wie es sich mit dem Unionsvertrag von 1992 und den Gemeinschaftsverträgen darstellt, sowie der fehlenden Identifikation der europäischen Bürger mit dieser neuen politischen Ordnung nicht. Die von Huber aufgeworfene Frage, was das europäische Primärrecht in Form der einzelnen Verträge tatsächlich zur Einheitsfindung der Bürger beiträgt,[1022] ist damit dergestalt zu beantworten, daß die wenigen, hier gezeigten Instrumente nicht einmal im Ansatz ausreichen, um die für den Fortgang des Integrationsvorganges erforderliche Identifikation des Einzelnen mit der bereits entstandenen, neuen und größeren Einheit in ihrer jetzigen Form zu gewährleisten.

3. Erforderliche Veränderungen

Entsprechend der eingangs gestellten Aufgabe, auf der Basis der Ergebnisse der Betrachtung des Untersuchungszeitraumes von 1950 bis 1992 einige Bemerkungen zur Veränderung des Bestandes an Mitteln europäischer Integration beizutragen, läßt sich aufgrund der gerade zusammengefaßten allgemeinen Defizite eine Grundaussage dahingehend formulieren, daß der Anteil auf den Einzelnen

---

1021 Dazu Isensee in Konferenz der deutschen Akademien der Wissenschaft, S. 71, 74 ff., der die defensive Position der Staaten gegenüber der neuen Einheit als ihrer eigenen Schöpfung betont. Er arbeitet damit den Grundwiderspruch zwischen Erhaltung der Staaten und Nutzung der Integration zu ihrem eigenen Überleben heraus. Dabei stellt sich wieder das bisher nicht vorgesehene Aufgehen dieser kleineren Strukturen unter ihrer eigenen Destruktion in der größeren, europäischen Einheit als das eigentliche Hauptproblem dar.

1022 Huber, VVDStRL 60 (2000), S. 194, 207 f., zu europäischem und nationalem Verfassungsrecht, wo auf fehlende europäische Öffentlichkeit und Parteien eingegangen wird.

bezogener Integrationsbemühungen im Vergleich zur Ausgestaltung der Organpositionen und der Verfahren deutlich verstärkt werden muß. Dazu darf, um nicht sinnleere Zeichen ohne Wertegehalt zu produzieren, nicht erst bei der Symbolik begonnen werden, sondern der Schwerpunkt muß auf der Erschaffung einer Werteordnung als Voraussetzung für eine echte Wertegemeinschaft liegen.

Mit dieser aus der geschichtlichen Betrachtung und aus der Abstraktion von deren Ergebnissen gewonnenen Erkenntnis ergeben sich Verbindungen der juristisch-zeitgeschichtliche Darstellung zur aktuellen, bisher im wesentlichen in der Rechtswissenschaft geführten Diskussion[1023] um die Notwendigkeit und die konkrete Ausgestaltung einer europäischen Verfassung.[1024] Diese Debatte wird von einigen aufgrund der Diskrepanzen bezüglich der Art der Verfassungsgebung und dem Streit um die konkrete Form des dabei entstehenden politischen Gebildes für akademisch und unergiebig gehalten.[1025] Dabei geht es vor allem darum, ob die europäischen Verträge bereits eine Verfassung darstellen oder eine solche nur durch Neuschreibung zukommen kann.[1026] Unabhängig davon, ob man nun bereits den Gemeinschaftsverträgen mit ihren institutionellen, verfahrenstechnischen und kompetenzbezogenen Regelungsgehalten Verfassungscharakter zugestehen[1027] und diese nur überarbeiten will oder ein vollständig neuer,

---

1023 Knappe und aktuelle Überblicke über die Diskussion um Bundesstaat oder Staatenverbund sowie die konkreten Erfordernisse an eine europäische Verfassung findet bei von Bogdandy in Loth/Wessels, S. 107, 112 ff.; Pernice, VVDStRL 60 (2000), S. 148, 150 ff.

1024 Zum Begriff der Verfassung in Europa siehe Bieber in Bruha/Hesse/Nowak, S. 111 ff.

1025 So Pernice in Bruha/Hesse/Nowak, S. 19, 21, der sich unter Berufung auf die Ideen Monnets und Schumans gegen einen europäischen Staat in jedweder Form ausspricht und auch den Verfassungsbegriff für die Gemeinschaft gegenüber dem der innerstaatlichen Ebene ausgeweitet wissen will. Auch Berend in Huber, S. 41, 44, geht auf die verschiedenen Formvorstellungen ein und bezieht sich auf ein „Europa der konzentrischen Kreise" mit einem europäischen Bundesstaat als Herzstück. Diese Konzeption stammt von De Michelis und ist Anfang der neunziger Jahre entstanden. Vertiefend Giering, S. 138 ff.

1026 Zum Problem der europäischen Verfassung allgemein und zur historischen Dimension des Verfassungsbegriffes im Kontext der europäischen Integration vgl. Böhner, S. 55 ff.

1027 Vor allem die Rechtsprechung des Europäischen Gerichtshofes, vgl. Gutachten 1/91 - Zum Entwurf eines Abkommens zwischen der Gemeinschaft einerseits und den Ländern der Europäischen Freihandelsassoziation andererseits über die Schaffung des Europäischen Wirtschaftsraumes - vom 14. Dezember 1991, EuGHE 1991, S. I-6079 ff. Dort ist in Rn. 21 der gutachterlichen Stellungnahme (S. I-6102) vom EWG-Vertrag als Verfassungsurkunde einer Rechtsgemeinschaft die Rede. Eine ähnliche Formulierung findet sich auch in der Rechtssache 294/83 - Parti écologiste "Les Verts" - vom 23. April 1986, EuGHE 1986, S. 1339 ff., dort Rn. 23 der Entscheidungsgründe (S. 1365). Oppermann, Europarecht, § 6, Rn. 475 und § 6, Rn. 617, sowie Isensee in Konferenz der deutschen Akademien der Wissenschaften, S. 71, 86 f., verbinden das europäische Primärrecht und weitere Rechtsakte mit dem Verfassungsbegriff. Weitere derartige Äußerungen aus der Literatur weist Pernice, a. a. O. (Fn. 1023), S. 148, 151, Fn. 15, nach. Auch Pauly/Sieverfassungsgebender Akt durch ein europäisches Volk analog des entsprechenden Vorgangs innerhalb eines Staates für erforderlich hält, muß neben einer tragfähigen Organkonstruktion und der Repräsentation der Mitgliedsstaaten in weit größerem Maße als bisher die Besetzung und Wirkung von Institutionen auf den Einzelnen und damit die Erlebbarkeit der Tätigkeit der neuen, größeren Einheit auch in den Mittelpunkt des Interesses zu rücken.

Im Untersuchungszeitraum kam es den Beteiligten vorwiegend auf die Herstellung sowie die Aufrechterhaltung der innerinstitutionellen Balance und damit letztlich auf die Ausgestaltung des Verhältnisses zwischen Gemeinschaft und Einzelstaaten an, wobei ein tragfähiger und praktisch funktionstauglicher Zustand erreicht wurde. Nun muß sich, um die Weiterentwicklung und den Erfolg des Vorhabens engerer europäischer Zusammenarbeit nicht zu gefährden, die Aufmerksamkeit der Wissenschaft auf die Herbeiführung der Identifikation des Einzelnen mit der Gesellschaft konzentrieren, um so den Vorsprung der objektiven Integrationsdimension zum Wohle des Gesamtprozesses aufzuholen. Ein solches Vorhaben hängt neben dem politischen Wohlwollen der Mitgliedsstaaten auch von einer entsprechenden interdisziplinären Arbeitsweise ab, da die klassische, normorientierte Rechtswissenschaft dabei an die Grenzen ihrer Leistungsfähigkeit stößt. Es darf eben nicht nur darum gehen, Institutionen und Verfahren zur Befriedigung der Interessenlagen der nationalen Regierungen neu zu konzipieren oder zu verändern, sondern es muß auch deren grundsätzliche Wirkung hinsichtlich des Erlebbarkeitszusammenhanges für das Zugehörigkeitsgefühl des Einzelnen, der einer weiteren und ebenso wichtigen Zielgruppe europäischer Integration neben den Mitgliedsstaaten der Union angehört, berücksichtigt werden. Hier steht neben der Juristischen Zeitgeschichte, die solche Defizite herausarbeiten und auf sie hinweisen kann, besonders auch die Rechtssoziologie gemeinsam mit den anderen Sozialwissenschaften in der Pflicht. Sie müssen konzeptionelle Vorarbeiten in bezug auf die Wirksamkeit einzelner Institutionen und Verfahren leisten und durch beratende Tätigkeit die politischen Entscheidungsträger von der Notwendigkeit eines Prämissenwechsels bei der Bewertung von Institutionen und Verfahren gerade im Hinblick auf die Identifikation des Individuums mit dem Gesamtprozeß der europäischen Integration und der entstehenden, größeren Einheit nach der Begriffsdefinition überzeugen. Daß die Notwendigkeit einer stärkeren Betonung des Erlebniszusammenhangs für den Einzelnen mittlerweile auch von der Rechtswissenschaft verstanden worden ist, zeigt die eindringliche Forderung Böckenfördes, „Formen und Vorkehrungen zu installieren oder auszubauen, die den Völkern und Menschen in Europa die Erfahrung vermitteln, daß das Handeln der europäischen Institutio-

binger in Ellwein/Holtmann, S. 79, 88, führen an, daß das europäische Primärrecht als Verfassung betrachtet wird, äußern sich aber aufgrund fehlender Übereinstimmung der Verträge mit einem nicht näher definierten "modernen Verfassungsbegriff" aber kritisch.

nen ... nicht etwas für sie Fernes und Fremdes ist, sondern auch ihre Sache, an der sie beteiligt sind, die sie mit konstituieren und auch kontrollieren. ... "[1028]

In dieselbe Richtung zielt zumindest teilweise das Weißbuch der Kommission zum europäischen Regieren vom 25. Juli 2001, das das zwischen unerfüllten Erwartungen und dem Empfinden zu großer Aufdringlichkeit gespaltene Verhältnis der europäischen Bürger zur Tätigkeit der Gemeinschaftsorgane problematisiert und eine bessere Durchschaubarkeit der Tätigkeit der Institutionen für die Individuen fordert.[1029] Nur so scheint es möglich den Integrationsprozeß in Überwindung der Schere zwischen Instrumentarien der objektiven und subjektiven Dimension unter einer stärkeren Einbeziehung der Bürger zur Herausbildung des Zugehörigkeitsgefühls fortzuführen sowie ein ausgewogenes Verhältnis zwischen den beiden großen Mittelgruppen herzustellen. Dies hat ausweislich ihres Weißbuchs auch die Kommission verstanden. Dennoch erhält die Kommission auch in diesem neuen Dokument den institutionsseitigen Schwerpunkt der Integrationsbeeinflussung aufrecht und geht in ihren geäußerten Absichten über organbezogene Veränderungen, die sich zwangsläufig im Erleben der Tätigkeit der Institutionen erschöpfen müssen, nicht hinaus. Trotz der gezeigten Absicht einer Bewegung in die richtige Richtung kann die Kommission nicht über den Schatten einer ansonsten unveränderten, von den Mitgliedsstaaten vorgegebenen, von oben nach unten verlaufenden, die gesellschaftliche Seite dieses Prozesses im wesentlichen ausklammernde Entwicklung springen. Damit ist die nötige soziale Basis zur Legitimierung politischen und wirtschaftlichen Handelns in Form der Erlebnis- und Wertegemeinschaft nicht erreichbar ist.[1030]

Ein erster Schritt zur in diesem Zusammenhang ebenfalls erforderlichen Werteordnung als einem der subjektiven Dimension entstammenden Mittel zur Einflußnahme auf das Selbstverständnis des Einzelnen in einer Wertegemeinschaft scheint in letzter Zeit nun endlich mit dem auf der Tagung des Europäischen

---

[1028] Böckenförde, S. 91, wobei die Deckungsgleichheit der Ergebnisse mit denen der aktuellen Verfassungsdiskussion, die sich von einer ganz anderen Seite annähert, deutlich wird.

[1029] Europäisches Regieren - Ein Weißbuch, vom 25. Juli 2001, KOM (2001) 428. Darin wird, ausgehend von der Bürgerferne der Europäischen Union, die Überwindung dieses Zustands gefordert (S. 3). Die Kommission hat die trotz der demokratischen Legitimation europäischen Regierens durch die Direktwahl des Parlaments das Identifikationsdefizit erkannt (S. 9). Weiter wird die fehlende Zuordnung verdienstvoller Dezisionen zu Gemeinschaftsorganen problematisiert (ebd.). Was in diesem Weißbuch aber fehlt, sind die Befugnisse der Kommission zu Veränderungen über ihre eigene Organtätigkeit hinaus.

[1030] Diese Einschätzung der jüngsten Ereignisse auf Gemeinschaftsebene und deren Utilität für die individuenbezogene Seite der Integration lehnt sich an Hornstein/Mutz, S. 26 f., an. Die Autoren haben das Defizit für die Entwicklung bis 1993 belegt. Daran hat sich bis heute nichts verändert. Die Aktualität der dortigen Bewertung wurde auch durch das Weißbuch der Kommission vom 25. Juli 2001, a. a. O. (Fn. 1029), nicht weiter verändert.

Rates in Nizza am 7. Dezember 2000 feierlich deklarierten Grundrechtekatalog für die Europäische Union getan worden zu sein.[1031] Dieser baut, zurückgehend auf Überlegungen während der Zusammenkunft des Europäischen Rats vom 3. und 4. Juni 1999 in Köln,[1032] auf den Rechtsquellen der Verfassungstraditionen der Mitgliedsstaaten, der Rechtsprechung des Europäischen Gerichtshofs und völkerrechtlicher Verträgen wie der Konvention zum Schutz der Menschenrechte und Grundfreiheiten[1033] auf und setzte damit die auf anderen Ebenen bestehende Werteordnung auch für die Europäische Union fort.[1034] Selbst die seitens der Rechtswissenschaft vielfach kritisierte Mischung von subjektiven Rechten und ebenfalls wertehaltigen Zielbestimmungen, die nicht den Traditionen der Grundrechtsdogmatik entsprechen,[1035] sowie das Auseinanderfallen der grundrechtlich geschützten Bereiche mit den bestehenden Kompetenzen der Gemeinschaft[1036] ändern an der grundsätzlich positiven Einschätzung der Grundrechtecharta bezüglich ihrer Wirkung als Werteordnung zunächst einmal nichts. Die vorgebrachte, auf streng juristisch-systematischen Überlegungen beruhende und aus dieser Sicht sicher zutreffende Kritik an der Vermischung von Grund-

---

[1031] Charta der Grundrechte der Europäischen Union vom 7. Dezember 2000, ABl. EG Nr. C 364/2000 vom 18. Dezember 2000, S. 1 ff. Ein Entwurf vom September 2000 ist in EuGRZ 2000, S. 554 ff. enthalten. Zur Anwendung Grabenwarter, DVBl 2001, S. 1 f.

[1032] Die Regierungschefs der Mitgliedsstaaten der Union hatten sich dort für die Erarbeitung einer Grundrechtecharta durch ein mit Vertretern der Mitgliedsstaaten, des Europäischen Parlaments und der nationalen Parlamente besetztes Konvent ausgesprochen, dessen Tätigkeit von Vertretern des Europarates beobachtet wurde. Aufgabe der Charta sollte es unter anderem sein, die Union verbindende Grundwerte sichtbar zu machen. Im Detail Schlußfolgerungen des Präsidenten, Bull. EG Nr. 6/1999, S. 13 ff., Anhang IV, S. 39 f.

[1033] Zum Verhältnis der Grundrechtecharta zur Europäischen Konvention zum Schutz der Menschenrechte und Grundfreiheiten siehe die bei Szczekalla, DVBl 2001, S. 345, 366, abgedruckten Ausführungen von Holoubek auf der Tagung zu europäischen Grundrechten in Wien am 18. und 19. Dezember 2000, und Tettinger in NJW 2001, S. 1010, 1011 f.

[1034] Die den Inhalt der Grundrechte im einzelnen beschreibende Literatur ist Legion, so daß auf eine detaillierte Darstellung hier verzichtet werden kann. Siehe stattdessen Knöll, NVwZ 2001, S. 392 f., mit einer Kurzübersicht zum Inhalt der Charta, vertiefend Calließ, EuZW 2001, S. 261, 262 ff.; Grabenwarter, a. a. O. (Fn. 1031), S. 1, 3 ff.; Mahlmann, ZEuS 2000, S. 419, 426 ff., und auch Tettinger, a. a. O. (Fn. 1033), auf S. 1010, 1012 ff.

[1035] So beispielsweise Neisser, wiedergegeben bei Szczekalla, a. a. O. (Fn 1033.)., S. 345, 346. Grabenwarter, a. a. O. (Fn. 1031), S. 1, 12, will der Grundrechtecharta wegen der Vermischung von Rechten und Zielen nur einen bestätigenden Charakter für die in der europäischen Rechtsprechung herausgebildeten und gefestigten Grundrechte zugestehen.

[1036] Dazu Knöll, a. a. O. (Fn. 1034), S. 392, 393, und Pernice in Bruha/Hesse/Nowak, S. 19, 35. Ein Teil der Grundrechte und Ziele in der Charta deckt Bereiche ab, in denen die Union bzw. die Gemeinschaften keine Kompetenzen besitzen, so daß die Charta im Hinblick auf ihre Funktion als rechtlicher Schutz gegen die Gemeinschaftsgewalt zumindest zum gegenwärtigen Zeitpunkt leerläuft. Bezüglich der in den Grundrechten und Zielen enthaltenen Wertvorstellungen tut dieses einer positiven Bewertung aber keinen Abbruch.

rechten und ebenfalls werthaltigen Zielen der Europäischen Union in diesem Dokument zeigt auf der anderen Seite jedoch den integrationstheoretisch engen Horizont einer streng verfassungsrechtlichen Betrachtung unter der Prämisse der Gleichsetzung von Verfassung und Recht. Hinsichtlich der Erschaffung einer Werteordnung bleibt es jedoch für die Frage der Identität unerheblich, ob die genannte Ordnung dogmatisch restlos überzeugend durch die Beteiligten aufgestellt wird. Ernste Zweifel am Charakter dieser Charta als „Ordnung" ergeben sich jedoch daraus, daß der Grundrechtekatalog bis zur Bestätigung durch Rat, Kommission und Parlament der Europäischen Gemeinschaft und bis zur Aufnahme in die Verträge unverbindlich bleibt.[1037] Gerade die Verbindlichkeit in Form der Anerkennung der Geltung, macht aber eine Ordnung aus. Insofern ist die Grundrechtecharta zwar als wichtiger Schritt in Richtung einer Werteordnung zu verstehen. Sie kann jedoch wegen fehlender Verbindlichkeit selbst nach den dargelegten völkerrechtlichen Maßstäben und deren Übertragung auf die europäische Integration nicht als Ordnung verstanden werden.

Jedoch muß auch die juristische Diskussion um Grundrechte in Europa noch mehr als bisher[1038] um deren wertordnungsbildenden Charakter erweitert werden, da sich die Betrachtungen zu Grundrechten zu sehr auf den Schutz des Individuums vor Gemeinschaftsakten beschränken.[1039] Die Erschaffung einer äußeren Form für die bereits entstandenen Ausprägungen von Schutzrechten des Einzelnen im Prozeß europäischer Integration genügt bei weitem nicht. Anzustreben ist eine Werteordnung,[1040] da die Festlegung politischer Strukturen oder

---

1037 Für die Verträge Knöll, a. a. O. (Fn. 1034), S. 392, 394; Calließ, a. a. O. (Fn. 1034), S. 261, 267 f.; Grabenwarter, a. a. O. (Fn. 1031), S. 1, 11, der auf die unveränderte Rechtslage hinsichtlich des Unionsvertrages hinweist; Tettinger, a. a. O. (Fn. 1033), S. 1010 f. Die Feststellung fehlender Verbindlichkeit hatte Magiera, DÖV 2000, S. 1017, 1019 f., bereits für den Entwurf von September 2000 getroffen. Öffentlich sichtbare Bemühungen auf politischer Ebene unter den Mitgliedsstaaten um ein zu Verbindlichkeit führendes Verfahren in Rat und Parlament sind bislang - zum Stand Oktober 2001 - ausgeblieben.

1038 Die Grundrechtecharta wird im Einklang mit ihrer eigenen Präambel von einigen als Ausdruck des Bestehens einer Wertegemeinschaft unter gleichzeitig legitimierender Funktion für das Handeln der Europäischen Union verstanden. Vgl. Pache, EuR 2001, S. 475, 478, mit Nachweisen, wobei der Autor der Charta gleichzeitig eigene Identifikationsfunktionen bezüglich der dem Integrationsverband angehörigen Individuen beimißt.

1039 Losch/Radau, NJ 1999, S. 632, 633 f., die die Notwendigkeit einer Einführung von Grundrechten aus dem Gebot des Rechtsschutzes gegenüber der Gemeinschaft herleiten.

1040 Hier geht Pernice in Bruha/Hesse/Nowak, S. 19, 24, nicht weit genug, da er nur von der Basis gemeinsamer Werte zur Schaffung von Organen, der Entscheidung über deren Besetzung sowie der Verfahren spricht. Die Bereitstellung einer Werteordnung zur Erhöhung des Zugehörigkeitsgefühls des Einzelnen gehört nach seinen Ausführungen ebd. nicht zu den Charakteristika der Verfassung. Wo diese Werte herkommen sollen, bleibt unklar. Damit ergibt sich ein Widerspruch zu seinen Ausführungen ebd., S. 19, 25, wonach es nicht auf die vorgegebene Wertebasis kultureller, sozialer und ethnisch begründeter Homogenität des Volkes als Voraussetzung und Ziel der Verfassung ankommen soll.

der Gemeinschaftsorganisation eben nicht ausreicht, um Integration im Bewußtsein des Einzelnen zur Geltung zu bringen.[1041] Die Grundrechtecharta stellt dafür trotz ihrer noch fehlenden Rechtsverbindlichkeit einen guten Beginn dar.

Die erörterten, stärker zu betonenden Teilbereiche im Instrumentariums zur Beeinflussung des europäischen Verschmelzungsprozesses lassen sich auf einen Nenner bringen, indem man die Übertragung der namentlich in Deutschland vorhandene identitäts- bzw. integrationsfördernde Funktion der Verfassung[1042] auch auf die europäische Ebene fordert und die Berücksichtigung diejenigen Faktoren bei der Arbeit an einer wie auch im gestalteten europäischen Verfassung verlangt, die ein Erleben der Tätigkeit der neuen, größeren Einheit ermöglichen oder sich auf direktem Weg positiv auf das Zugehörigkeitsgefühl des Einzelnen zur Europäischen Union sowie ihren Untergliederungen auswirken.

[1041] Letztlich setzt sich für Zweck und Inhalt einer europäischen Verfassung der zwischen Smend und Kelsen ausgetragene Streit um den Staatsbegriff und seiner Merkmale fort. Die Errichtung von Grundrechten als Abwehrrechte, von Organen und Entscheidungsverfahren als Inhalt der Verfassung reichen für die Integrationsförderung gerade nicht aus.

[1042] Dazu über das zur Integrationslehre Smends Gesagte hinaus Pernice in Bruha/Hesse/Nowak, S. 19, 24; Walter, DVBl 2000, S. 1, 5. Letzterer betont den spezifisch deutschen Bezug der Integrationsfunktion der Verfassung. Dies resultiert daraus, daß - so Pernice, a. a. O. (Fn. 1023), S. 148, 156 ff. - in anderen europäischen Staaten wie Großbritannien oder Frankreich die Regeln zur Regierung des Landes oder zur allgemeinen Machtausübung nach innen und nach außen, im Mittelpunkt des Interesses stehen. Dagegen ist aus deutscher Sicht, so unter anderem bei Hesse in Bruha/Hesse/Nowak, S. 63, Verfassung auch heute noch in der Tradition der dargestellten Lehren Smends ein Ausweis von Identität. Der genannte Autor präzisiert dies dahingehend, daß die Verfassung ausweist, was das verfaßte Gemeinwesen ist, vor allem aber auch, was es sein will. Insofern läßt sich auch darunter eine anzustrebende und nicht bereits vorhandene Werteordnung zur Erschaffung von Identität und nicht nur ein differenziertes Organsystem fassen.

E. Ertrag

Die Untersuchung des Integrationsbegriffes hat ergeben, daß dieser im Gegensatz zu seiner politikwissenschaftlichen Bedeutung nicht als vollständige Verschmelzung kleinerer zu einer größeren Einheit und der Auflösung der erstgenannten Strukturen besetzt ist. Der *terminus* steht im europäischen Zusammenhang und dort in der politischen und juristischen Betrachtungsweise unter der Prämisse der Erhaltung der kleineren Strukturen und ist diesbezüglich mit einem - abgesehen von einigen Frakturen - kontinuierlichen entwicklungsgeschichtlichen Ablauf verknüpft. Aufgrund der Initialisierung und Beförderung dieses Prozesses durch die späteren Mitglieder der verschiedenen europäischen Gemeinschaften und der Europäischen Union war die Auflösung der Staaten und ihre völlige Assimilation durch die größere Struktur zu keiner Zeit vorgesehen. Diese zunächst am Integrationsverständnis festzumachende Besonderheit wirkt sich, so haben die Untersuchungen in dieser Arbeit ergeben, auf die Bildung, die Art und die Reichweite von Integrationszielen aus. Während sich eine Untersuchung möglicher Formen einer europäischen Ordnung einerseits aufgrund der genannten Prämisse einer im Untersuchungszeitraum fehlenden, darauf gerichteten politischen Grundentscheidung, zum anderen aber auch wegen methodischer Bedenken ausschloß, konnten anzustrebende Endzustände innerhalb der Integrationsentwicklung in sachlichen Bereichen wie der Sicherheitspolitik, der Wirtschaft, der Sozial- und der Forschungspolitik nachgewiesen werden. Der europäische Verschmelzungsprozeß verläuft dementsprechend, und dies weist die juristisch-zeitgeschichtliche Betrachtung der Materie entgegen anderer Ansichten, die sich lediglich auf die Frage der anzusteuernden politischen Ordnung beschränken, nicht ziellos, sondern strebt anzustrebende Endzustände an, für die Übereinstimmung zwischen den teilnehmenden Staaten besteht. Daß es sich dabei im hier definierten Untersuchungszeitraum lediglich um sektorale Ziele handelte, ändert aufgrund der Prämisse der Erhaltung der kleineren Struktureinheiten, also der Mitgliedsländer, an diesem Ergebnis nichts.

Europäische Integration wird in ihrer Zielgerichtetheit desweiteren nicht *per se* sowie ohne sachbezogene Begründung für richtig oder notwendig empfunden. Sie geschieht ebensowenig, und dies ließ sich in Auseinandersetzung mit den Motivlagen der Staaten während der Verhandlungen zu den einzelnen integrationsrelevanten Verträgen nachweisen, aufgrund der Verfolgung des Europa-Gedankens als einem ideellen Antrieb. Der Grund europäischer Integration liegt hinsichtlich der Ziele, deren Bestimmung und den Ausmaßen einzig und allein in der fallweise bestehenden gleichartigen Interessenlage der Mitglieder. Diese Interessen können sich zum einen aus innerstaatlichen Besonderheiten, aber auch aus globalen politischen oder wirtschaftlichen Entwicklungen ergeben. Der Bestand an Motiven bei den einzelnen teilnehmenden Staaten oder in deren Gesamtheit hat sich im Untersuchungszeitraum als in erheblichem Maße veränderlich erwiesen. Beim Wegfall von Interessenübereinstimmung aufgrund des Wechsels nationaler Prämissen oder wegen tiefgreifender Veränderungen im globalen sicherheitspolitischen oder wirtschaftlichen Umfeld stagnierte der Integrationsprozeß über längere Zeiträume oder es kam in einzelnen Zielbereichen sogar zu Rückschritten. In dieser im einzelnen nachgewiesenen Abhängigkeit der europäischen Integration von ihrer fallweisen Beurteilung ihrer Nützlichkeit durch die Regierungen der teilnehmenden Staaten stimmt das aus der Sicht Juristischer Zeitgeschichte erzielte Ergebnis mit den politikwissenschaftlichen, intergouvernementalen Theorien zur Erklärung des Stattfindens dieses Prozesses überein, während sich die anderen, diesbezüglichen Lehren dieses Fachgebietes als nur teilweise oder nicht tragfähig erwiesen haben. Europäische Integration ist im Untersuchungszeitraum, also zwischen 1950 und 1992, als zweckgerichteter Zusammenschluß zur Verfolgung gemeinschaftlicher Interessen zu verstehen. Darüber hinausgehende Begründungsansätze, die einen Eigenwert der entsprechenden Bemühungen oder größere ideengeschichtliche Zusammenhänge herstellen wollen, sind als untaugliche Versuche der Konstruktion von für die weitere Integrationsentwicklung sicher durchaus förderlichen, aber aus historischer Sicht nicht den Tatsachen entsprechenden Begründungsmythen einzuschätzen.

Ausgehend von der nahezu unüberschaubaren Vielfalt der zur Verfügung stehenden Mittel zur Beeinflussung und Beschleunigung europäischer Vergemeinschaftung im Untersuchungszeitraum, hat die eingeführte politikwissenschaftliche Unterscheidung zwischen Dimensionen von Integrationsfaktoren, konkretisiert durch die Integrationstypenlehre Smends, ein brauchbares System zur Erfassung einzelner Instrumente ergeben. Dabei ließ sich anhand der Materialien zu den Vertragsverhandlungen das Entstehen eines differenzierten Systems von Entscheidungsträgern, ebenfalls unter der Berücksichtigung von Möglichkeiten zur Wahrung nationaler Interessen, nachvollziehen. Die Tätigkeit dieser Institutionen war jedoch in objektiver Hinsicht im wesentlichen nur hinsichtlich der Dezisionen erlebbar, während sich der Einfluß auf die Besetzung der Organe - mit der Ausnahme des Europäischen Parlaments ab 1979 - auf die Mitgliedsstaaten beschränkte. Die Übertragung der zukunftsgerichteten Entscheidungsbefugnisse auf mit Repräsentanten der Mitgliedsstaaten besetzten Organe und die damit erforderliche Suche nach Kompromissen auf der Basis der Interessenlage der Mitgliedsstaaten hat sich jedoch bereits für die Entscheidungstätigkeit der Organe als hemmend erwiesen. Die Herausbildung einer Werteordnung und weiterer, auf das Zugehörigkeitsgefühl des Einzelnen im Verschmelzungsprozeß wirkender Mittel innerhalb der subjektiven Integrationsdimension wie der Sprache ist im Vergleich zum objektiven Bereich als weitaus geringer ausgeprägt zu charakterisieren. Es ist hier gelungen, die Existenz von Institutionen der neuen, europäischen Einheit, die Erlebbarkeit ihrer Tätigkeit und das Verhältnis des einzelnen dazu methodisch einzuordnen und damit für eine gewisse Übersichtlichkeit bei den Erscheinungsformen der Integration zu sorgen.

Neben dem strukturbildenden Effekt dieser Systematisierung hat es die detaillierte Betrachtung der Entwicklung der Dimensionen gestattet, sie im Vergleich ihrer Ausprägungen zueinander zu bewerten. Dabei stellten sich im Gegensatz zur täglichen politisch-juristischen Diskussion zwei entwicklungsgeschichtlich begründete Defizite in den Bemühungen um das Fortschreiten des Vergemeinschaftungsprozesses heraus. Die Einflußnahme auf die europäische Integration zu ihrer Beschleunigung wird dadurch behindert, daß diese, soweit sie denn über Fortgang und Ausweitung der Vergemeinschaftung zu entscheiden haben, von Länderinteressen dominiert werden. Die Mitgliedsstaaten haben sich bei der Gestaltung der wesentlichen Gemeinschaftsorgane die nötigen Möglichkeiten der Einflußnahme auf Entscheidungsprozesse erhalten. Dies dient vor allem der Wahrung ihrer eigenen Interessen, die sie hinsichtlich der Ziele mit dem Integrationsvorgang verbinden. Das zweite Defizit besteht in der ungleichmäßigen Ausprägung der beiden Dimensionen. Während sich in der rückblickenden Betrachtung aufgrund der Interessenlagen der Staaten das Bild eines ausgeprägten Systems von Institutionen und entsprechenden Entscheidungsverfahren ergeben hat, wurde die Einbeziehung des Einzelnen und darauf wirkender Mittel bisher im wesentlichen vernachlässigt. Allein der Umstand, daß erst Anfang der achtziger Jahre des letzten Jahrhunderts mit der Einsetzung einer entsprechenden Ad-hoc-Kommission dem Individuum und seinem Verhältnis zur Gemeinschaft ein gewisses Interesse seitens der europäischen Organe entgegengebracht wurde, belegt dies allein schon hinreichend. Das Fehlen einer für den Einzelnen erkennbaren und akzeptablen Werteordnung der Gemeinschaft im Untersuchungszeitraum, die Abwesenheit bzw. die späte Einführung von Symbolen des Integrationsprozesses und Sprachproblem, aber auch die unverändert bestehende Identifikation des Einzelnen mit seinem Staat haben wesentlich dazu beigetragen, daß das Zugehörigkeitsgefühl des Individuums zu der neuen Einheit nicht einmal ansatzweise so weit entwickelt ist, wie dies hinsichtlich der Erhaltung von Sicherheit oder dem Binnenmarkt der Fall ist. Die Instrumentarien in der subjektiven Dimension der Beeinflussung von Integration weisen in Existenz, Ausdifferenzierung und Wirksamkeit ebenfalls erhebliche Defizite auf oder sind über weite Strecken wegen fehlender Berücksichtigung der über den Integrationsverlauf entscheidenden Mitgliedsländer überhaupt noch nicht vorhanden.

Aus diesen beiden großen Defiziten lassen sich einige generelle Aussagen für die Zukunft des Integrationsprozesses treffen. Zum einen muß, um gerade im Angesicht zu erwartender neuer Mitglieder und einer damit steigenden Inhomogenität der nationalen Interessenlagen nicht wieder in den Zustand der Entscheidungsunfähigkeit zu verfallen, stärker zur Verfolgung von Gemeinschaftsinteresse übergegangen werden. Dazu sind entsprechende Änderungen an der grundsätzlichen Ausrichtung der Organe, aber am Verfahren von deren Besetzung vorzunehmen. Hier deckt sich die juristisch-zeitgeschichtlich erzielte Erkenntnis mit dem, was aus aktueller Sicht zur Reformbedürftigkeit der Gemeinschaftsorgane vor den Beitritten neuer Mitglieder diskutiert worden ist,[1043] aber in der Wissenschaft[1044] umstritten blieb und nur in Anfängen umgesetzt wurde.[1045] Wenn man der Lehre Smends folgt, wonach Integration der Wirkung aller drei dort genannten Typen bedarf, muß zukünftig durch einen stärkeren Einsatz der auf die Individuen in den Mitgliedsstaaten wirkenden Mittel dafür Sorge getragen werden, daß europäische Integration nicht nur Vergemeinschaftung zwischen Staaten auf einer für die betroffenen Bürger nicht erleb- und nachvollziehbaren Ebene bleibt. Dahingehend ist auch der Schwerpunkt in der aktuellen Diskussion um die europäische Verfassung zu verändern, indem neben der Ausgestaltung von Institutionen und Entscheidungsverfahren die Erlebbarkeit des Integrationsprozesses für den Einzelnen und damit auch die Identifikation mit der größeren Gemeinschaft stärker berücksichtigt wird. Dabei darf es nicht nur um die Frage der Legitimation von Entscheidungen durch Gemeinschaftsorgane und den Schutz vor allzu erheblichen Eingriffen durch europäische Grundrechte gehen.[1046] Insbesondere die Charta der Grundrechte der Europäischen Union muß unabhängig von ihrer bisher fehlenden rechtlichen Verbindlichkeit wesentlich mehr, als dies bisher der Fall ist, als Ausweis einer Gemeinschaft verstanden werden, der gemeinsame Werte zugrunde liegen und mit der sich die darin zusammengefaßten Individuen identifizieren können.[1047] Wesentlich mehr, als

1043 Die in der Erweiterung der Union liegenden Gefahren für deren Handlungsfähigkeit bestehen nach Weidenfeld/Jung in Weidenfeld, S. 11, 14, in der zunehmenden Heterogenität der Interessen, in der steigenden Anzahl der Länder sowie im institutionellen Ungleichgewicht zwischen großen und kleinen Staaten. Letzteres zeige sich am Einstimmigkeitserfordernis im Rat. Daher sprechen sich Weidenfeld/Jung in Weidenfeld, S. 11, 15 ff., und Blanke/Kuschnick, DÖV 1997, S. 45, 54 f., für Veränderung der Stimmgewichtung zwischen den Staaten sowie für Ausdehnung der Mehrheitsbeschlüsse im Rat aus.

1044 So lehnen beispielsweise Bieber/Bier in Weidenfeld, S. 101, 140, die Stimmgewichtung ab, während sich Seidel, EuZW 2000, auf S. 65, gegen das Mehrheitsprinzip ausspricht.

1045 Erste institutionelle Veränderungen der hier geforderten Art sind bereits durch den Vertrag von Nizza zur Änderung des Vertrags über die Europäische Union, die Verträge zur Gründung der Europäischen Gemeinschaften sowie einiger damit zusammenhängender Rechtsakte, datiert vom 26. Februar 2001, Abl. EG Nr. C 80/2001, S. 1 ff., eingetreten.

1046 Pauly, a. a. O. (Fn. 959), S. 242, 243, weist zu Recht darauf hin, daß sich Demokratisierung und Grundrechtsgestaltung als zwei der für nötig erachteten Änderungen am Gefüge der Europäischen Union auch asymetrisch vollziehen können, also nicht zwangsläufig in einer Art Junktim miteinander verbunden sind. Damit ist auch den an der Erhaltung ihres Einflusses interessierten Staaten das Argument der unbedingten Erforderlichkeit eines gleichzeitigen Stattfindens beider Verbesserungen hierbei von Beginn an abgeschnitten.

1047 Ähnlich Kaufmann, Grundrechtecharta, S. 8, wonach der Charta die Überlegung besserer Identifikation zugrundeliegt. Die Union soll mehr als eine Wertegemeinschaft erscheinen.

dies heute der Fall ist, muß auch die Rechtswissenschaft im europäischen Kontext die Wirkung von Institutionen und Verfahren auf den Einzelnen bei ihren konzeptionellen Vorstellungen über die weitere Ausgestaltung des Vergemeinschaftungsprozesses berücksichtigen und so über positivistische Vorstellungen hinaus ihren Blickwinkel verändern. Dazu bedarf es der Kontaktaufnahme mit den Wissenschaftszweigen, die sich mit gesellschaftlichen Verschmelzungsprozessen und dem Selbstverständnis des davon betroffenen Individuums auseinandersetzen. Gefragt ist in Zukunft ein fachübergreifendes Vorgehen, das sich hinsichtlich der aktuellen Diskussion um europäische Grundrechte und mehr Demokratie bei der Besetzung der Gemeinschaftsorgane in einem Übergang von der rechtswissenschaftlichen Legitimitäts- zur juristische und soziologische Fragestellungen einbeziehenden Identitätsfrage äußern könnte. Nur so wird sich der herausgearbeitete Widerspruch zwischen ausdifferenziertem Institutionensystem und fehlendem Zugehörigkeitsgefühl des Einzelnen und damit der Akzeptanz der weiteren Entwicklung dauerhaft lösen lassen, an dem, wie sich in den letzten Jahren in den Mitgliedsstaaten gezeigt hat, das Integrationsvorhaben als solches insgesamt scheitern könnte.[1048] Wenn diese Arbeit in ihrer juristisch-zeitgeschichtlichen Herangehensweise einen Beitrag zum Erkenntnis der Erforderlichkeit dieser Änderungen geleistet hat, dann ist ihr wesentliches Ziel erreicht.

Schließlich, und auch dies muß als Ertrag festgehalten werden, verdeutlichen die angestellten Überlegungen den Bedarf nach detaillierterer Beschäftigung mit der europäischen Integration in ihrer Entwicklung. Es bleibt hier zu hoffen, daß die Zuordnung der Integrationsgeschichte zur Juristischen Zeitgeschichte durch namhafte Vertreter dieses Fachgebietes positive Auswirkungen auf das Forschungsinteresse besitzt. Europäische Integration läßt sich zwar nicht nur aus der Rückspiegel-Perspektive weiterentwickeln. Juristisch-zeitgeschichtliche Betrachtungen helfen aber, fachübergreifend Defizite herauszuarbeiten und Lösungsrichtungen vorzugeben, die durch die Rechts- und die Politikwissenschaft sowie durch die Soziologie nach deren jeweiligen Forschungsstand aufgenommen und weiter ausgefüllt werden können. Es bleibt letztlich nur zu hoffen, daß die daraus zu erwartenden Ergebnisse nicht, wie schon so häufig innerhalb der Integrationsgeschichte geschehen, der nationalen Tagespolitik geopfert werden.

[1048] In Dänemark hatte sich die Bevölkerung in Referenden vom 2. Juni 1992 gegen die Ratifizierung des Vertrages über die Europäische Union und am 28. September 2000 gegen die Einführung des Euro als Gemeinschaftswährung ausgesprochen. Norwegen lehnte, per Volksabstimmung am 28. November 1994 den Beitritt zur Union ab. Der jüngste Beleg für die Ablehnung weiterer Integrationsbemühungen stammt aus Irland. Dort hatte sich die Bevölkerung am 7. Juni 2001 gegen die Ratifizierung des Vertrages von Nizza über institutionelle und andere Veränderungen in Vorbereitung des Beitritts mittel- und osteuropäischer Staaten entschieden. Dies belegt die fehlende Akzeptanz der Individuen.

Schrifttumsverzeichnis

Ackermann, Brunhilde: Das Sprachenproblem im europäischen Primär- und Sekundärrecht und der Turmbau zu Babel, WRP 2000, S. 807 - 812.

Adamy, Wilhelm/Bobke, Manfred: Soziale Grundrechte in der EG, ArbRdG 1990, S. 21 - 32.

Adenauer, Konrad: Erinnerungen, 1945 - 1953, 6. Aufl., Stuttgart 1987.

Aimaq, Jasmine: For Europe or Empire?, French Colonial Ambitions and the European Army Plan, Lund 1996.

Albrecht, Karl: Planwirtschaftliche und marktwirtschaftliche Elemente in der EWG, Europa-Archiv 17/1965, S. 663 - 676.

Alexy, Robert: Begriff und Geltung des Rechts, Freiburg/München 1994.

Ambrosius, Gerold/Hubbard, William H.: Sozial- und Wirtschaftsgeschichte Europas im 20. Jahrhundert, München 1986.

Anschütz, Gerhard: Die Verfassung des Deutschen Reichs vom 11. August 1919, Ein Kommentar für Wissenschaft und Praxis, 14. Aufl., Berlin 1933.

Anweiler, Jochen: Die Auslegungsmethoden des Gerichtshofs der Europäischen Gemeinschaften, Frankfurt am Main 1997.

Archer, Clive: Organizing Europe, The Institutions of Integration, 2. Aufl., London u. a. 1994.

Arndt, Hans-Wolfgang: Europarecht, 3. Aufl., Heidelberg 1998.

Badura, Peter: Bewahrung und Veränderung demokratischer und rechtsstaatlicher Verfassungsstruktur in den internationalen Gemeinschaften, VVDStRL 23 (1966), S. 34 - 96.

Badura, Peter: Die Methoden der neueren Allgemeinen Staatslehre, 2. Aufl., Goldbach 1998.

Badura, Peter: Staat, Recht und Verfassung in der Integrationslehre, Zum Tode von Rudolf Smend, Der Staat 1977, S. 305 - 325.

Baer, Gunter D.: Die Bedeutung der Übertragung von nationalen Entscheidungsbefugnissen bei der Errichtung der Wirtschafts- und Währungsunion, in Bofinger, Peter (Hrsg.), Der Weg zur Wirtschafts- und Währungsunion in Europa, Analysen und Dokumente, Wiesbaden 1990, S. 31 - 43.

Baer-Kaupert, Friedrich Wilhelm: Europas wirtschaftliche Integration, die Geschichte eines erfolgreichen Mißverständnisses, in Timmermann, Heiner (Hrsg.), Die Idee Europa in Geschichte, Politik und Wirtschaft, Berlin 1998, S. 69 - 76.

Balassa, Bela: The Theory of Economic Integration, 2. Aufl., London 1965.

Bartlsperger, Richard: Die Integrationslehre Rudolf Smends als Grundlegung einer Staats- und Rechtstheorie, Erlangen/Nürnberg 1964.

Barzel, Rainer: Die ersten Schritte der Europäischen Gemeinschaft für Kohle und Stahl, Europa-Archiv 7/1953, S. 5639 - 5646 und 10-11/1953, S. 5779 - 5780.

Bauer, Walter: Weitere Schritte zur europäischen Einigung, Gedanken zur Europa-Politik, Europa-Archiv 19/1963, S. 713 - 720.

Bayer, Erich/Wende, Frank: Wörterbuch zur Geschichte, Begriffe und Fachausdrücke, 5. Aufl., Stuttgart 1995.

Bebr, G.: The Balance of Power in the European Communities, Annuaire Européen, Vol. V (1958), S. 53 - 80.

Beck, Heiko: Abgestufte Integration im Europäischen Gemeinschaftsrecht unter besonderer Berücksichtigung des Umweltrechts, Frankfurt am Main 1995.

Behrens, Peter: Integrationstheorie, Internationale wirtschaftliche Integration als Gegenstand politologischer, ökonomischer und juristischer Forschung, RabelsZ 45 (1981), S. 8 - 50.

Beitzke, Günther: Probleme der Privatrechtsangleichung in der Europäischen Wirtschaftsgemeinschaft, ZfRV 1964, S. 80 - 93.

Belzer, Volker: Leitbilder - Potentiale und Perspektiven für moderne Organisationen, in Belzer, Volker (Hrsg.), Sinn in Organisationen? oder: Warum haben moderne Organisationen Leitbilder?, München u. a. 1995, S. 13 - 54

Berber, Friedrich: Lehrbuch des Völkerrechts, I. Band - Allgemeines Friedensrecht, 2. Aufl., München 1975.

Berend, Rolf: Statement zu einer europäischen Verfassung, in Huber, Peter M. (Hrsg.), Das Ziel der europäischen Integration, S. 41 - 48, Berlin 1996.

Beutler, Bengt: Der Sitz der Organe der Gemeinschaft, EuR 1983, S. 284 - 292.

Beutler, Bengt/Bieber, Roland/Pipkorn, Jörg/Streil, Jochen: Die Europäische Union, Rechtsordnung und Politik, 4. Aufl., Baden-Baden 1993.

Bieber, Roland: Das Gesetzgebungsverfahren der Zusammenarbeit gemäß Art. 149 EWGV, NJW 1989, S. 1395 - 1402.

Bieber, Roland: Die Flagge der EG, Rechtsprobleme politischer Symbolik an einer Nahtstelle von Staats-, Europa- und Völkerrecht, in Fiedler, Wilfried/ Ress, Georg (Hrsg.), Verfassungsrecht und Völkerrecht, Gedächtnisschrift für Wilhelm Karl Geck, Köln u. a. 1989, S. 59 - 77.

Bieber, Roland: Die Gemeinschaft ohne Hauptstadt - Rechtsfolgen eines Provisoriums, EuR 1974, S. 168 - 176.

Bieber, Roland: Verfassungsfragen und institutionelle Reform, in Bruha, Thomas/Hesse, Joachim Jens/Nowak, Carsten, Welche Verfassung für Europa?, Erstes interdisziplinäres "Schwarzkopf-Kolloquium" zur Verfassungsdebatte in der Europäischen Union, 1. Aufl., Baden-Baden 2001, S. 111 - 123.

Bieber, Roland/Bieber, Florian: Institutionelle Voraussetzungen der Osterweiterung der Europäischen Union, in Weidenfeld, Werner (Hrsg.), Europa öffnen, Anforderungen an die Erweiterung, Gütersloh 1997, S. 101 - 155.

Birkelbach, Willi: Das Europäische Parlament und die Fortentwicklung der europäischen Institutionen, Gedanken zur Weiterführung der europäischen Integration, Europa-Archiv 8/1964, S. 275 - 282.

Blanke, Hermann-Josef/Kuschnick, Michael: Bürgernähe und Effizienz als Regulatoren des Widerstreits zwischen Erweiterung und Vertiefung der Europäischen Union, Die Regierungskonferenz 1996/97 vor der Herausforderung der Süd-/Osterweiterung, DÖV 1997, S. 45 - 57

Bleckmann, Albert: Der Vertrag über die Europäische Union, Eine Einführung, DVBl 1992, S. 335 - 343.

Bleckmann, Albert: Europarecht, Das Recht der Europäischen Union und der Europäischen Gemeinschaften, 6. Aufl., Köln u. a. 1997.

Böckenförde, Ernst-Wolfgang: Staat, Nation, Europa, Studien zu Staatslehre, Verfassungstheorie und Rechtsphilosophie, 1. Aufl., Frankfurt am Main 1999.

Bödding, Benedikt: Die europarechtlichen Instrumente der Sozialpartner, 1. Aufl., Baden-Baden 1996.

Bofinger, Peter (Hrsg.): Der Weg zur Wirtschafts- und Währungsunion in Europa, Analysen und Dokumente, Wiesbaden 1990.

Bogdandy, Armin von: Beobachtungen zur Wissenschaft vom Europarecht, Strukturen, Debatten und Perspektiven der Grundlagenforschung zum Recht der Europäischen Union, Der Staat 2001, S. 3 - 43.

Bogdandy, Armin von: Stand und Entwicklungsperspektiven rechtswissenschaftlicher Konzepte zum europäischen Integrationsprozeß, in Loth, Wilfried/Wessels, Wolfgang, Theorien europäischer Integration, Opladen 2001, S. 107 - 146.

Böhmer, Alexander: Die Europäische Union im Lichte der Reichsverfassung von 1871: vom dualistischen zum transnationalen Föderalismus, Berlin 1999.

Böhner, Martina Martha: Integration und Legitimität in der Europäischen Union, Über Prozesse des Legitimitätserwerbs, Ein Beitrag im Lichte der Theorie von Karl W. Deutsch, 1. Aufl., Baden-Baden 1998.

Bohr, Kurt/Albert, Helmut: Die Europäische Union - das Ende der eigenständigen Kulturpolitik der deutschen Bundesländer?, ZRP 1993, S. 61 - 66.

Boje, Anita: Integrationstheorien und die Europäische Gemeinschaft, Beispiel: Der Beitritt Österreichs, Kiel 1994.

Börner, Bodo: Die Einheitliche Europäische Akte, in Festschrift der Rechtswissenschaftlichen Fakultät zur 600-Jahr-Feier der Universität zu Köln, Köln 1988, S. 633 - 646.

Borowsky, Peter/Vogel, Barbara/Wunder, Heike: Einführung in die Geschichtswissenschaft, Band I, Opladen 1975.

Böttcher, Bodo: Probleme der europäischen Integration, Europa-Archiv 6/1959, S. 199 - 206.

Boyd, Chris: Wirtschafts- und Währungsunion aus der Sicht der Europäischen Gemeinschaft, in Bofinger, Peter (Hrsg.), Der Weg zur Wirtschafts- und Währungsunion in Europa, Analysen und Dokumente, Wiesbaden 1990, S. 9 - 29.

Brandt, Willy: Rede des Vorsitzenden der Sozialdemokratischen Partei Deutschlands, Willy Brandt, vor der Organisation Français du Movement Européen in Paris am 19. November 1974, Europa-Archiv 2/1975, S. D 33 - D 38.

Breart, Georges: Difficultés d'une politique agricole commune, RMC 1959, S. 386 - 387.

Breitner, Franz: Supranationaler Rechtsschutz, Sein Umfang und seine Organisation innerhalb der Europäischen Gemeinschaft, Europa-Archiv1/1954, S. 6263 - 6272.

Brentano, Heinrich von: Die Bonner Erklärung vom 18. Juli 1961, Rückblick und Vorschau, Europa-Archiv 17/1961, S. 463 - 466.

Brinkmann, Karl: Verfassungslehre, 2. Aufl., München/Wien 1994.

Brück, Werner/Kühne, Horst A.: Die Neuregelung der Finanzkontrolle der Europäischen Gemeinschaften, DÖV 1977, S. 23 - 27.

Brückner, Peter: La Cooperation Politique Européenne, RMC 1982, S. 59 - 63.

Brugger, Walter (Hrsg.): Philosophisches Wörterbuch, 11. Aufl., Freiburg u. a. 1964

Brünneck, Alexander von: Das Endziel der Europäischen Integration: Zielsetzungen, Spielräume und Möglichkeiten - Demokratie, Pluralismus und Wirtschaftssystem, in Nettesheim, Martin (Hrsg.), Der integrierte Staat: Verfassungs- und europarechtliche Betrachtungen aus italienischer und deutscher Perspektive, Berlin 1999, S. 143 - 148.

Buchheim, Christoph: Dreimal Integration in Europa nach 1945: Weltmarktintegration, kleineuropäische Integration, Integration der sozialistischen Volkswirtschaften im RGW, in Schremmer, Eckart (Hrsg.), Wirtschaftliche und soziale Integration in historischer Sicht, Stuttgart 1996, S. 345 - 363.

Buchner, Herbert: Das deutsche Arbeits- und Sozialrecht unter dem Einfluß der Europäischen Gemeinschaft, VSSR 1992, S. 1 - 32.

Buck, Carsten: Über die Auslegungsmethoden des Gerichtshofs der Europäischen Gemeinschaft, Frankfurt am Main u. a. 1998.

Bührer, Werner: Ruhrstahl und Europa, Die Wirtschaftsvereinigung Eisen- und Stahlindustrie und die Anfänge der europäischen Integration 1945 - 1952, München 1986.

Bullen, Roger: The British Gouvernment and the Schuman Plan, May 1950 - March 1951, in Schwabe, Klaus (Hrsg.), Die Anfänge des Schuman-Plans 1950/51, Beiträge des Kolloquiums in Aachen, 28. - 30. Mai 1986, 1. Aufl., Baden-Baden 1988, S. 199 - 210.

Buzelay, Alain: De l'Europe économique à l'Europe sociale, in Buzelay, Alain (Hrsg.), Europe sociale - Pourqui ... Jusqu'où? Session d'études 1995 de l'Institut Universitaire International Luxembourg, 1. Aufl., Baden-Baden 1997, S. 19 - 30.

Cabalo, Thorsten: Politische Union Europas, 1956 - 1963, Köln 1999.

Calließ, Christian: Die Charta der Grundrechte der Europäischen Union - Fraugen der Konzeption, Kompetenz und Verbindlichkeit, EuZW 2001, S. 261 - 268.

Camphausen, Axel Freiherr von: Zum Tode von Rudolf Smend, JZ 1975, S. 621 - 625.

Camps, Miriam: Hat die europäische Idee noch eine Zukunft?, Europa-Archiv 14/1968, S. 495 - 507.

Cecchini, Paolo: Europa '92, Der Vorteil des Binnenmarktes, 1. Aufl., Baden-Baden 1988.

Chiti, Mario P.: Das Ziel der europäischen Integration: Staat, internationale Union oder "Monstro simile"?, in Nettesheim, Martin (Hrsg.), Der integrierte Staat: Verfassungs- und europarechtliche Betrachtungen aus italienischer und deutscher Perspektive, Berlin 1999, S. 177 - 195.

Cioc, Frank: Abschreckung und Verteidigung, Die Kontroverse über die Atombewaffnung in der Ära Adenauer 1949 - 1963, in Herbst, Ludolf (Hrsg.), Vom Marshallplan zur EWG, Die Eingliederung der Bundesrepublik Deutschland in die westliche Welt, 1. Aufl., München 1990, S. 501 - 514.

Claßen, Christiane: Nichtumsetzung von Gemeinschaftsrichtlinien, Von der unmittelbaren Wirkung bis zum Schadenersatzanspruch, Berlin 1999.

Cloß, Heike: Handelspolitische Aspekte des Binnenmarktprojektes für Europa, in Timmermann, Heiner (Hrsg.), Die Idee Europa in Geschichte, Politik und Wirtschaft, Berlin 1998, S. 77 - 83.

Constaninesco, Léontin-Jean: Das Recht der Europäischen Gemeinschaften, Band I - Das institutionelle Recht, 1. Aufl., Baden-Baden 1977.

Cornides, Wilhelm/Volle, Hermann: Atlantikpakt und Europäische Verteidigungsgemeinschaft, Fünfter Teil - Die Einbeziehung der Bundesrepublik in die Europäische Verteidigungsgemeinschaft, Europa-Archiv 13-14/1952, S. 5020 - 5040.

Dahm, Georg: Völkerrecht, Band 1, 1. Aufl., Stuttgart 1958.

Dahm, Georg/Delbrück, Jost/Wolfrum, Rüdiger: Völkerrecht, Band I/1, 2. Aufl., Berlin/New York 1989.

Däubler, Wolfgang: Sozialstaat EG? Notwendigkeit und Inhalt einer Europäischen Grundrechtsakte, in Däubler, Wolfgang, Sozialstaat EG? Die andere Dimension des Binnenmarktes, Gütersloh 1989, S. 35 - 159

Dauses, Manfred A.: Der Schutz der Grundrechte in der Europäischen Gemeinschaft, JöR 31 (1982), S. 1 - 22.

Dauses, Manfred A.: Die rechtliche Dimension des Binnenmarktes, EuZW 1990, S. 8 - 11.

de Araujo, Braz José: Le plan Fouchet et l'union politique européenne, Nancy 1967.

Dedman, Martin J.: The origins and developement of the European Union, 1945 - 95, London u. a. 1996.

Deutsch, Karl W.: Die Analyse internationaler Beziehungen, Konzeption und Probleme der Friedensforschung, Frankfurt am Main 1968.

Dilcher, Gerhard: Der Deutsche Juristentag 1960 bis 1980, Zeitgeschichte und Rechtspolitik, München 1980.

Doehring, Karl: Die nationale "Identität" der Mitgliedsstaaten der Europäischen Union, in Due, Ole/Lutter, Marcus/Schwarze, Jürgen (Hrsg.), Festschrift für Ulrich Everling, Band I, 1. Aufl., Baden-Baden 1995; S. 263 - 271.

Doehring, Karl: Völkerrecht, Ein Lehrbuch, Heidelberg 1999.

Dreher, Meinrad: Wettbewerb oder Vereinheitlichung der Rechtsordnungen in Europa, JZ 1999, S. 105 - 112.

Ehlermann, C. D.: The Internal Market Following the Single European Act, CMLR 1987, S. 361 - 409.

Ehlermann, Claus-Dieter: Der Europäische Rechnungshof, Haushaltskontrolle in der Gemeinschaft, 1. Aufl., Baden-Baden 1976.

Ehlermann, Claus-Dieter: Die Einheitliche Europäische Akte: Die Reform der Organe, in Hrbek, Rudolf (Hrsg.), Die Europäische Union als Prozeß: Verfassungsentwicklung im Spiegel von 20 Jahren der Zeitschrift integration, Bonn 1998, S. 221 - 228.

Eiden, Christoph: Abgestufte Integration in der EG: Risiken für Rechtsangleichung und Gemeinsamen Markt, Europa-Archiv 12/1984, S. 365 - 376.

Emmert, Frank: Europarecht, München 1996.

Ernsthaler, Jürgen: Auf dem Weg vom Binnenmarkt zur Europäischen Union, in Ernsthaler, Jürgen (Hrsg.), Vom Binnenmarkt zur Europäischen Union, Die Gemeinschaft zwischen Zweckverband und neuer Staatlichkeit, Berlin 1995; S. 9 - 32:

Esterbauer, Fried: Europäische Integration - Von den Anfängen zum Vertrag von Maastricht, Wien 1994.

Etzioni, Amitai: Political Unification, A Comparative Study of Leaders and Forces, Reprint, New York 1974.

Everling, Ulrich: Bindung und Rahmen: Recht und Integration, in Weidenfeld, Werner (Hrsg.), Die Identität Europas, Fragen - Positionen - Perspektiven, München/Wien 1985, S. 152 - 172.

Everling, Ulrich: Die Europäische Gemeinschaft auf dem Weg zur Europäischen Union, Zu den Ergebnissen der Pariser Gipfelkonferenz, Europa-Archiv 23/1972, S. 791 - 800.

Everling, Ulrich: Möglichkeiten und Grenzen der Rechtsangleichung in der Europäischen Gemeinschaft, in Reichert-Facilides, Fritz/Rittner, Fritz/Sasse, Jürgen (Hrsg.), Festschrift für Reimer Schmidt, Karlsruhe 1976, S. 165 - 185.

Everling, Ulrich: Rechtsanwendungs- und Auslegungsgrundsätze des Gerichtshofes der Europäischen Gemeinschaften, in Kruse, Heinrich Wilhelm (Hrsg.), Zölle, Verbrauchssteuern, europäisches Marktordnungsrecht, Köln 1988, S. 51 - 73.

Everling, Ulrich: Überlegungen zur Struktur der Europäischen Union und zum neuen Europa-Artikel des Grundgesetzes, DVBl 1993, S. 936 - 947.

Fielder, Nicola: Western European Integration in the 1980s, The Origins of the Single Market, Bern u. a. 1997.

Fontaine, Pascal: Ein neues Konzept für Europa, Die Erklärung von Robert Schuman 1950 - 2000, 2. Ausgabe, Luxemburg 2000.

Frei, Daniel: Integrationsprozesse, Theoretische Erkenntnis und praktische Folgerung, in Weidenfeld, Werner (Hrsg.), Die Identität Europas, Fragen - Positionen - Perspektiven, München/Wien 1985, S. 113 - 131.

Freund, Uwe: Europäische Integration und die Bildungspolitik der Europäischen Gemeinschaft, Grundlagen und Ziele, München 1994.

Friedrich, Carl J.: Trends of Federalism in Theory and Practice, New York 1968.

Friedrich, Manfred: Rudolf Smend 1882 - 1975, AöR 112 (1987), S. 1 - 26.

Fröhling, Viviane: Die Maastrichter Vereinbarungen zur Sozialpolitik: Anwendungsfall eines Europa der verschiedenen Geschwindigkeiten, Frankfurt am Main 2000.

Frowein, Jochen Abr.: Die Europäische Union mit WEU als Sicherheitssystem, in Due, Ole/Lutter, Marcus/Schwarze, Jürgen (Hrsg), Festschrift für Ulrich Everling, Band I, 1. Aufl., Baden-Baden 1995, S. 315 - 326.

Frowein, Jochen Abr.: Die Herausbildung europäischer Verfassungsprinzipien, in Kaufmann, Arthur/Mestmäcker, Ernst-Joachim/Zacher, Hans F. (Hrsg.), Rechtsstaat und Menschenwürde, Festschrift für Werner Maihofer zum 70. Geburtstag, Frankfurt am Main 1988, S. 149 - 158.

Frowein, Jochen Abr.: Zur institutionellen Fortentwicklung der Gemeinschaft, in Institut für das Recht der Europäischen Gemeinschaften der Universität Köln (Hrsg.), Die institutionelle Entwicklung der Europäischen Gemeinschaften in den siebziger Jahren, Köln 1973, S. 83 - 105.

Gasteyger, Curt: Europa von der Spaltung zur Einigung, Darstellung und Dokumentation 1945 - 1997, Bonn 1997.

Geiger, Theodor: Vorstudien zu einer Soziologie des Rechts, 4. Aufl., Berlin 1987.

Geiler, Karl: Festvortrag, in Verhandlungen des Deutschen Juristentages, 38. Juristentag 1950, Tübingen 1951, S. A 18 - A 39.

Giering, Claus: Europa zwischen Zweckverband und Superstaat, Die Entwicklung der politikwissenschaftlichen Integrationstheorie im Prozeß der europäischen Integration, Bonn 1997.

Gillingham, John: Cool, Steel and the Rebirth of Europe, 1945 - 1955, The Germans and French from Ruhr Conflict to Economic Community, Reprint, Cambridge 1995.

Gillingham, John: Jean Monnet and the European Coal and Steel Community: A Preliminary Appraisal, in Brinkley, Douglas/Hackett, Clifford (Hrsg.), Jean Monnet: The Path to European Unity, London 1991, S. 129 - 162.

Glaesner, H.-J.: Die Einheitliche Europäische Akte, EuR 1986, S. 119 - 152.

Glöckler-Fuchs, Juliane: Institutionalisierung der europäischen Außenpolitik, München u. a. 1997.

Göldner, Markus: Politische Symbole der europäischen Integration, Fahne, Hymne, Hauptstadt, Paß, Briefmarke, Auszeichnungen, Frankfurt am Main u. a. 1988.

Goschler, Constatin/Buchheim, Christoph/Bührer, Werner: Der Schumanplan als Instrument französischer Stahlpolitik, Zur historischen Wirkung eines falschen Kalküls, VfZ 37 (1989), S. 171 - 206.

Grabenwarter, Christoph: Die Charta der Grundrechte für die Europäische Union, DVBl 2001, S. 1 - 13.

Grabitz, Eberhard: Das Verhältnis des Europarechts zum nationalen Recht, in Kruse, Heinrich Wilhelm (Hrsg.), Zölle, Verbrauchssteuern, europäisches Marktordnungsrecht, Köln 1988, S. 33 - 49.

Grabitz, Eberhard: Gemeinschaftsrecht bricht nationales Recht, Hamburg 1966.

Grabitz, Eberhard/Iliopoulos, Constantin: Typologie der Differenzierungen und Ausnahmen im Gemeinschaftsrecht, in Grabitz, Eberhard (Hrsg.), Abgestufte Integration, Eine Alternative zum herkömmlichen Integrationskonzept?, 1. Aufl., Kehl am Rhein/Straßburg 1984, S. 31 - 46.

Gräfe, Horst: Auf dem Weg zu einem Rechnungshof für die Europäischen Gemeinschaften, in Schiffer, Eckart/Karehnke, Helmut (Hrsg.), Verfassung, Verwaltung, Finanzkontrolle. Festschrift für Hans Schäfer zum 65. Geburtstag am 26. Januar 1975, Köln u. a. 1975, S. 349 - 371.

Grimm, Dieter: Der Mangel an europäischer Demokratie, Der Spiegel 43/1992, S. 57 - 59.

Groeben, Hans von der: Aufbaujahre der Europäischen Gemeinschaft, Das Ringen um den Gemeinsamen Markt und die Politische Union (1958 - 1966), 1. Aufl., Baden-Baden 1982.

Groeben, Hans von der: Legitimationsprobleme der Europäischen Gemeinschaft, 1. Aufl., Baden-Baden 1987.

Groeben, Hans von der: Wettbewerb und Programmierung als Instrumente der Wirtschaftspolitik im gemeinsamen Markt, in Plitzko, Alfred (Hrsg.), Planung ohne Planwirtschaft, Frankfurter Gespräche der List Gesellschaft 7. - 9. Juni 1963, Frankfurt am Main/Tübingen 1964, S. 191 - 198.

Groeben, Hans von der/Boeckh, Hans von/Thiesing, Jochen (Hrsg.): Kommentar zum EWG-Vertrag, Band 1 - Artikel 1 - 136, 2. Aufl., Baden-Baden 1974.

Groeben, Hans von der/Thiesing, Jochen/Ehlermann, Claus Dieter (Hrsg.): Kommentar zum EU/EG-Vertrag, 5. Aufl.

Band 1 - Artikel A - F EUV, Artikel 1 - 84 EGV, Baden-Baden 1997.

Band 3 - Artikel 102a - 136a EGV, Baden-Baden 1999.

Band 5 - Artikel 210 - 248 EGV, Artikel H - S EUV, Baden-Baden 1997.

Groeben, Hans von der/Thiesing, Jochen/Ehlermann, Claus Dieter (Hrsg.): Kommentar zum EWG-Vertrag, 4. Aufl.

Band 1 - Artikel 1 - 84, Baden-Baden 1991.

Band 3 - Artikel 110 - 188, Baden-Baden 1991.

Gröne, Detlev: Die Europäische Politische Zusammenarbeit, Entwicklung, Struktur und Rechtswirkung, 2. Aufl., Rheinfelden/Berlin 1995.

Grosser, Dieter: Keil oder Klammer? Ökonomie und Integration, in Weidenfeld, Werner (Hrsg.), Die Identität Europas, Fragen - Perspektiven - Positionen, München/Wien 1985, S. 132 - 151.

Haagerup, Niels Joergen: Die europäische Sicherheitsdimension, Europa-Archiv 9/1983, S. 273 - 184.

Haas, Ernst B.: The Uniting of Europe, Political, Social and Economic Forces 1950 - 1957, Stanford 1968.

Hailbronner, Kay u. a.: Handkommenatr zum Vertrag über die Europäische Union (EUV/EGV), Loseblattsammlung - Lieferung 7, Köln u. a. 1998.

Hallstein, Walter: Der Schuman-Plan, Frankfurt am Main 1951.

Hallstein, Walter: Der unvollendete Bundesstaat, Europäische Erfahrungen und Erkenntnisse, 1. Aufl., Düsseldorf/Wien 1969.

Hallstein, Walter: Vorausschauende Wirtschaftspolitik in der EWG, in Plitzko, Alfred (Hrsg.), Planung ohne Planwirtschaft, Frankfurter Gespräche der List Gesellschaft 7. - 9. Juni 1963, Frankfurt am Main/Tübingen 1964, S. 11 - 17 und 271 - 273.

Hanau, Peter: Neues im Europäischen Arbeitsrecht, ArbRdG 1991, S. 89 - 111.

Hansen, Niels: Plädoyer für eine Europäische Union, Europa-Archiv 5/1981, S. 141 - 148.

Hardach, Gerd: Der Marshall-Plan. Auslandshilfe und Wiederaufbau in Westdeutschland 1948 - 1952, München 1994.

Hart, H. L. A.: The Concept of Law, 2. Aufl., Oxford u. a. 1997.

Hattenhauer, Hans: Geschichte der deutschen Nationalsymbole, Zeichen und Bedeutung, 2. Aufl., München 1990.

Haussmann, Frederick: Der Schuman-Plan im europäischen Zwielicht, München und Berlin 1952.

Hayder, Roberto: Neue Wege der europäischen Rechtsangleichung?, Die Auswirkungen der Einheitlichen Europäischen Akte von 1986, RabelsZ 53 (1989), S. 622 - 698.

Hegel, Georg Wilhelm Friedrich: Grundlinien der Philosphie des Rechts, Mit Hegels eigenhändigen Randbemerkungen in seinem Handexemplar der Rechtsphilosophie - In der Textedition von Johannes Hoffmeister, Hamburg 1995.

Heinze, Meinhard: Europarecht im Spannungsverhältnis zum nationalen Arbeitsrecht, Von formaler Verdichtung zur offenen Arbeitsrechtsordnung, ZfA 1992, S. 331 - 359.

Heiser, Hans Joachim: Die Interimsarbeit an der Europäischen Verteidigungsgemeinschaft, Europa-Archiv 12/1953, S. 5761 - 5765.

Hellmann, Rainer: Europas organisatorische Einheit, Fusion der drei Exekutiven vor der Zusammenlegung der Verträge?, Europa-Archiv 7/1964, S. 233 - 244.

Hendler, Reinhard: Die Staatstehorie Hans Kelsens, JuS 1972, S. 489 - 496.

Herdegen, Matthias: Europarecht, 2. Aufl., München 1999.

Herzog, Roman: Zur Legitimation der Willensbildung in den Gemeinschaften, in Institut für das Recht der Europäischen Gemeinschaften der Universität Köln (Hrsg.), Die institutionelle Entwicklung der Europäischen Gemeinschaften in den siebziger Jahren, Köln 1973, S. 35 - 46.

Hesse, Joachim Jens: Die Diskussion um eine europäische Verfassung: Vom Kopf auf die Füße zu stellen, in Bruha, Thomas/Hesse, Joachim Jens/Nowak, Carsten, Welche Verfassung für Europa?, Erstes interdisziplinäres "Schwarzkopf-Kolloquium" zur Verfassungsdebatte in der Europäischen Union, 1. Aufl., Baden-Baden 2001, S. 63 - 87.

Heumann, Hans-Dieter: Europäische Integration und nationale Interessenpolitk, Probleme der Forschung, Königstein/Taunus 1980.

Hilf, Meinhard: Die gemeinsme Grundrechtserklärung des Europäischen Parlaments, des Rates und der Kommission vom 5. April 1977, EuGRZ 1977, S. 158 - 161.

Hoerster, Norbert: Die rechtsphilosophische Lehre vom Rechtsbegriff, JuS 1987, S. 181 - 188.

Hogan, Michael J.: The Marshall Plan., America, Britain, and the Reconstruction of Western Europa 1947 - 1952, Reprint, Cambridge 1989.

Hörnlein, Frank: Leitbilder im Zielsystem der europäischen Integration, Berlin 2000.

Hornstein, Walter/Mutz, Gerd: Die europäische Einigung als gesellschaftlicher Prozeß, Soziale Problemlage, Partizipation und kulturelle Transformation, 1. Aufl., Baden-Baden 1993.

Hrbek, Rudolf: Die EG ein Konkordanzsystem?, Anmerkungen zu einem Deutungsversuch der politikwissenschaftlichen Europaforschung, in Bieber, Roland/Nickel, Dietmar (Red.), Das Europa der zweiten Generation, Gedächtnisschrift für Christoph Sasse, Band 1, 1. Aufl., Baden-Baden 1981, S. 87 - 103.

Hrbek, Rudolf/Läufer, Thomas: Die Einheitliche Europäische Akte, Europa-Archiv 6/1986, S. 173 - 184.

Hrebk, Rudolf/Wessels, Wolfgang: Nationale Interessen der Bundesrepublik Deutschland und der Integrationsprozeß, in Hrbek, Rudolf/Wessels, Wolfgang (Hrsg.), EG-Mitgliedschaft - ein vitales Interesse der Bundesrepublik Deutschland?, Bonn 1984, S. 29 - 69.

Huber, Hans: Über die Geltung des Völkerrechts, in Eichenberger, Knut/Bäumlin, Richard/Müller, Jörg P. (Hrsg.), Rechtstheorie, Verfassungsrecht, Völkerrecht, Ausgewählte Aufsätze 1950 - 1970 - Zum 70. Geburtstag des Verfassers, Bern 1971, S. 565 - 600.

Huber, Peter M.: Deutsch als Gemeinschaftssprache, BayVBl 1992, S. 1 - 7.

Huber, Peter M.: Europäisches und nationales Verfassungsrecht, VVDStRL 60 (2000), S. 194 - 241.

Huber, Peter M.: Recht der Europäischen Integration, München 1996.

Ifestos, Panayiotis: European Political Cooperation, Towards a Framework of Supranational Diplomacy?, Aldershot u. a. 1987.

Imhoff, Ludwig P.: GATT, Allgemeines Zoll- und Handelsabkommen, München 1952.

Ipsen, Hans Peter: Europäisches Gemeinschaftsrecht, Tübingen 1972.

Ipsen, Hans Peter: Europäisches Gemeinschaftsrecht in Einzelstudien, 1. Aufl., Baden-Baden 1984.

Ipsen, Hans Peter/Nicolaysen, Gert: Fusion der europäischen Exekutive und Bericht über die aktuelle Entwicklung des Gemeinschaftsrechts, NJW 1963, S. 2209 - 2215.

Ipsen, Knut: Völkerrecht, 4. Aufl., München 1999.

Isensee, Josef: Europa - die politische Erfindung eines Erdteils, in Isensee, Josef (Hrsg.), Europa als politische Idee und rechtliche Form, Berlin 1993, S. 103 - 138.

Isensee, Josef: Europäische Union - Mitgliedsstaaten, Im Spannungsfeld von Integration und nationaler Selbstbehauptung, Effizienz und Idee, in Konferenz der der deutschen Akademien der Wissenschaften, Akademie der Wissenschaften und der Literatur, Mainz (Hrsg.), Idee, Geschichte, Realität - 2. Symposion der deutschen Akademien der Wissenschaften, S. 71 - 106, Mainz 1996.

Janz, Louis: Die Geschichte der europäischen Einigung nach dem Zweiten Weltkrieg, in Weidenfeld, Werner (Hrsg.), Die Identität Europas, Bonn 1985, S. 80 - 111.

Jellinek, Georg: Die Lehre von den Staatenverbindungen, Wien 1882.

Jellinek, Georg: Die rechtliche Natur der Staatenverträge, Ein Beitrag zur juristischen Construction des Völkerrechts, Wien 1880. Nachdruck der Originalausgabe, herausgegeben und eingeleitet von Walter Pauly, Goldbach 1996.

Jopp, Mathias: The Defense Dimension of the European Union, The Role and Performance of the WEU, in Regelsberger, Elfriede u. a. (Bearb.), Foreign Policy of the European Union - From EPC to CFSP and Beyond, Boulder, Colorado 1997, S. 153 - 169.

Jung, C. G. u. a.: Der Mensch und seine Symbole, 14. Aufl., Solothurn und Düsseldorf 1995.

Junker, Abbo: Arbeits- und Sozialrecht in der Europäischen Union, JZ 1994, S. 277 - 286.

Junker, Detlef/Reisinger, Peter: Was kann Objektivität in der Geschichtswissenschaft heißen, und wie ist sie möglich?, in Schieder, Theodor (Hrsg.), Methodenprobleme der Geschichtswissenschaft; Beiheft 3 der Historischen Zeitschrift, München 1974, S. 1 - 46.

Jürgens, Thomas: Die gemeinsame Europäische Außen- und Sicherheitspolitik, Köln u. a. 1994.

Kahmann, Hannelore: Der gemeinsame Markt im Kreuzfeuer der GATT-Kritik, Europa-Archiv 5-6/1958, S. 10583 - 10592.

Kaiser, Karl: Ein unauflöslicher Zusammenhang: Sicherheit und Intergration, in Weidenfeld, Werner (Hrsg.), Die Identität Europas, Bonn 1985, S. 173 - 190.

Kapteyn, P. J. G./VerLoren van Themaat, Pieter: Introduction to the Law of the European Communities, 3. Aufl., London u. a. 1998.

Kaufmann, Marcel: Europäische Integration und Demokratieprinzip, 1. Aufl., Baden-Baden 1997.

Kaufmann, Marcel: Permanente Verfassungsgebung und verfassungsrechtliche Selbstbindung im europäischen Staatenverbund, Der Staat 1997, S. 521 - 546.

Kaufmann, Sylvia-Yvonne (Hrsg.): Grundrechtecharta der Europäischen Union, Mitglieder und Beobachter des Konvents berichten, Bonn 2001.

Kelsen, Hans: Der Staat als Integration, Eine prinzipielle Auseinandersetzung, Wien 1930.

Kelsen, Hans: Reine Rechtslehre, 2. Aufl., Wien 1960.

Ketelsen, Jörg Volker: Institutionelle Grundlagen und Entscheidungsprozesse in der EG, in Leienbach, Volker/Dohle, Anne (Red.), Die soziale Dimension des europäischen Binnenmarktes, Bestandsaufnahme und Perspektive, Köln 1990, S. 5 - 14.

Kielmannsegg, Johann Adolf Graf: Der Vertrag über die Gründung der Europäischen Verteidigungsgemeinschaft, Europa-Archiv 13-14/1952, S. 5009 - 5019.

Kim, Seung-Ryeol: Der Fehlschlag des ersten Versuchs einer politischen Integration Westeuropas von 1951 bis 1954, Frankfurt am Main 2000.

Kipping, Matthias: Zwischen Kartellen und Konkurrenz, Der Schuman-Plan und die Ursprünge der europäischen Einigung 1944 - 1952, Berlin 1996.

Klaus, Georg/Buhr, Manfred (Hrsg.): Philosophisches Wörterbuch, Band 2 - Lamaismus bis Zweckmäßigkeit, 11. Aufl., Leipzig 1975.

Klein, Eckart: Vereinheitlichung des Verwaltungsrechts im europäischen Integrationsprozeß, in Starck, Christian (Hrsg.), Rechtsvereinheitlichung durch Gesetze, - Bedingungen, Ziele, Methoden -, 5. Symposion der Kommission "Die Funktion des Gesetzes in Geschichte und Gegenwart" am 26. und 27 April 1991, Göttingen 1992, S. 117 - 146.

Klippel, Diethelm: Juristische Zeitgeschichte, Die Bedeutung der Rechtsgeschichte für die Zivilrechtswissenschaft, 1. Aufl., Gießen 1985.

Kluth, Winfried: Die demokratische Legitimation der Europäischen Union, Eine Analyse der These vom Demokratiedefizit der Europäischen Union aus gemeineuropäischer Verfassungsperspektive, Berlin 1995.

Knöll, Ralf: Die Charta der Grundrechte der Europäischen Union, Inhalte, Bewertung und Ausblick, NVwZ 2001, S. 392 - 394.

Kobbert, Ernst: Der politische Kern der EWG-Krise, Europa-Archiv 14/1965, S. 511 - 520.

Kobbert, Ernst: Eine stille Revision der EWG, Hat der Luxemburger Kompromiß die Gemeinschaft verwandelt?, Europa-Archiv 4/1966, S. 119 - 122.

Koenig, Christian/Haratsch, Andreas: Europarecht, 3. Aufl., Tübingen 2000.

Kohlhase, Norbert: Einheit in der Vielfalt - Essays zur Europäischen Geschichte, Kultur und Gesellschaft, 1. Aufl., Baden-Baden 1988.

Kohlhase, Norbert: Von der "National"-Oekonomie zur Europäischen Wirtschaftsunion, Der Übergang zur zweiten Phase des EWG-Vertrages, Europa-Archiv 4/1962, S. 95 - 98.

Koppe, Karlheinz: Das Projekt der "Europäischen Union", Fassade oder politischer Rahmen der Integration?, Europa-Archiv 8/1962, S. 263 - 268.

Korioth, Stefan: Integration und Bundesstaat, Ein Beitrag zur Staats- und Verfassungslehre Rudolf Smends, Berlin 1990.

Kramer, Heinz/Rummel, Reinhardt: Gemeinschaftsbildung Westeuropas in der Außenpolitik, Zur Tragfähigkeit der Europäischen Politischen Zusammenarbeit, 1. Aufl., Baden-Baden 1978.

Kuschnick, Michael: Integration in Staatenverbindungen, Vom 19. Jahrhundert bis zur EU nach dem Vertrag von Amsterdam, Berlin 1999.

Küsters, Hanns Jürgen: Die Gründung der Europäischen Wirtschaftsgemeinschaft, 1. Aufl., Baden-Baden 1982.

Küsters, Hanns Jürgen: Die Verhandlungen über das institutionelle System zur Gründung der Europäischen Gemeinschaft für Kohle und Stahl, in Schwabe, Klaus (Hrsg.), Die Anfänge des Schuman-Plans 1950/51, Beiträge des Kolloquiums in Aachen, 28. - 30. Mai 1986, 1. Aufl., Baden-Baden 1988, S. 73 - 102.

Lahnstein, Manfred: Über die Währungsunion zur Wirtschaftsunion?, Europa-Archiv 9/1978, S. 263 - 270.

Landheer, B.: Sociological Aspekts of European Integration, Annuaire Européen, Vol. III (1957), S. 53 - 69.

Lang, Norbert: Die Bemühungen um eine politische Einigung Europas seit dem Scheitern der Europäischen Verteidigungsgemeinschaft, in Hallstein, Walter/ Schlochauer, Hans-Jürgen (Hrsg.), Zur Integration Europas, Festschrift für Carl Friedrich Ophüls zum 70. Geburtstag, Karlsruhe 1965, S. 125 - 141.

Lange, Knut Werner: Die Gemeinsame Außen- und Sicherheitspolitik der Europäischen Union, JZ 1996, S. 442 - 449.

Langeheine, Bernd: Abgestufte Integration, EuR 1983, S. 227 - 260.

Larenz, Karl/Canaris, Claus-Wilhelm: Methodenlehre der Rechtswissenschaft, 3. Aufl., Berlin u. a. 1995.

Lecheler, Helmut: "Supranationalität" der Europäischen Gemeinschaften - Rechtliche Beschreibung oder unverbindliche Leerformel?, JuS 1974, S. 7 - 11.

Lecheler, Helmut: Das Subsidiaritätsprinzip, Strukturprinzip einer europäischen Union, Berlin 1993.

Lecheler, Helmut: Einheitsbildung und Subsidiarität, in Nettesheim, Martin/Schiera, Pierangelo (Hrsg.), Der integrierte Staat: Verfassungs- und europarechtliche Betrachtungen aus italienischer und deutscher Perspektive, Berlin 1999, S. 95 - 104.

Lenz, Carl Otto: Der europäische Grundrechtsstandard in der Rechtsprechung des Europäischen Gerichtshofs, EuGRZ 1993, S. 585 - 589.

Lexikonredaktion des Bibliographischen Instituts (Hrsg./Bearb.): Meyers Großes Universallexikon.

Band 5: Fe - Gu, Mannheim 1982.

Band 13: Sh - Sz, Mannheim 1985.

Leygues, Jean-Charles: La Commission de contrôle des Communautes européennes, RMC 17 (1974), S. 59 - 67.

Lipgens, Walter: Europäische Integration, in Löwenthal, Richard/Schwarz, Hans-Peter (Hrsg.), Die Zweite Republik, 25 Jahre Bundesrepublik Deutschland - eine Bilanz, Stuttgart 1974, S. 519 - 553.

Litt, Theodor: Individuum und Gemeinschaft, Grundlegung der Kulturphilosophie, 3. Aufl., Leipzig 1926.

Loewenstein, Karl: Bertrachtungen über politischen Symbolismus, in Constantopoulos, D. S./Wehberg, Hans (Hrsg.), Gegenwartsprobleme des Internationalen Rechtes und der Rechtsphilosophie, Festschrift für Rudolf Laun zu seinem siebzigstens Geburtstag, Hamburg 1953, S. 559 - 577.

Losch, Bernhard/Radau, Wiltrud Christine: Europäische Grundrechte als Integrationsfaktor, NJ 1999, S. 632 - 635.

Loth, Wilfried: Der Weg nach Europa, Geschichte der europäischen Integration 1939 - 1957, Göttingen 1991.

Loth, Wilfried: Der Zweite Weltkrieg und der Durchbruch der Europäischen Einigungsbewegung, in Hecker, Hans/Spieler, Silke (Hrsg.), Die historische Einheit Europas - Ideen, Konzepte, Selbstverständnis, Bonn 1994, S. 85 - 100.

Loth, Wilfried: Die EVG und das Projekt der Europäischen Politischen Gemeinschaft, in Reiner Hudemann u.a. (Hrsg.), Europa im Blick der Historiker, München 1995, S. 191 - 201.

Loth, Wilfried: Franco-German Relations and European Security, 1957 - 1963, in Deighton, Anne/Milward, Alan S. (Hrsg.), Widening, Deeping and Acceleration: The European Economic Community 1957 - 1963, 1. Aufl., Baden-Baden u. a. 1999, S. 41 - 53.

Lwowski, Harald: Für die Gleichberechtigung der Sprachen - Deutsch in Europa, Der Städtetag 1992, S. 193 - 199.

Mäder, Werner: Das Strategie-Konzept der EG-Kommission: Die soziale Dimension des Binnenmarktes, ZfSH/SGB 1992, S. 68 - 82.

Magagnoli, Ralf: Italien und Europäische Verteidigungsgemeinschaft, Zwischen europäischem credo und nationaler Machtpolitik, Frankfurt am Main u. a. 1999.

Magiera, Siegfried: Die Einheitliche Europäische Akte und die Fortentwicklung der Europäischen Gemeinschaft zur Europäischen Union, in Fiedler, Wilfried/Ress, Georg (Hrsg.), Verfassungsrecht und Völkerrecht, Gedächtnisschrift für Wilhelm Karl Geck, Köln u. a. 1989, S. 507 - 530.

Magiera, Siegfried: Die Grundrechtecharta der Europäischen Union, DÖV 2000, S. 1017 - 1026.

Mahlmann, Matthias: Die Grundrechtecharta der Europäischen Union, ZEuS 2000, S. 419 - 444.

Mai, Gunther: Westliche Sicherheitspolitik im Kalten Krieg, Der Korea-Krieg und die deutsche Wiederbewaffnung 1950, Boppard am Rhein 1977.

Mandel, Ernest: Die EWG und die Konkurrenz Europa - Amerika, 8. Aufl., Frankfurt am Main u. a. 1975.

Mansholt, S. L.: Problèmes agricoles de la C.E.E., RMC 1959, S. 203 - 204.

Marjolin, M.: Pour une politique économique commune, RMC 1959, S. 393 - 396.

Meessen, Karl Matthias: Europäische Grundrechtspolitik, in Frowein, Jochen Abraham u. a. (Bearb.), Die Grundrechte in der Europäischen Gemeinschaft, 1. Aufl., Baden-Baden 1977, S. 35 - 46.

Meier, Gert: Einheitliche Europäische Akte und freier EG-Warenverkehr, NJW 1987, S. 537 - 542.

Militärgeschichtliches Forschungsamt (Hrsg.): Anfänge westdeutscher Sicherheitspolitik, Band 2 - Die EVG-Phase, München 1990.

Milward, Alan S.: Nationale Wirtschaftsinteressen im Vordergrund - Neue Erkenntnisse statt überholter Schulweisheiten, in Hrbek, Rudolf (Hrsg.), Die Europäische Union als Prozeß: Verfassungsentwicklung im Spiegel von 20 Jahren der Zeitschrift integration, Bonn 1998, S. 255 - 262.

Milward, Alan S.: The Reconstruction of Western Europe, 1945 - 51, Reprint, London 1992.

Mioche, Philippe: Le Plan Monnet, Genèse et élaboration 1941 - 1947, Paris 1987.

Mitrany, David: A Working Peace System, An Argument for the Functional Development of International Organizations, London 1943.

Mitrany, David: The Functional Theory of Politics, London 1975.

Molitor, Bruno: Wirtschaftspolitik, 3. Aufl., München/Wien 1992.

Möllers, Thomas M. J.: Die Rolle des Rechts im Rahmen der europäischen Integration, Zur Notwendigkeit einer europäischen Gesetzgebungs- und Methodenlehre, Tübingen 1999.

Mols, Manfred: Integrationslehre und politische Theorie, AöR 94 (1969), S. 513 - 553.

Mols, Manfred Heinrich: Allgemeine Staatslehre oder politische Theorie?, Interpretationen zu ihrem Verhältnis am Beispiel der Integrationslehre Rudolf Smends, Berlin 1969.

Monnet, Jean: Erinnerungen eines Europäers, Mit einem Vorwort von Helmut Schmidt, 1. Aufl., Baden-Baden 1988.

Morewood, Steven: Europe at the Crossroads 1974 - 2000, in Adcroft, Derek H./Sutcliffe, Anthony (Bearb.), Europe in the International Economy 1500 - 2000, Cheltenham u. a. 1999, S. 221 - 278.

Müller-Graff, Peter-Christian: Binnenmarktauftrag und Subsidiaritätsprinzip, ZHR 159 (1995), S. 34 - 77.

Müller-Graff, Peter-Christian: Binnenmarktziel und Rechtsordnung, Binnenmarktrecht, Bergisch Gladbach/Köln 1989.

Müller-Graff, Peter-Christian: Die Rechtsangleichung zur Verwirklichung des Binnenmarktes, EuR 1989, S. 107 - 151.

Mussler, Werner: Die Wirtschaftsverfassung der Europäischen Gemeinschaft - Von Rom nach Maastricht, Diss., Jena 1999.

Nelde, Peter/Mäder, Werner: Perspektiven einer europäischen Sprachenpolitik, ZfSH/SGB 2000, S. 651 - 663.

Nentwich, Michael: Institutionelle und verfahrensrechtliche Neuerungen im Vertrag über die Europäische Union, EuZW 1992, 235 - 243.

Neuhold, Hanspeter: Abgrenzungen, Strukturmerkmale und Besonderheiten der Völkerrechtsordnung, in Neuhold, Hanspeter/Hummer, Waldemar/Schreuer, Chrisoph, Österreichisches Handbuch des Völkerrechts, Band 1 - Textteil, 3. Aufl., Wien 1997, S. 1 - 13.

Neuss, Beate: Geburtshelfer Europas?, Die Rolle der Vereinigten Staaten im europäischen Integrationsprozeß 1945 - 1958, 1. Aufl., Baden-Baden 2000.

Nicolaysen, Gert: Der Gerichtshof - Funktion und Beschränkung der Judikative, EuR 1972, S. 375 - 390.

Nicolaysen, Gert: Europäisches Gemeinschaftsrecht, Bericht aus der Wissenschaftlichen Gesellschaft für Europarecht, NJW 1965, S. 1653 - 1658.

Noack, Paul: Das Scheitern der Europäischen Verteidigungsgemeinschaft, Entscheidungsprozesse vor und nach dem 30. August 1954, Düsseldorf 1977.

Nuttall, Simon: Two Decades of EPC Performance, in Regelsberger, Elfriede u. a. (Bearb.), Foreign Policy of the European Union - From EPC to CFSP and Beyond, Boulder, Colorado 1997, S. 19 - 39.

O'Neill, Michael: The Politics of European Integration: a Reader, London u. a. 1996.

ohne Autor: The Monnet Four-Year Plan for the French Economy, Departement of State, OIR Report No 4287, February 28, 1947, in University Publications of America (Hrsg.), O.S.S./State Departement Intelligence and Research Reports, Part V - Postwar Europe, Dokument 17, Microfilm, Washington, D. C.

Ohr, Renate: Perspektiven der Europäischen Integration: Braucht der Binnenmarkt eine Währungsunion?, in Ernsthaler, Jürgen (Hrsg.), Vom Binnenmarkt zur Europäischen Union, Die Gemeinschaft zwischen Zweckverband und neuer Staatlichkeit, Berlin 1995, S. 49 - 62.

Oppermann, Thomas: Europäische Integration und das deutsche Grundgesetz, in Berberich, Thomas u. a. (Hrsg.), Neue Entwicklungen im öffentlichen Recht, Beiträge zum Verhältnis von Bürger und Staat aus Völkerrecht, Verfassungsrecht und Verwaltungsrecht, Stuttgart u. a. 1979, S. 85 - 101.

Oppermann, Thomas: Europarecht, 2. Aufl., München 1999.

Oppermann, Thomas: Juristischer Fortschritt durch die europäische Integration?, in Gernhuber, Joachim (Hrsg.), Tradition und Fortschritt im Recht, Festschrift gewidmet der Tübinger Juristenfakultät zu ihrem 500jährigen Bestehen 1977, Tübingen 1977, S. 415 - 433.

Ott, Walter: Der Rechtspositivismus, Kritische Würdigung auf der Grundlage eines juristischen Pragmatismus, 2. Aufl., Berlin 1992.

Pache, Eckhard: Die Europäische Grundrechtscharta - ein Rückschritt für den Grundrechtsschutz in Europa?, EuR 2001, S. 475 - 494.

Pauly, Walter: Grundnormkonzept und Kantianismus bei Hans Kelsen, in Orsi, Guiseppe/Seelmann, Kurt/Smid, Stefan/Steinvorth, Ulrich (Hrsg.), Rechtsphilosophische Hefte, Band VI - Prinzipien des Rechts, Frankfurt u. a. 1996, S. 99 - 115.

Pauly, Walter: Strukturfragen des unionsrechtlichen Grundrechtsschutzes, Zur konstitutionellen Bedeutung von Art. F Abs. 2 EUV, EuR 1998, S. 242 - 262.

Pauly, Walter/Siebinger, Martin: Der deutsche Verfassungsstaat, in Ellwein, Thomas/Holtmann, Everhard (Hrsg.), 50 Jahre Bundesrepublik Deutschland, Rahmenbedingungen - Entwicklungen - Perspektiven, Opladen/Wiesbaden 1999, S. 79 - 90.

Pechstein, Matthias/Koenig, Christian: Die Europäische Union, Der Vertrag von Maastricht, 1. Aufl., Tübingen 1995.

Pechstein, Matthias/Koenig, Christian: Die Europäische Union, Die Verträge von Maastricht und Amsterdam, 2. Aufl., Tübingen 1998.

Pernice, Ingolf: Carl Schmitt, Rudolf Smend und die europäische Integration, AöR 120 (1995), S. 100 - 120.

Pernice, Ingolf: Die Verfassungsfrage aus rechtswissenschaftlicher Sicht, in Bruha, Thomas/Hesse, Joachim Jens/Nowak, Carsten, Welche Verfassung für Europa?, Erstes interdisziplinäres "Schwarzkopf-Kolloquium" zur Verfassungsdebatte in der Europäischen Union, 1. Aufl., Baden-Baden 2001, S. 19 - 39.

Pernice, Ingolf: Europäisches und nationales Verfassungsrecht, VVDStRL 60 (2000), S. 148 - 188.

Pernice, Ingolf: Gemeinschaftsverfassung und Grundrechtsschutz - Grundlagen, Bestand und Perspektiven, NJW 1990, S. 2409 - 2420.

Pernice, Ingolf: Grundrechtsgehalte im Europäischen Gemeinschaftsrecht, 1. Aufl., Baden-Baden 1979.

Pescatore, Pierre: Die "Einheitliche Europäische Akte", Eine ernste Gefahr für den Gemeinsamen Markt, EuR 1986, S. 153 - 169.

Pescatore, Pierre: Some Critical Remarks on the "Single European Act", CMLR 1987, S. 9 - 18.

Peters, Anne: Elemente einer Theorie der Verfassung Europas, Berlin 2001

Piepenschneider, Melanie/Steppacher, Burkard: Europa nach dem Gipfel von Maastricht, Der "Vertrag über die Europäische Union" - Vorgeschichte, Inhalt und Bewertung -, 5. Aufl., Sankt Augustin 1993.

Pipkorn, Jörn: Das Subsidiaritätsprinzip im Vertrag über die Europäische Union - rechtliche Bedeutung und gerichtliche Überprüfbarkeit, EuZW 1992, S. 697 - 700.

Plasa, Wolfgang: Eine unzeitgemäße Betrachtung: Integration und Institutionen., Gedanken zur Europäischen Union, in Burkei, Franz/Polter, Dirk-Meints (Hrsg.), Rechtsfragen im Spektrum des Öffentlichen, Mainer Festschrift für Hubert Armbruster zum 65. Geburtstag, Berlin 1976, S. 13 - 30.

Plessow, Utta: Angleichung des Rechts der Wirtschaft in Europa, Internationaler Kongreß in Köln vom 18. - 20. März 1969, DÖV 1969, S. 458 - 460.

Poidevin, Raymond: Frankreich und das Problem der EVG: Nationale und internationale Einflüsse (Sommer 1951 bis Sommer 1953), in Volkmann, Hans-Erich/Schwengler, Walter, Die Europäische Verteidigungsgemeinschaft, Stand und Probleme der Forschung, Boppard am Rhein 1985, S. 101 - 124.

Rabbow, Arnold: Visuelle Symbole als Erscheinung der nicht-verbalen Publizistik, Diss., Münster, 1966, 1968.

Ramm, Thilo: Rechtszeitgeschichte - eine neue Disziplin?, JuS 1998, S. 587 - 593.

Redaktionsgremium: Der Stand der Integration in der 2. Hälfte der 70iger Jahre, in Groeben, Hans von der (Hrsg.), Die Europäische Union als Prozeß, 1. Aufl., Baden-Baden 1980, S. 37 - 142.

Reich, Norbert: Binnenmarkt als Rechtsbegriff, EuZW 1991, S. 203 - 210.

Reichenbach, Horst/Emmerling, Thea/Staudenmayer, Dirk/Schmidt, Sönke: Integration: Wanderung über europäische Gipfel, 1. Aufl., Baden-Baden 1999.

Reister, Erwin: Parlamentarisches Budgetrecht und Rechnungshof der Europäischen Gemeinschaften: Ornamentik oder Demokratisierung der gemeinschaftlichen Finanzverfassung?, EuR 1976, S. 69 - 78.

Rengeling, Hans-Werner: Die Wahl des Europäischen Parlaments und neuere Entwicklungen im Europäischen Gemeinschaftsrecht, DÖV 1977, S. 622 - 626.

Rhenisch, Thomas: Europäische Integration und industrielles Interesse, Die deutsche Industrie und die Gründung der Europäischen Wirtschaftsgemeinschaft, Stuttgart 1999.

Riese, Otto: Das Sprachenproblem in der Praxis des Gerichtshofes der Europäischen Gemeinschaften, in Caemmerer, Ernst von/Nikisch, Arthur/ Zweigert, Konrad (Hrsg.), Vom Deutschen zum Europäischen Recht, Festschrift für Hans Dölle, Band II, Tübingen 1963, S. 507 - 524.

Rogge, Karin: Binnenmarktrealisierung 1992 auf der Grundlage der Einheitlichen Europäischen Akte, WRP 1986, S. 459 - 463.

Röpke, Wilhelm: Gemeinsamer Markt und Freihandelszone, 29 Thesen als Richtpunkte, ORDO - Jahrbuch für die Ordnung von Wirtschaft und Gesellschaft, Band X (1958), S. 31 - 62.

Röpke, Wilhelm: Integration und Desintegration in der internationalen Wirtschaft, in Beckenrath, Erwin von u. a. (Hrsg.), Wirtschaftsfragen der Freien Welt, Zum 60. Geburtstag von Bundeswirtschaftsminister Ludwig Erhard, Frankfurt am Main 1957, S. 493 - 501.

Röpke, Wilhelm: Internationale Ordnung - heute, 2. Aufl., Zürich u. a. 1954.

Röpke, Wilhelm: Zwischenbilanz der europäischen Wirtschaftsintegration, Kritische Nachlese, ORDO - Jahrbuch für die Ordnung von Wirtschaft und Gesellschaft, Band XI (1959), S. 69 - 94.

Ross, Alf: On Law and Justice, London 1958.

Rothfels, Hans: Zeitgeschichte als Aufgabe, VfZ 1 (1953), S. 1 - 8.

Rückert, Joachim: Eine Reise in die Zeitgeschichte, KritV 1997, S. 327 - 338.

Rückert, Joachim: Zeitgeschichte des Rechts: Aufgaben und Leistungen zwischen Geschichte, Rechtswissenschaft, Sozialwissenschaften und Soziologie, ZRG Germ. Abt. 115 (1998), S. 1 - 85.

Rupp, Hans Heinrich: Eine Verfassung für Europa?, in Huber, Peter M. (Hrsg.), Das Ziel der europäischen Integration, Berlin 1996, S. 49 - 53.

Rüthers, Bernd: Rechtstheorie, Begriff, Geltung und Anwendung des Rechts, München 1999.

Sahm, Ulrich: Die internationale Kontrolle des Ruhrgebietes, Aufgaben und Struktur der Internationalen Ruhrbehörde, Europa-Archiv 7/1950, S. 2957 - 2964.

Sahm, Ulrich: Großbritanniens Haltung zum Schuman-Plan, in Hallstein, Walter/Schlochauer, Hans-Jürgen (Hrsg.), Zur Integration Europas, Festschrift für Carl Friedrich Ophüls zum 70. Geburtstag, Karlsruhe 1965, S. 153 - 165.

Sander, Gerald G.: Der Europäische Gerichtshof als Förderer und Hüter der Integration, Eine Darstellung anhand seiner Einwirkungsmöglichkeiten auf die einzelnen Dimensionen des Einigungsprozesses, Berlin 1998.

Sandkühler, Thomas: Zeitgeschichte am Ende des 20. Jahrhunderts, in Cornelißen, Christoph (Hrsg.), Geschichtswissenschaften, Eine Einführung, Frankfurt am Main 2000, S. 114 - 125.

Sasse, Christoph: Die institutionelle Fortentwicklung der Gemeinschaften, in Institut für das Recht der Europäischen Gemeinschaften der Universität Köln (Hrsg.), Die institutionelle Entwicklung der Europäischen Gemeinschaften in den siebziger Jahren, Köln 1973, S. 61 - 82.

Schaffner, Urs: Vereinigte Staaten von Europa?, Der Einfluß von externen Faktoren auf die Integrationsentwicklung von neun internationalen staatlichen Organisationen in Europa, Bern/New York 1993.

Schambeck, Herbert: Politische und rechtliche Entwicklungstendenzen der europäischen Integration, Wiesbaden 2000.

Scharpf, Fritz W.: Die Politikverflechtungsfalle: Europäische Integration und deutscher Föderalismus im Vergleich, PVS 1985, S. 323 - 356.

Scharrer, Hans-Eckart: Abgestufte Integration, Eine Einführung, in Grabitz, Eberhard, Abgestufte Integration - Eine Alternative zum herkömmlichen Integrationskonzept?, Kehl am Rhein/Straßburg 1984, S. 1 - 30.

Scharrer, Hans-Eckart: Die Einheitliche Europäische Akte: Der Binnenmarkt, Integration 1986, S. 108 - 114.

Schauer, Hans: Europa der Vernunft, Kritische Anmerkungen nach Maastricht, München u. a. 1993.

Scheuner, Ulrich: Perspektiven einer Europäischen Union, EuR 1976, S. 193 - 212.

Scheying, Robert: Grundlagen und Grundlagenfächer in der Juristischen Ausbildung, JZ 1978, S. 600 - 601.

Schilling, Karl: Der Europäische Wirtschaftsrat (OEEC) und die Europäische Gemeinschaft für Kohle und Stahl, Europa-Archiv 1/1953, S. 5407 - 5418.

Schima, Bruno: Das Subsidiaritätsprinzip im Europäischen Gemeinschaftsrecht, Wien 1994.

Schlochauer, Hans-Jürgen: Das Verhältnis des Rechts der Europäischen Wirtschaftsgemeinschaft zu den nationalen Rechtsordnungen der Mitgliedsstaaten, AVR 11 (1963-64), S. 1 - 34.

Schmale, Wolfgang: Europa ohne Mythos, in Völker-Rasor, Anette/Schmale, Wolfgang, MythenMächte - Mythen als Argument, Berlin 1998, S. 133 - 158.

Schmitz, Thomas: Integration in der Supranationalen Union, Das europäische Organisationsmodell einer prozeßhaften geo-regionalen Integration und seine rechtlichen und staatstheoretischen Implikationen, 1. Aufl., Baden-Baden 2001.

Schmuck, Otto: Der Maastrichter Vertrag zur Europäischen Union, Fortschritt und Ausdifferenzierung der Europäischen Einigung, Europa-Archiv 4/1992, S. 97 - 106.

Schneider, Heinrich: Europäische Integration - Die Leitbilder und die Politik, in Kreile, Michael (Hrsg.), Die Integration Europas, Opladen 1992, S. 3 - 35.

Schneider, Heinrich: Integration - gestern, heute, morgen, in Hrbek, Rudolf (Hrsg.), Die Europäische Union als Prozeß: Verfassungsentwicklung im Spiegel von 20 Jahren der Zeitschrift integration, Bonn 1998, S. 37 - 56.

Schneider, Heinrich: Leitbilder der Europapolitik, Band 1 - Der Weg zur Integration, Bonn 1977.

Schneider, Heinrich: Rückblick für die Zukunft, Konzeptionelle Weichenstellungen für die Europäische Einigung, Bonn 1996.

Schöllhorn, Hermann: Der sicherheitspolitische Handlungsrahmen der Europäischen Union, Eine Darstellung der rechtlichen und tatsächlichen Möglichkeiten für operative Maßnahmen der Krisenbewältigung, 1. Aufl., Baden-Baden 1994.

Schomerus, Johanna: De Gaulles Europa-Konzeption im Spiegel seiner Memorien und Reden, Europa-Archiv 9/1963, S. 323 - 332.

Schröder, Jan: Überlegungen zur "Juristischen Zeitgeschichte", in Stolleis, Michael (Hrsg.), Juristische Zeitgeschichte - Ein neues Fach?, 1. Aufl., Baden-Baden 1993, S. 35 - 42.

Schulz, Otto: Maastricht und die Grundlagen einer Europäischen Sozialpolitik, Köln u. a. 1996.

Schulze, Reiner: Das Entstehen des Europäischen Gemeinschaftsrechts, Eine Forschungsaufgabe der juristischen Zeitgeschichte, ZNR 1994, S. 297 - 324.

Schulze, Reiner: Juristische Zeitgeschichte, in Stolleis, Michael (Hrsg.), Juristische Zeitgeschichte - Ein neues Fach?, 1. Aufl., Baden-Baden 1993, S. 53 - 62.

Schulze, Reiner/Hoeren, Thomas (Hrsg.): Dokumente zum Europäischen Recht.

Band 1 - Gründungsverträge, Berlin u. a. 1999.

Band 2 - Justiz (bis 1957), Berlin u. a. 2000.

Schuppert, Gunnar Folke: Zur Staatswerdung Europas, Überlegungen zu Bedingungsfaktoren und Perspektiven der europäischen Verfassungsentwicklung, Staatswissenschaft und Staatspraxis 1994, S. 35 - 76.

Schwabe, Klaus: Der Marshall-Plan und Europa, in Reiner Hudemann u.a. (Hrsg.), Europa im Blick der Historiker, München 1995, S. 167 - 189.

Schwabe, Klaus: Die Vereinigten Staaten und die Europäische Integration, Alternativen der amerikanischen Außenpolitik (1950 - 55), in Trausch, Gilbert, Die Europäische Integration vom Schuman-Plan bis zu den Verträgen von Rom - Pläne und Initiativen, Enttäuschungen und Mißerfolge, 1. Aufl., Baden-Baden 1993, S. 41 - 54.

Schwarze, Hans-Peter: Die europäische Integration als Aufgabe der Zeitgeschichtsforschung, Forschungsstand und Perspektiven, VfZ 31 (1983), S. 555 - 572.

Schwarze, Jürgen: Grundrechte der Person im Europäischen Gemeinschaftsrecht, NJ 1994, S. 53 - 59.

Schweitzer, Michael/Hummer, Waldemar: Europarecht, Das Recht der Europäischen Gemeinschaften (EGKS, EWG, EAG) - mit Schwerpunkt EWG, 3. Aufl., Frankfurt am Main 1990.

Schweitzer, Michael/Hummer, Waldemar: Textbuch zum Europarecht, Europäische Union und Europäische Gemeinschaften, 5. Aufl., München 1996.

Sedemund, Joachim/Montag, Frank: Europäisches Gemeinschaftsrecht, NJW 1987, S. 546 - 552.

Seeler, Hans-Joachim: Die Europäische Einigung und das Gleichgewicht der Mächte, Der historische Weg der Europäischen Staaten zur Einheit, 2. Aufl., Baden-Baden 1995.

Seidel, Martin: Gastkommentar, EuZW 2000, S. 65.

Seidel, Martin: Zur Verfassung der Europäischen Gemeinschaft nach Maastricht, EuR 1992, S. 125 - 144.

Seidl-Hohenverldern, Ignaz/Stein, Torsten: Völkerrecht, 10. Aufl., Köln u. a. 2000.

Semrau, Stephan: Die gemeinsame Außen- und Sicherheitspolitik der Europäischen Union, Frankfurt am Main 1998.

Sidjanski, Dusan: Le Processus d'integration dans les communautés Européennes, Annuaire Européen, Vol. X (1962), S. 69 - 98.

Siebecke, Simone: Institutionalisierte Interessenvertretungen in der Europäischen Union, 1. Aufl., Baden-Baden 1996.

Simitis, Spiros: Europäisierung oder Renationalisierung des Arbeitsrechts?, in Heinze, Meinhard/Söllner, Alfred, Arbeitswelt in der Bewährung, Festschrift für Otto Rudolf Kissel zum 65. Geburtstag, München 1994, S. 1097 - 1120.

Simma, Bruno: Reciprocity, in Bernhardt, Rudolf (ed.), Encyclopedia of Public International Law, Volume IV, North-Holland 2000, S. 29 - 33.

Sin, Du-Chel: Die ASEAN und die EU, Eine vergleichende Analyse der regionalen Integrationsprozesse, Frankfurt am Main u. a. 2000.

Smend, Rudolf: Integration, in Smend, Rudolf, Staatsrechtliche Abhandlungen und andere Aufsätze, 3. Aufl., Berlin 1994, S. 482 - 486.

Smend, Rudolf: Integrationslehre, in Smend, Rudolf, Staatsrechtliche Abhandlungen und andere Aufsätze, 3. Aufl., Berlin 1994, S. 475 - 481.

Smend, Rudolf: Verfassung und Verfassungsrecht, in Smend, Rudolf, Staatsrechtliche Abhandlungen und andere Aufsätze, 3. Aufl., Berlin 1994, S. 119 - 276.

Spierenburg, Dirk/Poidevin, Raymond: Histoire de la Haute Autorité de la Communaté Européenne du Charbon et de L'Acier, Une expérience supranationale, Bruxelles 1993.

Stauffenberg, Franz Ludwig von/Langenfeld, Christine: Maastricht - ein Fortschritt für Europa?, ZRP 1992, S. 252 - 259.

Steindorff, Ernst: Der Beitrag Hallsteins zur Europäischen Integration, in Caemmerer, Ernst von u.a. (Hrsg.), Probleme des Europäischen Rechts, Festschrift für Walter Hallstein zum 65. Geburtstag, Frankfurt am Main 1966, S. 1 - 13.

Steindorff, Ernst: Gemeinsamer Markt als Binnenmarkt, ZHR 150 (1986), S. 687 - 704.

Stempel, Otto von: Die Fusion der Organe der Europäischen Gemeinschaften, in Hallstein, Walter/Schlochauer, Hans-Jürgen (Hrsg.), Zur Integration Europas, Festschrift für Carl Friedrich Ophüls aus Anlaß seines siebzigsten Geburtstages, Karlsruhe 1965, S. 229 - 241.

Stirk, Peter M. R.: A History of European Integration since 1914, London 1996.

Stoller, Christopher W.: Europa nach Maastricht - Die Gemeinsame Außen- und Sicherheitspolitik, NZWehrr 1992, S. 221 - 228.

Streinz, Rudolf: Europarecht, 4. Aufl., Heidelberg 1999.

Strohler, Jacques: Neoliberalismus und europäische Integration, Europa-Archiv 4/1962, S. 99 - 118.

Stueck, William: The Korean War, An International History, Princeton 1995.

Sutcliffe, Anthony: Cold War and Common Market: Europa 1945 - 1973, in Adcroft, Derek H./Sutcliffe, Anthony (Bearb.), Europe in the International Economy 1500 - 2000, Cheltenham u. a. 1999, S. 177 - 220.

Szczekalla, Peter: Grundrechte für Europa - Die Europäische Union nach Nizza, Zugleich Bericht über die Konferenz in Wien am 18. und 19. Dezember 2000, DVBl 2001, S. 345 - 352.

Tecke, Horst: Europa zwischen gestern und morgen, Von den Römischen Verträgen bis zur Europäischen Akte, Köln 1988.

Tettinger, Peter J.: Die Charta der Grundrechte der Europäischen Union, NJW 2001, S. 1010 - 1015.

Teune, Henry: Integration, in Sartori, Giovanni (Hrsg.), Social Sience Concepts, A Systematic Analysis, Beverly Hills/London/New Delhi 1984, S. 235 - 264.

Thamer, Hans-Ulrich: Fragen eines Zeithistorikers an die "Juristische Zeitgeschichte", in Justizministerium des Landes Nordrhein-Westfalen (Hrsg.), Juristische Zeitgeschichte, Band 2 - Perspektiven und Projekte, Düsseldorf 1994, S. 53 - 64.

Themaat, Pieter VerLoren van: Die Rechtsangleichung als Integrationsinstrument, in Hallstein, Walter/Schlochauer, Hans-Jürgen (Hrsg.), Zur Integration Europas, Festschrift für Carl Friedrich Ophüls zum 70. Geburtstag, Karlsruhe 1965, S. 243 - 256.

Thieme, Hans: Rechtsgeschichte und Zeitgeschichte, in Sieber, Marc (Hrsg.), Discordia concors, Festgabe für Edgar Bonjour zu seinem siebzigsten Geburtstag, Band I - Allgemeine Geschichte, Basel und Stuttgart 1968, S. 225 - 238.

Tietmeyer, Hans: Der Beitrag der Währungspolitik zur europäischen Integration, in Konferenz der der deutschen Akademien der Wissenschaften, Akademie der Wissenschaften und der Literatur, Mainz (Hrsg.), Idee, Geschichte, Realität - 2. Symposion der deutschen Akademien der Wissenschaften, Mainz 1996, S. 43 - 70.

Tietmeyer, Hans: Währungspolitik und europäische Integration, Heidelberg 1998.

Tindemans, Leo: Bericht des belgischen Ministerpräsidenten Leo Tindemans, über die Europäische Union, dem Europäischen Rat am 29. Dezember 1975 übermittelt, Europa-Archiv 3/1976, S. D 55 - D 84.

Tomuschat, Christian: Das Endziel der europäischen Union: Maastricht ad infinitum, in Nettesheim, Martin (Hrsg.), Der integrierte Staat: Verfassungs- und europarechtliche Betrachtungen aus italienischer und deutscher Perspektive, Berlin 1999, S. 155 - 175.

Trausch, Gilbert: Der Schuman-Plan zwischen Mythos und Realität, Der Stellenwert des Schuman-Planes, in Reiner Hudemann u.a. (Hrsg.), Europa im Blick der Historiker, München 1995, S. 105 - 128.

Triepel, Heinrich: Völkerrecht und Landesrecht, Leipzig 1899.

Ukrow, Jörg: Sicherheitspolitik, europäische Integration und Neutralität, Untersuchung der Rechtsprechung des irischen Verfassungserichts zu Artikel 30 Ziffer 6 EEA im Hinblick auf die Vereinbarkeit der Neutralität Österreichs mit einem Beitritt zur EPZ, Saarbrücken 1990.

Varwick, Johannes: Sicherheit und Integration in Europa, Zur Renaissance der Westeuropäischen Union, Opladen 1998.

Vedel, Georges: Bericht über die Rolle der parlamentarischen Institution bei der europäischen Integration, Luxemburg 1974.

Volle, Hermann: Die Agonie der Europäischen Verteidigungsgemeinschaft, Eine Übersicht über die Entwicklung von Juni bis September 1954, Europa-Archiv 23/1954, S. 7115 - 7126.

Volle, Hermann: Schuman-Plan und Atlantikpakt, Europa-Archiv 13/1950, S. 3147 - 3158.

Vormbaum, Thomas: Zur Juristischen Zeitgeschichte, in Stolleis, Michael (Hrsg.), Juristische Zeitgeschichte - Ein neues Fach?, 1. Aufl., Baden-Baden 1993, S. 69 - 81.

Walkenhorst, Heiko: Europäischer Identifikationsprozeß und europäische Identität, Die politische Bedeutung eines sozialpsychologischen Konzepts, 1. Aufl., Baden-Baden 1999.

Walter, Christian: Die Folgen der Globalisierung für die europäische Verfassungsdiskussion, DVBl 2000, S. 1- 13.

Walz, Gustav Adolf: Wesen des Völkerrechts und Kritik der Völkerrechtsleugner, 1. Aufl., Stuttgart 1930.

Weber, Albrecht: Die Grundrechte im Integrationsprozeß der Gemeinschaft in vergleichender Perspektive, JZ 1989, S. 965 - 973.

Weber, Albrecht: Zur künftigen Verfassung der Europäischen Gemeinschaft, JZ 1993, S. 325 - 330.

Weber, Max: Wirtschaft und Gesellschaft, Grundriß der verstehenden Soziologie, 5. Aufl., Tübingen 1980.

Weidenfeld, Werner: Einführung: Die soziale Dimension des Binnenmarktes als Aufgabe europäischer Politik, in Däubler, Wolfgang, Sozialstaat EG? Die andere Dimension des Binnenmarktes, Gütersloh 1989, S. 7 - 14.

Weidenfeld, Werner/Jung, Christian: Osterweiterung und Handlungsfähigkeit der Europäischen Union: Zwang zur Reform, in Weidenfeld, Werner (Hrsg.), Europa öffnen, Anforderungen an die Erweiterung, Gütersloh 1997, S. 11 - 23.

Weilemann, Peter: Die Anfänge der Europäischen Atomgemeinschaft, Zur Gründungsgeschichte von EURATOM 1955 - 1957, 1. Aufl., Baden-Baden 1983.

Weinstock, Ulrich (Hrsg.).: Neun für Europa, Die EWG als Motor der europäischen Integration, 2. Aufl., Düsseldorf u. a. 1973.

Wessels, Wolfgang: Die Einheitliche Europäische Akte - Zementierung des Status quo oder Einstieg in die Europäische Union?, Integration 1986, S. 65 - 79.

Wessels, Wolfgang: Staat und (westeuropäische) Integration. Die Fusionsthese, in Kreile, Michael (Hrsg.), Die Integration Europas, Opladen 1992, S. 36 - 61.

Winter, Gerd: Institutionelle Strukturen der Europäischen Union, DÖV 1993, S. 173 - 184.

Wolf, Dieter: Integrationstheorien im Vergleich, Funktionalistische und intergouvernementalistische Erklärung für die Europäische Wirtschafts- und Währungsunion im Vertrag von Maastricht, 1. Aufl., Baden-Baden 1999.

Wolf-Niedermaier, Anita: Der Europäische Gerichtshof zwischen Recht und Politik, Der Einfluß des EuGH auf die föderale Machtbalance zwischen der Europäischen Gemeinschaft und ihren Mitgliedsstaaten, 1. Aufl., Baden-Baden 1997.

Woyke, Wichard: Europäische Union, Erfolgreiche Krisengemeinschaft, Einführung in Geschichte, Strukturen, Prozesse und Politiken, München u. a. 1998.

Wuttig, Siegbert: Die Entwicklung der Europäischen Bildungsprogramme mit Hochschulbezug, RdJB 1999, S. 80 - 85.

Zeller, Willy: Die Europäischen Gemeinschaften an der Schwelle zur Zollunion, Erreichtes und Erstrebtes, Europa-Archiv 12/1968, S. 415 - 422.

Zeller, Willy: Die Niederlande als "Neinsager" der Europa-Politik?, Europa-Archiv 6/1965, S. 212 - 220.

Ziebura, Gilbert: Die deutsch-französischen Beziehungen seit 1945, Mythen und Realitäten, Stuttgart 1997.

Zuleeg, Manfred: Ansätze zu einer Verfassungsgeschichte der Europäischen Union, ZNR 1997, 270 - 280.

Zuleeg, Manfred: Demokratie in der Europäischen Gemeinschaft, JZ 1993, S. 1069 - 1074.

Zuleeg, Manfred: Der Schutz sozialer Rechte in der Rechtsordnung der Europäischen Gemeinschaft, EuGRZ 1992, S. 329 - 334.

Zuleeg, Manfred: Die Gestalt der Europäischen Union im Tindemans-Bericht, Europa-Archiv 17/1976, S. 549 - 558.

Zuleeg, Manfred: Die Stellung der Länder und Regionen im europäischen Integrationsprozeß, DVBl 1992, S. 1329 - 1337.

Zuleeg, Manfred: Wandlungen des Begriffes der Supranationalität, in Hrbek, Rudolf (Hrsg.), Die Europäische Union als Prozeß: Verfassungsentwicklung im Spiegel von 20 Jahren der Zeitschrift Integration, Bonn 1998, S. 291 - 301.

Zweigert, Konrad: Grundsatzfragen der europäischen Rechtsangleichung, ihrer Schöpfung und Sicherung, in Caemmerer, Ernst von/Nikisch, Arthur/Zweigert, Konrad, Vom deutschen zum europäischen Recht, Festschrift für Hans Dölle, Band II, Tübingen 1963, S. 401 - 418.

Fundstellen wesentlicher Vertragstexte

Satzung des Europarats vom 5. Mai 1949, BGBl. 1950, S. 263 ff.

Konvention zum Schutz der Menschenrechte und Grundfreiheiten vom 4. November 1950, BGBl. 1952 II, S. 686 ff.

Vertrag über die Gründung der Europäischen Gemeinschaft für Kohle und Stahl vom 18. April 1951, Europa-Archiv 10/1951, S. 3987 ff.

Vertrag zur Gründung einer Europäischen Verteidigungsgemeinschaft vom 27. Mai 1952, BGBl. 1954 II, S. 343 ff.

Vertrag zur Gründung der Europäischen Wirtschaftsgemeinschaft vom 25. März 1957, BGBl. 1957 II, S. 766 ff.

Vertrag zur Gründung einer Europäischen Atomgemeinschaft vom 25. März 1957, BGBl. 1957 II, S. 1014 ff.

Vertrag zur Einsetzung eines gemeinsamen Rates und einer gemeinsamen Kommission der Europäischen Gemeinschaften (Fusionsvertrag) vom 8. April 1965, BGBl. 1965 II, S. 1454 ff.

Vertrag zur Änderung bestimmter Finanzvorschriften der Verträge zur Gründung der Europäischen Gemeinschaften und des Vertrages zur Errichtung eines gemeinsamen Rates und einer gemeinsamen Kommission der Europäischen Gemeinschaften vom 22. Juli 1975, BGBl. 1976 II, S. 1326 ff.

Einheitliche Europäischen Akte vom 17./27. Februar 1986, Europa-Archiv 6/1986, S. D 163 ff.

Vertrag über die Europäische Union vom 7. Februar 1992, BGBl. 1992 II, S. 1253 ff.